为准妈妈和胎宝宝
提供了280天完美生活指南

280天同步胎教大全

骆小丽◎编著

培养天才宝宝
不可不知的细节和秘诀

中医古籍出版社

图书在版编目(CIP)数据

280 天同步胎教大全/骆小丽编著. -北京:中医古籍出版社,2015.6

ISBN 978-7-5152-0939-5

Ⅰ.①2… Ⅱ.①骆… Ⅲ.①胎教-基本知识 Ⅳ.①G61

中国版本图书馆 CIP 数据核字(2015)第 158286 号

280 天同步胎教大全

编　　著　骆小丽

责任编辑　于　峥
出版发行　中医古籍出版社
社　　址　北京东直门内南小街 16 号(100700)
印　　刷　北京佳顺印务有限公司
开　　本　787mm×1125mm　1/16
印　　张　38
字　　数　408 千字
版　　次　2015 年 6 月第 1 版　2016 年 7 月第 2 次印刷
印　　数　0001~5000 册
书　　号　ISBN 978-7-5152-0939-5
定　　价　78.00 元

前 言

智力和胎教真的有关系吗？胎教究竟有多大的作用呢？胎教有科学根据吗？研究证明，胎儿和新生儿具有惊人的天生能力，进行科学的胎教，能使胎儿的潜能得以开发，大大提升智力。因为胎儿在胎内已经具备感情、智力和记忆，性格的形成和语言的学习也是从胎内开始的。胎儿并不是没有感觉的单纯生命体。而且接受过良好胎教的宝宝与未接受过胎教的宝宝相比，其在智商、情商、情绪、身体等方面的优势显而易见：生活规律，睡眠好；发育好，身体健壮；乐感好，喜欢音乐；智商高，学说话早，模仿能力强，不爱哭，情绪乐观，喜欢与人交往，表现出很强的适应能力和创造性。

胎教决定着孩子的未来，无论是中国古代周文王之母的“贤行胎教法”，还是20世纪西方最著名的斯瑟蒂克胎教法，都向人们证明了胎教的价值。专家通过无数的案例发现，比起孩子出生之后接受的智力开发、英才培养等系统教育，腹中10个月所受到的胎教要重要得多。因此，应该将胎教视做孩子接受教育的起点，如果对孩子的教育要延迟到新生儿时期才开始，无疑是错过了一个无比重要的黄金时期!

可是对于胎教的实施，有的家长一味陷入了知识灌输的误区，认为胎教就是从胎儿时期开始给孩子读图画书，教他识字，等等。实际上并非如此。胎教的目的并不只是为了生出高智商的宝宝，还有一个很重要的目的就是让孕妈妈和胎宝宝共同体验一次奇妙的、快乐的孕育之旅。在快乐的氛围中，完成胎教，实现爱的传递。如著名的胎教专家七田真所说的：“胎教中最重要的就是充分地向孩子传递父母的关爱。在胎儿时期能充分地感受到父母关爱的孩子,往往表现出心满意足、做事沉稳、学习能力强、右脑发达等特征。”

也有很多家长知道些胎教方法和理论,知道要给腹中的宝宝多听音乐、多读诗、多抚摸等等，但是具体给胎宝宝听什么音乐，读什么诗歌，不同阶段如何与胎宝宝进行交流，如何利用意念向胎宝宝传授知识，更多的人就茫然了。在四处搜罗胎教曲目或诗歌时，往往费尽心思，有时却安排不当，教不得法，仍然没有收到满意的效果。

还有的家长既没有系统地学习胎教理论，更没有系统地为宝宝制订过全程胎教计划，因而在孕期中的胎教是有一搭没一搭地进行。将胎教简单地理解成听听音乐、读读诗，一些孕妈妈甚至是心不在焉地开着音乐让胎宝宝自己听，而自己只顾忙着自己的事情,与胎宝宝完全没有互动。或是让准爸爸偶尔读一些童话故事，就认为胎教已经进行得很到位了。事实上这完全脱离了胎教的真谛。

为了帮助有需要的家长正确地实施胎教，我们精心编写了这本《280 天同步胎教大全》。本书提倡科学胎教，纠正了现代家长易犯的错误，详尽介绍了当下最受欢迎的胎教方法：情绪胎教、运动胎教、营养胎教、音乐胎教、语言胎教、美学胎教、知识胎教、意念胎教、光照胎教等，讲解深入浅出，全貌呈现世界经典实用的胎教理论。按周介绍了胎儿的生理心理发育特点，有针对性地提供了 280 天同步胎教方案大全。胎教方案科学系统，内容丰富多彩。优美的诗歌、童趣的故事、经典的音乐、温馨的电影、有趣的手工活动、可口的营养餐……为准妈妈和胎宝宝提供了 280 天完美生活指南。让准爸爸准妈妈们在胎宝宝发育的不同阶段，用对胎教方案，科学系统地进行胎教，确保胎教收到良好效果。

对于一个家庭来说，如果能及时地对胎宝宝进行适当的科学的胎教，那么，每个孩子都可能成为高智商、高情商的人。十月胎教比十年教育更重要，为了孩子的幸福赶快开始制订胎教计划吧。

目录

第一个月（1～4周）：一颗生命的种子悄然扎根

第二个月（5 ~ 8 周）：用美丽心情孕育快乐宝宝

第三个月（9 ~ 12 周）：在身体里茁壮成长的小人儿

第四个月（13 ~ 16 周）：真切地感受宝宝有力的胎心音

第七个月（25 ~ 28 周）：爱玩踢肚子游戏的小淘气包

第八个月（29 ~ 32 周）：在“尖峰时刻”中延续快乐

第九个月（33 ～ 36 周）：挤眉弄眼的可爱小娃娃

第十个月（37 ~ 40 周）：马上就要见到可爱的宝宝了

第一个月（1 ~ 4周）：一颗生命的种子悄然扎根

1. 准妈妈的变化

一旦怀孕，准妈妈的卵巢就开始分泌黄体激素。这种激素会促进乳腺发育，所以准妈妈可能会感到乳房稍稍变硬，乳头颜色变深并且变得敏感起来，只要稍微碰触就会引起疼痛感。不过这种情况很多准妈妈也许察觉不到。

怀孕初期，一些敏感的准妈妈会出现类似感冒一样的症状，比如头晕恶心、低烧疲惫等。在受孕后的前三周，准妈妈的基础体温会稍稍偏高，这都是正常的生理现象，无需恐慌，也不要滥用药物。

这时准妈妈的子宫大小并没有什么变化，子宫壁因受精卵着床而变得柔软且稍微增厚。

怀孕第一个月的准妈妈与孕前相比通常没有过多的变化，甚至很多人并没有发现自己怀孕。这需要准妈妈随时随地关注自己的身体变化，对那些怀孕的征兆加以留意。

2. 胎宝宝的变化

在怀孕的第 1 个月，胎宝宝只是小小的胚芽，暂时还没有胎动，长度在 0 ~ 0.2 毫米，重量在 0 ~ 1.0505 微克。这个时候的胎宝宝身体分为两大部分。头部占身体的一半，有长长的尾巴，形状像小海马。而手脚的部分因为太小还看不清楚。胎宝宝的外表还没有成形，但是性别以及肤色都已经开始处于确定状态，嘴和下巴的雏形也已经可以看得到了。

胎宝宝的心脏发育比较显著，在第二个周末开始形成，第三个周末起开始搏动，肝脏在这个时期也开始明显发育。在卵子受精后 1 周，胎宝宝的大脑就开始发育，受精卵以惊人的速度不断地分裂着，其中的一部分将形成大脑，其他部分形成神经组织。到了第 3 周末，胎宝宝的神经板已经形成，第 4 周开始逐渐形成前脑、中脑、后脑，前脑发育成大脑半球，中脑发育成动眼神经核、滑车神经核、脊髓束等，后脑形成小脑、脑桥、延髓和运动神经等。

胚芽表面此时被绒毛组织覆盖着，这个组织不久将形成胎盘，与母体相连的脐带从这时起已经开始发育。

3. 胎教重点

（1）营养胎教

注意补充营养，保证饮食的均衡。在本着营养全面丰富、饮食结构合理、搭配适当的原则之上可以按自己的喜好进食。保证每日膳食中都含有人体所需要的所有营养物质，特别是怀孕期间必需的营养物质，如蛋白质、脂肪、碳水化合物、维生素、矿物质和叶酸等。并且三餐要规律，做到定时、定量、定点吃饭，不挑食，不偏食，远离烧烤、油条等不健康食品。

（2）环境胎教

远离电热毯、手机、微波炉等能够造成辐射的家用电器和电子产品；停止饲养宠物，平时避免接触小动物，避免感染弓形虫；防止房屋装修材料中甲醛等化学物质带来的危害，从最一开始就营造出一个良好的孕育环境。

（3）行为胎教

改变不良的生活习惯，保持良好的作息规律，每天保证充足的睡眠，戒掉烟酒、可乐、咖啡，远离夜店、酒吧、KTV 等喧嚣的娱乐场所。

停止性生活。胎宝宝尚不稳定，性生活容易对子宫产生刺激，使其发生收缩作用，严重时造成流产，所以在怀孕早期，准爸爸和准妈妈要禁止性生活，尤其是婚后多年的和曾有流产史的准妈妈，更要避免孕早期的性生活。

第 1 周：孕育生命的旅程开启了

现在，严格来讲，准妈妈现在还只是一个处于预备期的准妈妈。此时要好好培养一下做妈妈的感觉，做好面对漫长孕期的心理准备，好好迎接即将在你体内安营扎寨的新生命。在接下来的 280 天的奇妙旅程当中，和胎宝宝一起努力，一起加油。

第 1 天：关于胎教，你了解多少

“胎教”这个词在我们每一个人眼里并不陌生。但是涉及“什么是胎教”“该如何进行胎教”的具体学问上，准妈妈们心里的大问号小问号就源源不断地冒出来了。很多人对胎教的认识还存在着极大的误区，以为胎教就是听听歌散散步就可以了，甚至很多人并不相信胎教，他们觉得一个还没发育成型没来到人间的“小小的人儿”能接受什么教育呀。这些误区都是因为人们还不够了解胎儿，不懂他们的潜力和发育情况。其实胎宝宝们有着超乎人们想象的力量，他们在 5 个月左右时就有能力接受教育了。为了开发宝宝的潜能而施行胎儿教育，近年来愈来愈

受到科学界和教育专家们的关注。

1. 什么是胎教

广义胎教指为了促进胎儿生理上和心理上的健康发育成长，同时确保准妈妈能够顺利地渡过孕产期所采取的精神、饮食、环境、劳逸等各方面的保健措施。因为母亲不健康，就不会生出强壮的胎儿。有人也把广义胎教称为“间接胎教”。

狭义胎教是根据胎宝宝各感觉器官发育成长的实际情况，有针对性地，积极主动地给予适当合理的信息刺激，使胎儿建立起条件反射，进而促进其大脑机能、躯体运动机能、感觉机能及神经系统机能的成熟。换言之，狭义胎教就是指在胎宝宝发育成长的各个时间段，科学地提供视觉、听觉、触觉等方面的刺激，如光照、音乐、对话、拍打、抚摸等，使得胎宝宝大脑神经细胞不断增殖，神经系统和各个器官的功能得到合理的开发和训练，以最大限度地发掘胎儿的智力潜能，达到提高人类素质的目的。从这个意义上讲，狭义胎教亦可称之为“直接胎教”。

2. 正确认识胎教

有些人认为胎宝宝在出生前一直安静地躺在母体子宫里睡大觉，直到分娩时才醒来，这是错误的。现代医学研究认为，胎宝宝有奇异的潜在能力。他们从第5周开始即有较复杂的生理反射机能，10周时已形成感觉、触觉功能。胎宝宝在20周左右，开始对音响有反应，30周时有听觉、味觉、嗅觉和视觉功能，能听到妈妈的心跳和外界的声音。这时准妈妈的一举一动都能影响胎宝宝，而此时也是进行胎教最关键的时刻。

美国著名医学专家托马斯的研究结果表明，胎宝宝在6个月时，大脑细胞的数目已经接近成人，各种感觉器官已趋于完善，对母体内外的刺激能做出一定的反应。这就为胎教的实施提供了强有力的科学依据。这里所说的教育主要是指对六感的训练，即皮肤的触觉、鼻子的嗅觉、耳朵的听觉、眼睛的视觉、舌头的味觉和躯体的运动觉。胎教的目的是通过音乐、对话、拍打、抚摩等各种合理的适当的信息刺激，促进胎宝宝各种感觉功能的发育，促进身心健康的发育成长，在胎教的过程中，准妈妈也完成了从普通女性到一位真正的母亲的蜕变。

3. 280天孕期来历

从一个卵子遇到精子直到胎宝宝被分娩出来，这个过程实际上有266天左右，但整个孕程一般按40周或280天计算，这是从末次月经的第一天算起的，因为大多数准妈妈都说不清楚受精具体发生在哪一天，却能记得每个月的“大姨妈”是哪天光临的。

在本书中，我们按一般传统将末次月经的第一天作为孕期的第一天；每四周记为一个月，即28天。

第2天：受过良好胎教的婴儿特征

准爸爸和准妈妈，你们了解接受过胎教和没接受过胎教的宝宝会有什么区别吗？接受过良好胎教的宝宝在智商、情绪、身体等方方面面都有着明显的优点：生活规律，睡眠好；发育好，身体健壮；乐感好，喜欢音乐；智商高，学说话早，模仿能力强；不爱哭，情绪乐观，喜欢与人交往；表现出较强的适应能力和创造性。如果准爸爸和准妈妈在坚持在孕期进行胎教，会对未来宝宝大有裨益。

美国费城一家生理研究所曾经对 200 多名接受过胎教的 4 ~ 7 岁儿童进行了调查，结果发现：受过胎教的儿童比没有接受胎教的对照组智商要高 20% ~ 45%。国内的胎教专家也对胎教的作用作了鉴定：将 41 例在妊娠期间定时接受音乐、语言、抚摸等胎教内容的新生儿分别于出生后的第 4 天、第 5 天、第 6 天进行行为神经监测与评估，并与 26 例非胎教新生儿进行分组对照。结果显示，胎教组新生儿的安慰反应、对光习惯形成、对声音习惯形成、非生物听定向反应、非生物视定向反应等 9 项行为能力得分及总分均明显高于非胎教组。

下面让我们来看一看接受过良好胎教的宝宝所具有的具体特点吧。

第一，情绪稳定。心理行为健康，很少无缘无故的哭闹。活泼可爱，总是快快乐乐笑呵呵的。夜里能安稳入觉，容易安抚。不认生，比较容易适应外界环境。能够很快形成和大人一样有规律的生活习惯。家长普遍反映孩子比较省心、好养。和整天笑呵呵、不哭不闹的宝宝在一起，做父母的幸福感也会进一步增强。

第二，语言发展快，辨别能力强。受过胎教的新生儿学说话的能力比没有受过胎教的强，开始说话的时间较早，学说话的能力较强。受过胎教的婴儿 4 个半月时能认出第一件东西，6 ~ 7 个月时就可以用声音表达自己的意思，能辨认手、嘴、水果、奶瓶等。这样的婴儿能较早理解“不”的意思，早期学会服从“不”的孩子更懂事、更听话。他还会较早学会用姿势表示语言，会做“欢迎”、“再见”、“谢谢”等动作，也能较早理解别人的表情，所以，显得聪明可爱惹人喜爱。一般到一岁左右时久会说 2 ~ 4 字句了。

第三，乐感好，有音乐天赋。受过音乐胎教的新生儿对音乐较为敏感，学习音乐和唱歌的能力都比较强，一听见胎教音乐，就会表现出兴奋感，并随韵律和节奏扭动身体。另外，虽然婴儿在饥饿、尿湿和身体不适时也会啼哭，但这样的宝宝如果在哭闹时听到乐声，情绪很容易平稳下来，啼哭声会立刻停止。由于受过胎教的婴儿感音能力较好，每当听到母亲的脚步声、说话声就会停止啼哭。比较容易养成正常的生活规律。如在睡前播放胎教音乐或母亲哼唱催眠曲婴儿就能很快入睡，满月后就能养成白天醒、晚上睡的习惯。

第四，运动神经发达。受过运动胎教的新生儿运动神经发育较早，四肢运动的协调能力及手的抓握能力较强。这些孩子抬头、翻身、坐、爬、站、走都比较早，动作敏捷，协调。手的精细运动能力发展良好，手抓握、拿、取、拍、打、摇、捏、扣、穿、套、绘画等能力强。

第五，性格开朗。受过胎教的宝宝性格活泼外向，喜欢与他人接触，能通过与他人的接触较早地理解各种口头语言和肢体语言，婴儿出生 2 ~ 3 天就会用小嘴张合与大人“对话”，20 天左右就会逗笑，2 个多月就能认识父母，3 个多月就能听懂自己的名字。与他人互动好，更容易被他人接受。

第六，学习能力强。受过知识胎教的宝宝感觉敏锐，接受能力强。喜欢听儿歌、故事，喜欢看书、看字，不少孩子还不会说话，就拿书要妈妈讲，学习汉字的能力惊人，智能得到超常发展。受过胎教的宝宝在记忆能力上也比同龄宝宝强，在20个月左右便能背诵整首儿歌，并且也能背数字和字母，入学后成绩都比较优秀。

胎教不是要培养出天才儿童，也不是给准爸爸准妈妈施加心理压力。我们不迷信于胎教，但要意识到胎教的神奇并利用好胎教。随着现代医学不断发展，越来越多的研究表明，胎宝宝在母体内不仅仅是个单纯的营养索取者，胎儿在母体里逐渐成长发育的过程中，感觉器官和神经系统无时无刻不在接收来自母体内外的信息。胎宝宝能感知到妈妈的心跳，妈妈的喜怒哀乐，妈妈的精神活动。母亲和胎儿之间的种种奇妙的联系最终构成了胎教实现的基础。

第3天：自古流传下来的胎教

1. 关于胎教的古语

有关胎教的理论和提及胎教的著述已经在我国流传了2000多年，公元前100年的《大戴秘礼》和《烈女传》两书里就已经提到母亲的行为会影响到胎宝宝，强调准妈妈要注意言行举止和饮食起居。在《列女传》中明确记载了周文王的母亲王妃太任的“贤行胎教法”：“太任之性，端懿诚庄，维德之行。及其有身，目不视恶色，耳不听淫声，口不出傲言，能以胎教子，而生文王”。相传孟子的母亲是这样来胎教的，“吾怀孕是子，席不正不坐，割不正不食，胎教之也。”传说中后稷的母亲也是十分重视胎教，在整个孕期都保持着“性情恬静，为人和善，喜好稼穑，常涉足郊野，观赏植物，细听虫鸣，迩云遐思，背风而倚。”可以说我国是对胎教认识和实践较早的国家，古代帝王皇室极其重视胎教，他们将胎教的方法写于玉板上，藏于金柜中以作为对后世的训导。

早在马王堆帛书《胎产书》中就有“内象成子”的论述。西汉韩婴在《韩诗外传》中说，孕妇应做到“席不正不坐，割不正不食，胎教之也。”东汉王充在《论衡·命义篇》中亦写道：“性命有本，有胎教之法，子在身时，席不正不坐，割不正不食，非正色目不视，非正声耳不听。及长，置以贤师良傅，教君臣父子之道，贤不肖在此时矣。受气时，母不谨慎，心妄虑邪，则子长大，狂悖不善。”可见他们都强调孕妇的思想情志和视听言行等，对胎儿的发育都是有重大影响的。《医心方》的《求子篇》对胎教亦有具体明确的论述。“凡女子怀孕之后，须行善事，勿视恶色，勿听恶语，省淫欲，勿咒诅，勿骂詈，勿惊恐，勿劳倦，勿妄语，勿忧愁，勿食生冷醋滑热食，勿乘车马，勿登，勿临深，勿下，勿急行，勿服饵，勿针灸。皆须端心正念，常听经书，遂令男女如是，聪明智慧，忠真贞良，所谓胎教者也。书中还建议：“弹琴瑟，调心神，和情性，节嗜欲，庶事清净。”

2. 周文王之母太任的“贤行胎教法”

周朝享国800余年，建立了周王朝的周文王是历史上著名的笃行仁义、敬老爱少、礼贤下士的贤良任君。而《列女传》中明确记载了周文王的母亲王妃太任的胎教秘籍，号称“贤行胎教法”。

妇女从受孕的第一天开始，按古文的记载，要“寝不侧”、“坐不边”、“立不跛”；还要做到所谓“四勿”：非礼勿视、非礼勿言、非礼勿听、非礼勿动，即从身体、言语、意念三方面要保持内心的清静；另外在饮食上也有“割不正不食，不时不食”的宝贵经验。

（1）行住坐卧礼貌端庄

寝不侧：就是睡觉姿势要正确端正，不随意摆姿势；

坐不边：就是坐的姿势要正确端正，不要单坐一侧或倾斜歪坐；

立不跛：《弟子规》有“不跛倚”之说，就是要端正站姿，站直站稳。

用我们现代话来讲，准妈妈的坐卧行走都要礼貌端庄，都不可以过于随便。

（2）慎选视听

非礼勿视：指凡是给视觉和心灵带来不良冲击的画面，不好的，不应该看的，作为一个准妈妈就不能看。现在电视、网络、杂志甚至广告牌等传播媒体，非常普遍，不经意间就会看到不健康的画面、血腥暴力的镜头。所以准妈妈要慎选所视。

那为什么不能看这些画面和镜头呢？因为过于刺激性，尤其是带来恐惧、惊慌、难过等负面情绪的镜头会影响到孕妇和胎儿的身心。母亲的情绪不稳定，体内也会产生一系列的变化，直接会影响到腹中的胎儿。

非礼勿听：耳朵所听到的都是快乐的，好的，善良的，正确的。对于不好的、不堪入耳的声音，包括不良的音乐也都要避免听闻到。

民间有一些传统说法，比如怀孕时如果看到火灾会生出有红痣的小孩儿，看别人分娩自己容易难产，等等。其实，这是因为准妈妈在怀孕期间在视听上受到不良刺激，对情绪产生负面影响，造成肾上腺功能亢进，产生激素令子宫收缩，这种刺激对妈妈和胎宝宝都很危险。所以准妈妈一定要注意在视听上的选择。

（3）言语、行为端正谨慎，保持清静、安稳和愉悦的心境

非礼勿言、非礼勿动：自己讲话时，好的才讲，不好的不讲。作为一个准妈妈对于自己的言行举止和内在的起心动念都要小心谨慎。因为你的一言一行都会直接影响到自己胎儿将来的性情和品格。胎儿的性情完全受母亲怀胎时候的情绪影响，母亲的情绪安稳，心情愉悦，胎儿就安定。性情对于人来说是非常重要的禀赋和资本！

（4）合理饮食

准妈妈如果喜欢随便吃这吃那，也会给胎宝宝带来负面影响。有些准妈妈在怀孕的时候，容易嘴馋，一不小心就会毫无节制地多吃乱吃好多东西。但古人认为饮食方面也应该有所节制。就是所谓“割不正不食，不时不食”，这样才能有利于母亲和胎儿的身体健康。割不正不食，是指食物切割得不恰当，太大，很难咀嚼，孕妇也不能吃，以防影响消化。以应季的、切割适宜的食物为好。不时不食，是指不是这个时节的食物，作为一个准妈妈也不要嘴馋，不能想吃什么就随便吃。

第 4 天：现代胎教的依据

古代流传的胎教，主要是让准妈妈在怀孕期间，始终保持心态平和、情绪稳定，使身体各器官保持良好的机能状态，创造良好的胎内环境，从而有利于胎儿

的正常生长发育。而随着社会的进步和科学的发展，人们对胎教的认识也随之深入，现代胎教是在古代这种广义的胎教基础之上发展而来，更加注重从狭义的角度对胎宝宝直接实施胎教，以初步建立胎宝宝的感觉功能和运动功能。

1. 现代胎教的三大流派

（1）中国学派

中国学派是由妇产科医生和幼教专家组成的研究小组，其中妇产科专家提供理论指导，幼教专家进行实践推广。中国学派的有关专家在试验推广过程中，采取了各种工具和方式方法，如让孕妈妈进行日光浴、听音乐等，结果他们发现，这些方式可以有效刺激胎宝宝，引起胎宝宝感官神经的反应。

（2）欧美学派

欧美学派是由精神科医生组成的研究小组，他们比较重视心理方面的研究。研究的内容包括：准妈妈心理变化与胎宝宝发育的关系，让孕妈妈放松平静的方法，胎宝宝在母体内各阶段的发展程度与生理反应等。最值得一提的是，欧美学派主张以超心理学理论作为指导，研究胎宝宝在母体内是否能记住外界的变化，以及变化是否能激起胎宝宝的心理反应。

（3）日本学派

日本学派是由妇产科医生和学前婴幼儿教育专家组成的研究小组，他们主张，孕妈妈在孕期要注意自我调节心理和生理，给胎宝宝营造最为有利的成长环境。为此相关专家做了一个实验。在实验中他们发现，与爸爸和护士相比，新生儿更喜欢在怀孕期间一直保持乐观开朗并细心呵护自己的妈妈。由此可见，保持开朗的心情对于胎教来说是多么重要。

2. 胎宝宝和妈妈间存在心电感应

当胎宝宝五官发育比较完整的时候，就能够对外界的声音刺激等产生反应，并能够感知母体，他们并非是无知的小生命，多种感觉及记忆能力都在逐渐发育。胎宝宝能够读取妈妈内心深处真正的想法和情感，并用各种胎动予以表达。

日本产科医生夏山英一在十几年中为胎宝宝进行超声波电子扫描中发现，胎宝宝的行为、状态和人们想象中的完全不同，孕妈妈血液里的激素及其他化学成分、心电波的变化都能刺激胎宝宝，影响胎儿的生理和心理活动，从而与准妈妈之间形成一种无形的心电感应。

在夏山英一的观察中有两例十分特别。第一例是，一个准妈妈在怀孕17周去医院做产检时，突然出现了一些异常情况。当她惊慌地哭起来时，胎宝宝的动作逐渐变得异常起来，最后全身都发生了细微的痉挛。直到医生确认了没有问题，这位准妈妈情绪渐渐稳定下来后，胎宝宝才随之慢慢平复下来。

第二例是准妈妈通过超声波显示的画面看到胎宝宝在自己身体里动时，感动而喜悦地流出泪来。由于准妈妈情绪受到波动，脉搏跳动加快，使得胎宝宝的心跳也随之加快。但是胎宝宝的身体并没有出现痉挛等异常举动，动作一直比较大，比较平稳迟缓。

虽然都是在哭，但因为哭的情感和原因不同，给胎宝宝带来的影响不同，他们的动作方式也完全不同。对外界原本一无所知的胎宝宝凭借着这种无形的心灵感应，直接真切地感受到了准妈妈的想法和情绪。并且跟着准妈妈一起哭、一起笑。

而有研究发现，心电感应不仅仅存在于胎宝宝和准妈妈之间，父子之间也存在着心电感应，只是胎宝宝和准爸爸之间的心灵感应比较细微，没有母子之间的感应那么强烈。所以，在妻子怀孕期间，准爸爸也要担负起"身为人父"的责任，经常参与到胎教中来，和宝宝说说话，做做游戏，加强一下你们之间的心电感应，这会更利于胎宝宝的健康成长。

3. 现代胎教的土壤——优境学

优境学，顾名思义，就是为胎宝宝提供一个优良的生长环境。它是胎教中一个重要的理论依据。优境即"优良的环境"，包括胚胎发育的内在环境和外在环境，两个环境都应该是良好的，适合胚胎发育的。在胚胎发育环境中最重要的是孕妈妈合理、均衡的营养，愉悦稳定的情绪，以及避免接受外界不良因素影响。

准妈妈首先应该保证饮食的均衡健康，这不仅仅有利于母亲和胎儿的身体健康，也对胎宝宝大脑及全身发育有极好的正面作用，使得良性的遗传因素在胎宝宝身上进一步发展和深入。

在怀孕期间准妈妈要注意保持情绪稳定、心情舒畅及劳逸适度。这些平和愉快的情绪会以一种奇妙的内循环方式传达给胎宝宝，给他一种安全感及舒适感，从而促进他健康地发育。

准妈妈与胎宝宝之间由血液中的化学成分沟通，孕妈妈的情绪直接影响内分泌的变化，而内分泌物质又经血液流到胎宝宝体内，如果孕妈妈有过多忧虑、悲伤、恐惧等负面情绪，其体内的肾上腺皮质激素的分泌量会增多，进而会通过血液给胎宝宝以不良影响，严重时有可能致畸，比如兔唇。

准妈妈特别要避免病毒感染、接触放射线及有害化学物质。特别是在孕早期，孕妈妈如果患有风疹或病毒性感冒，或是接触有害因素后可能会导致胎宝宝畸形；在孕中晚期接触有害因素会引起胎宝宝功能障碍，乃至身体智力发育迟缓。而一个鸟语花香、空气清新的环境，会给子宫内的胎宝宝输入清洁的氧气，让胎宝宝健康成长。

准妈妈的修养、兴趣、爱好以及与准爸爸的融洽关系，都能影响到胎宝宝生存的环境，孕妈妈丰富的生活、美满的爱情、满意的事业以及良好的情趣，都会使胎宝宝的外环境稳定，从而让胎宝宝在未出生时就有一种幸福感。

第5天：国外胎教的经验

1. 斯瑟蒂克家的四个神童

美国的约翰夫·斯瑟蒂克和他的夫人都是智商情商无异于常人的普通人，但这对普通的夫妇却生了四个智商高达160以上的宝宝，均被列入占全美5%的高智商行列。

斯瑟蒂克家的大女儿苏珊10岁时便以接近最高分的成绩成为全美最年轻的大学生。苏珊出生后两个星期就能讲单词，第三个月就能讲句子，1岁6个月的时候，就能读高中的教科书。5岁时，接受的专业智商测试的结果显示，苏珊的智商达到170以上，阅读力、运算力、理解力、记忆力、判断力、表达力都在标准以上。此外，她在情绪方面的各种测验成绩也很优秀。10岁时，她接受了SAT大学的入学资格考试，成绩高达690分，接近满分，并进入密执安大学，成为全美最年轻的大学生，14岁便获得学士学位。

苏珊的三个妹妹也具有和她一样神奇的能力。她们也都是在出生后两至三个星期就已经会讲话了。苏珊16岁时，13岁的斯蒂茜在芝加哥的曼达雷茵大学读二年级，11岁的斯蒂芬妮上高中三年级，最小的吉安娜9岁，也上初中三年级了。

约翰夫夫妇俩是很平凡的人。他们都是在普通的家庭里长大的，祖辈里也并没有出现过伟人。约翰夫先生只有高中学历，是从事机械工作的普通技术人员。而其夫人也只是毕业于日本某所普通高校，英文专业出身的她从事英语初级会话的教学工作。夫妻俩的智商都在120左右，接受的是一般教育，过的是极平常的生活。培养出四个天才儿童，他们把这归功于胎教的成果。怀孕期间，斯瑟蒂克夫妇便经常充满感情和胎宝宝说话，他们认为自己胎教成功的秘诀是“爱和耐心”。其教育法归结起来主要有以下6条：

（1）随时随地和宝宝交谈。由早上起床到晚上就寝，把一天的所见所想都同宝宝聊一聊。比如外出时给宝宝讲讲外面的天气，美丽的风景，路上形形色色的人群。吃饭的时候告诉宝宝你吃的是什么颜色什么味道的美食；遇到开心事儿的时候，说出来和宝宝一起分享一下。

（2）多播旋律悠扬、节奏明快的音乐或歌曲，将幸福与爱的感觉传递给胎儿。

（3）用愉悦的声音给宝宝讲一讲故事，读一读散文，唱一唱童谣。讲故事的时候，要发挥自己的想象力，生动而富有感情地把声音和文字传递给宝宝。他听得到，也听得懂。

（4）多外出散步，多做运动。经常去大自然中散散步，和宝宝一起呼吸新鲜空气，告诉宝宝外面的世界是什么样子的。经常做一做瑜伽、孕妇操等运动，将活力和健康传递给宝宝。

（5）利用形象语言。在白色的图书纸上，利用各种色彩来描绘文字、字母或数字，加强视觉效果。教导文字时，除反复念之外，还要用手描绘字形，并牢牢记住文字的形状与颜色，形象化地解说给宝宝听。

（6）等到宝宝出世之后，将胎教时用过的书、卡片等东西放在他的面前，这样有助于新生儿慢慢回想起他在母体时所接受过的教育。

2. 外国妈妈是这样对宝宝进行胎教的

（1）在日本

准妈妈在胎儿学校参加系统化的胎教课程。在开始所有课程之前，进行的预备动作就是放松。她们在一间灯光柔和的房间里，随着舒缓的音乐和舒展的动作，尽量放松自己，让副交感神经系统占优势，使身体和精神达到稳定的状态。

（2）在秘鲁

秘鲁的科学家发现，海豚发出的声波能够刺激胎儿脑部发育。在秘鲁的准妈妈当中，非常流行挺着大肚子与海豚做亲密接触，希望以这种方式让宝宝变得更聪明。

（3）在法国

法国的准妈妈在傍晚时会躺在宽大柔软的床上，做几次冥想放松的深呼吸使身心平静放松下来。胎宝宝三四个月的时候，准妈妈便用双手掌轻轻地捧着，然后用手指轻轻按压一下，又放开，逐渐胎宝宝就会做出一定的反应，如动动身子踢踢腿等。六七个月时，就可以前后轻轻地推动胎宝宝，给胎宝宝荡秋千。

（4）在美国

从怀孕第 5 个月开始，准爸爸和准妈妈一起参加“胎儿大学”的培训。每次课程开始之前，母亲就会用手拍打婴儿足踢的地方告诉宝宝开始上课了。有意思的是，准爸爸们会被要求给 7 个月以上的胎宝宝唱歌。参加过“胎儿大学”的孩子显得智商更高、能够更好地接受数字和语言，更快地认识父母，在听、讲、使用语言方面能力都较为突出。

（5）在英国

英国产前心理学会的专家告诫准妈妈们，如果希望胎宝宝将来是一个精神稳定、乐观向上的人，就应该经常为胎宝宝唱歌，使胎宝宝获得感情上的满足。有趣的是，该国的相关机构还组织了准妈妈合唱团，让大家一起来为胎宝宝唱歌。

诺贝尔奖获得者昆拉多·劳伦滋博士曾经做过一个有趣的研究，她发现刚生下来的小鸟会把最先看到的物体当做自己的妈妈和守护者，这被称为鸟类的“铭记”现象。其实，胎宝宝在母体的这段时间里，也是心智选择上最重要的临界期，在这个时期，准妈妈和准爸爸要多在胎宝宝身上费一些心思，科学地进行胎教。胎宝宝得到的关爱和教育越多，感受到的快乐越多，长大后就会越健康、越聪明，情绪也越稳定。

第 6 天：科学胎教的基本方法

胎教的基本方法有音乐胎教、营养胎教、环境胎教、运动胎教、情绪胎教、美学胎教、文学胎教、抚摸胎教、光照胎教、语言胎教等等很多很多种类。今天我们大概来了解一下几种主要的胎教方法，更多具体的知识和实施要领将在本书接下来的内容中逐渐呈现给各位准妈妈准爸爸。

1. 音乐胎教

一个人智商的优劣与神经元的发育有直接关系，音乐胎教主要是以音波刺激胎儿听觉器官的神经功能，来达到激发大脑神经元的轴突、树突及突触的迅速发育，为优化后天智力，发展音乐天赋奠定基础。

音乐胎教从怀孕第 12 周起，便可有计划地实施。首选方法就是准妈妈有选择性地给胎宝宝听音乐，以促进其大脑的发育。这是被世界公认的最有效的胎教方法。胎教和早教音乐主要是经典的古典音乐。医学研究还表明，胎宝宝在母体内最适宜听中、低频的声音，而男中音男低音正是最适合宝宝倾听的声音。因此，准爸爸是音乐胎教的最佳任课老师。这也是我们前文中提到的美国胎儿大学中为什么要求准爸爸给宝宝唱歌的原因了。

2. 营养胎教

营养胎教是指根据孕早、中、晚期孕妇的身体特点和胎宝宝的发育状况，合理膳食，摄取食品中 7 种有益的营养素，即蛋白质、脂肪、碳水化合物、矿物质、维生素、水、纤维素，以此来确保胎宝宝能从母体中摄取足够的营养成分的胎教方式。

在这一时期，母体的足厥阴经脉调控着胎儿的生长，并且与肝脏直接相关。孕妇不能随意服用药物，而应吃一些强化肝脏机能的食品。如荠菜、韭菜、山梅以及肉枣茶和木瓜茶，等等。同时充分摄取优质蛋白和钙质、维生素以及其他矿物质也是十分必要的。肉类、动物内脏、牛奶、奶酪、鸡蛋黄、鳗鱼和泥鳅等鲜活水产，在此刻都可以摆上我们的餐桌。除此以外，鱼片、牡蛎、豆制品、海藻以及西芹、青椒、白菜等也都是相当适宜的食品。

世界著名的营养学专家戴维斯指出：胎宝宝的健康和智商虽然和遗传有关系，但遗传的影响绝对没有孕期的营养重要。而胎宝宝的大脑发育与其日后的智力发展水平密切相关。因此准妈妈们要科学地摄取各种营养素。孕期中的准妈妈一定要注重饮食的健康和均衡，以培养出健康而聪明的宝宝。

3. 情绪胎教

情绪胎教是指通过良性手段对准妈妈的情绪进行调节，排除一些对胎宝宝不利的负面情绪，创造愉悦的氛围和清宁的心境，通过神经递质作用，促使胎儿的大脑得以良好的发育。孕期时女性的情绪直接影响胎儿日后的健康和性情。

因为生理原因，准妈妈的情绪波动比较大，容易产生焦躁、紧张、激动、悲观等不良情绪，这对胎儿有直接的影响，因此，准妈妈的情绪调节是胎教中重要的一门学问。情绪胎教的突出特点是以母亲修养品位的不断提高，孕期生活品位提高，由女人向母亲角色转变过程中的内心品质提升，达到母仪胎儿的目的。准妈妈的情绪对胎宝宝的性格、健康、心理起着至关重要的作用。爱像温暖的阳光清凉的雨露，温暖和滋润着孕期的母子。准妈妈就像是大地，提供足够的养分给肚子里的胎宝宝。胎宝宝能够感知准妈妈的爱、恨、快乐、悲伤，陪着准妈妈一起哭一起笑。情绪胎教主要是爱的教育，要将父母的爱和快乐融入胎宝宝的每一根神经，每一个细胞。情绪胎教要求准爸爸也进入胎教状态，它是准爸爸的责任与准妈妈的行为结合的结果。

4. 环境胎教

环境胎教是指夫妻双方在准备受孕的前 6 个月开始学习环境卫生知识，在怀孕过程中保持环境的清洁卫生，消除对准妈妈和胎宝宝的负面环境，以便于安胎养胎保证母子健康安全的胎教方式。

母亲的子宫就是胎儿的温暖小家，这里气候适宜，具有孕育胎儿所需要的一切物质条件，胎儿需要什么，母亲就无偿提供，可以说是安全舒适，应有尽有，你会说她还需要什么环境呢？胎儿先天异常的发生，不外乎是由不良的内外环境直接或间接作用于胚胎，使之发生异常。引起先天胚胎异常的因素称之为致畸因子。这些致畸因子，可能由遗传、环境、生物、营养等诸因素互相作用的结果。要使胎儿发育良好、健康乃至出生后智力超群，就必须重视环境因素对胎儿的影响。

在怀孕过程中，准妈妈应避免辐射带来的负面影响，尽量远离电脑、电热毯、微波炉等辐射较强的物品，怀孕期间尽量不要做 X 射线检查，尤其不要透视，因为透视比拍片的剂量要大得多。在环境污染中目前最突出的问题是家装污染，室内环境的主要污染源是甲醛、苯、氨和放射性物质，在准备怀孕前一定要将室内的环境污染治理干净，否则带来的后果将是非常严重的，如使宝宝畸形等。另一种环境污染在城市尤为严重，如汽车尾气、工业垃圾，等等，但是这些污染都是可以尽量避免的。同时，为保证胎宝宝的安全，从事放射、麻醉等职业的准妈妈，在怀孕期间建议申请暂时调换工作岗位。

居室环境对于准妈妈是非常重要的，最基本的要求是要使居室整洁雅观。可以在居室的墙壁上悬挂一些活泼可爱的婴幼儿画片、一些景象壮观的油画，或者几幅隽永的书法作品。这会给孕妇带来许多美好的遐想，开阔的视野，也逐渐提高审美水平，形成良好的心理状态，也给宝宝带来了一定的美学教育。

5. 运动胎教

运动胎教是女性在孕期进行适宜的体育锻炼，保证自己身心健康愉悦，促进胎儿大脑和肌肉的健康发育，这有利于准妈妈正常妊娠及顺利分娩。现代医学表明，胎动的强弱和胎动的频率可以预示胎儿在母体内的健康状况。凡是在母体内受过运动训练的胎儿出生后的动作协调性和灵活度都明显的强于一般孩子。

孕期的母亲可以通过散步、游泳、孕妇操、瑜伽等适宜孕妇的科学方式来和宝宝一起进行运动，尤其是能感受到胎宝宝自觉活动时，准妈妈更是要注意运动的重要性。要注意的是，先兆流产或先兆早产的孕妇不宜进行运动训练。此外，要循序渐进，不可操之过急。

总之，实施胎教要讲究科学的方法，准妈妈和准爸爸要有耐心有毅力，陪着胎宝宝逐渐进步和成长，让胎宝宝变得聪明、健康又快乐。

6. 语言胎教

语言胎教是指准妈妈及家人用富有感情和生动的语言有目的地对胎宝宝讲话，对其进行适当的语言刺激，给胎儿的大脑新皮质输入最初的语言印记，以增强其语言天赋，为出生后的教育打下良好基础。

医学研究表明，父母经常与胎儿对话，能促进其出生后在语言及智力方面的良好发育。语言胎教的内容和丰富，包括富有感情地给宝宝讲故事，朗读散文诗歌；也包括陪宝宝聊天。语言胎教的最佳时间是孕期的第四个月，此时，胎宝宝的大脑发育正好处于高峰期，所以准父母在这一期间要尤其注意对胎宝宝进行语言胎教。

此外，胎儿还具有辨别各种声音并做出相应反应的能力，在怀孕期间，准父母经常和胎宝宝进行对话，这样宝宝一出生就会很快地辨别出父母的声音。准妈妈在做语言胎教时要注意语言的丰富化和形象化，将形象和声音同时传递给胎宝宝，以加深胎宝宝的理解和记忆。当然，因为胎宝宝最爱中低音，所以准爸爸也担负着实施胎教的重大责任。

第 7 天：实施胎教时的注意事项

1. 胎教不要操之过急

每对父母都有生个完美宝宝的心，希望能生出一个健康美丽聪明可爱的宝宝。很多准爸爸准妈妈在怀孕期间就迫不及待地想把宝宝培养得更出色更优秀一些。但任何事情都需要掌握在一个度之内，否则将出现欲速则不达的后果。准妈妈准爸爸要用正确而平和的心态对胎宝宝进行教育，不要因为过于心切而出现伤害了宝宝的不良后果。

2. 实施胎教要懂得坚持

十月怀胎是一个漫长的过程，进行胎教是一个大工程，而不是一蹴而就的小事。有些准爸爸准妈妈三天打鱼两天晒网，一开始进行胎教时热情度很高，过了几天热情度和新鲜感降低时，就好长时间“不理”宝宝。这样是非常不可取的。在进行胎教的过程中，有以下几点是需要我们注意的。

（1）程度适宜，不要过度刺激胎宝宝

有不少准妈妈反映，在经过音乐胎教后，胎宝宝虽然聪明活泼，但可能干扰胎儿的生物钟，精力过盛，总是不爱睡觉。其实，这是因为用来进行音乐胎教的胎教器不够正规，或者母亲因疲劳入睡了胎教器仍不断刺激着胎儿，导致胎儿神经过于活跃。另外，胎教磁带的质量是至关重要的。有的音乐胎教磁带制作条件较差，伴有较强噪音干扰。一般要求乐曲要平稳、明朗、节奏接近人的正常心率、配器简练考究、频率在 500 ~ 1500HZ 左右，使人感到舒适、安静、愉快、优美的才可选用。常有些音乐带中出现高频的乐曲，也许准妈妈听起来可以接受、但无法穿过腹壁被胎儿感受，就不适于作胎教磁带。同样有些胎教器也存在音质不纯等问题。建立选用国家相关部门推荐的合格产品，不要由着自己的喜好随意选择。

（2）端正心态，不把胎教迷信化

胎教的目的是为了使胎宝宝在母体时期经过一定科学的教育，出生后能够更聪明、更健康、更快乐，以提高其综合素质。虽然胎教是具有一定科学依据的，在医学案例上确实也出现一些因胎教生出天才宝宝、神童宝宝的个案。但我们不能因此而把胎教神化，过度迷信胎教。进行胎教并非是为了培养天才、神童，天才在人群中毕竟是少数。把爱传递给宝宝，促使其大脑神经和身体更好的发育，激发出宝宝潜能，改善宝宝的素质，才是科学的胎教观念。

（3）选择科学的胎教方式

现在关于胎教的方法和观点纷杂散乱，建议准爸爸和准妈妈在准备要宝宝之前，从正规的专业单位及渠道学习一些有关儿童发展方面的知识，包括孕期心理卫生、儿童心理与教育学及胎教早教的有关常识。这能使自己做到心中有数，保持冷静的头脑，善于识别和选择适合自己的方法。

第 2 周：一枚百里挑一的优质卵子

本周，卵子已经在准妈妈的体内经历了第一轮的“淘汰赛”——从近 20 名的竞争选手中脱颖而出了，再过几天，准妈妈的排卵期就会开始。

卵子是人体最大的细胞，也是唯一一种可以用肉眼观察到的细胞，用一根银针在纸上穿一个洞，卵子就如同那个洞一样大。优质的卵子可以为生育一个健康聪明的宝宝打下良好的基础。从青春期开始，每一个月经周期都会有数以百计的卵子在卵泡中竞相成熟。但是最后只有成长最为迅速的一个卵子可以顺利从卵泡中排出，准备与精子会合，这个释放过程称为排卵。而剩余的竞争者会相继退化消失，可谓“百里挑一”。这枚卵子在排出后可以存活 1 ~ 2 天，期间它会沿着输卵管行进，若是遇到精子就会结合成为受精卵，若没有遇到他便会到达子宫，下一轮的卵子竞赛这时也会开始。

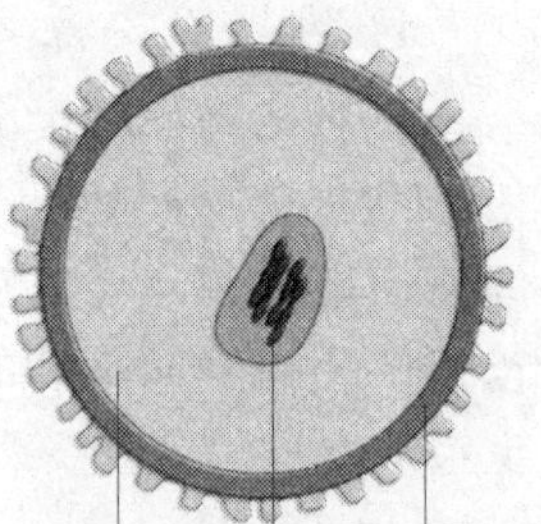

卵子的中间是细胞核，核四周是细胞质。卵子的细胞膜外披着一层透明的壳——即被透明带包围着。在透明带的周围有随卵子一同从卵泡中排出的颗粒细胞。

女性的体内共有两个卵巢，它们可以储存卵细胞，生成卵子。卵巢在胎儿期就已经存在了，那里面有 700 万个原始卵细胞，但在以后的岁月里数量会逐渐递减，出生的时候减至 200 万个，到了青春期就只有大约 50 万个了。

第 8 天：测算排卵期的方法

正常育龄妇女每个月来一次月经，从本次月经来潮开始到下次月经来潮的第一天，称之为一个月经周期。一般女性的排卵时间为 30 年左右，这段时间称之为生育期，在这期间身体健康的女性如果没有受孕，月经就会周而复始的规律变化，可以说月经是每月一次排卵后未能受精的表现，如果月经没有来潮，可能就是卵子已经受精。如果单从避孕方面来考虑，我们可以将妇女的每个月经周期分为月经期、排卵期和安全期。

妇女的排卵日期一般在下次月经来潮前的 14 天左右，一般将排卵日的前 5 天和后 4 天，连同排卵日在内共 10 天称为排卵期。测算排卵期有以下几种方法：

1. 观察宫颈黏液

月经干净后宫颈黏液常稠厚而量少，甚至没有黏液，称为“干燥期”，为非排卵期。月经周期中期，随着内分泌的改变，黏液增多而稀薄，阴道的分泌物增多，称为“湿润期”。接近排卵期黏液变得清亮，滑润而富有弹性，一般情况下出现这种黏液的最后一天前后两天即为排卵期。

2. 基础体温测量

女性基础体温有周期性的变化，排卵一般发生在基础体温上升前由低到高上升的过程中，在基础体温处于升高水平的三天内为“易孕阶段”，但这种方法只能提示排卵已经发生，不能预告排卵将何时发生。正常情况下排卵后的体温上升0.3℃ ~ 0.5℃，称双相型体温。如无排卵，体温不上升，整个周期间呈现低平体温，称单相型体温。

需要注意的是：基础体温的测量必须要经过至少6小时的睡眠后，醒来尚未进行任何活动之前测体温并记录，任何特殊情况都可能影响基础体温的变化。如前一天夜里有性生活、近日出现感冒等症状，最好是记录下来。该方法需要反复多次测试，并做一个表，点线相连。月经不规律或生活不规律者不适用此方案。

3. 经期推算法

许多女性不知道自己的排卵到底是哪一天，利用下面公式，经过一段时间的测试，很容易计算出来。

对于月经周期正常者，推算方法为从下次月经来潮的第1天算起，倒数14天或减去14天就是排卵日，排卵日及其前5天和后4天加在一起称为排卵期。例如，以月经周期为30天为例来算，这次月经来潮的第1天在9月29日，那么下次月经来潮是在10月29日（9月29日加30天），再从10月29日减去14天，则10月15日就是排卵日。排卵日及其前5天和后4天，也就是从10月10 ~ 19日这十天为排卵期。

对于月经不正常者，排卵期计算公式为：

排卵期第一天 = 最短一次月经周期天数减去18天；

排卵期最后一天 = 最长一次月经周期天数减去11天。

例如月经期最短为28天，最长为37天，需将最短的规律期减去18（28–18=10）以及将最长的规律期减去11（37–11=26），所以在月经潮后的第10天至26天都属于排卵期。

4. 使用排卵试纸

排卵试纸是通过检测黄体生成激素（LH）的峰值水平来预知是否排卵的。女性排卵前24 ~ 48小时内，尿液中的黄体生成激素（LH）会出现高峰值，用排卵试纸自测，结果就会显示为阳性。

5. B超监测法

通过B超检查，有经验的医生会看到卵泡从小到大排出来的过程。这个方法相对来说是比较准确的。

6. 白带观察法

在一个月经周期中，白带并不是一成不变的。大多数时候的白带比较干、比较稠、比较少，而在两次月经中间的那一天，白带又清、又亮、又多，像鸡蛋清，更像感冒时的清水样鼻涕，出现这种状态的白带时就意味着已进入排卵期。

第 9 天：在良好生活习惯中培育最优精子

精子的产生是男性发育成熟的标志，健康男子制造精子的速度非常惊人，仅咳嗽一声的时间都可以制 100 个精子。更惊人的是，它持续于整个成年期。从青春期到生命终止，这种制造从不曾停歇。精子是繁衍后代不可缺少的遗传物质，而培养最优的精子是准爸爸的优生任务。

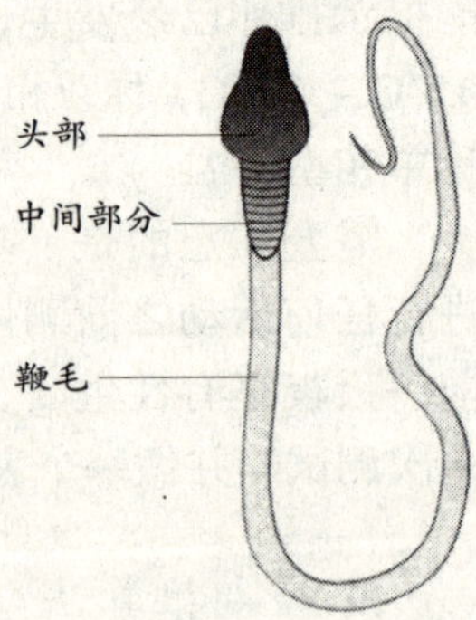

此图显示的是一个精子。精子的头部分布有细胞核，它的鞭毛能够使精子自由移动。

精子在睾丸中的存活时间为两个多月，如果不射精，源源不断积累的精子就会老化，重新被身体吸收。因此，在准备怀孕的时候，丈夫需要在妻子排卵的前一周将老化的精子排出去，这样才能保证使最有生命力最优质的精子游向输卵管。

为了培养最优质的精子，准爸爸应该改掉生活中一些不健康的习惯，养成良好的生活方式。只要准爸爸行动起来开始健康的生活方式，就能立竿见影地提高精子的质量和数量。

为此，准爸爸需要做到以下几点：

1. 戒酒

酒的主要成分酒精进入体内会引起人体的染色体畸变和基因突变，同时大量饮酒可导致精子的质量下降。如果酒后受孕，会给胎儿的发育带来很大的负面影响。出现智力发育不良和畸形的概率增加。因此从同房的前一个星期开始最好就不要喝酒了。这里所说的酒包括葡萄酒、米酒、香槟等任何一种酒类饮料。

2. 戒烟

有研究表明，父母双方或其中一方每日吸烟超过 10 支，其后代在 5 ~ 10 岁这一段学习阅读的黄金年龄段，其阅读能力落后正常宝宝三个月。同时，吸烟也是精子数量下降的主要原因。而在怀孕前戒烟就可以完全避免带来这些负面影响。

3. 不洗桑拿和蒸气浴

在准备要孩子的时期，准爸爸千万不要在浴缸中久泡，也尽量不要去洗桑拿。因为精子是十分娇嫩的，其存活的温度比体温低，在浴缸中坐浴过久、水温过高会导致睾丸、附件内不同成熟阶段的精子都停止发育。而高温蒸浴会直接伤害精子，影响精子的质量。另一方面，桑拿房等属于公共卫生场所，容易感染一些传染疾病。

4. 不穿紧身裤

如果准爸爸有穿紧身裤的习惯，那么必须要改掉了。已有外国学者经研究发现，男子身穿紧身裤的时候会把睾丸压向温度较高的腹股沟管造成生精功能减弱。所以准爸爸在准备要宝宝的阶段最好不要穿牛仔裤和紧身裤，应换成运动裤等比较宽松舒适的裤子。

5. 控制体重，不做剧烈运动

准爸爸如果偏胖或偏瘦，会影响精子的质量。而剧烈运动带来的身体高温会破坏精子成长所需要的清爽环境。因此，准爸爸可以做一些散步、慢跑等舒缓的运动，如果需要骑车，应选择减震功能良好的自行车。

6. 不喝可乐

孕前三个月要戒掉可乐。因为可乐中含有能够杀死精子的成分，饮用较多会对身体造成不良影响。因此，爱喝可乐的准爸爸们还是把可乐改成白开水或者鲜榨果汁这样比较健康的饮品吧。

7. 多吃绿色蔬菜

维生素类能为精子提供原料、促进精子生成、保持性器官不受侵害等。其中维生素 E 与生殖系统关系最为密切，具有防止性器官老化，使空虚的输精小管再生，以及增强精子活力的多种作用。绿色蔬菜中含有维生素 C、维生素 E、锌、硒等有利于精子成长的成分，可以多使用一些。此外，可以通过服用维生素 E 胶丸来补充这种维生素。

8. 多摄入补肾益精的食物

此类食物包括如鳝鱼、羊肉、泥鳅、鱿鱼、带鱼、鳗鱼、海参、墨鱼、蜗牛，其次有山药、银杏、冻豆腐、豆腐皮。这些食物中含赖氨酸高，是精子形成的必要成分。另外，体内缺锌亦可使性欲降低，精子减少。遇到这些情况，应多吃含锌量高的食物，如牡蛎、鸡肉、鸡蛋、鸡肝、花生米、猪肉，等等。

第 10 天：关于胎教，准爸爸同样任重道远

1. 准爸爸在胎教中的重要性

在传统观念中，胎教似乎是准妈妈一个人的事儿，其实不然。准爸爸是准妈妈最亲密的人，他的一举一动，乃至情绪和表情不仅直接影响准妈妈的情绪，更会间接影响到胎宝宝。在胎教中，准爸爸的角色是非常重要的。准爸爸在参与胎教的过程中能够让准妈妈感受到珍惜和疼爱，让准妈妈心情愉快，而这种愉悦情绪可以直接传达给胎宝宝，有助于宝宝日后成为一个乐观、快乐的孩子。另一方面，胎宝宝的体内带着准爸爸的基因，在他能感受到爱抚以及能听得到声音时，会对这个素未谋面的男人有一种本能的信任感。在准爸爸参与胎教的过程当中，可以帮助孩子达到完整的人格健全。

2. 准爸爸该如何参与胎教

在妻子怀孕期间，需要准爸爸多多下工夫努力学习好有关的怀孕知识，在遇到相应状况时妥善迅速地进行处理。陪妻子一同确定胎教计划，和宝宝一同成长。

对话胎教：从妻子怀孕初期开始，准爸爸就要意识到家里已经多了一口人了，要记得多和小宝宝聊聊天，打打招呼，每天坚持和准妈妈一起同宝宝对话，这对胎宝宝的脑部发育大有帮助，使得宝宝在出生后智力发育较好，情绪比较稳定，也加深了父亲和宝宝之间的感情。要记得，胎宝宝最喜欢的是爸爸富有磁性的男中音。

（1）情绪胎教。准爸爸的情绪对胎儿的影响从受精前就已经开始了。调整好情绪，夫妻间感情的融洽是孕期的一个重要的课题，英国科学研究显示，夫妻间相处不够融洽，对胎宝宝的负面影响比疾病带来的影响还要大6倍。由于准妈妈在孕期的心情会直接影响到宝宝，因此，准爸爸应尽量多体谅和关爱妻子。在妻子心情不好时，要多多开导她，安抚她，切忌和妻子争吵动粗。准爸爸要更贴心地照顾准妈妈的日常起居，使其能够快乐无忧地度过孕期，为胎宝宝的身体和智力发育提供良好的保障。

（2）准爸爸要多多丰富生活情趣，比如和妻子一起观看一些能激发母子情感的书籍和电影，多聊聊胎儿的情况，与妻子一起描绘胎儿在妈妈肚子里的“生活状况”，想象一下宝宝的可爱形象，时不时幽默一下，和妻子开开玩笑。除此之外，准爸爸还要多陪准妈妈一起散散步，做做运动。对胎宝宝的爱是一切胎教内容的基础。夫妻之间的爱意也可以通过准妈妈的神经递质传递给胎宝宝，这能够帮助宝宝更愉快地成长。

（3）抚摸胎教。准爸爸可以经常抚摸宝宝，在准妈妈怀孕6个月的时候，可以明显地触摸到胎宝宝的头、背和肢体。准爸爸可以将双手手指放在妻子的腹部，从上到下，从左到右，随着音乐轻轻地触摸胎宝宝，每次5 ~ 10分钟。抚摸胎教是促进宝宝大脑发育，加深同父母之间感情联系的有效方法。

（4）关心妻子的身体和情绪。要尽量让准妈妈摄取各种必要的营养，准妈妈想吃的东西要尽量满足，尽量多承担一些家务琐事。因为孕期女性存在妊娠呕吐的不良反应，并且有一定的流产风险，所以准爸爸要时时刻刻地注意妻子的健康情况。要给准妈妈无微不至的关怀，让妻子安全顺利地度过关键的孕初期。

第11天：给准妈妈和胎宝宝营造良好的内外环境

一个良好的孕育环境在决定着新生命的质量的同时也决定着其智力、心理、生理特点和健康水平。因此，在宝宝到来之前，准爸爸和准妈妈们要为宝宝创造一个良好的孕育环境。

1. 良好的内环境

首先是健康的身体。父母的健康对胎儿的健康有着最为直接的影响，建议在准备怀孕前的6个月夫妻双方共同到医院做一个孕前检查，以判断身体情况是否适合怀孕，以免给宝宝带来不必要的麻烦。以下是准妈妈应该避免的几种不利于妊娠的内外环境：

（1）多次人工流产或自然流产后受精；

（2）夫妻体弱患病受精；

（3）不洁的性生活（包括性病）引起的胎儿宫内感染；

（4）放射线伤害；

（5）职业与嗜好的不良刺激；

（6）污染源及噪音；

（7）不要在情绪压抑时受孕；

（8）不要在蜜月时受孕；

（9）尽量避免高龄受孕。

其次是健康的心理。宝宝在母体内对妈妈的情绪变化十分敏感，准妈妈如果情绪不稳或是患有某些心理疾病的话，是非常不利于胎儿的生长发育的。孕妇不良的精神状态给婴儿所造成的刺激常引起婴儿行为性格异常。特别是妊娠后期孕妇精神状态的突然改变会使大脑大丘脑受影响进而引起体内肾上腺髓质激素的分泌物增加。人体的肾上腺髓质及周身交感神经都分泌去甲肾上腺素，环境的剧变，交感神经系统的活动亦明显增加。两者同时增加的结果使血内去甲肾上腺素由平时的30微克/100毫升的浓度增到原来的100倍，心率增快，使每次心搏出血量减少，胎盘供血量亦因此减少而使胎儿缺氧，去甲肾上腺素使平滑肌收缩，进一步使血管收缩及子宫收缩，加重了缺氧，可使胎儿大脑发育受阻。因此，在准备怀孕之前，夫妻双方要保持轻松愉悦的心理状态，如果患有某些心理疾病的话，最好是先予以治疗，恢复正常后再考虑受孕。

2. 舒适的外环境

健康的身体是孕育宝宝的内部环境，但是涉及宝宝健康的外部环境仍不可忽视。

首先是家居环境。新生命的哺育也需要一个温暖舒适的家，家居环境对于妈妈和宝宝都极其重要，会直接影响准妈妈的身心健康。不论家居条件如何，都要掌握以下几个重点：色调淡雅；阳光充足；温度湿度适宜；家居棱角不要太突出，以免准妈妈受伤。因此要为即将到来的宝宝准备好一个安全、整洁、安静、舒适的居住环境。由于环境中的污染可能会导致胎儿、婴儿罹患一些疾病，所以在准备怀孕前和宝宝出生前，最好做一个室内环境检测，看是否达到一个安全的标准。

其次是充裕的经济环境。宝宝的出生必然要带来一定的经济负担，如：妈妈营养、医疗保健费用、婴儿用品、保健品、营养品、护理费用等，在计划怀孕之前，夫妻应做好经济预算和资金的预留。孩子从孕育到出生，家庭支出增大，且不确定性增多，准妈妈需及早规划。在合理控制日常开支的同时，可以根据经济条件做好财务计划。首先列出该阶段必须发生和可能额外增加的费用，至少估算出从怀孕到宝宝一岁后的费用。这一阶段很多准妈妈的工作收入会受影响，需要提前准备相关生育费用。她们可以一次性预留生育基金，也可以开源节流每月增加储备比例。可以预留一部分现金或购买流动性好的金融产品（如货币市场基金），早做准备。

第12天：胎教究竟该怎么做

1. 孕早期胎教要点

第一个月末应多给予胎宝宝一些物理性的刺激，如轻轻的抚摸，这样可以促进宝宝的大脑发育。到了第二个月时是胚胎发育最为关键的时期，胎宝宝这个时期会对导致畸形的因素比较敏感，因此要多多注意用药安全。而此时的孕吐反应可能会引起准妈妈的营养不良，一定要多多注意均衡饮食，补充各种维生素和矿物质，为自己和胎儿的安全保驾护航。而到了第三个月时，则是胚胎各个器官分化的关键时刻，此时要多注意保持愉快的心情，这样可以调节内分泌，促进胎宝宝的发育成长。

2. 孕中期胎教要点

（1）感知觉训练。此时胎动已经出现。胎动的出现标志着胎宝宝中枢神经系统已经分化完成，这时应该给胎宝宝各感觉器官以适度适时的良性刺激，这样提高宝宝身体各器官的敏感度，为出生后的早教奠定良好基础。

（2）听觉训练。此时应该有意识地对胎宝宝进行听觉上的训练。准妈妈准爸爸可以科学运用音乐胎教、语言胎教等形式，如播放一些适合胎宝宝听的优美愉悦的歌曲，陪胎宝宝聊聊天，给胎宝宝讲讲故事等，以刺激宝宝的听觉发育和大脑的发育。

（3）触觉与动作协调训练。此时的胎宝宝对触觉与力量非常敏感，此时准妈妈可以进行抚摸胎教，经常轻轻地抚摸腹部，对宝宝将来动作的灵活性和协调性将大有益处。

（4）注意监测身体。此时准妈妈要多多注意自己身体的水肿、便秘等问题，学会监护胎宝宝、数胎动、听胎心，等等。

3. 孕晚期胎教要点

（1）光敏感训练。随着胎宝宝各个器官发育的成熟，当光源经过腹壁照射时，胎宝宝的头部可转向光照的方向，并出现胎心率的改变。此时，是用手电筒等对胎宝宝进行光照胎教的好时期。

（2）重复以往的胎教训练。虽然到了怀孕的晚期准妈妈已经大腹便便，行动开始不便。但是为了巩固胎教的效果和促进生产，准妈妈还应适当坚持重复以往的一些胎教内容，并保证情绪的稳定。同时，还应掌握相应的分娩知识，多联系一些分娩技巧。

4. 做好实施胎教的心理准备

从现在起，准爸爸准妈妈要认识到自己即将升级为父亲母亲了，而不再只是一个还没脱离孩子气的年轻小伙儿和小姑娘了。你们要成熟起来，承担起作为爸爸妈妈的责任。好多人都说，只有自己当了父母，才能理解父母对孩子是一份什么样的感情。准爸爸和准妈妈在这个时候要顺利度过心理的转型期，和胎宝宝一起成长起来。

（1）情感认同

没有做过母亲的女人的人生是有缺憾的。怀孕生子，为人妻为人母是绝大多数女性必须经历的一个生命历程。在这个历程中，准妈妈从一个不谙世事的年轻姑娘成长为一个睿智坚韧的成熟女性，学会了什么叫爱，什么叫责任，什么叫宽容，什么叫美好，什么叫感恩。懂得了如何做一个小生命的守护者，懂得了如何维护一个家庭的美满幸福，懂得了自己人生的意义和足迹。一个经历过生育的女人生命会散发出更多的光泽和魅力，生育让女性的生命更完整。

（2）充满希望

准爸爸陪着准妈妈多看看漂亮可爱宝宝的照片，多听一听育儿的故事吧。可以憧憬一下未来宝宝是什么样子，了解一下怀孕期和育儿期都会遇到哪些情况，该做些什么，该注意些什么。想象一下那个可爱的小生命闯入你们的生活当中时，整个家庭会发生什么样的变化，你们仨在这珍贵的人世间又将经历哪些美好和幸福。

（3）准爸爸的变化

那个还爱着打篮球玩游戏的大男生马上也要成为一名爸爸了。准爸爸在孕期要多多地关心准妈妈。在丈夫的关爱中，准妈妈会对你们爱情的结晶更充满期待。这段特殊的日子，也是培养夫妻感情、共同历练人生的一段珍贵的经历。你们要好好地珍惜和把握，学会共同面对孕期中所经历的一切困难、欢乐。

（4）有备无患

怀孕后女性的身体形态和容貌会发生一些变化，有些准妈妈发现自己变胖了水肿了，难免心里会有些不安感焦虑感。由于荷尔蒙分泌异常，心理活动也开始复杂多变，情绪容易波动，在工作中生活中会遇到很多之前想象不到的困难和艰辛。为了能够勇敢并坦然地去面对怀孕期，你就要去提前了解一些孕育知识，积累一些基本经验，以面对这些变化的心理准备。

第13天：孕期禁忌：远离这些“有毒”因素

为了胎宝宝和准妈妈的身心健康，怀孕期间，准妈妈一定要在生活的方方面面上多多留意，避开有可能对自己和胎宝宝造成伤害的危险物质。尤其是以下这几种“有毒”因素更是需要准妈妈格外提高警惕。

1. 远离噪音

加拿大蒙特利尔大学的尼克尔·拉兰特研究组曾做过一项调研。他们对131名4～10岁的孩童进行了听力检查，结果发现，那些出生前在母体里每天接受最大噪声刺激的儿童对400赫兹的听力感觉比那些没有受过噪声刺激的孩童差得多。美国科学家的研究还证实，内耳受到噪音刺激会使胎宝宝大脑部分区域受损，使大脑内无蛋白质合成，某些酶的代谢水平也会减慢，这会给胎宝宝的智力发育带来严重的损害。

而在怀孕期间经常承受噪音危害的准妈妈也会受到非常不利的影响。如：妊娠反应加重，严重时可能会导致胃溃疡；情绪起伏不定，容易烦躁、紧张、焦虑，导致体内有害化学成分增加，从而影响胎儿颌骨的融合；容易出现耳鸣、失眠、头痛、脑涨以及全身乏力等症状，容易出现胎宝宝早产或体重过轻等不良状况。

因此，准妈妈一定要警惕噪音，远离高分贝的嘈杂场所，不听震耳欲聋的刺激性音乐，不乘坐摩托车等噪声较大的交通工具，为胎宝宝营造一个宁静舒适的成长环境。

2. 远离辐射

有很多年轻的准妈妈都是离不开电脑的"资深网民"，一天不上网就像丢了魂一样。但是在怀孕早期，电脑显示器散发出的电磁辐射会对胚胎的微细结构带来严重损伤，导致孕早期女性流产率大大增加，生出畸形儿的概率也会增加。因此，怀孕期间尤其是怀孕的前三个月，准妈妈要尽量远离电脑，在不得不上机时，要与屏幕保持 20 厘米左右的距离。

除了注意电脑辐射外，家电带来的辐射也是需要引起准妈妈的重视的。准妈妈在使用各种电器时，要保持一定的安全距离；不要过于密集地摆放家电，有条件的妈妈可以穿上防辐射服装，在卧室挂上防辐射窗帘。同时准妈妈还要尽可能缩短使用手机的时间，睡觉时不要把手机放在枕边。

3. 远离不合格装修材料

怀孕初期是胚胎对外来化学物质反应最为敏感的时期，此时的胚胎正飞速分化着，改变着。这一阶段准妈妈如果经常接触装修材料中油漆、涂料等有害物质，对胎宝宝的生长发育来说非常有害，甚至可能造成畸形。除此之外，这些装修材料中的有害物质对准妈妈本人的身体也会带来不良影响。

因此，在怀孕期间，最好不要装修房屋，如果必须装修，建议准妈妈回娘家或者换个其他环境安胎，在装修完三个月后再回家居住。

4. 远离宠物

有很多年轻的准妈妈都喜欢养小猫小狗之类的宠物，殊不知潜藏在宠物身上的病毒、细菌在感染准妈妈之后，会经过血液循环到达胎盘，破坏胎盘的绒毛膜结构，造成母体与胎儿之间物质交换障碍，使得氧气和营养物质供应不足，胎宝宝的代谢物无法经胎盘及时排泄，容易导致流产或死胎。此外，如果对宠物的卫生打理不当的话，在它们身上极其容易长跳蚤和滋生其他细菌，如果准妈妈和它们接触过于密切的话，很容易传染上某些会给自己和胎宝宝带来危害的疾病。因此，为了胎宝宝和自己的健康，准妈妈要暂时远离自己的宠物，也尽量不要到动物园去玩，避免与其接触。

总之，准妈妈要努力改造身边的不利因素，规范自身的行为，为自己和胎宝宝营造一个健康的生存环境。

第 14 天：准妈妈该怎么样“吃喝玩乐”

怀上宝宝以后，女性的身心状况发生了很大的变化。不少处于怀孕早期的准妈妈对于孕期饮食起居、日常活动上的“讲究”还处于茫然状态。有的准妈妈小心翼翼，觉得吃这个也不对吃那个也不好，不敢活动不敢出去玩；其实，怀孕期间的女性大可不必过度谨慎，只要能够科学地安排饮食和活动，就可以做到既让准妈妈开心快乐地度过孕期，又让胎宝宝茁壮健康地成长。下面我们就来一起学习一下该如何打造孕期的“吃喝玩乐”吧。

1. 吃

准妈妈在怀孕期间的饮食既要满足自己的喜好，又要注意食物的营养，以保证自己和胎宝宝的健康需要。具体来说，我们要根据胎宝宝发育的特点来合理地获取食品中的 7 种营养素（即蛋白质、脂肪、碳水化合物、矿物质、维生素、水、纤维素），以及用食补、食疗的方法来防止孕期特有的疾病。以下推荐几类适合孕期食用的食物供准妈妈参考。

（1）谷物类：主要供给日常身体所需要的能量。营养元素主要包括：碳水化合物、B 族维生素（如泛酸、维生素 B_1、维生素 B_2 等），还有一些蛋白质、脂肪和无机盐。每天大约需要食用 300 ~ 400 克。

（2）蔬菜水果类：富含维生素、矿物质和膳食纤维，能够参与机体代谢，增强抵抗力。膳食纤维能促进肠蠕动，有助于排泄。怀孕期间每天约需补充水果 500 克，蔬菜 300 ~ 450 克。

（3）鱼、肉、禽类：含优质蛋白质、脂肪、无机盐、维生素。肉类禽类中含有高蛋白，鱼类中含有丰富的不饱和脂肪酸，钙和碘也很丰富。可促进胎宝宝发育，构造体内各种组织，包括所有细胞、体液、肌肉等。每天需要食用 150 ~ 200 克。

（4）豆类及其制品：包括各种豆子、坚果类（如花生、瓜籽、核桃等）及部分植物油，主要含蛋白质、钙和维生素 B_1 等。每天约需要 50 克。

2. 喝

对于准妈妈来讲，及时为身体补充水分是极其重要的。怀孕期间的女性经常会感到口干，并且偏好于有味道的饮品。由于准妈妈喝掉的饮品会通过胎盘进入胎宝宝的血流并对其造成影响，所以在“喝”这个问题上必须有所讲究。接下来我们就推荐几种既常见又适合准妈妈享用的饮品。

（1）水：是一切营养素在体内发挥作用的载体。可助消化，帮助排泄，也是构成胎宝宝身体的重要成分。每天需要量约 6 ~ 8 杯。

（2）牛奶：奶类中含有丰富的钙质、蛋白质、脂肪等营养元素，有助于胎宝宝骨骼和牙齿的发育。准妈妈每天约需要补充牛奶 300 ~ 500 克。

（3）鲜榨果汁：鲜榨果汁中大约 95% 以上是水分，此外还含有丰富的果糖、葡萄糖、蔗糖和维生素，每天饮用量 300 ~ 500 毫升。

需要注意的是，准妈妈要慎重选择果味饮料，这些饮料中果汁的含量极为有限，其中却含有防腐剂、色素和香精等好几种对人体有害的物质，所以尽量不喝或少喝这些饮料。

3. 玩乐

怀孕期间的女性不适宜出现在酒吧、电影院、游乐场、生日聚会、演唱会现场等一些嘈杂拥挤的地方，但这不代表准妈妈就不可以娱乐了。以下推荐几种有趣又健康的娱乐方式，让准妈妈在怀孕期间的生活照样丰富多彩。

（1）郊游：虽然无法去游乐场坐过山车，但我们却可以去大自然中感受鸟语花香和清新空气。孕早期的准妈妈可以在周末的时候和准爸爸去一个游客不多的近郊游玩，既锻炼了身体，又让“贪玩”的心得到了满足。平时准妈妈也可以经常去附近的公园或者安静的小路散一散步，和胎宝宝聊一聊天，体会一份小有情趣的幸福和惬意。

（2）看电影：虽然无法去电影院里看刺激的大片，但我们可以在家里看一些温暖有味道的好电影。准妈妈休闲的时候可以选择一些轻松温暖、画面漂亮、内容健康的电影观赏一下，一方面是为了消遣娱乐，另一方面也是对胎宝宝大脑和听觉发育的良好训练。在本书后面的内容中我们也为大家推荐了一些相关的影片，可供各位准妈妈进行参考。

（3）听音乐：虽然无法去令人激动的演唱会现场，但我们可以在家里悠然地听一些安静的好音乐。古典音乐、轻音乐、民谣……有很多很多适合准妈妈和胎宝宝一起来听的音乐等着讨好你的耳朵和心情呢。在一盏昏黄温暖的台灯下喝着鲜榨果汁，放一首清新悠扬的歌，和准爸爸聊聊天或者自己读读书，原来准妈妈也可以继续当小资文艺女！

（4）聚会：虽然无法参与到朋友们热闹的酒局和 Party 当中，但我们却可以和几个准妈妈或三两个闺蜜进行一个小的聚会。和几个准妈妈在一起聊一聊怀孕期间的趣事和心情，互相交流一下经验；和闺蜜倾诉一下自己的苦恼和不易，很多心结就在交流中解开了。

总之，怀孕期间我们依然可以吃得丰富又美味，娱乐生活依然可以有滋有味地进行下去。做一个精彩的准妈妈，培养一个健康快乐的胎宝宝。

第 3 周：精子和卵子相爱了

在本周，准妈妈已经进入排卵期了，独行在输卵管中的卵子只有 12 ~ 36 个小时的寿命。在这短暂的时光中，卵子会一直等待大多数时候都遇不上的精子，在其庞大的队伍当中找到那个最强壮最幸运的精子，与其结合为受精卵。受精卵一边迅速分裂繁殖，一边向子宫腔移动，从现在开始，孕育生命的旅程正式拉开帷幕了。

1. 放松心态

此时的准妈妈还不能确定自己是否怀孕，所以经常被紧张和焦虑的情绪所困扰。这时，学会放松和调节心情就是你最重要的任务。多看一些有关怀孕和胎教的书籍，多和过来人交流交流，做到心中有数，自然就会慢慢放松下来。

2. 养好肠胃

怀孕会引起女性体内激素的变化，所以很多准妈妈在怀孕第四周开始会出现不同程度的早孕反应，而健康的肠胃更能尽早适应孕期的急速变化，缓解早孕反应。所以从现在开始，准妈妈要注意好好调理自己的肠胃。

第15天：有意识胎教与无意识胎教

有意识胎教是指准妈妈和准爸爸在怀孕期间有目的和有计划地采用某些方法，创造某些条件，让准妈妈和胎宝宝的身心得到调养。无意识胎教是说准爸爸和准妈妈没有刻意去采取某些方法和创造某些条件，但日常生活中的情况也能够使孕妇和胎儿的身心得到调养，在无意中产生了有意的效果。

有些准妈妈文化水平并不高，甚至对胎教一无所知，未曾有意地去创造某些条件，而是随心所欲、毫无胎教目的的去实现自己的某种愿望与嗜好，在尽情随便的生活当中却能意外地收到良好的胎教效果。生出来的宝宝和经过精心施以胎教后出生的宝宝相比，在体质、智力等方面的素质基本或完全一样，甚至更为优于有意识进行胎教者所生的宝宝。

在有关专家的追踪调查中发现，许多长大后成才的孩子都曾得到过不同程度的胎教，他们的父母可能在无意中进行过胎教，比如身体健康、家庭和睦、母亲受孕时有天时地利人和的三大因素；受孕后父母热烈地爱着腹中的胎宝宝，对胎宝宝充满希望；准妈妈情绪愉悦稳定，性情温顺，喜欢在宁静的环境中工作和休息；准爸爸勤快体贴，能够好好照顾妻子；饮食不高档，但注意卫生，能够做到营养均衡。这些都可以说是进行了无意识的胎教。

但在实际生活当中，由于不同人身上所具备的素质和习惯差异很大，并不是所有准父母都能够给胎宝宝带来正面的无意识胎教。由于准妈妈的精神、意向、习惯、嗜好等方方面面的特质已经基本定型，并不能在短时间改善和提高。这就需要在怀孕时期多读一些有关胎教的书籍，学习相关的胎教知识，对胎宝宝实施有意识胎教。虽然有的准妈妈收到了“无意插柳柳成荫”的效果，但这里毕竟带有盲目性，不能和有意识胎教相提并论。事实上有意识胎教带来的效果要比无意识胎教大得多。

有意识的胎教对胎宝宝的心理发展的影响是显然的。其主要方法和作用是：音乐胎教通过音乐声波的和谐振动，培养胎宝宝的敏感听觉，并使胎宝宝形成对外界环境的美感和辨识度。准爸爸和准妈妈对和胎宝宝谈谈话、讲故事，培养亲子感情，并在胎宝宝脑中贮存语言信息，有利于开发胎宝宝的潜能。知识胎教通过“宫内学习”形成胎宝宝良好的条件反射能力，促进大脑发育，并在其大脑中积累一些知识信息，以便于出生后接受知识方面比其他孩子领先一步。

所以，各位准爸爸准妈妈要好好学习胎教知识，多多阅读相关的书籍，经常向过来人进行请教，有意识有规律地对胎宝宝进行科学的胎教。

第 16 天：打开遗传与变异的奥妙大门

从怀孕的时候起，准妈妈和准爸爸就忍不住在想，宝宝会像谁呢？会不会眼睛像妈妈，头发像爸爸，微笑起来像奶奶？可复杂的遗传和变异法则让我们无从预知胎宝宝未来的模样。如果想了解遗传和变异是如何起作用的，那今天我们就随着接下来的内容一起打开遗传和变异的奥妙大门吧。

1. 遗传

现代科学证实，代代相传下去的不是亲代的现成物质，而仅仅是亲代的遗传"信息"。这种信息有实实在在的物质基础，这就是父亲的一个精子和母亲的一个卵子——精子的核融入卵细胞，两个细胞的核融在一起，成为受精卵的核。受精卵中所含有的 46 条染色体中有一半源于父亲，另一半源于母亲，他们承载着所有的遗传信息。一个胚胎，从受孕的那一刻起，到最终长成什么样子，在某种程度上，都是基因在起作用。

遗传是指每一代都能"复制"出与自己相似的下一代，并且一代代传下去的现象。遗传基因的源头不仅仅是胎宝宝的父母。作为胎宝宝的妈妈，你接受了来自父母双方的遗传。而胎宝宝的爸爸也一样。再接着向上追溯，你的父母、你的公婆也同样拥有自己父母的遗传基因。在千百年前，你的远祖与如今的你有着相似的模样，比如肤色、身高、眼神以及音容笑貌乃至走路的姿势。这是一种没有尽头的、奇妙的潜在组合。

2. 变异

有句古话说："一母生九子，连娘十个样。"即使是双胞胎，也是很容易被其父母辨别出来的，甚至在我们周围，还能看到视力正常的双亲，却偏偏生出一个高度近视的女儿来。即使相像到难以辨认、哪怕是来自同一个受精卵的孪生儿，也有其不同的特征。这种亲代和子代之间以及子代各个体之间存在的差异现象，就称为变异。

父母都希望孩子只遗传双亲的优点，而结果往往并非如此。"不讲理"的遗传规律把父母的优点和缺点全部传给了后代，使其身上既承载着令人欣喜的优点，也有着让父母苦恼的缺点。变异的结果也类似于此。变异可能使得后代"青出于蓝而胜于蓝"，也有可能出现危及子孙的病症变异。健康的生活方式和生活环境会降低这种可怕变异的发生概率。

3. 辩证地看遗传和变异

遗传与变异是生物界存在的普遍现象，它们之间是对立统一的关系。在人类，遗传性保持了人类本身形态和生理特征的恒定，这样才使人类世代相继繁衍，而在一定条件下，变异使物种的特性有所改变，使之能够不断前进发展。一般说来，人类的变异多属正常的生命活动范围，这些变异在后代中巩固下来并再遗传。没有变异，生物界就失去了前进发展的条件，遗传只能是简单的重复；没有遗传，变异不能积累，就失去意义，生物界就会永远停留在单细胞阶段，而不会拥有一个庞大的社会和丰富多彩、生机盎然的自然界。

4. 做好遗传方面的咨询工作

遗传咨询的过程是通过调查病史、家族史而绘制系谱图，根据患者体征、实验室结果，确定遗传方式，然后再分析发病风险，并提出指导性意见。

（1）常染色体显性遗传病

这类遗传病常见有多指（趾）、并指（趾）、软骨发育不全、成骨不全、球形红细胞增多症、地中海贫血等，这类患者多为杂合子，如果夫妻一方患病，子女的发病概率为1/2；如果双方都是杂合子患者，子女的发病概率为3/4；如果夫妻双方都是纯合子患者，子女全都发病。遗传方式特点为：患者的双亲之一必定有此病；家族连续几代都有此病，即代代传；如果双亲无病，子女一般不发病。

（2）常染色体隐性遗传病

这类遗传病常见有白化病、苯丙酮尿症、半乳糖血症、糖原代谢病 I 型、粘多糖病 I 型、肝豆状核变性等。如果患者是纯合子，其父母往往表面正常，但孩子有25%的复发风险；如果夫妻一方患病而另一方完全正常，子女虽不会发病却是致病基因携带者；如果夫妻一方患病而另一方是致病基因携带者，子女中有1/2发病，有1/2是致病基因携带者。遗传方式的特点为：患者的双亲往往无病，但都是致病基因携带者；非代代相传；如果是近亲婚配，子女中隐性遗传病的发病率比非近亲高许多。

（3）必须进行遗传咨询的人群

已生育过一个有遗传病或先天畸形患儿的夫妇；夫妇双方或一方，或亲属是遗传病患者或有遗传病家族史；夫妇双方或一方可能是遗传病基因携带者；夫妇双方或一方可能有染色体结构或功能异常；夫妇或家族中有不明原因的不育不孕史习惯流产史、原发性闭经、早产史、死胎史、夫妇或家族中有性腺或性器官发育异常、不明原因的智力低下患者、行为发育异常患者；一方或双方接触有害毒物作业的夫妇；近亲结婚和高龄备孕的夫妻在孕前都要做好遗传咨询。

遗传咨询主要咨询的问题是：某种畸形是否可遗传；夫妻一方或家族有遗传病或先天畸形，他们的后代发病机会多大及能否预测；已有一遗传病患儿，再生育时是否会再生同样患儿；放射线和其他化学品是否引起畸形等。

第17天：有关准妈妈怀孕的法律小常识

1.《劳动法》、《女职工劳动保护规定》对产假的规定

《劳动法》第62条规定："女职工生育享受不少于90天的产假。"

《女职工劳动保护规定》第8条规定："女职工产假为90天，其中产前休假15天。难产的，增加产假15天。多胞胎生育的，每多生育一个婴儿，增加产假15天。"第4条规定："不得在女职工怀孕期、产期、哺乳期降低其基本工资，或者解除劳动合同。"

根据以上规定，法定的产假期为90天。用人单位可以根据本单位实际情况对

产假时间另行规定，但不得低于法定标准。如果因为特殊情况休假超过 90 天的，只要有医院证明就可以向单位请病假，但病假期间不能享受产假待遇。

2.《劳动法》对女职工特殊劳动保护的内容

第 60 条规定："不得安排女职工在经期从事高处、低温、冷水作业和国家规定的第三级体力劳动强度的劳动。"

第 61 条规定："不得安排女职工在怀孕期间从事国家规定的第三级体力劳动强度和孕期禁忌从事的活动。对怀孕七个月以上的女职工，不得安排其延长工作时间和夜班劳动。"

第 62 条规定："女职工生育享受不少于九十天的产假。"

第 63 条规定："不得安排女职工在哺乳未满一周岁的婴儿期间从事国家规定的第三级体力劳动强度的劳动和哺乳期禁忌从事的其他劳动，不得安排其延长工作时间和夜班劳动。"

3. 女职工在怀孕期应享受的待遇

国务院颁布的《女职工劳动保护规定》第 7 条规定："女职工在怀孕期间，所在单位不得安排其从事国家规定的第三级体力劳动强度的劳动和孕期禁忌从事的劳动，不得在正常劳动日以外延长劳动时间；对不能胜任原劳动的，应当根据医务部门的证明，予以减轻劳动量或者安排其他劳动。怀孕 7 个月以上（含 7 个月）的女职工，一般不得安排其从事夜班劳动；在劳动时间内应当安排一定的休息时间。怀孕的女职工，在劳动时间内进行产前检查，应当算作劳动时间。"

《劳动部关于女职工生育待遇若干问题的通知》第 2 条规定："女职工怀孕，在本单位的医疗机构或者指定的医疗机构检查和分娩时，其检查费、接生费、手术费、住院费和药费由所在单位负担，费用由原医疗经费渠道开支。"

《女职工劳动保护规定》第 4 条规定："对实行计划生育的女职工，企业不得以女职工在怀孕、生育、和哺乳为由在试用期或任何其他时期解除劳动合同，但在试用期内不符合录用条件的、在'三期'内违纪的除外。对实行计划生育的女职工在'三期'内劳动合同期虽满，也不能解除劳动合同，必须延续到哺乳期满。"

4. 产生劳动争议后解决的途径

《劳动法》第 77 条第 1 款规定："用人单位与劳动者发生劳动争议，当事人可以依法申请调解、仲裁、提起诉讼，也可以协商解决。"同时，第 79 条又规定："劳动争议发生后，当事人可以向本单位劳动争议调解委员会申请调解；调解不成，当事人一方要求仲裁的，可以向劳动争议仲裁委员会申请仲裁。当事人一方也可以直接向劳动争议仲裁委员申请仲裁。对仲裁裁决不服的，可以向人民法院提起诉讼。"

综上所述，劳动者一旦与用人单位发生劳动争议，可以采取以下途径处理：

（1）协商。劳动者与用人单位在平等、公平、自愿、合法的前提下，可以自行协商处理。

（2）申请调解。劳动者可以向本单位劳动争议调解委员会申请调解。

（3）仲裁。如果没有达成调解协议或者拒绝调解而要求仲裁的，可以申请仲裁。如果劳动者不愿意由劳动争议调解委员会调解，或者本单位没有劳动争议调解委员会的，劳动者可以直接向劳动争议仲裁委员会申请仲裁。

（4）起诉。如果劳动者对劳动者仲裁委员会的裁决不服，可以向人民法院提起诉讼。

在此需要说明的是，劳动争议调解委员会的调解不是劳动争议处理的必经程序，当事人一方可以直接申请仲裁，但申请仲裁是必需程序，人民法院只是在当事人对仲裁裁决不服时，才受理诉讼。

第18天：记胎教日记的四大方法

在长达280天的漫长孕期生活中，准妈妈和胎宝宝身上将会出现许多变化和现象。许多细心和有情趣的准妈妈都会坚持把整个孕期的情况以日记的形式记录下来，以便为自己和宝宝留下一份珍贵的文字材料和精神财富。这就是我们所说的胎教日记。

胎教日记的内容主要包括实施胎教的具体情况、胎宝宝每个阶段的发育变化、孕期保健情况等几个方面。胎教日记的内容可以记录下准妈妈每天对胎宝宝进行了什么样的胎教方法，自己的肚皮有了什么样的变化，准父母的生活行动、重大事件、天气及当天要闻、外出旅行等等内容。

胎教日记的形式没有具体的要求，准妈妈可以根据自己的文化程度、兴趣爱好等具体情况随意书写，尽情发挥。有事则记，无事则不记，可长可短，可写可画。比较严谨的准妈妈可以采用表格形式记录，这样记录的内容会比较有条理性，避免漏掉某些细节。当然，如果准妈妈热爱文字创作的话，完全可以把这本日记写成文笔优美的抒情散文，这将是妈妈奉献给宝宝的第一份凝聚着无限爱心的礼物，成为胎宝宝的成长的“珍贵史料”。同时，记胎教日记也是令心情安静祥和的好办法，可以舒缓情绪，放松心情。下面我们就来给大家介绍几种记录胎教日记的有趣方法。

1. 表格形式

在日记本上每天画一个表格，根据自己的实际情况在表格上记录下怀孕期间每天或定期发生的事情，如胎宝宝身体变化、营养餐、语言胎教、意念胎教、音乐胎教、运动胎教、孕期检查备忘，等等。

2. 小学生日记体

准妈妈也可以像小学生一样，乖乖地在日记的每一页这样开头：

________年________月________日

星期________天气________

然后开始记录今天做了什么样的事情、吃了什么东西、去了那些地方、见到了什么样的人、有什么样的感受，等等。

3. 按时间段记录

在记日记之初，准妈妈也可以在一天结束后像过电影一样把一整天的事情按照时间顺序记录下来。比如：

________年________月________日

7：00 起床，和胎宝宝说了会儿话，洗漱，准备早餐。

7：30 打开胎教音乐，和老公一起吃早餐，然后出门上班。

8：00 上班的路上会经过一个风景优美的带状公园，每天走在这里心里就格外舒服。

10:00 上午手里的活可真多呀,也不知道我亲爱的宝宝能不能感受到这份辛苦。

12：00 午餐的时候喝了排骨汤，向办公桌对面的大姐询问怀孕经验，原来这里面的学问还真不少。

……

4. 和胎宝宝直接对话

准妈妈也可以用第二人称帮助胎宝宝记日记，记录下他在未出世时发生的一切，等他来到人间时和他一起分享那些宝贵的趣事。

________年________月________日

今天，你已经来到妈妈肚子里 49 天了。听医生说，这个时期你的小胳膊小腿小鼻子小眼睛都逐渐地成形了，妈妈是多么想快一点见到你呀……今天妈妈又呕吐了，现在胃里还不太舒服……

记录胎教日记最重要的是坚持。有时候，因为这样那样的原因，准妈妈们常常忘记了记日记，但千万不要就此半途而废，大多数的女性一生只有一次孕育经历，这样的记录对于妈妈和宝宝来讲都显得弥足珍贵。

第 19 天：养好准妈妈的肠胃

怀孕期间有很多准妈妈经常感到肠胃不适，出现茶不思饭不想、进食量少、精神倦怠、身体乏力、失眠多梦等症状。特别是原来就有慢性胃炎、胃出血等肠胃疾病的准妈妈胃病会加重。但只要在日常饮食中多多注意卫生，保证饮食正常，营养均衡，一般情况下问题不大。准妈妈不必为了保证对胎宝宝营养的供给而故意强迫自己吃得特别多，这样是对身体的一种损害，往往会得到适得其反的效果。我们可以少吃多餐，量少质精，营养全面，多吃一些开胃的食物，做好孕期饮食中的肠胃养护工作。

1. 孕期准妈妈肠胃保健注意事项

首先，生活起居要有规律，做到劳逸结合，睡眠充足。其次，要讲究饮食卫生，不吃变质食物，不吃路边摊。最后，合理调节饮食，做到营养均衡。饮食调理胃肠的九大原则如下：

（1）少食多餐。在正餐之间加吃健康的小吃，比如水果、坚果之类的小零食。这样有助于让胃酸呆在胃里消化食物，避免胃酸反流到上面来引起恶心呕吐等不良症状。

（2）食物种类应多样化丰富化，并且要注意食物的色、香、味、形、质等搭配，以刺激准妈妈的食欲。

（3）避免吃过多脂肪的食物。避免摄入过多甜点和煎炸食物。这类食物有高热量、高脂肪、低营养的特点，对准妈妈的健康十分不利，又会严重影响食欲。这一点，在炎热的夏季尤为突出。

（4）多食新鲜蔬菜和水果。每日宜进食1斤（生重）蔬菜、2～3个水果。可多选用苦味蔬菜，如苦瓜等。应注意的是，粗纤维过高的蔬菜，如韭菜等，不宜食用过多，以免导致消化不良和胃肠不适。

（5）多饮水，纯净水和矿泉水等均可。从营养学角度看，煮沸后自然冷却的凉开水较易透过细胞膜，促进新陈代谢。习惯饮用白开水的人，体内脱氢酶活性高，肌肉内乳酸堆积少，不易产生疲劳。同时，准妈妈还可以多食用绿豆粥、小米粥等流质食物，可解热驱火、补充能量。

（6）避免食用过多冷饮。对于一些肠胃功能较弱的准妈妈，一次性饮用大量冷饮会使胃部受到强烈刺激，容易导致急性肠胃炎。

（7）偶尔咀嚼一块口香糖，帮助祛除口腔里的苦涩感。

（8）用餐后保持上身直立（让重力帮你的忙），最好散散步活动一下身体。千万不要在吃饭后立刻上床睡觉。

2. 准妈妈孕期要预防胃出血

怀孕晚期准妈妈子宫膨大，胃向上移位，成水平位，导致胃的内容物容易反流到食道，使食道发生不同程度的炎症、水肿或溃疡，从而加重或导致消化道出血。此外，胎盘产生大量的孕激素，使胃肠道肌肉张力降低，蠕动减少，胃排空时间延长。尤其是食物在食道内停留时间过长，刺激胃粘膜，以致出血，或者产生胃区烧灼感等不舒服感觉。

如果原先有胃溃疡史，在怀孕后期，溃疡会出现加重、恶化现象，甚至出现呕吐、便血、大出血。如果原先患有肝脏疾病或早期肝硬化，怀孕后，肝脏负担加重，腹腔静脉压力增加，食道和胃底静脉曲张。静脉一旦破裂，便会发生消化道大出血，危及母婴生命。

要预防孕后消化道出血，就要注意摄入细软食物，少吃多餐，细嚼慢咽，少吃甚至不吃刺激性食物。腹泻易诱发消化道出血，所以出现腹泻，就应及时医治。平时应增加营养，增强体质，合理运动，增加抗病能力，为怀孕创造良好条件。

第20天：莫把怀孕当生病

在怀孕前期，女性也许会出现恶心、头晕、月经停止等症状。有些准妈妈以为自己生病了，殊不知这是怀孕的征兆。及早捕捉到这些怀孕信息是非常重要的。假如出现以下这些状况，那么恭喜你，你已经正式升级为准妈妈了。

1. 月经停止

这是最容易察觉得到的身体异常状况。只要是一般正值生育年龄的妇女，月经周期正常，在性行为后超过正常经期 10 天左右还未见月经，就很可能是怀孕了。但不来月经的因素有很多种：卵巢机能不佳、荷尔蒙分泌不正常、饮食睡眠不规律、压力过大，等等，都会引起月经迟来的现象，所以最好还是要经过医生的诊断，才是最安全的。

2. 乳房有刺痛、肿胀感

在怀孕的前一两个星期，准妈妈会发现自己的乳头颜色变深，乳房会肿胀起来，轻轻碰触时会有疼痛感。美国得克萨斯州华兹堡贝勒医学院妇产科专家杰西·辛格博士说：在孕早期，体内的雌、孕激素水平升高，会使准妈妈感到乳房沉重，酸胀，并且变得更加敏感。准妈妈可以选购较为舒适、柔软、支持作用更好的乳罩来缓解乳房的不适。

3. 阴道轻度出血

如果出现阴道轻度出血的状况，你应该尽早去医院检查，确认是否怀孕。但需要提醒的是，如果阴道出血发生在受孕行为的 12 天之后，这就可能是月经来了。

4. 恶心、呕吐

大多数准妈妈在怀孕初期都会时常出现恶心、呕吐等妊娠反应，呕吐的轻重情况随不同人的体质而宜。有些准妈妈的孕吐症状比较轻，有的则非常严重。孕吐是怀孕初期的症状现象，除非呕吐得过于厉害，否则无需就医，轻松面对就好。

5. 容易疲劳

在怀孕早期，为了保证向子宫提供更多的氧气，准妈妈的心跳可能会加快。身体要花费更多的体力来支持怀孕，因此很容易感觉到疲劳。专家建议，在此期间，准妈妈最好尽早补充维生素；保证足够的饮水和休息。

6. 尿频

很多准妈妈认为，到孕后期才会出现小便增多的现象，其实在孕早期也会有同样的问题。怀孕的第三个月时，因为膀胱受到日益扩大的子宫的压迫，使得膀胱的容量变小，常会有尿频的现象发生。出现尿频现象的准妈妈不需要采取任何特殊措施，除非尿频的同时还伴有烧灼感或其他感染现象才应去看医生，但一定不要减少液体摄入。

7. 食欲减退

怀孕后两周会出现食欲不振的症状，这主要是因为胃排空的速度减慢。准妈妈在正常情况下不用做什么。但如果出现呕吐，可服用维生素 B_6，症状严重则应看医生。

8. 情绪不稳

在怀孕的初期，准妈妈的基础体温保持在较高水平。由于荷尔蒙的变化，情绪可能容易波动，时常因为一点小事而激动或发脾气。同时，身体上和生活上的各种变化打乱了准妈妈原有的生活轨迹而使心情变得更糟糕。怀孕早期出现的情绪波动是正常现象，这需要准妈妈学会自我调节情绪，也需要家人给予有力的支持。

9. 腹胀、痉挛、背痛

许多准妈妈错误地将这些现象归结为是月经前期的不良反应，但实际上，这些症状是由于体内激素水平的改变和子宫的增大而造成的。除非疼痛剧烈或伴随出血，不要采取任何特殊措施来应对。

10. 头晕、头疼

孕妇在发现自己怀孕之前，通常会有头晕头疼症状。这与体内激素变化、黄体酮水平的升高有关，液体摄入不足和贫血也会导致此症状。准妈妈出现头晕现象可以减慢活动速度，不要突然从床上坐起，或者从沙发上站起。每3～4小时进食一次，保证液体的充分摄入，以维持血糖的稳定；避免过热，并且检查是否贫血。如果头晕头疼持续发生，那么就要看医生，并在必要的时候采取药物治疗。

从以上的怀孕征兆中，你可能已经看出了类似于感冒之类的生病状况，其实这都是怀孕早期的正常反应，无需过度紧张，也无需用药，过些日子这些症状就会自动消失。所以千万不要错把怀孕当生病，如果盲目地打针吃药，对自己和胎宝宝的身体伤害都会比较大。

第21天：如何保持一颗宁静的心

宁静，是指准妈妈自身心灵的宁静。即情绪稳定，心态平和，身心愉悦；不焦躁、不悲观、不忧虑。准妈妈的情绪可以通过神经递质的作用影响到胎宝宝。当准妈妈处于快乐无忧的状态时，其所传递的良好情绪会促进胎宝宝的大脑发育；如果准妈妈时常情绪低落、焦躁不安、紧张易怒，将极其不利于胎宝宝的神经系统的发育，甚至会诱发流产。有资料显示，当准妈妈处于情绪波动状态时，胎动会明显增加，最高时可达到平时的10倍，胎心跳动频率也会加快。如果胎宝宝这样长期不安，体力消耗过多，出生时体重最多可以比一般婴儿轻900克。

现实生活中，难免会有许多意想不到的烦心事儿干扰着准妈妈的情绪。除此之外，受到孕激素的影响，准妈妈的情绪也比平时更容易激动，尤其是面对家人时，总是难以控制住自己的情绪，因为一丁点儿小事儿就忍不住大发脾气。

下面我们来给准妈妈介绍几种调节情绪的小方法。当遭遇不愉快时，不妨拿出来试一试，让焦躁的心平静下来。

1. 听音乐

有科学研究证明，当人处于优美悦耳的音乐环境当中时，可以改善神经系统、心血管系统、内分泌系统和消化系统的功能，可以调节血管内的血流量和神经传导。优美的音乐能提高大脑皮层的兴奋性、改善情绪、振奋精神，同时有助于消除紧张、焦虑等负面情绪。

怀孕期间，你可以每天听一会儿旋律优美、节奏舒缓、曲调欢快的音乐，这将可以简单有效地缓解紧张、焦虑，这个时期听音乐并不是为了培养胎宝宝的音乐素质，其主要作用是愉悦准妈妈的情绪。平和愉悦的情绪将是胎宝宝发育的最好搭档。

2. 数数

如果准妈妈感到自己为了某些事情想要发火时，先忍住怒气，试着让自己从一数到十，尽量放慢了去数，哪怕是咬牙切齿、气呼呼地去数。只用短短的几十秒时间，也许准妈妈的情绪就会出现大转折，心情在数数当中逐渐平复下来。

3. 倾诉和书写

当准妈妈感到郁闷和忧虑时，可以向自己信任的人倾诉。在诉说的过程中，心中很多的迷雾就自动消散了。如果有些话不适合和他人诉说，那就拿出笔把所有的不快都写下来。写完之后如果你心里还是不够痛快，那就把刚才写字的那张纸一点一点地撕成小条儿，你的坏情绪可能就会随着这些撕开的小条儿慢慢消散掉。

4. 拥抱

这个姿势适合悲伤无助时来做。给自己身体一个支撑，情绪似乎也跟着有了依靠一样。准妈妈可以抱住准爸爸，从爱人那里获得安全感和支撑。也可以抱住一个枕头、一个大公仔、这种简单的动作可以瞬间给你带来安宁和愉悦。

5. 针线活

针线活和手工制作似乎越来越淡出我们的生活。殊不知在做织毛衣、十字绣等针线活时，人的思想会非常地集中，全身血液流动平静而且缓和，非常有利于胎宝宝和准妈妈的身心健康。准妈妈不妨学一学刺十字绣，或者编织一条围巾、一件毛衣，既能舒缓情绪、愉悦身心，又能完成一件给自己带来成就感的漂亮小作品。

6. 吃令人快乐的食物

准妈妈可以通过食物来调节情绪。少吃辛辣、油炸的食物，因为这样的食品容易上火和引起情绪的焦虑。适当多吃一些可以让人放松心情变得快乐的食物，例如香蕉、樱桃、菠菜等含维生素 B_2 的食物。

总之，准妈妈一定要注意保持心灵的宁静，调整好自己的情绪。想想可爱的胎宝宝与你同在，你的一言一行都和胎宝宝的成长有关。所以，保持快乐和平和是你在怀孕期间一个重要的主题。

动起来：和宝宝一起漫步在大自然

散步是孕早期最佳的运动方案，也是整个孕期都适宜进行的运动方案。这项看似简单的运动实际上也蕴藏着大学问。散步不仅有利于呼吸新鲜空气，还可以提高神经系统和心、肺功能，促进全身血液循环，增强新陈代谢，加强肌肉活动。肌肉能力的加强，为正常顺利分娩打下良好基础。

1. 准妈妈散步地点和时间的选择技巧

花草茂盛、绿树成荫、空气清新并且噪音较少的公园是最理想的场所。这样的地方氧气浓度较高，有利于胎宝宝的成长发育，置身于这样宜人舒适的环境中散步，对准妈妈来讲也是一件惬意欢快的事情。

而准妈妈在散步时要远离闹市区、交通要道这样拥挤喧嚣、空气污浊的场所。有关资料显示：汽车尾气中的一氧化碳与人体血红蛋白的结合能力是氧气的250倍，对人的呼吸循环系统有着严重的危害。因为其中的氮氧化合物主要是二氧化氮，对人和植物都有着极强的毒性，会引起呼吸道感染和哮喘，使肺功能下降。此外，闹市区、大街上的轰鸣声、刺耳的高音喇叭声等噪音都会对准妈妈和胎宝宝的健康带来不利影响。因此，散步一定要选择合适的地方，否则不仅起不到应有的运动效果，反而会适得其反，影响胎宝宝的发育。

散步的时间段最好选择在清晨或者晚饭后，每次散步30分钟到一个小时为宜。切忌一定要避开上午7 ~ 10点人潮拥挤的高峰期，而下午4 ~ 7点是空气污染相对严重的时期，也不宜准妈妈出行。散步时要以准妈妈自身的体力和心情为准。不要让自己过度疲劳，也用不着规定走路的速度和时长。可以慢慢地悠闲一边散步一边欣赏大自然的美景。

2. 准妈妈散步注意事项

（1）注意天气状况。如果遇到雨雪、风暴等恶劣天气，那么就应该中止散步。夏天时要注意防暑防蚊虫，冬天时要做好防寒工作。

（2）要穿宽松、便于行动的衣服和鞋袜，不要穿紧身衣服和高跟鞋。选择散步路线时要避开人多车多和坡度陡峭之地，以免发生危险和意外。

（3）散步时最好有家人陪同。这个时候如果准爸爸陪伴自己的爱人一起去公园散步，去近郊游玩，沐浴在大自然中一起聊天谈心，不仅可以给准妈妈带来安慰和快乐，也可增进夫妻感情。

（4）带上一点水和小零食，以便随时补充体力。

（5）特别要提醒各位准妈妈的是，如果有先兆流产症状的话，马上停止散步，尽可能地卧床静养，否则会使先兆流产的状况进一步加重。

3. 和胎宝宝一起感受自然之美

在散步的过程中，准妈妈可以和胎宝宝讲讲话，告诉宝宝你眼前看到了怎样的景象，心理有着怎样的快乐。你可以这样描述自己视野中的美景：

（1）槐花香

五月，正是槐花盛开的季节。宝宝，此时妈妈正悠闲地漫步在槐花大道上，满眼都是郁郁葱葱，槐树上挂着一串串洁白美丽的槐花，这一串一串的槐花由一朵一朵小小的花儿簇拥而成，看起来十分圣洁。我嗅得到淡雅芬芳的花香，也闻得到树木散发出来的清新味道，感觉美妙极了。知道妈妈为什么喜欢槐花吗？因为它盛开在高大粗壮的槐树上，站得高却不高傲；因为它看起来朴素而淡定，不妖艳不招摇。妈妈希望能够成为如槐花一样的人，美丽而优雅，低调而有志气，能发光而不刺眼。

（2）看雨

清晨起床，听到了隐隐的雷声，不大一会，就下起了雨来。微微明亮的灰色天空中，淅淅沥沥下起了雨，层层的雨云遮挡了本该在这个时刻升起的朝阳。不一会儿，眼前的景象都笼罩起一层雨雾来，远处的山渐渐看不清楚了。

宝宝，妈妈把头探出窗外，看到了一位母亲领着自己的儿子，打着一把伞，匆匆忙忙地走在送孩子上学的路上。妈妈不想感慨做母亲的不易，也不想矫情地说“你看，那个妈妈拼命把伞斜向孩子那一边，自己都淋湿了”。妈妈只是特别期盼着你能早日来到这人世间，快快长大。妈妈好想像那位母亲一样，能够手拉着你，亲眼看着你走进课堂呀。

（3）公园

傍晚的公园里有很多的老头儿老太太，他们有一群一群聚在一起跳健身操的，有打太极拳的，有聊天的，还有打牌的，个个都不亦乐乎地进行着自己的娱乐活动。更有几个多才多艺的文艺爱好者，划地为圈，在一起吹拉弹唱，唱起《莫斯科郊外的夜晚》来。看着他们聚在一起的欢乐景象，妈妈的心情一下子就明朗了起来。

胎宝宝的阅读时光：经典童话《小蝌蚪找妈妈》

从今天开始，准妈妈就要开始给胎宝宝进行文学胎教了。和胎宝宝徜徉在书海当中，一起读一读经典的童话故事，欣赏一下优美的散文，既愉悦了心情也促进了胎宝宝的大脑发育。下面，让我们从《小蝌蚪找妈妈》这个众人熟知的童话故事开始，一起来走进我们所熟悉而又有点遥远的童话世界吧。

暖和的春天来了，池塘里的冰融化了，柳树长出了绿色的叶子。

青蛙妈妈在泥洞里睡了一个冬天，也醒来了。她从泥洞里慢慢地爬出来，伸了伸腿，扑通一声，跳进池塘里，在碧绿的水草上，生下了许多黑黑的、圆圆的卵。

春风吹着，阳光照着，池塘里的水越来越暖和了，青蛙妈妈生下的卵，慢慢地活动起来，变成一群大脑袋、长尾巴的小蝌蚪。

小蝌蚪在水里游来游去，非常快乐。

有一天，鸭妈妈带着小鸭子到池塘来游水。小鸭子跟在妈妈后面，嘎嘎嘎叫着。小蝌蚪看见了，就想起了自己的妈妈。

他们你问我，我问你："我们的妈妈在哪里呢？"可是谁也不知道。

他们一齐游到鸭妈妈身边，问："鸭妈妈，鸭妈妈，您看见过我们的妈妈吗？您告诉我们，她在哪里？"

鸭妈妈亲热地回答说："看见过。你们的妈妈有两只大眼睛，嘴巴又阔又大。好孩子，你们到前面去找吧！"

"谢谢您，鸭妈妈！"小蝌蚪高高兴兴地向前面游去。

一条大金鱼游过来了，小蝌蚪看见大金鱼头顶上有两只大眼睛，嘴巴又阔又大。他们想：一定是妈妈来了，就追上去喊："妈妈！妈妈！"

大金鱼笑着说："我不是你们的妈妈。我是小金鱼的妈妈。你们的妈妈肚皮是白的，好孩子，你们去找吧！"

"谢谢您！金鱼妈妈！"小蝌蚪又向前面游去。

一只大螃蟹从对面游了过来。小蝌蚪看见螃蟹的肚皮是白的，就迎上去大声叫："妈妈！妈妈！"

螃蟹摆着两只大钳子，笑着说："我不是你们的妈妈。你们的妈妈只有四条腿，你们看我有几条腿呀？"

小蝌蚪一数，螃富有八条腿，就不好意思地说："对不起呀，我们认错了。"

一只大乌龟在水里慢慢地游着，后面跟着一只小乌龟。小蝌蚪游到大乌龟跟前，仔细数着大乌龟的腿："一条，两条，三条，四条。四条腿！四条腿！这回可找到妈妈啦！"

小乌龟一听，急忙爬到大乌龟的背上，昂着头说："你们认错啦，她是我的妈妈。"

大乌龟笑着说："你们的妈妈穿着好看的绿衣裳，唱起歌来'呱呱呱'，走起路来一蹦一跳。好孩子，快去找她吧！"

"谢谢您，乌龟妈妈。"小蝌蚪再向前面游过去。

小蝌蚪游呀游呀，游到池塘边，看见一只青蛙，坐在圆圆的荷叶上"呱呱呱"地唱歌。

小蝌蚪游过去，小声地问："请问您：您看见我们的妈妈吗？她有两只大眼睛，嘴巴又阔又大，四条腿走起路来一蹦一跳的，白白的肚皮绿衣裳，唱起歌来呱呱呱……"

青蛙没等小蝌蚪说完，就"呱呱呱"大笑起来。她说："傻孩子，我就是你们的妈妈呀，我已经找了你们好久啦！"

小蝌蚪听了，一齐摇摇尾巴说："奇怪！奇怪！为什么我们长得跟您不一样呢？"

青蛙笑着说："你们还小呢。过几天，你们会长出两条后腿来；再过几天，又会长出两条前腿。四条腿长齐了，脱掉尾巴，换上绿衣裳，就跟妈妈一样了。那时候，你们就可以跳到岸上去捉虫吃啦。"

小蝌蚪听了，高兴得在水里翻起跟斗来："呵！我们找到妈妈了！我们找到妈妈了！"

青蛙扑通一声跳进水里，带着小蝌蚪一块儿游玩去了。

后来小蝌蚪长大了，变成了小青蛙。小青蛙常常跳到岸上捉虫吃，还快活地唱着："呱呱呱，呱呱呱，我们长大啦！我们长大啦！我们会捉虫，捉尽了害虫，保护庄稼。"

好孕美食馆：八种水果吃出健康宝宝

1. 草莓

色泽红艳漂亮的草莓蕴藏着丰富的营养，素来享有"水果皇后"的美誉。草莓中的胡萝卜素是合成维生素 A 的重要物质，它具有明目养肝的作用，还含有果胶和丰富的膳食纤维，可以帮助消化，通畅大便。

2. 苹果

苹果被科学家们称之为"全方位的健康水果"，它还有"益智果"和"记忆果"的美称。因为苹果中不仅富含锌等微量元素，还富含碳水化合物、多种维生素、有机酸、多酚等营养物质。尤其是含有一种有利于胎宝宝大脑皮层边缘部海马区发育的成分，有助于后天的记忆力。而且，有调查研究发现，女性在怀孕期间多吃苹果，可以使孩子童年患哮喘的概率大为降低。

3. 柑橘

柑橘品种繁多，有甜橙、南橘、无核蜜橘、柚子等。它们都具有营养丰富、通身是宝的共同优点。其汁富含柠檬酸、氨基酸、碳水化合物、脂肪、多种维生素、钙、磷、铁等营养成分，是准妈妈们喜欢吃的食品。500 克橘子中含有维生素 C250 毫克，维生素 A2.7 毫克，维生素 B_1 的含量居水果之冠。柑橘中所含的矿物质以钙为最高，磷的含量也超过大米。柑橘的皮、核络都是有名的中药。常吃柑橘可以预防坏血病及夜盲症。

但是，柑橘性温味甘，补阳益气，食用过量容易引起燥热而使人上火，发生口腔炎、牙周炎、咽喉炎等。一次或者多次食用大量的柑橘后，身体内的胡萝卜素会明显增多，肝脏来不及把胡萝卜素转化为维生素 A，使皮肤内的胡萝卜素沉积导致皮肤呈黄疸样改变，尤以手及脚掌最明显，并常伴有恶心、呕吐症状。所以，准妈妈每天吃柑橘不应该超过 3 只，总重量应在 250 克以内。

4. 圣女果

圣女果又名为小西红柿，其形状如樱桃，色彩鲜红，比普通的西红柿味道更脆甜，口感更好。圣女果营养丰富，除了含有西红柿所含有的所有营养成分以外，维生素含量还是普通西红柿的 1.7 倍。此外，它还能够促进人体的生长发育，能够促进胎宝宝的生长发育，并且可以增强准妈妈身体的抵抗力。

5. 秋梨

秋梨被誉为"百果之宗"，是我国最古老的果木之一。秋梨香脆多汁，清甜爽口，醇香宜人。具有镇静安神、养心保肝、消炎镇痛等功效，有防治肺部感染及肝炎的作用。常吃炖熟的梨，能增加口中津液，防止口干唇燥，不仅可保护嗓子，也是肺炎、支气管炎及肝炎的食疗品。它还可以防治外感风寒、咳嗽多痰等疾患。

6. 柿子

柿子是一种物美价廉的水果。其营养丰富，味道甘甜。每100克柿子含糖20克、蛋白质0.7克、脂肪0.1克、碘49.7毫克，还富含多种维生素及钾、铁、钙、镁、磷等，其矿物质的含量超过苹果、梨、桃等水果。柿子性寒，有清热、润肺、生津、止渴、镇咳、祛痰等功效，适用于治疗高血压、慢性支气管炎、动脉硬化、痔疮便血、大便秘结等症。柿子的蒂和叶都是中药，柿蒂可以降逆气、止恶心，治疗呃逆、嗳气等，柿叶有抗菌消炎、止血降压等作用，是民间常用的草药，其营养及药用价值均适宜准妈妈适量食用，尤其是患有妊娠高血压综合征的准妈妈更适宜食用柿子。

吃柿子应该以一餐一个为宜，因为柿子虽然有很好的营养及医疗作用，但是它有涩味，吃多了会感到口涩舌麻，其收敛作用很强，会引起大便干燥。

7. 葡萄

葡萄味道芳香甘美，有利于健人体，壮筋骨。它含有丰富的葡萄糖和果糖，可以直接为人体所吸收，并迅速转化为人体活动的能源。葡萄还含有促进食物消化、吸收和排泄的多种有机果酸，以及人体不可短缺的蛋白质、维生素和钙、磷、铁等矿物元素。能治气力虚弱、心悸盗汗、风湿痹痛、肺痿寒嗽、牙龈肿痛、疮疹不出等症，并且对准妈妈有良好的安胎效果。

8. 猕猴桃

猕猴桃味道甘甜，清香多汁，是营养价值颇高的保健水果。每100克猕猴桃含糖14克，蛋白质1.6克，钾320毫克，钙56.1毫克，铁1.6毫克，磷42.2毫克，镁19.7毫克，同时还富含胡萝卜素、叶酸、维生素C、维生素E等。此外，猕猴桃中还含有丰富的叶酸，有“天然叶酸大户”之美誉。叶酸是一种水溶性B族维生素，对细胞的分裂生长及核酸、氨基酸、蛋白质的合成起着重要的作用，是胎儿生长发育不可缺少的营养素，孕妇缺乏叶酸有可能引起胎儿出生时出现低体重、唇腭裂、心脏缺陷等。孕前或怀孕初期，如常吃猕猴桃，有助于防治胎儿各类缺陷和先天性心脏病。

猕猴桃中还含有三种天然的抗氧化维生素：胡萝卜素可以提高人体免疫力，有助于胎宝宝眼睛的发育；丰富的维生素C和维生素E可以提高身体的抵抗力，增进人体对糖分的吸收，让胎宝宝获得必要的养分。

胎宝宝的私人音乐厅：神奇的莫扎特效应

1. 听莫扎特音乐可以使人变得更聪明

上世纪 90 年代，有研究者证明，在标准的 IQ 测试中，听莫扎特音乐的受试者得分比其他人高。聆听一曲莫扎特音乐后，人的大脑活力有所增强，思维更敏捷，行动更有效，它甚至可以缓解患有神经障碍的病人的病情。这种因音乐对人大脑产生影响的现象，被人们称为“莫扎特效应”。

1993 年，美国威斯康星大学心理学家劳舍尔（F.H.Rauscher）等人发表在自然科学杂志上的报告，证实了听莫扎特音乐能够促进人的空间技巧。

他们的研究设计是这样的，以大学生为被试，分成 ABC 三组，在测验前 10 分钟让 A 组听莫扎特钢琴奏鸣曲；B 组听放松摇滚乐；C 组保持沉默。在 10 分钟后让他们立刻做空间推理测验（斯坦福—比内测验之一）。结果发现，在测验得分上，听莫扎特乐曲的 A 组被试比其他两组被试都有增长。同时也显示，听莫扎特大学生组的被试，在测验上的积极作用能维持 15 分钟。学者认为，莫扎特音乐能够唤起人脑对空间推理的积极兴趣。

音乐从宝宝出生时就扮演着重要的角色，可归类为一种“前语言”（Pre-language），此功能在婴儿时期便发展完备，同时可加强大脑皮质完成组式发展的功能，进而增强大脑功能。美国加州大学的测试证实，聆听莫扎特音乐的确可增进脑部的空间辨别能力，还有实验证明莫扎特音乐对 3 岁前的幼儿尤其有益，因为此时幼儿的大脑功能尚未完全成熟，音乐对其刺激及影响尤为深远。

2. 莫扎特胎教音乐推荐

尽管学术界对于莫扎特音乐是否具有科学有效的胎教效果仍然处于争议当中，但神奇的莫扎特效应使得越来越多的父母把莫扎特的作品作为胎教音乐。我们不指望因为听了这位大师的作品而使胎宝宝出生后立刻变身为神童，但高水准的莫扎特音乐用于调解准妈妈情绪，促进胎宝宝的大脑发育还是具有一定效果的。下面我们将推荐几首经典的莫扎特名曲来供各位准妈妈作为参考。

（1）《小星星变奏曲》

《小星星变奏曲》的音乐主题出自一首名为《妈妈，让我告诉您吧》的古老法国民谣，是莫扎特在巴黎时所创造的。当音乐一响起来，准妈妈就可能听出来这首作品的旋律和《小星星》极为相似，事实上，那首“一闪一闪亮晶晶，满天都是小星星”的经典童谣就是用此曲编写而成的。这首歌的曲调单纯率真、愉快生动，听起来就有一种蹦蹦跳跳的活泼感。当准妈妈感到紧张烦躁时，可以听一听这首曲子，想象深邃的夜空中一颗颗可爱的小星星正调皮地向你眨着眼睛，心情是不是就放松了不少呢？

（2）《小夜曲》

《小夜曲》是 18 世纪中叶器乐小夜曲的典范之作，莫扎特于 1787 年 8 月 24 日在维也纳完成这首曲子，该作品第一主题开门见山，用活泼流畅的节奏和短促华丽的八分音符颤音，组成了欢乐的旋律，其中充满了明朗的情绪色彩和青春气息，随后是轻盈的舞步般旋律，让准妈妈听后忍不住轻轻晃动身体，翩翩起舞。

（3）《土耳其进行曲》

《土耳其进行曲》是我们所熟知的一首名曲，它是莫扎特1778年于巴黎创作的。该作品轻松活泼，曲调流畅动听，简洁而富有节奏，带着童真般的单纯。该曲子经常被单独演奏，并被改编为管弦乐和轻音乐。准妈妈可以根据自己的喜好选择不同的版本来欣赏。

第4周：胎宝宝在子宫中安营扎寨了

现在，受精卵经过不断的分裂，变成了一个球形细胞团，该细胞团由100多个细胞组成。细胞会继续分裂成胚泡，游进准妈妈的子宫腔，胚泡和子宫内膜接触并植根于子宫内膜里开始着床了。着床后的胚泡会接着分裂成胚盘，成为胚胎。胚盘将发育成三个胚层，将来会分别形成各种不同的器官。

这周起，胎宝宝的神经管就要开始形成了。现在胎宝宝身长只有4毫米左右，不到一克重，但它已经开始有了生命体征，有了头和尾，还有了原始的心脏和血管。此时的胎宝宝像一粒小小的种子在准妈妈的身体里开始生根发芽。

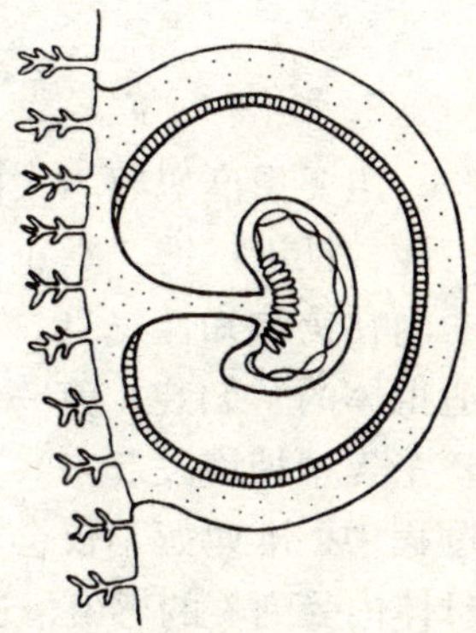

2周大的胚泡附着在子宫内膜上，细胞逐渐分化为胚胎本身、胎盘和羊膜囊。

1. 保持快乐心情

此时胎宝宝的大脑已经开始发育了，并且分化出脑和神经系统。准妈妈的好情绪会促进胎宝宝的大脑发育，让宝宝将来有较高的智商，更健全的人格。这个时期的准妈妈一定要时刻提醒自己保持快乐心情，你快乐，胎宝宝才会快乐。

2. 均衡营养，缓解孕期疲劳

在孕初期身体很容易出现疲劳状况，这个时候准妈妈要特别注意加强营养，均衡而全面的营养不仅可以帮助准妈妈缓解孕期疲劳，而且会给胎宝宝的脑细胞和神经系统一个良好的成长环境。同时，还要注意三餐按时进食，多多摄取富含叶酸的食物。

第22天：认知美学胎教

美学胎教是胎教的重要组成部分，对胎宝宝进行美学的培养主要是准妈妈将自身感受到的、听到的、看到的各种各样的美，通过神经传导输给胎宝宝。它主要包括音乐美学、形体美学和大自然美学三部分。

1. 音乐美学

对胎宝宝进行音乐美学的培养可以通过两种途径来实现，一个是心理作用，另一个是生理作用。心理作用方面指的是，音乐可以使准妈妈身心愉悦、头脑清醒、想象力丰富，从而使其情绪和心理达到一个最佳状态，并通过神经系统将这一信息传递给腹中的胎宝宝，使胎宝宝受到感染。同时安静、悠闲的音乐节奏也可以给胎宝宝创造一个宁静悠然的生存空间，这可以使胎宝宝在躁动不安时听到音乐就逐渐安静下来，使他朦胧地意识到世界是多么的和谐，多么的美妙。从生理方面来讲，悦耳怡人的音响效果能激起准妈妈自主神经系统的活动，由于自主神经系统控制着内分泌腺使其分泌出许多激素，这些激素经过血液循环进入胎盘，使胎盘的血液成分发生变化，有利于胎宝宝健康的化学成分增多，从而激发胎宝宝大脑及各系统的功能活动。

2. 形体美学

主要指准妈妈本人的气质和修养。首先准妈妈要有良好的道德修养和高雅的情趣，见识广博，举止文雅，有深度，有内涵，能够让人感受到其身上散发出来的内在美和知性气息。其次是注意外在打扮。准妈妈最好选择颜色明快亮丽、舒适得体的孕妇装，剪一头干净、利索的短发，注意皮肤的保养和清洁，就会显得整个人精神焕发起来。其实，准妈妈的梳妆打扮也是胎教的一种，在打扮自己的过程中，准妈妈不仅会变得更漂亮，也会变得快乐和自信起来，从而使胎宝宝在母体内受到美的感染，进而获得初步的审美观。

3. 大自然美学

准妈妈多到大自然中去欣赏美丽的景色，可以促进胎宝宝的大脑细胞和神经的发育。当准妈妈漫步在大自然的美景当中时，可以一边沉浸在幽静清爽之中一边跟胎宝宝讲一讲花的色彩斑斓，鸟的动听叫声，让胎宝宝感受到大自然的亲切和美。

除此之外，准妈妈可以经常翻阅一下画册，欣赏一些名画，还可以买几张漂亮的风景画和宝宝图挂在家里，如果有条件的话还可以参观一些工艺美术展览、历史文物展览、个人画展，等等，以愉悦心情，陶冶自己的情操，提高鉴赏能力。

第 23 天：变身胎宝宝的家居设计师

良好的家居环境对于胎宝宝和准妈妈十分重要，家居环境的好坏直接影响着母子的身心健康。所以在怀孕期间，准爸爸准妈妈不妨好好设计和调整一下你们的小窝，为孕育创造最佳的外在条件。

第一，不论居住环境是宽敞还是狭窄，居室中都应该保持整齐清洁，安静舒适。要时常通风换气，保持室内空气的清新。

第二，注意居室中的色彩搭配。尽量选择淡雅的色调以带给准妈妈宁静柔和之感。同时也可以根据准妈妈的个人喜好在房间中点缀不同的色彩。色彩对人的心理产生明显的暗示作用。准妈妈在怀孕的不同时期对不同的色彩有不同的感觉，选择其喜欢的颜色，可以带来舒畅的心情。

第三，居室中的物品摆放和日常设施要便于准妈妈的日常生活，一定要注意消除不安全的隐患。准妈妈的日常用品、衣服、书籍要放在随手可得之处，避免在爬高爬低中带来危险。家中各样物品的摆放要整齐稳当，以免准妈妈碰着磕着，家中地面如果过于光滑，要铺上垫子等防滑物，以免准妈妈摔跤。家具的棱角不要太突出，以免准妈妈受到伤害。同时室内不要使用纯毛地毯，纯毛地毯容易产生尘螨等寄生虫，引起哮喘等疾病；如果要使用，必须经常进行清洁。

第四，居室中可以用一些艺术作品加以装饰。如摆放一些可爱的小玩具、漂亮的手工艺术品，挂一些优美宜人的风景图片、油画。这样可以让准妈妈的眼睛时刻捕捉到美好，开阔了视野，帮助准妈妈忘记紧张和疲劳，解除忧虑和烦恼。也让整个居住环境变得更加生动和温馨。

第五，居室中要保持适宜的温度，室内温度控制在20℃～22℃为宜。温度过高会导致准妈妈头昏脑涨，精神不振，昏昏欲睡，或烦躁不安；温度过低容易诱发感冒。夏天在使用空调和电扇降温时，不要将其直接对着准妈妈吹，也不要让准妈妈长期吹空调和电扇。在保持温度适宜的同时，也要注意室内湿度，一般情况下50%的空气湿度为最佳。湿度不够，空气过于干燥容易导致准妈妈上火，湿度太高会使被褥发潮，还容易引起关节疼痛。如果室内过于干燥，可以通过加湿器进行调节；如果过于潮湿，可以放置一些除潮物品来缓解。

第六，用植物给准妈妈的居室生活增添鲜亮色彩。在阳台和窗台上摆放几盆花草，养几条金鱼，使居室充满活力，既美化了环境，也净化了空气。但是在养花草的时候需要注意几个问题：不宜摆放过多植物，因为一般花卉在夜间也同样吸收氧气呼出二氧化碳，如果室内摆放花草过多，会出现“与人争氧”的状况；不要养香味过于浓烈和有强刺激的花卉。如松柏类花木的芳香气味会对人体的肠胃有刺激作用，不仅影响食欲，而且会使准妈妈感到恶心呕吐，头晕目眩。而某些植物的茎叶散发出来的刺激性微粒会带来皮肤过敏、发炎的不良症状。

第七，一般新居装修完3个月或半年后才可以居住。如果准妈妈一定要在新居室度过孕期，可以请专业人员检测房中有无苯、甲醛等化学毒物的污染、石材的放射线是否超标等。准备胎宝宝出生后居住的房间时，应选择无毒、容易清洗的材料进行装修装饰。如果要搬进别人使用过的旧居室，搬家前应进行一次彻底的大消毒。因为，房间的墙壁、地表等可能沾有很多种病菌或病毒，会影响到准妈妈的健康，在消毒过后要充分开窗透气。

总之，居住的环境在保证清洁、健康的基础上，要尽量保证温馨、舒适，给准妈妈和胎宝宝创造一个良好的外在条件。

第24天：准妈妈要养成健康起居习惯

怀上胎宝宝以后，准妈妈要适当增加休息和睡眠时间，以避免过度劳累影响自身的身体健康和胎宝宝的成长发育。同时作息时间要规律，不熬夜，不过度贪睡。有些准妈妈在怀孕后，仍然不改原来作息不规律、不按时起居的不良生活习惯。特别是在家休养时，更是随心所欲地纵容起自己来，每天想几点起就几点起，想几点睡就几点睡，时常下半夜睡觉，中午才起床，生活没有一点儿规律。有些准妈妈认为只要休息的时间长度够就可以了，殊不知人体是有生物钟节律的，没规律的生活起居会使准妈妈的垂体前叶功能发生紊乱，生物钟节律被打乱。这样，不仅会影响胎宝宝的生长发育，严重时甚至造成生长发育停滞。同时，准妈妈也会因脑血管长时间紧张而出现头痛、失眠、烦躁等不适症状，增大流产的可能性，甚至还容易诱发妊娠高血压。

准妈妈最好为自己整个孕期的生活起居制定一个作息时间表，然后每天按表行事，养成有规律的生活。一般情况下，夜间睡眠时间不得低于8个小时，有条件的话中午期间最好午休30～60分钟。尤其在怀孕后期，随着胎宝宝的身体越长越大，准妈妈的身体也会变得越来越笨重，不仅容易发生身体疲劳，也容易精神紧张，引发早产。所以，在适当增加一些睡眠时间的同时最好在每天午饭后休息一下，特别是下肢水肿时，睡眠可以帮助身体尽快缓解疲劳，放松精神，同时减轻下肢水肿。对于工作的准妈妈，可能中午没有条件躺下睡个午觉，但是也可以在座位上小憩片刻。如果办公桌是靠近窗口或是空调的话，最好能把窗子闭上或空调关上一小会儿，防止受风着凉；如果办公室是中央空调的话，最好能披上一件稍厚的外衣，以免睡起来后出现受凉、头疼的现象。如果办公室条件允许的话，准妈妈的午睡最好是睡在沙发上，这样能使身体充分伸展开，放松进入睡眠；如果达不到平躺的条件，睡觉时就应该在头后垫一些柔软的物品当做枕头靠在椅背上谁，不要把头耷拉在椅背上，更不要以臂为枕趴着睡。

怀孕期间容易嗜睡，这是非常正常的现象，尤在早孕期更为明显。但是少数准妈妈睡眠反比未孕时少，或睡眠不实，这一点不必担心，更不必吃药治疗。胎宝宝往往参与妊娠睡眠的调节，孕妇最好依照体内的信息去睡眠。如果失眠或嗜睡现象过于严重，可以咨询医生，找到原因予以适当的治疗。

在睡觉以前，准妈妈最好用温水泡一泡脚，能够缓解疲劳，有助于入睡。睡觉时准妈妈要注意采取合适的睡觉姿势。最适宜准妈妈的体位就是左侧卧位，这能够减轻子宫右旋对腹主动脉的压迫，有利于胎宝宝的血液供应。准妈妈要避免仰卧姿势入睡，因为随着胎宝宝不断长大，到了怀孕晚期，准妈妈的腹腔几乎完全被子宫所占据。此时如果还坚持仰卧姿势睡觉，增大的子宫很容易向后压在大动脉上，使流向子宫的血液减少，对胎宝宝供血不足，从而影响宝宝的生长发育。而且，仰卧时增大的子宫还会压在下腔静脉上，使下肢血液回流受到阻碍，引起或加重下肢水肿。同时，因回心血量减少造成全身各个器官缺血而引起“仰卧综合征”，表现为头晕、恶心、呕吐、血压下降。因此，怀孕晚期应该避免仰卧姿势睡眠。

总之，怀孕期间准妈妈要养成良好的作息习惯，保证充足的睡眠和休息。其实不仅仅是在怀孕这一特殊时期，以后的生活中我们依然要坚持起居规律的好习惯。不要凭借着现在身体还健康年轻的资本，为了工作和玩乐而长期熬夜或过度贪睡。要有修理和控制自己行为的能力，为我们一生的健康负起责任来。

第 25 天：准爸爸该如何关心妈妈

由于准妈妈体内一系列内分泌的变化，在身体和心理上都出现一些转变。准妈妈在孕期容易出现情绪不稳和变化无常的状况，脸上出现的蝶形色素沉着和苍白，腹部脂肪松弛等外形改变，使准妈妈突然感觉到自己变丑了。妻子的易怒暴躁让准爸爸时常感到有苦难言，甚至有些脾气不好的丈夫直接就和妻子吵起架来。

其实准妈妈的情绪直接影响胎宝宝的身心发育，如果孕期情绪过度不安焦躁，容易导致胎宝宝脑积水或者腭裂唇裂。对怀孕妻子的照顾和关心，最重要的是在怀孕初期。在孕早期对妻子细微体贴的照顾，感同身受地去理解和谦让妻子，创造轻松的氛围及和谐的心境，可以减轻准妈妈的烦恼和忧虑，大大减少怀孕后期的严重合并症，增加家庭的稳定性和幸福感，有利于胎宝宝的发育以及今后的教养。这期间，要做好一个能悉心照料妻子和胎宝宝的“合格准爸”需要做到以下几个方面：

1. 做好后勤工作

怀孕期间的准妈妈要负担两个人的营养和健康，这会让她感到非常辛苦。准爸爸要多多关心这一时期妻子的营养问题，保证准妈妈和胎宝宝摄取的营养充足、均衡。有兴趣的准爸爸还可以经常下厨，大展自己的厨艺，亲自为妻子烹饪营养美味大餐。

此时的准妈妈经常会出现腰酸背痛、下肢水肿的状况，轻轻按摩是预防和缓解这些不良状况的好办法。每晚临睡前，准爸爸可以帮助妻子按摩一下腰部、背部、小腿和脚。只需轻轻地揉一揉、按一按就会让准妈妈感到很舒服，在丈夫温暖的大手安抚下，心情也会更加平和、甜蜜。

2. 丰富生活情趣

准爸爸可以适当的地和妻子开开玩笑，讲讲小笑话。幽默风趣的话会使得准妈妈的感情更加丰富，心情更加愉悦。处于孕期的妻子经常有不适的妊娠反应，特别需要向准爸爸倾诉。这个时候，准爸爸要耐心地去倾听妻子的诉说，用风趣活泼的语言去宽慰和开导妻子，帮助妻子稳定情绪，安心养胎。

同时准爸爸可以在早晨陪妻子一起到环境清新的公园、树林或田野中去散散步，做做早操。准妈妈肚子大起来时身体重心也发生了变化，在下楼梯的时候极有可能踩空，行动起来也越来越困难。在外出的时候，准爸爸有力的臂膀是妻子此时最大的帮助，随时随地搀她一把，让她因为有你而感觉到安全舒适。同时，嘱咐准妈妈白天多晒晒太阳，多注意休息，让准妈妈感受到准爸爸温馨的体贴，心情舒畅惬意，对胎宝宝的发育也有好处。

3. 协助准妈妈进行胎教

在前面的内容中我们已经讲过准爸爸在胎教中的重要作用。胎宝宝喜欢准爸爸富有磁性的中低音，喜欢准爸爸的爱抚。所以，当妻子怀孕以后，准爸爸要积极配合其对胎宝宝进行胎教，主动参与到胎教过程当中。没事儿多对胎宝宝说说话，唱唱歌，多抚摸抚摸他，把爱和快乐传递给自己至亲的妻儿。

总之，准爸爸应倍加关爱准妈妈，让妻子多体会家庭的温暖，避免妻子产生愤怒、惊吓、恐惧、忧伤、焦虑等不良情绪，保持心情愉快，精力充沛。同时要保证她的营养，承担许多她曾经每日必做的家务。还有就是对妻子最直接的照料，尤其是到了孕中、晚期，日渐隆起的腹部使准妈妈行动更为不便，有些平日里自己能做的事也做不了，就更需要准爸爸做好后勤工作，照顾好自己的妻子，为胎宝宝的健康成长尽一份力。

第 26 天：孕期准妈妈需远离的六大美食杀手

怀孕后，准妈妈的饮食不仅要对自己负责，更重要的是对胎宝宝负责。所以，准妈妈要规范自己的饮食习惯，戒掉一些不健康的饮食喜好，因为这些美味的“食物杀手”往往会影响胎宝宝的正常发育。下面让我们来一起“封杀”以下医学上公认的六大“美食杀手”。

1. 过度咸食

有些准妈妈口味比较重，嗜好吃咸辣的食物，做菜时经常过量放盐，喜欢吃腌制的肉类和咸菜。其实吃盐量与高血压率发病有着很大的关联关系，食盐摄入越多，高血压病的发病率也越高。妊娠高血压综合征是准妈妈在怀孕期间才会发生的一种特殊疾病，其主要症状为：水肿、高血压和蛋白尿，严重者可伴有头痛、眼花、胸闷、晕眩等自觉症状。准妈妈过度咸食，容易引发妊娠高血压综合征。为了自身和胎宝宝的健康，准妈妈要少吃盐，饮食尽量保持清淡，每日食盐摄入量保持在 6 克左右就足够了。

2. 温热补品

准妈妈周身的血液循环系统血流量会比怀孕前明显增加，心脏负担加重，子宫颈、阴道壁和输卵管等部位的血管也处于扩张、充血状态。再加上胃酸分泌量减少，胃肠道功能减弱，会出现食欲不振、胃部胀气便秘等现象。在这种情况下，如果准妈妈经常服用温热性的补药、补品，比如人参、鹿茸、鹿胎胶、鹿角胶、桂圆、荔枝、胡桃肉等，势必导致阴虚阳亢，困气机失调，气盛阴耗、血热妄行、加剧孕吐、水肿、高血压、便秘等症状，甚至发生流产或死胎等。

3. 长期素食

有些准妈妈为了保持身材，长期保持素食。这非常不利于胎宝宝的发育。准妈妈如果在孕期不注意营养，蛋白质供给不足，会导致胎宝宝脑细胞数且减少，影响大脑发育和出生后的智力水平。如果脂肪摄入不足，容易导致胎宝宝出生后体重过轻，抵抗力低下，存活率较低。对于准妈妈来说，也可能发生贫血、水肿和高血压。日本医学家研究发现，吃素食的妇女所生的婴儿，由于缺乏维生素 B_{12}，往往会导致不可逆的脑损害，婴儿出生三个月后，就逐渐显示出感情淡漠，丧失控制头部稳定的能力，出现头和腕等不自主运动。所以，有素食习惯的准妈妈为了胎宝宝的健康需要多多补充肉类了。

4. 刺激性饮料

医学研究表明，准妈妈多饮可乐等汽水，容易造成体内缺铁而导致贫血；孕期饮酒可使酒精通过胎盘进入胎宝宝体内，直接对其产生毒害作用，不仅使胎宝宝发育缓慢，而且可造成某些器官的畸形与缺陷，如小头、小眼、下巴短、脑扁平窄小、身子短，甚至发生心脏和四肢的畸形。浓茶中含有的大量单宁，能和食物中的蛋白质结合，变成不溶解的单宁酸盐，而且可同食物其他营养成分凝集而沉淀，影响孕妇、胎儿对蛋白质、铁、维生素的吸收利用，进而发生营养不良。此外，孕妇不宜多喝冷饮，多吃凉食，以防胎动不安和孕妇发生腹痛腹泻。

5. 外面买的熟食和冷熏类海产品

在热狗、火腿、火鸡肉、凉肉酱和香肠等熟食，以及冷藏的熏制海产品中，李斯特菌最容易繁殖，准妈妈感染此细菌会导致诸如流产、畸形或死胎等严重后果。此类产品要尽量少吃，即便想吃也要等到煮熟后才可食用。

6. 只吃精制米面

人体中含有氢、碳、氮、氧、磷、钙等11种营养元素（占人体总重量的99.95%），还有铁、锰、钴、铜、锌、碘、钒、氟等14种微量元素（只占体重的0.01%）。这些元素虽然在体内的比重极小，却是人体必需的微量元素，对孕妇、乳母和胎儿来说更为重要，因为他们缺乏微量元素时会引起更严重的后果。准妈妈不要只吃精米、精面，因为精制食物在精制加工的过程当中常常会损失掉微量元素及维生素 B_1、B_6、维生素E等。如果只食用这种精制的米面，而不补充其他的粗粮和谷物，则易患上营养缺乏症。

第27天：孕期不宜配戴隐形眼镜

许多习惯配戴隐形眼镜的准妈妈在怀孕期间都会遇到这样的情况：原先配戴很适合的隐形眼镜，会变得不易配戴，甚至根本戴不上。而且配戴隐形眼镜后经常感觉眼镜不舒服，发涩发痒，无法长时间配戴。

为什么会出现这种变化呢？这就需要我们从怀孕对眼睛造成的影响谈起了。众所周知人类的眼睛上有一层泪液膜，它覆盖在角膜（黑眼珠前透明部分）及结膜（眼白前透明部分）之前，泪液膜由内而外又分为黏液素层、水液层及油脂层。黏液素层在最里层，由结膜杯状细胞所分泌，主要将角膜上皮细胞由亲脂性变成亲水性，使得水液层能均匀分布在眼球表面。水液层在中间层，由泪腺及副泪腺分泌，占了泪液膜的绝大部分，主要功能为供给角膜上皮细胞氧气、杀菌及清除代谢产物等。而油脂层在最表层，由眼睑的睑板腺所分泌，主要功能是延缓水液层的蒸发及增加泪液膜的表面张力。怀孕会影响泪液膜的质与量，在怀孕期间约有80%的准妈妈泪液分泌量是减少的（主要是水液层分泌不足）。且结膜杯状细胞受怀孕期间荷尔蒙的影响而减少，会导致黏液素层分泌减少，使得泪液膜的均匀分布受破坏。而怀孕期间眼睑的水肿会导致眼睑发炎，破坏油脂层的分泌，使得泪液膜中的水液层更易蒸发。所以泪液膜量的减少及质的不稳定，容易造成“干眼”的症状，影响隐形眼镜的配戴。

怀孕期间，为了给胎宝宝的成长发育提供一个适当的环境，准妈妈的身体会发生很多的变化。这些身体功能上的改变也会对眼睛造成生理上的影响。在怀孕期间准妈妈们的平均体重约增加 11 千克，且体内比平时多储存了约 6.5 升的水分。而角膜含有 70% 的水分，所以它是眼球前半部受怀孕水分增加影响最大的一部分。有相关研究指出，怀孕期间眼球出现以下变化：角膜厚度增加，越到怀孕末期，角膜厚度增加越明显。角膜敏感度反而降低，会影响角膜反射及保护眼球的功能，这种现象在生产后 6 ~ 8 周可以恢复正常。角膜的弧度有些改变，在怀孕末期更明显，根据研究报道，角膜弧度在怀孕期间会变得比较陡，而使得屈光检查有 0.25 ~ 1.25 屈光度的改变。角膜弧度的改变会使得原先配戴合适的隐形眼镜变得不合适。近视度数可能会增加：怀孕会使结膜的小血管痉挛及收缩，导致血流减少。而水晶体对水分的渗透度增加，会使得水晶弧度变陡，眼睛的近视度会增加，使得原先合适的隐形眼镜变得度数不够，导致看东西会模糊不清。

隐形眼镜族在怀孕期间困扰很多。大约有 30% 的准妈妈在配戴隐形眼镜时出现了问题。这些问题最主要有配戴隐形眼镜时眼睛干涩，有异物感（尤其是硬式隐形眼镜）；觉得隐形眼镜表面油腻程度增加（主要是黏液的堆积），视力变得模糊不清晰；配戴时间比平常缩短了，等等。这些困扰与怀孕期间泪液层的改变、眼球表面的湿润不足、角膜厚度及弧度的影响有很大的关系。相关专家指出，怀孕期间的女性并不适合常戴型隐形眼镜，最迟在怀孕三个月后就应该停戴了，一直到产后 6 ~ 8 周（最好 3 个月）再重新配戴。患有近视眼的准妈妈最好选择配戴舒适的框架眼镜，如果非戴隐形眼镜不可，那就需要严格做好镜片清洁保养工作，或是干脆使用日抛式隐形眼镜，用完就扔，对眼睛最健康。然而只要稍有不适症状还是要尽快找眼科医生诊治，切勿抱持拖延心态，以免造成无法弥补的遗憾。

第 28 天：学会做妊娠记录

此时，准妈妈已经完全过渡到怀孕状态了，一些妊娠反应也接踵而至。此时可以开始记妊娠记录了。准妈妈从怀孕到分娩的整个过程，非常辛苦，但同时也是一个充满了期望和幸福的过程。妊娠记录可以帮助准妈妈掌握怀孕期间的活动及变化，帮助医务人员了解准妈妈在孕期的生理及病理状态，为及时处理异常情况提供依据，这样可以避免因记忆混乱而造成的对病史叙述不准确导致医务人员的处置失误。尤其是高龄准妈妈，有高血压、糖尿病等慢性病的特殊准妈妈更应该坚持记妊娠日记。妊娠记录可以记下末次月经日期；检查确定怀孕的日期（据此可推断预产期及胎儿发育情况）；早期妊娠反应的起止时间及妊娠反应的情况；每次产前检查的情况及病历记载；孕期患病以及用药的情况；接触放射线或其他有毒物质的情况；胎宝宝有无异常；阴道有无出血及流水现象等等。而以下几个要点是妊娠记录中必须包括的。

第一，第一次胎动的日期。如做胎动监护，则记录每日胎动的次数。首次胎动日期：首次胎动一般发生在妊娠 18 ~ 20 周，经产妇自觉胎动时间早于初产妇。正常的胎动是胎宝宝健康生存的标志，准妈妈可用双手触摸腹部，集中注意力便可以感到胎动，尤其是晚上胎动会更加明显，胎动次数随怀孕月份增加而逐渐增多。正常情况下平均每小时胎动 4 ~ 5 次，如果胎动次数减少或胎动停止，应及时到医院检查。胎动计数一般 1 日 1 次，可在每晚睡前进行，并将胎动次数及时记录下来。

第二，妊娠反应的起止时间。一般在怀孕第 6 周由于绒毛膜促性腺激素的作用，准妈妈会出现常见的反应有厌食、偏食、食欲不振，清晨起床时出现恶心、呕吐、头晕、疲倦等，重者出现消瘦、脱水、电解质紊乱，这些症状在怀孕 2 个月达高峰，3 个月后逐渐消失。除记下反应开始的日期，还应记录反应程度、何时消失、是否进行过治疗，等等。

第三，孕期患病须记录疾病的起止日期，某些疾病特别是一些病毒性感染如流感、风疹等，能引起胎儿畸形，应认真记录下患病名称、起止时间，主要症状，以便让医生准确全面地掌握情况，及时采取补救措施。怀孕期间准妈妈不可滥用药物，如阿司匹林、激素、某些抗生素、抗癌药等，在怀孕早期使用可能会引起胎宝宝畸形、怀孕后期亦会使胎宝宝中毒。要在医生的指点下正确使用药物，并及时把用药品种、剂量、天数、副反应等内容写在妊娠记录中。

第四，人体胚胎在 6 周内对 X 线十分敏感，妊娠早期接触 X 射线有较强的致畸作用，最好在此时期内禁止 X 线照射。放射性同位素碘 131 治疗也可致畸。若接触到有害有毒物质，则应确切记录包括有害有毒物质的品种，接触时间，不良反应等情况。若有接受放射线，例如接触 X 线、CT 检查及接触其他放射线，要记录照射部位及时间。

第五，重要化验及特殊检查的结果，如血常规、血型、肝功能检查、B 超检查、胎儿监护、胎盘功能检测等，都是非常有价值的资料，应妥善保存各种化验单，检查报告单。

第六，孕期出血，不论孕早期，中期，晚期都须记录，并记录出血量及持续时间。

妊娠记录可以由准妈妈自己来写，也可以让准爸爸代写。如果准爸爸准妈妈想要共同完成这份珍贵记录的话，可以让准爸爸把内容写在记录本的左页、准妈妈写在右页；如果采用博客形式记录的话，准爸爸和准妈妈可以用不同的字体、颜色等来区别记录，这样一方面会更有趣味性，一方面还方便准爸爸和准妈妈双方的交流沟通，也可使夫妻的感情更为浓厚。

妊娠记录可每日一记，也可重点记录。如果想便捷省事一些，也可以把胎教日记和妊娠记录放在一起来书写。

动起来：瑜伽肩部颈部练习

具体步骤如下：

（1）准妈妈轻轻跪坐在垫子上面，让自己的肩膀与地面相平行，同时脊背要垂直于地面。保持肩膀和脊背的放松。

（2）双臂向前轻轻地抬起，达到平举状态。再将指尖搭在肩膀上。

（3）深深地吸一口气，慢慢地向上抬高手肘，使得肩轴向上转动，大臂尽量贴在耳旁，保持这个姿势 30 ~ 40 秒钟。

（4）双肘相碰于胸前，呼气，慢慢向后，逆转肩轴，使胸腔得到充分的扩展。动作结束时，手肘慢慢地放下，再次于胸前相碰。

（5）相反方向再做一次为一组，每次练习时需要反复做 5 ~ 10 组。

运动过程中有以下运动过程中有以下注意事项：

（1）准妈妈应该根据自己身体的实际情况进行运动，不要超过自己的极限。

（2）整套动作只动肩部，腰部不要跟着转动。

（3）做动作时，注意均匀呼吸。

这个动作可以活动到肩部、臂部、背部的肩胛骨以及肌肉群组。是一个能够放松准妈妈心情的姿势，可以改善上半身的血液循环，缓解疲劳，避免下半身脂肪的堆积。

在本书接下来的内容中，我们也会为各位准妈妈介绍很多适合怀孕期间来练习的瑜伽运动。运动胎教虽然是胎教的重要组成部分，但是为了安全起见，准妈妈一定要选择适合自己的运动方式，不要进行跑步、举重、打篮球、打羽毛球等较为剧烈的运动。这些运动项目体力消耗大，伸背、弯腰、跳高等动作幅度比较大，容易引起流产或者外伤。另外准妈妈不要提重物，不要长时间蹲着、站着和弯腰，这些活动会压迫腹部，易引起劳累过度，对胎宝宝造成不利影响，甚至会引起流产或早产等严重后果。

胎宝宝的阅读时光：经典童话《豌豆上的公主》

有很多年轻的准妈妈在幼年时期都非常喜欢读丹麦著名儿童文学家安徒生的童话作品。不知道准妈妈们是否还记得，在安徒生童话作品里描写的诸多可爱漂亮的公主和小姑娘当中，有一个小姑娘皮肤娇嫩之极，连压在厚厚的羽绒垫子下面的一粒小豌豆都能感知到。她就是《豌豆上的公主》里面的主人公。今天，就让我们和胎宝宝一起来重温这个有趣的小故事吧。

从前有一位王子，他想找一位公主结婚，但她必须是一位真正的公主。

他走遍了全世界，想要寻到这样的一位公主。可是无论他到什么地方，他总是碰到一些障碍。公主倒有的是，不过他没有办法断定她们究竟是不是真正的公主。她们总是有些地方不大对头，结果，他只好回家来，心中很不快活，因为他是那么渴望着得到一位真正的公主。

有一天晚上，忽然起了一阵可怕的暴风雨，电闪雷鸣。这真有点使人害怕！这时，有人在敲门，老国王就走过去开门。站在门外的是一位公主。可是，天哪！经过了风吹雨打之后，她的样子是多么难看啊！水沿着她的头发和衣服向下流，流进鞋尖，又从脚跟流出来。

她说她是一个真正的公主。

“是的，这点我们马上就可以考查出来。”老皇后心里想，可是她什么也没说。她走进卧房，把所有的被褥都搬开，在床榻上放了一粒豌豆。于是她取出二十床垫子，把它们压在豌豆上。随后，她又在这些垫子上放了二十床鸭绒被。

这位公主夜里就睡在这些东西上面。

早晨大家问她昨晚睡得怎样。

“啊，不舒服极了！”公主说，“我差不多整夜没合上眼！天晓得我床上有件什么东西？我睡到一块很硬的东西上面，弄得我全身发青发紫，这真怕人！”

现在大家就看出来了。她是一位真正的公主，因为压在这二十床垫子和二十床鸭绒被下面的一粒豌豆，她居然还能感觉得出来。除了真正的公主以外，任何人都不会有这么嫩的皮肤的。

因此那位王子就选她为妻子了，因为现在他知道他得到了一位真正的公主。这粒豌豆因此也就被送进了博物馆，如果没有人把它拿走的话，人们现在还可以在那儿看到它呢。

请注意，这是一个真实的故事。

1835年，安徒生的第一本童话集问世，这本仅仅61页的小册子一共收录了四篇童话，其中就包括《豌豆上的公主》。这些童话来自安徒生自己的人生经历，他说，“它们像种子一样藏在我的思想中，一股涓涓细流、一束阳光，或一滴苦酒，就能使它们破土而出。”《豌豆上的公主》告诉我们，“真人不露相”的情况时常会发生在生活当中。我们不能只凭外表去判断一个人，要具有慧眼和脑筋，懂得去发掘他人的内涵和真相。

好孕美食馆：健康小零食赶走孕期疲劳

近年来，营养学家通过对零食的研究，发现零食不仅能补充人体的营养素，而且对养生、健美有一定的功效。而准妈妈适当吃一些健康小零食，不仅可以补充营养，还可以缓解孕期小疲劳。

第一，孕期的准妈妈营养消耗量大，容易感到疲劳和乏力，适当地补充一些小零食可以缓解疲劳。在非正餐时间感到饥饿时，用一点小零食来充饥也可以迅速补充体力，带来饱腹感。

第二，吃零食能收到养生防病的效果。我们在吃零食时大都处于细嚼慢咽的状态，科学研究证明，慢食对人体健康很有好处，可健脑、抗衰、防病、美容。准妈妈休闲时间轻松的吃一些美味零食，在亲切、自由和愉快的情感之中，体验那种特有的悠闲、惬意、美味，起到养生防病的作用。

第三，吃零食能够锻炼牙齿和美容。多数零食都很“耐嚼”，能起到健齿作用，既锻炼了牙齿，又有健脑作用。每天坚持嗑几十粒瓜子，有助于皮肤光滑靓丽。

第四，吃零食能调节准妈妈的情绪。零食可以使人的精神进入最佳状态。美国耶鲁大学的心理学家发现，吃零食能够缓解紧张情绪，消减内心冲突。在手拿零食时，零食会通过手的接触和视觉，将一种美好松弛的感受传递到大脑中枢，产生一种难以替代的慰藉感。

下面我们就来推荐一些适合准妈妈享用的小零食，一起来挑一挑哪些是符合自己口味的吧。

1. 葡萄干

补气养血，利水消肿，其含铁量非常高，可以预防孕期贫血和水肿。但是葡萄干含糖量非常高，不宜多吃。而偏胖的准妈妈和患有妊娠糖尿病的准妈妈是不能吃葡萄干的。

2. 大枣

大枣的营养价值很高。因为它不仅自身含有丰富的维生素 C，还能给准妈妈补充铁，大枣可是很好的孕期零食。而把大枣做成的红枣粥，是准妈妈的最佳补品。

3. 核桃

核桃的营养价值非常高，它自身含有丰富的维生素 E、亚麻酸以及磷脂等，尤其是亚麻酸对促进胎宝宝的大脑的发育有很重要作用。同时，核桃还能健胃润肠、催乳，富含多种维生素和果糖以及葡萄糖等，是孕期的绝佳零食，尤其是有孕期便秘症状的准妈妈可以多食用一些。

4. 酸奶

酸奶里面含益生菌，可以帮准妈妈调理肠胃，同时又富含蛋白质，是补充蛋白质很好的来源，而且酸奶清凉、爽口，很容易被消化吸收。

5. 板栗

板栗含有丰富的蛋白质、脂肪、碳水化合物、钙、磷、铁、锌、多种维生素等营养成分，有健脾养胃、补肾强筋、活血止血的功效。准妈妈经常食用板栗，不仅健身壮骨，还有利于骨盆的发育成熟，并消除孕期的疲劳。

6. 海苔

海苔浓缩了紫菜当中的各种 B 族维生素，特别是核黄素和尼克酸的含量十分丰富。它含有 15% 左右的矿物质、各种微量元素与大量的矿物质，有助于维持人体内的酸碱平衡，而且热量很低，纤维含量很高，对准妈妈来说是不错的零食。

7. 花生

花生中富含的维生素 B_2，正是我国居民平日膳食中较为缺乏的维生素之一。因此准妈妈多食用一些花生，不仅能补充日常膳食中维生素 B_2 之不足，而且有助于防治唇裂、眼睛发红发痒、脂溢性皮炎等多种疾病。

8. 芝麻糊

有乌发、润发、养血之功效。适当食用一些芝麻糊可以缓解孕期脱发，使得准妈妈的头发乌亮秀美。

9. 葵花子

葵花子含有蛋白质、脂肪、多种维生素和矿物质，其中亚油酸的含量尤为丰富。亚油酸有助于保持准妈妈的皮肤细嫩，防止皮肤干燥和生成色斑。

10. 全麦面包

准妈妈在孕期需要适当增加食物的摄入量，饿了就要及时吃。全麦面包能够增加体内的膳食纤维，还能补充更全面的营养。

准妈妈在选择零食时，要注意各种零食的保鲜情况和有效期，千万不要食用过期的食品。开封后的食品要按说明在规定的时间内食用。遇到异味异形的食品不要选购，而未曾尝试过的新鲜食物最好也要远离，避免过敏等情况发生。最后我们提醒准妈妈，要少吃多餐，合理膳食，保证充足的营养供应，在十月怀胎后，迎接一个健康、平安、快乐的宝宝。

胎宝宝的私人音乐厅：《勃兰登堡协奏曲》

《勃兰登堡协奏曲》是巴赫于1719 ~ 1721年创作的一套合奏协奏曲作品，这套含有六首曲子的曲集最初被称为“为几件乐器而写的协奏曲”，是巴赫的合奏协奏曲作品中最杰出、最受世人喜爱的经典。该曲是应勃兰登堡侯爵之约所作，当时这位公爵深受失眠症的困扰，每当他感到焦虑和失眠时，巴赫就会来为他进行演奏，听过之后这位公爵就会放松下来。所以，当准妈妈感到烦躁和紧张的时候，不妨欣赏一下这位古典音乐大师的“催眠曲”吧。

这六首大协奏曲是巴赫同类作品中最伟大的杰作，也是他自由发挥技能的最佳范例之一，被后人称为是所有合奏协奏曲中最优秀的作品和巴洛克协奏曲的典范。这个时期正是巴赫创作的顶峰，作品丰富而优秀。在这组作品中，巴赫以鬼斧神工的熟练技巧展开动机，而除了创造纯粹的欢愉之外，并无其他任何意图。巴赫动员了当时所有可能的乐器编制，同时更借助了巧妙的乐思应用。

《勃兰登堡协奏曲》中的六首作品的风格迥异，不仅乐器组合彼此不同，而且协奏方式也各异。巴赫使用了当时所有可能的乐器进行了编制，独奏乐器组除了长笛、双簧管、小提琴以外，还加用了一个F调高音小号——这种小号兼有单簧管和双簧管的音色，而且在很多地方它的音区高过长笛，巴赫以起惊人的天赋和鬼斧神工般的熟练技巧制造了一场纯粹的欢愉，带来了一种神奇的音乐效果。该作品分为三个乐章：

该协奏曲的第一乐章都是在活泼欢快、轻松明朗的气氛当中拉开序幕。乐章的中心主题位于高声部，旋律进行活跃有力。整个乐章只建立在一个单一的主题之上，非常符合巴赫在创作上坚持的每次只做一件事的古老原则，在一个音乐内核中尽情挥洒自己的才能。它不像现代的协奏曲，对比的主题形象，产生二元的戏剧效果，而是在纯粹、有力的情感中，给人们带来一种别样的感受。

第二乐章是抒情的慢板乐章，是由长笛、双簧管和小提琴组成的温柔的“三重唱”。这里即有沉思、忧伤情绪，又有充满诗意田园画卷，带着淳朴的“乡村小夜曲”之风。准妈妈在聆听这一清澈、纯粹的乐章时，只需要放松身心，享受缓缓流过的音乐时光。感受其在抒情的卡农式对答中传达出的真诚感人的感情。

第三乐章又恢复了传统的热情风格。巴赫在这一乐章中向我们展示了他高超的作曲技巧。第二、四、五首以赋格体结束。他将这种对位音乐的最高形式发展到了顶峰，后面再也不曾有人超越这位音乐巨人。一个音乐主题飞翔在乐队的各个声部之间，变化多端、穿梭往来。赋格曲就像延绵起伏的山脉、海浪一样，错落有致，乐队中每个声部的个性都能被听到。第一、三、六首采用民间舞曲体裁，热烈欢快的民间舞蹈正适合套曲的结束。

德国另一位著名作曲家瓦格纳称该组乐曲是“一切作品中最惊人的奇迹”。巴赫的作品素来以逻辑性强、变幻多样、主题贴切感人、旋律丰富多变著称。不仅仅是《勃兰登堡协奏曲》适合准妈妈们作为胎教音乐来欣赏，巴赫还有很多音乐作品是值得我们去聆听和研究的，在本书接下来的内容中，我们还会继续为准妈妈推荐巴赫相关的经典音乐。一个人早期所接触的文艺作品会对其未来的艺术品位和欣赏高度造成深远的影响，所以在这里要建议各位准妈妈多读好书，多听好音乐，多看好电影；少看一些偶像剧和言情小说，为自己和胎宝宝日后的文化修养创造一个良性的发展空间。

第二个月（5 ～ 8 周）：用美丽心情孕育快乐宝宝

1. 准妈妈的变化

怀孕第二个月时，准妈妈的身体从外观看上去还没有明显的变化，但其实子宫已经发生了明显的变化。孕前的子宫长 5 厘米左右，状态像个握紧的拳头；此时的子宫略有增大，而且变得很软，尤其是子宫峡部已经变得特别柔软；阴道壁及子宫颈因为充血而变软，呈紫蓝色。当子宫成长时，准妈妈可能会感到腹部有些痉挛，有时还会出现瞬间的剧痛感。

这一时期，准妈妈的乳房开始明显增大并且变软，胸部胀痛，乳晕有小结节突出，乳头变得更为敏感。此外，准妈妈的阴道分泌物增多，同时由于激素的作用及增大的子宫压迫膀胱，准妈妈的小便次数也会有所增加。

还有，准妈妈的体温会有些偏高，如果在日常进行体温检测时发现体温下降，或者准妈妈的妊娠反应突然停止，那么就要加以警惕了，这很可能是流产的信号，应该及时到医院进行检查。

2. 胎宝宝的变化

从第 5 周开始，胎宝宝进入了第二个月的发育，开始进入胚胎器官高度分化和形成期。在第 5 周，这胎宝宝主要器官，如肾脏和肝脏开始成长，面部器官开始形成，鼻孔可清楚地看到，连接脑和脊髓的神经管也开始工作，原肠开始发育。胚胎的上面和下面开始形成肢体的幼芽，将来形成宝宝的手和腿。将来形成嘴巴的地方的下方出现小的褶皱，将发育成宝宝的脖子和下巴。心脏开始有规律地跳动及开始供血。这时候的胚胎长度约 0.6 厘米，像一个小苹果籽。

到了第 6 周，胚胎发育成板栗状，胚胎面部会出现黑色的小点、小的空洞和深凹下去的空洞，即为宝宝的眼睛、鼻孔和耳朵；形成宝宝手和腿的地方的变化也越来越明显，看上去像划船的桨；宝宝的脑下垂体腺和肌肉纤维也开始发育，胚胎的心脏已经可以跳到 150 次 / 分钟，相当于大人心跳的两倍，但外界还监测不到。此外，胚胎这时候还会在子宫内发生轻微的转动。

第 7 周时，胎宝宝大约发育到了 1.3 厘米左右的长度，形如一颗桑葚，出现了肘关节和清晰可见的、有点微微相连的手指和脚趾。这个时候胎宝宝头内部的两个大脑半球正在发育，头有些不成比例的大；牙齿和口腔内部结构正在成型，小鼻头正在冒出来，耳朵也在继续发育；眼睛已经开始显现出一些颜色，但是一部分被眼睑遮住了；皮肤非常薄，血管清晰可见。此外，这个时候的胎宝宝已经长出了阑尾和胰腺，肝脏正在忙着制造红细胞，有一段肠已经开始突进脐带里，脐带现在已经有着清晰的血管，并开始往胎宝宝身体来回输送氧气和营养了。胎宝宝看上去有一条小尾巴，实际上是尾椎骨的延伸，几周后会自动消失。

等到怀孕第二个月末，也就是第 8 周时，胎宝宝已经长到了 3 厘米左右，体重约有 4 克重。这时胚胎的各种复杂的器官都开始成长，心脏和大脑已经发育得非常复杂，眼睑开始出现褶痕，鼻子部位也渐渐挺起，牙和腭开始发育，耳朵也在继续成形，小胳膊在肘部变得弯曲，手指和脚趾之间隐约有少量蹼状物；生殖腺和生殖器官也在构建过程中；由于骨髓还没有形成，暂由肝脏来产生大量的红细胞，直到骨髓成熟后来接管它的工作。胎宝宝开始显现出明显的轮廓，胎盘和脐带形成；皮肤像纸一样薄，血管清晰可见；用肉眼就能分辨出头、身体和手脚；胎宝宝已经会做踢腿、伸腿、抬手、移动双臂的小动作了，但是这些准妈妈还依然是察觉不到的。

3. 胎教重点

（1）营养胎教

这一时期准妈妈主要应注意维生素 C 和维生素 B_6 的补充，以缓解牙龈出血，抑制妊娠反应的恶心剧吐。怀孕的第 2 个月时，有些准妈妈在刷牙时牙龈会出血，适量补充维生素 C 能缓解牙龈出血的现象。对于那些受孕吐困扰的准妈妈来说，维生素 B_6 便是妊娠呕吐的克星。维生素 B_6 在麦芽糖中含量最高，每天吃 1 ~ 2 勺麦芽糖不仅可以抑制妊娠呕吐，而且能使准妈妈的精力倍感充沛。除了麦芽糖之外，富含维生素 B_6 的食品还有香蕉、马铃薯、黄豆、胡萝卜、核桃、花生、菠菜等植物性食品，以及瘦肉、鸡肉、鸡蛋、鱼等动物性食品。可以多吃一些豆类、蛋类、乳类食品，以及适当吃些含淀粉的食物补充能量。为了满足胎宝宝身体重要器官的发育需要，准妈妈要适量补充一些微量元素，可以多吃一些干果类食物如核桃、芝麻等，还可以多吃些富含维生素和矿物质的蔬果食品。

因为早孕反应，这段时间准妈妈的胃口可能会不太好，但是请不要担心，现在的胎宝宝还很小，只要正常进食都可以满足需求，不想吃饭的时候不要勉强自己过多进食，只要吃得舒服就可以了。如果发生呕吐现象，可以吃一些清淡的食物，比如蔬菜汤、水果、米粥等加以补充。

（2）情绪胎教

此时的准妈妈身体上出现了明显的妊娠反应，也越来越能感知到胎宝宝的存在。不要因为突然得知胎宝宝的到来而感到惊慌失措，担心出现意外，担心胎宝宝被照顾得不周全。其实，准妈妈的好情绪是胎宝宝最需要的礼物，要知道他安全地向准妈妈发出到来的信息时，就已经证明了他现在是足够健康的。接下来的日子里，准妈妈只要多做一些自己喜欢的事情，分散注意力，缓解妊娠反应给自己带来的不适，让自己更快乐更幸福更轻松。

（3）行为胎教

为预防早期流产，一方面要绝对避免接触某些有害的化学物质和辐射，另一方面尽量少到公共场所去，提防流感、风疹、麻疹、腮腺炎、传染性肝炎等病。此外，孕早期还要禁止性生活，以利安胎。

准妈妈从怀孕以后，穿衣要本着宽大、松软、舒适的原则，不要再穿紧身衣裤，裤带不可勒得太紧；不要束胸，不宜穿高跟鞋；孕期阴道分泌物增多，应常用温水擦澡，不要盆浴；内衣要常洗换；不要做弯腰的活动，避免撞击到腹部，也不要提过重的物件。

在怀孕早期，准妈妈要少到公共场所，预防流感、风疹、麻疹、腮腺炎、传染性肝炎等病，避免接触 X 线、放射性物质和农药。怀孕期间可以照常参加一些适度的工作或劳动，但不能从事过重劳动和高空、深水作业，不要做弯腰的活，避免撞击腹部，不提过重的物件等。

第 5 周：从苹果籽长成小板栗

从本周起，准妈妈开始能够感受到自己身体上逐渐发生的变化，有了怀孕的迹象。本周初，细小的胚胎长度只有6毫米，在医院借助仪器可以看到一个外形酷似海马的苹果籽大小的胚胎，而到了本周末，胎宝宝就会长到 11 ~ 13 毫米，看起来就像是一个小板栗。

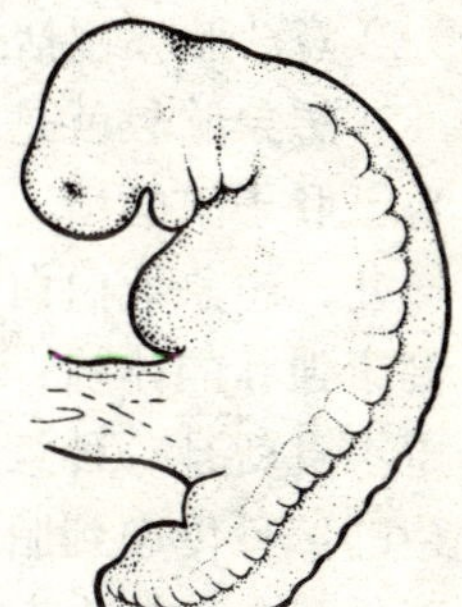

胎儿的头部已经可以与身体区分，在“背部”已经长出脊状的突起，为宝宝脊柱的形成提供基础。

这一周，胎宝宝开始突飞猛进地成长起来，心脏开始供血并且有规律的跳动，小肠形成，阑尾出现，腿开始以出芽的方式长出来，手臂变长分成了手、肩、臂部，面部器官开始形成，鼻孔出现，眼睛的视网膜也开始形成了。

现在的准妈妈还很难让别人看出自己已经怀孕了，但体内已经发生了翻天覆地的变化，恶心、疲倦、嗜睡等早孕反应开始明显出现。趁着还没被人看出自己的孕态之前，好好享受一下初为准妈妈的快乐和小秘密吧。

1. 处理好来自工作上的压力

面对来自工作和妊娠反应带来的双重压力，很多准妈妈已经感觉到有点力不从心了。此时，不要着急，不要情绪崩溃，而是应该积极地进行调适，做到工作怀孕两不误。在这里我们建议各位准妈妈在怀孕初期就要主动和单位协商，调离不适合怀孕期间任职的岗位。还可以和主管申请减少一些工作量，减少加班时间，等等。总之,此时的准妈妈要稍微牺牲一点自己的事业,脱离一下“女强人”的角色,以健康安全和保胎为重。

2. 一定要吃早餐

有很多年轻的准妈妈都没有吃早餐的习惯，甚至很多人因为爱睡懒觉，起床的时候就已经要到午饭时间了。这种习惯本身就是非常不健康的，在怀孕以后更是要改掉。早餐中所摄取的营养素及能量对血糖的调控有重要的意义，如果不吃早餐就极易产生血糖波动，准妈妈的血糖波动会影响到胎宝宝的血糖值，影响胎宝宝的生长速度。同时，不吃早餐会影响新陈代谢的速度，而如果因为一上午的空腹导致午餐时食物摄入量过多，也会加重胃部的负担，不利于消化和肠胃健康。

第 29 天：认识意念胎教

在日常生活中，有时我们会发现一些相貌平平的父母却生出了非常漂亮的孩子，这与怀孕时母亲经常强化孩子的形象是有关联的。专家认为，由于准妈妈和胎宝宝之间在心理和生理上具有相通性，因此怀孕期间的准妈妈如果经常设想胎宝宝的形象，宝宝出生后会和母亲幻想中的形象有相似之处。

从胎教学的角度来看，准妈妈的意念会转化、渗透在胎儿的身心感受之中。同时，准妈妈在幻想胎宝宝的形象过程中，会变得愉悦并且充满幸福感，进而促进体内具有美容作用的激素增多，使胎宝宝面部器官的结构组合及皮肤的发育良好，从而塑造出自己理想中的宝宝。

意念胎教包括想象胎教、冥想胎教、气功胎教三种,其中以想象胎教最为重要。

想象胎教就是准妈妈充分发挥自己的想象力，幻想胎宝宝的模样，胎宝宝在自己肚子里的情况。你可以想象胎宝宝浮在羊水当中活泼可爱、自由自在的小模样儿，想象他白白嫩嫩、惹人喜爱的漂亮小脸蛋儿，想象他有聪明伶俐的大脑和健康强壮的体魄，在感受到胎动时想象胎宝宝在肚子的每一个动作……美好的愿望本身就是一种意念，通过对胎宝宝作各种各样积极的联想和想象，把自己所希望的信息传递到胎宝宝身上，进而增强与宝宝之间生理上、心理上的联系，这也正是意念力对胎儿发育有益的“干预”。

冥想胎教就是指放松身体和神经，想象一些美妙的场景和事物，让自身处于一种美好而宁静的意境之中。准妈妈可以躺在床上放松自己的四肢和大脑，听着轻柔的音乐，想象自己来到了一片开阔的大海边，宁静，宽广。一股清新的海风拂过身体和面庞，海浪一层层涌来，不远处传来了海鸥的叫声。阳光洒在海面上，让一抹金黄晕染在海洋中……你还可以冥想来到大草原上，来到高山脚底；你也可以回忆和准爸爸在一起做的最浪漫的那件事，回忆童年里让你最快乐的那次生日聚会。总之，此时的准妈妈可以做一个梦幻家，在梦里和胎宝宝一起守着你心里的那片金色麦田。

气功胎教是指让准妈妈意念高度集中，意识定向作用，使其处于一种“入静入定”的特殊身心状态，这可以使得准妈妈的身心机能高度协调，打通全身脉络，让周身的经络、气路、血脉通畅，并能明显增加“意守”部位的血流量，提高意守部位的机能。进行气功胎教时注意意守子宫，这会使子宫部位的供血增加两倍以上，从而使胎宝宝获得充足的养分，十分有利于胎宝宝的发育和潜能的发掘，同时也加强了准妈妈与胎宝宝之间心理上的联系。但是要注意的是，接受气功胎教的准妈妈最好有一定的气功功底。练过气功的人能很好把握住自己的功能状态，使胎宝宝从中极大受益。没练习过气功的人，必须严格遵照气功师的指导，以防气流在体内偏行或滞留，造成出偏。练出偏对准妈妈和胎宝宝都极其有害。所以有意进行气功胎教的准妈妈一定要慎之又慎。

意念传神。胎宝宝能敏锐的感知到准妈妈的心理活动，并且能感知到准爸爸和准妈妈对其的态度，他能听懂你们的心声。也许准妈妈平时总是忙忙碌碌的，很少有时间静下心来独处，甚至整个人总是很浮躁，无法让自己沉静下来进行思考。从现在开始，准妈妈不妨每天利用10分钟的时间和胎宝宝“独处”一会儿，享受只属于你们俩的私密而宝贵的空间。让自己纷繁的思绪完全沉静下来，用心来感受那份释然和欢喜。好好冥想几分钟，好好想象一会儿胎宝宝的形象，把自己的爱和理想反复告诉腹中的宝宝，深信自己的宝宝会成为一个健康、聪明、善良的好孩子。通过这些美好的想象，准妈妈必然会感到舒适，在这个基础上，只要胎宝宝是醒着的，就可以分享准妈妈所看到和听到的一切。

第30天：孕早期该如何进行安全防护

1. 安全防护要事

（1）避免使用含氯的洗涤剂

怀孕初期的准妈妈身体十分敏感，比平常更容易受到气味的刺激。而含氯的洗涤剂有很强的刺鼻气味。会让会让准妈妈感到恶心和身体不适。所以准妈妈最好还是应该选择性质比较温和的洗涤剂。如果必须使用含氯的洗涤剂，首先要保持房间的换气通风，然后戴上口罩和手套，做好防护措施。

（2）注意绝对不让腹部着凉

怀孕后的准妈妈由于体内激素的变化，体温一直较高，很容易感觉到热。因此很多准妈妈都喜欢穿轻薄的衣物，在凉快的地方待着。在这里要提醒各位准妈妈的是怀孕期间要避免让自己处于低温的状态，尤其要注意不要让腹部着凉。孕早期使用托腹带有些早，可以及早穿上内衣，无论在室内还是室外都要随手带一件外衣。

（3）避免长途旅行

孕早期的准妈妈非常需要静养，而乘坐交通工具会加剧孕吐反应，带来身体的严重不适，所以应尽量避免长途出行，不乘坐火车、飞机、轮船。将出行计划安排到孕中期进行。同时，要避免需要瞬间产生爆发力的运动，还要避免滑雪、滑板等会对腹部产生压力的运动。

（4）避免染发和烫发

染烫发是一种深受大众女性喜爱的美发项目，但准妈妈尽量还是要避免。这是因为，染烫发使用的药水中都含有一定量的化学物质，这些化学物质对胎宝宝的影响目前虽然尚无定论，但可以肯定的是，这些化学物质或多或少都会经由准妈妈的皮肤深入到体内，一旦通过胎盘过渡给胎宝宝的话，就会对胎宝宝的生长发育造成影响。尤其是在怀孕早期，胚胎正在高度发育中，胎宝宝的重要器官正在形成，此时若受到外界有害物质的侵害，很可能会给胎宝宝的生长发育造成一些不利的影响。如果准妈妈实在爱美的话，染烫发最好等到怀孕中期再进行，这个时候胎宝宝的已经趋于稳定，抵抗力也稍强，可降低受到可能存在的危险因子侵害的几率。

（5）不宜进行性生活

怀孕开始的前三个月称为孕早期，是其胎宝宝主要器官结构完成分化和器官发育的关键时期，胎盘也未完全形成，此期也叫胚胎期，由于此时胚胎和胎盘在子宫内都处于不稳定状态，胚胎在母亲子宫里还未牢固地生存下来，随时有掉落的危险。在性交时，阴道与子宫颈会受到机械刺激，腹部会受到挤压，尤其是在性生活过于激烈的情况下，会诱发子宫强烈收缩，最容易引起流产，加之准妈妈从这个月开始，就会出现不同程度的早孕反应和其他不适等，也会造成性欲和性反应减弱。因此，这个时期是不宜过性生活的。

（6）让靠垫成为你的温暖宝贝

怀孕后，准妈妈的保暖和安全变得非常重要，这个时候要时刻提醒自己注意保暖。准妈妈不妨多准备几个靠垫。在家里的时候，无论坐在沙发上还应该是床上看电视，都可以用来靠着、抱着，还可以用来垫脚垫腿，温暖又舒适。

2. 特殊疾病人群安全防护的注意事项

（1）心脏病患者

心脏病的严重程度可以依心功能的分级来衡量，一般分为四级。一级心脏病患者能胜任一般的体力劳动，如行走及日常体力活动；二级心脏病患者对一般体力活动略受限制，休息时舒适如常，但在日常体力活动或操作时即感疲劳、心慌和气急；三级心脏病患者对一般体力活动明显受限制，休息时虽无不适，但稍加活动即感疲劳、心慌、胸闷或有轻度心衰现象；四级心脏病患者做任何轻微活动时即感不适，休息时仍有心慌、气急，有明显的心衰现象。

当心脏病患者有下列情况的任意一种，均不宜怀孕：严重的二尖瓣狭窄伴有肺动脉高压的风湿性心脏病、心脏畸形较严重或有明显发绀的先天性心脏病而未行手术者；风湿性心脏病伴有房颤或心率快难于控制者；心功能三级或三级以上患者；有心衰病史或伴有慢性肾炎、肺结核者；心脏有明显扩大或曾有脑栓塞而恢复不全者。

由于女性在怀孕后体内会发生一系列的变化，有些变化会增加心脏的负担，如胎宝宝的逐日增大会使准妈妈感到胸闷、气急、心慌。如果准妈妈的心功能不良的话，就有可能发生心力衰竭，对母体及胎宝宝都是很大的危险，严重的甚至会危及准妈妈和胎宝宝的生命。

有心脏病的准妈妈在怀疑时特别要注意保证充分的休息时间，每天应至少有 10 个小时的休息时间；要避免或及时治疗贫血，因为贫血会加重心脏的负担，造成恶性循环，容易发生心力衰竭；还要防止感染发生，因为任何的感染都有可能造成细菌性心内膜炎。此外，有心脏病的准妈妈在用药上要特别小心，特别是强心药，一般情况下不主张使用；抗凝剂的使用也要小心，有的准妈妈曾做过人工瓣膜移植手术，必须要用到抗凝剂时，在怀孕期间要特别注意用法与用量。

（2）甲亢患者

由于甲亢具有遗传性，所以甲亢患者应慎重怀孕。只有那些轻症甲亢患者及经过治疗后能较好控制病情的甲亢患者，可以在医生的监护下怀孕，而重症甲亢患者和治疗还未达效果的甲亢患者是不宜怀孕的。

由于甲亢患者的代谢亢进，孕期不能为胎宝宝提供足够营养，影响胎宝宝发育，可能会造成妊娠期胎宝宝宫内生长迟缓、新生儿出生体重偏低等问题。患有甲亢的准妈妈需要增加孕期检查的频率，及时了解胎宝宝的发育问况，平时稍有异常情况应立即向医生反映。

此外，准妈妈在怀孕期间，严禁使用放射性同位素碘诊断或治疗，补碘可选用复方碘口服溶液，但也不宜长时间服用，因为长期服用这些药物有可能导致胎宝宝甲状腺肿大和先天性甲低等问题。

甲亢患者到了孕中期，还需定期测定甲状腺受体抗体（TRAb）的浓度，如果TRAb高于正常值数倍，就意味着胎宝宝可能也将患有甲亢。准妈妈在产前，还必须进行子宫B超检查，了解胎宝宝是否有甲状腺肿大或其他畸形，预防难产。产后至少停药3周以上才能哺乳。

（3）哮喘病患者

对于患有哮喘病的准妈妈，轻度的哮喘发作对胎宝宝的影响也不大，新生儿分娩时的评分数和出生体重与正常孕妇分娩的新生儿没有明显差别；如果哮喘较长时期没有得到控制的话，准妈妈容易发生先兆子痫、妊娠高血压、妊娠毒血症、剧吐、阴道出血和难产；胎宝宝会出现在子宫内生长迟缓、过期产、低体重等问题；如果哮喘严重发作的话，可能会造成准妈妈和胎宝宝严重缺氧，功能紊乱，导致出生的新生儿体重降低或神经系统不正常，有的甚至威胁到准妈妈和胎宝宝的生命，后果极为严重。为此，哮喘病患者在怀孕期间要特别注意采取措施，防止哮喘的发作。

哮喘患者在怀孕后，要尽可能避免可能会促发哮喘的因素，例如花粉、灰尘、煤烟味、香料、冷空气和宠物等；禁止吸烟和避免被动吸烟；在使用吸尘器吸尘时应戴上口罩，防止呼吸道感染；室内湿度要保持在50%以下。此外，在空气中过敏原浓度增高的季节里，还要尽量避免外出，防止病发。此外，轻、中度哮喘患者在已知怀孕或准备怀孕时，可改用吸入色甘酸钠来预防和治疗哮喘，对准妈妈和胎宝宝不会造成不良影响。

如果准妈妈出现有胸闷、气急等哮喘症状，要及时警惕胎宝宝缺氧，需要立即进行合理的治疗。此外，对胎宝宝也要定期监测，除观察胎心和胎动外，必要时还要进行电子胎心监测，以保证胎宝宝的安全。

第31天：抛开恐惧，放松心态

1. 孕期恐惧的原因及对策

一些准妈妈由于没有做好迎接胎宝宝的心理准备，自身的心理状态还不够成熟，导致她们不敢去正视新生命，无法完全面对自己将要成为一个母亲这一事实，对怀孕和生产后的各种可能性产生了恐惧心理。尤其是平时心理承受力较差、胆子较小、对他人依赖性强或是意外怀孕的准妈妈，更容易受到这种恐惧感的侵袭。引起准妈妈恐惧心理的因素有很多种。有的人觉得生孩子会很痛，而且担忧生完后照顾和喂养宝宝会超级麻烦，就产生了排斥和恐惧心理；有的准妈妈是害怕发生难产和意外医疗事故；还有的准妈妈是担心宝宝不健康或生出畸形儿；有些人甚至是因为害怕生完孩子后身材走形变样而感到恐惧焦虑……

其实，只要深入了解一下有关怀孕的相关知识，也就自然能够减少恐惧心理。比如说，有的准妈妈总是担心胎宝宝不健康或是畸形，但其实上，只要没有畸形家族病史，平时生活习惯良好，不抽烟不喝酒，不化浓妆，远离辐射和带菌的小动物等一切有害物质，就基本都能够生出一个健康的宝宝。如果是在孕早期或不知道自己已经怀孕的情况下接触到了某些可能对胎儿不利的因素，可以到医院向医生进行相关咨询，给自己吃一颗定心丸。而害怕怀孕会使皮肤变差、身体走形的准妈妈，只要在怀孕时坚持适当的锻炼和皮肤护理，保持充足的睡眠和良好的心情，不让体重增长过快，分娩后还是能够比较容易恢复原先的肌肤弹性的。

总体来说，准妈妈在怀孕期间要调整好自己的心态，发掘出让自己恐惧和困惑的因素，一一对症下药予以解决。放松心情，从患得患失的状态中解脱出来，恢复原来的自信和乐观。

如果过度恐慌和焦虑，就有必要找心理医生进行一下心理辅导了。

2. 缓解孕期不良情绪的按摩法

为了缓解准妈妈的恐惧感和焦虑，我们在这里介绍一套按摩方法，既能让其放松心情，舒缓压力，还可以促进血液循环、减少不适感觉和增强抵抗力。准爸爸可以学习一下这些按摩手法，让准妈妈直接享受到你的关爱，两个人共同度过这段艰辛而幸福的时光。

（1）按摩须知

①最好采用睡前按摩，这样有助于准妈妈松弛神经，改善睡眠质量。

②按摩时间长短应根据准妈妈的需要来定。一般情况下各个部位的按摩时间控制在15分钟即可。

③按摩最好在床上进行，这样有利于准妈妈放松身体。对床的软硬没有具体要求，只要感觉舒服就可以了。

④按摩前准妈妈应彻底清洁双手，如果手部的皮肤比较粗糙，按摩时可以用些润肤油。

⑤按摩前准爸爸和准妈妈都要深呼吸，全身放松；还可以播放一些轻柔的音乐以帮助放松心情。

⑥按摩的力度要稳定适中，不要时轻时重。

（2）按摩要诀

①头部按摩要诀：双手放在准妈妈头部两侧轻压一会儿，以帮助松弛，然后用手指轻揉整个头部；双手轻按前额中央位置，然后向两侧轻扫至太阳穴；轻按眼部周围；双手轻按准妈妈的两边脸颊，再向上扫至太阳穴；双手放在准妈妈的下巴中央，然后向上扫至太阳穴；将食指及中指沿着准妈妈的下耳部四周前后轻按。以上每个动作需要做7 ~ 10次。

②肩背按摩要诀：双手按压在准妈妈的肩上，慢慢向下滑落至手腕位置；双掌放在准妈妈的肩胛中央位置，向外及往下轻压。

③手部按摩要诀：先托着准妈妈的手腕，再用另一只手的手指轻轻按捏其手腕直至腋下；仍旧托着准妈妈的手腕，另一只手上下不停地扫拨准其手腕直至腋下；双手夹着准妈妈的手臂，上下按摩其手腕直至腋下；轻轻按揉准妈妈的每根手指。

④锁背及腹部按摩要诀：双手放在准妈妈的前胸锁骨中央位置，沿着锁骨向两边扫出；双手放在准妈妈的上腹部，慢慢向左右呈“心形”扫向下半部，安后再重回到上半腹，整个动作重复5遍。

⑤脚部按摩要诀：先托着准妈妈的脚掌，用另一只手的手指轻轻按捏小腿直至大腿；仍旧托着准妈妈的脚掌，另一只手上下扫拨小腿直至大腿；双手夹着准妈妈的脚部，上下按摩小腿直至大腿；轻轻按摩每根脚趾。

需要注意的是，准爸爸不要在准妈妈饥饿或者刚刚吃饱以及心情郁闷时按摩；在孕早期（孕1 ~ 3个月）及产前1个半月，按摩力度不能太强；有些身体部位在按摩时绝对不能太用力，比如乳房、背部、腹部、足踝等部位；如果准妈妈出现妊娠并发症或者其他疾病时要停止按摩。

第32天：试纸上的两道红杠杠

女性在受精后不久，胎盘滋养层细胞就会分泌一种人绒毛膜促性腺激素（HCG）。它是由受孕女性体内胎盘产生的一种糖蛋白类激素，在受孕女性的尿液中大量存在。而在非妊娠女性尿液中几乎不含有HCG。早孕试纸可以检测尿液中的HCG浓度，来确诊女性是否怀孕。试纸是协助临床判定妊娠的可靠指标。

1. 早孕试纸的正确使用方法及使用时间

很多女性都习惯使用早孕试纸来测试自己是否怀孕，而医院里也通常使用这种方法来进行检验。实际上，虽然早孕试纸用起来方便快捷，号称具有接近百分之百的准确率。但是准妈妈可不要过分轻信你的自测结果。女性在家里使用早孕试纸做自我测试的正确测试率并不是百分之百。这和早孕试纸本身有关，和操作方法也有关系。如果在实验室中医生能够确保试纸工作正常，女性能够根据说明正确使用试纸，测试准确率就有可能接近100%。

如果准妈妈想在自测中提高早孕试纸测试结果的准确率，就要学会正确的使用方法。

（1）注意包装盒上的生产日期，要在有效期内使用测试卡，若超过1年，而又未保存在正常室温条件下，比如冷藏或受潮，都有可能因失效而出现错误的检测结果。

（2）为了提高测试的准确率，降低误差，在去卫生间具体操作之前要仔细读测试卡使用说明，然后要小心谨慎地按照说明去做。使用前将试剂和尿样标本恢复至 20℃～30℃的正常室温。

（3）从原包装铝箔袋中取出试剂条，将其按箭头方向插入尿液标本中，尿液液面不能超过试剂条的标记线。至少 5 秒钟后取出平放于干净平整的台面上观察结果，等待紫红色条带的出现。测试结果应在 3 分钟时读取。10 分钟后判定无效。试剂条在一个小时内应使用完毕。

（4）如果准妈妈对自测的结果不确定，最好打电话咨询一下相关的医生，在医生的指导下完成测试。例如，有时你因喝水过多而导致尿液稀释，此时医生就会指点你需不需要重新再做一次测试。

（5）如果测试结果呈阳性但很不明显，那你很可能是怀孕了，此时需要去医院做一个检查。如果自测结果呈阴性，1 周之后月经仍未来潮，就应该再做一次自测。如果不是阴性，最好去看一下医生。

（6）测试时采用晨尿最佳。因为晨尿浓缩，激素水平较高。尿液标本应现采现试，别用放置久了的尿液。为提高试验的正确率，测试前夜还应尽量减少饮水量。

早孕试纸测试时间依赖于女性尿液中的人绒毛膜促性腺激素（HCG）水平。大约受孕后 14 天左右也就是到了来月经的时间，有些早孕试纸就已经能够检测出孕妇的尿液里所含的这种荷尔蒙，并会显示出阳性结果。但 HCG 一般在受精卵着床几天后才出现在尿液中，而且要达到一定量才能被检出。因此，对于平时月经正常的女性需在月经推迟后才可能在尿中检测出 HCG。而月经周期长或排卵异常的女性需在停经 40～44 天的时候才可能检测出。

女性最好在早上起床后第一次排尿时做早孕测试，因为这时的尿液浓度较高，含有的人绒毛膜促性腺激素就多，因此，如果测试者真的怀孕了，早孕检测到阳性的可能性会更高。在晚间做怀孕自测，准确率也会或多或少地受到影响。因为早起的尿液一般有最高的 HCG 值。故用早起第一次排出的尿液会测出最准确的结果。虽然阳性结果不像阴性结果那样误诊率高，但也有不少非怀孕因素会导致测试结果呈阳性，如尿中带血，或服用一些生育药品。

2. 早孕试纸上两道红红的杠

初次使用早孕试纸的女性会对上面出现的两道红红的杠很是纳闷：这究竟是什么意思呢？

早孕试纸两条红线表示受孕成功：一条位于测试区（T）内，另一条位于质控区（C）。表明已怀孕。

如果早孕试纸上仅出现一条红线则表示受孕未成功：仅质控区（C）出现一条紫红色条带，在测试区（T）内无紫红色条带出现。表明未怀孕。

早孕试纸没有红线：质控区（C）未出现紫红色条带，表明不正确的操作过程或试剂条已变质损坏。

当你看到早孕试纸上那两道宝贝的红杠杠时，那就代表你已经正式升级为准妈妈了，这时就要选择一家合适的医院进行必要的检测，以排除宫外孕的可能，保证母子健康。

第 33 天：了解你的子宫

1. 子宫的构造及作用

子宫是女性重要的生殖器官，它是产生月经和孕育胎宝宝的重要场所，这些生理功能主要取决于子宫内膜正常的周期性变化。而这种变化，则受到卵巢分泌的雌激素和孕激素的控制。子宫位于骨盆腔中央，呈倒置的梨形，成年的子宫长 7～8 厘米，宽 4～5 厘米，厚 2～3 厘米，子宫腔容量约 5 毫升。子宫上部较宽，称子宫体，其上端隆起突出的部分叫子宫底，子宫底两侧为子宫角，与输卵管相通。子宫的下部较窄，呈圆柱状，称子宫颈怀孕前子宫只有鸡蛋那么大。怀孕后，一直都比较坚韧的子宫的肌肉由于激素的影响会变得很柔软，随着胎儿的成长不断地伸展。临近预产期时，子宫的大小达到了 30 厘米以上。

子宫颈突出于阴道内，内含有腺体，可分泌一种黏液，即宫颈黏液，这种黏液的性状和量的多少，与子宫内膜一样，受卵巢功能的影响并呈明显的周期性变化。排卵期，在雌激素作用下，宫颈黏液稀薄，有利于精子通过，与此同时，精子还能从子宫颈黏液中摄取养分，增加其活力，促进精子与卵子结合。而排卵后，在孕激素作用下，宫颈黏液减少而黏稠，并可在子宫颈管内形成黏液栓，使宫颈与外界分开，产生保护作用，同时，不利于精子通过子宫颈。

正常的子宫有较大的活动性，但一般呈前倾前屈位。这主要依赖于子宫的圆韧带、阔韧带、主韧带和子宫骶骨韧带的依托及骨盆底肌肉和筋膜的支托作用。子宫位置的异常往往会降低女性的受孕率，甚至导致女性不孕。因此，我们要及时了解准妈妈子宫的具体情况，如果出现问题就要及时解决，以顺利度过孕期及分娩期。

2. 准妈妈子宫常见问题及对策

（1）子宫颈管息肉

子宫颈管息肉是在子宫颈部出现的泡状柔软物质，在常规的妇科检查中就可以发现。息肉本身比较小，没有疼痛感，而且发生也比较普遍，不会对胎儿造成影响，所以在分娩的时候也不会有什么问题。胎儿通过产道的时候，有可能会使息肉脱落，即使这样也不用担心。另外，如果息肉部分出现破损，有可能会导致

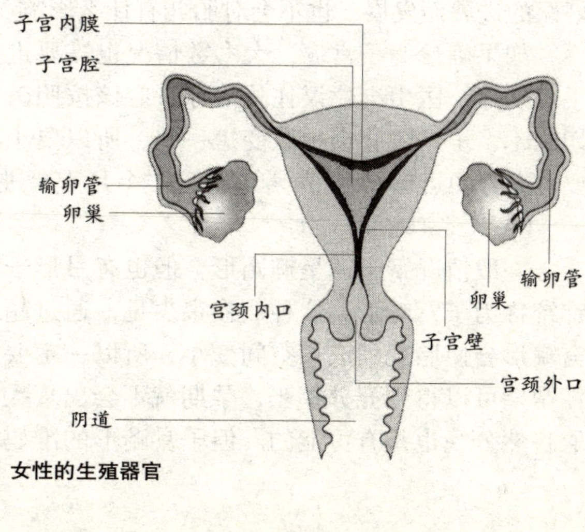

女性的生殖器官

病菌的进入，而引起感染，在孕期一定要避免感染。

（2）子宫颈管机能不全

这种疾病是在没有任何症状的情况下，子宫口张开，导致流产或早产。这种病症发生的概率极小，一般情况下准妈妈自己没有什么感觉，除非医生用超声波进行检查，否则很难发现。所以，准妈妈一定要按时接受产前检查。如果被诊断为颈管变短，子宫口张开，应该尽快进行手术把子宫口扎紧，这样可以保证子宫颈口闭合，预防流产或早产。37周以后可以将线拆除，等到自然分娩的来临。在这之前如果破水或是出现阵痛的话，也没关系，随时可以将线拆除，就可以进行正常的分娩了这个手术本身对胎儿不会有什么影响，是一个很简单的手术，但需要住院治疗。手术后要尽量卧床静养。另外，为了预防感染，应该使用抗生素冲剂清洗阴道。

（3）子宫肌瘤

子宫肌瘤是指在子宫中长出的瘤状物。肌瘤的大小以及长出的地方各有不同，因此在孕期出现的问题也会有所不同。30岁以上的女性30% ~ 50%的人都有可能被发现长有子宫肌瘤。在孕期要注意观察子宫肌瘤会不会随子宫的长大而变大。因为子宫肌瘤在孕中期的时候有变大的倾向，所以在怀孕初期的时候如果肌瘤的大小在5厘米以上的话就要小心出现流产和早产的危险。如果在胎盘附近长有肌瘤的话就更要注意观察胎盘的机能是否正常。分娩时如果子宫肌瘤过大或阻塞产道，则需要进行剖宫产。

产后，子宫会慢慢收缩到和孕前一样大小，但子宫肌瘤的存在会妨碍子宫的收缩。为此，在产后的一段时间里要注意观察子宫收缩的情况。大部分子宫肌瘤本身在产后都会自动变小。所以没有必要急急忙忙地进行手术摘除。但一定要定期进行健康检查。

（4）子宫颈癌

几乎所有的准妈妈在第一次产前检查的时候都会进行子宫颈癌的检查。如果发现得比较早，处理得当，几乎百分之百的患者都能够治愈。如果在筛查的时候发现子宫颈癌的倾向，会再次进行细胞检查和阴道镜检查。其结果能够显示子宫颈癌前期的上皮细胞的癌变情况，之后需要一直保持观察。子宫颈癌并不会随着妊娠的进展而发展，也不会对胎儿有什么影响。

如果确诊为子宫癌，大多数情况也需要进行观察，有必要的话很可能会进行手术切除。医生会建议住院治疗，应该按照医生的指导小心对待。如果做了锥形切除术，子宫颈管会稍微变短一些，所以要小心预防，防止出现早产或流产。不要做激烈的运动，卧床静养。产后1个月需要进行复查，之后要定期进行健康检查。

（5）子宫畸形

一般情况下子宫呈椭圆形，但也有弓形子宫或内侧被分为两半的子宫，这些都统称为子宫畸形。这种病症很少见，通过超声波检查或妇科检查能够发现。子宫畸形会使胎儿的成长空间变小，所以一定要注意早产和流产的发生。如果子宫在孕期可以得到充分扩张，孕期就不会出现太大的问题。如果胎儿不是很大，采取自然分娩也是有可能的。但子宫畸形的准妈妈很容易出现胎位不正的情况，紧急情况下很可能需要剖宫产。

第34天：补充叶酸的重要性

1. 了解叶酸

叶酸是一种B族维生素，最早是从菠菜叶中提取纯化的，多存在于绿叶蔬菜、谷物和动物肝脏中，由于它最早从植物叶子中提取而得，故命名为“叶酸”。在日常生活中，我们通常用“叶酸”这个词来指代天然叶酸和叶酸补充剂（或称叶酸增补剂、叶酸片、合成叶酸等），叶酸补充剂则是合成形式的天然叶酸，既可以是单纯的维生素片，也可以添加在多种维生素补充剂或谷物中。叶酸在人体内的总量为5 ~ 6克，参与机体的生化代谢过程以及体内诸多重要物质如蛋白质、DNA的合成，有促进骨髓中幼细胞成熟的作用。如果叶酸缺乏，可能会引起巨红细胞性贫血、白细胞减少、贫血症、身体无力易怒、没胃口以及精神病症状。一般来说，叶酸的成年人需要量在400微克，怀孕期间则至少要摄取800微克。

叶酸对胎儿的刚发育和基因表达有着至关重要的作用，准妈妈的体内叶酸缺乏就会致使胎儿在发育过程中细胞分裂增殖受到影响，血红蛋白合成减少，红细胞不能成熟，从而导致具有细胞性贫血。而孕早期叶酸缺乏，则会影响胎儿大脑和神经系统的正常发育，甚至还可能会导致胎儿先天畸形、流产早产等严重后果。孕前补充叶酸可降低胎儿神经系统发育畸形。孕前、孕期补充足够的叶酸和铁剂，有降低儿童白血病的可能。

怀孕第4周末胚胎就形成了原始脑泡，虽然在第8周时胎宝宝的身长只有3厘米左右，体重也只增加2克多，但是这时候其脑细胞增殖迅速，最易受到致畸因素的影响。如果在此关键时候补充叶酸，可使胎宝宝患神经管的危险减少50% ~ 70%。因此，准妈妈在怀孕的前三个月就需要补充叶酸以防胎儿神经管畸形和先天愚型。在这个基础之上，根据个别情况的不同，可以在怀孕前加服叶酸，或在怀孕中期之后继续服用。每日补充400微克的叶酸是比较适宜的量，过量的吐酸会掩盖维生素B_{12}缺乏的症状，干扰锌的代谢，引起孕妇锌缺乏。每日最大补充量不能超过1000微克即1毫克。这些叶酸可以通过饮食来完成，也可以通过药物。当然，最好还是通过饮食获得。

含有叶酸的食物很多，如常吃的菠菜、生菜、油菜等绿叶蔬菜，麦芽、麸皮面包等谷类食物，香蕉、草莓、橘子等水果和动物的肝脏中都富含叶酸。但是，由于叶酸遇光、遇热就不稳定，很容易失去活性，如蔬菜在贮藏2 ~ 3天后叶酸损失就高达50% ~ 70%，而煲汤等烹饪方法则会使叶酸损失50% ~ 95%，因此，准妈妈们要改变一些烹制习惯，尽可能减少叶酸流失，在必要时还可补充叶酸制剂、叶酸片、多维元素片。

有专家建议，可能怀孕或者计划要个小宝宝的女性应注意每天补充叶酸，以防止小宝宝来“报到”时自己还没做好准备，措手不及。对于计划想当爸爸的男性而言，叶酸不足会降低精液的浓度，还可能造成精子中染色体分离异常，会给未来的宝宝带来患严重疾病的可能性。因此，补充叶酸对于准爸爸来讲同样是一件重要的事情。

2. 含有叶酸的食物推荐

（1）绿色蔬菜类

莴苣、西红柿、胡萝卜、青菜、龙须菜、花椰菜、油菜、小白菜、扁豆、豆荚、蘑菇等。

（2）水果类

橘子、草莓、樱桃、香蕉、柠檬、桃子、李、杏、杨梅、海棠、酸枣、山楂、石榴、葡萄、猕猴桃、草莓、梨等。

（3）肉类禽类

动物的肝脏、肾脏、禽肉及蛋类，如猪肝、鸡肉、牛肉、羊肉等。

（4）豆类、坚果类

食品黄豆、豆制品、核桃、腰果、栗子、杏仁、松子等。

（5）谷物类

大麦、米糠、小麦胚芽、糙米等。

第35天：为什么要喝孕妇奶粉

怀孕期间，尽管准妈妈的膳食结构比较合理和均衡，有时也难以满足身体的全部需要。而孕妇奶粉则是根据孕妈妈特殊的生理需求特别配制的，几乎强化了孕妈妈所需要的各种维生素和矿物质。它能够补充营养，缓解孕期不适，促进胎宝宝的大脑发育。孕妇奶粉是低乳糖孕妇配方奶粉，富含叶酸、亚麻酸、亚油酸、铁质、锌质、钙质和维生素 B_{12} 等营养素，计划怀孕和哺乳期妇女同样适用。蕴含的叶酸，可帮助胎儿健康发育，对红细胞的制造非常重要；亚麻酸、亚油酸在身体内将转化为 DHA 和 AA，是胎宝宝脑部和眼睛发育不可缺少的重要成长要素；钙，帮助孕妇和胎儿制造强健的骨骼；多种维生素和矿物质，可以提供孕妇及胎儿所需的营养素。因此，准妈妈在注意饮食营养均衡的同时适当补充一些孕妇奶粉是非常有必要的。

1. 如何选择孕妇奶粉

市面上孕妇奶粉品牌众多，各有特点，其所含主要成分也各不相同，有的是低脂或脱脂奶粉，不易使准妈妈发胖；有的不含乳糖，很少有胃肠道反应；有的则含有叶酸或者其他营养素，还有的提供了亚油酸、亚麻酸等必需的脂肪酸或 DHA 等。准妈妈在挑选的时候，应该看清楚每种品牌所含有的成分，了解清楚奶粉的特点，根据自身的需要来选择合适的奶粉。建议准妈妈在选择奶粉之前，先做一个体检，根据自己身体的特点和医生的指导，了解自己应该重点补充哪种微量元素或矿物质。

选择奶粉时还要看准妈妈自身在孕期的反应，处于孕早期的准妈妈对食物的口味通常比较敏感，有的准妈妈对味道很敏感，酷爱某些口味，或反感某些口味，选择孕妇奶粉时也要考虑到是否符合自己的胃口。现在很多品牌的孕妇奶粉都会通过超市、商场或者是杂志的渠道免费派发试用装，准妈妈可以先利用这些渠道索取一小袋试用装尝尝味道，千万不要盲目地选择一大桶，回家才发现自己不喜欢而白白浪费掉了。

在购买孕妇奶粉时要选择有信誉度和质量保证的大品牌，仔细阅读标签上的营养素标注，看看其是否适合、满足自己的需要。再有，要仔细看好包装外观，正规厂家的包装应该完整无损，平滑整齐，图案清晰，印刷质量高；清楚地标有商标、生产厂名、生产日期、生产批号、净含量、营养成分表、执行标准、适用对象、食用方法等，要特别关注保存期限和生产许可证编号，仔细查看执行标准和生产卫生许可证号等是否齐全，以防购买假冒、伪劣产品。鉴别假冒伪劣产品，还可以看其售价，根据国家标准的要求，孕妇奶粉的营养水准高，优质的孕妇奶粉会据孕妇的营养需求，适当添加国家规定的特殊配方营养素，如叶酸、DHA 等，能更好地满足孕妇的营养需求。因此，销售价格一般不会太低，如果在市场中看到零售价格过低的孕妇奶粉，准妈妈在购买时就应慎重考虑，不要一味贪图便宜。

2. 饮用孕妇奶粉的注意事项

（1）不要将多种维生素和孕妇奶粉一起吃。很多孕妇奶粉本身已经提供了足够量的维生素，如果准妈妈在饮用孕妇奶粉的同时在服用多种维生素，很可能会造成维生素摄入过量，长期的维生素摄入过量对胎宝宝和准妈妈的健康都是没有好处的。例如，如果维生素 A 过量，严重的就可能会导致胎宝宝的畸形。

（2）有些准妈妈并不适合喝孕妇奶粉。体重超标、体重增长过快的准妈妈在选择孕妇奶粉之前应该慎重考虑，因为孕妇奶粉脂肪含量及热量都相对较高，容易引起肥胖。而患有妊娠期糖尿病的准妈妈最好在选择孕妇奶粉之前征求一下医生的意见，以免带来不良后果。

（3）不要拿孕妇奶粉当水喝。一般来说，孕妇奶粉的产品说明上都会建议准妈妈每天喝 1 ~ 2 杯，准妈妈不要擅自增加饮用量，对于孕早期食欲不佳吃不下饭的准妈妈，更不要拿奶粉当饭吃。如果想通过喝奶粉多补充些水分的话，不妨每次将奶粉少放一些，多加些水，冲得淡一点、稀一点，这样每天就可以多喝几杯了。

（4）准备怀孕期时和哺乳时也可以喝些孕妇奶粉。在孕前喝孕妇奶粉是为孕期所需的各种营养提前做好储备，以供孕育一个健康的宝宝；在产后和哺乳期时，适量喝些孕妇奶粉也可以及时补充身体中流失的营养，而且比喝汤更容易吸收。

动起来：练习强化骨盆操

具体步骤如下：

（1）准妈妈坐在健身球上，双腿叉开，并与地面垂直，上身保持正直，双手自然地平放在双膝上。注意，要充分地收紧腰腹部，这样才有助于保持平衡，并能充分运动骨盆。

（2）双手叉腰，右手姿势不变，上半身向左侧倾斜。

（3）吸气，上半身缓慢恢复正直状态，然后左右扶住膝盖，身体向右倾斜，重复操作 6 ~ 8 次即可。

运动过程中有以下注意事项：

（1）一定要购买质量过关的健身球。

（2）准妈妈在练习此动作时，要尽量使得身体放松，这样有助于维持身体的平衡。

（3）如果准妈妈的平衡感不好，准爸爸最好站在一旁进行保护，以免发生危险。

（4）准妈妈在感觉身体不适的情况下，避免练习此运动，以免因运动而加重不适。

这个动作可以使得腰部和骨盆关节变得更加柔软，减轻准妈妈临产时产生的阵痛，还有助于预防骨盆变形，矫正骨盆歪斜。

胎宝宝的阅读时光：经典童话《海的女儿》

本周我们继续为各位准妈妈推荐安徒生的经典童话作品，曾经感动过我们的《海的女儿》讲的是一个凄美而动人的故事。勇敢善良的人鱼公主为了一份与灵魂相关的爱情付出了自己的一切，最终却未能如愿，化成了美丽的泡沫。下面的故事节选自名篇《海的女儿》。

风儿在鼓着船帆。船在这清亮的海上，轻柔地航行着，没有很大的波动。

当暮色渐渐垂下来的时候，彩色的灯光就亮起来了，水手们愉快地在甲板上跳起舞来。小人鱼不禁想起她第一次浮到海面上来的情景，想起她那时看到的同样华丽和欢乐的场面。她于是旋舞起来，飞翔着，正如一只被追逐的燕子在飞翔着一样。大家都在喝彩，称赞她，她从来没有跳得这么美丽。快利的刀子似乎在砍着她的细嫩的脚，但是她并不感觉到痛，因为她的心比这还要痛。

她知道这是她看到他的最后一晚——为了他，她离开了她的族人和家庭，她交出了她美丽的声音，她每天忍受着没有止境的苦痛，然而他却一点儿也不知道。这是她能和他在一起呼吸同样空气的最后一晚，这是她能看到深沉的海和布满了星星的天空的最后一晚。同时一个没有思想和梦境的永恒的夜在等待着她——没有灵魂、而且也得不到一个灵魂的她。一直到半夜过后，船上的一切还是欢乐和愉快的。她笑着，舞着，但是她心中怀着死的思想。王子吻着自己的美丽的新娘，新娘抚弄着他的乌亮的头发。他们手挽着手到那华丽的帐篷里去休息。

船上现在是很安静的了。只有舵手站在舵旁。小人鱼把她洁白的手臂倚在舷墙上，向东方凝望，等待着晨曦的出现——她知道，头一道太阳光就会叫她灭亡，她看到她的姐姐们从波涛中涌现出来了。她们是像她自己一样的苍白。她们美丽的长头发已经不在风中飘荡了——因为它已经被剪掉了。

“我们已经把头发交给了那个巫婆，希望她能帮助你，使你今后不至于灭亡。她给了我们一把刀子。拿去吧，你看，它是多么快！在太阳没有出来以前，你得把它插进那个王子的心里去。当他的热血流到你脚上时，你的双脚将会又联到一起，成为一条鱼尾，那么你就可以恢复人鱼的原形，你就可以回到我们这儿的水里来；这样，在你没有变成无生命的咸水泡沫以前，你仍旧可以活过你三百年的岁月。快动手！在太阳没有出来以前，不是他死，就是你死了！我们的老祖母悲恸得连她的白发都落光了，正如我们的头发在巫婆的剪刀下落掉一样。刺死那个王子，赶快回来吧！快动手呀！你没有看到天上的红光吗，几分钟以后，太阳就出来了，那时你就必然灭亡！"

她们发出一个奇怪的、深沉的叹息声，于是她们便沉入浪涛里去了。

小人鱼把那帐篷上紫色的帘子掀开，看到那位美丽的新娘把头枕在王子的怀里睡着了。她弯下腰，在王子清秀的眉毛上亲了一吻，于是他向天空凝视——朝霞渐渐地变得更亮了。她向尖刀看了一眼，接着又把眼睛掉向这个王子；他正在梦中喃喃地念着他的新嫁娘的名字。他思想中只有她存在。刀子在小人鱼的手里发抖。但是正在这时候，她把这刀子远远地向浪花里扔去。刀子沉下的地方，浪花就发出一道红光，好像有许多血滴溅出了水面。她再一次把她迷糊的视线投向这王子，然后她就从船上跳到海里，她觉得她的身躯在融化成为泡沫。

现在太阳从海里升起来了。阳光柔和地、温暖地照在冰冷的泡沫上。因为小人鱼并没有感到灭亡。她看到光明的太阳，同时在她上面飞着无数透明的、美丽的生物。透过它们，她可以看到船上的白帆和天空的彩云。它们的声音是和谐的音乐。可是那么虚无缥缈，人类的耳朵简直没有办法听见，正如地上的眼睛不能看见它们一样。它们没有翅膀，只是凭它们轻飘的形体在空中浮动。小人鱼觉得自己也获得了它们这样的形体，渐渐地从泡沫中升起来。

"我将向谁走去呢？"她问。她的声音跟这些其他的生物一样，显得虚无缥缈，人世间的任何音乐部不能和它相比。

"到天空的女儿那儿去呀！"别的声音回答说。"人鱼是没有不灭的灵魂的，而且永远也不会有这样的灵魂，除非她获得了一个凡人的爱情。她的永恒的存在要依靠外来的力量。天空的女儿也没有永恒的灵魂，不过她们可以通过善良的行为而创造出一个灵魂。我们飞向炎热的国度里去，那儿散布着病疫的空气在伤害着人民，我们可以吹起清凉的风，可以把花香在空气中传播，我们可以散布健康和愉快的精神。三百年以后，当我们尽力做完了我们可能做的一切善行以后，我们就可以获得一个不灭的灵魂，就可以分享人类一切永恒的幸福了。你，可怜的小人鱼，像我们一样，曾经全心全意地为那个目标而奋斗。你忍受过痛苦；你坚持下去了;你已经超升到精灵的世界里来了。通过你的善良的工作，在三百年以后，你就可以为你自己创造出一个不灭的灵魂。"

小人鱼向上帝的太阳举起了她光亮的手臂，她第一次感到要流出眼泪。

在那条船上，人声和活动又开始了。她看到王子和他美丽的新娘在寻找她。他们悲悼地望着那翻腾的泡沫，好像他们知道她已经跳到浪涛里去了似的。在冥冥中她吻着这位新嫁娘的前额，她对王子微笑。于是她就跟其他的空气中的孩子们一道，骑上玫瑰色的云块，升入天空里去了。

好孕美食馆：适合准妈妈品尝的几款美味粥

粥是一种特别适合准妈妈的食物。由于怀着胎宝宝的缘故，准妈妈的肠胃功能比较弱，而因为熬煮的时间长，它里面的营养物质能够充分析出。所以粥不仅营养丰富，而且容易吸收。另外，准妈妈在怀孕早期一般早孕反应严重，此时应选择容易消化的食物以减少呕吐，粥就是一种很好的选择。以下是为准妈妈推荐的几款营养又美味的粥品，有兴趣的话可以试着熬煮一些。

1. 乌鸡糯米葱白粥

【材料】乌鸡腿，圆糯米，葱，盐。

【做法】

（1）乌鸡腿洗净、切块滚烫洗净沥干；葱白去头须，切细丝。

（2）加 4 碗水熬汤，大火开后转小火，约煮 15 分钟，再入圆糯米煮，开后转小火煮。

（3）待糯米煮熟后，加入盐调味，最后入葱丝闷一下，乌鸡糯米葱白粥即成。

【功效】补气养血、安胎止痛，改善气血虚弱所致之胎动。

2. 绿豆银耳粥

【材料】粳米 200 克，绿豆 100 克，银耳 30 克，白糖、山楂糕各适量。

【做法】

（1）将绿豆用清水泡 4 小时，银耳用凉水泡 2 小时，去除硬蒂，掰成小朵，山楂糕切成小丁；粳米淘洗干净。

（2）将锅置火上，放入适量清水，放入粳米、绿豆、银耳，用旺火煮沸后，改文火煮至豆、米开花，粥黏稠。

（3）食用时，将粥盛入碗内，加白糖、山楂糕丁即成。

【功效】此粥由绿豆、银耳、山楂糕等物熬煮而成，适宜产妇食用，有利身体恢复，是产妇夏季的一种理想食品。如果孕妇食用，要少放山楂糕。

3. 大枣桂圆粥

【材料】小米 100 克，大枣 100 克，桂圆肉 50 克，红糖 100 克。

【做法】

（1）将小米淘洗干净；大枣与桂圆肉也都洗干净。

（2）沙锅置火上，放入适量清水，烧开下小米，然后放入大枣、桂圆，煮开后，改用小火。

（3）当小米快烂时，加入红糖，继续煮至粥稠时即可。

【功效】此粥有健胃益脾、安神补血的功效，含有丰富的碳水化合物和较多的维生素 B_2、维生素 C、钙、铁等营养物质，产妇食用有利早日康复。

4. 小米红糖粥

【材料】小米 100 克，红糖适量。

【做法】将小米淘洗干净，放入开水锅内旺火烧开后，转小火煮至粥黏。食用时，加入适量红糖搅匀，再煮开，盛入碗内即成。

【功效】健胃益脾，安神补血，促进消化。

5. 什锦鸡粥

【材料】鸡翅肉一只，虾 15 只，葱 10 克，生姜 1 片，干香菇 3 个，白米 300 克，青菜适量，食油 5 克，鸡汤、料酒、盐各适量。

【做法】

（1）鸡翅洗净，用沸水烫一下取出，切成小块；葱和姜均拍碎。香菇泡开，去蒂，切成小块；青菜洗净，切成小块；把米淘洗干净。虾去壳，去掉肠泥，洗净后切细，用开水烫一下，捞出滤干。

（2）锅内倒入水，加入 5 克油，把鸡翅、姜、葱倒入用旺火煮开后，改用文火再煮，去其浮油。

（3）锅置火上，把米倒入锅内，再加入鸡汤，用中火煮滚，米煮约 25 分钟后，依次加入虾、香菇、青菜及盐搅匀，待菜熟后，盛入碗内即成。

【功效】此粥含有丰富的蛋白质、脂肪、碳水化合物、钙、等多种营养素，产妇食用此粥，可滋养五脏，补气血，防病健体。适合做夏天孕妇食谱。

6. 山药蛋黄粥

【材料】生山药 30 克，熟鸡蛋黄 3 枚。

【做法】

（1）将山药切块，研成细粉，用凉沸水调成山药浆。

（2）将山药浆倒入锅内，置文火上，不断用筷子搅拌，煮 2 ~ 3 沸，加入鸡蛋黄，继续煮熟，山药蛋黄粥即成。每日 2 次，空腹温热服。

【功效】健脾和中，固肠止泻。适用于孕中期脾气不足，久泄不止，乏力少气等症。

胎宝宝的私人音乐厅：自然音乐《春野》

《春野》是来自瑞士的著名乐团班得瑞的一张经典专辑。这张专辑采集了最纯净的虫鸣鸟语，完整呈现出他们的家乡瑞士的自然景观，为准妈妈传递在仙境彼端的新鲜绿野。其中的流水、雀鸟之声，能镇静准妈妈的情绪，松弛身心，给人以返回大自然的感觉。《春野》中每一首作品的情绪都像是让人喝了一盏春茶，要细细品味。接下来我们为各位准妈妈介绍一下专辑中的部分作品，请和你的胎宝宝一起随着音乐品味瑞士迷人风光吧。

1.《One day in spring》，中文译名《春野》

在细腻的钢琴和悠扬的横笛声完美结合出来的春天气息里，想象着自己在清晨打开一扇窗，一只黄莺停留在窗台上用清脆的叫声向你道着早安。你凝望着透明的发亮的天边一轮朝阳正缓缓升起，呼吸着青草的芬芳，风钻过白色窗帘撩弄你才苏醒的脸，放眼望去那一边闪着露珠的微光的碧绿田野，你渴望能有一件白云那样的衣裳，同这春野一起在阳光下闪闪发亮。

2.《Breath of the wind》，中文译名《风的气息》

钢琴声活现出风的温柔面，横笛独奏像是风的语言，娓娓道来。在房间里挂一串风铃，刻上那个人的名字。当有风走过窗缘时，关于他的心愿就能实现……虽然我们回不到那天，一切都早已消散，但我总舍不得扔掉这过时的浪漫，总是忍不住饮一口记忆的毒水。有些人早已在我们现实的生活中离开了，却一直生活在心里，就把这岁月的芬芳一直珍藏在心底吧。

3.《The miracle of your eyes》，中文译名《你眼中的奇迹》

在钢琴坚实有力的声音当中掺杂的齐奏的弦乐，将所有高涨的热情都完全释放出来。你的眼神是一首抒情歌，谁都没你唱得有味道，你用深情填上词，一颦一笑都是美丽的韵脚。我爱它转动时的水波荡漾，它是我望见你灵魂的窗；我爱它那足以启发缪斯的聪慧，它软化了克罗诺土的顽固心肠。你眼中对我的爱意，是我今生最大的奇迹。

4.《Fairy land》，中文译名《仙境》

结尾处的钢琴与钟琴逐渐放慢的齐奏，如梦如幻，直接戳进人心窝子里。有一种人，可以把梦当做生活。在梦里有着他另一个家，他熟悉那儿的每一株花草、每一寸溪流，甚至还能探一探上回种下的花种是否发芽。他可以每晚都回到同一个梦境当中，在梦境里经营一个不同于娑婆世界的人生。如果每个入睡的夜晚都可以回到同一片梦田，那一生中，有三分之一的时间，是结结实实和它绑在一起的，何其荣幸又何其美妙。

5.《Snow dreams》，中文译名《雪之梦》

淡淡的弦乐幻化出一片白皑皑的纯净雪景。漫天飞舞的雪花像是在童话世界里看着天空飘下棉花糖，他们三两成群拥抱着在空中舞蹈，在地面打滚。冰凉的空气里充满了温暖的欢乐，雪花们有如天堂里放假的天使。站在这洁白的世界里，任由雪花争先亲吻我红红的脸颊，享受这份纯真和安宁。

6.《Morning air》，中文译名《晨雾》

排笛与横笛交错吹奏，意味着日与夜的替换，聆听下更添空灵感。当旭日东升，夜晚的空气变得较为流动，那新鲜的朝气，勾引你的心神意念从梦境中归来。你从被褥中带出浑身辐射的体温，加入这清新的早晨，温度的对流，像和一个老朋友交换心事，凉暖皆有情。隔着蒙眬惺忪的眼睛，此刻你看到的世界格外美好。

这张从头到尾散发着自然之光的专辑里面还有很多首美妙的作品，绝对值得各位准妈妈好好欣赏一下，和胎宝宝一起珍藏这动人的旋律。

第 6 周：胚胎开始漂浮于羊膜囊中

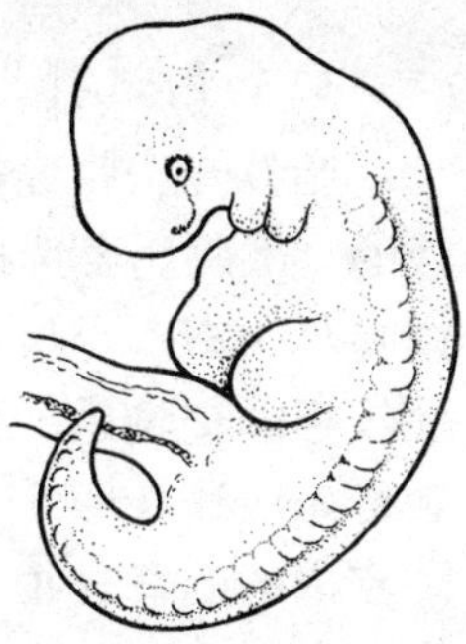

现在，胎儿皮肤的下面依稀可以看见眼睛的痕迹，并出现双臂和腿的雏形。

在这一周，胎宝宝的心脏可以跳到每分钟 150 次，但是现在准妈妈还感受不到胎心跳。胚胎长约 0.6 厘米，细胞依然在迅速的分裂、生长。主要的器官包括肾的初级状态和心脏的雏形都已经发育，神经管开始连接大脑和脊髓，原肠也开始发育，面部五官的痕迹都已显露。胎宝宝面部的小黑点将会发育成眼睛，面部深凹下去的地方将来会发育成耳朵，小小的洞是鼻孔。胚胎漂浮在充满液体的羊膜囊中，像是一条小鱼快乐地在水中游走。

此时的准妈妈开始出现明显的怀孕症状，身体也逐渐显现出孕态。

1. 注意补锌

本阶段正是胎宝宝器官分化时期，准妈妈应注意对锌的补充，每天要进补 20 毫克。如果在这一时期缺锌会影响到胎宝宝四肢的发育，使胎宝宝在子宫内增长缓慢，增加胎宝宝发生畸形的概率。补锌尽量以食补为主，多吃肉类、蛋类、奶类、栗子、核桃等食物。如果严重缺锌，则需要在医生的指导下服用含锌的药物来进行补充。

2. 正确使用微波炉

微波炉是家居常备的烹调用具，但其运作时发出的辐射会对准妈妈和胎宝宝造成伤害。为了减少辐射，准妈妈应掌握正确使用微波炉的方法。首先，把食物放入微波炉，打开启动程序后，立即远离微波炉。在微波炉刚刚启动时，只会泄露极微量的微波，完全可以忽略不计。但在微波炉完全启动以后，微波的辐射变大，此时应远离微波炉。

等食物热完以后，微波的辐射再次减少，这时候准妈妈开启炉门取放食物就是安全的了。

第 36 天：认识音乐胎教

音乐胎教可以从两个角度来阐释。一个是胎宝宝，一个是准妈妈。对于胎宝宝来讲，音乐胎教是指通过母体对胎宝宝施以适当的乐声刺激，促使其神经元轴突、树突及突触的发育，为优化后天的智力及发展音乐天赋奠定基础。从准妈妈的角度来讲，音乐胎教是通过音乐让准妈妈减轻对怀孕和生产的焦虑和紧张，为胎宝宝创造良好的生存环境。并且通过音乐与运动的关系增强母体体质从而改善胎宝宝的体质因素。怀孕的女性大多都会有情绪焦躁、内分泌失调等不良症状，也就是我们俗称的“害喜”。这些症状主要是由准妈妈一些不良心态引起的。母亲拥有好的心理环境是胎宝宝健康成长的好摇篮。

音乐胎教早已被广泛应用，科学试验证明，孕期经常聆听悦耳动人的音乐，除了可以帮助准妈妈保持心情愉悦，增进和胎宝宝的情感交流外，还能促进胎宝宝身心发育，培养孩子的音乐兴趣和天赋。

1. 如何选择胎教音乐

胎教音乐是经过专业选择和设计的，并不是任何音乐都适合用来进行音乐胎教的。准妈妈要选择旋律温和自然、有规律性的音乐，如大自然的河川、溪流声、虫鸣鸟叫声。尽量避免聆听过度嘈杂或不当的音乐，一些节奏起伏性较大、刺激性较强的交响乐、摇滚乐和迪斯科舞曲等等都不适合准妈妈去听。除此之外，胎教音乐应该在频率、节奏、力度和分贝等方面尽可能和母亲的心跳旋律相近，与子宫内的胎音合拍、共振，这样能够给胎宝宝带来启发和安抚的作用。实施胎教音乐应注意以下几点：

（1）音乐的节奏不能太快，音量不宜太大；有些准爸爸准妈妈误以为所有的世界名曲都可以用来做胎教，殊不知很多名曲中旋律中充满了强烈的情感挣扎，普通人听来常感到心惊肉跳。太快的节奏会使胎宝宝感到紧张，太大的音量会令胎宝宝不舒服；因此，节奏太强烈、音量太大的音乐不适合作为胎教音乐。

（2）要选择质量佳、口碑好的正版胎教音乐磁带。胎教音乐磁带其实要求很高，绝对不是什么音乐磁带都可以。现在市场上的胎教音乐磁带良莠不齐，有的磁带音频高达4000 ~ 5000Hz，这种声能很大的胎教音乐会对胎宝宝的听力带来极大的损害。因为准妈妈是直接把传声器放在腹壁上的，声波可长驱直入母体内，胎宝宝受到高频声音的刺激后，极易遭到伤害。轻者出生后听力减退，可能只听到说话声，却听不见高频的声音，不但音乐听不入耳，中老年后还会过早耳聋。严重者出生后便丧失了听力，永远坠入无声的世界。因此准爸爸准妈妈在选择磁带时一定要慎重。

（3）胎教音乐应该具有明朗的情绪，和谐的和声。音乐的音域不宜过高；因为胎宝宝的脑部发育尚未完整，其脑神经之间的分隔不完全，过高的音域会造成神经之间的刺激串联，使胎宝宝无法负荷，造成脑神经的损伤。音乐不要有突然的巨响，这样会造成胎宝宝受到惊吓。因此，胎教音乐的戏剧性不要太过强烈。

2. 如何进行音乐胎教

（1）根据孕期时间调整音乐胎教内容。怀孕初期，准妈妈听胎教音乐的主要目的是为了舒缓自己的情绪，放松心情。而到了第三个月时，胎宝宝的听觉器官开始发育，这时候准妈妈就要注意去选择轻快愉悦、清新舒缓的曲子来刺激宝宝的听觉器官的发育了。到了怀孕第四个月时，准妈妈可以把音乐胎教放在休息或吃饭的时候进行，在临睡前有胎动的情况下做效果更佳。

到了怀孕中期，胎宝宝的听觉器官已经完全发育，这时胎教音乐内容可以更丰富些，可以适当增加些稍快节奏的乐曲，准妈妈可以边做家务边胎教音乐，还可以随着胎动和宝宝进行互动；孕晚期时，准妈妈心理难免会紧张焦虑，而此时胎宝宝听觉的发育已经接近成人了，这时应该选择柔和舒缓、充满希望的乐曲，半躺或半卧在舒适的床上听。全身放松，把手放在腹部感受着胎宝宝的活动，静静地随着音乐声和胎宝宝一起放飞心灵。

（2）胎教音乐的时间最好固定，有些比较好的乐曲也可以反复地听，这样会有助于胎宝宝的记忆力。妈妈可以选择和宝宝一起欣赏音乐音响播放，距离扬声器1.5 ~ 2米，音响的强度55 ~ 66分贝。每天进行胎教的时间不必过长，也不要过于频繁。每天听一到两次即可，每次最多不要超过20分钟。

（3）音乐胎教需要准爸爸的配合。其实音乐胎教绝对不是准妈妈一个人的任务，准爸爸的配合也是极其重要的。胎教的过程也是夫妻间进行一场潜移默化的灵魂交流的过程，要想孕育出健康聪慧的宝宝，夫妻双方共同努力是至关重要的。在听音乐时，准爸爸可以温柔地抚摸腹中胎宝宝，和他聊聊天、说说心里话。这样会使胎宝宝感受到父爱，有效地进行亲子互动。专家建议，孕中晚期胎教时不妨采取“准妈妈教唱、准爸爸学唱”的形式，让胎宝宝提前听到准爸爸的声音，有助于在宝宝出生后提升对爸爸的亲切感。

孩子的智力与父母的遗传基因关系很大，并非像人们所想象的那样，让胎宝宝听听音乐，就会超限度地发展。虽然胎宝宝的大脑已能发出脑电波，也具有了视、听、味、触的感觉能力，但他毕竟还生活在宫内，不可能像出生后的婴幼儿那样，接触外面多姿多彩的世界，受到各式各样的刺激。所以，年轻的准爸爸准妈妈不要过度迷信胎教音乐，除了进行音乐胎教以外，还要注意其他方面的科学胎教，包括营养胎教、情绪胎教、运动胎教等等，在方方面面为宝宝的成长发育创造良好的条件。

第37天：放松心情去体检

现实生活中，很多准妈妈多因为各种原因而拒绝去医院做孕早期的检查。让准妈妈对此感到紧张不安的最主要原因是怕检查会给胎宝宝带来隐患，所以有的准妈妈不愿配合。孕早期检查主要是看看胎宝宝的生存环境怎么样，以排除非正常妊娠的可能。所以，准妈妈不必过度忧虑，为了自己和胎宝宝的健康，要重视起产检来。

孕早期的检查项目主要有：

1. 妇科窥器检查

了解阴道、宫颈情况，排除准妈妈的生殖器官发育异常，为胎宝宝顺利出生提供通道；观察阴道黏膜是否充血，阴道分泌物的颜色、量是否正常，是否有异味；看看宫颈是否糜烂、有没有宫颈息肉存在；特别是早孕期间出血时，观察出血的原因是否与阴道、宫颈有关，为治疗提供依据。

2. 宫颈刮片检查

此项检查主要是了解宫颈表皮细胞的形态，排除宫颈肿瘤的发生。由于孕期血容量增加，血供丰富，如果宫颈发生肿瘤，及时治疗可以提高生存率。当然，宫颈刮片检查是较初级检查方法，产生疑点时可以进一步做阴道镜检查或宫颈活检病理切片明确诊断。

3. 唐氏筛查

唐氏筛查是用一种简便且对胎宝宝无损伤的方法查找出准妈妈中怀有先天愚型胎宝宝的高危个体。先天愚型是严重先天智力障碍的主要原因之一，每一个怀孕的妇女都有可能生出“唐氏儿”。生唐氏儿的几率会随着孕妇年龄的递增而升高。这项检查一般放在怀孕第 14 ~ 20 周进行。医生会抽取准妈妈的血清，检测母体血清中胎儿甲型蛋白和绒毛促进腺激素的浓度，结合孕妇预产期、年龄和采血时的孕周，计算出“唐氏儿”的危险系数，较高水平的胎甲球蛋白与开放性的神经管畸形相关联，当妇女 35 岁或以上时，这一检查能发现约 80% 的唐氏综合征、神经管畸形的胎宝宝。

4. 妇科三合诊检查

主要了解子宫大小是否与停经月份相符合，胚胎是否正常发育。当出现子宫大小与停经月份不相吻合时，需要 B 超检查，以排除子宫肌瘤、子宫发育异常和胚胎发育异常等情况。若存在子宫肌瘤，需要估计肌瘤的大小、生长部位和是否影响胚胎生长发育而需要及时终止妊娠，并尽可能地估计到肌瘤的性质。同时，医生检查的内容还包括双侧附件是否正常，当卵巢增大时，需要鉴别是妊娠引起的功能性增大，还是器质性增大。若是功能性增大，怀孕三个月后会自然消退，若是良性器质性增大，要尽可能在怀孕三个月后手术，以减少流产率。

5. 超声检查

停经 40 天和 60 天分别作超声检查，了解胚囊种植部位和胚芽发育情况。怀孕 4 个月后产科登记检查，按照产科要求进行超声随访。

6. B 超检查

B 超检查可以看到胎宝宝的躯体、头部、胎心跳动、胎盘和脐带等，可以发现胎宝宝是否存活，是否多胎，甚至还能鉴定胎宝宝是否畸形。另外通过 B 超检查可以排除宫外孕、葡萄胎和宫内胚胎停止发育等异常情况。接受此项检查的最佳时机是在孕期 18 ~ 20 周，此时可确定怀的单胎还是多胎，并可测量胎儿头围，大多数的胎儿可能发生的问题都可以在此期间被认出。而第二次 B 超检查是在孕 28 ~ 30 周，此时可以了解胎儿的发育情况，是否有体表畸形，还能对胎儿的位置及羊水量又进一步的了解。第三次是在孕 37 ~ 38 周，此时的目的是确定胎位，胎儿大小，胎盘成熟度，有无脐带绕颈等，进行临产前的最后评估。

第 38 天：孕吐其实是一种自我保护

1. 孕吐的原因

孕吐是早孕反应的一种，它在上下几千年（公元前 20 世纪的古埃及人就在纸草上描述过这件事），纵横九万里（世界各地的各种文化里都有此种现象），影响着66%的孕期女性。弗洛伊德是最早尝试解释孕吐的人之一。他认为准妈妈之所以恶心呕吐是出于潜意识里对丈夫的敌视和厌恶，希望从嘴巴里吐出那个“孽种”。不过他的这种理论显然太“弗洛伊德”了，和现在医学理论相背而驰。

准妈妈在怀孕一个半月左右时，体内绒毛膜会促使性腺激素分泌量明显增加，而使胃酸显著减少，继而体内消化酶的活性也会有所降低，使消化系统运作减慢或是紊乱。因此，准妈妈就会出现头晕、恶心、呕吐、食欲不振、肢体乏力等妊娠反应，其中最明显的就是孕吐。

这段时间孕吐常常是在不经意中“偷袭”准妈妈，本来正在安稳地吃饭，可一闻到味道就恶心干呕、食欲全无，有些准妈妈在这一时期的体重不升反降，因此许多准妈妈都会对孕吐感到害怕、担忧，既担心会不会影响胎宝宝，又对反反复复的反胃呕吐感到说不上的难受。

其实孕吐是人体的一种正常的生理现象，它不但没有你想象的那么恐怖，反而还有很神奇的作用。孕吐其实是胎宝宝发出的信号，是其自我保护的一种本能。胎宝宝在腹中遇到有害物质入侵时，就会分泌出大量激素来增强准妈妈孕期嗅觉和呕吐中枢的敏感性，以便最大限度地将毒素拒之门外，确保自己的生长发育。通过孕吐，胎宝宝可以提醒准妈妈要调整自己的饮食起居。所以，孕吐不但不会使胎宝宝的生长发育受损，反而可能意味着他更健康。据调查，孕早期孕吐妊娠反应越明显的准妈妈，自然流产的可能性就越小。

但是，有些准妈妈在孕吐的同时会出现吐血的症状，这就需要引起警惕了。当出现这种症状时，有可能是胃黏膜出现了损伤，需要立刻到医院做尿常规检查，看看尿检的酮体变化是否呈阳性反应，如果呈阳性证明孕妇现阶段代谢已经紊乱，需要住院治疗。

2. 哪些准妈妈更容易孕吐

（1）怀有双胞胎或多胞胎。此种情况的准妈妈体内的人绒毛膜促性腺激素（HCG）、雌激素或其他激素的水平较高，所以，孕吐症状比其他人更严重。不过，这并不是绝对的，有些怀双胞胎的准妈妈只有轻微恶心或根本没有感觉，还是因个人体质而异。

（2）具有在孕期易出现孕吐的基因。如果准妈妈的母亲或姐妹有严重的孕吐反应，那么其发生这种情况的可能性也比较大。

（3）上一次怀孕时出现过恶心或呕吐的孕妇。

（4）准妈妈有晕车史或者患过偏头痛。

有种说法是，孕吐可能是由于准妈妈体内缺乏B族维生素所导致的。虽然很多女性在服用维生素B_6补充剂后确实会感到恶心呕吐的症状有所缓解，但这并不意味着她们体内缺乏维生素。事实上已经有研究结果表明，在出现孕吐和没有出现孕吐的准妈妈体内，维生素B_6的水平并没有明显差异。到目前为止，人们还不清楚为什么维生素B_6能帮助缓解孕吐。不过，仍然有证据表明在受孕和孕早期服用复合维生素有助于预防严重的孕吐，但其中的原因仍然还不确定。

第 39 天：嗜酸也有害处

女性怀孕以后，胎盘会分泌出一种名为“绒毛膜促性腺激素”的物质。这种物质有抑制胃酸分泌的作用，能使胃酸显著减少，消化酶活性降低，并会影响准妈妈的食欲和肠胃的消化吸收功能，从而使其产生恶心欲呕、食欲下降、肢软乏力等症状。由于酸味能刺激胃分泌胃液，有利于食物的消化与吸收，所以多数准妈妈都喜爱吃酸味食物。同时，胎宝宝的骨骼发育也需要补充酸性物质。所需的铁元素也只有在酸性环境下才能吸收。而胎宝宝吸收的维生素 C 也需要酸来调剂，因此这也会促使准妈妈嗜酸来增加这些营养物质的吸收。

铁是准妈妈和胎宝宝制造血红蛋白所必需的原料，也是人体所必需的微量元素。怀孕期间准妈妈对铁的需求量极大，比平时对铁的需求量要大 4 ~ 5 倍，一旦铁质的摄入量不足，就很容易发生缺铁性贫血，而铁元素只有从 3 价转变成 2 价后才能被人体的胃肠道吸收，酸性环境是这种转变所必的条件。所以准妈妈多吃些酸的食物有利于防止和纠正缺铁性贫血。

维生素 C 也是准妈妈和胎宝宝不可缺少的营养物质，它对胎儿形成细胞基质，产生结缔组织，促进心血管生长发育以及造血系统的健全都具有非同小可的作用。此外，维生素 C 还能增强母体的抵抗力，促进准妈妈对铁质的吸收。富含维生素 C 的食物一般都呈酸性，准妈妈吃些酸味食物，可以为自身和腹中胎宝宝提供较多的维生素 C。

正常情况下准妈妈在怀孕两三个月后，胎宝宝的骨骼便开始形成了。构成骨骼的主要成分是钙质，但要使钙形成钙盐，沉积下来形成骨质，就必须要有酸性物质参与。因此准妈妈多吃些酸性食物，对胎宝宝的骨骼发育是很有好处的。

虽然孕妇嗜酸是有科学依据的，准妈妈适量吃酸对自己和胎宝宝的健康都有很多的好处。但是，准妈妈在吃酸也要掌握“度”，如果过度嗜酸的话也可能给宝宝带来危害。我国民间有“酸儿辣女”的说法,因此有些人为了达到生儿子的目的，盲目地大量吃酸性水果、喝酸性饮料，结果却闯下了大祸，导致胎宝宝出生后体质虚弱，甚至发育畸形。这是因为女性怀孕之后进食大量酸性食物，体液酸性化，会使血中儿茶酚胺水平增高，准妈妈易出现疲乏无力、烦躁不安、伤感等消极情绪，影响胎儿发育，导致发育欠佳或畸形。

还有些准妈妈毫无选择地吃带有酸味儿的食物，比如酸菜、果脯、山楂糕等，殊不知其中有很多食品中的“酸”是不健康的“酸”。人工腌制的酸菜、醋制品虽然有一定的酸味，但维生素、蛋白质、矿物质、糖分等多种营养几乎丧失殆尽，而且腌菜中的致癌物质亚硝酸盐含量较高，过多食用显然对母体、胎宝宝健康无益。而果脯、山楂糕等零食当中，水果原料里本身的营养成分已经在加工过程中耗尽了，剩下的是高糖、高热量、多防腐剂添加剂的合成品。而且这些不健康的酸性食物有很多是民间小作坊加工的，抛开营养成分来说，其本身的食品质量安全就很难过关。所以，喜吃酸食的准妈妈，最好选择既有酸味又营养丰富的西红柿、樱桃、杨梅、石榴、橘子、酸枣、葡萄、青苹果等新鲜水果，这样既能改善胃肠道不适等症状，还可以增进食欲，补充营养，有利于胎宝宝的生长，达到一举多得的效果。万万不得毫无节制、毫无选择地进食，以免破坏体内的酸碱平衡，影响母体和胎宝宝的健康。

第40天：孕期药物的使用方法

1. 孕期药物安全性的分级

美国食品与药物管理局是全球药物审查最严格的机构之一，他们把孕期药物共分为A、B、C、D、X五个级别，并以此来作为选择孕期安全用药的依据。

其中被定为A级和B级的药物在怀孕期间一般可以安全使用，如多种维生素类或者青霉素族、头孢类的抗生素。这类药物目前还未查出对胎宝宝有什么危害。C级别药物指的是缺乏充分证明对胎宝宝有危害的药物，在孕中期、孕晚期可以使用。D级药物是指对胎宝宝不利但对准妈妈有益的药物，正常情况下应避免使用。在没有无害的替代药物时，需权衡利弊后慎重选择。如一些抗生素、激素类药物。X级药物是孕期禁用药，对胎宝宝有明显的致畸作用，如性激素（雌激素、合成孕激素）、抗癌药物等。

根据这个分级，在药物使用标签上标识了“孕期慎用”、“孕妇忌用”、“孕妇禁用”等字样。“孕妇慎用”是指一些药物虽然可能会对胎宝宝造成不利影响，但是却可以用来治疗危及准妈妈健康或生命的疾病，应当充分权衡利弊后再使用。“孕妇忌用”、“孕妇禁用”的药物则应尽量避免使用，或采用其他安全、同效的药物来替代。

2. 孕期不适用药物

（1）驱虫药：驱虫药对胎宝宝有不同程度的毒副作用，在怀孕期间尤其是孕早期，胎宝宝正处于器官生长发育的关键时期，如果准妈妈所患的肠道寄生虫病不是特别严重的话，一般不宜服用驱虫类药物，以免影响胎宝宝。

（2）感冒药：抗感冒药大多是复合制剂，含有多种成分，常见的抗感冒药有速效伤风胶囊、白加黑、康必得、快克，等等，这些药大都含抗组胺剂、解热镇痛剂，会给胎宝宝带来不良影响。

（3）中成药：有些对准妈妈有毒副作用的中草药常以配方的形式出现在中成药中，准妈妈也应慎用，例如常见的牛黄解毒丸、六神丸、牛黄清心丸、风湿跌打酒、复方当归注射液、防风通圣丸、上清丸、藿香正气丸、舒筋活络丸开胸顺气丸、紫雪丹、小活络丹、大活络丹、玉珍散、十滴水等。建议准妈妈在服用中成药之前，应仔细看说明书或向医生咨询是否能安全服用。

（4）中草药：有些中草药对准妈妈和胎宝宝都是有害的，可能会导致胎宝宝宫内缺氧、发育不良或出现畸形，孕妇大出血、流产的严重后果，孕妇绝对不能服用，如有一定毒性的马钱子、生南星、生半夏、巴豆、牵牛子、斑蝥、铅粉、水解、大戟、麝香、土牛膝、商陆、蜈蚣等；附子、乌头、生大黄、芒硝、甘遂、芫花、三棱、生南星、凌霄花、刘寄奴、马鞭草、皂角刺、生五灵脂、穿山甲、射干、雄黄、硼砂等也应尽量避免食用；当归尾、红花、桃仁、蒲黄、苏木、郁金、枳实、槟榔、厚朴、川椒、苦葶苈子、牛黄、木通、滑石等用于活血化淤及行气泻下类的中草药则要绝对禁止单独使用。

（5）抗生素：如土霉素、氯霉素、链霉素、卡那霉素、呋喃西林等，可导致胎宝宝短肢畸形、乳齿变黄、骨骼发育障碍、先天性耳聋、肾脏损害和溶血等。

（6）激素和性激素：激素如强的松、可的松、肾上腺皮质激素和甲状腺素等，可导致胎宝宝唇裂、腭裂或无脑的问题；性激素如黄体酮、睾酮等，可诱发胎宝宝外生殖器畸形、脑部畸形、男胎宝宝尿道下裂、女性化或女胎宝宝男性化等。

（7）镇静药：如安定、利眠宁、眠而通、苯巴比妥、鲁米那等会引起胎宝宝短肢、无耳、无眼、唇裂、视网膜病变、骨骼畸形和先天性心脏病，并能抑制新生儿生长。

（8）抗糖尿病药：如降糖灵（苯乙双胍）和胰岛素，可导致胎宝宝唇部和肢体骨骼的畸形。

（9）抗惊厥药：可导致胎宝宝躯体和智力发育迟缓、眼距宽、低位耳、指甲指骨发育不良等症状。

（10）利尿剂：利尿剂可能会使产程延长、子宫收缩无力，还可能出现胎粪污染羊水等问题。

第 41 天：平衡好工作和孕育的关系

很多女性尤其是知识女性在怀孕期间仍从事着大量的工作，对其身体和心理造成了双重的压力，某些素来在工作上有女强人之称的准妈妈，面对怀孕后在工作上出现的种种变化和不适感到非常的焦虑和失落，一时间手忙脚乱无法权衡好工作和孕育之间的关系，不知道该如何重新定位自己的工作。这给很多白领准妈妈带来极大的心理落差。

1. 工作压力大

一些准妈妈因工作性质或职位的关系，工作节奏快、强度大，在怀孕期间仍是如此。澳大利亚墨尔本大学的研究人员曾经对 100 名工作压力较大的怀孕女性在工作日和非工作日的血压情况进行了监控，结果发现她们当中有 12 名患有高血压，而且在工作期间的血压明显高于家里。怀孕女性在工作时比不工作时血压要高，这会增加患妊娠高血压的风险，带来的并发症状对准妈妈和胎宝宝都是极为不利的。

处于孕期的准妈妈在避免从事高辐射、噪音大、身体需要消耗过度体能和负重的工作以外，也要考虑一下高压高脑力负荷的工作对自己带来的危害。怀孕期间，重心要放在孕育胎宝宝上，极少数身心强大、工作能力强的女性可以平衡好工作和怀孕两者的关系，而更多的准妈妈需要在二者之间做出选择。首先应该冷静下来，做好时间管理和任务分配，不要把怀孕带来的特殊情绪和工作混为一谈。其次要尽力而为，如果工作对于孕育确实产生了实质性的不良影响话，应申请换岗或减轻工作任务。同时，要多多给自己减压，保持一个身心愉悦舒适的状态。

2. 受到冷落

有些准妈妈是在孕期时承受不了压力大的工作，而有些是受不了孕期时工作清闲带来的落差感。一些女性怀孕后从重要岗位调离到比较轻松岗位。不再是单位里完成工作的重要分子，不再是领导眼中的红人，而突然变成了一个处理些小事情、做些轻松活的可有可无的人。习惯了风风火火的女强人型的准妈妈面对自己突然“变弱”会产生很大的心理落差，甚至觉得自己受到歧视。

准妈妈如果明显感觉受到与怀孕前不同的待遇，首先应判断这是不是属于不公平的待遇或是歧视。如果单位是为了保障工作良性运转和准妈妈孕期的健康，那么就应该学会调节自己的心态。事物总是有两面性的，事业还有半辈子的时间去奋斗，而胎宝宝在你身体里只有 10 个月的成长时间。怀孕期间令准妈妈的正常工作出现一些变化是正常的，多想想积极的一面，要用充足的时间、空间和健康的身体、心态去照顾好胎宝宝，乐观地面对生活。

准妈妈在工作期间除了要保持轻松、舒畅的心情，还要多加注意自己的饮食、穿着等。怀孕期间一定要注意食品搭配的多样化，不要单一地只吃一种食品，多吃水果、蔬菜和鱼类肉类，保证营养均衡，促进胎宝宝的大脑发育。如果工作餐种类过于单调的话，可以考虑带饭，尽量少吃外卖和小饭店里的饭菜。准妈妈还要注意选择宽松的内裤，太紧易引起阴道炎症。衣物最好是纯棉，不含化纤，如果公司要求职工在上班时间必须穿工作服，只需在里面穿一些贴身的纯棉内衣。有孕吐状况的准妈妈要在办公室里准备好毛巾，呕吐袋，同时尽量让自己的位子离洗手间近一些，以方便呕吐时尽快到达。

一般情况下，准妈妈在怀孕的时候最好还是要有正常的生活和工作规律，没有必要辞掉工作做“全职孕妇”，这样可以让准妈妈有一个健康平静的心理。当然，真的不想工作，也可以休息一下，但一定要找点事做。可以学学画，弹弹琴，甚至可以回学校进修，和胎宝宝一起更上一层楼。

第 42 天：做一本布书愉悦一下心情吧

做手工是舒缓心情开动脑筋的一个好方法。很多心灵手巧的准妈妈都有安安静静地做布艺小手工的爱好，所有的奇思妙想在 DIY 的过程中就全都迸发了出来。今天我们来教各位准妈妈做一种稀奇的布艺——布书。用布做书听起来是不是挺新鲜挺有意思呢？这将是一本属于你和宝宝独一无二的书。

1. 准备材料

（1）布料：亚麻、棉质、丝绸的布料都可以。可以用旧衣物当材料，也可以采购一些自己喜欢的布料。动用巧手，发挥你的想象力，它们会成为布书的最佳主力军！

（2）贴画：把不再用的旧床单、旧衣服上面的漂亮图案慢慢剪下来，作为装饰布书的素材。当然这些小贴画也可以在商店里买得到。可以随着自己的喜好选择。

（3）小工具：剪刀、胶水、各种彩色的针线、签字笔、普通 A4 纸、铅笔、尺子。

2. 手工步骤

（1）确定一个主题。天马行空思想大爆炸一下吧，讲一个故事，展现一些漂亮可爱的图片，抄下一首优美的诗，写下一段你想对宝宝说的话，随便在上面画点什么，都是不错的选择。总之你的书你做主，想做什么就做什么吧。

（2）将纸张裁剪成要做的书本大小，在纸上用铅笔简单勾勒出草图，比如你想要画的花朵、动物、太阳、冰激凌等等，可以在每一页上简单地画出来，等宝宝出生后将这些可爱美丽的图片展现给他。纸张不用裁得太大，大约15平方厘米即可，这样看起来会比较美观，也容易翻阅。

（3）将棉布裁剪成草图的大小，数量上要和草图一般多，再把草图放在棉布上，对齐后沿着四周与棉布缝合在一起。

（4）按照草图上事先勾勒的图案搜集到所需要的素材，将素材沿着草图所画缝在草图与棉布上。如果想简洁方便一些，也可以将素材用胶水粘上去。

（5）缝制完所有的草图以后，将草图从棉布上小心地撕下来，在空白的地方，准妈妈可以用签字笔写上你想说的话。可以写一写现在的心情，抄写一段喜欢的文字、诗歌和歌词。以后翻阅出来，不仅仅是给宝宝的一份贵重礼物，准妈妈也可以从中看到自己曾经的心情和现在的成长。

（6）用厚一点的布料裁剪出封面和封底。封底和封面可以连在一起裁剪也可以分开来裁。然后把棉布按照顺序叠放在封面和封底中间，沿着书脊将书缝在一起。如果喜欢的话你可以在布书的一页打个洞，在另一页缝个扣子等等。这样，一本漂亮有创意的布书就做好了。

动起来：瑜伽仰卧放松功

具体步骤如下：

（1）平躺在地面上，身体舒展开来，两腿微微分开，两脚自然向外指，手臂轻轻舒展置于体侧，掌心向上，注意不要将手臂和身体夹紧。闭上眼睛，吸气，脚尖伸直，呼气放松，吸气双脚勾起，呼气放松。

（2）吸气，收缩臀部肌肉，紧贴地面直至轻微颤抖，然后呼气放松、吸气，背窝部位向下压，贴紧地面。呼气放松，吸气握紧拳头，然后呼气放松，吸气，伸直手掌和手臂，两肩膀相互分离，贴近地面，再次呼气放松。

（3）扭曲面部，使面部肌肉得到充分的运动。然后放松面部肌肉，轻柔地转动头部直到觉得有些疲倦，牙齿不要咬紧，舌头平放在口腔底部中，不要抵住上腭，然后放松前额、脸颊和下巴。

（4）做20次深呼吸后恢复自然的呼吸节奏，进行“浅呼吸”。有意识的计算深呼吸的次数，这样有利于集中精神。放松时保持静卧，15分钟后，轻握拳，拇指与其他手指相接触，脚趾摆动，缓慢地把手臂抬至头部上方，身体伸展打哈欠。膝盖抬到胸前，身体转向右侧，闭上眼睛，保持这个姿势并放松，然后左手放在身体前面的地面，用力将身体撑起坐直，张开双眼时会有种睡醒后慵懒而平静的感觉。

运动过程中有以下运动过程中有以下注意事项：

（1）瑜伽仰卧放松是一种舒缓而安静的运动，持续时间一般在15分钟以上，在进行的过程中身体体温会下降。因此做此项运动时最好穿稍微厚一点的衣服。

（2）彻底的放松是一种“无为”的状态，不要刻意强求，意识上越放松身体才能跟着放松下来。

在意识与身体深深的放松状态下，准妈妈能获得内心的静谧，进而体验到前所未有的安宁、平和。会对自己身心的紧张、焦虑有了更清醒的认识，从而能够即刻有意识地释放负面的情绪，保持一种健康的生活方式。

胎宝宝的阅读时光：经典童话《小熊过桥》

童话故事是讲给孩子听的，也同样是讲给大人听的。很多经典的文学作品在人生的不同时期都应该拿出来重新品读一番，同样的故事，在你15岁和25岁那年阅读时，会有不同的感悟。想象一下，当你的宝宝成长到可以自己抱着童话书读懂这个故事时，你可以微笑着告诉他：“其实你在妈妈肚子里时，就已经听过这个故事了”。那将是一件多么美好而神妙的小事儿啊。

有一只小熊对妈妈说：“妈妈，我好些日子没看见姥姥了，我想去看看姥姥。”

妈妈说：“好啊，你去的时候，把咱们那束鲜花给姥姥带去，把那一包点心也给姥姥带去！”

小熊抱起点心盒子，拿起那束鲜花，说：“妈妈，我走了！”

妈妈说：“早去早回来，替我问姥姥好！”

小熊说：“哎，妈妈再见！”说着就走了。

小熊走着走着，来到一条小河边上。河上有一座桥。这桥是用竹子搭的，小熊走到上面就不敢动了，因为走起来左一摇右一晃的，河水还在下边哗哗地响哩！

小熊正害怕，天上飞过来一只乌鸦。这乌鸦不但不帮助小熊，还吓唬他。乌鸦高声喊道：“呱——呱——呱——坏啦，坏啦！你们瞧啊，小熊要掉下河啦，小熊要掉下河啦！”

小熊本来就害怕，被乌鸦这一吓唬，就更不敢动了。他低头一看河水，河水也在笑话他：“哗哗哗哗，小熊小熊，你怎么这么不勇敢哪，小竹桥都不敢过！这么胆小，太没出息啦，太没出息啦！”

小熊一想，乌鸦吓唬我，河水笑话我，这，这可怎么办呢？小熊着急得哭着叫：“妈妈，妈妈，快来呀！”可是，妈妈离这儿远哪，听不见呀。

熊妈妈听不见，可是水里的小鱼儿听见了，他们“扑噜，扑噜”从水里钻出头来，对小熊说：“小熊，小熊，你别害怕，把眼睛往前瞧，别往水下看，你挺起胸，直起腰，迈开步，一二，一二，就过去啦！”

小熊听小鱼儿的话，抬起头，眼睛向前看，挺起胸，直起腰，迈开大步，一二，一二！嘿，真过去了。

过去以后，眼泪还没干，小熊就高兴地笑了。小熊回过头来，冲着小鱼直点头：“小鱼儿，小鱼儿，谢谢你们了，再见吧！”

小鱼儿一看小熊平平安安地过去了，都挺高兴，“鼓儿，鼓儿”，全都钻到水里去了。

好孕美食馆：缓解孕吐的三道私房菜

孕期出现恶心、呕吐、便秘、尿频等不适时，尽量采取食补，多吃一些含蛋白质、维生素多的食物，不要暴饮暴食，尽量少食多餐，多吃一些清淡不油腻的食物。

1. 生姜炖牛肚

【材料】熟牛肚500克，生姜20克，砂仁10克，陈皮、草果各5克，料酒10克，精盐3克，味精1克，鸡精2克，清汤700克，芝麻油5克。

【做法】

（1）生姜削去外皮，切成条片。牛肚切成条片，下入沸水锅中焯透捞出。

（2）锅内放入清汤，下入姜片、陈皮、草果烧开，煮10分钟左右。

（3）下入肚片、砂仁、料酒、精盐烧开，炖20分钟左右。加味精、鸡精略炖，出锅盛入汤碗，淋入芝麻油即成。

2. 粟米丸子

【材料】粟米粉200克，精盐少许。

【做法】

（1）将粟米粉淋湿渗水，揉成滋润的粉团，再用手搓成长条，分成梧桐子大小的栗子，放入一个洗净的盘中待用。

（2）把煮锅刷洗干净，置于火上，加入清水适量，锅加盖，用旺火煮沸，掀锅盖，将丸子下入锅内，文火煮至丸子逐个浮在水面后3～4分钟，即成。每日1剂，分2～3次，酌加少量精盐调味。

3. 香菜萝卜

【材料】香菜100克、白萝卜200克。植物油、盐、味精各适量。

【做法】

（1）白萝卜洗净，去皮，切成片。

（2）香菜洗净，切成小段。

（3）锅倒油烧热，下入白萝卜片煸炒片刻，炒透后加适量盐，小火烧至烂熟时放入香菜、味精即可。

第7周：胎宝宝各器官开始忙碌发育

这一周小胚胎仍然会漂浮在羊膜囊中，处在胚胎细胞快速分裂的时期。胚胎上伸出的幼芽般的四肢现在看上去会很明显，鼻孔开始要形成了，耳朵部位慢慢

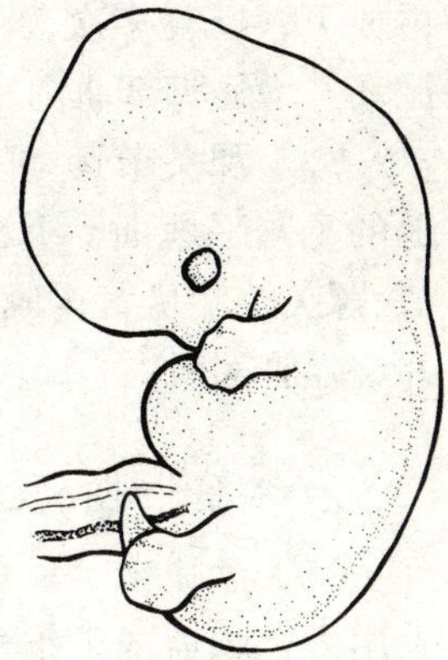

胎儿的外形变得更圆了，尾巴也开始退化。

地要凹陷，手指开始发育，四肢在继续生长着，心脏开始分为左心房和右心室，并且以每分钟大约150下的速度开始有规律的跳动。脑垂体开始发育，神经系统轮廓已接近完成，头部明显增大，体重大约4克。胚胎有两肺、肠、肝、两肾以及内生殖器官，但均尚未完全形成。

这周准妈妈的新陈代谢会增快，心率也会加快，会有明显的疲惫感。

1. 加强补碘

碘堪称智力营养素，是人体合成甲状腺素不可缺少的原料，而甲状腺素参与大脑发育期大脑细胞的增殖与分化，是具有决定性因素的营养成分。准妈妈多吃一些海带、紫菜富含碘的食物，有意地去补充一些碘，这样宝宝出生后体重、身高及智商水平都会高于未补碘的准妈妈生出的宝宝。

2. 注意外阴的清洁

女性在怀孕后外阴部的皮肤会变得更柔弱，皮脂腺及汗腺的分泌较体表其他部分更为旺盛。同时由于引导上皮细胞通透性增高以及子宫颈腺体分泌增加。因此准妈妈要经常进行外阴局部皮肤的清洁。注意清洗时有“三不能”：不能用热水烫洗；不能用碱性肥皂水洗；不能用高锰酸钾液洗。

第43天：认识运动胎教

运动胎教一方面是指准妈妈适时、适当地进行体育锻炼以便于正常妊娠及顺利分娩，另一方面指准爸爸准妈妈帮助胎宝宝活动，以促进胎宝宝大脑及肌肉的健康发育。在这里我们主要是讲准妈妈的身体运动。运动胎教主要有四种作用：调整胎位；改善准妈妈的疼痛；改善准妈妈这种心情；调节准妈妈身体状态。

最主要的十二项胎教运动有：散步、足尖运动、踝关节运动、搓脚心运动、膝胸卧位、骨盆韧带运动、盘腿坐、盆底肌肉运动、站立、行走、手指健脑操、腹式呼吸。每项运动都各具特色和作用，在孕期的不同阶段要做的运动也有所不同。

1. 怀孕早期的运动

（1）在怀孕早期准妈妈的妊娠反应比较严重，适当地进行运动不仅可以使其转换一下心情，而且对胎宝宝的发育也是非常有益的。这个时候散步是最好的锻炼形式，每天到处走走，边欣赏大自然美景边呼吸新鲜的空气；散步过后，会产生轻微疲倦，对睡眠有帮助，在自由自在随意行走的过程当中，烦恼和忧愁就全都消散了。

（2）足尖运动：准妈妈坐在椅子上，两足踏平地面，足尖尽力上翘，翘起后再放下，反复多次，注意足尖上翘时，脚掌不要离地。通过这一运动可促进血液循环并增强脚部肌肉。

（3）踝关节运动：准妈妈坐在椅子上，一条腿放在另一条腿上面，下面一条腿的足踏平地面，上面一腿缓缓活动踝关节数次，然后将足背向下伸直，使膝关节、踝关节和足背连成一条直线。两条腿交替练习上述动作。这样可促进血液循环，并增强脚部肌肉。

2. 怀孕中期的运动

（1）盘腿坐：早晨起床和临睡时盘腿坐在地板上，两手轻放两腿上，然后两手用力把膝盖向下推压，持续一呼一吸时间，即把手放开。如此一压一放，反复练习 2 ~ 3 分钟。通过伸展肌肉，来达到松弛腰关节。

（2）骨盆扭转运动：仰卧，左腿伸直，右腿向上屈膝，足后跟贴近臀部，然后，右膝缓缓倒向左腿，使腰扭转。接着，右膝再向外侧缓缓倒下，使右侧大腿贴近床面。如此左右交替练习，每晚临睡时各练习 3 ~ 5 分钟。

（3）振动骨盆运动：仰卧、屈膝，腰背缓缓向上呈反弓状，复原后静 10 秒钟再重复；然后，两手掌和膝部着地，头向下垂，背呈弓状，然后边抬头，边伸背，使头背在同一水平上，接着仰头，使腰背呈反弓状，最后头向下垂，反复。此运动可松弛骨盆和腰部关节，使产道出口肌肉柔软，强健下腹肌肉。

（4）腹式呼吸练习：腹式呼吸应从卧位开始，分四步进行：第一步用口吸气，同时使腹部鼓起；第二步再用口呼气，同时收缩腹部；第三步用口呼吸熟练后：再用鼻吸气和呼气，使腹部鼓起和收缩；第四步在与呼吸节拍一致的音乐伴奏下做腹式呼吸练习。

3. 怀孕晚期的运动

怀孕晚期时准妈妈的身体变得很沉重，也极易疲劳，此时应以休息为主。这段时间的运动锻炼可因准妈妈的自身身体素质而异。除散步外可以进行以下几种方式的运动，每次以 15 ~ 20 分钟为宜，每周至少 3 次。

（1）四肢运动：站立，双手向两侧平伸，肢体与肩平，用整个上肢前后摇晃划圈，大小幅度交替进行；站立，用一条腿支撑全身，另一条腿尽量抬起（注意手最好能扶物支撑，以免跌倒），然后可反复几次。

（2）伸展运动：站立后，缓慢地蹲下，动作不宜过快，蹲的幅度尽你力所能及；双腿盘坐，上肢交替上下落。

（3）骨盆运动：孕妇平卧在床，屈膝，抬起臀部，尽量抬高一些，然后徐徐下落。

（4）增强骨盆底肌肉练习：收缩肛门、阴道，再放松。

有规律有条理地进行胎教运动，可以使准妈妈全身肌肉活动，促进血液循环，增加准妈妈的血液和胎宝宝的血液交换；能增进食欲，使胎宝宝得到更多的营养；还可以增强腹肌、腰背肌和骨盆底肌的能力，改善盆腔充血和使分娩时的肌肉放松，减轻产道的阻力，顺利分娩，并在怀孕期间使身体处于最佳状态。

第 44 天：准妈妈运动要谨慎

准妈妈适当做运动是必要的，尤其是在怀孕四个月内更要多做一些有氧运动。但在进行运动之前准妈妈必须有几个重要的认知，那就是自己基本健康状况、对于所从事运动的专精程度、运动的种类、运动时的环境以及运动的时间长短等等。一般来说，在运动时，脉搏不要超过 140 次 / 分，体温不要超过 38℃，时间以 30 ~ 40 分钟为宜。运动开始时要根据自己感觉的舒适程度及时调整，找到适合自己孕期一系列的运动组合。

怀孕的前三个月，胎宝宝尚处于胚胎阶段，准妈妈的活动量宜小不宜大，最佳的选择是散步，以免引起流产。怀孕中期的三个月，胎宝宝着床已稳定，准妈妈可根据个人体质及过去的锻炼情况，适当加大运动量，进行力所能及的锻炼，如游泳、孕妇体操、瑜伽等。虽然此时运动量可以适量增加，但仍应切记不可进行跑、跳等容易失去平衡的剧烈运动。在怀孕的最后 3 个月，准妈妈应再次减少运动量。可以散步，或适当做一些家务劳动代替运动，但要避免用力过大，尤其不能抬、提重物。

运动时应注意以下 13 点：

1. 准妈妈要根据自己的具体体质，了解何种运动适合自己。一些特殊运动必须在征得妇产科医生的许可后才可进行。

2. 避免震动较大和急促的动作，如蹦跳、冲刺跑、过山车等，这样容易造成心率过快等身体损害，也容易给精神带来过度的兴奋和刺激。

3. 不要在太热或太潮湿的环境里活动，尽量选择温度、湿度适宜的地方活动。

4. 避免在饭前空腹运动，瑜伽运动要在饭后 1 小时以后再进行。

5. 运动前后一定要进行热身和放松活动，尤其要注意活动韧带部位，防止拉伤。

6. 运动时应穿着宽松的服装，如果下水游泳，应穿专门为孕妇设计的游泳衣，最好不要穿紧身束腰的衣服。

7. 要及时补充水分，防止因运动造成的脱水；孕期锻炼不是为了减肥，准妈妈和胎宝宝都需要足够的能量和营养，因此要注意补充运动所消耗的能量。

8. 整个孕期应避免做仰卧起坐一类的腹肌练习；避免仰卧位、抬高臀部的任何练习；妊娠 18 周以后，避免任何仰卧位的练习。

9. 运动时难免体温会升高，对此准妈妈要引起注意。孕期运动要适当调整衣着，避免体温过高，尤其是怀孕初期，体温过高会影响胎儿的器官分化。

10. 避免过度拉伸关节，尤其在怀孕后期孕激素会使孕妇全身的关节连接松弛，过度拉伸会造成损伤。

11. 锻炼中一旦出现阴道出血；下腹部剧烈疼痛；羊膜破裂羊水溢出；呼吸困难或晕厥以及其他显示准妈妈或胎宝宝出现危险症状的情况，应立即停止运动并马上就医。

12. 注意运动的数量和强度，防止过度疲劳。

13. 患有糖尿病的准妈妈可适当加大运动量以控制血糖；患有高血压的准妈妈则要限制运动量；有习惯性流产史的准妈妈在妊娠早期要卧床休息；怀上多胞胎的准妈妈最好选择散步之类的轻缓运动。

第 45 天：了解胎盘、脐带和羊水

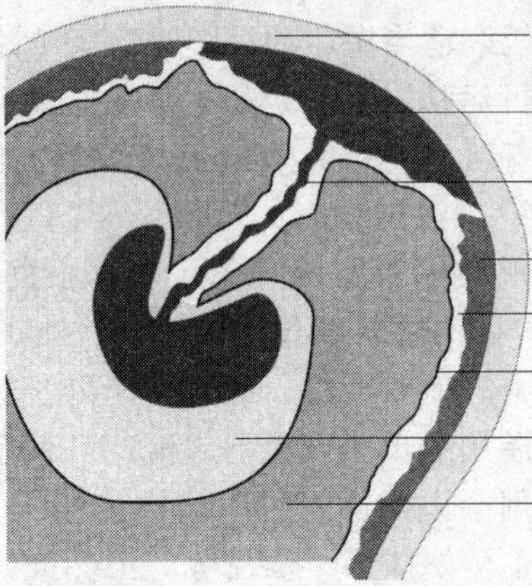

胚胎的附属器官

一部分滋养层向子宫壁内部深入，形成胎盘；另一部分在胚胎外围，叫做绒毛膜。胚胎“漂浮”在羊膜腔内。羊膜腔将逐渐占据子宫腔内的空间。

胎盘

胎盘是介于准妈妈和胎宝宝之间的特殊器官。正常胎盘是附着在子宫腔的前壁或后壁上的，足月胎盘的形状呈扁圆形，中间厚，边缘薄，直径为 16 ~ 20 厘米，重约 1 斤左右，分母体面和胎儿面。母体面呈暗红色，胎儿面呈灰白色并光滑，有脐带附着。胎盘的主要功能有：

（1）胎宝宝生长发育所需的营养物质由准妈妈通过胎盘供给，即胎盘将母血中的氧气、水分、葡萄糖、氨基酸、维生素等各种营养物质吸收过来，再输给胎宝宝，同时将胎宝宝的代谢产物又通过胎盘送入母体而排泄。

（2）防御细菌和阻挡准妈妈血液中有害物质进入胎宝宝体内。即胎盘能阻止某些细菌或病原体进入胎体，同时还能把母血中所含的抗体，通过胎盘进入胎体，使胎儿得到抗病的能力；还能产生内分泌素，以保证怀孕的继续。

（3）产生激素和酶，保证胎宝宝的正常发育。

（4）代替胎宝宝的肺部进行气体交换。

（5）胎宝宝的血液中的代谢废物都要经过胎盘进入准妈妈的体内然后排出。

脐带

脐带是一条带状物，内含有三条血管与胎宝宝血液和胎盘血液相通，血管周围充满着胶状物质，它的一端连接胎宝宝的脐部，另一端附着在胎盘上。到了怀孕后期，脐带长约 50 厘米，直径约 2 厘米，有两条动脉和一条静脉。脐带是胎宝宝生死攸关的“生命线”，一旦脐带受阻，胎宝宝就会面临死亡的威胁。脐带的主要功能有：

（1）动脉中流着胎宝宝的静脉血，将胎宝宝的代谢产物和二氧化碳等送往胎盘。

（2）静脉中流着胎宝宝的动脉血，从准妈妈那里摄取营养和氧气。

羊水

羊水是羊膜腔内的液体，它是流动的，每 3 小时更换一次。怀孕早期呈澄清的液体，足月妊娠显浑浊。羊水的量和成分，是水和小分子物质在准妈妈体内、羊水和胎宝宝三者之间进行双向交换取得动态平衡的结果。羊水的成分随着胎宝宝的成长不断地变化。早期和中期时羊水清澈，足月时羊水是碱性的白色浑浊体，有肉眼可见的小片混悬物质，这些物质是脂皮、上皮细胞等。羊水的主要功能有：

（1）可以保护胎宝宝，缓冲外界压力，防止胎儿身体与羊膜粘连，维持子宫

腔内恒温和恒压，减少外力伤害胎宝宝。

（2）保护母体。减少母体对胎宝宝的感觉。临产时可以缓和子宫收缩所产生的压力，并抵压胎盘于子宫壁上，防止胎盘早期剥离。

（3）胎膜破裂时羊水流出，可冲洗及润滑产道，减少母体伤害；还可用于产前诊断。

（4）通过腹壁穿刺采取羊水标本进行各种检查，可了解胎宝宝的性别、胎儿的成熟度，以及诊断某些遗传性疾病等。

胎盘前置

正常情况下，胎盘的附着是处在子宫体部的后壁、前壁或侧壁。如果胎盘附着于子宫下段或覆盖在子宫颈内口处，位置低于胎儿的先露部，称为前置胎盘。前置胎盘是妊娠晚期出血的主要原因之一，为妊娠期的严重并发症，多见于经产妇，尤其是多产妇，或是有子宫内膜炎的孕妇。

前置胎盘根据胎盘与宫颈口的关系可分为完全性前置胎盘、边缘性前置胎盘和部分性前置胎盘。造成前置胎盘的原因目前尚未明确，但可能与下列因素有关：

（1）子宫内膜不健全，产褥感染、多产、上环、多次刮宫、剖宫产等手术引起子宫内膜炎，子宫内膜缺损，血液供应不足，为了摄取足够营养，胎盘代偿性扩大面积，伸展到子宫下段。

（2）孕卵发育迟缓，在到达宫腔时滋养层尚未发育到能着床阶段，继续下移植入子宫下段。

（3）胎盘面积过大，如多数妊娠胎盘常伸展到子宫下段。前置胎盘的主要症状是在妊娠晚期或临产时，发生无痛性反复阴道出血，少见者会发生于妊娠20周左右。阴道出血发生时间的早晚、反复发作的次数、出血量的多少与前置胎盘的类型有很大关系，一般来说，完全性前置胎盘往往初次出血的时间早，约在妊娠28周左右，反复出血次数频，量较多，有时一次大量出血即可使病人陷入休克状态;边缘性前置胎盘初次出血发生较晚，多在妊娠37 ~ 40周或临产后，量也较少;部分性前置胎盘初次出血时间和出血量介于两者之间。临产后每次阵缩时，子宫下段向上牵引，出血往往随之增加。部分性和边缘性前置胎盘患者，破膜后胎先露如能迅速下降直接压迫胎盘，流血可以停止。破膜有利于胎先露对胎盘的压迫。由于反复多次或大量阴道出血，产妇可能出现贫血，其贫血程度与出血量成正比，出血严重者即陷入休克，胎儿发生缺氧、窘迫，以致死亡。

第46天：孕期也护肤：做一个漂亮健康的准妈妈

怀孕会导致女性体内雌孕激素、黄体素等激素水平的变化，影响到皮肤的蓄水能力和皮脂膜的完整性，从而令孕期的皮肤变得较为敏感，容易水油不平衡。一些准妈妈会发现皮肤比以前更油，而有些干性皮肤的准妈妈皮肤比以前更干燥了。在这个特殊的生理时期，对护肤问题不要马虎大意，准妈妈应根据自己的情况制定一套切实可行的护肤方案。

1. 正确的洗脸方法

将倒入手中的洁面乳轻轻搓出泡沫，抹在油脂分泌最旺盛的T字区。对着镜子，在额头上搓出泡沫，然后用画圈的方式一直向下洗。洗到下巴和鼻子下方的时候要左右移动手指，眼睛也需要用画圈的方式进行清洗。

3 ~ 5分钟后，用温热的清水洗净，注意发际和下巴内侧的清洗，防止残留下泡沫。然后用干净柔软的化妆棉按压脸颊吸干水分。如果使用毛巾擦脸的话，要注意经常消毒和清洗。

2. 正确使用乳液

准妈妈在使用保湿乳液时，最好使用小面积画圈的方式比平常多按摩几次面部。先用手指蘸取大约一元硬币大小的乳液，将其放在手心温热后用指尖慢慢推开，这样可以提高乳液的渗透度，有效地锁住水分。眼角、脸颊等容易干燥的部位可多涂一些，而额头和鼻子附近的T区部位油脂分泌比较旺盛，要少涂抹一些，可多拍一点爽肤水。

在秋冬干燥季节，颈部的皮肤也容易变得粗糙，这个时候用双手上下交替在颈部涂抹些乳液可以帮助颈部保湿。

3. 护肤品越简单越好

孕期的护肤品选择要尽量安全精简，以补水保湿为主。护肤产品中是否含香精香料、刺激性防腐剂都是需要注意的要点。可以保留保湿系列的卸妆、洁面、爽肤、面霜这几个必需的步骤。

怀孕期间避免使用如异维A酸胶囊等治疗痤疮的药物，并慎用有祛痘功效的护肤产品。而美白祛斑产品中大多也含对胎宝宝极为不利的铅、汞等重金属，最好不要使用。

卸妆清洁产品选择上注意不要选择添加过多表面活性剂的产品，容易刺激皮肤，令皮肤干燥。质地温和、低泡或无泡的洁面乳是首选。

4. 选择物理性防晒

女性在妊娠期间因为激素的水平的关系，容易在两颊生成大量的黄褐斑，是怀孕期间最常见的皮肤问题。产生的原因是黑色素受不平衡的荷尔蒙影响，变得对外界刺激过于敏感、过于活跃所致。对于妊娠斑首要的预防办法是严密的防晒，尽可能避免黑色素细胞因受到紫外线刺激而被激活，加速黑色素的制造而生成斑点。这时需要注意的是不要使用美白祛斑的产品，而是从怀孕初期就开始使用安全性能高的、无香精香料成分添加的物理性防晒，以减少紫外线和自由基对皮肤黑色素细胞的刺激作用，通过抑制外因达到减少黑素生成的作用。

第47天：准妈妈如何选购服装

如今服装市场上也出现了越来越多款式各异的孕妇装，许多商家和服装设计师都把目光转移到爱美的准妈妈身上来，推出了很多精心设计的时尚漂亮的孕妇装，所以准妈妈大可不必担心怀孕之后会与时尚脱节。但是选择孕妇服时，首先要考虑的是健康和舒适度，而不能单单看款式和颜色。由于怀孕期间容易出汗，所以最好选购透气性较好的纯棉质服装。下面我们就来为准妈妈如何购买和搭配服装提出一些建议，把你打扮成一个时尚又健康的漂亮准妈妈。

1. 孕妇服的颜色选择和搭配技巧

在购买孕妇裤或孕妇裙时，最好选择黑色或卡其色之类的中性色彩，这样的颜色能够修饰身材而且显得人有精神。服装的腹部和腰部处必须具有很好的弹性，以能够托持和保护胎儿，面料最好选用斜纹或府绸。

背带裤是孕妇衣橱柜中必备的服装之一，因为其手感柔软、腹部较为宽松，穿着方便，舒适性好，深受准妈妈的喜爱。准妈妈还可以购买一件领角有纽扣的男式衬衫。这种衬衫一般是由高支棉或牛津布制作而成，比较宽松而舒适。而且衬衫是可以用来百搭的宝贝，下装穿一条裙子，外加一件夹克就能作为上班的职业装，搭配一款宽松背带裤便可成为周末的便装。准妈妈还可以选购一些柔软舒适的弹性针织服装，如束腰外套、针织裤和针织连衣裙，用来与其他款式的服装搭配或者单穿。

选择裤装时，裤腿以合身的松紧度为好，大腿和腰部应该比较宽松，以突起的腰围为准。穿上这样的裤子，上面再套一件宽大的外衣，在外衣的遮掩下会让身材显得适中。这种裤子也可以选用丈夫的宽大裤子改造，把小腿部分缝得窄小一些即可。如果下身配裙装，最好选用类似西服长裙的贴体式长裙，腰部可加背带，裙形像一个倒放的梯子，如果外面再套上宽松的外衣，几乎不露什么痕迹。假如你有一条露背的长裙，可以把裙子的两边拆开，再选择和裙子搭配的两块布缝在两侧，这样看上去就像设计出的时装裙，而裙子的宽幅可以增加。产后只需在腰间系上一条精致的腰带，就可以穿上外出了。

一件看上去显得雍容华贵的丝绒连衣裙，或是一件做工精致考究的棉衬衫加配一条修长的黑色裤子，准妈妈的衣橱里至少有一件适合社交场合穿着的服装。你不必担心一些时尚款式穿上后显得走样，酥胸微露的连衣裙款式会修饰臀部和腹部让准妈妈更显得更有女性韵味。怀孕期间准妈妈的胸部尺寸会渐渐变大，因此需要购买几件足以支撑胸部的文胸。

2. 准妈妈选鞋技巧

怀孕后准妈妈的双脚会有许多生理性的变化。一天当中的脚部围度变化（肿胀）量在 10 ～ 25 毫米之间，远远超过一般人可忍受的范围。而孕妇脚型的变化仅止于围度的变化，脚长的变化量则是随着坐姿、站姿及走姿的改变而改变。怀孕 3 个月左右，准妈妈的脚趾或脚掌会出现不同程度水肿，在临近分娩时，脚和腿的水肿可能相当突出。为了保证身体重心平衡和缓解疲劳，准妈妈在怀孕期间，尤其是怀孕末期的三个月选择一双舒适的鞋子就显得非常重要了。以下是准妈妈选择鞋子的九大要点：

（1）注意鞋跟高度，避免穿平底鞋。理想的鞋跟高度为 15 ～ 30 毫米，平跟的鞋子虽然可以接受，但是随着准妈妈体重增加和重心后移，往往会带来脚跟部位的不适，因此鞋后跟高度最好比前掌高大约一寸。

（2）购买专业的、具备充分接触型的鞋垫，可有助减少足部的压力。

（3）选择圆头且肥度较宽，鞋身应用弹性质料，鞋面材质较软的鞋子。

（4）鞋型选择上开式，魔术粘贴带式较佳，其次可以选择有松紧带或可调整宽度的鞋类款式。

（5）鞋后跟的宽度要比后跟帮宽些，以减少扭伤的风险。

（6）鞋类尺码依脚长而定，必须注意坐姿、站姿及走姿之延伸量，约比脚长多出 10 毫米。

（7）鞋底要防滑及用吸震卸力型的材料。

（8）容易穿着及可作调节的鞋子为佳，要避免系带鞋、懒汉鞋。

（9）怀孕十个月间，可分前期（0 ~ 6 个月）及后期（6 ~ 10 个月）换穿不同的鞋子，即孕妇前段鞋与孕妇后段鞋，而孕妇后段鞋宜选择具有足跟杯垫的保证装置。

第 48 天：疏导情绪，轻松与孕吐过招

准妈妈一般在怀孕 6 周左右开始有厌食、挑食和轻度恶心、呕吐等症状，此称为早孕反应，往往在 12 周左右自愈。少数人呕吐严重、不进饮食，甚至发生脱水，电解质紊乱和代谢障碍，此称为妊娠剧吐，病因不清，一般认为可能与绒毛膜促性腺激素的过于增高有关。准妈妈在想吐的时候，最好先稳一稳，有时只是一时性的恶心，不要被心理因素夸大。以下是相关专家总结出来的缓解孕吐的技巧，准妈妈们不妨试一试，但如果孕吐过于严重，就需要进行药物的辅助治疗了。

1. 尽量避开让自己感到恶心的食物或气味。尽量吃一些在这期间符合你口味和让你感兴趣的食物。

2. 可以适当地吃一些冷食或常温食物，因为食物加热后，气味会更浓一些。凉菜和水果沙拉这样口味清淡的食物也可能会对缓解孕吐有所帮助。

3. 避免油腻、辛辣食物，这样的食物很容易刺激到准妈妈的消化系统，加重孕吐。避免过度食用五花肉等脂肪含量高的食物，因为这类食物需要很长时间才能消化。少食多餐，随时吃点零食，不要让自己有饥饿的感觉。

4. 在床头备几盒饼干。准妈妈可以在早晨或午睡醒来之后先吃几块饼干，休息 20 ~ 30 分钟，然后再起床。如果半夜醒来感到恶心，吃点饼干也可能会让准妈妈感觉舒服一些。

5. 有些准妈妈发现，当她们感到恶心时最想吃高碳水化合物的食品。同时有研究发现，高蛋白食品更容易缓解孕吐症状。

6. 在吃东西或睡前服用孕期维生素。

7. 多喝水，尽量把喝水的时间安排在正餐之间，一次少喝，次数要多。一次喝得太多容易把胃撑满，这样会让准妈妈更没有食欲。每天经常性地喝一些水。争取每天喝水量达到 1.7 升左右。

8. 如果孕吐比较厉害，可以喝一些含有葡萄糖、盐和钾的运动饮料，来补充流失的电解质。

9. 转移注意力，留出一些休闲时间看看电影或者和朋友见见面，都能帮准妈妈缓解压力。有兴趣的准妈妈也可以试试催眠，虽然目前还没有证明催眠能缓解孕吐的确切证据，但化学治疗过程显示，这种方法能有效防止孕妇的恶心感。

10. 姜可以有效缓解孕吐，可以把鲜姜磨碎后泡到热水里做成姜茶，或者吃一点姜糖。姜根粉胶囊能缓解孕吐，但使用前需咨询一下医生，因为目前还没有确定这些营养补充剂中到底含有多少活性成分。

11. 穴压腕带是一种柔软的棉质腕带，这种腕带简单便宜，是为防止晕船设计的，在药店里就能买到。戴上以后，腕带上的塑料扣就会压在手腕内侧的穴位上。也能帮助一些准妈妈缓解孕吐的症状。

12. 喝孕妇奶粉也可以帮助补充很多丢失的营养元素，而且孕妇奶粉更容易吸收，对消化道负担很小，孕吐很严重的准妈妈不妨选择一款自己喜欢的、口味清淡的孕妇奶粉，帮助补充需要的营养。

有调查研究发现，过惯夫妻二人小世界的准妈妈比和公婆一起生活的准妈妈更容易孕吐。这是因为和公婆生活在一起的准妈妈操心的杂事较多、能分散注意力有关系。其实，孕吐和心情有很大关系。准妈妈不要把它看得太重，也不要把孕吐视为狼视为虎，乐观轻松面对，尽量不去想它。要知道心理作用往往比一切药物和偏方都有效果，好心情最重要。

第 49 天：孕期瑜伽好处多

孕妇练瑜伽的目的一方面在于调整自己，为生产和产后身体恢复做准备，另一方面更是为了平静自己的思想，保持良好的心态。坚持练习瑜伽会给准妈妈带来意想不到的惊喜。

1. 练习瑜伽的好处

（1）正确的呼吸技巧和放松方法。通过练习瑜伽，准妈妈可以懂得正确的呼吸技巧和放松方法，从而使得心脏和肺部肌肉处于良好状态，为顺产和产后的身体恢复打下良好基础。

（2）建立自信，让心态平和。准妈妈很容易变得自卑而敏感。这个时候自信对于维持心态的平和是非常重要的，怀孕期间的瑜伽练习可以帮助准妈妈建立自信。瑜伽有规律的锻炼，能让你减轻很多产后的疼痛感和疲劳感。准妈妈会感觉自己越来越接近生产，对于顺产和产后的身材恢复充满了期待。

（3）控制腹部肌肉力量，缩短产程。在练习瑜伽的过程当中，准妈妈不知不觉放松或控制了腹部的肌肉，扩张了骨盆和子宫的收缩。这对于缓解或减少生产过程中的痛楚和不适有很大的帮助，有助于缩短产程。

（4）提高注意力，减少焦虑。孕期瑜伽呼吸法可以集中注意力，放松紧张的情绪，使准妈妈更加了解自己的身体及胎宝宝的发育状况，平缓了产前的焦虑、紧张和恐惧，分娩时会更加顺利和安全。

（5）改善血液循环。通过瑜伽的修炼，可以帮助改善准妈妈的血液循环，加强肌肉的力量和伸缩性，增强髋部、脊柱和腹部肌肉来支撑子宫里宝宝的重量，缓解腰酸、背疼等身体不适症状，强化关节及肌肉，预防骨骼耗损和肌肉劳累。

（6）让胎宝宝灵活敏锐，健康成长。在练习瑜伽的同时，能够给予胎宝宝适当而温和的刺激和按摩，增加了胎宝宝对外界的反应，使其变得更加灵活敏锐。

（7）提高身体的平衡感和柔韧度。练习了一段时间之后，准妈妈会发现自己的整个肌肉组织柔韧度和灵活度大大提高了，走路平稳了，即使肚子一天天变大变沉重，也会感觉到身体有一股平衡的力量在支撑着，减少走路打晃不稳而带来的意外。

（8）呼吸顺畅，改善气短和压抑。准妈妈在练习瑜伽的过程中，刺激控制荷尔蒙分泌的腺体，增加和加速血液循环，因此很好地控制了呼吸，使胸闷和气短都有所改善。

（9）改善睡眠，消除失眠。练习瑜伽可以改善睡眠质量，更容易入睡，辗转反侧和失眠到天亮的情形不存在了，好的睡眠也是拥有好情绪的最重要的基础。

2. 练习瑜伽注意事项

（1）要结合身体状况适量锻炼，不要过度运动、劳累。要坚持有规律的锻炼，不可三天打鱼两天晒网。

（2）做姿势功时不要急促，要有节奏地进行，不要做太激烈的动作。

（3）胎宝宝在母体的位置有时会使准妈妈在做某些姿势功时不舒服，要适当调整，尽力而为，不要强迫进行。

（4）在空气流通的地方练习，练习时要保持轻松、舒适的状态。姿势功的意义在于平静、舒心、慢慢放松并集中精力。

（5）躺下和起身都要从侧身姿势开始。要正确练习各种姿势，不急躁不强行。孕妇瑜伽功的宗旨就是要让自已舒服。

（6）要缓慢地、柔和地做伸展功，孕期不做内翻和倒转的姿势。多做盘腿、跪坐姿势功，如“简易坐”、“莲花坐”。

（7）训练的垫子不要太软，可在地面铺上席子或薄垫子训练。

（8）可以把孕妇瑜伽姿势功分成几部分，分别在不同时间练习，如放松功可在中午、饭后练，冥想功在早上练，其余时间则可以做其他功法。吃完饭至少一个小时后才可练习。总之，根据自已的时间，因时制宜，因地制宜。

（9）孕妇瑜伽姿势功并非特殊的身体锻炼，只是针对孕妇的生理特点而进行的局部运动，但随着练习时全身心的投入，整个身体都自然受益。练习瑜伽要尽力而为，出现任何阴道出血的症状，应马上停止所有训练，及时咨询医生。

动起来：带胎宝宝做个胎教操

具体步骤如下：

（1）躺在床上，全身尽量放松。在腹部松弛的情况下用双手捧住胎宝宝，轻轻抚摸，然后用一个手指轻轻一压再放松。这时胎儿便会做出一些反应。

（2）找到子宫的位置，将双手放在两侧，先用右手轻轻向中间推，再换成左手。

（3）从右上开始，以顺时针方向用手指肚的力量向下轻轻按压子宫的四个角，每次按两下，这样能对胎宝宝的全身进行抚触。

（4）以顺时针方向用整个手掌对胎宝宝进行抚摸。

（5）以子宫的中心为线，两个手掌同时在子宫两侧划圆做抚触。

运动过程中有以下注意事项：

（1）如果此时胎宝宝不高兴，就会用力挣脱，或者蹬腿反对，此时动作就要停止。在刚开始的时候，胎宝宝只需做出响应即可。过几个星期后对母亲的手法熟悉了，一接触妈妈的手就会主动要求“玩耍”。

（2）在胎动频繁时做胎教操更为合适，但不要太晚，胎宝宝晚上太兴奋会不利于形成良好的昼夜作息规律。

通过胎教操可以有效地与胎宝宝进行沟通，使胎宝宝有一种安全感，感到舒服和愉快，身体发育会更好，出生后也愿意同周围的人交流。在母腹中进行体操锻炼，小宝宝的肌肉活动力增强，出生后翻身、抓、握、爬、坐等各种动作的发展，都比没有进行过体操锻炼的要早一些。

胎宝宝的阅读时光：故事《爱心树》

从前有一棵大树，它喜欢上一个男孩儿。男孩儿每天会跑到树下，给自己做王冠，想象自己就是森林之王。他也常常爬上树干，在树枝上荡秋千，吃树上结的苹果，同大树捉迷藏。累了的时候，就在树阴里睡觉。

小男孩儿爱这棵树，非常非常爱它，大树很快乐。

但是时光流逝，孩子逐渐长大，找大树玩的时间少了，大树常常感到孤寂。

有一天孩子来看大树，大树说：“来吧，孩子，爬到我身上来，在树枝上荡秋千，吃几个苹果，再到阴凉里玩一会儿。你会很快活的！”

“我已经大了，不爱爬树玩儿了，”孩子说，“我想买些好玩儿的东西。我需要些钱，你能给我一点儿钱吗？”

“很抱歉，”大树说，“我没有钱，我只有树叶和苹果。把我的苹果拿去吧，孩子，把它们拿到城里卖掉，你就会有钱，就会快活了。”

于是孩子爬上大树，摘下树上的苹果，把它们拿走了。

大树很快乐。

很久很久，孩子没有再来看望大树。大树很难过。

后来有一天，孩子又来了。大树高兴地摇晃着肢体，对孩子说："来吧，孩子，爬到我的树干上，在树枝上荡秋千，你会很快活的！"

"我有很多事要做，没有时间爬树了。"孩子说，"我需要一幢房子保暖。"他接着说，"我要娶个妻子，还要生好多孩子，所以我需要一幢房子。你能给我一幢房子吗？"

"我没有房子，"大树说，"森林就是我的房子。但是你可以把我的树枝砍下来，拿去盖房。你就会快活了。"于是那个男孩儿把大树的树枝都砍下来，把它们拿走，盖了一幢房子。

大树很快乐。

孩子又有很长时间没有来看望大树了。

当他终于又回来的时候，大树非常高兴，高兴得几乎说不出话来。"来吧，孩子，"它声音喑哑地说，"来和我玩玩吧！"

"我年纪已经大了，心情也不好，不愿意玩儿了。"孩子说，"我需要一条船，驾着它到远方去，离开这个地方。你能给我一条船吗？"

"把我的树干砍断，用它做船吧。"大树说，"这样你就可以航行到远处去，你就会快活了。"于是孩子把树干砍断，做了一条船，驶走了。

大树很快乐，但是心坎里却有些……

又过了很久，那孩子又来了。"非常抱歉，孩子，"大树说，"我没有什么可以给你的了。我没有苹果了。"

"我的牙齿已经老化，吃不动苹果了。"孩子说。

"我没有枝条了，"大树说，"你没法儿在上面荡秋千了——"

"我太老了，不能再荡秋千了。"孩子说。

"我也没有树干，"大树说，"不能让你爬上去玩了——"

"我很疲倦，爬也爬不动了。"孩子说。

"真是抱歉，"大树叹了口气，"我希望还能给你点儿什么东西……但是我什么都没有了。我现在只是个老树墩，真是抱歉……"

"我现在需要的实在不多，"孩子说，"只想找个安静的地方坐坐，好好休息。我太累了。"

"那好吧。"大树说，它尽量把身子挺高，"你看，我这个老树墩，正好叫你坐在上面休息。来吧，孩子，坐下吧，坐在我身上休息吧。"于是孩子坐下了。

大树很快乐。

想一想，你做过谁的大树，又做过哪棵大树的孩子。有时候大树和孩子的角色，像是命中注定，又像是无缘无故的巧合。还好，最后老的时候他们还可以依偎在一起唱唱歌。

好孕美食馆：能让准妈妈变得更美丽的五种蔬菜

1. 豌豆炖豆腐

早在明代李时珍的《本草纲目》就有记载豌豆具有"去黑黯、令面光泽"的功效。

豌豆含有丰富的维生素 A 原，维生素 A 原可在体内转化为维生素 A，起到润泽皮肤的作用。

【材料】豌豆 150 克，火腿 50 克，豆腐 200 克，熟猪油 50 克，肉汤、精盐、味精、淀粉、芝麻油各适量。

【做法】

（1）豌豆洗净沥干，火腿切丁。

（2）豆腐切方丁，放沸水锅中焯透，捞出沥水。

（3）炒锅置火上，加入熟猪油烧热，下豌豆、豆腐丁及火腿丁，加盐、味精炒匀，倒入肉汤，用淀粉勾芡，淋入芝麻油，起锅装盘即成。

2. 萝卜丝带鱼

白萝卜中含有丰富的维生素 C，维生素 C 为抗氧化剂，能抑制黑色素合成，阻止脂肪氧化，防止脂褐质沉积。中医认为，白萝卜可“利五脏、令人白净肌肉”，常食白萝卜可使皮肤白净细腻。

【材料】带鱼 350 克，白萝卜 100 克，葱丝、红椒丝各适量，盐、鸡精、肉汁、色拉油各适量。

【做法】

（1）带鱼洗净切段，入油锅炸至金黄；白萝卜洗净，切丝，焯水。

（2）取一沙锅，放入萝卜丝垫底，放上带鱼加其余调料调味，炖 15 分钟左右，撒上葱丝、红椒丝即可。

（3）调味时胡椒粉多放一点，可减少鱼腥味。

3. 香烧胡萝卜

胡萝卜被誉为“皮肤食品”，能润泽肌肤。另外，胡萝卜含有丰富的果胶物质，可与汞结合，使人体里的有害成分得以排除，肌肤看起来更加细腻红润。

【材料】胡萝卜 3 根，生抽 2 小勺，白糖 2 小勺，老抽 1 小勺（用家里的白瓷汤勺就行），盐少许。

【做法】

（1）胡萝卜去皮，切滚刀块，不宜太大，切得薄一点小一点更容易熟；

（2）两小勺生抽，一小勺老抽，两小勺白糖，少许的盐，混合调成汁。糖略多一点更好吃。

4. 焦糖红薯布丁

红薯含大量粘蛋白，维生素 C 也很丰富，维生素 A 原含量接近于胡萝卜的含量。常吃红薯能降胆固醇，减少皮下脂肪，补虚乏，益气力，健脾胃，益肾阳，从而有助于护肤美容。

【材料】红薯 100 克，鸡蛋 3 个，炼乳一罐（大约 150 毫升），牛奶 100 毫升，糖 2 勺，橙子 1 个，巧克力酱少许。

【做法】

（1）红糖入锅融化后加少许水，转化成焦糖后倒出待用。

（2）红薯切条水中煮10分钟捞出待用。

（3）将上述质量的鸡蛋，牛奶，炼乳白糖放入盘中充分搅拌均匀，挑出气泡，蛋液中可以少许加些橙皮。

（4）蛋液上均匀放上红薯。

（5）200度预热烤箱，装蛋液的烤盘（加蛋液前盘边涂上黄油防止成品粘连）放水浴中待用。

（6）温度调至150度，烤60分钟再关火闷30分钟。

（7）小心取出，淋上焦糖冷却后可切块。

（8）将已切块的布丁放入盘中，再浇上炼乳和巧克力酱装饰，当然也可以加个橙子，显示的颜色更加漂亮。

5. 蘑菇鸡丁

蘑菇营养丰富，富含蛋白质和维生素，脂肪低，无胆固醇。食用蘑菇会使女性雌激素分泌更旺盛，能防老抗衰，使肌肤光滑有弹性。

【材料】鸡胸脯肉300克，罐头蘑菇半盒，黄瓜50克，葱25克，姜末5克，鲜花椒0.5克，味精5克，盐1.5克，料酒10克，水淀粉50克，蛋清25克，蒜片15克，猪油250克，芝麻油1克，高汤25克。

【做法】

（1）将鸡胸脯肉切成拇指大小的丁，加盐、蛋清和水淀粉拌均匀。

（2）黄瓜切成丁；用小碗放入高汤、葱末、姜末、盐、味精、料酒、水淀粉、花椒、蒜片等，搅拌均匀成为调料汁。

（3）将炒锅上火，加入猪油，烧至五六成热时，将鸡丁和蘑菇滑开，滑透，同时下黄瓜，翻炒两下，一起倒入漏勺沥去油。

（4）再将食物倒回炒锅，放入已做好的调料汁，颠翻几下，淋上芝麻油即可。

胎宝宝的私人音乐厅：德彪西《月光》

德彪西是法国浪漫主义作曲家中最著名的一位，很多国家的学校里都会把他的油画像挂在音乐教室的墙壁上，类似于岩井俊二的影片等许多浪漫主义题材的电影也常常用他的作品作为背景音乐，其中《月光》是他的代表作。

曾有人用"六朝抒情小赋"来形容德彪西的《月光》，而《月光》正是以这种细腻手法，恬淡、纤巧、妩媚、甚至带点伤感等情调，来表现出一幅静寂怡人的意境——在空中浮动的融融月光，辐射到夜晚的每个角落，柔和地笼罩了万物。它描绘了月光的美丽与神秘，美丽的旋律暗示了对月光的印象，速度轻快的琶音描写了月光闪烁的皎洁色彩，把灵动的月光泄洒下的水一样的银辉展现得淋漓尽致，让人仿佛置身于晴朗而幽静的深夜氛围之中。

贝多芬有和德彪西同名的经典之作《月光》，虽同名，但风格大有不同。如果说静是贝多芬月光的最大特点的话，那么动便是德彪西月光的灵魂所在。贝多芬的月光是月光下流淌的故事，用流畅的旋律娓娓道来自己的情绪，而德彪西的月光一泄倾城，犹如月光本身洒在人的心底。

每当在晴朗的月夜仰望星空时，打开《月光》这首曲子，让每一个音符在心底流浪开来，遥望着你心中的那片皎洁月色，心中的情感顿时就能化作一条细小的溪流，缓慢地流淌在心上，浸润着心田。这种美丽让准妈妈回味无穷，让感情和这静谧的背景天衣无缝地完美结合，而这样的美感也会通过准妈妈的感觉神经感染着腹中的胎宝宝。

第 8 周：胎宝宝开始迅速发育

这一周，胎宝宝的内脏和脑部都已经分化，手、足、眼、口、耳等器官已经形成，只是头大身小，身长有 14 ~ 20 毫米。体重约4克，已经很接近人形了。此时的胎宝宝开始迅速发育，每天身长就可以增加 1 毫米，这个速度一直会持续到第 20 周左右。

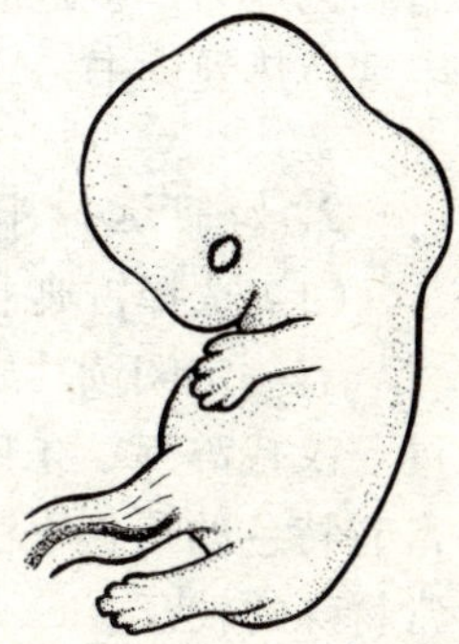

现在，胎儿带蹼的手指和脚趾已经清晰可辨，胳膊也长出肘关节。

本周胚胎的器官已经开始有明显的特征，上腭继续发育，面部肌肉开始形成，大脑皮层开始出现，脑细胞开始发育，负责平衡和听力的内耳正在形成，但听觉神经中枢尚未发育完善。肠道很长，因为没有足够的空间容纳，所以要在腹腔外生长，与脐带相连。现在胎宝宝的皮肤像纸一样薄，血管清晰可见。

这一周准妈妈的子宫已经有了明显变化，现在子宫增大且变得柔软了。尤其是子宫壁特别的软。

1. 小心运动

避免剧烈运动，不要搬运重物和长途旅行。平常要选择轻松舒缓的运动方式，如舒展筋骨的柔软体操、瑜伽或散步。

2. 注意防辐射

准妈妈要尽量少用电脑，减少看电视的时间，不用电热毯，尽量不使用微波炉。尽可能避开生活中可能有的电磁辐射的用品，防辐射服是现在必需的装备。

3. 关注情绪

准妈妈要保持愉快的情绪，以免由于心理负担重、压力大而影响胎宝宝的生长发育。

第 50 天：认识文学胎教

文学胎教是指准妈妈阅读品位较高的文学作品，尤其是令人轻松愉快的童话、寓言、散文、诗歌和短篇小说，以达到怡情养性，培养胎宝宝想象力和创造力，促进大脑发育的过程。但应注意阅读时间不宜过长，阅读时不能感情冲动。

1. 文学胎教的作用

阅读积极的文学作品，不仅可以开阔视野，修身养性，增强准妈妈自身的思维厚度和素质，还可以舒缓情绪，调整心态。读一本好书就像是去一个绝妙的精神空间梦游了一场，让人酣畅淋漓。而准妈妈读书对于胎宝宝来讲也非常重要。

我们都知道准妈妈和胎宝宝之间有信息传递，胎宝宝可以感受到准妈妈的一言一行，准妈妈在怀孕期间的行为和形态都会直接影响到宝宝日后身体、性格、道德等方方面面。如果准妈妈经常阅读，和胎宝宝一起徜徉在文学的海洋当中，就可以将优秀的文学作品和自己对其的思考领悟传递给胎宝宝，培养宝宝的想象力和创造力，促进胎宝宝的大脑神经和细胞发育。有些孩童天生感觉敏锐，情感丰富，热爱读书，这与妈妈的阅读习惯不无关系。

2. 如何选择书籍

（1）选择古典书籍

有一定阅读功底的准妈妈可以选择一些诗词和古文集进行品读。比如唐诗宋词、汉代辞赋、乐府诗歌、古代寓言故事等等。从中汲取古人丰盛的精神食粮、富有特色的写作手法和至今仍耐人寻味的道理。这对胎宝宝来讲，将会是一种非常特殊的教育。

遇到经典的古典诗词、格言或名人名言不妨试着将其背诵下来。背诵的过程也是将经典融入自己思想的过程，这对准妈妈和胎宝宝都是一种绝好的启发和教育。而且每天能背诵一点格言或诗词，在整个怀孕期间日积月累下来也成了一笔存于脑子里的知识财富，等孩子出生后，这些背诵下来的诗词，将是准妈妈教育宝宝的宝贵素材。

（2）选择轻松而温馨的书籍

准妈妈可以选择童话故事集、幽默漫画集、经典散文、游记等进行阅读。如郑渊洁的童话、老夫子系列漫画书、国家地理杂志等等。在阅读过程中可以让你不知不觉变得轻松快乐起来，同时给心灵泡了个舒适的温泉浴。

但是在读这类书籍时，准妈妈要注重作品的质量。尽量读经典的作品，名作家的作品，而非庸俗肤浅、胡拼乱凑的消遣小读物。这样才可以让自己进步，给胎宝宝以良好的教育。如果你是个细心的妈妈，可以把这些书保存至宝宝有阅读能力的年龄，成为其人生中第一捧精神食粮。

（3）不宜选择的书籍

那些对人的心智等各方面产生消极影响的书，如灵异鬼故事、言情畅销书、暴力黄色小报等都不宜选择。灵异故事里的鬼神等会对一些胆小的准妈妈造成或大或的惊吓和刺激，言情畅销书里大起大落的儿女情长、悲欢离合会让准妈妈的情绪起伏过大，而一些暴力黄色小报里充满了打斗、下流、淫秽、杀戮，会使准妈妈长期处在不良的精神状况中。这些都是对宝宝的发育极为不利的，应避免阅读。

同时，从提升个人综合素养的角度来讲，不仅仅是孕期，就是在平时准妈妈最好也要少读这一类书籍。应先读好书，再多读书。

悲伤的文学作品也不适合准妈妈阅读。有很多经典的文学作品都是充满忧郁气息的，而一些悲剧小说在阅读的过程中像是自己也在其中死了一回。这类作品水平虽然高，但是容易让人情绪低落、悲伤，产生沉郁心情，而这种不良情绪会被胎宝宝感知到，所以准妈妈在孕期暂时也不要阅读此类书籍。

读一本好书，犹如和一位智者进行灵魂的深交，让心灵沐浴着智慧之光；读一本好书，可以启迪心智，开阔视野，更可以愈加深厚和开阔你的人生。为了让自己和孩子都成为一个明智而聪慧的人，准妈妈，请翻开一本好书吧。

第 51 天：学会看懂孕期检查单

产前检查包括血常规、尿常规、肝 / 肾功能、血型检查和梅毒、艾滋病、淋病检查等。

1. 尿常规

尿常规的检查项目包括尿液中蛋白、糖及酮体，镜检红细胞和白细胞等，正常情况下，上述指标均应为阴性。如果蛋白检查呈阳性，提示有妊娠高血压、肾脏疾病的可能；如果糖或酮体阳性，就说明有糖尿病的可能，需进一步检查；如果发现有红细胞和白细胞，则提示有尿路感染的可能，需引起重视，如伴有尿频、尿急等症状的话，需要及时入院治疗。

2. 血常规

血常规检查项目包括血红蛋白、血小板和白细胞。血红蛋白是判断准妈妈是否患有贫血的指标，正常值是 100 ~ 160g/L，不在这个范围内即为异常。轻度贫血对准妈妈的影响不大，重度贫血就可能会引起早产、低体重儿等不良后果；血小板在止血过程中起重要作用，正常值为（100 ~ 300）× 1012g/L，如果血小板低于 100 × 1012g/L，则会影响准妈妈的凝血功能；白细胞在机体内起着消灭病原体的作用，正常值是（4 ~ 10）× 109g/L，超过这个范围说明有感染的可能，但孕期可以轻度升高。

3. 血型检查

检查准妈妈的血型，以备生产时备好相应型号的血液，一旦分娩时发生意外，就能够及时输血。亚洲人的血型主要为 A、B、AB 和 O 型，Rh 阴性血在亚洲人中很少存在，如果准妈妈为 Rh 阴性血，则生产前医院就要提前备好 Rh 阴性血液，以便及时输血。此外，如果准爸爸为 A 型、B 型或 AB 型血，准妈妈为 O 型血，那么宝宝就有 ABO 溶血的可能；如果夫妻双方 Rh 血型不合，宝宝也有发生溶血的可能。

4. 肝 / 肾功能

肝 / 肾功能的检查项目包括谷丙转氨酶（GPT）、谷草转氨酶（GOT）、尿素氮（BUN）

和肌酐（Cr），主要用于检查准妈妈有无肝炎、肾炎等疾病。正常情况下，GPT应为0 ~ 55U/L，GOT为0 ~ 55U/L，BUN为9 ~ 20毫克/dl，Cr为0.5 ~ 1.1毫克/dl。由于怀孕会使肝脏、肾脏的负担加重，如果上述指标的检验结果不在标准范围内，就表示肝/肾功能不正常，需要马上治疗。

5. 淋病检查

通过取准妈妈宫颈管分泌物做淋球菌培养，检测是否患有淋病，正常结果为阴性。淋病是由淋病双球菌引起的性传播疾病，通过不洁性交直接传播，也可通过被淋病污染的衣物、便盆、器械等传播。如果准妈妈患有淋病，则胎宝宝还有可能在娩出经过产道时受到感染。还会通过患母的产道传染给新生儿。

6. 艾滋病检测

通过对艾滋病（HIV）抗体检测来判断准妈妈是否患有艾滋病，正常结果为HIV阴性反应。艾滋病是获得性免疫缺陷综合征的直译名称，是一种严重的免疫缺陷疾患，其病原体是HIV病毒，如果感染上HIV病毒则检验结果为阳性。HIV病毒会通过胎盘传播给胎宝宝，会造成新生儿HIV病毒感染。

7. 梅毒血清学试验

检查项目为螺旋体抗体血凝试验（TPHA）和快速血浆反应素试验（RPR），正常情况下二者均应呈阴性反应，当机体受到梅毒螺旋体感染后，会产生两种抗体,表现为RPR阳性和TPHA阳性。梅毒是由梅毒螺旋体引起的一种性传播性疾病，准妈妈若患有梅毒，则病菌会通过胎盘直接传给胎宝宝，有导致新生儿先天梅毒的可能。需要注意的是，RPR阳性的特异性不高，会受到其他疾病的影响而出现假阳性，一般可将TPHA阳性作为梅毒的确诊试验。

第52天：怀孕会让准妈妈变笨吗

很多准妈妈发现，怀孕后自己好像是变“笨”了。以前记忆力很好，现在突然变得爱丢三落四了，做起事来也笨手笨脚，好像有点“反应迟钝”似的。为了使胎儿顺利成长，怀孕确实会使准妈妈在身体和心理发生很多的变化，准妈妈的生理上自然会产生一些保护宝宝的抗体，从而使准妈妈敏感性下降，这是保护宝宝的本能反应。

1. 变笨的原因

在怀孕初期，激素主要由卵巢黄体产生，随着激素的需求量越来越大，胎盘便逐渐担当起分泌激素的“主角”，同时诸如甲状腺、胰腺、肾上腺等腺体的工作量也随之增大。在诸多激素中，雌激素、孕激素、催产素、催乳素的分泌能有效地调节母体在怀孕期间的代谢活动，对处于发育旺盛阶段的子宫组织起着促进作用，负责动用母体的能量储备来促使乳腺发育，满足胎儿生长发育的需要。体内激素水平的变化会影响到大脑中调节情绪的神经传导介质，如肾上腺素、血清素、多巴胺都有明显的下降。在怀孕6周左右，准妈妈开始经历这些变化，出现呕吐等各种身体不适。随后出现色素沉着，身体水肿等等。

另外，很多准妈妈在怀孕后诚惶诚恐，身体的不适和生活的变化让他们心理上出现波动，情绪也容易低落。害怕自己和胎宝宝出现意外，害怕生孩子的疼痛，害怕妊娠反应带来的痛苦，害怕自己变丑变胖，害怕老公出轨，害怕在单位失宠……各种各样的猜疑担心让准妈妈神经紧绷，心理压力过大。同时随着胎宝宝的成长让准妈妈身体负担越来越重，做起事来笨手笨脚，表现出来的焦躁、抑郁、注意力分散等症状自然影响了对其他事情的记忆，从而引起记忆力的下降。

总之，由激素引起的身体变化，进而引发的多种心理因素分散了注意力，影响了记忆力。

2. 记忆力可以恢复

其实孕期记忆力下降都是暂时的，等准妈妈生产完以后，生理的各种变化都会逐渐恢复正常，记忆力也会恢复，而且恢复得很快。暂时的记忆力下降，是准妈妈注意力被怀孕这件事分散的结果，但这同时也是在激素作用下重塑大脑的过程。在妈妈们适应了角色的转变和新的生活习惯之后，产后大约6周，记忆力便开始迅速提升，由于体内激素水平的增加，准妈妈甚至还会比怀孕前更聪明。

美国科学家在2007年的一次试验当中，将未生育的雌鼠与刚生育的雌鼠进行比较。放一只鼠类爱吃的蟋蟀在木板下面，然后把她们圈在同一个围栏里。经过研究发现，未生育的雌鼠花了近270秒才找到这只蟋蟀并把它吃掉，而已经做了妈妈的雌鼠只用了50秒钟多一点。另外几项研究发现，由于妇女怀孕、生育和哺乳期的激素波动，这种波动可以重塑大脑，使大脑某些区域的神经元增大。同时，怀孕和生出一个孩子的挑战性非常大，这会对大脑形成强烈的刺激。在大脑变化的驱动下，妈妈们的感官能力得到极大提高，甚至可以靠微弱的气味和声音辨别自己的婴儿。

在怀孕期间，准妈妈可以通过调整心态和生活习惯，运用一些小窍门来保持良好的记忆力。比如你可以在目光经常扫到的地方贴上记有备忘事情的便利贴；保持充足、高质量的睡眠；规律作息、合理饮食、保持好心情；多阅读，多动手，多用脑。这些都可以有效地提高和保持记忆力。但是，在这里不提倡准妈妈在怀孕期间过度用力的学习，甚至准备考试。因为怀孕期间注意力不集中，生理上的不适也会影响学习的效率，学习负担和心理压力都会对孕育造成不良影响。

第53天：如何预防和缓解孕期便秘

孕期便秘主要是由怀孕期间一些激素的分泌造成的。孕激素抑制了肠蠕动。或者由于子宫压迫静脉，静脉回流受阻会出现静脉曲张。另外就是孕期营养的问题，不少准妈妈肉蛋奶等高营养的食品摄入过多而蔬菜水果摄入量少，再加上自身的活动量减少，多种因素都可以导致便秘。

1. 缓解便秘的方法

便秘会增加肠内的毒素，不利于机体代谢，影响身体健康，不能任其发展。

在这里我们给大家介绍一些缓解便秘的方法。

（1）清晨起床后先空腹饮一杯凉开水或蜂蜜水

每天清晨起床排掉宿便是一种非常好的习惯，而每天早上和每次进餐后也最容易出现便意。因此，准妈妈可以起床后先空腹饮一杯凉开水或蜂蜜水，再吃早餐，这样可以润滑肠道，促进起床后的直立反射和胃结肠反射。这样，很快就会产生便意，长期坚持就会形成早晨排便的好习惯。同时，清晨起床空腹饮用一杯水，还可以补充睡眠中一整夜流失的水分。

（2）饮食上多吃促进排便的食物

多吃一些富含粗纤维素的瓜果、绿叶根茎蔬菜以及谷薯类，如苹果、香蕉、梨、葡萄、菠菜、海带、黄瓜、芹菜、韭菜、白菜、红薯、玉米等，可以促进肠道的肌肉蠕动，软化粪便，从而起到润肠滑便的作用。准妈妈可以多吃一些含有膳食纤维的粗粮，早餐可以喝一点燕麦粥，平时可以把酸奶和香蕉当零食，这样会有助于帮助排便。

（3）一有便意就要及时如厕

准妈妈千万不可形成忍便的习惯，有便意就要及时上厕所。如果忍便会非常容易导致便秘发生。排便时要保持放松的心态，即使未排出也不要心里紧张，否则便秘会更加重。

（4）每天坚持做适量的身体活动

很多准妈妈常会因身体越来越笨重，腿脚越来越不灵便而懒于活动，尤其是在怀孕晚期更是疏于运动，所以便秘现象在怀孕晚期更为明显。而适量的运动可以增强准妈妈的腹肌收缩力，促进肠道蠕动，预防或减轻便秘。因此，准妈妈请不要偷懒，即使在身体日益沉重时，也应该做一些身体力所能及的运动，比如散步等，以增加肠道的排便动力。

（5）每天注意多饮水并掌握饮水技巧

每天在固定的几个时间段里饮水，要大口大口地饮但不是暴饮，使水尽快到达结肠，而不是很快被肠道吸收到血液。这样，就可使粪便变得松软，容易排出体外。

2. 便秘时禁忌做的事

（1）这些水果不可吃

有些水果是通便的，而有些水果尤其是温热性质的水果容易加重便秘。便秘期间，不宜进食的水果有菠萝、柿子、桂圆、橘子等。

（2）不可自行服用泻药通便

准妈妈不可随意自行使用泻剂，特别是在孕晚期。大多数泻剂都有引起子宫收缩的可能，导致流产或早产。有些泻剂还有一定的毒副作用，影响胎儿的生长发育。如果便秘过于严重可以请教医生，切不可擅自用药。

（3）不要随意服用中药通便

有些准妈妈误认为使用中药通便副作用小。实际上常用的通便中药，如大黄、火麻仁、番泻叶及麻仁丸、麻仁润肠丸等，都有可能引起流产或早产。是药三分毒，处于孕期时的准妈妈要慎用中药，特别是有习惯性流产史的准妈妈更不可随意滥用中药。

总之，怀孕期间的便秘关键在于预防，养成良好的饮食和排便习惯，适当活动，方可安然渡过难关。

第 54 天：准妈妈补碘的重要性

碘是人体必需的微量元素，有“智力元素”之称，健康成人体内的碘的总量为 30 毫克（20 ~ 50 毫克），其中 70% ~ 80% 存在于甲状腺，是我们人体甲状腺用来合成甲状激素的主要原料。甲状腺素对于我们机体的蛋白质、糖、脂肪三大营养物质的代谢有着重要的影响，是维持机体骨骼、神经系统，尤其是胎儿期大脑的正常生长发育不可缺少的激素。甲状腺是人类最早发育的内分泌器官，自从妊娠 12 周开始，胎宝宝甲状腺即开始吸收碘，至妊娠 20 ~ 22 周调节甲状腺分泌的下丘脑—垂体—甲状腺轴基本发育完善。甲状腺素的合成、分泌受到下丘脑—腺垂体释放的促甲状腺素的调节。

甲状腺素对下丘脑、腺垂体有反馈性调节作用。甲状腺素还根据血中碘的水平调节吸收碘和合成甲状腺素能力的自身调节功能，交感神经系统也影响甲状腺素的合成与释放。

目前甲亢、甲状腺功能低下合并妊娠和妊娠后合并甲亢、甲状腺功能低下的孕妇不在少数，正是甲状腺疾病直接影响母亲正常的妊娠过程和影响胎儿的正常发育，必须引起我们的重视。

1. 为什么要补碘

胎宝宝大脑以及全身的生长发育都需要一种叫做甲状腺素的物质。在胚胎时期如果缺乏甲状腺素，就会严重影响胎宝宝大脑的发育，准妈妈在孕期碘摄入如果每天低于 50 微克，新生儿可能出现以智力低下、聋哑、性发育滞后、运动技能障碍、语言能力下降以及其他病状为特征的克汀病。克汀病基本是不可逆的，因此不存在补救的机会，重要的是预防，按孕妇的需要量补充碘是非常必要的。

胎宝宝所需要的甲状腺素，一部分由母体供应，一部分靠胎儿自己的甲状腺制造，在制造过程中需吸收足够的碘。因此准妈妈应补碘应充分，不能只以满足胎宝宝需要为标准。胎宝宝发育所需的甲状腺素，在怀孕的前 3 个月是由准妈妈提供的，3 个月后胎宝宝形成自主的甲状腺功能，此时母亲体内的甲状腺素已不能完全通过胎盘，胎儿脑发育所需激素主要由胎儿自己合成。因此，缺碘时母亲不仅自己缺乏，而且会强有力地与胎儿竞争碘，加剧了胎儿的碘缺乏。所以准妈妈必须重视补碘，充足补碘。

2. 补碘的方法

准妈妈可以多摄食些含碘高的食品，如鲜带鱼、蚶干、干贝、淡菜、海参、海蜇、龙虾等海产品，其中海贝类及鲜海鱼（0.8 毫克 / 千克）。

陆地食品则以蛋、奶含碘量最高（0.04 ~ 0.09 毫克 / 千克），其次为肉类、淡水鱼。准妈妈若每两三天吃一次海鱼，便可满足机体对碘的需求量。

多吃些海藻食品。海藻食品含蛋白质、脂肪少，具有奇特的减肥功效，它含矿物质最多的是钙、铁、钠、镁、磷、碘等。因而，常吃海藻食品还可使干性皮肤光泽，油性皮肤改善油脂分泌。海藻中维生素丰富，可维护上皮组织健康生长，减少色素斑点。海藻类的食物包括发菜、紫菜、海带、海白菜、裙带菜等，其中以海带的含碘量最高。

炒菜时放一些碘盐。食用碘盐应随吃随买，一旦拆封要用密闭的器皿盛装；炒菜加碘盐时要放在最后一道工序，即起锅盛菜前几秒钟内加放食盐；不要用油炒碘盐；腌制咸菜时用碘盐，不要淘洗碘盐，可防止碘的挥发和损耗。

可以适当地服用含碘的制剂，如碘油等。但要提醒各位准妈妈的是，切不可自行擅自补充药物性碘剂量，最佳的办法是怀孕前3个月到医院去检测碘营养水平，然后在医务人员的指导下按需补碘。

第 55 天："胎"字用意多

今天，准妈妈来放松一下心情，翻出家里的大字典，查一查"胎"这个字究竟有多少种用意？看看能不能从中找到一些好玩的内容？

1. 胎的含义

（1）本义是未生的幼体，胚胎。

（2）怀在人或哺乳动物的母体内的幼体：胎儿；胚胎。

（3）量词。指怀孕或生育的次数。如头胎、生过两胎等。

（4）器物的坯子：泥胎；景泰蓝的胎。

（5）车轮外圈上的环形橡胶制品：轮胎；车胎；外胎。

（6）衬在衣服、被褥等的面子和里子之间的东西：棉花胎。

2. 胎毛笔

胎毛笔是毛笔的一种，以初生婴儿第一次剪下来的头发制作而成。不少父母都会为新生宝宝制笔以作纪念。相传古代一个书生赴京赶考，用胎毛笔作答，竟然中了状元，故该笔又称为状元笔。胎毛笔的历史可以追溯至唐代。唐朝齐卫《送胎发笔寄仁公诗》中记载："内为胎发外秋毫，绿玉新裁管束牢。"

3. 胎梦

胎梦是指与怀孕有关的梦。从古代开始不管东方国家或西方国家都重视胎梦，这是一种迷信说法，并没有科学的根据。

大部分人把胎梦分成四大类：动物的胎梦、植物蔬果的胎梦、大自然的胎梦和金银珠宝等有价物品的胎梦。胎梦并没有一定的解释的方法，并且没有科学的根据来证明。

4. 雪胎梅骨

比喻高洁。清代的李渔在《怜香伴·香咏》中写道："小姐这首诗真有雪胎梅骨、冷韵悠香。”

5. 胎里素

比喻生来就吃素的人。

第 56 天：和宝宝一起来做脑筋急转弯

准妈妈适当猜一猜谜语，做一做脑筋急转弯，不仅可以放松心情，还可以在动脑的过程中不知不觉就对胎宝宝实施了胎教，让宝宝变得更加聪明。现在就和你的胎宝宝一起来做一些脑筋急转弯吧，智力大冲关现在开始喽，一定要动动脑筋好好思考一下，不要立刻就偷懒看答案哦。

1. 脑筋急转弯

（1）一天，一块三分熟的牛排在街上走着，突然在他的前方看到一块五分熟的牛排，可却没有理会他。他们为什么不打招呼呢？

（2）你只有一根火柴，当你进入一个伸手不见五指的房间后，发现有一盏燃油炉、一盏煤油灯、还有一个火炉，你会先点燃哪个？

（3）小红和小丽是同学，也住在同一条街，她们总是一起上学，可是每天一出家门就一个向左走，一个向右走，这是怎么回事呢？

（4）如果有一台车，小明是司机，小华坐在他的右边，请问这台车是谁的呢？

（5）小芬对小芳说：“后天的大前天的后天，也就是昨天的昨天的大后天是我的生日，请来参加我的生日会。”小芳应该什么时候赴约呢？

（6）小明放学回家对妈妈说:“家里有一个地方，我想坐就坐，而你却不能坐。”你知道这是什么地方？

（7）四个人在一间小屋里打麻将（没有其他人在看着），这时警察来了，四个人都跑了，可是警察到了屋里又抓到一个人，为什么？

（8）下雨了,大家都急着回家,可有一个人却不紧不慢地走着（他没撑雨伞）有人问他为什么不赶紧回家，他说了一句话，使那人晕了过去，请问他说了什么话？

（9）螳螂请蜈蚣和壁虎到家中做客，烧菜的时候发现酱油没了，蜈蚣自告奋勇出去买，却久久未回，究竟发生了什么事？

（10）草地上画了一个直径十米的圆圈，内有牛一头，圆圈中心插了一根木桩。牛被一根五米长的绳子拴着，如果不割断绳子，也不解开绳子，那么此牛能否吃到圈外的草？

（11）亚当和夏娃结婚后最大的遗憾是什么？

（12）有两个人决定进行自行车比赛，看谁的自行车跑得快，比赛在一个平坦宽敞的体育场里进行，但当比赛开始时，他们两个却谁也不愿意领先，反而都在慢悠悠地骑，已知他们两人都不会互相谦让，也没有外来因素干扰，总之，一切都很正常，这究竟是为什么呢？

（13）刮风的晚上，停电了，晓晓上床睡觉时忘了吹蜡烛，第二天醒来时，蜡烛居然还有很长一支没有燃完，怎么回事呢？

（14）一个人被老虎穷追不舍，突然前面有一条大河，他不会游泳，但是他却过去了，请问他是什么过去的？

（15）有一个字，再有学问的人见了都会念错，这是什么字？

2. 答案

（1）因为它们不熟。

（2）先点燃火柴。

（3）他们俩家住对门。

（4）车是如果的。

（5）明天。

（6）妈妈的膝盖。

（7）那个名字叫麻将的人。

（8）那么着急干什么，前面不也还是雨吗。

（9）蜈蚣还在门口穿鞋。

（10）能，因为牛没有被拴在木桩上。

（11）没有人来喝喜酒。

（12）他们互换了车子。

（13）被风给吹灭了。

（14）晕过去的。

（15）错。

动起来：瑜伽山立式、直角式练习

1. 山立式

具体步骤如下：

（1）十个脚趾张开，不但是为了平均分配重量，也是为了唤醒全身的细胞。脚的外侧要平行。

（2）大腿内旋，但旋腿不旋膝，要看得到自己的膝盖依然朝向正前方。

（3）髋部两侧的肌肉向上提。

（4）保持这个姿势1～2分钟。

运动过程中有以下注意事项：

（1）平时我们习惯把重量放在膝盖上，但做这个动作时我们要改变原有的思维定势，将膝上提而非后推。

（2）初学者可将腿分开与髋同宽。若找不到大腿用力的感觉，准妈妈可以试着在两腿之间夹一本厚书。

这套动作可以缓解准妈妈在孕期的膝盖和腿的酸疼感。

2. 直角式

具体步骤如下：

（1）站立姿势，两脚靠拢，吸气，同时两手合十，高举过头。

（2）呼气，向前弯身，直到你的背部和双腿形成一个直角，注意背部伸直不要拱起，两眼始终注视十指相交的双手，保持正常呼吸，尽可能长时间地控制，直到你感到有些疲劳。

（3）吸气并恢复直立姿势，呼气还原手臂，回站立姿势，放松后，可再次重复去做。

运动过程中有以下注意事项：

（1）动作要缓慢，防止拉伤。

（2）孕晚期禁做。

这套动作有助于纠正驼背、脊柱弯曲和双肩下垂，加强并放松双腿的肌肉；同时，它是消除紧张的好姿势，经常做可以缓解疲劳，使身体变得越来越轻盈。

好孕美食馆：促进胎儿大脑发育的几款营养汤

1. 桂枣山药汤

【材料】

红枣12粒，山药约300克，桂圆肉两大匙，砂糖1/2杯。

【做法】

（1）红枣泡软，山药去皮、切丁后，一同放入清水中烧开。

（2）煮至熟软，放入桂圆肉及砂糖调味。

（3）待桂圆肉已煮至散开，即可关火盛出食用。

【功效】

山药具有补脾和胃之功能；桂圆、红枣有益气血、健脾胃的作用。

2. 瘦肉燕窝汤

【材料】

瘦肉600克，中等燕窝75克，猪骨50克。

【做法】

（1）将瘦肉和猪骨洗净，先放沸水内，煲约1.5小时。

（2）然后捞起猪骨，放入预先泡开、拣净之燕窝同煲半小时。

（3）用盐、生抽调味。

【功效】

此汤补血益阴，滋阴润肠。其中猪骨含丰富钙质对孕妇及胎儿都有好处，燕窝、猪瘦肉营养丰富，富含多种氨基酸、蛋白质和B族维生素，能助长发育。

3. 淮山腰片汤

【材料】

冬瓜250克，猪腰1副，薏米15克，黄芪15克，淮山15克，香菇5个，鸡汤10杯。

【做法】

（1）冬瓜削皮去核，切成块状，香菇去蒂。猪腰对切两边，除去白色部分，再切成片，洗净后用热水过。

（2）鸡汤倒入锅中加热，先放姜葱，再放薏米、黄芪和冬瓜，以中火煮40分钟。

（3）再放入猪腰、香菇和淮山，煮熟后用慢火再煮片刻，调味即可。

【功效】

此汤汁白汤鲜，味正，腰片脆嫩，营养丰富，是孕妇的佳汤菜。但是猪腰胆固醇含量较高，孕妇血压偏高不宜多食。

4. 胡椒猪肚汤

【材料】

白胡椒30至50粒，猪肚1个，食盐、料酒、味精各少许。

【做法】

（1）先将猪肚洗净（可加盐、醋并用开水烫洗）

（2）锅内注水，猪肚块（或丝）下锅，加入白胡椒，煲两个小时左右，汤稠肚烂时，加入食盐、料酒、味精即可食用。

【功效】

胡椒性温热，有温中散寒作用；猪肚有健胃养胃的功效。此汤可在饭前饮用。

胎宝宝的私人音乐厅：《摇篮曲》

相传，《摇篮曲》是勃拉姆斯为祝贺法贝尔夫人第二个孩子的出生而创作的。法贝尔夫人是维也纳著名的歌唱家，1859年勃拉姆斯在汉堡时，曾听过她演唱一首鲍曼的圆舞曲，当时勃拉姆斯深深地被她优美动人的歌声所感动，后来就用了那首圆舞曲的曲调，加以切分音的变化，作为这首《摇篮曲》的伴奏。整首曲子洋溢着温馨而浪漫的情感，充满着母爱的真挚，旋律非常的柔和婉转，准妈妈可以合着乐曲的节奏，轻轻拍打自己的腹部，就像是在轻拍着宝宝入睡一样。

《摇篮曲》和谐的韵律包含着温暖、安详、宁静的心绪，表现了母亲对孩子真挚的爱意，表达声部表达了摇篮的晃动感，让人不禁想象安静的夜晚，孩子在母亲的凝望中安静熟睡的情景。

流行、古典、民间小曲轻快优美的旋律，对培育优质胎宝宝及婴幼儿有着绝对的益处，让胎宝宝沉浸音乐的国度中，自然而无拘无束地感受所聆听的音乐，让胎宝宝和准妈妈在舒适的音乐中获得稳定而愉快的心情，进一步刺激其大脑的成长，逐渐开发其的心智。对于婴幼儿来讲，《摇篮曲》有很好的安神、催眠作用，而且还会激发孩子的无穷想象力，既能促进婴幼儿的健康发育，又可抚慰婴幼儿的焦躁情绪，为孩子早期音乐启蒙打下良好基础，让其尽早接触人类文化中最伟大的心灵。

准爸爸准妈妈的歌声是最好的音乐胎教，而最适合准爸爸准妈妈唱的歌是《摇篮曲》。准妈妈唱摇篮曲，腹中的胎宝宝也会学着“歌唱”，这种有氧运动能刺激胎宝宝脑细胞的生长、提高其运动的活力、改善母体和胎盘。而哄宝宝睡觉最好的办法是唱摇篮曲，它最适用于零岁到1岁内的宝宝。摇篮曲不同于其他歌曲，它是具有催眠特性的典型乐曲，通常以摇摆节奏的6／8拍写成。它曲调平和，节奏缓慢，所以最容易使宝宝安静下来，而且很快进入睡眠状态。

这首乐曲旋律清晰舒缓，晚上的睡前时光，准妈妈可以跟着它的旋律，边轻轻拍打着自己的腹部边轻轻地和唱：“安睡吧，小宝贝，夜色已低垂，床头满插玫瑰，陪伴你入睡。快安睡吧小宝贝，一直睡到天明，快安睡吧小宝贝，一直睡到天明。”

在接下来的几个月里，甚至宝宝出生、长大，这首曲子都可以一直陪伴着他，让他时刻感受到妈妈的关爱，安然入睡。

第三个月（9 ~ 12 周）：在身体里茁壮成长的小人儿

1. 胎宝宝的变化

从第 9 周开始，胎宝宝进入了第三个月的发育，这时胎宝宝在胚胎期的小尾巴已经消失了，开始有了明显的变化。这一时期是整个怀孕期的一个关键时期，胎宝宝的器官系统从现在开始就渐渐地发育形成了。

在第 9 周，胎宝宝约有 25 毫米长，他的眼帘开始能够盖住眼睛，并且眼肌也开始慢慢形成。胎宝宝的手部在手腕处开始出现弯曲，两脚开始摆脱蹼状的外表，可以清楚地看到脚踝部位。手臂更加长了，臂弯处肘部已经形成。虽然在这时候还不能看清宝宝的性别，但是宝宝的生殖器官也开始生长了，并且所有的神经肌肉器官已经开始工作了。

到了第 10 周，胎宝宝会长到 4 厘米左右，有 10 克重，形状像极了一个小小的扁豆荚。这时候胎宝宝的手腕和脚踝发育完成，并能够清晰地看到。他的手臂更加长、肘部更加弯曲了，并且他的眼皮也已经黏合在一起了，上牙床和上腭已经形成。此外，这个时候胎宝宝的各个系统、各个器官也已经初步形成，90% 的器官已经建立，心脏开始出现波动，心率为 125 次 / 分，胃部已经被放置到了正常的位置，两个肺叶开始长出许多细支气管。

从第 11 周开始，胎宝宝就长到了 4 ~ 6 厘米，体重达到了 14 克，开始在妈妈的身体里做伸展运动了。这个时候，胎宝宝的四肢能够在羊水中自由活动，左右腿还可交替做屈伸动作，双手能够伸向脸部，手指甲、手指和脚趾等细微之处也开始出现，骨骼细胞发育加快，肢体加长，并且随着钙盐的沉积，部分软骨也开始渐渐变硬一些了。这个时候的胎宝宝头大脸小，耳位仍然比较低垂，皮肤正在长毛囊，外生殖器也正在高度发育中。

第 12 周的胎宝宝身长可到 6.5 厘米，体重约 15 ~ 19 克，已经初具人形，成长速度也从本周开始越发的惊人了。这时候的胎宝宝手指和脚趾已经能够完全分开，部分骨骼开始变得坚硬起来，肺脏已经构成，甲状腺和胰腺发展完整，维持生命的器官也开始正式工作，如肝脏开始分泌胆汁，肾脏分泌尿液传送到膀胱等。

2. 准妈妈的变化

这一个月的准妈妈腹部无明显变化，但体重开始增加，乳房更加胀大，乳头和乳晕色素加深，腰围增大，需要更换大的胸衣和宽松的衣服了。有的准妈妈还会突然发现，自己的臀部开始变宽、变厚了，这是为了胎宝宝的生长和日后分娩在做准备，分娩后还可恢复。

孕3月的前2周，是妊娠反应最重的阶段，之后随着孕周的增加反而开始减轻，不久将自然消失，胃口也会慢慢地好起来；由于子宫扩张压迫膀胱导致尿频，荷尔蒙分泌增多，准妈妈容易产生烦躁难安的情绪；有些准妈妈的腹部开始出现了一条竖线，这就是妊娠纹，这道竖线会在以后的几个月里越来越明显，颜色也会越来越深；还有些准妈妈的脸部也开始出现了褐色的妊娠黄褐斑，变得有些“难看”了；增大的子宫开始压迫位于前方及后方的膀胱和直肠，膀胱容量减少，出现尿频、总有排不净尿的感觉，准妈妈千万不要刻意不喝水或憋尿，以免造成尿路感染；由于受到骨盆腔充血与黄体素持续旺盛分泌的影响，盆腔内内脏血液聚集，发生充血和淤血，阴道的分泌物也开始增多；子宫开始上升到骨盆以上，会压迫到直肠，使准妈妈出现便秘或腹泻的症状；胎盘已经很成熟，可以支持产生激素的大部分重要功能。

3. 胎教重点

（1）营养胎教

这一时期的胎宝宝体积尚小，所需的营养重质不重量。孕11周以后，由于胎宝宝迅速成长和发育，此时的营养需求量也日渐增多，准妈妈在保证营养摄入全面的基础上，需要重点补充镁元素和维生素A。

镁元素不仅对胎宝宝的肌肉健康至关重要，而且也有助于其骨骼的正常发育。研究表明，怀孕前三个月摄取的镁的数量关系到新生儿身高、体重和头围大小；此外，镁元素对准妈妈的子宫肌肉恢复也有好处。富含镁的食物有色拉油、绿叶蔬菜、坚果、大豆、南瓜、甜瓜、葵花籽和全麦食品等。

除了镁元素之外，维生素A也是这一时期的重点补充元素。胎宝宝发育的整个过程都需要维生素A，它能保证胎宝宝皮肤、胃肠道和肺部的健康，对视力、生长、上皮组织及骨骼的发育也有重要的作用，还是丘脑、脑垂体等重要内分泌激素的营养成分，可以有效促进其生长发育。在这个月，胎宝宝还没有储存维生素A的能力，因而需要准妈妈源源不断地供给，红薯、南瓜、菠菜、芒果等食物中均都含有大量的维生素A。

但需要注意的是，由于维生素A是脂溶性维生素，若摄入过多的话，超量部分就会贮存在准妈妈的肝脏中，增加脏器负担。此外，维生素A过量的话还可能会导致胎宝宝发生无脑、眼缺陷、腭裂、脊柱裂、肢体缺陷等畸形，所以，补充维生素A重点在于从食物中摄取而非药物补充，只要准妈妈在这个时候不挑食，肉类和素食均吃的话，就可以保证适量的维生素 A 摄入。

除了上述两种重点补充元素，由于这个月开始胎宝宝的骨骼开始迅速成长，因此对钙的需求量也大了起来，因此准妈妈要注意多食用一些含钙的食品，来满足自身和宝宝的生长发育的需要。

（2）光照胎教

这个月正是胎宝宝全身器官和骨骼的发育时期，因而对钙的需求特别强烈。吸收钙质除了通过日常饮食和少量的药物补充外，晒太阳也是一个很好的方式。准妈妈多晒太阳，不仅能够有效吸收维生素 D，以利于体内钙质的合成吸收，而且阳光中的红外线还可透过皮肤到皮下组织，起到加温的作用，从而使血管扩张，促进血液循环和全身的新陈代谢。准妈妈多晒太阳，自身更有活力，宝宝也能够更健康。

除了有利体内所需营养元素吸收之外，晒太阳还能够有效防止准妈妈产生情绪波动，帮助准妈妈保持稳定良好的心情。怀孕时由于体内荷尔蒙失调，加上这一时期有妊娠反应，会给准妈妈的身体和心情都造成诸多不适，准妈妈很容易出现情绪波动和情感障碍，若长期处于这种波动的情绪状态下，既不利于胎宝宝的健康发育，也会使准妈妈患上妊娠抑郁症或妊娠期其他心理问题。而多晒太阳由于能够改善准妈妈的新陈代谢，使准妈妈有效减少身体上的不适，进而能够帮助准妈妈主动调节自己的情绪，保持良好的身心状态。可以说，常晒太阳是防治准妈妈妊娠抑郁症等心理疾病的一个有效办法。

但是从这个月，准妈妈的身体上开始会慢慢长出难看的妊娠斑了，于是随之就会担心多晒太阳会使体内黑色素沉积，从而生出更多的妊娠斑，影响形象。虽然阳光中的紫外线的确有可能使皮肤上的黑色素沉着，但只要控制好晒太阳的时间、做好防晒措施，这种影响还是很微弱的。准妈妈可以挑选阳光最好的午后，一次晒太阳的时间不超过 15 分钟，也可以擦一些适合孕妇用的防晒霜、隔离霜，减少紫外线对皮肤的攻击。

第 9 周：初具人形，神经器官开始工作

本周，胎宝宝看上去已经初具人形了，胚胎期的小尾巴这个时候已经基本消失，此时他大约身长 22 ~ 30 毫米，体重已经长到 8 克了。身体开始变直，尽管头弯向胸前，却更加成形了。五官正在逐渐形成，上肢和下肢的末端出现了手和脚，但手指和脚趾是连在一起的，所有的器官、肌肉、神经都已经开始工作，他已经是一个真正意义上的胎宝宝了。

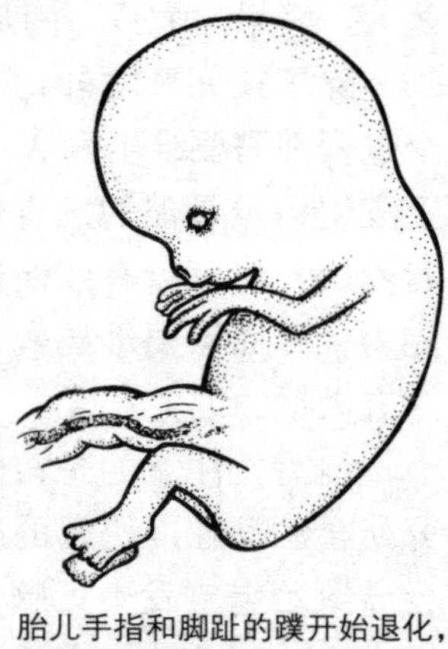

胎儿手指和脚趾的蹼开始退化，胳膊和腿开始变长。

此时胎宝宝的味蕾正在发育，所有的牙齿的幼芽都各就各位。眼睑已经开始覆盖住眼睛、颚和鼻子都已经成形，之前在腹腔外被囊包裹着的肠道开始向逐渐增大的腹腔迁移。皮肤很薄，呈半透明状，汗腺开始发育，

有少量的绒毛长出。

准妈妈的晨吐很快就要结束了，由于妊娠反应比较严重，现在大多数准妈妈的体重并没有增加太多。

1. 良性的感官刺激助发育

怀孕三个月时，胎宝宝已具人形，对外界的压、蠕等动作可以感应得到，此时准爸爸准妈妈可以人为地对胎宝宝的感官进行超前的良性刺激。比如轻柔地抚摸下腹部或者坐在摇椅中轻轻摇动，这样可以给予胎宝宝触觉的刺激，促进神经系统和感觉器官的发育，还可以帮助准妈妈调整情绪。

2. 午觉睡出好心情

适当的睡眠可以解除疲劳，恢复体力和脑力，而睡眠不足会引起疲劳、食欲下降、营养不足、身体抵抗力下降，并且会增加准妈妈和胎宝宝感染病毒的机会，造成多种疾病发生。所以准妈妈最好的休息形式即是睡眠。在怀孕期间，准妈妈的睡眠时间要比平时多一些，如果平常睡 8 个小时，怀孕期最好中午再多睡 1 个小时左右。

第 57 天：认识抚摸胎教

正常情况下，怀孕 3 个月开始，胎宝宝就在母体内活动了，但这时的活动幅度很小，大约在怀孕 4 个月时，准妈妈即可感觉出有胎动了。随着妊娠月份的增加，活动幅度会越来越增大，从吞吐羊水、眯眼、咂手指、握拳，直到伸展四肢、转身、翻筋斗等。胎教理论主张适时适当地对胎宝宝进行爱抚和拍打等动作刺激，这种胎教方法可以帮助胎宝宝做体操运动，促进胎宝宝运动能力的发展。不仅如此，这种“爱抚”还能有效促进胎宝宝的感觉发展和情绪调整。有相关研究表明，婴儿如果很少被触摸、爱抚，很容易出现心理疾患，并且生长、发育迟缓。所以，如果从胎儿期便经常充满爱意地触摸、按摩婴儿，将能有效促进婴儿养成良好的性格和迅捷的反应能力。另外，准妈妈对胎宝宝的触摸、抚摸，不仅能传达她对胎宝宝的关爱，还能使准妈妈本身处在一种身心放松的状态，达到安抚母子情绪的双重功效。

1. 抚摸方法

（1）触压拍打法

准妈妈仰卧在床上，全身放松，双手轻放在胎宝宝头上，也可在身下垫一个软垫子，采取半仰卧姿势，总之要让自己感到舒适。准妈妈可以一边轻轻呼唤胎宝宝的名字，一边将双手手指放在腹部，从上到下、从左到右轻轻触摸胎宝宝。也可用一手指轻按一下腹部再抬起，胎宝宝的反应速度有所不同，一般情况下此时宝宝会对准妈妈的抚摸做出反应。在抚摸胎宝宝时，要随时要注意胎宝宝的反应，如果他对这样的抚摸刺激感到不高兴不舒服，就有可能用力挣扎或者蹬腿，这时应马上停止抚摸。若胎宝宝受到抚摸后，过一会就轻轻蠕动作出反应，这种情况可以继续抚摸，一直持续几分钟再停止。

（2）亲子互动法

用手轻轻推动胎宝宝的身体，胎宝宝会出现踢准妈妈肚皮的动作，这个时候用手轻轻拍打胎宝宝踢的部位；当胎宝宝第二次踢你的时候再用手拍打胎儿踢的部位，循环往复，渐渐形成条件反射。当准妈妈用手轻轻拍腹部的时候，胎宝宝就会向着你拍的部位踢去，注意轻拍的位置不要距原来的位置太远。这种亲子游戏最好在每晚临睡前进行，此时胎宝宝的活动最多，时间不宜过长，一般每次 10 分钟即可，以免引起胎宝宝过于兴奋，导致准妈妈久久都不能安然入睡。这项工作也可以由宝宝的父亲协助完成，准妈妈躺在床上，准爸爸对胎儿的抚摸，可以让胎儿充分感受到家的温暖。

（3）来回抚摸法

准妈妈可以在一个安静的场所，采取一种最舒服的姿势，每天花上 10 分钟，不听音乐，不说话，集中精力用手的抚摸和宝宝进行独特的情感交流。在腹部完全松弛的情况下，用手从上至下、从左至右，反复轻轻抚摩。然后再用一个手指反复轻压胎宝宝。抚摸时动作宜轻，时间不宜过长。

（4）推动散步法

准妈妈平躺在床上，全身放松，轻轻地来回抚摸、按压、拍打腹部，同时也可用手轻轻地推动胎宝宝，让胎宝宝在宫内“散散步、做做操”。每次 5 ~ 10 分钟，动作要轻柔自然，用力均匀适当，切忌粗暴。如果胎宝宝用力来回扭动身体，准妈妈应立即停止推动，可用手轻轻抚摸腹部，胎宝宝就会慢慢地平静下来。

这种抚摸方法适合在怀孕六七个月以后，准妈妈可以在腹部明显地触摸到胎宝宝的头、背和肢体时来做，这个练习最好在医生的指导下科学的进行，以避免因用力不当或过度而造成腹部疼痛、子宫收缩，甚至引发早产的危险。

2. 注意事项

（1）在抚摸胎宝宝时要充满爱意和愉悦感，你所投入的感情胎宝宝感受得到。

（2）训练的手法轻柔，不可用力拍打按压，以免造成子宫收缩，引发早产。

（3）有流产、早产迹象者，不宜进行抚摩拍打式胎教。

（4）以上方法应该循序渐进，切忌不可急于求成，每次进行抚摸胎教的时间最好不要超过 10 分钟。

第 58 天：警惕：损害胎宝宝智力的十大杀手

影响孩童智力发育的因素很多很复杂，但有一点我们可以确定的是，如果想要有个聪明宝宝，妈妈在怀孕期间就应该做好防范措施。不仅仅是疾病才能影响到孩子的智力发育水平，值得父母提高警惕的是，心理问题也是影响孩子智力发展的重要原因，甚至重于生理因素。为了保护孩子的智力，准爸爸准妈妈应该好好了解一下哪些因素会直接或间接地影响孩子的智力，在怀孕期间就要有意识地避免这些因素，为孕育一个健康聪明的宝宝打好基础。

世界卫生组织将导致婴儿智力低下、影响胎宝宝智商发育的众多有害因素归纳为以下九大条：

1. 感染和中毒。这是影响胎宝宝智力发育的首位重要因素。已经比较明确的是，在胎儿期母体感染风疹、流感和其他病毒性疾病，尤其在初孕3个月，容易招致先天性畸形和智力障碍。围产期羊水感染、婴儿期脑炎、脑膜炎、性病等严重感染，严重妊娠毒血症，准妈妈受到铅、汞、化学品和药物毒性作用，皆可影响脑功能，导致低能。

2. 头脑疾病。包括脑肿瘤、多发性硬化症、遗传性共济失调、各种神经变性疾病所致精神发育不良。

3. 代谢和营养障碍。各种代谢障碍，包括内分泌障碍等皆可导致智力低下，多数与先天性遗传病有关（与先天性酶的缺陷有明显关系）。营养障碍包括各种原因的摄入不足或吸收不良。

4. 外伤和物理因素。放射线照射（诊断或治疗）、难产、产伤，胎宝宝窒息缺氧损害脑神经细胞最为严重，低能发病率颇高。

5. 染色体异常。包括性染色体和常染色体畸变，后者畸变导致精神缺陷较前者严重。

6. 未成熟儿。世界卫生组织规定，新生婴儿体重不足2500克，或胎龄不到37周娩出者，均称未成熟儿。由于躯体发育不全，必然影响脑功能和智力发育。如新生儿体重低于1500克，智力低下发病率可高出数倍至10余倍。

7. 婴儿期精神疾患。如婴儿孤独症、心理严重缺陷，均影响正常学习过程，影响智力。

8. 心理、社会因素。早期社会隔绝、人为情感剥夺、缺乏母爱、孤儿无人照料、严重精神疾病患者的子女、文化闭塞、不适当的教导方式等均可影响智力水平。

9. 原因不明的产前因素或疾病。如先天性脑畸形等。

预防智力低下的方法，主要是根据上述原因，有针对性地加以消除或避免。比较强调的是禁止近亲结婚，禁止有明文规定的遗传性明显的患者生育（因双亲智力低下造成子女智力低下的发病率高达42% ~ 60%），开展遗传咨询，婚前身心健康检查。对于孕期的准妈妈来讲，最重要的是避免孕期病毒感染，避免接触放射线物质、有害有毒物质以及药物等，这需要严格把关自已所生活的家庭环境和工作场所，为孕育创造最好的环境条件，避免因人为因素给胎宝宝带来不可挽回的遗憾。

第59天：常见的准妈妈饮食误区

准妈妈的生理代谢与普通人不同，因而所吃的食物品种应多样化、荤素搭配、粗细粮搭配、主副食搭配，且这种搭配要恰当。而有不少准妈妈在怀孕以后饮食过于精细，缺乏变化，打着注重营养的名义反而进入了营养缺失的误区。现在让我们来盘点一下常见的孕期饮食误区，如果你一不小心也中了下面的几条，那就要赶快进行调整了。

1．只要是有营养的东西，摄入越多越好。孕期加强营养固然正确，却绝非多多益善。过多摄入营养会加重身体的负担，并存积过多的脂肪，导致肥胖和冠心病的发生。体重过重还限制了体育锻炼，导致抗病能力下降，并造成分娩困难。过多的维生素 A 和维生素 D，还能引起中毒出现胎宝宝畸形。

2．水果代替蔬菜。水果口感好，食用方便，并且富含维生素 C、矿物质和膳食纤维，深得孕妇喜爱，所以很多人认为吃水果越多就越好。一般来说，水果中所含水分中有 10% 是果糖、葡萄糖、蔗糖和维生素，这些糖类很容易被准妈妈吸收。如果水果吃得太多，准妈妈同样有可能会发胖，血糖增高。所以，吃水果还要有个度，一般每天吃水果总量控制在 500 克为最佳。

3．价钱越高，营养越好。很多人对营养品的选择常常会走入“以价取人”的误区，认为越贵的营养品，其营养就越好。但事实上并不尽然，营养品的价格取决于生产成本和市场需求，因此，选择营养品更应考虑自己是否需要，不可盲目追求高价格。

4．多吃动物胎盘好安胎。有的准妈妈平时稍有点磕磕碰碰，就觉得身体不适，便要医生给她打安胎针，还有的信奉“吃什么补什么”的道理，四处搜罗动物胎盘来进补。其实，需不需要打安胎针是有严格的诊疗标准的。安胎针补充的是黄体酮，动物胎盘、卵巢里也含有黄体酮。这种激素在准妈妈出现阴道少量流血等流产先兆时，能够起到稳定妊娠的效果。但是，如果没有流产先兆却使用人工合成孕激素类的药品，一旦过量，就可能影响胎宝宝生殖器官的发育。

5．多吃菜，少吃饭。许多人认为菜比饭更有营养，准妈妈应该把肚子留下来多吃菜。这种观点是极其错误的，米面等主食，是能量的主要来源，怀孕中、晚期的准妈妈一天应摄入 400 ~ 500 克的米面及其制品。

6．呕吐厉害就要多吃零食。怀孕初期常有呕吐、恶心和胃口不佳等症状，嗜好多吃酸、吃辣。为压制孕吐，有的准妈妈索性餐餐吃话梅、果脯等零食。但实际上，这样并不能缓解孕吐。孕吐是由于胃酸分泌不足、胃肠功能下降失调才会出现的。虽然酸辣口味的食物可以刺激胃酸分泌，但如果长期大量食用，终究可能损害肠胃功能。如果孕妇孕吐得厉害，应尽快到医院检查，并进行治疗才能缓解症状。

7．怀孕期吃糖易患糖尿病。有的准妈妈担心患上妊娠期高血压、糖尿病，从怀孕开始就拒绝吃糖、巧克力，这完全是出于对妊娠期糖尿病发病原理的误解。正常人摄入的碳水化合物在体内会转化为葡萄糖，如果有剩余，则会通过胰岛素的作用，转化为糖原储存在肝脏或变为脂肪。而在怀孕期间，胎盘可以分泌物质对胰岛素进行抵抗，以保护胎儿获得充分的糖供应。所以，正常女性特别是偏瘦的女性根本不需要对糖避之不及，肥胖女性、以前在怀孕期间曾患有糖尿病的准妈妈，虽然的确不宜多吃糖，但也不需要一点糖都不碰。

总而言之，孕妇不能挑食；还要适当补充铁，防止贫血；补充钙、磷等有助于胎儿骨骼及脑组织发育；补充钙质可经常吃些牛奶、豆制品、骨头汤和小虾皮等。

副食品可以选择牛奶、鸡蛋、豆类制品、禽类、瘦肉类、鱼虾类和蔬果类等。合理的饮食搭配，不仅能够充分保证孕期营养的全面摄取，还能更好帮助营养元素的消化吸收。

第 60 天：和准妈妈们交朋友

各位准妈妈，你是否常常感到孤独难受，周围没有朋友能理解怀孕的苦楚，没有几个人能体会到你即将为人母的喜悦，甚至很多时候连准爸爸也无法完全捕捉到你情绪的变化？你是否面对自己的身体出现的小状况而感到有些茫然惊慌，却不知如何解决？你是否在一边享受着家庭里"特殊保护对象"的高级待遇一边却觉得自己有点像个异类？其实，这些心理状况都归结于一个问题，那就是缺同伴。如果你的身边有同样怀孕的女性，能够一起分享孕期的喜怒哀乐，分享友情和女人间的小秘密，那会缓解掉你在孕期很多的迷茫和苦楚，你不仅可以因此变得开朗快乐，让怀孕这段特殊时期充满乐趣，还收获了珍贵的友谊。

如果你的身边有同样有身孕的邻居、亲戚、朋友、同事，那是最好不过的了，如果没有的话，也不要着急，下面我们给你推荐几个找到好朋友的途径。

1. 准妈妈论坛

现在网络上有很多胎教网站和论坛，这些网站不仅仅是为准妈妈提供孕育知识的好地方，也是答疑解惑，方便准妈妈之间进行交流的好去处。遇到什么问题和困惑发个帖子上去，会有有经验的朋友甚至是专业人士来为你解答。有什么牢骚和不快发泄出来，会有很多和你有类似心情的准妈妈来一起吐口水，来一同劝慰你。胎宝宝出现什么让你惊喜的变化拿出来和大家一起分享，会有很多人为你高兴。

总之，这里是准妈妈们的世界，你可以很快地在这里学到知识、分享心情、找到同伴。但是要切记控制上网时间，在孕早期最好远离网络，怀孕三个月以后可以上网，但是为了胎宝宝的健康，千万不要沉迷其中。

2. 准妈妈 QQ 群

如果准妈妈觉得只靠发帖交流不过瘾的话，那就加入一个专门为准妈妈设立的 QQ 群吧，在网络上有很多类似的群组，甚至有兴趣的准妈妈可以自己建一个群自己当群主，来邀请姐妹们一起来热热闹闹聊聊天。在准妈妈的群里，大家可以随时交流自己的近况和胎宝宝的变化，你一言我一语就像平时聊天一样，有宝贵的经验和相关的知识还可以拿出来共享。在这样的交流当中准妈妈之间会熟络起来，也许你会从中交到几个志趣相投的好友，也许在宝宝出生以后，这里继续可以成为大家交流怎么育儿的群。

3. 参加胎教课程

准妈妈可以报名参加一些胎教课程，这里不仅仅可以学习胎教知识，有职业的胎教专家对你进行指导，还可以遇到很多和你一样来上课的“准妈妈同学”们。胎教班为大家创造一个很好的面对面的交流机会，是你交朋友的好渠道。

总之，准妈妈们不要因为怀孕就足不出户或者把精力完全集中在胎宝宝身上而使得自己本身的生活圈子变狭窄。要多和与你有相似情况的准妈妈或者是过来人进行交流，在交流的过程当中你会逐渐变得开朗起来，你所积累的孕育知识和经验越多，你的迷惑和不安就越少。要知道，胎宝宝是不会喜欢准妈妈整天郁郁寡欢、惴惴不安的，你开心，他才能快乐健康地成长。

第 61 天：种植植物，舒缓心情

花花草草很容易让心情放松，如果看到自己种植的花花草草，准妈妈的心情一定会加倍的愉悦。它们会让你忘记很多琐事和烦心事。当沉浸于其中时，准妈妈的心绪会更加的平静，你和胎宝宝都会被自然的清新和美妙所打动，在一片绿意和花色中陶醉沉迷。

准妈妈可以选择在阳台上弄几个花盆养植物，如果有条件的话，更可以在小区楼下的地里为自己的植物开垦出一小片土地，这样就可以尽量随心所欲地选择你想要的花草，以免有些花草养在室内对准妈妈造成不便。养花草在时间上没有要求，只要有时间，你就可以随时随地地看看你的宝贝植物们，给这些植物松松土、浇浇水，心情不好或心情大好的时候还可以对着你的植物们说一说话。如果没有时间经常看它们的话也不要紧，花草并没有你想象的那么脆弱，只要有土地有阳光和雨露，就可以自由生长。

1. 适合准妈妈养的植物

（1）能杀病菌的植物

仙人掌等原产于热带干旱地区的多肉植物，其肉质茎上的气孔白天关闭，夜间打开，在吸收二氧化碳的同时，制造氧气，使室内空气中的负离子浓度增加。

玫瑰、桂花、紫罗兰、茉莉、柠檬、蔷薇、石竹、铃兰、紫薇等芳香花卉产生的挥发性油类具有显著的杀菌作用。

紫薇、茉莉、柠檬等植物，5 分钟内就可以杀死白喉菌和痢疾菌等原生菌。蔷薇、石竹、铃兰、紫罗兰、玫瑰、桂花等植物散发的香味对结核杆菌、肺炎球菌、葡萄球菌的生长繁殖具有明显的抑制作用。

虎皮兰、虎尾兰、龙舌兰以及褐毛掌、伽蓝菜、景天、落地生根、栽培凤梨等植物也能在夜间净化空气。

丁香、茉莉、玫瑰、紫罗兰、薄荷等植物可使人放松、精神愉快，有利于睡眠，还能提高工作效率。

（2）能吸收有毒化学物质的植物

常青藤、铁树、菊花、金橘、石榴、半支莲、月季花、山茶、石榴、米兰、雏菊、腊梅、万寿菊等能有效地清除二氧化硫、氯、乙醚、乙烯、一氧化碳、过氧化氮等有害物。

芦荟、吊兰、虎尾兰、一叶兰、龟背竹是天然的清道夫，可以清除空气中的有害物质。

兰花、桂花、腊梅、花叶芋、红背桂等是天然的除尘器，其纤毛能截留并吸滞空气中的飘浮微粒及烟尘。

（3）能驱蚊虫的植物

蚊净香草散发出一种清新淡雅的柠檬香味，在室内有很好的驱蚊效果，对人体却没有毒副作用。温度越高，其散发的香越多，驱蚊效果越好。据测试，一盆冠幅30厘米以上的蚊净香草，可将面积为10平方米以上房间内的蚊虫赶走。它是被改变了遗传结构的芳香类天竺葵科植物。该植物耐旱，半年内就可生长成熟，养护得当可成活10 ~ 15年，且其枝叶的造型可随意改变，有很高的观赏价值。

另外，一种名为除虫菊中含有除虫菊酯，也能有效驱除蚊虫。

2. 不适合准妈妈养的植物

（1）容易引起过敏反应的植物

有些花草可能会引起准妈妈和胎宝宝的不良反应，如万年青、五彩球、洋绣球、仙人掌、报春花等等。这些花草容易引起接触过敏，会引起痛痒、皮肤黏膜水肿等等。

（2）香味过于浓郁的植物

茉莉花、水仙、丁香、木兰花等，会引起准妈妈嗅觉不灵、食欲不振，甚至出现头痛、恶心、呕吐等症状，因此需要格外的留意，避免家中出现此类植物。

（3）致癌植物

中国预防医科院病毒所对植物所含物质的促癌作用进行了研究，从1693种中草药和植物中共检出18个科中的52种植物含有促癌物质。52种致癌植物包括：石粟、变叶木、细叶变叶木、蜂腰榕、石山巴豆、毛果巴豆、巴豆、麒麟冠、猫眼草、泽漆、甘遂、续随子、高山积雪、铁海棠、千根草、红背桂花、鸡尾木、多裂麻疯树、红雀珊瑚、山乌桕、乌桕、圆叶乌桕、油桐、木油桐、火殃勒、芫花、结香、狼毒、黄芫花、了哥王、细轴芫花、苏木、广金钱草、红芽大戟、猪殃殃，等等。家中应禁养此类植物。

（4）松柏类植物

松柏类的花木所散发出来的芳香气味对人体的肠胃有刺激作用，如闻之过久，不仅会影响人们的食欲，而且会使孕妇感到心烦意乱，恶心欲吐，头晕目眩。

总之，准妈妈们要养好植物，选对植物，给你的心情和生活都多增添一份绿意和清新。

第62天：离糖远一点，离纤维素近一点

1. 孕期吃糖过度的坏处

一些年轻的准妈妈平时就很喜欢吃甜食，在怀孕之后摄入的补品当中有很多都是含糖量非常高的。殊不知，糖是甜蜜的杀手，吃糖过多不仅仅容易引发肥胖、妊娠性糖尿病，还会损害脑的功能，容易造成神经敏感和神经衰弱等各种大脑障碍，

孩子出生后易哭闹，吃奶差等，甚至还会影响到胎宝宝以后的视力，所以怀孕期间准妈妈们最好还是少吃糖，离糖远一些，保持适当的供给量，不要因为嘴馋嗜糖过度而惹下麻烦。

从营养成分上分析，普通人摄入过多的糖分，可能会造成体内糖分堆积，而糖分在体内新陈代谢时，需要大量的维生素，因此维生素就会因消耗过大而不足。而眼部视细胞发育同样也需要大量的维生素参与。对准妈妈来说更是如此，如果摄入糖分过多，会导致晶体发育环境异常，眼轴发育过快，加快视力衰退。有动物实验表明，让实验动物摄入过多糖分，对于他们的视力都有影响。

儿童从远视眼发展为近视眼的过程可以分为以下几个步骤：生理性远视、正视、近视。正常值大约在 3 ～ 4 岁远视 200 度以内，4 ～ 5 岁远视 150 度以内，6 ～ 8 岁远视 100 度以内，而现在的儿童近视过多，可能与母体怀孕时摄入过多的糖分，导致儿童晶体发育过早有关。儿童眼睛视力情况过早接近成人化，可能让他们直接“跳过”了生理性远视，生下来就是正视眼，那么就缩短了发展到近视的时间，近视的儿童也就开始增加了。因此孩子的视力保护要从孕期就抓起。

对于体重超重的准妈妈来说，摄入糖分过多还增加了患妊娠性糖尿病的风险。妊娠期糖尿病是指一些准妈妈孕期糖代谢异常，导致血糖升高，通常在产后两个月内恢复正常。它的发病原因多数是因为饮食不当，过量摄入糖分，贪吃水果是最大诱因。正常人摄入的碳水化合物在体内会转化为葡萄糖，剩余部分则会通过胰岛素的作用，转化为糖原储存在肝脏或变为脂肪。在怀孕期间，胎盘为了保护胎宝宝获得充分的糖供应，可以分泌物质对胰岛素进行抵抗。但如果准妈妈摄入的糖过多，导致胎盘分泌的物质不堪重负，无力抵抗，就可能出现糖尿病症状。

2. 多食含有纤维素的食品的好处

现代医学证明，食物纤维素是维护人体健康的必要的营养成分。在水果、蔬菜和豆类制品中都含有大量的纤维素。纤维素有两种，一种是可溶性纤维素，在大米、玉米、海带、木耳、豆类和蔬菜、水果（果胶）中所含较多；另一种为不可溶性纤维素，在南瓜、苹果、橘子、香蕉、红薯、青三、胡萝卜、蔬菜、水果（木质素）中所含较多。无论哪一种纤维素，进入消化道后，都不能被消化酶分解，但可为细菌分解。相比之下，可溶性纤维素吸收胆汁成分的能力较强，而不可溶性纤维素带走致癌物的能力较强，因此纤维素有“肠道抗癌卫士”之称。

（1）能润肠通便。食物纤维素能使大便软化、增量，并能促进肠胃蠕动和肠道排空，使大便保持通畅。纤维素在通过消化道时却可以吸收水分而使自己膨胀起来。膨胀的纤维素一方面通过它胀大的体积来刺激和加强胃、肠蠕动，使消化、吸收和排泄功能加强。另一方面还可以把食物中不能消化的某些成分、消化道的分泌物、肠内细菌和机体代谢中产生的富有物质都拖裹起来形成粪便。这样，纤维素在肠道中好似一个“拖把”，不断清除着肠道里的“垃圾”及毒素，发挥着“清道工”的作用。

（2）能减肥。肥胖与从食物中摄取的热量过高或体力劳动过少导致的热量消耗与供给不平衡有关。提高膳食中纤维素的含量，不仅可以使得机体摄入的热能减少，还可以缩短食物在肠道内停留的时间，并消耗体内贮存的脂肪，从而起到减肥的作用。

（3）能防治糖尿病。纤维素的摄入量不足，是西方一些国家糖尿病发病率高的原因之一。适当地增加食物中纤维素的含量，可以改善末梢组织对胰岛素的敏感性，从而起到调节血糖的作用。

合理摄入纤维素虽然对健康有许多益处，但不是摄入得越多越好。纤维素毕竟不是营养物，人体对它的需要是有限的。一般认为，成年人每日摄入10克即可。便秘中肥胖者可以多吃一些，但如果长期大量摄入而减少其他营养物，如蛋白质、脂肪、碳水化合物的摄入，就会引起营养不良，表现为消瘦、贫血，甚至水肿。

第63天：笑一笑，给胎宝宝讲几个笑话

1. 进步真快

儿子："妈妈，这次我考试得了第5名，快给我煮个鸡蛋。"

妈妈："好孩子，进步真快。妈妈今天给你煮两个鸡蛋。"

儿子："谢谢妈妈！"

妈妈："参加这次考试的一共有多少人？"

儿子："5个人。"

2. 固定工作

6岁的芳芳很可爱，常常被班上的小男生求婚。

有一天，芳芳回家跟妈妈说：妈妈，我们班的小强又向我求婚。

妈妈无奈地问：小强有固定工作了吗？

芳芳想了想说：他是我们班擦黑板的。

3. 爱因斯坦和卓别林

著名科学家爱因斯坦非常推崇卓别林的电影。一次，他在给卓别林的一封信中写道："你的电影《摩登时代》，世界上的每一个人都能看懂。你一定会成为一个伟人。爱因斯坦。"

卓别林在回信中写道："我更加钦佩你。你的相对论世界上没有人能弄懂，但是你已经成为一个伟人。卓别林。"

4. 好孩子与坏孩子

母亲对儿子说："隔壁小明是个坏孩子，以后你别和他一起玩。"

儿子问道："那我是个好孩子吗？"

"当然是。"

儿子说："那就让小明和我玩吧。"

5. 吃饭睡觉打豆豆

一位记者要去南极访问100只企鹅。他就问第一只企鹅他平时的兴趣是什么？

第一只企鹅说：吃饭，睡觉，打豆豆。

记者疑惑的问：为什么是打豆豆啊？

那只企鹅没说什么就走了。

那位记者又访问第二只企鹅它平时的兴趣是什么？

第二只企鹅说：吃饭、睡觉、打豆豆。

记者在心里嘀咕着，又接二连三地访问，发现第一只企鹅到第99只企鹅它们平时的兴趣都是“吃饭、睡觉、打豆豆”。

直到第100只企鹅，记者问他说你平时的兴趣是什么？

第100只企鹅说：吃饭，睡觉。

记者觉得很奇怪，便问它说：你怎么不打豆豆呢？

第100只企鹅说：“因为，因为我就是豆豆啊。”

6. 爬山

爸爸带着小儿子气喘吁吁地爬到山顶。

爸爸说：“快看哪，我们脚下的一片平原景色多好！”

儿子说：“既然下面的景色好，我们干吗要花3个小时爬到上面来呢？爸爸。”

7. 妈妈为什么要吃掉我

5岁的女儿不明白妈妈的肚皮为什么有一个疤痕，妈妈向女儿解释说：“这是医生割了一刀，把你取出的地方。”

女儿认真想了一会儿，很认真地问妈妈：“那你为什么要吃掉我？”

8. 大皮鞋

我给学生上英语课时，经常会叫他们在黑板上默写课文，因此，一上我的课他们就往后排坐。

昨天下午，我去给中文系的大一新生上英语课。课讲了有10分钟，他们班最淘气的小路才赶到。后面的座位都被占满了，我一直盯着小路，看他究竟坐哪儿。小路在教室里转了一圈也没找到座位，最后只得坐到第一排，而且还是和讲台零距离跟我面对面的那个座位。

又讲了一会儿，我见下面那些学生个个无精打采，我也没了精神，干脆坐下来讲课。后来嫌热，我还把鞋脱了，心想，反正前面有讲桌挡着，学生们也看不见。

大家都没精神，可偏偏那个迟到的小路精力旺盛，在我的眼皮底下不停地找旁边的同学说话，太嚣张了。于是我又拿出我的看家法宝——让小路上来默写课文，想以此警告一下他。

小路一听要上来默写课文，果然面露难色，“哼哼”了半天才一瘸一拐地走上讲台。我一看，不对啊，小路走路怎么一瘸一拐的？刚才进教室时可不是这样。刚想问他怎么回事，我突然发现，小路走上讲台时居然穿着我的大皮鞋。我赶紧往讲桌底下看，我的皮鞋就剩一只了，而讲桌前面不知什么时候居然被人踢了一个大洞。

9. 两元钱

下午，儿子问我要两元钱。见我有点不太高兴，儿子便解释说："小区里来了一个老爷爷，很可怜，我想给他两元钱。"

我欣慰地把钱给了他。不多时，儿子拿着一串冰糖葫芦回来了。

"谁给你的？"我问。

儿子说："小区里的老爷爷。"

动起来：练习孕期仿生操

具体步骤如下：

1. 背对墙直立，然后双腿分开（1拳宽），依个人能力慢慢弯曲至蹲不下去，让大腿肌肉呈紧张状并保持不动；吸气，5 ~ 10秒钟后慢慢起身恢复站立并吐气。重复做5次。

2. 与墙面对，双手分开撑住墙面，吸气，腿呈弓箭步状弯曲，重力放在双臂上，5 ~ 10秒钟后吐气，换另一腿做，双腿各做5次。

需要注意的是，弯曲下蹲时不要过度用力，以个人能力慢慢弯曲即可。这套动作可以使肌肉、韧带、关节得到锻炼，有助于生产，适合孕早期练习。

胎宝宝的阅读时光：《小王子》节选

这个来自纯净星球的故事曾经感动和唤醒过很多人的内心，《小王子》启开了我们心里的爱、自由、纯洁和对我们所居住星球的反思。他独一无二的玫瑰花，被他驯养的狐狸，还有一天可以看到很多次日出日落的星球。准妈妈们真应该买来这本书，好好地读一读，和胎宝宝一起分享来自心底最最纯真的那个童话世界。

"你好。"狐狸说。

"你好。"小王子很有礼貌地回答道。他转过身来，但什么也没有看到。

"我在这儿，在苹果树下。"那声音说。

"你是谁？"小王子说，"你很漂亮。"

"我是一只狐狸。"狐狸说。

"来和我一起玩吧，"小王子建议道，"我很苦恼……"

"我不能和你一起玩，"狐狸说，"我还没有被驯服呢。"

"啊！真对不起。"小王子说。

思索了一会儿，他又说道："什么叫'驯服'呀？"

"你不是此地人。"狐狸说，"你来寻找什么？"

“我来找人。”小王子说，“什么叫‘驯服’呢？”

“人，”狐狸说，“他们有枪，他们还打猎，这真碍事！他们唯一的可取之处就是他们也养鸡，你是来寻找鸡的吗？”

“不，”小王子说，“我是来找朋友的。什么叫‘驯服’呢？”

“这是已经早就被人遗忘了的事情，”狐狸说，“它的意思就是‘建立联系’。”

“建立联系？”

“一点不错，”狐狸说。“对我来说，你还只是一个小男孩，就像其他千万个小男孩一样。

我不需要你。你也同样用不着我。对你来说，我也不过是一只狐狸，和其他千万只狐狸一样，但是，如果你驯服了我，我们就互相不可缺少了。对我来说，你就是世界上唯一的了；我对你来说，也是世界上唯一的了。”

“我有点明白了。”小王子说，“有一朵花……，我想，她把我驯服了……”

“这是可能的。”狐狸说，“世界上什么样的事都可能看到……”

“啊，这不是在地球上的事。”小王子说。

狐狸感到十分蹊跷。

“在另一个星球上？”

“是的。”

“在那个星球上，有猎人吗？”

“没有。”

“这很有意思。那么，有鸡吗？”

“没有。”

“没有十全十美的。”狐狸叹息地说道。

狐狸又把话题拉回来：“我的生活很单调。我捕捉鸡，而人又捕捉我。所有的鸡全都一样，所有的人也全都一样。因此，我感到有些厌烦了。但是，如果你要是驯服了我，我的生活就一定会是欢快的。我会辨认出一种与众不同的脚步声。其他的脚步声会使我躲到地下去，而你的脚步声就会像音乐一样让我从洞里走出来。再说，你看！你看到那边的麦田没有？我不吃面包，麦子对我来说，一点用也没有。我对麦田无动于衷。而这，真使人扫兴。但是，你有着金黄色的头发。那么，一旦你驯服了我，这就会十分美妙。麦子，是金黄色的，它就会使我想起你。而且，我甚至会喜欢那风吹麦浪的声音……”

狐狸沉默不语，久久地看着小王子。

“请你驯服我吧！”他说。

“我是很愿意的。”小王子回答道，“可我的时间不多了。我还要去寻找朋友，还有许多事物要了解。”

“只有被驯服了的事物，才会被了解。”狐狸说，“人不会再有时间去了解任何东西的。他们总是到商人那里去购买现成的东西。因为世界上还没有购买朋友的商店，所以人也就没有朋友。如果你想要一个朋友，那就驯服我吧！”

“那么应当做些什么呢？”小王子说。

“应当非常耐心。”狐狸回答道，“开始你就这样坐在草丛中，坐得离我稍微远些。我用眼角瞅着你，你什么也不要说。话语是误会的根源。但是，每天，你坐得靠我更近些……”

第二天，小王子又来了。

“最好还是在原来的那个时间来。”狐狸说道，“比如说，你下午四点钟来，那么从三点钟起，我就开始感到幸福。时间越临近，我就越感到幸福。到了四点钟的时候，我就会坐立不安；我就会发现幸福的代价。但是，如果你随便什么时候来，我就不知道在什么时候该准备好我的心情……应当有一定的仪式。”

“仪式是什么？”小王子问道。

“这也是一种早已被人忘却了的事。”狐狸说，“它就是使某一天与其他日子不同，使某一时刻与其他时刻不同。比如说，我的那些猎人就有一种仪式。他们每星期四都和村子里的姑娘们跳舞。于是，星期四就是一个美好的日子！我可以一直散步到葡萄园去。如果猎人们什么时候都跳舞，天天又全都一样，那么我也就没有假日了。”

就这样，小王子驯服了狐狸。当出发的时刻就快要来到时，“啊！”狐狸说，“我一定会哭的。”

“这是你的过错，”小王子说，“我本来并不想给你任何痛苦，可你却要我驯服你……”

“是这样的。”狐狸说。

“你可就要哭了！”小王子说。

“当然啦。”狐狸说。

“那么你什么好处也没得到。”

“由于麦子颜色的缘故，我还是得到了好处。”狐狸说。

然后，他又接着说。

“再去看看那些玫瑰花吧。你一定会明白，你的那朵是世界上独一无二的玫瑰。你回来和我告别时，我再赠送给你一个秘密。”

于是小王子又去看那些玫瑰。

“你们一点也不像我的那朵玫瑰，你们还什么都不是呢！”小王子对她们说。“没有人驯服过你们，你们也没有驯服过任何人。你们就像我的狐狸过去那样，它那时只是和千万只别的狐狸一样的一只狐狸。但是，我现在已经把它当成了我的朋友，于是它现在就是世界上独一无二的了。”

这时，那些玫瑰花显得十分难堪。

“你们很美，但你们是空虚的。”小王子仍然在对她们说，“没有人能为你们去死。当然罗，我的那朵玫瑰花，一个普通的过路人以为她和你们一样。可是，她单独一朵就比你们全体更重要，因为她是我浇灌的。因为她是我放在花罩中的。因为她是我用屏风保护起来的。因为她身上的毛虫（除了留下两三只为了变蝴蝶而外）是我除灭的。因为我倾听过她的怨艾和自诩，甚至有时我聆听着她的沉默。因为她是我的玫瑰。”

他又回到了狐狸身边。

“再见了。”小王子说道。

“再见。”狐狸说。“喏，这就是我的秘密。很简单：只有用心才能看得清。实质性的东西，用眼睛是看不见的。”

“实质性的东西，用眼睛是看不见的。”小王子重复着这句话，以便能把它记在心间。

“正因为你为你的玫瑰花费了时间，这才使你的玫瑰变得如此重要。”

“正因为你为你的玫瑰花费了时间……”小王子又重复着，要使自己记住这些。

“人们已经忘记了这个道理，”狐狸说，“可是，你不应该忘记它。你现在要对你驯服过的一切负责到底。你要对你的玫瑰负责……”

“我要对我的玫瑰负责……”小王子又重复着……

好孕美食馆：亮丽果汁助你好心情

1. 木瓜鲜奶汁

【材料】

木瓜 600 克，鲜牛奶 200 克，姜 2 片，白砂糖 10 克。

【做法】

（1）把木瓜煮熟后去皮去核，切成细块。

（2）与鲜牛奶、白砂糖、姜片搅拌在一起。

（3）放入榨汁机中，榨汁后即可饮用。

2. 香蕉苹果葡萄汁

【材料】

苹果 1 个，葡萄 15 粒，香蕉 2 根。

【做法】

（1）将水果洗净分别去皮去核。

（2）将香蕉、苹果切成两厘米见方的小块，和葡萄混合在一起。

（3）加一杯纯净水后，将所有的原料放入榨汁机中榨成果汁即可。

3. 胡萝卜橙汁

【材料】

橙子 2 个，胡萝卜 1 根。

【做法】

（1）将橙子去皮去籽切成小块，胡萝卜洗净，去皮，切成小块。

（2）将橙子肉和胡萝卜一起放入榨汁机当中，榨出果汁即可。

4. 冰糖姜汁甘蔗露

【材料】

甘蔗汁 200 克，姜汁 50 克，冰糖 5 克。

【做法】

（1）把甘蔗汁、姜汁和冰糖倒入炖锅中，用筷子拌匀。

（2）把炖锅加盖，隔水炖 15 分钟即可。

新鲜的果汁含有丰富的维生素，若放置时间过久会破坏维生素的效力，使得营养价值变低，因此要现榨现喝，最好在 20 分钟内喝完。另外果汁也不宜多喝，一次最好不要超过 500 毫升。

胎宝宝的私人音乐厅：《小狗圆舞曲》

《小狗圆舞曲》是波兰著名作曲家和钢琴家肖邦的一首作品，他一生共创作了 15 首钢琴圆舞曲，《小狗圆舞曲》是其中最通俗、最流行的一首曲子。肖邦创作的圆舞曲独树一帜，它不同于当时流行的社交性舞会圆舞曲，而是供音乐会欣赏的钢琴小品。这些乐曲在保持舞蹈的节奏、律动、音乐特点和风格特征的前提下，在性质、速度和节奏等方面比社交性的圆舞曲更灵活、更多样，曲式也有所突破。甜蜜的柔情和风趣的卖俏，也贯穿在这种圆舞曲之中。人们称之为“音乐会圆舞曲”。

肖邦是 19 世纪世界上最伟大的作曲家之一。他 20 岁时离开华沙到维也纳去演奏和学习，之后定居巴黎，经李斯特介绍，肖邦认识了女作家乔治·桑。一次，在乔治·桑家的客厅里，肖邦看见她的小狗追着自己的尾巴不停地旋转不停地旋转，越来越快，越来越快……小狗的这个怪兴趣逗得女主人十分高兴，而肖邦也立刻产生了创作灵感，一首圆舞曲旋律在他的脑海中形成，他即兴演奏了这曲《小狗圆舞曲》。由于演奏这首乐曲的速度较快，时间约 1 分钟，所以又叫《1 分钟圆舞曲》。此外，人们也称之为《小圆舞曲》或《降 D 调圆舞曲》。

舞曲的第一段速度快，节奏流畅、回旋，像一只小狗追着自己的尾巴旋转，有点急切，动作滑稽。中间一段是抒情段落，深情、清新、委婉，虽然只有短短的 4 小节，但特点鲜明，表现力丰富，使得音乐显得格外活泼雅致。

这是一首节奏明快、层次分明的乐曲，希望它能感染到准妈妈的情绪，让胎宝宝将来成长为一个活泼、开朗的孩子。

第 10 周：胎宝宝像个豌豆荚，大脑迅速发育

这一周，胎宝宝的大脑发育非常迅速，脑细胞进入迅速增殖阶段，主要是脑细胞体积增大和神经纤维增加，脑重量会因此不断增加。身长有 31 ~ 42 毫米，体重接近 10 克，从形状和大小上来看都非常像一个豌豆荚。基本的细胞结构都已

经形成，血液循环已经开始建立，身体所有的部分都已经初具规模，面部已经很清晰，面部发育基本完全。眼睛、鼻子、嘴巴等都各归其位，现在胎宝宝的眼皮还黏合在一起，眼皮睁开可能需要等到第24周之后，他的20个微小的牙蕾已经开始形成。胳膊、腿、眼睛、生殖器以及其他器官都已经初具规模，胎宝宝的四肢正变得越来越清晰。他的关节已经形成，手臂更长而且肘部变得更加完全，手指和脚趾已经开始分开，并清晰可见。脚长2.5毫米左右，手腕也已经成型，脚踝发育完成，指甲正在生长。

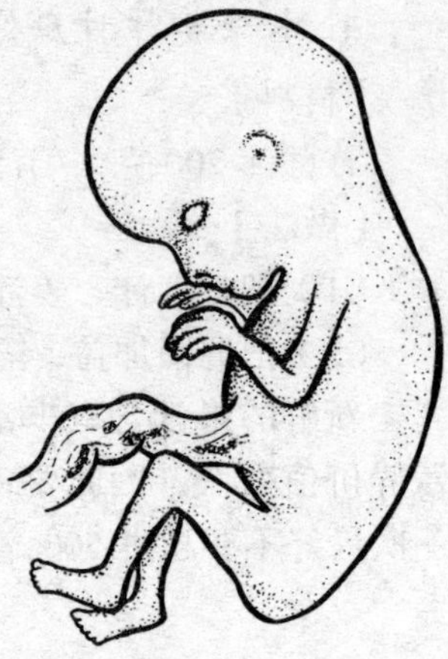

胎儿头部两侧已经可以看见外耳的形状。

怀孕已经进入第10周了，现在准妈妈的身体变化依然不大，并且由于子宫增大压迫膀胱和直肠，会出现总想如厕的情况，还可能会出现一些没有原因的便秘或腹泻，阴道的分泌物也略增多。乳房除了胀痛外，开始进一步长大，乳晕和乳头色素沉着更明显，颜色变黑。

1. 注意仪表和护肤

准妈妈在这个时期已经有了明显的当准妈妈的感觉，妊娠反应依然存在。但是不要因为这些就不注意仪表。要知道一个美丽洁净的仪表不仅能够给周围人带来眼前一亮的感觉，还会让自己和肚子里的胎宝宝愉悦起来。到了第三个月，准妈妈的皮肤已经变得有些粗糙敏感了，这时特别要注意脸部的护肤，保持脸部肌肤的清洁与滋润，要充分休息，适当补充营养。

2. 控制暴躁情绪

这个时期调整情绪对准妈妈来说依然很重要，如果情绪过于暴躁，会降低机体免疫力，对宝宝的口腔顶和上颊骨的形成都不利。为了胎宝宝和自己健康，准妈妈一定要控制自己的情绪。在暴躁情绪来临之前，要克制一下自己，转移话题或者做点别的事情分散注意力，这都会使气愤的情绪得到缓解。

第64天：认识语言胎教

准妈妈及家人用文明、礼貌、富有感情的语言，有目的地对子宫中的胎宝宝讲话，给胎儿期的大脑新皮质输入最初的语言印记，为后天的学习打下基础，称为语言胎教。准爸爸准妈妈经常与胎宝宝对话，能促进其出生以后的语言及智力方面的良好发育。能够进行语言胎教的内容很多，比如日常生活中准爸爸准妈妈经常和胎宝宝聊聊天说说话，给宝宝讲一讲故事读一读诗歌，为宝宝哼唱一首歌……在语言胎教中，最重要的是要把形象、声音、情感三者统一在一起，做得形象生动，使得母亲感到语言胎教的有趣和快乐，胎宝宝的听觉感受到美好的信息，给胎宝宝的心灵留下美好的痕迹。

1. 形象、声音、情感三位一体的语言胎教

首先在语言讲解上要视觉化。不能对胎宝宝毫无形象感地随意说话，或者对着画册和书籍照本宣科。胎宝宝虽然还不能看到这个世界，但准妈妈把用眼睛看到的东西，通过生动的语言描述就视觉化了，胎儿就可以在你的腹中感受到了。

其次要将情感与声音同时传递给胎宝宝。先在头脑中把所讲的内容形象化，像看到影视的画面一样，然后用动听而富有感情的声音将头脑中的画面讲给胎宝宝听。这样的话，就是“画的语言”。例如准妈妈今天在公园散步时看到很多小鸟飞来飞去动听地鸣叫着，你就可以把鸟叫的动听声和愉悦感尽量具体地形容给宝宝，这样就会通过形象和声音把外界的美好输入了胎宝宝的头脑里。

2. 给胎宝宝读文字时的注意要点

（1）给胎宝宝讲故事或者读其他文学作品时不仅仅是照本宣科的朗读，对这些语言要通过准妈妈的面部表情、肢体语言使它形象化，以使其能更具体地传递给胎宝宝。

（2）准妈妈可以选择一个让自己感到舒服的姿势，讲故事时精力要集中，带着丰富的感情，要避免发出高声尖叫。

（3）选择的故事不要过长，需要花费 10 分钟以上才能读完的故事尽量不要选择。因为为了强化胎宝宝的记忆，很多作品是需要重复读给宝宝听的。如果文字过长，过了两三天后，准妈妈很可能就不愿再念这么长的故事了。最好选择图文并茂的短篇故事。

（4）边讲故事要边观察胎宝宝的反应。选择相同或不相同的故事，每天讲给宝宝听，大约过了一个月，即要注意观察宝宝对故事中的某些句子有无特殊反应。比如，你讲故事的时候，宝宝是否很安静？是否在讲到某些特殊句子时宝宝突然踢肚子？当然，这并不表示胎宝宝理解句子的意思，这也许只是宝宝对不同声调的反应。换个故事看看，宝宝的反应会不会起变化？对你和先生的声音，宝宝是否有不同的反应？

3. 哼唱是最佳的胎教方式

科学研究发现，再好的音乐也比不上出自于准妈妈口中的歌声。这是因为准妈妈的歌声能使胎宝宝获得感觉与感情的双重满足，无论是来自录音机或是电唱机的歌声，既没有准妈妈唱歌给胎儿机体带来的物理振动，更缺乏饱含母爱的亲情对胎宝宝感情的激发。正如美国产前心理学会主席卡来特教授所说：“孕期母亲经常唱歌，对胎儿相当一种‘产前免疫’，可为其提供重要的记忆印象，不仅有助于胎儿体格生长，也有益于智力发育。”所以各位准爸爸准妈妈可以时不时给宝宝哼唱一些歌，他能听得到。

特别要提醒各位准爸爸准妈妈的是，不要过分期待宝宝的反应，更不必因为宝宝没有回应而担心。应该相信，每天传给宝宝的声音，必然会日积月累地、一

点一滴地加深胎儿对你的爱和对语言的感受性。

第 65 天：平静心情，让自己的态度再积极一点

怀孕已经到了第十周了，准妈妈们是否已经适应了孕期的生活？在整个孕期，最重要的一个胎教方式就是情绪胎教，准妈妈充满爱意、充满乐观态度的好心情是给自己和宝宝最好的礼物。

1. 胎宝宝读得懂准妈妈的心

如果准妈妈的心情宁静、愉悦，便会情绪平和，体内分泌出有益物质，如各种激素、酶、多巴胺、乙酰胆碱等；如果准妈妈心情躁动、不快，处于不安、压抑、忧郁、焦虑、惊恐及愤怒之中，内分泌腺体便会分泌出有害物质。不论是有益物质还是有害物质，都会使胎宝贝的情绪发生变化，由此可见，准妈妈与胎宝宝真可谓“同心同体”，拥有共同的情绪及情感。

我国中医学有“孕借母气以生，呼吸相通，喜怒相应，一有偏倚，即致子疾”的理论，在整个时期，准妈妈要坚持调节情绪，保持内心的平静，更加积极地面对孕育。让自己的内心静下来，才可以静静地倾听到自己的内心，帮助准妈妈缓解紧张的情绪，也可以让其和胎宝宝有更好的交流。在怀孕期间，准妈妈的态度对胎宝宝的影响很大，如果对宝宝持有消极和怀疑的态度，未来他来到这个人世间很可能变成一个易怒、缺乏爱心的孩子。你要是用接受、肯定、期待的态度面对孕育，保持豁达的心情，宝宝就会感受到你的关爱和这个世界的美好，对其日后性格的养成起到很大的积极作用。

2. 深呼吸，让自己静心

自由地深呼吸，每一次都吸进新鲜的氧气，想象自己的整个身体都是新鲜的。慢慢地吐气，把紧张、压力与不快统统吐出去，准妈妈会进入更放松的状态。

这个时候，你可以想象一下胎宝宝的样子，他长得更像爸爸还是更像妈妈？他的性格是什么样子的？你希望他将来成为一个怎样的人？或者你可以幻想自己正身处于一片美景当中，森林中、蓝天下、湖畔旁、山脚底。在这样冥想的过程，准妈妈的恐惧、焦虑、忧郁等不良情绪也会慢慢地消散，还会帮助自己开发潜在的心灵智慧，提高专注力和洞察力，让心灵变得更加纯净起来，并产生新的活力，从而让身心变得平和。千万不要小看“想象”的神奇力量，这些“想象”会给准妈妈带来更多美好的体验，因而在孕期所遇到的一切困难也会变得容易克服起来。

在冥想时要尽量穿宽松的衣服，这样有利于身心的放松。如果意识游离不定，不要在意，也不要强迫自己，让它存在，它最终会自然消失的。同时特别要注意的是，不要使用香水，否则会分散注意力。

3. 如何继续保持好心情

（1）应胸怀宽广，乐观舒畅，多想孩子远大的前途和美好的未来，避免烦恼、

惊恐和忧虑。

（2）把生活环境布置得整洁美观，赏心悦目。还应挂几张健美的娃娃头像，孕妇可以天天看，想象腹中的孩子也是这样健康、美丽、可爱。多欣赏花卉盆景、美术作品和大自然美好的景色，多到野外呼吸新鲜空气。

（3）饮食起居要有规律，按时作息，行之有效地劳动和锻炼。衣着打扮、梳洗美容应考虑是否有利于胎儿和自身健康。

（4）常听优美的音乐，常读诗歌、童话和科学育儿书刊。不许看恐惧、紧张、色情、斗殴的电视、电影、录像和小说。

（5）未来父母在情绪胎教中负有特殊的使命。丈夫应了解怀孕会使产生一系列生理、心理变化。应加倍爱抚、安慰、体贴妻子，做她有力的心理支柱，尽可能使妻子快乐，多做美味可口的食物。建设美好的生活环境，使生活恬静，谈吐幽默诙谐，双双憧憬美好的未来，这是做父亲给自己孩子的第一份美好的礼物。

第 66 天：准爸爸：让爱围绕你所爱的人

由于这个时候准妈妈正处于情绪敏感脆弱时期，再加上早孕反应引起的身体诸多不适，难免有时候会出现急躁、不安等波动的情绪。这个时候的准爸爸就需要从生活的诸多方面来考虑妻子的感受，特别是一些小的细节，比如说妻子长时间在洗手间或总是去洗手间，准爸爸就应主动去洗手间里看看妻子，问问妻子是不是不舒服或者是不是有便秘或尿频的现象；如果妻子突然对着你发脾气或是流眼泪，不要嫌烦，更不要觉得妻子不可理喻。要知道，准妈妈们也不想这样，只是因为体内激素在作祟，有时候她们也很难控制自己的情绪，甚至有些准妈妈会在发脾气哭闹过后自悔和自责，甚至会出现自我怀疑和轻视自己，严重着还会诱发一系列的心理问题。所以对于准妈妈的“怪脾气”，准爸爸们要用宽广的胸襟去包容、去体贴、去抚慰，让准妈妈们时刻感受到你的爱与包容。

可能有的准爸爸在没有生育之前总是粗枝大叶，但是当妻子怀孕之后，准爸爸的肩上就多了一个责任，就要改改以前粗粗拉拉的坏习惯了。有的准妈妈在怀孕时有记忆力减退的症状，这时候就需要准爸爸多多提醒自己的妻子，什么时候该去做什么事情？还有哪些计划需要制定、哪些还未完成？此外，准爸爸还要在生活上对准妈妈悉心照顾，凡事都要先考虑她的感受，了解一些孕期保健常识，及时为准妈妈补充营养，还可以多给她做做身体的按摩，等胎宝宝稍大一些可以共同进行胎教。总之，无论准爸爸之前如何，从妻子怀孕开始，准爸爸就要拿出更多的精力去体贴和关心自己的妻子，与妻子携手共同创造一个美好的家庭氛围，一起度过孕育宝宝的这一段特殊时光。

为准妈妈和胎宝宝创造舒适的环境，使妻子保持良好的心境是丈夫义不容辞的责任。准爸爸在准妈妈怀孕的全过程要持之以恒。胎儿躯体或精神方面的障碍，与父母感情不和有关。夫妻不和给孩子带来的危害，比妊娠期生病、吸烟、劳累等原因带来的危害还要严重。丈夫总是以一种舒畅的心情推开家门，即使因工作不顺心或在外面遇到不愉快的事情，也应该在跨入家门的一刻，将不良的情绪排除掉。夫妻发生口角，原因当然不总是在丈夫身上。丈夫一旦发现有矛盾的苗头，除开导妻子以胎教为重外，可采用幽默的方式对待。因为幽默能使人的副交感神经兴奋，使身体内环境稳定。

重物由丈夫下班时买回家，晚餐后主动收拾桌子洗刷碗筷，晚上主动地把被子铺好，开窗通风换气。这些足以使准妈妈从心理上感到幸福和满足。良好的思绪也可以通过神经递质传送给胎宝宝，从而有利于胎宝宝在性格及智力方面形成良好的基础。准爸爸应该充分地认识到：在准妈妈怀孕的这段特殊时期，温存与体贴、快乐和幽默、理解加包容，安排好准妈妈的物质生活与精神生活，才是稳定准妈妈情绪的良方。

准爸爸要照顾好妻儿，有以下六个注意事项：

1. 保持妻子心情愉快。如：经常陪着妻子到外面散散步，谈谈孩子出生后的一些设想，丈夫幽默风趣的话会使妻子的心境舒畅、感情更丰富，有利于腹内宝宝的健康发育；给妻子买喜欢的衣物和爱吃的食物；按照妻子的喜好和实际需要将居室装扮得更怡人温馨；为妻子选择些有关孕育方面的科普报刊；经常播放些轻松的乐曲等。

2. 经常跟腹中的胎宝宝对话，把手指或手掌按放在妻子的腹上，“协助”胎宝宝做“体操”，协助妻子把握胎宝宝的性格。

3. 安排好家庭饮食、起居、生活和工作，多分担些家务，不要让妻子提重物或剧烈活动，保证妻子有充足的休息时间。

4. 督促妻子进行产前检查。妊娠期间，多陪妻子到妇幼保健医院定期复查，特别是有妊娠高血压综合征、贫血、心脏病、双胎、前置胎盘等产科合并症或并发症的，要遵照医嘱增加检查次数。

5. 不少孕妇早孕期由于妊娠反应，会出现恶心、呕吐、进食减少、倦怠、无力，丈夫可安排妻子少量分次进餐。如果妊娠反应重，应陪妻子到医院就诊。

6. 夫妻生活要有节制。妻子的早孕期（妊娠的前3个月）、晚孕期（妊娠的后3个月）应避免性生活，以防流产、早产、胎膜早破和宫内感染。

第67天：警惕温度不适宜所带来的危害

高热是导致胎宝宝先天畸形的重要原因。不论是感染发热、夏日中暑，还是高温作业、洗热水澡等原因所引起的体温升高，都会导致早期胚胎受到伤害，其中，胎宝宝的中枢神经系统受害最为明显。准妈妈们在怀孕期间，尤其在孕早期，对于温度的适宜性要格外的注意。

1. 慎洗热水澡

准妈妈在洗澡时切记要掌握好水温。在前3个月，如果让身体温度持续超过39℃以上，就容易造成发育中脊髓缺损，在第1个月，这种伤害的发生机会明显增高，所以水温应该尽量控制38℃以下。为了防患于未然，减少畸形儿的出生，准妈妈在怀孕的头3个月内，尽量不要洗热水澡，特别是不能较长时间浸泡在热水中。

一旦发热，要及时治疗，在医生的指导下降温。

准妈妈在的前3个月是绝对禁止泡热水澡的。如果在中、后期准妈妈打算泡热水澡，也应视个人体质而定，因为此时准妈妈的血液循环和常人不同，在经历冷、热水的过度刺激后，其心脑负荷可能无法像一般人调适得那么好，很可能产生休克、晕眩或虚脱的情况。

如果洗澡前后的温差过大，很容易刺激准妈妈的子宫收缩，造成早产、流产等现象。尤其是夏冬两季，冬天气温低，准妈妈不宜马上进入高温的浴室中洗澡，应及早进入浴室，慢慢适应浴室内逐渐升高的温度；夏天气温高，准妈妈不能求凉快而洗冷水澡，洗澡的水温应适中，不宜过冷也不宜过热。

2. 控制好空调的温度

由于胎宝宝产生的热量是通过准妈妈的皮肤散发出去的，故准妈妈的体温要比一般人高出0.3 ~ 0.5℃。由于准妈妈本身就比普通人体热，又爱出汗，如果热了反而容易生病。在夏天如果准妈妈确实觉得热，也是可以吹空调的，但是不要过于贪图凉快着了凉，得了“空调病”。把温度控制在22 ~ 24℃，室内感觉微凉就可以了，切忌温度太低和室外温差太大。

准妈妈使用空调时要经常开窗换气，以确保室内外空气的对流交换。一般开机1 ~ 3小时后关机，然后打开窗户将室内空气排出，使室外新鲜空气进入。关空调后不要马上走出空调房，等室温稍微回升，身体相对适应再走出房间。从空调房到室外（办公室、空调车），可以捏着鼻子走出去（屏住呼吸大概5秒钟），让皮肤先适应室外的温度，这样可以减少感冒的可能。准妈妈皮肤的毛孔比较疏松，容易受风，在空调房里，准妈妈要避免自己的位子直吹到空调的冷风。晚间使用空调时最好穿一件薄的棉长袖上衣。特别要提醒的是，要记得及时清洗空调水箱等死角防细菌和病毒，尤其是长时间不开机时，更要仔细地进行清洁。

3. 防止运动引起的体温过高

出于安全考虑，准妈妈在孕期运动时，要防止自己的体温过高，尤其是在孕早期。在运动前和运动中要多注意补充水分，因为脱水会导致体温过高。准妈妈在开始运动前2小时，先喝大约0.5升水或运动饮料。运动时，每隔15 ~ 20分钟，再喝一两杯水。在运动时要穿着合适的运动服，不要穿过厚或者过于紧身的衣服。运动后，准妈妈的腋下体温不应该超过38.2℃，否则就算是体温过高了。对于体温，准妈妈不要仅仅凭自己的感觉判断高低，应随身携带温度计，经常对体温进行监控。现在准妈妈已经怀孕了，不该锻炼得太过火，只要保持适当的运动强度即可，这样才能避免体温过高。

第68天：胎宝宝的骨骼发育需要钙质

钙质是促进胎宝宝骨骼发育所必需的营养元素，它是构成骨骼和牙齿的重要成分。如果准妈妈身体内钙质充足，可以促进胎宝宝的骨骼和牙齿的生长发育；反之缺钙而导致准妈妈小腿抽筋及胎宝宝患软骨病或者小儿佝偻病。准妈妈严重缺钙可导致骨质软化，骨盆畸形而诱发难产。而胎宝宝的乳牙胚在怀孕第六周就开始发育，如果准妈妈在孕期缺钙的话，那么就会影响胎宝宝乳牙的发育状况。

准妈妈在孕早期钙的适宜摄入量是每天800毫克。由于孕早期胚胎生长速度非常缓慢，孕妇在孕早期的钙推荐摄入量和孕前一样。如果膳食均衡，只要注意摄取富含钙质的食物即可，同时，适当运动，常晒太阳，让体内自身合成维生素D，以促进钙的吸收。而从孕中期开始就要加强补钙了。此时准妈妈对钙的需求量增加为每天1000～1200毫克。这时日常饮食可能满足不了母子两人的需求，因此除了通过食物补钙以外，还要摄入一些优质的钙剂。而到了怀孕8个月以后，胎宝宝的骨骼与牙齿钙化突然加速，此时需要大量钙质，如果准妈妈饮食摄入的钙不足，将严重影响胎儿与母亲将来的健康，根据研究显示，东方妇女怀孕期间对于钙的补充普遍不足，实际摄取量仅为标准建议量的50%不到（孕妇标准量为每日1200毫克，怀孕最后三月与哺乳妇女为1500毫克），所以在孕晚期更是要加强补钙。

食物中含钙最丰富的是奶和奶制品，不仅含量丰富，而且吸收率高，发酵的酸奶更有利于钙质的吸收，是准妈妈最理想的钙源；虾皮、鱼类（特别是带骨头的小鱼）和芝麻酱含钙也特别丰富；蔬菜和豆类含钙量虽然较多，但吸收差；同时硬水中也含有一定量的钙质。

维生素D是人体进行生命活动的非常重要的营养素，准妈妈对它尤为需要，但在自然界中仅有很少量的食物中含有它，所以主要依靠从阳光中摄取。阳光中的紫外线能穿透到皮肤下面，使皮下的7–脱氢胆固醇变成维生素D，因而维生素D又被美名为阳光维生素。维生素D能大大促进胃肠道吸收钙、磷等矿物质的吸收，准妈妈如果多晒太阳，就能得到足量的维生素D，从而使胎宝宝的骨骼和牙齿变得更结实，肌肉变得更强壮，消除掉宝宝先天患佝偻病和龋齿的因素。

如果摄取的食物不能够满足身体需要，可以采用营养补充剂。在选择钙类补充剂时，不能光从包装、价格等表面因素来考虑，安全性和补钙效果才是我们必须考虑的。首先必须查看是否有中华人民共和国卫生部批准文号和卫食健字的批准文号及特有标志。再则是要了解其所含的成分及所含钙元素的量。目前市场上补钙制剂中钙元素的含量差异很大，少则每片含25毫克，多则含500～600毫克。所以，应结合自己的需要量来选择。我国孕妇目前要达到推荐量的标准，一般需每日补充600～1000毫克的钙。此外，准妈妈补钙还可以结合自己的工作、生活环境等情况来选择补钙制剂，如缺少室外活动的孕妇可选择含有维生素D的钙制剂等。一般在饭后30分钟至1小时内服用补钙制剂最佳。

磷和钙一样，也是建造骨骼和牙齿的重要矿物质。磷不但是构成人体的成分，而且参与生命活动中非常重要的代谢过程。人体内总磷量得85%～90%存在于骨骼和牙齿之中。磷和钙所结合而成的磷酸钙是构成骨骼和牙齿的重要成分，其中钙与磷的比值约为2:1。准妈妈可以多食用一些含磷量比较丰富的食物来进行补充。

磷广泛存在于动植物食品中，豆类、坚果类、蔬菜、水果中都含有磷；动物性食品如蛋、乳、肉、鱼和禽类中磷含量都比较高。

钙少了对人体的健康不利，可补钙也不是多多益善。随着生活水平的提高，多种保健品同时服用的现象也很普遍。这时，您需要注意服用的保健品中含些什么成分、含钙吗、含量多少等等。以免重复摄入过多的钙，每日摄入的钙量以不超过营养学会推荐的“每日供给量”为宜。

第 69 天：怀上多胞胎的准妈妈孕期注意事项

1. 多胞胎产生的原因

正常情况下，女性卵巢在每次生理周期时会排出一个卵子，但是有时候由于月经失调或其他的原因，会造成排卵周期不规律，同时排出两个或多个卵子。如果这时期排出的卵子同时受精的话，就会产生双胞胎或是多胞胎。

现代社会中，生活、工作压力的增加，不健康生活方式的流行以及环境污染的加剧，导致了女性不孕率的上升。这些女性常会在医生的指导下服用促排卵药物，可使一些女性一个月排出两个以上的卵子，这些卵子与精子相遇后，就可能产生多个受精卵，进而发育成为多胎。此外，在使用试管婴儿技术治疗不孕症的过程中，一些医生为追求高成功率，往往会在子宫内一次植入多个受精卵，从而人为地造成了多胞胎妊娠的增加。

多胞胎主要与滥用促排卵药物和试管婴儿技术有关。氯酚胺、垂体促性素之类的促排卵药物在药店、诊所都能买到，使用此类药物须经专家指导。正规医院对使用这类药物有严格规定，没有内分泌专业知识的医生绝不能乱用。因这类药物还可能引发一些并发症，如卵巢过度刺激综合征等，给女性带来胸水、腹水以及肝、肾功能损害等后果，严重的甚至会导致休克，危及生命。因此，必须严格监督、管理试管婴儿技术的临床应用。

双胞胎或多胞胎的孕育无疑会加重准妈妈的负担，而且准妈妈在孕期也可能会较单胞胎的准妈妈出现更多的孕期不适感和并发症，如多胎的准妈妈很可能在怀孕过程中出现高血压，使流向子宫的血量变少，导致胎宝宝的氧气和营养物质供给不足。再有，多胎之间可能会有血管连接彼此的胎盘，这就可能会发生供血不平均的现象，多胎中的一个胎宝宝可能获得的血液过多，而其他的胎宝宝则过少，在这种情况下，很可能会导致早产。另外，多胎也不利于自然分娩，大部分多胎的准妈妈都要提前进行剖腹生产，特别是胎宝宝不是处于头向下的位置的情况之下。多胎妊娠还可能会造成生产时子宫大出血，使准妈妈的生产过程更加危险。

2. 怀上多胞胎的准妈妈孕期注意事项

怀上多胞胎的准妈妈孕期特点：

（1）早孕反应较重，恶心呕吐多见。

（2）准妈妈负重过大，体态明显变化，易引起体位性腰酸背痛、贫血、妊娠高血压综合征、羊水过多、早破水及早产等并发症。

（3）怀孕 10 周后子宫增大明显，24 周后尤为迅速，过分快速长大的腹部使准妈妈出现呼吸困难，胃部受压使食欲缺乏，胃脘涨满不适。

（4）向下压迫盆腔及下腔静脉，导致下肢水肿、静脉曲张及痔疮发生。

（5）对于胎宝宝来说，容易发生胎儿畸形及早产儿并发症等。

为了安全度过孕期，怀有双胎或多胎的准妈妈在孕期生活中要特别留意以下几点：

首先，除了必需营养品的补充之外，还应加大补铁剂量。双胎或多胎妊娠的准妈妈比较容易在孕早期就发生贫血，因此更应多食用新鲜的瘦肉、蛋、奶、鱼、动物肝脏及蔬菜水果，还要在每天当补充铁剂、叶酸等，防止缺铁性贫血。一般建议每天额外补充叶酸至少 800 微克；铁质也要从每天的 30 毫克提升到 60 ~ 100 毫克。

其次，限制活动量。由于双胎或多胎妊娠的子宫比单胎明显增大，且增速较快，这不仅会增加孕妇的身体负担，同时由于对心、肺及下腔静脉的压迫，还会产生心慌、呼吸困难、下肢水肿及静脉曲张等压迫症状，在孕晚期更为明显。而且双胎或多胎妊娠还容易早产，所以在日常生活的活动量必须有所限制，尽量多卧床休息，少提重物，减轻压迫，增加子宫血流量；尤其是怀三胞胎以上的准妈妈更应小心，在怀孕中期后随时都有早产的可能。

再次，定期产检。双胎或多胎的准妈妈较单胞胎准妈妈的怀孕风险系数要高，因此产检必须更注意且密集，特别是血压及尿蛋白的部分，它是评估是否妊娠高血压的依据，平时应该多加注意。

最后，由于双胎或多胎会导致子宫过度膨大，往往难以维持到足月分娩。因此，准妈妈需要提前住院待产，以保证顺利分娩。

第 70 天：给胎宝宝讲几件爸爸妈妈的童年趣事

抚摸一下日渐隆起的肚皮，时不时感受一下胎动，准爸爸准妈妈在欣喜的同时是不是也会想起一些自己小时候的趣事？如果你们小夫妻俩有心情，可以找一个安静舒服的夜晚，坐在窗前或者卧在床上，开一盏温暖昏黄的小台灯，追忆一下往事，和胎宝宝讲一讲你们童年的趣事，回忆回忆你们小的时候都玩过哪些游戏，吃过哪些小零食，做过什么单纯而可爱的小事儿。也许你们曾经所经历的，会是几年之后宝宝也同样会经历的。在和胎宝宝讲自己童年故事的过程当中，也让夫妻两个人越聊越开心越聊越甜蜜，像是真的回到了遗失太多年的那个童年。

盘点以下 26 条大多数人在童年时都有过的小经历，准爸爸准妈妈们看看自己占了几项吧。

1. 玩米缸，将手插入米缸的米里面插来插去，看着大米从指缝中溢出不亦乐乎。

2. 在超级市场里踩住购物车滑步行走。

3. 用镜面反射阳光，照来照去。有时候会搞恶作剧故意照到小伙伴身上，引来一场喧闹风波。

4. 故意往下雨后积出来的小水坑里踩。

5．吃完瑞士糖之后，将糖纸包回原本四四方方那个形出来。还喜欢搜集糖纸，用糖纸叠纸鹤。

6．地下有阶砖时，特意隔一格一格来走，而且完全在格子内不过界地走。

7．铺一张纸在硬币上面，然后用铅笔在上面描，描出硬币上的图案出来。还特别喜欢试着把那硬币弹着转一圈玩。

8．将湿的纸巾，扔上学校厕所天花板。

9．在塑料袋的两端穿一根绳子，拉着绳子跑，把塑料袋当成风筝放。

10．偷偷地将画着小乌龟的小纸片或者写着搞笑话语的字条贴在同学的背后。

11．走路的时候喜欢踩别人的影子，有的时候还和好朋友互相踩。

12．把别人放在门口的拖鞋顺着台阶丢下去。

13．尝试用特异功能将汤匙弄弯，虽然从未成功过。

14．趴在地上屏住呼吸装死，想吓吓爸爸妈妈。

15．在自动梯上故意往相反方向行走。

16．在被窝里面开着手电筒扮露营，并且偷偷地在里面吃零食看画报。

17．把汽水罐悄悄放在校车的车轮下顶住，开车时把它压扁。

18．用荧光笔或者颜色鲜艳的花瓣染指甲。

19．在学校的木课桌上面画画刻字，经常模仿鲁迅先生刻一个“早”，或者模仿课本里所描写的不道德少年在课桌上写上“某某某到此一游”。

20．下雨天打伞时，总是故意地转伞柄。

21．家里没人时，一个人对着镜子跳舞、唱歌、演戏，或者自言自语一个人分饰很多角色玩过家家。

22．慢慢靠近暂时停留在地上的小动物（例如小麻雀，小鸟，小狗，家禽之类），企图捉住它。

23．在街见到狗就扮猫叫，见到猫就扮狗吠。

24．下楼梯时喜欢坐在扶手上面滑下来，或者连着好几层好几层地从台阶上蹦下来。

25．下雨的时候，拿起伞故意往雨大的地方走去，如果穿着雨靴，就故意往水深的地方走。

26．捉到蚱蜢后，喜欢撕掉它的翼和脚，再放它走，看看它会怎样离开。

孕育一个孩子不仅仅是为了按照自然规律繁衍后代，也不仅仅是按照社会准则寻找一个精神寄托和一份安全感。有的时候，看着他的成长，更是让你回味到自己曾经的成长过程，也让你体会到自己父母曾经的那份幸福和艰辛。

动起来：练习孕早期手脚操

1. 莲花手印

具体步骤如下：

（1）采取瑜伽的简易坐姿——右脚跟向后抵住会阴，左脚放在前面脚背伸直。

（2）双手成莲花手印（食指轻抵大拇指第一节关节处，其余手指自然伸直），配合吸气向上举过头顶。

（3）保持 10 个呼吸后，配合呼气手慢慢向下放松。

2. 鹰式

具体步骤如下：

（1）坐在椅子上，屈两膝，左脚从前方绕过右腿，左脚尖勾在右小腿后方。

（2）两臂弯曲，左肘在上右肘在下，两手臂绕过来掌心相对。

（3）保持 5 个呼吸的时间后左右交换做。

3. 后合掌式

具体步骤如下：

（1）坐姿，双手在身后合掌，翻转到指尖向上。

（2）吸气抬头，手指尖尽量靠近后脑，保持 5 个呼吸时间后呼气放松。

4. 脚底放松式

具体步骤如下：

（1）简易坐姿，把左脚放在右大腿上，左手放在左膝盖上。

（2）用右肘去压左脚心，依次按揉脚掌、脚心、脚跟。

（3）10 个呼吸时间后换另一侧。

5. 脚趾放松式

具体步骤如下：

（1）坐姿，用两手把双脚脚趾依次交错。

（2）保持 10 个呼吸时间后慢慢放松。

以上动作可以改善心跳过快、过慢等问题，缓解胸闷不适的感觉；能使练习者的呼吸更通畅有力，保持精力旺盛。莲花手印式能够刺激上肢和下肢的反射区，引导身体达到紧张后的放松状态；后合掌式还适合在伏案工作后消除肩颈背部的紧张和僵硬，帮助肩颈部放松，进而放松身体，平缓情绪。这两个与脚有关的体位法能有效改善孕期常见的疲劳感，调节焦虑暴躁的情绪，帮助准妈妈放松神经，能够帮助疲劳焦躁的身心尽快恢复。

好孕美食馆：海带的妙处

海带中富含碘、钙、磷、硒等多种人体必需的微量元素，其中钙的含量是牛奶的 10 倍，含磷量比所有的蔬菜都高。海带还含有丰富的胡萝卜素、维生素 B_1 等维生素，有美发、防治肥胖症、高血压、水肿、动脉硬化等功效，故有“长寿菜”

之称。海带不仅是准妈妈最理想的补碘食物，还是促进胎宝宝大脑发育的好食物。这是因为准妈妈缺碘会使体内甲状腺素合成受影响，胎宝宝如不能获得必需的甲状腺素，会导致脑发育不良、智商低下。即使出生后补充足够碘，也难以纠正先天造成的智力低下。

今天我们就在好孕美食馆里给大家介绍几个海带菜谱，让准妈妈吃的健康又美味。

1. 肉丝海带

【材料】水发海带150克，瘦肉150克，冬笋50克，红辣椒1个，盐、味精、醋、白糖等调料少许。

【做法】

（1）把海带、瘦肉、冬笋分别洗净切丝，放肉开水中烫透捞出，放入盘内。

（2）炒锅放置火上，倒入油，油热冒烟以后将肉丝放入，迅速炒散。见肉丝变色时，加入酱油，翻炒几下，盛入盘中。

（3）将红辣椒切丝放入炒锅中加油少许，炸出辣味儿，倒入盘中。

（4）将肉丝、海带丝、冬笋丝、姜丝、辣椒丝放入大碗中拌匀，装盘即可。

2. 海带黄豆猪骨汤

【材料】海带，黄豆，猪骨，盐，按个人需要确定材料量。

【做法】

（1）将海带、黄豆洗净，稍浸泡。

（2）猪脊骨洗净，用刀背打碎，然后与生姜一起放进瓦煲内。

（3）加入清水2500毫升（约10碗水量），先用武火煲沸后，改用文火煲约两个小时，调入适量食盐便可。

1. 海带花生猪手汤

【材料】海带100克，花生米50克，猪手200克，生姜、葱各10克，清汤500克，盐20克，味精10克，白糖、鸡精粉各5克，胡椒粉少许。

【做法】

（1）海带洗净切成丝，花生米泡洗干净，猪手砍成块，生姜切片，葱切花。

（2）瓦煲注入清汤，加入猪手、海带、花生米、姜、煲40分钟。

（3）再调入盐、味精、白糖、胡椒粉同煲20分钟，然后撒入葱花即成。

但在这里特别要提醒各位准妈妈的是，海带虽好但不宜多吃，因为海带中含有较多的碘，吸收进入血液后，可以通过胎盘进入胎宝宝体内，准妈妈每日摄入海带量超过20克以上，即可对胎宝宝产生不良影响。过多的碘可引起胎宝宝甲状腺发育障碍肿大，婴儿出生后可能出现甲状腺低能症。再次，海带有软坚、散结、化淤的功能，食用后对孕早期有造成出血、流产的威胁。因此，准妈妈不宜过量食用海带。

胎宝宝的私人音乐厅 :《渔樵问答》

《渔樵问答》是一首古琴曲，现存谱初见于明代，为中国古代十大名曲之一。此曲在历代传谱中，有30多种版本，有的还附有歌词。乐曲通过渔樵在青山绿水间自得其乐的情趣，表达出对追逐名利者的鄙弃。

乐曲开始曲调悠然自得，表现出一种飘逸洒脱的格调，上下句的呼应造成渔樵对答的情趣。主题音调的变化发展，并不断加入新的音调，加之滚拂技法的使用，至第7段形成高潮。刻画出隐士豪放不羁、潇洒自得的情状。其中运用泼刺和三弹的技法造成的强烈音响，应和着切分的节奏，使人感到高山巍巍，樵夫咚咚的斧伐声。第一段末呈现的主题音调经过移位，变化重复贯穿于全曲，给人留下深刻的印象……此曲有一定的隐逸色彩，能引起人们对渔樵生活的向往，《渔樵问答》一曲是几千年文化的沉淀。“青山依旧在，几度夕阳红”，尘世间万般滞重，在《渔樵问答》飘逸潇洒的旋律中烟消云散，这种境界令人叹服。

准妈妈可以在这首经典古曲的琴音当中，缓缓地飘到那青山绿水之间，带着胎宝宝一起体味乐曲当中所表现出来的怡然自得，飘逸洒脱。

这里再介绍一些其他适合做胎教的民族乐器曲目 :

1. 古琴。古琴是中华民族最早的弹弦乐器，是中华民族传统文化之瑰宝，具有意境深远、婉转悠扬的艺术特点。

推荐曲目 :《渔樵问答》、《渔舟唱晚》。

2. 二胡。二胡又名胡琴，唐代已出现，已成为我国最具魅力的拉弦乐器，二胡的显现形式多端，既适宜表现深沉、悲凄的内容，也能描写气势壮观的意境。

推荐曲目 :《良宵》、《江河水》。

3. 笛子。笛子是典型的中国民族乐器,笛子的表现力十分丰富,可演奏出连音、断音、颤音和滑音等色彩性音符，还可以表达不同的情绪，无论演奏舒缓、平和的旋律，还是演奏急促、跳跃的旋律，其独到之处 ；此外，笛子还擅长模仿大自然中的各种声音，把听众带入鸟语花香或高山流水的意境之中。

推荐曲目 :《喜相逢》。

4. 唢呐。唢呐又名喇叭，小唢呐又称海笛，是我国历史悠久、流行广泛、技巧丰富、表现力较强的民间吹管乐器，它具有发音开朗豪放，高亢嘹亮，刚中有柔，柔中有刚的特点，深受广大人民喜爱和欢迎的民族乐器之一。

推荐曲目 :《百鸟朝凤》。

第11周 : 开始长出指甲和头发

这一周胎宝宝的伸长有43 ~ 63毫米，体重达到10克左右，大小相当于准妈妈的手掌一半大,体型上整体感觉头很大,头部占据着身体的一半大小。眼睛、手指、脚趾很清晰，指甲和头发也都开始出现了，同时骨骼细胞发育加快，肢体加长，骨骼变硬。维持生命的器官都开始工作了。

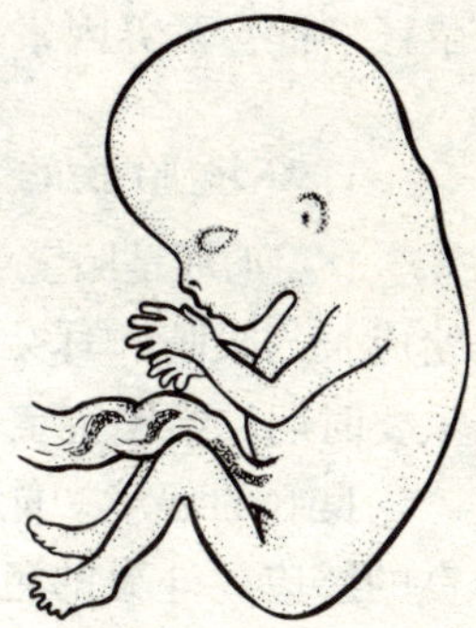

此时，虽然胎儿的头仍然比较大，与身体不成比例，但是脸和身体轮廓已经完全具备人的特点。

随着羊水量越来越充足，胎宝宝现在在羊水中就如同一条优雅的小鱼，和着羊水震荡的节奏，他会轻轻地伸伸胳膊摇摇腿，在高潮处，他还能旋转一下身体，下一个节拍时他还会自觉地移动一下位置，开始下轮的“舞蹈”。当然，当胎宝宝高兴的时候，还会频频地活动身体，“啪嗒啪嗒”地活动手脚，还会有两脚交替向前走的动作，这就是最原始的行走，是为出生后进行练习。

此时准妈妈小腹上的妊娠中线颜色变深了，胎宝宝已经充满了整个子宫。准妈妈身体上不适会渐渐消失，胎宝宝在肚子里得运动会经常使准妈妈的肚皮看起来凹凸不平。由于子宫增大压迫膀胱和直肠，准妈妈开始出现排尿频繁的现象。

1. 服用中药需谨慎

准妈妈最好不要用通经祛淤、行气破滞、辛热滑剂等类似中药，如桃仁、红花、大黄、附子、半夏等等。这些药物在一般情况下尽量不要服用。另外准妈妈也不要服用逐水药和活血行血的药，如巴豆、黑白丑、商陆、三棱等等。这些药物毒性比较强或者药性比较猛，准妈妈绝对不能服用。

2. 抛开化妆品

准妈妈应少用化妆品，对于那些没有护肤作用的口红、眉笔、染发剂、指甲油等应该不用，香水、香精等也最好不要再用。化妆品中所含的香精、颜料，大多是以煤焦油为原料的人工合成品，有些有致癌作用。一些激素类化妆品可以严重影响人体健康，如果准妈妈在孕期使用这些化妆品，会导致胎宝宝发育不良、畸形等问题。

3. 多吃一些鱼

从本周开始，准妈妈要适当增加鱼的摄入量，多吃鱼可以防止早产，有效增加胎宝宝出生时的体重。准妈妈吃鱼越多，怀孕足月的可能性就越大，出生时宝宝也会较一般宝宝更健康更精神。而且鱼的蛋白质含量丰富，远高于肉类，含有人体必需的氨基酸，属于优质蛋白质，易于消化。鱼的脂肪含量少，但质量高，鱼油多为不饱和脂肪酸，不仅可预防心脑血管病，而且有利于神经系统发育。

第71天：认识环境胎教

环境胎教，是通过指导年轻夫妇在准备受孕前6个月就开始学习环境卫生知识，以利于优境养胎。人类从受精卵到胚胎到胎儿直到出生瞬间成为新生儿，大约经历了280天。怀孕过程中胎宝宝能否正常生长发育，除了与父母的遗传基因、孕育准备、营养因素有关外，还与准妈妈在怀孕期间的内外环境有着密切的联系。

1. 环境胎教的意义

1 ~ 4月是胎宝宝的快速成长期，这个时期内，神经系统和循环系统都已经开始成长，眼睛、耳朵、消化系统、肺等器官开始形成，这也是胎宝宝手脚发育的重要时期。给胎宝宝一个良好健康的成长环境，可以有效避免畸形胎儿。

良好的环境，能使胎宝宝受到良好的感应，不良的环境，能使胎宝宝受到不良的感应。外界的色彩、音响和声乐，乃至无限美好的大自然的景色等，不仅使准妈妈置身于舒适优美的环境中，而且，准妈妈也得到了美与欢快的感受，自觉心情轻松愉快，进而影响她腹中的胎宝宝，真正起到潜移默化的正面效应。总之，胎宝宝的身心、智能的健康发育，不仅需要良好的内环境，同时与胎宝宝生长发育的外环境也是密不可分的。因此，年轻的准爸爸准妈妈们在工作之余，应常常带着自己的胎宝宝去感受、享受大自然的美。

2. 实施环境胎教的要点

我国近代著名教育家蔡元培对胎教很有研究，他很重视胎教的环境美的作用。他曾倡导过设立国家胎教院。胎教院里要具有环境清新的空气，恬静的园林，雅致的陈列品，观平和、乐观之文学，听优美之音乐，总之要使准妈妈处于平和和活泼的气氛和环境里。日常生活中，我们也时刻感受到内外环境对胎宝宝的影响，生活在安逸和平环境中的准妈妈，如果在怀孕期间时常置身于洁静、美观、舒适、愉快的环境中，那么她所生的宝宝在性格、智商、外貌上取父母优点处较多。而在战争年代里，准妈妈的生活环境恶劣，时常处于紧张、恐怖、不安全的气氛当中，其生出的婴儿的外貌、长相常选取父母双方的缺点，故相貌怪丑者较多。由此可见环境胎教的重要之处。

（1）要供给准妈妈充足、合理的营养，以保持母体内部生理、生化环境的稳定。尤其是怀孕中期以后，准妈妈要摄入足够的蛋白质，以保证胎宝宝脑细胞和整个神经系统的正常发育。

（2）选择适宜的受孕时机，为宝宝寻求良好的自然条件。同时，要注意为准妈妈提供安卫生的起居条件和工作环境，远离噪声、震动、高温、粉尘等有害因素。严禁准妈妈接触各种有毒物品，以防止对胎宝宝造成不利影响。

（3）预防疾病，谨慎用药。一切疾病和大部分药物，都可以通过胎盘给胎儿造成不良影响和严重后果，孕妇应做到少用药或不用药。

（4）尽量在家里创造一个舒适的生存环境，室内颜色调和，四周保持整洁。放置一些盆景、墙上挂几张活泼可爱的小宝宝照片，可使准妈妈保持情绪愉快，对孕育充满积极态度。

（5）夫妻双方要通力合作，努力安排好家庭日常生活。准妈妈本人更要正确对待和善于协调夫妻关系、婆媳关系、邻里关系和其他的人际关系，使自己和别人能有较多的心理相融，从而创造出一个良好的、有利于胎教的社会环境。

（6）避免收看情节紧张的电视节目或收听令人情绪紧张的广播。因孕期情绪受到惊吓可使肾上腺素分泌增加，子宫的血流量将会减少，从而容易使胎宝宝受到伤害。

总之，孕育胎宝宝的环境需要“内外兼修”，胎宝宝身体和心智的健康发育，需要准爸爸准妈妈共同努力取打造一个优质的孕育环境来做保障。

第 72 天：神奇呼吸法提高胎教效果

各位准妈妈进行胎教的重要基本做法之一是将事物视觉化后再传递给胎儿，胎儿的接受能力取决于准妈妈的用心程度和专注力。而这种专注力的最大障碍是准妈妈怀有杂乱、不安、恍惚的心情而分了神。要保持心情平静，除了排除周围环境中的干扰以外，最要紧的莫过于准妈妈对自我情绪的调整了。

为此，我们在这里要给各位准妈妈介绍一套有利于集中注意力的呼吸法，这种呼吸法要在胎教训练开始之前进行，它能不可思议地使准妈妈们情绪稳定，集中注意力，提高胎教效果。而且在生产时会转移产妇对疼痛的敏感度，从而减轻腹痛，让准妈妈了解分娩经过，能更加信心十足地迎接分娩。具体方法如下。

进行呼吸法时，场所可以任意选择，可以在床上，也可以在沙发上，坐在地板上也可以。这时要尽量使腰背舒展，全身放松，微闭双目，手可以放在身体两侧，只要没有不适感，也可以放在腹部。衣服尽可能穿宽松点。

准备好以后，用鼻子慢慢地吸气，以 5 秒钟为标准，在心里一边数 1、2、3、4、5……一边吸气。肺活量大的人可以 6 秒钟，感到困难时可以 4 秒钟。吸气时，要让自己感到气体被储存在腹中，然后慢慢地将气呼出来，以嘴或鼻子都可以。总之，要缓慢、平静地呼出来。呼气的时间是吸气时间的两倍。也就是说，如果吸时是 5 秒的话，呼时就是 10 秒。就这样，反复呼吸 1 ~ 3 分钟，你就会感到心情平静，头脑清醒。实施呼吸法的时候，尽量不去想其他事情，要把注意力集中在吸气和呼气上。一旦习惯了，注意力就会自然集中了。

在利用彩色卡片进行胎教之前，进行这样的呼吸，对增强注意力，准确地按照程序进行胎教，有很大帮助。

不仅胎教前，而且要在每天早上起床时，中午休息前，晚上临睡时，各进行一次这样的呼吸法，这样，妊娠期间动辄焦躁的精神状态可以得到改善。掌握呼吸法有利于胎教前集中注意力，能进一步提高胎教效果。

另外，如果准妈妈掌握了这一呼吸法，那么在分娩时也会轻松得多。据说，以拉马兹分娩法为代表的各种无痛分娩法，都会让腹肌较弱，不会腹式呼吸的孕妇掌握这种呼吸法。有例子表明，很多在阵痛开始的同时进行腹式呼吸的孕妇都能够轻松地度过了分娩关。大多数医生都承认，长时间的难产以及剖宫产，对胎儿都是不利的。所以，为了自己，也为了胎儿，掌握这一呼吸法是有益无害的。

我们对未知的事情不免会产生恐惧和不安，但如果对情况有所了解，那么原来的焦虑与担心必然会减少。分娩是一个正常、自然的过程，我们应该相信自然的力量和自己的潜力，坚定信心去体验做母亲的完整经历。当经历过这段历程后，我们会为自己的坚强和勇敢感到骄傲！所以准妈妈们要放松心情，集中注意力，为孕育一个健康快乐的胎宝宝加足马力！

第73天：击退抑郁情绪的几个小妙招

1. 放慢脚步，愉悦生活

放弃那种想要在宝宝出生以前把一切打点周全的想法。准妈妈也许会觉得自己应该抓紧时间找好产后护理人员，给房间来个大扫除，或在休产假以前把手头做的工作都结束了，等等，想法过多，反而乱了头绪、燥了心情，其实在你列出的一大堆该做的事情前面应该郑重地加上一样，那就是善待自己。一旦宝宝出生了，准妈妈就将再也没有那么多时间来照顾自己了。所以当怀孕的时候，准妈妈应该加倍地关爱自己。试着看看小说，在床上吃可口早餐，去树林里散散步，尽量多做一些会使自己感觉愉快的事情。照顾好你自己，是孕育一个健康可爱宝宝的首要前提。

2. 倾诉苦水，多与爱人进行沟通

准妈妈在怀孕期间时常想与他人沟通，分享自己的感情和心事。其中准爸爸是最佳倾诉对象人选。可能准爸爸也有很多话急于告诉准妈妈，他想跟准妈妈谈论的问题可能应该是些令他忧虑，或者一些他认为准妈妈可能会觉得他很烦、很可笑无知的问题，或是因为准妈妈太忙太累而没有时间与他讨论的问题，他就会避而不问。忽视自己所担忧的事情并绝对不能解决问题，在你丝毫没有准备的情况下，被压抑的问题也有可能逐渐浮现，突然爆发出来。

3. 转移情绪

心里出现担心、紧张、抑郁或烦闷时，去做一件高兴或喜欢的事，如浇花、钓鱼、听音乐、欣赏画册、阅读感兴趣的书刊、弈棋或去郊游。自然美感引起的情感，会使准妈妈对生活的乐趣提高一半。洗温水浴或做适度家务小活，也会通过促进血液循环消除准妈妈的不良情绪。

4. 创建独立的“个人空间”

有时，我们在创建“个人空间”方面也会出现问题。我们常忙于满足他人的需要（如家庭的需要），以至于没有给自己留下足够的空间。有时候会让人忙得疲惫不堪，想逃离这一切，准妈妈有时候更是会出现崩溃和想逃离的心态。其实，如果你想到自己需要有单独的时间，不妨与你的亲人谈一谈，做一番解释，你必须清楚，需要自己的时间不等于说要离弃他们，相反，这对你是一个积极的选择，使你能够更好地面对现在这个特殊时期的自己，面对孕育这件事情，面对胎宝宝。

5. 定时体检

孕期任何时候绝不可在心理上过分放松。因为孕中期也可能会出现各种病理情况，如妊娠高血压综合征和贫血。特别是如果准妈妈原来就有心脏、肾脏、肝脏等疾病，那么怀孕可能会使病情加重。因此，一些要按时到医院接受检查。

6. 树立信心

几乎每一个初次当妈妈的女人都会害怕分娩。事实上，分娩的疼痛和许多其他疾病的疼痛相比，并不是那么难以忍受的。想想自己有生以来第一次承担如此光荣的使命，把一个新生命带到世界上来，是多么有意义的事情！无数女人都做到了，你也能做到。还有那么专业的医疗条件为你和宝贝的健康做保障，比从前缺医少药的时代让人放心多了。

7. 寻求心理医生的帮助

如果准妈妈作了种种努力，但情况仍不见好转，或者你发现自己已不能胜任日常工作和生活，或者有伤害自己和他人的冲动，那么你应该立即寻求医生的帮助，在医生的指导下服用一些对自身和胎宝宝没有副作用的抗抑郁药物，也可以要求你的医生为你推荐一位这方面的医学专家或精神治疗专家，以免病情延误，给自己和胎儿带来不良后果。有的孕妇害怕去见精神病专家，认为这会使自己与精神病挂上钩，其实完全不必担心，你可以理智而客观地把它看做是保证你和胎儿健康安全而采取的一项必要措施。

第 74 天：远离噪音，远离辐射

1. 噪音的危害

（1）对准妈妈的伤害

噪音能刺激母体丘脑下部、垂体前叶、卵巢轴系统，使母体内激素发生逆向改变，影响受精卵的正常发育。临床观察证明，怀孕期间准妈妈每天接触 50 ~ 80 分贝的噪声 2 ~ 4 小时，便会出现精神烦闷紧张、呼吸和心率增快、心肺负担加重、神经系统的功能紊乱等症状，失眠和头痛也会随之而来；噪音还能使准妈妈内分泌腺体的功能紊乱，从而使脑垂体分泌的催产激素过剩，引起子宫强烈收缩，导致流产、早产等。再有，在接触强烈噪音的准妈妈中，妊娠剧吐的发生率和妊娠高血压综合征的发生率都比未受到噪声干扰的准妈妈发生率要高。

（2）对胎宝宝的伤害

噪音的刺激可引起母体神经细胞改变，继而影响胎宝宝神经系统的正常发育，严重的话甚至可能会直接作用到胎宝宝的遗传基因，引起突变致畸。而且长期处在噪音的环境下，宝宝将来的性格会比较烦躁。

研究表明，严重的噪声会通过外界传到子宫，进而对胎宝宝听觉器官的发育造成一定的影响，一些研究表明，由于噪声对胎宝宝正在发育的听觉系统有直接的抑制作用，所以准妈妈若在怀孕期间接触强烈噪声（100 分贝以上），胎宝宝听力下降的可能性极大。当胎宝宝的内耳受到噪音的刺激后，会使脑的部分区域受损，并严重影响智力的发育；而且噪音会使准妈妈的消化功能受损，从而难以获得足够的营养，免疫机能下降，更容易遭受病毒或细菌的感染，从而直接或间接导致胎宝宝发育不良、新生儿体重不足、智力低下或躯体器官畸形。

怀孕期间理想的声强环境是在 10 ～ 35 分贝之间，但是现代生活中已经很难找到这种环境了，准妈妈们在日常生活中要想尽一切办法，尽可能创造条件，把接触噪音的机会降到最小限度，尽量在一个远离噪音、相对安静的环境中度过孕期。

2. 为什么要远离辐射

准妈妈怀孕的前 3 个月为孕早期，这是胚胎组织分化、发育的重要时期。早期胚胎有比较敏感的生物效应，很容易受到内外环境的影响。以电脑为例，1988 年美国专家调查 1583 名孕妇的妊娠结果后发现，在孕期头三个月胎儿器官形成期，准妈妈从事电脑操作每周超过 20 小时，发生自然流产的概率比未从事电脑操作的准妈妈明显要高。

辐射是引发早产、流产和导致胎宝宝畸形的一个重要杀手，所以在日常生活中，准妈妈要远离辐射，注意防辐射。

（1）勿在电脑身后逗留

电脑的摆放位置很重要，准妈妈家里的电脑尽量不要让屏幕的背面朝着有人的地方，这是因为电脑辐射最强的是背面，其次为左右两侧，屏幕的正面反而辐射最弱；准妈妈在办公室的位置如果正对着其他同事显示器的背面，最好申请将座位调到周围没有他人电脑的角落里。

（2）家里电器莫扎堆

不要把家用电器摆放得过于集中或经常一起使用，特别是电视、电脑、电冰箱等，不宜集中，更不要放在准妈妈的卧室里，以免使身体长时间暴露在超剂量辐射的危险中。

（3）减少电器待机时间

当电器暂停使用时，最好不让它们长时间处于待机状态，因为此时可产生较微弱的电磁场，长时间也会产生辐射积累。

（4）缩短使用电器时间，穿好防辐射服

准妈妈尽量要缩短使用电器的时间，在使用时尽量穿着专门的孕妇防辐射服。

（5）用水吸电磁波

准妈妈可以在电脑或其他有辐射的电器周围放几瓶水，这是因为水可以有效吸收电磁波，还可以保持合适的环境湿度。但是，水一定要用塑料瓶或玻璃瓶盛放，绝对不能用金属杯。

（6）保持安全距离很重要

准妈妈与各种电器都应保持一定的安全距离，如与电视机的距离为 2 米以上，与微波炉的距离为 1 米以上，与灯管的距离为 2 ～ 3 米。

（7）及时洗脸洗手

准妈妈要养成常洗脸洗手的习惯，尤其是长时间对着电脑的准妈妈。及时清洁裸露在外的皮肤，也可以将附在皮肤表面的粉尘和其他有害物质清除掉，避免进入体内造成危害。

（8）接手机别性急

手机在刚刚接通的一瞬间辐射是最强的，因此准妈妈在接听电话时最好等手机铃音响过三下之后再接听，不要手机一响起就立马接听。此外，信号不好或是充电的时候是不宜接打电话的。

（9）适当补充营养

准妈妈可以多吃些胡萝卜、白菜、豆芽、豆腐、红枣、橘子以及牛奶、鸡蛋、动物肝脏、瘦肉等食物，以补充人体内维生素 A 和蛋白质；还可以适量喝些绿茶，因为茶叶中的茶多酚等活性物质有利于吸收与抵抗放射性物质。

第 75 天：小心使用清洁剂

市面上销售的清洁剂多半是具有毒性的化学产品。如果使用不当，可能造成接触的皮肤红肿、疼痛或刺激呼吸道等症状，长期下来，还有可能伤及肝和免疫系统，甚至还会引发癌症或导致胎儿畸形。因此，准妈妈应尽量避免使用清洁剂。即使是使用清洁剂时，也应戴手套并保持环境通风。不要任意混用不同种类的清洁剂，如漂白水加上盐酸等酸类清洁剂，会导致有毒氯气的产生。

具体来说，清洁剂主要有以下几种危害：

1. 导致不孕

清洁剂中的烃类物质，可致女性卵巢丧失功能；烷基磺酸盐等化学成分可通过皮肤黏膜吸收。若准妈妈经常使用，可致卵子变性、死亡。科学家在研究不孕症过程中，发现不少妇女的不孕与长期使用洗涤剂关系密切。在怀孕早期，洗涤剂中的某些化学物质还有致胎儿畸形的危险。

2. 皮肤受损

洗衣粉、洗涤剂、杀虫剂、洁厕灵等家庭用清洁化学品含有碱、发泡剂、脂肪酸、蛋白酶等有机物，其中的酸性物质会从皮肤组织中吸出水分，除了使蛋白凝固而碱性物质除吸出水分外，还能使组织蛋白变性并破坏细胞膜，损害比酸性物质更加严重。洗涤用品中所含的阳离子、阴离子表面活性剂，能除去皮肤表面的油性保护层，进而腐蚀皮肤，对皮肤的伤害也很大。常使用洗涤剂还可导致面部出现蝴蝶斑。

3. 阻碍伤口的愈合

荧光剂还能使人体细胞出现变异性倾向，其毒性累积在肝脏或其他重要器官，会成为潜在的致癌因素。血液系统受损：化学物质容易污染人体血液，虽然血液具有一定的自净能力，微量的有害物质进入其中，会被稀释、分解、吸附和排出。但长期、大量的有毒物质倾注而入，必致其发生质的变化。清洁用品中的化学物质进入血液循环，会破坏红细胞的细胞膜，引起溶血现象。

4. 血液污染之源

不少含天然生物精华物的沐浴液，常含有防腐剂等化学物质，也是血液污染之源。用于防衣物虫蛀的“卫生球”，主要成分为煤焦油中分离出来的精萘。长期吸入卫生球的萘气，会造成机体慢性中毒，抑制骨髓造血功能，使人出现贫血、肝功能下降等现象。

5. 免疫功能受损

各种清洁剂中的化学物质都可能导致人体发生过敏性反应。有些化学物质侵入人体后会损害淋巴系统，引起人体抵抗力下降；使用清除跳蚤、白蚁、臭虫和蟑螂的药剂，会致人体患淋巴癌的风险增大；一些漂白剂、洗涤剂、清洁剂中所含的荧光剂、增白剂成分，侵入人体后，不像－般化学成分那样容易被分解，而是在人体内蓄积，大大削减人体免疫力。

6. 白血病的风险增高

据有关资料表明，家庭中置放杀虫剂的妇女，患白血病的风险比家中没有这类物品的高两倍。神经系统受损：一些空气清洁剂中所含的人工合成芳香物质能对神经系统造成慢性毒害，致人出现头晕、恶心、呕吐、食欲减退等症状。杀虫剂含除虫菊类毒性物质，用来杀灭苍蝇等飞虫的树脂大都用敌敌畏处理过，这些毒性物质能毒害神经并诱发癌症。不同类型的清洁剂混用，可能导致的后果更严重。生殖系统受损：化学稀释剂、洗涤剂大都含有氯化物。氯化物过量，会损害女性生殖系统。

与此同时，目前家用洗衣机细菌超标率为81.3%，霉菌检出率为60.2%，总大肠菌群检出率更是高达100%，其中超过半数的洗衣机，以上三项指标同时超标。洗衣机污垢内衍生的霉菌、大肠杆菌、绿脓杆菌等对人体健康是个很大的隐患，例如霉菌引起的皮肤病就很多，有脚癣、手癣、指甲癣，而且，霉菌也会引发众多妇科病。因此准妈妈家中的洗衣机同样要注重清洁。鉴于家用清洁剂对女性健康危害甚多，妇女应注意自我保护，平时应尽量减少接触化学品的机会。使用清洁用品时，应采取相应的保护措施，若在使用清洁用品时出现头晕、过敏症状，应及时就医。

第76天：和宝宝一起看几部经典动画片

准妈妈在闲暇时可以看一看经典的动画片来放松心情，和胎宝宝一起度过一段快乐的动画时光，保留一份童真，在内心守住一份善良和单纯的幸福。下面就为准妈妈盘点几部经典的动画。切忌，动画片可看但不要入迷，尽量控制面对电视和电脑的时间，看电视时要离电视机至少1.5米远。

1.《怪物史莱克》

故事梗概：很久很久以前，在一个遥远的大沼泽里，住着一只叫史莱克的绿色怪物，过着悠闲的生活。有一天，他平静的生活被几个不速之客打破，他们是一只眼神不怎么好的小老鼠、一只大坏狼和三只无家可归的小猪，他们都是从童话王国里逃出来的，史莱克为了让他们远离沼泽地，就让一头会说话的驴子带路，去了那个王国找国王。

此时，国王正在为自己王位发愁，因为魔镜告诉他要娶个公主才能真正成为国王，所以他选定了困在高塔之上、有火龙守护的公主菲奥娜，并且准备选拔骑士去解救公主。正好史莱克赶来，打败了所有骑士，国王本要抓史莱克，后来将计就计，让史莱克去救公主，条件是还回史莱克的沼泽地，于是，他和驴子上路了。

史莱克成功地救出公主，但在途中发现自己爱上了公主菲奥娜，而公主也已经对史莱克有了感情，但是由于公主自身被诅咒，白天美丽的外貌，而晚上会变成怪物，所以一直不敢表白。但最后真爱战胜了外貌，公主最终和史莱克在一起。

2.《猫和老鼠》

《猫和老鼠》采用了猫与鼠的原型，他们的恶作剧非常有趣，不论游戏多么激烈紧张，杰瑞都知道它不会受到任何真正的伤害，而汤姆则总是难免受些皮肉之苦。杰瑞与布小灰鼠塔菲同住在这个人家的老鼠洞里，看起来像是被汤姆监视着，但杰瑞却非常机灵，总能使汤姆狡诈的诡计适得其反，总能让它自食其果。这个机灵老鼠与笨猫的故事，堪与米老鼠和唐老鸭的故事相媲美。没有动物世界中恃强凌弱的残酷，只有两个邻居之间的日常琐事和纷争，诸如小老鼠杰瑞偷吃了汤姆的奶酪，汤姆把捕鼠器放到了杰瑞的洞门口，等等，中间穿插的无数恶作剧和幽默片断，让人感受到久违的天真快意。它们之间的关系常在一瞬间发生变化——化敌为友或势不两立：为敌时绞尽脑汁，互不相让；为友时，亲如兄弟，谁也不记仇。

这是一部经典中的经典动画片，世界动画史上的巅峰之作。故事内容和情节不用多说，大家都相当熟悉了。在这部动画片中，笨拙的猫永远也斗不过机灵的老鼠，为了抓到老鼠，笨猫吃了一个又一个的苦头，让人忍俊不禁。汤姆和杰瑞这两个可爱的动画人物，为我们带来了无数欢声和笑语。

3.《大力水手》

故事梗概：波派是个很有正义感的小伙子，自从可爱的奥利弗成为他的女朋友之后，波派的生活发生了积极的变化。美丽的奥利弗不是今天被坏人抓到什么地方去，就是明天在什么地方闯出一个小祸来，不过这一切都不要紧，因为有波派在。波派尽管不怎么会说甜言蜜语，但是却比任何男朋友都来得有耐心和爱心，而且他还有一项“特异功能”，那就是一吃菠菜就变得力大无穷，别说是卡车，就算是坦克也能轻而易举地抓起来，所以奥利弗的麻烦总是能在经历小小的挫折之后化解，大力水手总是最后的胜利者。

有些准妈妈道听途说认为怀孕期间不可以看动画片，否则孩子出生后会长的像动画里的人物。这种说法是迷信而不科学的。但是如果这个概念在你脑海中留有根深蒂固的印象，那最好还是不要强迫自己看动画片了，毕竟心理因素对准妈妈和胎宝宝是会造成影响的。

第 77 天：谨防葡萄胎

有些准妈妈在闭经数周以后，子宫腔内不见胎宝宝，仅是些大小不等的成串水泡，像葡萄一样，即为葡萄胎。葡萄胎是由胎盘绒毛膜滋养层细胞过度增生所致，属于一种良性肿瘤，也被称为水泡状胎块。葡萄胎患者最常见的表现是停经后 8 ~ 12 周出现阵发性下腹疼痛和阴道流血。当子宫达四五个月妊娠大小时，如果孕妇感觉不到胎动，触不到胎块，也听不到胎心，通过 B 超检查不到胎宝宝，宫腔内充满小囊状回声，绒毛膜促性腺激素（HGG）明显升高，仔细检查阴道流血中如发现有水泡状胎块，则可确诊为葡萄胎。

葡萄胎有完全性葡萄胎和部分性葡萄胎两种，完全性葡萄胎是一种有滋养细胞增生的发生异常的胎，胎盘绒毛全部受累，无胎宝宝及其附属物，宫腔内充满水泡；部分性葡萄胎由大绒毛和小绒毛组成，这些绒毛具有扇贝形的特点，并伴有胎盘绒毛发生水泡状变性，宫腔内尚有存活或已死的胚胎。

葡萄胎的真正发病原因不明，一般认为，完全性葡萄胎可能与地域、种族、营养、社会经济因素及妊娠年龄等因素有关，而部分性葡萄胎可能与使用口服避孕药及月经失调有关。根据研究，如果女性在 20 岁以下或 40 岁以上怀孕，患上葡萄胎的概率是健康育龄准妈妈的 5 ~ 9 倍，而 40 岁以上孕妇比 20 岁以下孕妇的危险性更高；有过连续两次自然流产史的准妈妈要比正常的准妈妈患上葡萄胎的几率高出 32 倍，也就是说，有过连续两次以上自然流产史的女性更易发生葡萄胎。

葡萄胎一经确诊，就应立即予以清除。目前主要采用的清除方式为吸宫术，由于葡萄胎患者子宫大、宫壁薄而软、宫内容物多，所以首次吸宫不讲求完全，不强调吸净，以免过度搔刮造成穿孔、大出血等。在第一次吸宫后一周左右，一般会进行第二次刮宫，原则上要尽量刮净宫腔。经过二次刮宫后，如果阴道仍然出血不止、子宫复旧不良，同时 HCG 检测值不下降或下降不明显的话，就应疑为尚有残留，需要进行第三次刮宫治疗。

葡萄胎恶变后容易转移，最常见的转移器官为肺，其次为阴道和脑转移。肺转移者主要症状为咳嗽、血痰、咯血及胸痛等，可在胸部 X 光片上发现小结节状阴影；阴道转移在阴道壁上可发现紫蓝色隆起的结节，转移结节一旦破溃可发生大出血；脑转移多继发于肺转移后，一旦转移就可能会出现头痛、呕吐、偏瘫及昏迷等症状，若未能及时控制病情，颅内压持续升高，可引起脑疝，有致命的危险。

葡萄胎术后要防止恶变发生，葡萄胎恶变的结果有两种：侵蚀性葡萄胎（恶性葡萄胎）与绒毛膜癌，其中绒毛膜癌的恶性程度更高、更容易发生远处转移。正常情况下，葡萄胎患者在刮宫术后半个月内阴道出血多可停止，若刮宫术后数月又出现不规则阴道出血、量多少不定，或刮宫术后半个多月阴道仍有出血持续不止的话，在排除葡萄胎残留后就应怀疑恶变的可能。

动起来：瑜伽狮吼式、睡雷式

1. 狮吼式

具体步骤如下：

（1）采用跪坐的方式，立起脚跟，脚趾着地，臀部坐在脚跟上。

（2）上身稍向前倾，两只手掌自然放于膝部上方；然后张开十指，让指尖触地；最大限度地睁开双眼及嘴，伸出舌头。

（3）从喉部发出如狮子吼声一样的响亮的“啊啊”的叫声，保持 1 ~ 10 秒钟后，收回舌头，还原双眼，闭上嘴唇，放松面部肌肉。

（4）反复做 6 次。

这是一个有效的美容姿势，可以预防准妈妈面部水肿，祛除颈部、面部的皱纹及双下巴，让你做一个容光焕发、神采奕奕的漂亮孕妇。

2. 睡雷式

具体步骤如下：

（1）跪坐在垫子上，保持两只膝盖并拢，双脚分开，以便让臀部坐在两脚之间的地面上。呼气，上身躯干慢慢向后方仰，让两只手肘分别落在地面上。

（2）慢慢挺起背部，把头顶也放在地面上。还可以用双手肘支撑地面，然后把背部和后脑勺放在地面上，接着背部着地。

（3）举起双手往头后伸展。不要让肩胛骨离开地面。尽量保持这个姿势，深呼吸。最后将两臂收回身体两侧。呼气，用双肘向下推以支撑自己做起来。

（4）重复这个动作 3 ~ 5 次。

这个姿势可以有效地舒缓因怀孕而引起的腿疼，也能帮助准妈妈伸展和强壮腹部器官和骨盆区域。

胎宝宝的阅读时光：《彼得·潘》节选

每个人心底都住着一个长不大的彼得·潘和一个永不老去的永无岛。不管你喜不喜欢《彼得·潘》这部作品本身，不长大的童心情结和那个让人向往 neverland 似乎永不会消失。在我们为你节选的这部分故事里，唤醒你身体纯净的胎宝宝，一起回到我们不长大的故乡吧。

不知道你是不是见过人的心思的地图。医生有时画你身上别的部分的地图，你自己的地图会是特别有趣的。可是，要是你碰巧看到他们画一张孩子的心思地图，你就会看到，那不光是杂乱无章，而且总是绕着圈儿的。那是些曲曲折折的线条，就像你的体温表格，这大概就是岛上的道路了。因为永无乡多少就像是一个海岛。到处撒着一块块惊人的颜色。海面上露着珊瑚礁，漂着轻快的船。岛上住着野蛮人；

还有荒凉的野兽洞穴；有小土神，他们多半是些裁缝；有河流穿过的岩洞；有王子和他的六个哥哥；有一间快要坍塌的茅屋；还有一位长着鹰钩鼻子的小老太太。若是只有这些，这张地图倒也不难画。但是还有呢，第一天上学校，宗教，父亲，圆水池，针线活，谋杀案，绞刑，吃巧克力布丁的日子，穿背带裤，数到九十九，自己拔牙奖给三便士，等等。这些若不是岛上的一部分，那就是画在另一张画上的了；总之，全都是杂乱无章的。尤其是因为，没有一件东西是静止不动的。

当然，各人的永无乡又大不一样，例如，约翰的永无乡里有一个湖泊，湖上飞着许多红鹤，约翰拿箭射它们。迈克尔呢，年纪很小，他有一只红鹤，上面飞着许多湖泊。约翰住在一只翻扣在沙滩上的船里，迈克尔住在一个印第安人的皮棚里，温迪住在一间用树叶巧妙地缝成的屋子里。约翰没有亲友，迈克尔在夜晚有亲友，温迪有一只被父母遗弃的小狼宝宝。不过总的说来，他们的永无乡都像一家人似的彼此相像。要是摆成一排，你会看到它们的五官面目大同小异。在这些神奇的海滩上，游戏的孩子们总是驾着油布小船靠岸登陆。那地方，我们其实也到过，我们如今还能听到浪涛拍岸的声音，虽然我们不再上岸。

在所有叫人开心的岛子里，永无乡要算是最安逸、最紧凑的了。就是说，不太大，不太散，从一个奇遇到另一个奇遇，距离恰到好处，密集而十分得当。白天你用椅子和桌布玩岛上的游戏时，一点也不显得惊人；可是，在你睡着前的两分钟，它就几乎变成真的了，所以夜里要点灯。

达林太太偶尔漫步在孩子们的心思里时，发现那里有些东西她不能理解，最叫她莫名其妙的，要算是彼得这个名字。她不认得彼得这么个人，可是在约翰和迈克尔的心思里，到处都是这个名字；温迪的心思里，更是涂满了它。这个名字的笔画比别的字都来得粗大，达林太太仔细地打量着它，觉得它傲气得有点古怪。

温迪遗憾地承认说："是的，他是有那么点傲气。"

"可他是谁呀，宝贝？"

"他是彼得·潘，你知道的，妈妈。"

开头达林太太不知道他，可是她回忆起童年的时候，就想起了彼得·潘。据说，他和仙子们住在一起。关于他，故事多着呢；比如说，孩子们死了，在黄泉路上，他陪着他们走一段，免得他们害怕。当时达林太太是相信的，可现在她结了婚，懂事了，就很有点怀疑，是不是真有这样一个人。

"而且，"她告诉温迪，"到现在，他该已经长大了。"

"噢，不，他没有长大，"温迪很有把握地告诉妈妈，"他跟我一样大。"温迪的意思是说，彼得的心和身体都和她一样大。她也不知道她是怎么知道的，反正她知道。

达林太太和达林先生商量，达林先生只微微一笑，说："听我的话，准是娜娜对他们胡说的，这正是一条狗才会有的念头。别管它，这股风就过去了。"

可是这股风没有过去，不久，这个调皮捣蛋的男孩竟然使达林太太吓了一跳。

孩子们常会遇到顶奇怪的事儿，可是毫不觉得惊恐不安。例如，事情发生了一个星期以后，他们会想起来说，他们在树林子里遇到死去的父亲，并且和他一起玩。温迪就是这样，有一天早上，她漫不经心地说出了一件叫人心神不安的事。育儿室的地板上发现有几片树叶，头天晚上孩子们上床时明明还没有；达林太太觉得这事很蹊跷，温迪却毫不在意地笑着说：

“我相信这又是那个彼得干的！”

“你说的是什么意思，温迪？”

“他真淘气，玩完了也不扫地。”温迪说，叹了一口气。她是个爱整洁的孩子。

她像真有那么回事似的解释说，她觉得彼得有时夜里来到育儿室，坐在她的床脚那头，吹笛子给她听。可惜她从来没有醒过，所以她不晓得她是怎么知道的，反正她知道。

“你胡说些什么，宝贝！不敲门谁也进不了屋。”

“我想他是从窗子里进来的。”温迪说。

“亲爱的，这是三层楼呵！”

“树叶不就是在窗子底下吗，妈妈？”

这倒是真的；树叶就是在离窗子很近的地方发现的。

达林太太不知该怎么想才是，因为在温迪看来，这一切都那么自然，你不能说她在做梦，把它随随便便打发掉。

“我的孩子，”她妈妈喊道，“你为什么不早告诉我？”

“我忘了。”温迪不在意地说，她急着要去吃早饭。

啊，她一定是在做梦。

可是话又说回来，树叶是明摆着的。达林太太仔细察看了这些树叶，那是些枯叶，不过她敢断定，那绝不是从英国的树上掉下来的叶子。她在地板上爬来爬去，用一支蜡烛在地上照，想看看有没有生人的脚印。她用火棍在烟囱里乱捅，敲着墙。她从窗口放下一根带子到地上，窗子的高度足足有30英尺，墙上连一个可供攀登的喷水口都没有。

温迪一定是在做梦。

可是温迪并不是做梦，第二夜就看出来了，那一夜可以说是孩子们最不平凡的经历的开始。

好孕美食馆：吃鱼吃出聪明宝宝

鱼类中含有丰富的蛋白质、氨基酸、维生素A、维生素D，矿物质含量也很高，钙、磷、铁、锌、碘、钾等均很多。鱼的脂肪含量少，但质量高，鱼油多为不饱和脂肪酸。胎宝宝的脑细胞发育有两个高峰期，一个是孕早期，另一个是孕后期至出生后2周岁。此时脑细胞分裂、增长特别迅速，需要的营养物质多，是补充DHA和EPA的良好时机。所以准妈妈多吃鱼对胎宝宝的脑发育有极大的好处。

1. 砂仁蒸鲫鱼

【材料】

新鲜鲫鱼一条，砂仁、淀粉、酱油、盐各适量。

【做法】

（1）将砂仁研成细末，将新鲜鲫鱼去鳞去内脏。

（2）把酱油、盐、砂仁末搅匀，放入鲫鱼腹中。

（3）用淀粉封住道口，放入盘中盖严，上笼蒸熟。

【功效】

利湿止呕。

2. 抓炒鱼片

【材料】

一条新鲜草鱼、鲤鱼或鲈鱼，葱花、姜末、蒜末、料酒、盐、淀粉等各适量。

【做法】

（1）将鱼去鳞，去肠杂、洗净，鱼肉切成片，放入葱花、姜末、蒜末、盐、料酒等调味料，用水淀粉、蛋清挂糊，热花生油炸熟。

（2）把盐、老抽、料酒、醋、白糖等调味料倒入锅中，加水淀粉勾汁成糊状。

（3）将炸好的鱼片倒入，推匀即可。

【功效】

含蛋白质、钙、磷等，易于消化吸收。

3. 冬瓜鲤鱼丝

【材料】

鱼肉 250 克，青椒、红椒各 20 克，水发冬菇 30 克，葱丝 20 克，姜丝 10 克，绍酒、盐、胡椒粉、鸡蛋清、淀粉等少许。

【做法】

（1）将鱼肉切丝，凉水洗漂后沥水，加入盐、鸡蛋清、淀粉上好浆，把剩下的盐和绍酒、味精、胡椒粉、淀粉放在小碗里加少许水兑成汁。

（2）再将青椒、红椒、黄椒洗净分别切成丝，水发冬菇切成丝后用开水氽透；将炒锅烧热，加入植物油烧至五六成热，放入鱼丝划散，随即放入椒丝片刻，倒入漏勺中。

（3）炒锅内留 10 克底油，放入葱丝、姜丝、冬菇丝，炒出香味后烹入兑好的汁，放入鱼丝，翻颠使芡汁均匀即可。

第 12 周：手舞足蹈的胎宝宝

本周，胎宝宝的肢体已经形成，仍然在快速生长着。伸长大约有 9 厘米，头依然很大。现在他已经形成有手指及脚趾的肢体，手和脚上的蹼状物消失，手指和脚趾可以完全分开，纤小的手指甲及脚趾甲也正在生长，而且由于肌肉正在发育，所以胎宝宝的活动更多了，部分骨骼正在变硬，并且出现了关节的雏形，他的脚趾能屈能伸，小手还会握拳。此时胎宝宝所有的内脏器官都已经形成并开始工作，这将在很大程度上减少外来药物和感染对他造成的损害。

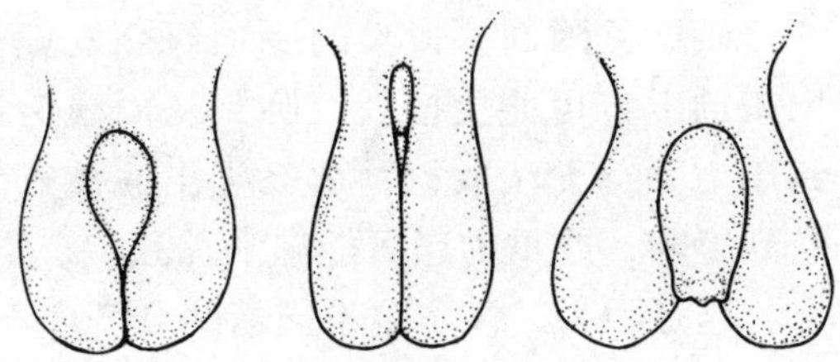

在怀孕第 12 周之前，男女胎儿看上去很相似（左图）。自 12 周之后，胎儿就很容易辨别男女—女胎长出细长的、起保护作用的阴唇和小阴蒂（中图），男婴长出圆圆的阴囊和阴茎（右图）。

此时，胎宝宝进入了脑细胞迅速增殖的阶段，准妈妈要多多补充补脑的食物。对于大多数准妈妈来讲，从这周起，孕吐症状基本缓解，疲劳、嗜睡阶段也要过去了，和以前相比，经历、精神状态明显好转。

1. 切忌不要暴饮暴食

由于胎宝宝在这一周仍然处于迅速成长的状态，因此准妈妈要及时补充营养，但注意不能暴饮暴食，既要注意摄入充足的营养，又要注意饮食有度。无论餐桌上摆放的是自己爱吃的食物还是不喜欢吃的，都要吃到八分饱即可。如果吃到十二分饱，会使消化系统的负担增加，轻则造成消化不良、胃炎、肠炎，重则引起急性胰腺炎等。

2. 准妈妈不能使用樟脑丸

大多数家庭会经常用到樟脑丸之类的东西来防潮湿除异味，它所含的气体分子很容易通过鼻孔、嘴巴、皮肤等进入体内，一般情况下，不会给人带来危害。但女性在怀孕后如果继续使用樟脑丸就不安全了，因为这些分子会通过胎盘屏障进入羊膜腔内作用于胎宝宝，严重时会引起流产，导致胎宝宝死亡。所以，这里提醒各位准妈妈千万要远离这类物品，避免对胎宝宝造成不必要的负面影响。

第 78 天：认识情绪胎教

情绪胎教是保障孕期母子心理健康的重要方法，决定着母子关系的和谐与否，以及孩子后天心理素质及心理健康。也是直接影响家庭关系，保障孕期健康顺利进行的主观因素。

准爸爸准妈妈自身的修养和品质决定了胎宝宝的性格和品德教养。夫妻同心协力，在情绪胎教过程中将夫妻双方遗传基因中最优秀的部分启动，使得胎宝宝的发育达到最佳状态，是父母的爱创造着奇迹，也是我们人类主观美好愿望传递给下一代的方式。强烈的欲望加上正确的方式，情绪胎教就是在打造优秀后代。

1. 孕期情绪不同带来的不同孕育结果

1950 年美国心理学家汤普森曾做了一个母鼠试验。将 5 只雌性白鼠放在一只箱子中，按响蜂鸣器的同时接通电流，让白鼠遭受电击。如此训练多次，然后让 5 只母鼠怀孕，自受孕后每天 3 次给母鼠放蜂鸣器，但不电击，直至小白鼠出生，结果发现实验组小白鼠行动呆板，且活动量小，胆小脆弱。

而据英国剑桥大学的一项研究发现，准妈妈们如能避免压力放松心情，生出来的宝宝可能更擅长交际，从而成为社会明星。如果妈妈在怀孕的时候感受到压力并且无法放松，那么生出的孩子就会在社交、交流和语言等方面的发育受到影响，严重的还可能患上孤独症。

这是因为，怀孕时不同情绪会产生不同程度的激素，进而导致这种差异。准妈妈在妊娠期间，如果倍感压力，体内分泌出来的雄性睾丸激素就会增加，从而影响到胎儿的发育。据专家介绍，胎宝宝在子宫内成长到13个星期大时会受到这种情绪的影响。这些受到母亲压抑情绪影响的胎儿出生后会表现得比正常宝宝呆板。出生24小时后，他们对鲜活的人物仍不感兴趣，只对机械物体感兴趣；12个月后，他们不像其他同龄孩子一样能够和父母进行各种交流；18个月时，他们不会说话，或者只能说零星的词语；到了上学以后，他们则表现得更加孤立，不太容易和小朋友玩到一块。

2. 为什么准妈妈要保持好情绪

人的情绪变化与内分泌有关，如果准妈妈在怀孕期间能保持快乐的心情，宝宝出生后一般性情平和，情绪稳定，不经常哭闹，能很快地形成良好的生物节律，如睡眠、排泄、进食等。一般来讲，这样的宝宝智商、情商较高。而且准妈妈愉悦的情绪可促使大脑皮层兴奋，使血压、脉搏、呼吸、消化液的分泌均处于相互平稳、相互协调状态，有利于准妈妈身心健康，同时改善胎盘供血量，促进胎儿健康发育。所以，准妈妈们每天都要保持好心情。

反之，如果准妈妈每天都处在情绪紧张或应激状态下，体内一种叫乙酰胆碱的化学物质释放增加，促使肾上腺皮质激素的分泌增多。在准妈妈体内，这种激素随着母体血液经胎盘进入胎儿体内，而肾上腺皮质激素对胚胎有明显破坏作用，影响某些组织的联合。特别是前3个月，正是胎儿各器官形成的重要时期，如孕妇长期情绪波动，就可能造成胎儿畸形。

情绪胎教从某种意义上来说其实是一种交流胎教。准妈妈在孕期应避免孤独、封闭自我，多做户外运动，孕早期应积极携丈夫外出，在大自然的山水中将自己的心灵和灵魂稳定到安静、平实状态。

第79天：用宁静的心在清晨绽放微笑

每天清晨起床,所做的第一件事情是对着镜子给自己一个灿烂微笑。在一瞬间，昨夜睡眠中留下的一脸惺忪转为光华润泽，沉睡的细胞苏醒了，让人充满朝气和活力的迎接新的一天。

有人说，微笑是开在嘴角的两朵花，我们每一个人都喜欢看见微笑的脸，都不由自主地避开悲伤而严肃的面容。你知道吗，胎宝宝喜欢准妈妈的笑声，腹中的胎宝宝虽然看不见准妈妈的表情，却能感受到妈妈的喜怒哀乐。平时，胎宝宝在子宫内只能听到低沉而单调的心跳声和沙沙的血液流动声，而准妈妈爽朗的笑声，愉快的谈话声或歌唱声，都会引起胎宝宝的特别注意和精神兴奋。久而久之，胎宝宝不仅记住了妈妈的声音，而且对其的智力发育与心理健康发展有良好的启迪作用。

准妈妈的心跳是胎宝宝最美妙的音乐，胎宝宝也是最能直接感受到准妈妈喜怒哀乐的人。学会调节情绪，尽可能让自己心态平和，以开朗明快的心情面对问题，对家人、同事心存宽容和谅解，是准妈妈们能做到的最好胎教。因此，准妈妈们要主动寻找、创造和谐愉悦的环境。

一个心悦情怡的妈妈和一个心情紧张、焦虑不安的妈妈孕育的胎宝宝完全是生活在两个截然不同的世界里，当准妈妈们感受到胎儿的身体在腹内时时刻刻地发育时，千万不要忘了他的心灵也在发育成长。为了孩子的身心健康，准妈妈务必要学会自我心理调节，善于控制和缓解不健康的情绪，保持稳定、乐观、良好的心境，使胎儿能够健康地成长。

准妈妈们要让整个怀孕过程充满爱与祥和，这样有助于你的宝宝增强对环境的信任和自信。虽然宝宝还没有出世，语言的交流却必不可少。你可以喃喃自语，也可以对着宝宝诉说，有研究说，胎儿对于爸爸低沉、浑厚的声音反应最为积极。所以父母们要用慈爱的声音对他说话，让胎儿感知到父母的爱。

准妈妈养成良好的日常生活习惯和加强道德修养，对于胎教来说，也是非常重要的一件事情。这要从点滴做起，如待人接物要礼貌诚恳；为人处世要磊落大方；多一些怜悯、恻隐之心，少一些刁顽、邪恶之意；日常服饰要整洁，适合自己身份和职业；言谈话语要文明，说话声调要柔和，不要随口说出脏话；行为举止要文明，处处尊重他人，等等。总之，要按照一位现代女性的形象，规范自己的言行。

如果在孕期不注意这些生活中的细节，说话粗鲁，举止骄横，依然我行我素，忘记自己的身份，甚至出入歌厅酒吧，沉湎于藏污纳垢的场所，酗酒吸烟，终日打麻将、筑“方城”，吵架斗殴，邪心歹念，胎儿就不会受到良好的教养。出生后，如果仍然在这样的家庭环境成长，孩子难能得到正确的指导，非常容易成为难以教育的坏孩子。所以，当一位女性进入孕期后，就要时时刻刻想到自己将要肩负的母亲责任。

良好的心态，融洽的感情，是幸福美满家庭的一个重要条件，也是达到优孕、优生的重要因素。一个充满欢声笑语的家庭必然是幸福的。

第 80 天：警惕九种由母亲遗传给孩子的疾病

如果准妈妈或者自己的母亲、外祖母患有下面疾病之一，请一定要提高警惕。因为这些疾病都是具有遗传性的，由母亲遗传给孩子的可能性比较大。这需要准妈妈及早采取行动进行预防。

1. 肺癌

肺癌患者中至少有 10% 的人具有遗传性，而母亲或姐妹中若有人患有肺癌，遗传给子女的机会要比男性患肺癌遗传给子女的高出两三倍。

解决对策：要有规则地进行锻炼，戒烟戒酒，少吃油腻高热量的垃圾食品，多吃低脂肪、富含纤维的食物。从30岁起要考虑每年进行一次胸部透视以排除隐患。

2. 心脏病

如果准妈妈的母亲在65岁之前心脏病曾发作过，那么将来你自己患心脏病的可能性就会比正常人大一些，需要特别留心。

解决对策：保持苗条的身材，防止体重超标。养成经常锻炼身体的好习惯，戒烟，减少高脂肪食品的摄入。35岁之后经常测量血压和胆固醇含量。

3. 超重

女性的体重和母亲体重、体形的关系较之父亲更为紧密，肥胖者的体重遗传因素占25%～40%。

解决对策：如果准妈妈自己或其母亲有肥胖的症状，应控制脂肪和甜食的摄入，做有规则的运动，做出减肥的规划。要知道你的体重和身材直接影响到宝宝未来的体重和身材。而这不仅仅跟美丽有关，更是关系到一生的健康问题。

4. Ⅱ型成人糖尿病

此病通常40岁以后发生，且是妇女中非常常见的疾病。研究表明，有20%～40%的子女是从母亲那儿遗传患上此病。

解决对策：保持苗条的身材，坚持运动，45岁之后每隔三年做糖尿病的常规检查。

5. 患有妊娠性疾病

母女之间也许有类似或相同尺寸、形状的骨盆。研究表明，妊娠高血压和静脉曲张在家族中是具有遗传性的。

解决对策：对于静脉曲张，使之减少到最小限度的最好办法就是锻炼身体，控制饮食，保持苗条。

6. 绝经早

准妈妈的绝经年龄可能和自己母亲相同。一个女人有多少个卵子，在她出生时就已经决定了，而这种“决定”则来自遗传因子。

解决对策：如果有吸烟习惯的女性应尽早戒烟，有医学研究表明，女性如果抽烟则能使绝经年龄提前两三年。

7. 骨质疏松

母亲患有骨质疏松疾病，女儿患脆骨的发病率就会很高，所以她们也更有可能骨折、驼背、弯腰、臀部断裂等。女性的骨头质量和失去的骨质，和她母亲的情况非常相似。

解决对策：提高钙和维生素D的摄取，可通过喝牛奶、吃钙片、加强锻炼、戒烟戒酒，也能使骨骼保持健壮。绝经后，要做骨密度测试。

8. 抑郁症

一个女人有 10% 的可能性会从母亲那儿遗传患上情绪不稳定的疾病。

解决对策：仔细观察，不放过任何有迹象的信号，比如突然的情绪波动、哭泣。如果有类似情况出现，请去看心理医生。

9. 嗜酒

嗜酒具有家族性，女性尤其深受其害。

解决对策：控制饮酒量，在孕期一定要戒酒。

第 81 天：妊娠纹妊娠斑的预防

1. 妊娠纹的预防

妊娠纹的位置主要在腹壁上，也会出现在大腿内外侧、臀部、胸部、肩膀与手臂等处，初产妇最为明显。并且一旦出现后，并不会随时间慢慢消失，而是会使妇女的皮肤出现松弛，褶皱，乳房下坠，腹部脂肪堆。大多数准妈妈妊娠 5 ~ 6 个月时大腿上部、腹部及乳房等处皮肤出现许多淡红色或紫色条纹，这种条纹被称为妊娠纹。

妊娠纹是完全可以预防的。在怀孕以后，坚持适度运动，保证均衡、营养的膳食，避免过多摄入碳水化合物和过剩的热量，导致体重增长过多；淋浴时水温不宜过高，可以用微凉于体温的水冲洗腹部，并轻轻按摩腹部皮肤，从而增强皮肤弹性。具体可从以下几个方面做起：

（1）增强皮肤弹性：在怀孕期间要避免摄取过多的甜食及油炸食品，应摄取均衡的营养，改善皮肤的肤质，帮助皮肤增强弹性。饮食调理、运动是增加皮肤弹性很重要的两种方法。在怀孕期间可以多吃一些对胶原纤维有利的食物，像猪蹄，同时多吃一些含纤维高的果蔬以及含维生素 C 的食物，每天喝一杯脱脂牛奶。另外减少糖分的摄入，少吃含色素量高的食物也是很必要的。怀孕前做一些瑜伽等运动，怀孕后也要做适度的运动，做一些简单的家务是个很好的方法，这也是增强皮肤弹性预防妊娠纹的方法。

（2）使用托腹带：可以承担腹部的重力负担，减缓皮肤过度的延展拉扯。

（3）适当服用一些保健品：目前有一些针对孕妇使用保健品，可以促进真皮的纤维生，增加皮肤弹性，预防妊娠。但是建议不要随便用药，可请医生帮忙。否则误食激素类药物，还会造成类似的萎缩纹。

（4）体重增长：在怀孕时体重增长的幅度上，每个月的体重增加不宜超过 2 千克，整个怀孕过程中应控制在 11 ~ 14 千克。

（5）使用专业的去妊娠纹产品：这个是最有效的预防和消减妊娠纹方法了，有条件的准妈妈可以购买适合自己的去妊娠纹霜。

（6）均衡饮食：怀孕期间应补充丰富的维生素及矿物质。而由于胶原纤维本身是蛋白质所构成,所以可以多摄取含丰富蛋白质的食物。避免摄取太油、甜食(容易肥胖)、太咸(容易水肿)的食物。

2. 妊娠斑的预防

由于准妈妈体内分泌的改变，皮肤中的黑色素细胞功能增强、色素沉着增加，准妈妈从这个月开始，脸上和身上开始出现一些黄褐色的斑纹，也就是经常说的妊娠斑。脸上的斑纹多是茶褐色斑，分布于鼻梁、双颊和前额部，身上的斑纹多出现在乳头、乳晕、腹正中线及阴部，身上原有的黑痣颜色也会加深。

虽然妊娠斑总是让准妈妈感觉有些猝不及防，但实际上，只要皮肤的油脂分泌充足，酸碱度平衡，新陈代谢顺利，怀孕时就不容易长斑。也就是说，妊娠斑其实是可以预防的：

(1)孕前要做好准备

妊娠斑与孕前皮肤的弹性基础有直接的关系，因此准妈妈在孕前就要注意锻炼身体，尤其是增加腹部的锻炼，或是通过冷热水交叉的洗浴方式来增强皮肤的弹性。增加蛋白质和维生素的摄入，以补充足够的胶原蛋白，增强皮肤的弹性。

(2)不要大吃大喝

准妈妈如果体重增长过快的话，妊娠斑和妊娠纹也会长得更快。因此准妈妈在饮食上还是要适当控制，少吃刺激性过强、甜腻和油炸食物，多吃新鲜的蔬菜和水果，每天保持充足的饮水量。

(3)避免过度日晒

适当地晒晒太阳对准妈妈和胎宝宝都有益处，但日晒时间过长或是暴晒的话就有可能使皮肤接收过多的紫外线，这些紫外线一旦在皮肤上附着沉积，就会形成难看的黄褐斑。因此，准妈妈在晒太阳的时候，也要注意时间和日照强度。

(4)自制防妊娠斑面膜

准妈妈可以将冬瓜捣烂，加蛋黄一只，蜂蜜半匙，搅匀敷脸 20 分钟后洗掉；或是将黄瓜磨成泥状，加入一小匙奶粉和面粉，调匀敷面，15 ~ 20 分钟后洗掉，都能有不错的预防效果。

(5)选择无刺激的护肤品

为了预防妊娠斑,准妈妈可以使用一些有滋润美白功效的护肤品,如胶原蛋白、维生素 C、维生素 E 乳霜，每天晚上清洁身体后涂抹在可能产生妊娠斑纹的地方并做适当的按摩。但所选的护肤品，必须是无刺激性的，现在市场上也有很多专门为准妈妈设计的护肤产品，不妨可以考虑使用。

第 82 天：一起 DIY 漂亮孕妇装

年轻时尚的准妈妈们都希望在不影响胎宝宝发育的情况下，把自己打扮得漂亮一些精神一些。孕妇装的特点，使得它几乎是一次性的产品，大部分人一生只会用到一次，而且一些目光挑剔的准妈妈在商场很难选中一件自己所中意的衣服。但如果能够自己动手做两套漂亮又合适的孕妇装，不但省钱，而且也增加了孕期的乐趣。特别是在夏季，孕妇装都比较简单，用旧裙子等都能很容易改装成孕妇装。孕妇装要求一是宽松合体，特别是大腿及腰部不能太紧，二是在选择布料时，要选择透气性好的布类为主。

准妈妈可以找出自己以前的旧衣服随自己的心意进行适当的改造，有时候只是简单的一个小改变就会变废为宝，设计出一件漂亮的孕妇装。

1. 四种方法教你巧设孕妇装

（1）制作一件独特的T恤衫

找出两件颜色不同的T恤和背心，要两件颜色搭配和谐的才行。在T恤衫前面挖出个大领口，让领口向下延伸，直到胸部。在背心领口同样的位置剪下一块，补在T恤衫挖掉的那一块，两件缝在一起。如果在拼接过程中不是完全缝合，可以增加些褶皱来弥补，这样一件独一无二的T恤衫就完成了。

挖领口的时候，可以和背心放在一起比量一下，领口挖多大合适，弧度要对称。为了让领口看起来整齐完美，要一剪成形。

（2）将裙子改成吊带衫

夏天过去了，动动脑筋，准妈妈可以把过季的裙子变成秋天的新宠上衣。

找一条不穿的棉布半截裙，把窄小的腰围剪掉一圈，做成两根吊带，缝在裙子上，改成一件吊带衫。裙子的腰围比较小，直接穿肯定不合适，剪掉后裙口变大，同时也解决了吊带的用料。摆裙做成的吊带衫可能太宽松，可以把裙子两侧的中缝拆开，剪掉一部分再缝合起来。外面套上一件开衫，裙子大变身，在秋季继续登场。

在做这个改装时，腰围剪掉多少要事先测量好，做好标记再下刀。同样，裙身的裁剪也要提前计算好，以免不合适。

（3）把牛仔长裤变成七分裤

把直筒牛仔裤改装成翻边七分裤。把牛仔裤穿在身上，把要裁剪的部分做上标记，因为要做成翻边型，所以留下的部分比七分裤要稍长6 ~ 8厘米。在裤腿上做好标记，画上直线，按照线条把多余的裤腿剪掉，切记两个裤腿要一样长。

把裤腿折两折，把裤边露出来，最后用熨斗熨烫平整。熨烫很重要，能不能保持好的版型全靠这一步，从外面按压定型后还要让熨斗尖伸进裤腿中，从里面熨烫，一条七分裤就完成了。

买的牛仔裤原边边型很好，哪怕裁缝店也很难做出同样效果的，所以剪下的原边留好，拆下后缝在裤腿上，牛仔裤扦边比较专业，可以找裁缝店帮忙。

（4）把普通T恤改成时尚女装

找一件宽松的大圆领T恤，可以是男式的也可以是女式的。把领口挖大，不用完全对称，左肩浅右肩深，以穿上时露出右肩膀为宜。如果你怕剪裁不好，建议先用铅笔或粉笔在衣服上画条线，顺着这条线下剪刀。

改后的T恤可以显示出不对称的美，可以在两只袖子上随意发挥，只要看起来和谐，全凭自己创造。穿时里面配上颜色鲜艳的小吊带，宽松T恤也能穿出优雅的女人味道。

可为了防止剪得太多而使右肩衣袖下滑，建议把T恤穿在身上，对照镜子做好标记，按照标记裁剪。宁可多剪几次，一步步修改，也不要一刀剪不好毁掉一件衣服。

当然这只是我们给准妈妈举几个改装的例子，你还可以发挥自己的智慧去设计更多更漂亮的衣服，做一个韵味儿十足的时尚辣妈。

第83天：远离你的宠物

有不少家庭总喜欢养些心爱的宠物，如小狗、小猫，更有些喜爱宠物的人几乎每天和自己的宠物形影不离。但如果准备怀孕或已经怀孕的话，最好是和宠物保持一定“距离”。

宠物身上有一种病原体叫弓形虫，它是一种人和牲畜都能患的传染病，尤其猫狗是弓形虫病的主要传染源。孕妇一旦感染上弓形虫，就会对自体和胎儿造成极大的危害：弓形虫首先会侵入附近的细胞内繁殖，然后经由淋巴和血液循环播散至全身各脏器，播散至子宫的弓形虫首先侵犯胎盘，形成胎盘炎，然后通过胎儿血液循环而感染胎儿。此外，侵入子宫的弓形虫也可经羊水进入胎儿消化道感染胎儿。

准妈妈如果在孕早期感染弓形虫后，可能会发生流产、死胎，或致使胎儿先天性缺陷、畸形；孕中期感染可能发生早产、死胎或严重的畸形儿；孕晚期感染可能发生死胎、畸形儿或“外表正常”的不显性感染婴儿。弓形虫病对婴儿的损害以脑和眼的损害为主，如婴儿脑积水、癫痫、智力减退及脉络膜视网膜炎等。

即使宠物对准妈妈和胎宝宝来说危机重重，但有些准妈妈依然无法割舍心爱的宠物。如果不想放弃宠物饲养的话，女性在准备怀孕前一定要到医院做一个抗体检查。

如果IgM抗体为阳性，多说明近期内有感染，暂时不能怀孕，需要进行治疗，待治愈后方可考虑怀孕如果抗体均为阴性，多说明身体还未受到过感染，那么在孕前及孕后更要小心。如果觉得自己难以保证良好的卫生习惯，为保险起见在怀孕期间还是暂别宠物为上策。因为，身体里没有相关抗体，又属于易感人群。最好在妊娠早、中、晚期分别进行复查如果IgM抗体阴性、IgG抗体阳性，但抗体效价不高，可能为慢性感染或既往有过感染。如果在怀孕前感染过弓形虫，怀孕后一般不再有被传染的危险。因为，只有在怀孕前没有感染过弓形虫的孕妇，在怀孕期间发生初次（原发性）感染才有可能传染给胎宝宝。这时，不一定非要把心爱的宠物送走，可以留在身边。但必须严格注意卫生习惯，以防再次传染。

另外，最好要给宠物也做一个弓形虫病毒检测，只有确定宠物没有弓形虫病菌时才能继续饲养，并且在饲养时一定要注意它的清洁卫生，为宠物定期洗澡，做好室内消毒；准妈妈尽量不要与宠物过分亲密接触，如搂抱亲吻等；在与宠物进行接触后要彻底清洁手部，不要碰触宠物的粪便。尽管在孕期饲养宠物也并不是完全不可，但为了宝宝健康着想，建议女性在怀孕期间还是和心爱的宠物宝贝“暂别”一段时间。

如果准妈妈不慎感染了弓形虫病毒应及时进行治疗，这样可使婴儿先天弓形虫感染的发生率由60%降低到23%；如果不治疗，大约有50%可经胎盘感染胎宝宝。药物治疗目前一般采用螺旋霉素，此药属于大环内酯类，毒性作用小，准妈妈应用较安全，大剂量应用时可出现恶心、呕吐、腹泻等胃肠道反应。每天2 ~ 3克，分3 ~ 4次服用，连服3周，停药2周后再次服用，直至分娩时为止。

防止感染病毒有八个保护措施：

（1）猫要养在家里，喂熟食或成品猫粮，不让它们在外捕食。因为，猫的传染是吃了感染的老鼠或鸟类，或者吃了污染猫粪的食物。

（2）不吃生蛋或未煮熟的肉，切生肉和内脏的菜板、菜刀，要与切熟肉和蔬菜水果的菜板、菜刀分开，饭前洗手。

（3）存在于土壤中的卵囊有可能污染蔬菜、水果表面，在食用前一定要清洗干净。

（4）禁止宠物舔人的手、面部或黏膜，禁止猫舔饭碗、菜碟等食具。

（5）不要让宠物住在人的卧室里或睡在人的被褥里，经常给宠物洗澡。

（6）特别要注意宠物粪便的处理，每天燃烧、清除、冲厕所，粪便可深埋在地下。

（7）处理宠物粪便时应戴手套，或处理后立即用肥皂洗手。

（8）养宠物应专设窝盆等器具，并定期用沸水冲洗，持续5分钟。

第84天：看电影《Once》，平静心情，感受温暖

“曾经，一次。渺小的我们在浩大的宇宙相遇。不牵手不拥抱不亲吻，我们唱歌。”

《Once》，中文译成的电影名称为《情难独奏》。这是一部由舒缓的音乐开启的爱尔兰电影。整部影片基调安静、浪漫，充满了文艺气息。讲述了一个卖花女被街头艺人的音乐所吸引，开始了一段荡气回肠的浪漫故事。他们都是平凡的年轻人，有着各自有着琐碎的生活和无奈的人生，但是他们都对音乐有着执著的热衷和痴迷。在一次合奏中，他们找到了彼此间惊人的默契。这个发现让他们兴奋，很快他们找到了另外的一个同伴，组成了一个乐队，并通过优秀的表现得到了专业人士的肯定。与此同时，爱情也在逐渐萌芽。音乐是这部电影最大的亮点之一，塑造了极其浪漫唯美的氛围。

这个关于相遇、离别的故事，在街头，两个陌生人因为音乐相遇，为了梦想、责任、生活，却不能相守。他们之间没有玫瑰，没有金钱，只有留在脸颊的吻和属于心灵的钢琴。影片尾声，当男人来到当初那个充满回忆的琴行，注视着曾属于他们的钢琴，耳边又一次响起了这首Falling Slowly。一切都在慢慢滑落——爱情不是占有，或许应是一种放手。这一次的音乐显得有些伤感，因为他们曾在这首歌中相知相恋，却也要在这首歌中天各一方。

没有告别，没有眼泪，们的故事也成了“曾经”。这一次，镜头从女孩脸部的特写渐渐拉远，带走了一份爱情，却留下了一段回忆。那架钢琴，或许在女孩暮年追忆往事之际，仍会想起，一如冬日里暖阳温馨的甜蜜。

遇见就是这生活最美的结果。我们曾经遇见，我们曾经经历，我们曾经梦想，

我们曾经追逐，哪怕我们必须回到现实的平淡中体味生活的琐碎与繁杂，但遇见就是生活最美的结果。

值得一提的是这部影片中的原声音乐非常的棒，悠扬而有味道，每一首都触动心弦，直指人心。建议准妈妈在欣赏电影的同时，能够好好品味一下其中的音乐，和胎宝宝一起感受迷人的爱尔兰风情。

动起来：瑜伽猫伸展式、蝶式

1. 猫伸展式

具体步骤如下：

（1）跪坐，做几次缓慢的深呼吸。

（2）跪正，两手撑在膝盖前方的地面上，吸气，腰部凹陷，头微微抬高，面部朝向天花板。

（3）呼气，腰部提高，头向内缩。

（4）深呼吸，腰部上下摆动数次。

（5）还原跪坐，将呼吸调整均匀。

练习时摆动腰部要缓慢，呼吸要平稳。练习猫伸展式可以解除准妈妈肩背的疲劳，增强准妈妈和胎宝宝的体质。

2. 蝶式

具体步骤如下：

（1）上身直立坐，两脚脚板相对靠拢。

（2）两脚跟尽量靠近会阴部位，抬升胸骨并放松肩部，两膝如蝴蝶拍动翅膀一样上下运动，向下运动时使两膝尽量靠近地面。

（3）如要加强髋部肌肉的拉伸，上身向前舒展，头朝前方但是不要弯曲脊椎。

这套动作适合孕早期和中期进行练习，在怀孕 30 周以后就不要练习了。它能够有效舒展髋部、骨盆和大腿内侧肌肉，是练习骨盆抬升的一个很好的姿势。

胎宝宝的阅读时光：经典童话《金鸡冠的公鸡》

还记得《金鸡冠的公鸡》里那只总是被狐狸骗走的公鸡吗？今天我们就来重温一下这个故事，在童话故事里感受人生的是非善恶。提醒自己的同时也要教育胎宝宝，日常生活中要保持清醒，禁得住诱惑，不要被一点小便宜和几句好话蒙蔽了双眼。

从前，有一只猫，一只画眉鸟，还有一只公鸡——一只金鸡冠的公鸡，他们一起住在树林子的一间小房子里。

有一天，猫和画眉鸟到树林子里去砍柴，他们临走的时候，叮嘱公鸡说："我们走得很远，你在家好好看门，一声也不要响。要是狐狸来了，你可千万不要把头探到窗子外面去。"

猫和画眉鸟刚走，狐狸就来了。他坐在窗子下面唱起歌来："公鸡呀公鸡，金鸡冠的公鸡，你的脑袋油光光，你的胡须丝一样，你把头探出窗口，我给你吃颗小豆。"狐狸唱了一遍又一遍，公鸡忍不住了，把头探出窗口。狐狸一把抓住它，飞快地往狐狸洞跑去。

公鸡"喔喔"大叫："狐狸抓了我，走过黑幽幽的森林，跨过急腾腾的河流，翻过高耸耸的山头，猫啊，画眉鸟啊，快来救救我吧！"猫和画眉鸟听见了，急忙追来，从狐狸手里把公鸡救回来。

过了些时候，猫和画眉鸟又要到树林子里去砍柴，临走的时候，他们严厉地叮嘱公鸡说："你待在家里，千万别把头探到窗子外面，我们这次走得远，听不见你的叫喊声的。"

他们刚走，狐狸又来了。他坐在窗下唱道："公鸡呀公鸡，金鸡冠的公鸡，你的脑袋油光光，你的胡须丝一样，你把头探出窗口，我给你吃颗小豆。"可是公鸡一声不响。

狐狸就接着唱："孩子们跑啊跑，麦子撒了一地，母鸡把它们捡起来，就是不给公鸡…"公鸡忍不住了,把头探出窗口:"喔喔喔！干吗不给？"狐狸一把抓住他，带回狐狸洞。

公鸡"喔喔"叫救命:"狐狸抓了我，走过黑幽幽的森林，跨过急腾腾的河流，翻过高耸耸的山头，猫啊，画眉鸟啊，快来救我吧！"

猫和画眉鸟听见了，转身就来追赶。猫在地下跑，画眉鸟在天上飞。他们赶上了狐狸，猫用爪子抓，画眉鸟用嘴啄，把公鸡救回来了。

过了些时候，猫和画眉鸟又要到树林子里去砍柴，临走的时候，他们非常严厉地叮嘱公鸡说："你千万别听狐狸的话，千万别把头探到窗子外面，我们这次走得更加远，听不见你的叫喊声的。"

猫和画眉鸟这回去砍柴，走得很远很远。狐狸又来了，他坐在窗下唱道："公鸡呀公鸡，金鸡冠的公鸡，你的脑袋油光光，你的胡须丝一样，你把头探出窗口，我给你吃颗小豆。"可是公鸡一声不响。

狐狸就接着唱："孩子们跑啊跑，麦子撒了一地，母鸡把它们捡起来，就是不给公鸡……""狐狸就接着唱:"孩子们跑啊跑，核桃撒了一地，母鸡把它们捡起来，就是不给公鸡……"可是公鸡忍不住了，把头探出窗口："喔喔喔！干吗不给？"狐狸一把抓住他，带回狐狸洞。公鸡"喔喔"叫救命："狐狸抓了我，走过黑幽幽的森林，跨过急腾腾的河流，翻过高耸耸的山头，猫啊，画眉鸟啊，快来救我吧！"

猫和画眉鸟听见了，转身就来追赶。猫在地下跑，画眉鸟在天上飞。他们赶上了狐狸，猫用爪子抓，画眉鸟用嘴啄，把公鸡救回来了。

好孕美食馆：补充优质蛋白的美味私房菜

1. 莲藕汤

【材料】

莲藕 300 克。

【做法】

（1）将莲藕洗净、去皮，切成小块。

（2）把切好的莲藕放入搅拌机中打成浆。

（3）将莲藕浆放入沙锅中，加适量水，煮沸过滤即可。

【功效】甘甜可口，含有大量的蛋白质和适量纤维素，易于消化。

2. 鸡茸汤

【材料】

鸡胸肉 50 克，鸡汤或高汤 250 克。

【做法】

（1）鸡胸肉洗净，剁碎成鸡肉茸。

（2）在鸡肉茸中加适量水调匀成糊状。

（3）鸡汤煮开后，将鸡肉糊慢慢倒入锅中，边倒边用筷子迅速搅拌，再次煮开即可。

【功效】鸡肉含有丰富的蛋白质，鸡汤营养丰富，可为宝宝提供足够的抵抗力。

3. 蛋炒黄花菜

【材料】

鸡蛋 150 克，黄花菜（干）50 克，盐 2 克，料酒 3 克，白砂糖 3 克，植物油 15 克。

【做法】

（1）将鸡蛋打入碗中，加盐、料酒调匀。

（2）黄花用温水泡发好，洗净，控干，切成两段。

（3）锅内放油烧至七成热，倒入蛋液炒。

（4）加入高汤和黄花，加盐、白糖略烧即可。

【功效】黄花有养血平肝、利尿消肿的功效，对准妈妈头晕、心慌、小便不利、下肢水肿有较好的食疗作用。黄花宜用干品，鲜品可能会引起中毒。

胎宝宝的私人音乐厅:《听妈妈讲那过去的故事》《鲁冰花》

《听妈妈讲那过去的事情》是一首旋律悠长动听、朗朗上口的儿童歌谣。它是由我国著名女作曲家瞿希贤谱曲、管桦作词共同完成的作品，在很多小学音乐课本里都收录了这首歌曲，而在各种晚会和儿童活动上，这首歌都会成为童声大合唱上的曲目，民谣音乐人李志等很多歌者也曾翻唱过这首歌曲。

在和着清脆童声的幽静婉转的旋律当中，像是在一个晴朗的夜晚，吹着徐徐的清凉晚风，坐在金黄色的软软的谷堆上面，看着天空中云朵在洁白的月亮中穿梭着。一群孩子围在已经渐渐长出明显皱纹的母亲身旁，听着这位经历过风霜坎坷后变得从容隐忍的智者平静地讲着自己的过往。你看不到哀愁，却听得到岁月悄悄溜走的响声。

而《鲁冰花》是电影《鲁冰花》的同名电影主题曲，20 世纪 90 年代初期经歌手甄妮演唱后风靡一时，成为流行歌曲中歌颂母爱的经典名曲。

在电影里面，鲁冰花用来象征母爱，它开满乡间田野，点染农村景致，而在花叶凋零后被视为农村的花肥。有一次，主人公阿明在茶田里面看到一株鲁冰花，以为是杂草，想把他拔除掉。他的年幼却懂事的姐姐阻止了他。姐姐告诉阿明，鲁冰花春天开花，芬芳满株，等到缤纷凋谢，散落的花叶虽然混入尘泥，却是在悄无声息地呵护和滋养着茶树。母亲谢世得早，阿明已经不记得妈妈的模样，总是在一个个夜晚，缠着姐姐讲妈妈的事，对着天上的夜星充满期盼和遐想。“天上的星星会唱歌，地上的娃娃想妈妈，夜夜想起妈妈的话，闪闪的泪光鲁冰花”，化作春泥更护花，并不起眼的鲁冰花，却正如同世间最真挚的爱——母爱一样无私和伟大。

准妈妈可以带着胎宝宝一起听一听这两首经典的歌谣，一同体会母爱的伟大。

《听妈妈讲那过去的事情》歌词：

月亮在白莲花般的云朵里穿行
晚风吹来一阵阵快乐的歌声
我们坐在高高的谷堆旁边
听妈妈讲那过去的事情
我们坐在高高的谷堆旁边
听妈妈讲那过去的事情
那时候，妈妈没有土地
全部生活都在两只手上
汗水流在地主火热的田野里
妈妈却吃着野菜和谷糠
冬天的风雪狼一样嚎叫
妈妈却穿着破烂的单衣裳
她去给地主缝一件狐皮长袍
又冷又饿跌倒在雪地上
经过了多少苦难的岁月
妈妈才盼到今天的好光景
月亮在白莲花般的云朵里穿行
晚风吹来一阵阵快乐的歌声
我们坐在高高的谷堆旁边

听妈妈讲那过去的事情
我们坐在高高的谷堆旁边
听妈妈讲那过去的事情
月亮在白莲花般的云朵里穿行
晚风吹来一阵阵快乐的歌声
我们坐在高高的谷堆旁边
听妈妈讲那过去的事情
我们坐在高高的谷堆旁边
听妈妈讲那过去的事情

《鲁冰花》歌词：

我知道半夜的星星会唱歌
想家的夜晚
它就这样和我一唱一和
我知道午后的清风会唱歌
童年的蝉声
它总是跟风一唱一和
当手中握住繁华
心情却变得荒芜
才发现世上一切都会变卦
当青春剩下日记
乌丝就要变成白发
不变的只有那首歌在心中
来回的唱
天上的星星不说话
地上的娃娃想妈妈
天上的眼睛眨呀眨
妈妈的心呀鲁冰花
家乡的茶园开满花
妈妈的心肝在天涯
夜夜想起妈妈的话
闪闪的泪光鲁冰花
啊……
闪闪的泪光鲁冰花

第四个月（13 ~ 16 周）：真切地感受宝宝有力的胎心音

1. 胎宝宝的变化

现在的胎宝宝已经有四个月大了！在这个月，胎宝宝将出现惊人的变化，他的头开始可以渐渐伸直了，脸部出现了人的轮廓和外形，还长出一层薄薄的胎毛，头发也开始长出；皮肤开始逐渐变厚；下颌骨、面颊骨、鼻梁骨等开始形成，耳郭伸长；20 颗乳牙迅速增加；听觉器官迅速完善，对声音的刺激开始有了反应；肌肉、骨骼继续发育，胎宝宝的手脚能够稍微活动了，但力气还很小。

13 周的胎宝宝大约有 75 ~ 90 毫米，体重增至 20 克左右，他的脸看上去已经像一个人了，眼睛在头的额部更为突出，双眼间距缩小，眼睑仍然是紧紧闭合着；手指上出现了指纹，并能与手掌握紧，脚趾与脚底也可以弯曲，嘴唇能够张合；神经元迅速地增多，神经突触形成，胎宝宝的条件反射能力加强；最初的骨骼结构开始出现，肋骨能够分辨出来。

到了第 14 周，胎宝宝可以发育到 100 毫米，体重达到 28 克了。这时候他的生长速度很快，脸看上去更像成人了，皮肤上也覆盖了一层细细的绒毛；头发开始迅速生长；面颊和鼻梁已经出现；外生殖器发育更加明显；活动明显增多，如能够在妈妈的肚子里皱眉、做鬼脸、斜眼睛等等。

第 15 周时，胎宝宝的身长大约有 10 ~ 11.4 厘米，体重达到 50 克。胎宝宝在本周发生的最大的事情就是他开始在子宫中打嗝了，这是胎宝宝开始呼吸的前兆，遗憾的是准妈妈这时还无法听到这个声音；胎宝宝的腿长超过了胳膊，手的指甲完全形成，指部的关节也开始运动了；外生殖器进一步发育，这时候通过 B 超很容易就能看清胎宝宝的性别了。

第 16 周的胎宝宝身长大约有 12 厘米，体重增加到 150 克。这一周的胎宝宝看上去像个梨子，他的神经系统开始工作，肌肉能够对大脑的刺激做出相应的反应；这一周的胎宝宝还有一个惊人的变化，就是他能够在妈妈的子宫里玩耍了，并且会拿脐带当做他最好的玩具；此外，胎宝宝的循环系统和尿道也完全进入了正常的工作状态，能够不断吸入和呼出羊水。

2. 准妈妈的变化

从第四个月开始，准妈妈开始有了“孕味”，随着子宫的逐渐增大，准妈妈的腹部开始隆起，以前的衣服开始穿不下，需要穿着孕妇装了。

由于这个月胎盘已经形成，胎宝宝有很强的自我保护能力，所以准妈妈流产的可能性会明显减少。

告别了早孕反应，准妈妈从这一个月开始食欲明显增加，下降的体重也开始逐渐回升；体内雌激素水平较高，盆腔及阴道充血，阴道分泌的“白带”增多；尿频的现象有所减少；准妈妈的乳房明显增大，并且乳周发黑，乳晕更为清晰；有些准妈妈的乳头可以挤出乳汁来，看上去就像刚分娩后分泌的初乳；皮肤偶尔会有瘙痒的症状出现，但是不会出现肿块或损害。

从第15周开始，有些准妈妈便可以感受到轻微的胎动了，有时还会有些触痛感。如果有怀孕史的准妈妈，胎动可能会来得更早一些。准妈妈要知道，怀孕期最有意思的时候就要开始了，一定要抓住这段时间多和宝宝进行交流，良好的母子关系从现在开始就要建立了。

3. 胎教重点

（1）营养胎教

从这月开始，胎宝宝开始迅速生长发育，每天需要大量营养素，以尽量满足胎宝宝及母体营养储存的需要，避免营养不良或缺乏的影响。在这个月，为了使胎宝宝的发育良好，准妈妈必须要摄取充分的营养，而且还要注意蛋白质、钙、铁、维生素等营养素的摄入均衡。

这个月准妈妈身体状况大有改善，早孕的不适反应基本消失，但对营养的摄入要求更高了，可以适当增加米饭、馒头等主食及鱼、肉、蛋、奶、豆制品、花生、核桃等副食。建议这个月的准妈妈多增加主食和动物性食物的摄入，主食上不要吃得太精细，最好是用标准米、面等搭配摄食些杂粮，如小米、玉米、燕麦片，保证每日主粮摄入在400～500克之间；动物性食物所提供的优质蛋白质是胎宝宝生长和准妈妈组织增长的物质基础，所以准妈妈这时候应多吃些动物性食物，尤其是动物肝脏。

准妈妈需要注意的是，要把好食物质量和烹调关，切忌食用未煮熟的鱼、肉，每一餐要做到荤素搭配、营养合理，尽量避免过分刺激的食物，如辣椒、大蒜等；每天早晨最好喝一杯温开水；避免过多脂肪和过分精细的饮食，不要偏食，防止矿物质和微量元素的缺乏。

（2）语言胎教

准爸爸和准妈妈为了不失时机地与胎宝宝进行交流，对他实施以良性的刺激，丰富胎宝宝的精神世界，可以为他取一个可爱的简单的乳名。给胎宝宝取乳名最好取中性的，因为现在你也不知道宝宝会是男孩还是女孩。最好取乐乐、洋洋这样的名字，将来生男生女都可以用，胎教和幼教也就可以有效衔接起来了。

第13周：胎盘和脐带发育完全

这一周，胎宝宝的个头更大一点了，两眼之间的距离开始拉近，肝脏肾脏都开始工作了。他的脸更像一个成年人了，俨然是一个漂亮的小娃娃。胎宝宝的神经元迅速增多，神经突触形成，条件反射能力加强。此时如果用手轻轻触摸准妈妈的腹部，胎宝宝就会蠕动起来，但这个时候准妈妈还感觉不到胎宝宝的动作。

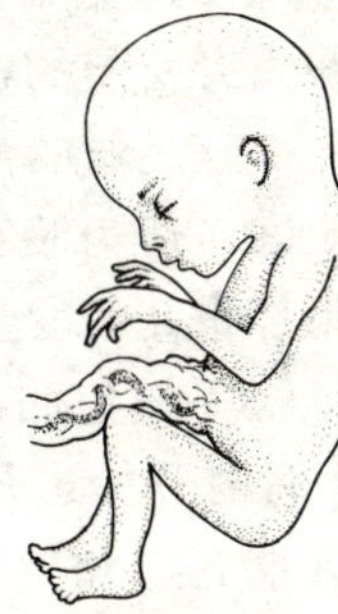

胎儿的肠最早是在脐带中开始发育的，并会形成一个突起。到了第13周左右，随着胎儿的肠收回到腹腔内，早期在脐带中的突起部分开始退化。

从这个月开始准妈妈就要进入孕中期了，现在你的腹部从肚脐到耻骨会出现一条垂直的妊娠线，脸上也有可能会出现黄色的妊娠斑。对于局部的妊娠纹，准妈妈要适当地进行锻炼，选择使用一些祛除妊娠纹的护肤品，适当进行按摩来促进局部血液循环，增加皮肤弹性。这一时期当肚皮逐渐变大起来，衣服也该换大一号的了。

1. 和胎宝宝说说话

胎宝宝开始对外界的声音有所感觉了，这是其感受语言的最初阶段，准妈妈和准妈妈可以充分利用好这一段时间让胎宝宝熟悉你们的声音，对其进行语言胎教。可以给胎宝宝讲一些自己喜欢和熟悉的故事，和胎宝宝聊聊天。

2. 注重补充蛋白质

准妈妈怀孕的第四个月，胎宝宝的肌肉开始发育了，对蛋白质的需求量比较大，它是由氨基酸组成的对胎宝宝肌肉发育不可或缺的营养物质。人体拥有合成蛋白质所需的大部分氨基酸，剩下的那部分存在于食物当中，只能通过饮食补充。

这个月也是胎宝宝大脑高速发育的时期。虽然准妈妈的胃口变化不定，但一定要保证足够的能量摄入，这对胎宝宝来讲非常关键。

第85天：认识营养胎教

营养胎教，就是根据怀孕的早、中、晚三期胎宝宝的发育特点，合理指导准妈妈摄取食品中的7种营养素，即蛋白质、脂肪、碳水化合物（糖）、矿物质、维生素、水、纤维素，以食补食疗的方法来防止孕期特有的疾病。保证准妈妈和胎宝宝的身心健康。

1. 营养胎教对准妈妈的好处

（1）避免准妈妈缺维生素。准妈妈体内维生素的主要来源之一就是蔬菜，因此摄入适当营养会补充准妈妈体内维生素。

（2）避免准妈妈产后疾病。如果准妈妈在孕期大量食用肉类、高蛋白食物等，产后易发高血压、糖尿病和动脉硬化等严重疾病。而摄入适当营养能够补充准妈妈孕期对维生素等营养物质的需求，从而降低发病的概率。

2. 营养胎教对胎宝宝的好处

（1）避免胎宝宝缺乏生长所需营养素。准妈妈科学地进食，可为胎宝宝提供生长发育所需的各种营养素，避免流产、早产、死产等不良结局，保证大脑发育；并可储存足量的铁和钙，避免出生后患缺铁性贫血和佝偻病。

（2）避免胎宝宝低体重或长成巨大儿。准妈妈营养不足，会影响胎儿的生长，使低体重儿的发生率增加。反之，则会使巨大儿的发生率增加。

（3）避免胎儿骨骼和牙齿发育不良。胎宝宝的骨骼和牙齿的钙化，是在胚胎2个月时开始进行的，8个月后增加迅速。决定人类牙齿整齐、坚固的关键时期是在胎儿期和婴儿期。

3. 准妈妈营养需求五要素

第一要素：蛋白质。

蛋白质的主要作用是建造及修补组织、预防贫血，因此，准妈妈在孕期需要多补充20%的蛋白质，可轮流食用如鱼、肉、蛋、豆、奶类等富含蛋白质的不同食物。

第二要素：DHA。

DHA能够帮助胎宝宝的脑部与眼部发育。DHA属于脂肪酸，例如鲭鱼、鲑鱼、鲔鱼、鲱鱼、沙丁鱼、鱼油胶囊以及亚麻仁油等，都可以在人体内合成DHA。所以，准妈妈只要每天吃一大块鱼就可摄取足够的鱼油。但若饮食上无法满足摄取，可以从怀孕时就开始补充鱼油，或饮用添加足量DHA的孕妇奶粉。

第三要素：叶酸。

叶酸可以防止胎儿出现神经管缺陷，而妇女在孕期需要的叶酸是平日的3倍，富含叶酸的食物包括豆类、一般绿叶蔬菜、芦笋、香蕉、橙汁、葡萄汁、动物肝脏、瘦肉、蛋黄等。另外也可以每天补充一颗0.4毫克的叶酸锭剂或额外添加叶酸的孕妇奶粉，最好能从怀孕前3个月到怀孕后的3个月持续服用。孕前服用叶酸，使妇女体内叶酸维持在一定水平，以保证胚胎早期有一个较好的叶酸营养状态，保障体内多种营养供给，并且还可以为妇女培育健康的卵子。

第四要素：钙。

钙质是胎儿和准妈妈不可缺少的营养素，首先，胎儿的骨骼、牙齿成长均有赖于钙质的提供，同时准妈妈如果缺乏钙质就容易腰酸背痛、骨质疏松。医生表示，准妈妈的钙质摄取量与一般人相同，一天约为一克的剂量，等同于两杯牛奶的量。

富含钙质的食物主要包括牛奶、小鱼干、鲑鱼、沙丁鱼、豆腐、胡桃、杏仁、深色叶菜类、黄豆制品。另外，适度晒太阳可帮助合成维生素D，有利于钙的吸收，不过夏天要尽量避免在上午十点到下午三点之间在阳光下暴晒，因为极有可能被晒伤。

第五要素：铁。

血管是孕期给胎儿运送养分的主要管道，因此血液的需求量大增，而铁质又是血液的主要成分，因此准妈妈必须加强铁质的吸收。怀孕的中、后期，可在医生的指导下适当补充铁剂。

富含铁质的食物有：猪肉、牛肉、动物内脏、豆类、谷类、贝类、核果、蛋黄、牛奶、深绿色蔬菜、葡萄等。

4. 调整胎宝宝口味的建议

饮食胎教讲究孕妇的饮食调理，既照顾准妈妈的口味，又注意食物营养，以保证准妈妈和胎宝宝的物质需要，胎宝宝在母体内不但需要一定的物质营养作为发育的基础，同时也需要一定的刺激来促进机体功能健全。所以，胎养与胎教密切相关，不可偏废。

首先，笋干、蕨菜、发菜、香菇等是富含粗纤维的蔬菜，建议准妈妈在孕期最好不要进食过多粗纤维蔬菜，因为富含粗纤维的蔬菜消化时间会比其他蔬菜长2个小时左右。

其次，荠菜、萝卜缨、雪里蕻、小茴香、抱子甘蓝等都是钙含量非常高的蔬菜，而且对准妈妈没有危害。准妈妈在食用紫菜、海带等补钙蔬菜时要循序渐进，不要一开始就大量食用。

第86天：营养超标的严重后果

一般来说，孕期时准妈妈的体重增长为11.5 ~ 16千克，胎儿出生体重在3.1 ~ 3.6千克，是保持母婴健康的最佳体重。但随着生活水平的提高，人们对孕育这件事情越来越重视，准妈妈体重偏高、胎宝宝偏大已经成为一种普遍现象。而这也是妊娠综合征、剖宫产率、巨大高危儿逐年增多的首要元凶。我们一再强调营养胎教的重要性，而准妈妈也的确需要补充足够的热能和营养素，以满足自身和胎宝宝的需要。但凡事都有个度，不是营养补充得越多越好，而是通过科学服用营养素和全面合理的膳食，做到营养均衡即可。准妈妈时常会有饥饿感，这是正常现象，也是其容易饮食失衡的主要原因，因此，在准妈妈的饮食中应加一些低能量而有饱腹感的食物，如山芋、土豆等。准妈妈一定要适当地节制饮食，控制胎儿的体重，餐后一定要注意活动。

准妈妈一旦怀孕，家里人就会不断地为其增加营养，唯恐孩子长得小、不健康。但凡事一旦超过了这个界限，就会物极必反。在怀孕的前12周这一早期阶段，受妊娠反应影响孕吐比较严重，准妈妈的体重不会有明显变化，这一时期无需刻意控制体重。这时的营养重点在于多摄入蛋奶等优质蛋白和多种维生素和微量元素，以有效促进胎宝宝细胞分裂，并预防流产、畸胎、胎儿大脑发育异常等。孕13 ~ 27周的中期阶段是准妈妈体重迅速增长、胎宝宝迅速成长的阶段，多数准妈妈体重增长会超标，也是妊娠高血压、糖尿病的高发期。这一时期，准妈妈要经常监测体重，发现体重增长过快就应在饮食上加以纠正，并适当控制高脂高糖食物以减少热量摄入。此时的主食最好是米面和杂粮搭配，副食则要全面多样、荤素搭配。孕 28 ～ 40 周的晚期阶段胎宝宝生长速度最快，很多准妈妈体重仍会急剧增加。这个阶段除正常饮食外，准妈妈可以适当减少米、面等主食的摄入量，少吃水果，以免自身体重增长过快和胎宝宝长得过大。

1. 营养过剩的三大原因

（1）水果过量

吃水果可以补充维生素和很多微量元素，因此很多准妈妈认为水果营养价值高，热量又低，因此一天吃好几斤水果。殊不知水果虽然不含脂肪，但含糖量却很高。准妈妈摄入过多糖分，容易诱发妊娠期肥胖、妊娠糖尿病、巨大儿等。患妊娠糖尿病或肥胖的孕妇，更应限制水果的摄入，如荔枝、葡萄等这些含糖量较高的水果尽量不要吃。

（2）盲目补钙

怀孕期间补钙对准妈妈和胎宝宝都很重要，但补钙要合理、足量地补。很多准妈妈都拼命地吃钙片和喝牛奶，唯恐自己缺钙，却不知道如果超量补钙，胎宝宝出生后会因囟门关闭太早，影响骨骼发育，不利于小儿健美。同时应尽量从膳食中获取钙，奶制品是其最好的来源，豆制品、虾皮、紫菜中含钙也不少。具体怎么补还是要根据个人体质，而非盲目把钙视为宝贝。

（3）保健品过量

很多商家看好了孕妇的市场，导致目前市场上的准妈妈保健品非常多。因此一些信奉保健品的准妈妈们每天要补充很多营养品，诸如蛋白粉、综合维生素、铁剂等，大量营养品下肚，很容易导致营养过剩和维生素及微量元素超标摄入，这不仅不会促进胎宝宝生长，反而会影响胎宝宝发育甚至有可能导致流产、早产、胎儿畸形等严重后果。

2. 防止准妈妈营养超标的方法

（1）一日三餐要有规律。可以适当地实行加餐制，少吃多餐。避免用大盘子盛装食物，面对一大盘子美味的诱惑可能会失去节制力。可以用小盘子盛装或者实行分餐制。吃饭要细嚼慢咽，切忌狼吞虎咽。别怕浪费而吃过多食物。怀孕期间尤其不要这样，虽然食物没浪费却增长了体重。

（2）在家里筹备一个体重测量计，随时控制体重变更情况。多吃一些绿色蔬菜，控制吃水果的数量。蔬菜本身不但含有丰盛的维生素，而且还有助于体内钙、铁、纤维素的吸收，以防止便秘。尽量少吃零食和夜宵，特别是就寝前两个小时左右别吃东西。不喝酒精类饮品。避免吃砂糖、甜食及饮用富含糖类的饮料等。

（3）孕期对铁和钙的需求量增多，应注意补充，黑色食物中含铁较多，如黑木耳、芝麻等，补充钙质天天可饮用一杯牛奶；天天 1 ～ 2 个鸡蛋保证足量的蛋白质，同时饮食中增长鱼、虾、豆制品的摄入量，减少或最好不要食用动物肝脏。孕妇的饮食应以“大众菜、大众饭”为主，既要注意合理的营养搭配，也应做到粗细搭配、荤素搭配，一些粗粮尤其是高粱米、玉米等都合适准妈妈食用。

生一个健康聪明的胎宝宝是准爸爸和准妈妈的共同愿望，但并不是一味地靠吃东西就可以达到准妈妈和胎宝宝的营养健康。营养过剩在某种程度上来讲也是一种营养不良。准妈妈一定要擦亮自己的眼睛，学会自律，学会平衡。

第 87 天：认识维生素 A 和维生素 B_{12}

1. 维生素 A 的作用

维生素 A 是人体黏膜的保护剂，助益防病源微生物入侵。维生素 A 属脂溶性维生素，熟食或入荤食菜肴烹制流失少、吸收率也高。它是保持健康的皮肤、视力、细胞生长以及再生所必需的。主要存在于海产鱼类肝脏中。植物组织内存在的 β-胡萝卜素在人体内可还原成两分子维生素 A，成为维生素 A 来源的另一途径。β-胡萝卜素是一种有效的抗氧化剂，它能够中和自由基——自由基会损害健康细胞的分子，它还有可能增大加速老化细胞或造成健康隐患的风险。维生素 A 可促进牙齿和骨骼的强健生长。维生素 A 还是形成视紫红质的必要物质，视紫红质是一种能够让人眼在暗光下看见物体的色素。

孕前、孕期、产后持续补充维生素 A 会有助于准妈妈和胎宝宝的长远健康和安全。若准妈妈的维生素 A 水平低下，可显著影响胎儿肺脏的生长和发育，殃及胎儿肺脏的通气和换气功能，出现“肺膨胀不全”（肺不张）。将来患儿动辄即“气喘吁吁”，体力、体能、耐受力均逊于同龄人。

维生素 A 最好的食物来源是各种动物肝脏、鱼肝油、鱼卵、牛奶、禽蛋以及核桃仁等；胡萝卜素的良好来源是有色蔬菜，如菠菜、苜蓿、胡萝卜、豌豆苗、辣椒、甜薯、韭菜、雪里蕻、油菜、苋菜、蕹菜、茼菜以及杏、芒果等。

但是如果长期过量摄入维生素 A 便会产生慢性中毒，出现厌食、体重减轻、恶心呕吐、口干舌燥、皮肤发痒、脱屑和各种皮疹，严重时甚至可能发生颅内压增高、肝脾肿大、口渴多尿等症状，甚至会导致胎宝宝畸形。准妈妈自孕中期开始每日维生素 A 的摄入量为 900 微克，切忌不可缺也不可过量。

2. 维生素 B_{12} 的作用

维生素 B_{12} 是人体三大造血原料之一。它是唯一含有金属元素钴的维生素，故又称为钴胺素。它的主要作用有：

（1）叶酸利用率，与叶酸一起合成甲硫氨酸（由高半胱氨酸合成）和胆碱，产生嘌呤和嘧啶的过程中合成氰钴胺申基先驱物质如甲基钴胺和辅酶 B_{12}，参与许多重要化合物的甲基化过程。维生素 B_{12} 缺乏时，从甲基四氢叶酸上转移甲基基团的活动减少，使叶酸变成不能利用的形式，导致叶酸缺乏症。

（2）神经髓鞘的代谢与功能。缺乏维生素 B_{12} 时，可引起神经障碍、脊髓变性，并可引起严重的精神症状。维生素 B_{12} 缺乏可导致周围神经炎。小孩缺乏维生素 B_{12} 的早期表现是情绪异常、表情呆滞、反应迟钝，最后导致贫血。

（3）红细胞的发育和成熟。将甲基丙二酰辅酶 A 转化成琥珀酰辅酶 A，参与三羧酸循环，其中琥珀酰辅酶 A 与血红素的合成有关。

（4）维生素 B_{12} 还参与脱氧核酸（DNA）的合成，脂肪、碳水化合物及蛋白质的代谢，增加核酸与蛋白质的合成。

一般正常成年人每天需要维生素 B_{12}2 ~ 5 微克，婴儿为 1 ~ 2 微克。在生长发育较快的年龄，妊娠，甲状腺功能亢进、感染和溶血性贫血等情况下，维生素 B_{12} 需要量会有所增加。通常情况下，人类从肉类或动物食品较丰富的膳食中，摄取的维生素 B_{12} 的量足以满足人体正常生理的需要。准妈妈在怀孕期间消化吸收功能增强，需要量增加，准妈妈如果缺乏维生素 B_{12}，就会降低四氢叶酸的利用率，从而导致“妊娠巨幼红细胞性贫血”。这种病可以引起胎宝宝最严重的缺陷。新生儿也可患贫血。所以，维生素 B_{12} 对准妈妈十分重要。

人类的维生素 B_{12} 来源于动物性食物如肝、肾、肉类、鱼、水产贝类动物、禽蛋和乳类等食物。180 克软干奶酪或 1/2 升牛奶中所含的维生素 B_{12} 就可以满足人体每日所需（0.005 毫克）。只要不偏食，准妈妈一般不会缺乏维生素 B_{12}。

第 88 天：做个剪纸手工，培养未来宝宝的专注力

剪纸，又叫刻纸，窗花或剪画。区别在创作时，有的用剪子，有的用刻刀，虽然工具有别，但创作出来的艺术作品基本相同，人们统称为剪纸。它是深受人们喜爱和具有观赏价值的艺术品，早在汉、唐时代，民间妇女即有用金银箔和彩帛剪成方胜、花鸟贴在鬓角为饰的风尚。后来逐步发展，在节日中，用色纸剪成各种花草、动物或故事人物，贴在窗户上（叫“窗花”）、门楣上（叫“门签”）作为装饰，也有作为礼品装饰或刺绣花样之用的。其载体可以是纸张、金银箔、树皮、树叶、布、皮、革等片状材料。

今天我们就来教准妈妈几种简单而漂亮的剪纸方法，闲来无事时可以动动手动动脑筋做一做，不仅愉悦身心，还可以培养你自己和胎宝宝的专注力。

1. 山水的剪纸方法

（1）工具：剪刀、彩纸

（2）准备：取两张色纸，对叠两次，每份四层；或取八张色纸用订书机分两份订好。

（3）描图：把图描在订好的纸上，标好山上、山间的小树及小房舍等点景图形的位置。

（4）注意事项：常言道：“剪山易，剪景难。”难就难在什么应该大，什么应该小。剪纸中的小树，不需要像其他绘画那样如实地反映客观形态，而是取其大势，高度提炼。剪景中的房舍、塔楼、桥、船、人等，相对于整体剪纸布局来讲，应尽量剪得小一些，以它们的小才能烘托山之大、景之深。

剪纸作品中表现山水风景的手法，都以概括写意为主。剪山之大之雄，绝不能按真山真树的比例，而是应以小树、小桥、小房舍为衬托。山的纹理也只能在适当的位置剪几条，给人以点到为止的感觉。这几条纹理是直是曲要看山的整体形态，要有疏有密，千万不能平均布置，否则不自然而显得呆板。

2. 戏剧人物的剪纸方法

（1）准备：分别取两张色纸，对叠两次，每份合为四层，或取八张色纸订为两份。

（2）描图：注意人物动态及衣服上的花纹排列规律。

（3）注意事项：剪制戏剧人物的动态，多为所表现角色的亮相动作，注重抓这一特定神态，就要突出女性的温柔、男性的刚烈。戏剧人物的头饰、服装很复杂，不能如实照搬，只要取其大的动态，做大胆的取舍、概括，适当点缀花草或一些月牙纹、长短锯齿纹即可。

戏剧人物剪纸是传统剪纸中常见的题材。戏剧舞台上人物的各种动态、各种行当，都能从传统剪纸中找到，这与人们喜爱戏剧、喜爱这一民族艺术是分不开的。表现戏剧中复杂的场面，可以隔物换景，也就是用器具或树木，把几个不同场面连在一起。这样既有故事发展的延续性，又不致混为一块而让人产生错觉，有时一幅剪纸同时表现两个场面，有的同时表现三个、四个或更多的场面，有的是同一内容用几幅剪纸组合在一起互为补充，也有的是内容不同而互为映衬。

3. 孩童的剪纸方法

（1）准备：取一张色纸对叠两次，合四层，或取四张色纸用订书钉把边钉好。

（2）描图：用铅笔描图时，注意每个小孩的动态，特别是胳膊和腿的伸展方向。

（3）注意事项：剪小孩图像时，着重点应放在小孩的头部及四肢的动态上，其他方面可以概括处理。小孩头部要夸张突出，稍放大比例，五官要集中，鼻子可不剪或用一小竖代替，手可直接在胳膊末端剪五个锯齿表现。为表现小孩的憨态、可爱样子，腰和脖子是不剪的。

小孩是家庭、社会的希望，也是剪纸中常表现的对象之一。传统的剪纸中，《童子闹春》、《童子拜佛》等，都是以小孩为表现对象的。也有以小孩为间接表现对象的题材，如《和合二仙》中的二仙就常是小孩形象，《刘海戏金蟾》中的刘海也多为小孩形象。表现小孩剪纸的常见题材，还有现代儿童生活、学习、游戏及他们的理想等。

第89天：孕期也可以养出一头乌黑亮发

人的头部皮肤约2 ~ 3毫米厚，生长着约10亿根头发。怀孕期间的准妈妈头发受雌激素的影响而处于光洁、浓密、服帖的秀美状态，很少有头垢和头屑。有的人发质甚至比以前好。不过，并非每个准妈妈都是如此，有的准妈妈会出现脱发的症状。当宝宝降生后，妈妈体内雌激素水平开始下降，逐渐恢复到怀孕前的正常水平，由于体内雌激素水平比孕期低，使那些“超级留守”的头发纷纷脱落，而新的秀发又一时生长不出来，致使头发呈现“青黄不接”的状况，造成头发变稀并伴有头皮痒、头屑增多的现象。

要想在孕期护理好自己的一头秀发，做一个漂亮的准妈妈，你需要注意以下几点：

1. 选择适合自己的洗发水

准妈妈的皮肤十分敏感，为了防止刺激头皮而影响到胎宝宝，准妈妈要选择适合自己发质且性质比较温和的洗发水。怀孕前用什么品牌的洗发水，最好继续延用，突然换用其他品牌的洗发水，特别是以前从未使用过的品牌，皮肤可能会不适应，或发生过敏现象。有些孕妈妈在怀孕时头发会变得又干又脆，那是因为头发缺乏蛋白质，如果使用能给头发补充蛋白质营养的洗发水和护发素，同时按摩头皮来促进头部血液循环。

2. 注意营养

头发脱色变白与黑色素不足有关，多因精血不足，营养匮乏引起，故应该常吃含铜、锌、铁及维生素多的食品。注意平衡膳食，加强营养，不能挑食、偏食和忌口。多食新鲜蔬菜、水果、肉类、海产品、豆类、蛋类等，以满足头发及身体对营养的需要。

头发生长需要很多营养及原料，如：蛋白质、矿物质、维生素等，这些东西都必须从均衡的饮食中获得。为了让头发更健康，准妈妈平时应避免抽烟、喝酒或吃刺激性的食物。

3. 慎用电吹风

电吹风的某些部件是由石棉做的，使用时吹出的热风中大多含有石棉纤维微粒，这种石棉纤维微粒可通过呼吸道和皮肤进入血液，经胎盘循环进入胎儿体内，从而对胎宝宝的生长发育产生不良影响。

此外，电吹风工作时会形成电磁场，电磁场的微波辐射会使人出现头痛、头晕、精神不振等症状，对准妈妈及胎宝宝都不利。因此，准妈妈最好不用电吹风。

4. 用恰当的方式把湿发弄干

洗完头后，如何处理湿发也是准妈妈的困惑之一。头发长，湿发就更难干，顶着湿漉漉的头发外出，或上床睡觉非但不舒服，而且容易着凉，引起感冒。用吹风机吹干，又怕辐射对胎儿有影响，其实干发帽、干发巾就可以解决这个问题。戴上吸水性强、透气性佳的干发帽，很快就可以弄干头发，淋浴后也能马上睡觉，还能防感冒，不过要注意选用抑菌又卫生、质地柔软的干发帽、干发巾。

5. 出门记得戴帽子

曝晒于太阳底下，头发容易变得干燥枯黄，头皮也可能会受伤。一般来说，发量较多的人也可算具有“遮阳”的效果，但外出时最好还是撑把太阳伞或戴上帽子，毛鳞片比较不容易受损、蛋白质也较不会流失。目前市面上也有一些头发专用的防晒液，对于担心头发被晒得干干粗粗的准妈妈而言，不失为一项新选择。

6. 最好不要使用染发剂

有些准妈妈为了美，在孕期染头发。到目前为止，虽然并没有烫发药剂造成胎儿不良影响的报告，但染发剂有不少种类，这些药物常引起皮肤过敏反应。对于经常使用染发剂的理发师而言，皮肤出现异位性皮炎，或是接触性荨麻疹是常有的事。也有不少人因为染发之后，造成头皮发炎、红肿，甚至掉发。如果准妈妈一定要染烫发最好等到怀孕三个月以后，因为怀孕三个月前胎宝宝正值器官发育期，最容易造成畸形。应尽量减少染发的次数，以免累积的药物造成影响。染发或烫发可以只处理头发中、尾段的部分，减少头皮药物的吸收或是过敏。如果以前没有染过发的人，最好不要在怀孕中尝试，以免肤质不合适造成过敏。发质不好的人最好不要染烫发。适当使用护发剂，对于头发的修复以及保护是有帮助的。

7. 选择正确的洗发方法

短发的准妈妈头发比较好洗，可坐在高度适宜、可让膝盖弯成90度的椅子上，头往前倾，慢慢地清洗。如果孕妈妈留长发，那么洗头发可是一件比较麻烦的事了。因为可能会弯腰洗太久，不但腰酸，肚子也会不舒服，还有可能因而造成子宫收缩。所以，长发的准妈妈最好坐在有靠背的椅子上，请家人帮忙冲洗。若嫌这样太麻烦，干脆将头发剪短，比较清爽好洗，等生完之后再留长好了。至于怀孕后期的准妈妈，大腹便便，无论长发或短发都不好洗。这段时期，孕妈妈可以自备洗发水到附近的美发店去洗头。或者请准爸爸帮忙为自己洗头，对他来说，不过是举手之劳，而洗头过程却变得充满爱意。

第90天：高龄产妇的七大注意事项

在医学上，35岁以上初产妇即界定为高龄产妇。由于女性35岁以后机体处于下滑趋势，胎儿畸形的发生率增加；高龄产妇并发症的风险增加。因此准妈妈最好在适合生育的年龄段孕育，如果你选择成为高龄产妇，就要比年轻妈妈更加细心地进行孕前准备和孕期检查。

第一，孕前要提前1个月口服叶酸。服用叶酸可以避免神经系统发育疾病。如果孕前没有及时吃叶酸，怀孕后要继续补充，直到怀孕12周为止。

第二，孕前要进行身体检查。这是夫妻双方都要进行的检查。特别是准妈妈，除了要进行心、肝、肾等常规检查，还要重点检查生殖系统。如果患有性病，要等待治疗痊愈后方可怀孕。

第三，更多关注血糖、血压等指标。高龄产妇易患妊娠合并心脏病、妊娠高血压综合征和妊娠期糖尿病等。由于准妈妈体内的血容量比非孕期明显增加，心脏负担加重。原来就患有心脏病的孕妇很可能由于无法耐受而只得提前终止妊娠。

第四，孕期保健要格外注意，要保证定期进行产前检查。

第五，高龄产妇自然分娩的难度更大，需要提前做好准备。高龄孕妇剖宫产适应证较高，通常有90%的高龄产妇选择剖宫产。高龄孕妇的骨盆比较坚硬，韧带和软产道组织弹性较小，子宫收缩力相应减弱，容易导致产程延长，甚至难产、胎儿产伤和窒息。

第六，怀孕16 ~ 20周时，要进行唐氏筛查。这项检查是提取准妈妈的血液，检测血液中各种物质的量和浓度，以此来断定胎儿可能出现的一些病症。高龄产妇患上唐氏综合征等染色体异常病症的可能性比一般正常孕妇概率大大增加。一般意外产生的概率也会随着年龄的增长而逐步增加，但其危险性从无到有却没有一个明确的时间界限。

第七，高龄产妇需羊水穿刺。在做完诊断随后的三天里应该多注意休息，尽量避免剧烈运动，避免搬运重物。如果出现以下任何症状，如出血、有水状液体流出或高烧等，应该立即联系医生，这些都是怀孕处于危险情况时的现象。羊水穿刺可以检测以下病症：

1. 诊断先天异常

遗传病携带者，在孕期确定胎宝宝性别；35 岁以上的高龄孕妇易发生胎宝宝染色体异常；前胎为先天愚型或有家族病史者；准妈妈有染色体异常、先天代谢障碍、酶系统障碍的家族史者；前胎为神经管缺陷或此次孕期血清甲蛋白值明显高于正常人者。

2. 测定胎宝宝成熟度

处理高危妊娠，为降低早产儿的死亡率，引产前需要了解胎宝宝的成熟度，结合胎盘功能测定，选择分娩有利时机。

3. 染色体检测 100% 准确

羊水样本包含了胎宝宝皮肤和其他器官脱落的细胞，在接受检测之前会置于实验室进行培养。两周以后结果就可以出来了。在大多数情况下，检测胎宝宝染色体方面的准确率几乎达到 100%，但它无法检测出类似畸形足或心脏病等的结构性疾病。携带基因疾病，如：家族黑蒙性白痴和囊肿性纤维化的夫妇都必须接受针对性更强的羊水诊断。

4. 检测有无宫内感染

准妈妈有风疹病毒等感染时，可测羊水中特异免疫球蛋白。如羊水中白细胞介素升高，可能存在亚临床的宫内感染，可导致流产或早产。

5. 疑为母儿血型不合

羊水中血型物质以及胆红素有助于新生儿 ABO 溶血病的诊断、预防和治疗。若诊断为 ABO 血型不合，应加强产前监测与娩出后新生儿的抢救准备。

总体上来说羊水穿刺的过程是安全的，虽然存在导致母体损伤、胎儿胎盘以及脐带损伤、羊水渗透、流产或早产、宫内感染的危险性，但其比例很小，一般不超过 1/200。

第 91 天：胎动与妊娠期腹痛的区别

大多数准妈妈在这个月对胎动的感受还不明显，也常会发生错觉。对于初次怀孕的准妈妈，还有可能会将妊娠期腹痛当做是胎动而忽视。妊娠期腹痛是孕期的一种常见症状，极易与胎动混淆，特别是对于初次怀孕的准妈妈。只要了解妊娠期腹痛的特点，就能及时对二者做出区别判断：

妊娠期腹痛包括生理性妊娠期腹痛和病理性妊娠期腹痛。生理性妊娠期腹痛是由于妊娠后子宫体增大,对子宫圆韧带造成过度牵拉而导致的,多发生在孕3 ~ 5个月时，疼痛多为牵涉痛、钝痛或隐痛，疼痛位置在下腹部子宫体的一侧或两侧。疼痛常发生在准妈妈远距离行走或体位改变后，通常经卧床休息一段时间后便可缓解。

而病理性妊娠期腹痛的原因则较为复杂，常见的原因有以下几种：

（1）葡萄胎。常发生在孕4个月之内的准妈妈身上，发生葡萄胎的女性也有停经史，但其子宫体内并未孕育着真正的胎宝宝，而是一种水泡状的胎块。葡萄胎患者在停经后也会像早期怀孕一样出现妊娠反应，子宫体增长得非常迅速，并且会在停经后2 ~ 4个月时发生腹部胀痛或钝痛，并伴有阴道流血的现象。

（2）流产先兆。将发生流产的准妈妈常会出现阵发性或持续性的腹痛，并伴有下腹部坠胀、有阴道流血或有烂肉样的组织自阴道排出。

（3）宫外孕破裂。宫外孕破裂时，下腹部一侧撕裂样的疼痛及肛门坠胀，随着病情的进一步发展和宫外破裂处出血量的增多，患者还会出现头晕、乏力、心慌、恶心呕吐、面色苍白、四肢冰冷等休克症状。

（4）妊娠合并急性阑尾炎。准妈妈的阑尾会随着子宫体的增大多从原来的位置向其外上方移位。因此，当准妈妈患急性阑尾炎后，腹痛部位不会像正常人那样典型，因此很容易被忽视。但随着病情的发展，患者也可出现肌紧张、发烧等症状，此时应去医院就诊。特别是有慢性阑尾炎的准妈妈，更应警惕妊娠期阑尾炎的急性发作。

（5）胎盘早剥可引起腹痛。此种情况多发生在妊娠7个月以后的准妈妈身上。这样的准妈妈常有妊娠高血压综合征、慢性高血压病或腹部受过外伤。也有少数准妈妈无明显诱因而发生了胎盘早剥。胎盘早剥引起的腹痛与胎盘发生剥离面积的大小有关。胎盘剥离面积小的孕妇，仅有少量的阴道流血及轻度腹痛。胎盘剥离面积大的准妈妈，虽然其阴道流血并不多，但由于其子宫腔内的积血多，可使患者的腹痛剧烈，持续不断，腹部硬如板状。病情严重时，患者可出现休克。发生此种情况的准妈妈，应及时去医院就诊，否则会危及胎儿的生命。

准妈妈若在怀孕4个月之内出现腹痛，则不是胎动。因为胎动一般在怀孕16 ~ 20周才出现。此期间，若有下腹部坠痛、肛门坠胀、阴道流血等现象，则应考虑到宫外孕、葡萄胎、流产等情况的发生。

准妈妈的胎动有一定的规律性，一般每小时3 ~ 5次左右。胎动在怀孕28 ~ 37周时较活跃，但不会引起准妈妈明显的不适。胎动后的腹部局部不适，几秒钟或数十秒钟就可缓解。如果孕妇在怀孕的中晚期出现全腹下坠、肛门坠胀，阵发性腹痛并伴有阴道流血时，则应考虑到早产、胎盘早剥等情况的发生。若腹痛位于右下方或偏上，无规律性，且准妈妈有高热、恶心、呕吐等症状时，则应考虑到急性阑尾炎的发生。若准妈妈在临产后，出现全腹强直如板状，且疼痛难忍等现象时，则应警惕子宫破裂的发生。

总之，准妈妈一旦出现与胎动无关的腹痛，就应引起重视，并应及时就诊，加以鉴别，以免酿成祸患。

胎宝宝的阅读时光：几米《我的心中每天开出一朵花》节选

《我的心中每天开出一朵花》是台湾著名手绘画家几米的一本心灵小品画册。在这本书中，除了唯美的画面以外，更出彩的是一段一段带着灵气和内涵的小文字，你可以在这淡淡的文字中，读到一点启发和快乐。

1. 未必

终于明白，
一个人是无法抵挡所有事情的。
有时候一朵白云的阴影，也会令人窒息。
风轻柔地吹散阴影，小鸟轻松地衔走白云。
微风可以做到的，我未必能做到。
小鸟可以做到的，我未必能做到。
你能做到的，我未必能做到。

2. 颠倒世界

快乐地歌唱，世界跟着手舞足蹈。
伤心地哭泣，世界跟着沉默忧郁。
他有他的想法，
但愿意勉强地为我短暂地配合。
我倒挂在枝头，轻轻摇摆，
找寻颠倒世界可爱的那一面。

3. 回家的路

回家唯一的路，
被昨夜粗心的流星撞落了，
我无法跨越失落的那一段。
还好月亮还在，
还好想象还在，
还好天使还在。
我每天重新打造一条秘密小路，
在蜿蜒奇诡的归途中尽情冒险。

4. 真相

海洋愈来愈远；陆地愈来愈近。

昨天愈来愈远；明天愈来愈近。
春天愈来愈远；秋天愈来愈近。
童年愈来愈远；烦恼愈来愈近。
真理愈来愈近；谎言愈来愈近。
假期愈来愈远；郁闷愈来愈近。
当我真正了解这个道理时，
真是吓坏了！
我们开始逃跑吧！

5. 希望井

掉落深井，我大声呼喊，等待救援……
天黑了，黯然低头，才发现水面满是闪烁的星光。
我总在最深的绝望里，遇见最美的惊喜。

6. 流光

坚持等待一片不肯掉落的叶子坠下，
想起整树翠绿的青春。
冬日即将到来，
钻进被窝准备长长的冬眠。
我望着最后的枯叶，
松脱、飘落、翻转……
为消逝的时光，默哀。

好孕美食馆：可以让人变快乐的几种美食

1. 香蕉酸奶

香蕉含有一种称为生物碱的物质，生物碱可以振奋精神和提高信心。而且香蕉是色胺酸和维生素 B_6 的超级来源，这些都可以帮助大脑制造血清素。

【材料】

香蕉2根，酸奶500毫升，巧克力适量。

【做法】

（1）香蕉去皮切成小丁；
（2）取一半放入搅拌机中，倒入酸奶搅，拌成香蕉酸奶糊；
（3）把另一半香蕉丁放到杯子里，然后倒入香蕉酸奶；
（4）用巧克力刮刀在巧克力上取一些巧克力碎撒到酸奶上。

2. 南瓜焗饭

南瓜之所以和好心情有关，是因为它们富含维生素 B_6 和铁，这两种营养素都能帮助身体所储存的血糖，转变成葡萄糖，葡萄糖正是脑部唯一的燃料。南瓜派也被认为是菜单上“最聪明”的甜点。因为每吃一口南瓜，就会同时摄取 3 种类胡萝卜素，这对预防心脏病、抗老化都十分有用。南瓜既可中式调理，也可吃西式的南瓜汤、南瓜派，各有风味。

【材料】

南瓜、剩米饭、淡奶油、洋葱、烟熏火腿片、马苏里拉芝士、盐、黑胡椒粉等，材料具体用量可根据个人需要确定。

【做法】

（1）洋葱火腿切碎。

（2）南瓜切片放微波炉高火 3 分钟，用勺子压碎。

（3）锅内加少许玉米油烧热炒香洋葱，放火腿丁炒匀。

（4）将压碎的南瓜下入锅，添水至没过南瓜，烧开。

（5）倒入淡奶油继续烧开。

（6）剩米饭打松倒入锅内，翻炒均匀，直至汤汁收干，撒少许盐和黑胡椒粉拌匀。

（7）米饭放入烤碗，上面铺匀马苏里拉芝士，烤箱 190℃预热 10 分钟即可。

3. 葡萄柚沙拉

葡萄柚丰富的维生素 C 不仅可以维持红细胞的浓度，使身体有抵抗力，而且维生素 C 也可以抗压。最重要的是，在制造多巴胺、肾上腺素时，维生素 C 是重要成分之一。

【材料】

葡萄柚、大芹菜、乳酪块、葡萄柚汁、蜂蜜等，可根据个人需要确定材料用量。

【做法】

（1）将葡萄柚切成两半，用水果刀将果肉挖出，然后用汤匙挖掉所有瓣膜成一空果皮。

（2）芹菜撕去粗丝，和乳酪都切成小块，连葡萄柚果制成沙拉盛在皮壳中，包上保鲜膜冷藏。

（3）将葡萄柚汁和蜂蜜调匀，吃时淋在沙拉上。

胎宝宝的私人音乐厅 :《G 弦上的咏叹调》

《G 弦上的咏叹调》为巴赫《第三号管弦乐组曲》的第二乐章主题，充满诗意的旋律美，使此曲成为脍炙人口的世界名曲，原曲创作于 1727 ~ 1736 年。

《G 弦上的咏叹调》乐曲为很慢的慢板，C 大调，4/4 拍子，二段体。乐曲悠缓委婉、充满了沉静甜美的气氛，宛如一首温馨深沉的夜曲。全曲演奏时间约 4 分钟。音乐开始速度极缓。逐渐长音渐强，抒发了沉思冥想的心绪，又像在轻声咏唱。第二段是在第一段的基础上加以发展成的，没有像一般二段曲式那样在速度与性格上与第一段形成鲜明对比，而保持了原来意境，感情起伏较大，不断向上推，使乐曲在曲调上委婉动听。最后音乐在激情而富于自信的情感之中圆满地结束。第一小提琴像是一位伤感的女高音，咏叹出一支缠绵悱恻的旋律。最初是隐忍的怨诉；中途，音乐愈益激动、跳跃，将主人公心内的热情与追求倾诉出来；最后又回归到富有感情的低吟之中。这段旋律在古钢琴和弦乐组的伴奏下由第一小提琴奏出。虽然第二小提琴和中提琴间或也加以呼应，但终究都是作为伴奏，为主旋律衬出美妙的背景。

巴赫的音乐是真正能够均衡心灵的。他得音乐能指明人生的方向，抚慰疲惫的心灵，给予安慰和信赖，不会失却信心、仁爱，不会失却人性中最本质的东西。如果说音乐是人类灵魂的最后一道防线，那么巴赫的音乐，就是这防线上的把守者。在遇到精神上的危机时，依靠巴赫的音乐能让人获得平静和均衡。听巴赫的音乐有一点好处，它永远不会让你变成理想主义者。冷静、冷静、再冷静。它告诉你生活就是这样，一部与另一部交织在一起，此消彼长，没有永恒。一堆奇怪的和声或者音程，放在一起却十分和谐。永远不疾不徐娓娓道来。

第14周：胎宝宝长出了指纹

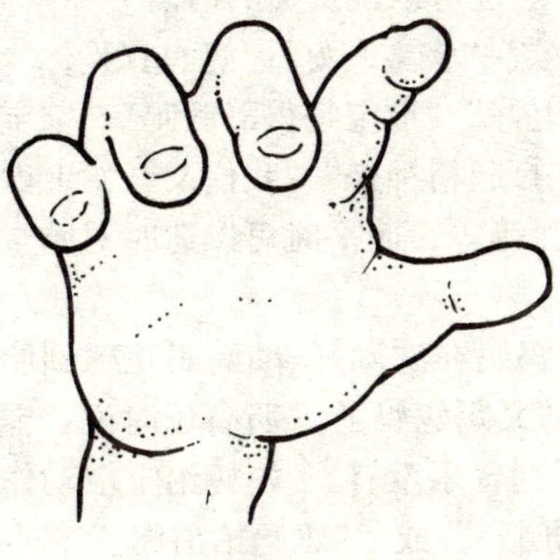

胎儿的手指末端开始长出柔软的指甲。

这一周，胎宝宝身长长到11厘米左右，体重大约28克重。手指开始长出代表个人特征的指纹印，手指和脚趾已经完全形成，软骨也已经形成，骨骼正在迅速发育。

准妈妈的肚子继续增大，但还不太容易看出怀孕了，早孕症状明显减轻了。流产的可能性已经减小。准妈妈的乳头可以挤出少量乳汁，下体分泌物增多，这是体内雌激素水平较高、盆腔及引导充血而导致的。

1. 多一点耐心

对胎宝宝对一些耐心，少一些烦躁。准妈妈所做的一切胎宝宝都可以感受得到。在闲暇时候，搜集一些树叶放在厚书的夹层里，做成简单的书签，也可以搜集好看的明信片邮寄给朋友，当然你还可以根据自己的喜好搜集其他的小玩意儿，在搜集的过程当中可以锻炼一个人的耐心。

2. 吃点坚果

脑细胞是由60%的不饱和脂肪酸和35%的蛋白质构成的。而坚果类食物当中含有15% ~ 20%的优质蛋白质和十几种重要的氨基酸，这些氨基酸是构成大脑神经细胞的主要来源。因此无论是对于准妈妈还是胎宝宝，坚果都是补脑益智的佳品。所以准妈妈应适当补充一些坚果。

第 92 天：认识对话胎教

各国的胎教研究似乎都可以证实对话胎教的功效，若父母在孕期间常与宝宝聊天，宝宝日后的语言或智力发育较佳。出生第一天的宝宝就能辨别出妈妈的声音，这是千真万确的。当新生宝宝哭闹的时候，只要听到妈妈的声音，往往就会停止哭泣，换上一副很专注的神情，似乎在倾听。这个柔和的声音让他感到熟悉、温暖、安全，因为这是他在妈妈肚子里听到的最多的声音。

一般而言，怀孕到第 5 个月时，胎儿就有了听觉的发展，能听到外界的声音，因此，很多人认为这个时候是实施子宫对话胎教法的最佳时机。然而，许多施行此法的实例证明，他们是从怀孕初期即开始施行，并且一直沿用到婴儿出生。因此，建议你从怀孕初期就试一试。

由于胎儿还没有关于这世界的认识，不知道谈话的内容，只知道声音的波长频率。而且，他并不是完全用耳朵听，而是用他的大脑来感觉，接受着母体的感情。所以在与胎宝宝对话时，准妈妈要使自己的精神和全身的肌肉放松，精力集中，呼吸顺畅，排除杂念，心中只想着腹中的宝宝，把胎宝宝当成一个站在自己面前的孩子。

在日常生活中可以这样和胎宝宝进行对话。说一些期盼的话语——“宝宝快长大吧”“大眼睛像爸爸，善解人意像妈妈”“长得胖胖的”“长得高高的”“像妈妈一样白，像爸爸那样聪明能干”“爸爸妈妈都爱你”。也可以说赞美的话语——“你真是妈妈的好宝宝”“宝宝真懂事”“真是一个乖宝宝”“宝宝真好”“妈妈真爱你”。问候的话语可以这样说——“宝宝你好”“宝宝早上好”“宝宝睡得舒服吗”“宝宝愉快吗”。胎教前后用语——“宝宝醒醒吧”“宝宝打起精神来”“我们又开始上课喽”“听听音乐吧”“再见啦”“休息吧”“睡觉吧”，等等，而平时可以适时对胎宝宝进行语言诱导。

准妈妈淋浴时可对胎宝宝说：“这是水流声，妈妈在洗澡。”准妈妈在感到胎动时说：“宝宝开始活动了。”或：“宝宝淘气了。”或：“又踢妈妈了。”听音乐时说：“宝宝听听音乐吧！”或：“真好听啊！”或：“宝宝听到音乐没有。”妈妈给宝宝动作刺激时，可以说：“让妈妈摸摸你。”或：“宝宝好舒服。”或：“妈妈拍拍你。”或：“再踢一下。”或：“妈妈推推你。”或：“宝宝散散步吧。”

准妈妈可以带着愉悦的心情朗读一些优美的散文、诗歌，选择些好听的故事讲给宝宝听，也许将来这些故事会是宝宝出生后最喜欢的呢！科学也证明，宝宝在出生后出现哭闹时，给宝宝讲你在怀孕时经常讲给宝宝听的故事，宝宝会慢慢地平静下来。要多多关爱胎宝宝，多思考、多学习、多和他说话。在对话、朗诵的同时，如果配上背景音乐，或者给胎宝宝听旋律轻盈明快、酣畅安详、可使心绪稳定的乐曲。也可以每天哼唱几首自己喜爱的抒情歌曲或优美而富有节奏的小调等，对胎宝宝进行听觉训练，会起到不错的效果。而准爸爸也可以坐在准妈妈身边，时常和胎宝宝讲讲话，让他熟悉你的声音。

随着妊娠的进展，每天还可适当增加对话次数，可以围绕父母亲的生活内容，依次教给胎儿周围的每一种新鲜事物，把所看到所感觉到的东西对胎儿仔细说明，把美好的感觉传递给胎儿。

由于对话胎教法的好处在于能够将准妈妈的情绪、思想、语言传达给腹中的胎宝宝，所以，建议准妈妈多用爱去关爱胎宝宝，多思考、多学习、多与他说说话，千万不要懒惰或经常性地情绪不好。否则，你将来的宝宝会有可能是一个怠惰、散漫、思考能力差、脾气暴躁的小孩。

第 93 天：通过预测血型来预测胎宝宝的性格

1. 如何预测胎宝宝的血型

心脏到脑部的血管总长度是 11.2 万公里。因为这根血管贯穿着全身，所以血液对人的性格、行动、疾病的影响很大。并且血型会遗传到下一代，所以可以反映出体内的化学性质。甚至可以这样说，血型是可以解答疾病和是否长寿的金钥匙。一般来说，相同血型的人的性格和体质是有些相似的。

血型可以判断出人的性格、气质，所以可以通过针对胎宝宝的血型把胎宝宝培养成一个有品德、有风范的孩子。血型会遗传，但是经过两人合而为一总会有所变化。但是万变不离其宗，根据父母的情况完全可以对孩子的血型了解个大概。那么宝宝的血型应当如何预测呢？对应血型的胎教只需要满足两个要点。一是通过爸爸妈妈的血型预测一下血型，二是针对准妈妈的血型，预防容易患上的疾病；然后对应预测出来的血型进行营养管理。虽然预测不一定非常准确，但是我们所做的也不会有坏处。

2. 不同血型的不同人格特征

（1）A 型血人格特征

A 型人的生活态度是公私分明，遵守秩序，希望生活安定充实。人生观比较复杂，对外界顾虑重重，既希望安定的局面，又渴望摆脱现状。其对外界非常介意，处世小心谨慎，对挽回不利局面尽心尽力，但有时会因压力太大而突然爆发。A 型人的思维判断很有条理，考虑问题细致周密，主张完美主义，讨厌矛盾的逻辑，喜欢讲道理，判断事物较为慎重，不轻易下结论，是非分明，但有些形而上学和自以为是。感情上是表面自制力较强，但内心世界感情激昂，精神创伤恢复慢，比较冷静。思想解放，想得开。不拘泥于过去，对未来持积极态度，有吃苦耐劳的准备。

（2）B 型血的人格特征

B 型人的人生观较为达观，喜欢按照个人兴趣生活，追求生活趣味，热爱有趣的工作。生活态度是喜欢自由，向往流动性的生活，不拘泥于环境和社会习惯。他们留恋并拘泥于过去，但天长日久也会淡薄记忆，对未来充满信心，很乐观，有远见。B 型人对饮食兴趣浓厚，讲究味道，食欲稳定。无论时间、场所，情况怎样，都能够熟睡，晚上精神好，但不能早起。

行为是不受限制和约束，对任何事都自有主张，不顾忌周围环境，敢于标新立异但有些粗枝大叶。

（3）O 型血的人格特征

O 型人的注意力集中，目的性强，办事能抓住重点，但较粗放，一旦失去目标即会堕落。

遇事反应非常灵敏，对其感兴趣的问题往往爱追根究底，具有持之以恒的决心，而且极其细心、考虑周全。其量主要的弱点是易冲动，遇到克服不了的困难和障碍时，情绪会马上显得很不稳定。思维判断逻辑性强，表达问题清楚，虽有信念，但看法现实，利害关系明确，观察力强，能够抓住重点，胆大直截了当，有时较简单；对自己的专业好奇心强。浪漫，富有诗意，喜欢自然界，爱好留念、收藏和比赛。O 型人衣着随便，爱穿什么就穿什么，稍微奇异的服装，也不顾虑，不赶时髦，对于内衣则讲求实用。能够肯定过去，从不后悔；喜欢回忆，关心未来，对未来的生活充满信心。

（4）AB 型血的人格特征

遇事反应非常灵敏，业余爱好兴趣较广，但大多脱离现实，像儿童一样天真好奇，好幻想。AB 型人既有协调性和开朗的一面，又有沉默寡言和拒绝他人的一面。实践能力和计划性都很强，但不喜欢做领导，容易疲劳。一般情况下厌恶争论，偶尔也会有些出于技术性考虑的争论。食欲旺盛，爱吃加工后的、种类丰富的饭菜：女子则喜欢零食。睡眠往往不足，对身体影响较大，使工作能力减半，兴奋时容易失眠。有时神经质地关心健康，有时则完全相反，不相信医生，只按自己的想法做。他们能从其他血型人注意不到的一星半点线索中，感觉到事物的变化，并能对此进行冷静的观察和分析。由于 AB 型血人思想新颖，所以他们有接受新鲜事物的能力，有敏锐的感受性。

第 94 天：保持好身材，不做胖妈妈

1. 如何控制体重

如何在怀孕后保持身材？秘诀有三个。首先，在准备要孩子之前几个月不能去刻意减肥。过分地控制饮食和过量运动虽然可以达到减肥的效果，可一旦怀孕后就不能控制饮食，运动量也不能过大，这就势必造成反弹。其次，怀孕后不能在家闲着，最好能上班或去做点什么。头三个月每天要有适当的运动，三个月后可以加大一定的运动量。最后，不能睡太多觉，不能暴饮暴食。每天保证八小时的睡眠就足够了，饮食需多样化，多吃绿色蔬菜，贝类，肝脏之类的，尽量少吃零食和油炸食品。

（1）适当进行运动

运动有助于减轻疲劳，并能够使准妈妈在产后迅速恢复。但是有一些规律，运动之前一定要记牢，比如在准妈妈开始某一项锻炼计划之前，一定要征得医生的许可。多喝水，千万不要让自己锻炼到筋疲力尽。一定要注意运动的强度，如果感到任何的不适，马上停下来，换一些低强度的运动，例如轻快地散步、游泳，或做一些水中的有氧运动。

即便在此之前你从未尝试过水池中的运动，也可以借这个机会试一试。水中运动作为有氧运动中特殊的一种，对准妈妈有极大的益处：水的浮力可以帮助孕妇支撑比怀孕前多出的 10 ~ 13 千克体重，水的阻力可以减少逐渐松弛的关节的

损伤机会，水比空气良好的传导能力使孕妇不必担心体温过度升高，更何况水中运动的乐趣又是任何人都不可抗拒的诱惑。

（2）合理的饮食

怀孕妇女，特别是在怀孕后期一天需摄取1000毫克钙质（约两杯牛奶或豆浆）才能足够自身及胎宝宝所需。准妈妈所需的维生素C,则可从各类蔬果中摄取。准妈妈由于下腹部的挤压，也常会有便秘的问题，因此在饮食中应注意增加纤维质的摄取，并摄取足够的水分。此外，食盐中因含大量的钠，准妈妈若能留意钾的摄取，可避免孕期过度水肿或脱水现象，水果中的香蕉即含有丰富的钾质；值得注意的是，若是孕妇长期贫血，缺少铁质，除了宝宝发育不良以外，母亲可能会出现许多并发症；菠菜、葡萄干、猪肝就是铁质摄取的代表。

（3）孕期拒绝减肥药

准妈妈怀孕期间使用药物减肥是非常危险的行为，因为减肥药物或对大脑的饮食中枢造成一定抑制作用，或通过一些缓泻剂使多余的水分和脂肪排出体外，可能造成营养不足，导致胎宝宝营养不良，甚至可能对胎儿有副作用，造成胎宝宝的先天疾病。如果你很难主动控制饮食的话，需要采取一些小妙招。比如每天测量体重，并制作成曲线图，以此为警惕。从书本、杂志中涉猎营养学的相关知识，了解食物的热量，借以控制热量的摄取。或者让老公每天帮助你确认体重数字，为体重严格把关，共同完成好孕期体重控制的工作。

2. 别上体重的当

我们都知道在孕期的前3个月，准妈妈的体重一般会增加2.7千克。9个月的时间也许会增加9 ~ 14千克，这些都是普遍的规律。直到在怀孕第7周，发现自己竟然长了4.5千克；或是在连续呕吐了6个星期以后，发现体重不但没有增加，反而瘦了好几千克。于是你开始对自己产生了怀疑。事实上，很少有准妈妈的体重会与标准相差无几。因为影响体重的因素太多了，身高、遗传、孕期反应，还有准妈妈怀孕前的体重，都可能成为你达不到标准的障碍。

不要以为所有增长的重量都是你身上的肉，有些分量会在你分娩之后自动消失。孕期住准妈妈增加的体重一般是这样分布的：

胎儿：3.4千克，母体：3.2千克，血液：1.8千克，体液：1.8千克，乳房：0.9千克，子宫：0.9千克，羊水：0.9千克，胎盘：0.68千克。

所以各位准妈妈在注意控制体重的同时，不要有过大的心理压力，放松心态正确面对就可以了。健康才是最重要的。

第95天：偏食的坏毛病会“遗传”给胎宝宝

1. 孩子偏食的原因

很多爸爸妈妈都有过为孩子过度偏食而感到头疼的经历。殊不知偏食也是会遗传的，造成偏食的责任多半在于孩子的父母。对于一位在怀孕或哺乳期间的母亲来说，她每天所摄取的食物可能会直接影响到自己的胎宝宝，让他们间接地受到母亲的遗传，从而对某些食物产生强烈的偏好差别。

毋庸置疑，怀孕或哺乳期间的准妈妈每餐所摄取的食物必定会是安全的，胎宝宝便也通过某种特殊渠道开始认同相应食物的口味。这可能就是人们在食物口味偏好选择方面的最初根源，调查也已经表明，大多数人都喜欢或认同自己母亲特别喜爱的食物。如果准妈妈爱吃胡萝卜，她们的孩子在断奶后往往比其他孩子更爱吃胡萝卜。假如新生儿的母亲偏爱蒜或含有香草、茴香籽的调料，那么她们的乳汁中也会分别含有蒜、香草和茴香籽的成分。在一项实验中，通过母乳经常“品尝”特定食物成分的小孩在长到 7 个月大时，会特别喜欢特定食物的味道。如果给这些孩子改喂标准成分的母乳，他们会皱鼻表示不爱吃。

所以为了胎宝宝日后养成良好的饮食习惯，有偏食习惯的准妈妈应该在孕期时就改掉偏食的坏习惯，做到合理搭配，饮食均衡，给胎宝宝起一个表率作用。

2. 偏食准妈妈的营养补救措施

据联合国统计，94% 的弱智儿或脑发育不全导致脑瘫的患儿都是因为母亲在怀孕时期造成的，其余的 6% 是因为在医生接生过程中婴儿缺氧所致，而这种因接生时导致的弱智患儿后天是完全可以治愈，但是在母体怀孕期所造成的弱智患儿后天是不可愈的。孩子的脑部发育和成熟与母亲在怀孕期间的饮食是密不可分的。婴儿的脑细胞、髓鞘、脑细胞壁的成长发育都是需要很多氨基酸、磷脂以及脂类。有些准妈妈因偏食不吃肉导致缺乏合成脑细胞壁的主要原料脂类。而叶酸是合成脑细胞壁与血细胞壁的原料，因饮食不均衡缺乏叶酸的准妈妈也会给胎宝宝的大脑带来危害。导致胎儿在母体内脑细胞发育不完整，发展下去可能就是弱智。偏食的具体补救措施如下：

（1）不爱吃蔬菜

不喜欢吃蔬菜的准妈妈很有可能缺乏各种维生素、无机盐及纤维素。有这种偏食习惯的准妈妈平时可以在加餐时补充一两个新鲜水果。多喝鲜榨橙汁能够帮助补充维生素 C。多吃富含铁、B 族维生素、纤维素的高粱和燕麦。还可多补充些核桃、芝麻、杏仁等食物。

（2）不爱喝牛奶

不爱喝牛奶的准妈妈体内容易缺乏钙质。可以利用酸奶和奶酪来代替。酸奶、奶酪等奶制品同样富含钙，而且酸奶中的乳酸菌对于准妈妈的便秘也会有一定的改善作用。豆奶可以作为其次的选择。虽然豆奶中的钙质比不上牛奶的，但也是比较容易被人体吸收的。如果准妈妈既喝不了牛奶，又不愿意喝豆奶和配方奶，又出现了一些缺钙的症状，可以在医生的指导下吃些钙片，来帮助补充钙质。

（3）不爱吃肉

不爱吃肉的准妈妈有可能缺乏蛋白质、B 族维生素、维生素 A、铁。可以依靠谷物和蛋类帮助补充蛋白质和 B 族维生素。全麦面包和麦片都是全谷物粮食，五谷杂粮最好搭配食用。每周吃 1 ~ 2 次豆类。例如黄豆、扁豆、豌豆。可以炖在菜里，也可以拌在沙拉里。除此之外，准妈妈每天要定量摄入酸奶、牛奶或奶制品，最好是选用低脂低糖的产品，还可以适当食用些蛋白粉作为饮食外的补充。

（4）不爱吃鱼

不爱吃鱼的准妈妈有可能缺乏蛋白质、脂肪和各种无机盐，尤其是碘。有这类情况的准妈妈可以在做菜的时候使用含碘盐。同时坚果是个不错的选择。很多坚果里富含脂肪，可以带在身边饿了的时候食用。还可以补充些深水鱼类为原料提炼而成的食用鱼油。

第96天：准妈妈不适合出现的场所

怀孕期间，准妈妈的身体要比平时脆弱，为了保护好自己和胎宝宝，你的身影应尽量不要出现在以下这些地方。

1. 人多拥挤的地方

准妈妈在怀孕后，应尽量避免去人多拥挤的地方，如商场、农贸市场等公共场所。人多拥挤的场合易传播疾病。公共场合中各种致病微生物的密度远远高于其他地区，尤其在传染病流行的期间和地区，很容易让准妈妈染上病毒和细菌性疾病，这些病毒和细菌对于一般健康人来说可能影响不大，但对准妈妈和胎宝宝来说都是比较危险的。

此外，人多拥挤容易使准妈妈腹部受挤压和碰撞而发生意外。如在广场看节目，如挤公交车，就有可能挤倒人，孕妇由于身体笨拙，最容易出现问题，如果引发了胎盘早剥、流产等现象后果不堪设想。再者，人多的地方空气污染严重，二氧化碳等有害气体含量高，氧含量相对低，对准妈妈和胎宝宝健康有害而无益。

因此，准妈妈在怀孕期间尽量避免去人多拥挤的地方，如果必须要去的话，也要戴上口罩，处处留心，时刻保护好自己。

2. 嘈杂有噪音的场所

高噪声容易导致流产、早产甚至畸胎，低噪声也不可忽视，据测定，电视机、电子音响所产生的噪声如果超标，将会成为致畸的祸因。因此，准妈妈最好避免出入歌厅、夜店、菜市场等喧闹的场所，不要在强噪音环境中停留。同时准妈妈的卧室内不要放置家用电器，尤其是电冰箱，音响的音量和使用时间也要严格控制，防止低噪音带来的危害。家住闹市或机场附近的准妈妈，最好暂住在宁静的地方安心养胎。

3. 公共卫生条件差的地方

准妈妈应避开环境恶劣、公共卫生差的地方。尤其是蚊、蝇、蟑螂、老鼠等病媒滋生的地区，若已经公告为传染病盛行的国家和地区，千万不可贸然前往。尤其疟疾、黄热病、霍乱、伤寒、鼠疫、痢疾等传染病，对于怀孕妇女的危险性远比对一般人为高，所以避开传染病流行的地区是有必要的。如果自己所在的地区近期有什么流行性传染病，准妈妈最好也要暂时离开这个地区。

4. 海拔高的地方

高海拔地方，一般人容易产生高原反应，准妈妈尤其需要氧气，因此不适合前往高山旅游。喷射客机爬升到一定高度之后，气压降低，在这气压下动脉血气浓度将下降，对于贫血的准妈妈则可能会造成临床症状，尤其是镰状细胞型贫血患者或带基因者，有特殊体质的准妈妈请特别留意。同样的，海底潜水也需要额外的氧气供应，都不适合孕妇参加，而在外出旅游之前，最好请事先查明当地的紧急医疗照护电话、及最近的妇产医院地址，避免前往荒郊野外、离岛或交通不便的地区，这些地区通常没有普及的医疗设施，一旦有需要无法立刻送医。

第 97 天：充足睡眠，科学睡姿

1. 准妈妈要保证充足的睡眠

充足的睡眠对准妈妈来说十分关键。一方面，睡眠可以使细胞能量得到补充，有助于体力的恢复，同时还能缓解精神压力，增强准妈妈的神经系统和免疫系统的功能，降低孕期忧郁症和产后抑郁症的发生。如果准妈妈睡眠不足的话，会引起疲劳过度、食欲下降、营养不足、身体抵抗力下降、增加孕妇和胎宝宝感染的机会，造成多种疾病发生。有研究显示，那些夜间睡眠少于 6 小时孕妇产程较长，且剖宫产几率为正常人的 4.5 倍。睡眠严重障碍的孕妇产程更长，剖宫产几率为正常人的 5.2 倍。

睡眠时间的长短因人而异，有的人仅仅睡 5 ~ 6 个小时就能恢复体力与精力，有的人则需更多的时间。一般来说，正常成人需要 8 小时的睡眠时间，准妈妈由于身体发生一系列特殊变化而易感疲劳，尤其是在孕早期，可以适当延长睡眠时间，但也不宜过长，以 1 小时左右为宜。

准妈妈在怀孕最初的几周，无论昼夜疲劳感都很强，90% 的准妈妈会感觉懒散、浑身无力，有的人甚至会感觉“怎么睡都睡不醒”。这是因为，准妈妈的身体里会分泌一种主要成分为黄体酮的激素，主要作用于子宫，可以使子宫的肌纤维松弛，避免过早的疼痛，从而使得胎宝宝可以不受干扰的成长。但这种激素类似于麻醉剂，会使人体感到疲劳嗜睡，因此准妈妈在孕早期特别容易嗜睡。建议准妈妈在孕早期不要控制自己的睡眠，有困意就要睡，但如果是白天的话，睡眠时间不宜过长，小憩片刻为最佳。

为了保证充足的睡眠和良好的睡眠质量，准妈妈在睡前不要吃油炸食物和难消化的食物，如果尿频严重，应在上午多喝水，下午和晚上少喝水。临睡前两小时可以在温热的牛奶里加点蜂蜜饮用，临睡前洗一个热水澡，室内保持适宜的温度和适度，选择柔软的被子、枕头，创造一个良好的睡眠环境。

2. 准妈妈适宜的睡眠姿势

多数准妈妈都知道，孕期采用左侧卧睡眠是最好的，因此有很多人从怀孕一开始就坚持一动不动的左侧睡眠。但实际上，睡眠影响健康的前提是子宫的增大，所以睡眠姿势纵然对准妈妈和胎宝宝有影响，但这影响并不是从怀孕一开始就随即开始的。睡眠姿势对胎宝宝和准妈妈的影响，来源于子宫对腹主动脉、下腔静脉和输尿管的压迫，而只有增大的子宫才会产生这样的影响。孕早期子宫并未增大时，只要睡眠姿势不压迫腹部，就不会对自身和胎宝宝造成影响。注意调整睡眠姿势一般来说，是从孕中期，即妊娠 5 个月以后才有必要引起重视的。

当子宫逐渐增大后，若采取仰卧位睡觉的话，增大的子宫会对脊柱侧前方腹主动脉和下腔静脉产生压迫。与此同时，还会造成子宫胎盘血流灌注量减少、回心血量和心血输出量减少、各器官血供减少、肾血流量减少，容易加重或诱发妊娠高血压和水钠潴留等病症；由于人体腹腔左下侧有乙状结肠，因此增大的子宫都会发生不同程度的右旋，进而对子宫的血管和韧带造成牵拉，这时若采取右侧卧位的话，会进一步加剧子宫的右旋，使子宫血管受到的牵拉或扭曲加重，子宫胎盘的供血量减少。

因此，准妈妈最好是用左侧卧睡眠的方式，可以有效避免上述问题的出现。但是，很少有人能够在一整夜坚持一种睡眠姿势不变，准妈妈只要做到躺下休息睡眠时采取并坚持左侧卧位就可以了，如果当醒来后发现自己改变了睡眠姿势的话，改成左侧卧位就可以。千万不要为了保持这一姿势而造成夜不能寐或是睡不安稳，要知道，感到最舒服的睡眠姿势就是最好的姿势，胎宝宝也有一定的自我保护能力，如果你的睡眠姿势使他感到不舒服的话，他会发出一些信号让你醒来，或是让你在睡梦中调整到一个舒适的姿势。

第 98 天：抛开化妆品，做素颜美妈妈

爱美的女性都喜欢化妆，因为装扮以后，显得越发年轻漂亮，脸上的光彩勃发。爱美之心，人皆有之，化妆本来并非禁止之事。但怀孕是女性的特殊生理阶段，这时的女性常常会因为身体状况的变化，而变得敏感、身体抵抗力下降，而且孕期特别忌讳接触有害的化学物品，为了胎宝宝的健康，以下化妆品请准妈妈们尽量不要使用。

1. 孕期禁用的化妆品

（1）口红

口红是由各类油脂、蜡质、颜料以及香料等成分构成。此中油脂凡是接纳羊毛脂，羊毛脂除开会吸附空气中各类对于人的身体有害的重金属微量元素，还有可能吸附大肠杆菌进入胎儿体内，并且还有渗入性。孕妇涂抹口红以后，空气中的一些有害物质就容易被吸附在嘴唇上，并随着唾液侵入体内，使孕妇腹中的胎儿受害。鉴于此，孕妇最好不涂口红，尤其是不要长期抹口红。

（2）指甲油

怀孕期间尽量不要涂指甲油。化学指甲油不仅对人的健康十分有害，且容易引起准妈妈流产及生出畸形儿。此外，有的准妈妈指甲脆而易折，往往也是因为涂指甲油酿成的。

在去病院做产前检查时，尤应注意不要涂指甲油，因为指甲的颜色有时

候需要作为医生诊断参考，如贫血、心脏病等，涂了指甲油就无法做出正确判断了。

（3）香水

准妈妈应避免使用香水，因为香水中含有的麝香及酒精成分，可能会对胎儿产生不良的副作用。

（4）维生素 A 酸

维生素 A 酸是维生素 A 的衍生物，它可改善皱纹、减轻色素斑、改善血流，可去除皮肤表层老死细胞，减少色素形成，避免皮肤毛囊孔被角质阻塞。A 酸有副作用及禁忌证，由于它可能导致畸胎，孕妇绝对不能使用。外用维生素 A 酸通常用来治疗青春痘，消除脸上细小皱纹、妊娠纹与黑斑等。目前化妆品业界大都以维生素 A 酸的衍生物，如维生素 A 醇、A 醛或 A 酯来取代维生素 A 酸。

（5）冷烫精

据法国医学专家多年研究，烫发后不单头发非常脆弱，并且极易脱落。如果是再用化学冷烫精烫发，更会加重头发脱落。此外，化学冷烫精还会影响孕妇体内胎儿的生长发育。是以，孕妇也不宜使用化学冷烫精。

（6）脱毛产品

准妈妈也应避免使用脱毛产品，因为脱毛产品含氢氧化钙、硫代甘醇酸钠等化学药剂来溶解毛发，借由皮下吸收，同样会对胎宝宝产生有害影响。

（7）精油

许多的精油使用法中都有标示“禁止孕妇使用”，对于代谢系统发育并不完全的胎宝宝及准妈妈而言，精没会经由皮下吸收进入血液循环甚至通过胎盘传递给胎宝宝，就会对其造成伤害。

2. 孕期如何继续保持漂亮姿态

（1）在怀孕期间，护肤品要选择天然植物性的。因为这段时间皮肤变得比较敏感，而且随着荷尔蒙分泌的大幅增多，不少准妈妈很容易在孕期突发痘痘。目前市面上的抗痘产品中大多含有某些活性成分，因此在怀孕前 3 个月内要慎用。

（2）皮肤防晒很重要。准妈妈们尤其在夏天怀孕的妈妈，一定要做好防晒工作，不要因为怀孕了就变懒放松了防晒的工作，让自己不知不觉变黑了。如果觉得防晒霜过于油腻，防紫外线雨伞、遮阳帽、墨镜也是不错的选择。

（3）坚持做面膜。在怀孕期间不用刻意选择昂贵的面膜，用天然果蔬和牛奶自己 DIY 面膜，不仅可以美白补水还特别安全健康。孕期肌肤的角质层会变厚，皮肤也会更干，每周至少要做一次保湿面膜和去角质面膜，以维持健康的肌肤新陈代谢，促进残余角质的自然脱落。做面膜贵在坚持，因此一定要长期做才能看到效果。

（4）要多吃富含维生素 C 的食物，如柑橘、草莓、蔬菜等，还应多吃富含维生素 B_6 的牛奶及其制品。保证充足的睡眠，对皮肤进行适当地按摩。

动起来：气功瑜伽

气功是一种通过调身、调息、调心三结合的，以内练为主的自我身心锻炼功法。通过气功锻炼，可以培育、增强元气，充实脏腑之气，活跃经络之气，并提高它们的调节功能，从而改善身体素质，发挥人体机能潜力，故气功有防病治病、保健康复、益智延年等功效。它是通过调身、调息和调心三种方法来达到锻炼的目的。调身，是指姿势或动作的锻炼。练功的姿势很多，各具形态，但对它们有一个总的要求，就是要利于身体内部的气血运行，五脏安和。调息，是指呼吸与内气的锻炼，是练功的主要环节，亦是气功瑜伽重要的一环。调心，是指意念锻炼。人的意念活动，即是心神作用，所以调心。

1. 第一种

具体步骤如下：

（1）先将身体用意念进行自我放松，重点使小腹丹田（脐下）放松。

（2）舌尖微抵上腭，精神内守，除去杂念，意守膻中穴（两乳正中间，乳房无下垂时即两乳头连线的正中间）或丹田或涌泉穴（足底去趾前三分之一处，足趾屈时呈凹陷处即是），三穴可任选一穴，也可轮流意守，直至大脑入静。

2. 第二种

具体步骤如下：

（1）端正平坐（站、靠、卧也可以），上体自然伸直，不要前俯后仰。

（2）上体与大腿成90度角，大腿与小腿呈90 ~ 100度角，两膝分开与肩同宽，垂肩含胸，两手自然轻放膝上。

（3）目微闭以“垂帘”，口自然闭合，两嘴角自然上翘，舌尖轻抵上腭齿根。

3. 第三种

具体步骤如下：

（1）身体坐定以后，进行呼吸法，以鼻吸口呼自然呼吸为主。

（2）息以深、长、匀、细为原则，要顺其自然，不能强求。

（3）当气从鼻中吸入时，要意想气经呼吸道入丹田，然后想丹田似一个小气球，吸入的气在丹田里绕几圈后，因容纳不下，便又经呼吸道由口呼出。

（4）这样不断循环10次。

胎宝宝的阅读时光：朱自清经典散文《荷塘月色》《春》

朱自清先生的写景散文在现代散文中占据了重要的地位。从思想内容说，他散文的核心是一个“真”字。用真挚的感情，写真实的见闻和感受，记写真实的景物，发表真实的议论。他的散文创作从清秀隽永到质朴腴厚再到激进深邃，打上鲜明的时代印记，显示出他独特的艺术风格和审美旨趣。他炉火纯青的文字功力在《荷塘月色》和《春》这两篇散文中更是表现得淋漓尽致。

今天准妈妈就充满感情地给胎宝宝朗诵以下这两篇经典散文，体会一下朱自清先生独特的美文艺术风格，一起赏春，一起靠近月色中的荷塘。

《荷塘月色》

这几天心里颇不宁静。今晚在院子里坐着乘凉，忽然想起日日走过的荷塘，在这满月的月光里，总该另有一番样子吧。月亮渐渐地升高了，墙外马路上孩子们的欢笑，已经听不见了；妻在屋里拍着闰儿，迷迷糊糊地哼着眠歌。我悄悄地披了大衫，带上门出去。

沿着荷塘，是一条曲折的小煤屑路。这是一条幽僻的路；白天也少人走，夜晚更加寂寞。荷塘四面，长着许多树，蓊蓊郁郁的。路的一旁，是些杨柳，和一些不知道名字的树。没有月光的晚上，这路上阴森森的，有些怕人。今晚却很好，虽然月光也还是淡淡的。

路上只我一个人，背着手踱着。这一片天地好像是我的；我也像超出了平常的自己，到了另一世界里。我爱热闹，也爱冷静；爱群居，也爱独处。像今晚上，一个人在这苍茫的月下，什么都可以想，什么都可以不想，便觉是个自由的人。白天里一定要做的事，一定要说的话，现在都可不理。这是独处的妙处，我且受用这无边的荷香月色好了。

曲曲折折的荷塘上面，弥望的是田田的叶子。叶子出水很高，像亭亭的舞女的裙。层层的叶子中间，零星地点缀着些白花，有袅娜地开着的，有羞涩地打着朵儿的；正如一粒粒的明珠，又如碧天里的星星，又如刚出浴的美人。微风过处，送来缕缕清香，仿佛远处高楼上渺茫的歌声似的。这时候叶子与花也有一丝的颤动，像闪电一般，霎时传过荷塘的那边去了。叶子本是肩并肩密密地挨着，这便宛然有了一道凝碧的波痕。叶子底下是脉脉的流水，遮住了，不能见一些颜色；而叶子却更见风致了。

月光如流水一般，静静地泻在这一片叶子和花上。薄薄的青雾浮起在荷塘里。叶子和花仿佛在牛乳中洗过一样；又像笼着轻纱的梦。虽然是满月，天上却有一层淡淡的云，所以不能朗照；但我以为这恰是到了好处——酣眠固不可少，小睡也别有风味的。月光是隔了树照过来的，高处丛生的灌木，落下参差的斑驳的黑影，峭楞楞如鬼一般；弯弯的杨柳的稀疏的倩影，却又像是画在荷叶上。塘中的月色并不均匀；但光与影有着和谐的旋律，如梵婀玲（英语violin小提琴的译音）上奏着的名曲。

荷塘的四面，远远近近，高高低低都是树，而杨柳最多。这些树将一片荷塘重重围住；只在小路一旁，漏着几段空隙，像是特为月光留下的。树色一例是阴阴的，乍看像一团烟雾；但杨柳的丰姿，便在烟雾里也辨得出。树梢上隐隐约约的是一带远山，只有些大意罢了。树缝里也漏着一两点路灯光，没精打采的，是渴睡人的眼。这时候最热闹的，要数树上的蝉声与水里的蛙声；但热闹是他们的，我什么也没有。

忽然想起采莲的事情来了。采莲是江南的旧俗，似乎很早就有，而六朝时为盛；从诗歌里可以约略知道。采莲的是少年的女子，她们是荡着小船，唱着艳歌去的。采莲人不用说很多，还有看采莲的人。那是一个热闹的季节，也是一个风流的季节。梁元帝《采莲赋》里说得好：

于是妖童媛女，荡舟心许；鹢首徐回，兼传羽杯；棹将移而藻挂，船欲动而萍开。尔其纤腰束素，迁延顾步；夏始春余，叶嫩花初，恐沾裳而浅笑，畏倾船而敛裾。

可见当时嬉游的光景了。这真是有趣的事，可惜我们现在早已无福消受了。

于是又记起《西洲曲》里的句子：

采莲南塘秋，莲花过人头；低头弄莲子，莲子清如水。今晚若有采莲人，这儿的莲花也算得“过人头”了；只不见一些流水的影子，是不行的。这令我到底惦着江南了。

这样想着，猛一抬头，不觉已是自己的门前；轻轻地推门进去，什么声息也没有，妻已睡熟好久了。

《春》

盼望着，盼望着，东风来了，春天的脚步近了。

一切都像刚睡醒的样子，欣欣然张开了眼。山朗润起来了，水长起来了，太阳的脸红起来了。

小草偷偷地从土里钻出来，嫩嫩的，绿绿的。园子里，田野里，瞧去，一大片一大片满是的。坐着，躺着，打两个滚，踢几脚球，赛几趟跑，捉几回迷藏。风轻悄悄的，草绵软软的。

桃树、杏树、梨树，你不让我，我不让你，都开满了花赶趟儿。红的像火，粉的像霞，白的像雪。花里带着甜味，闭了眼，树上仿佛已经满是桃儿、杏儿、梨儿！花下成千成百的蜜蜂嗡嗡地闹着，大小的蝴蝶飞来飞去。野花遍地是：杂样儿，有名字的，没名字的，散在草丛里，像眼睛，像星星，还眨呀眨的。

“吹面不寒杨柳风”，不错的，像母亲的手抚摸着你。风里带来些新翻的泥土的气息，混着青草味，还有各种花的香，都在微微润湿的空气里酝酿。鸟儿将窠巢安在繁花嫩叶当中，高兴起来了，呼朋引伴地卖弄清脆的喉咙，唱出宛转的曲子，与轻风流水应和着。牛背上牧童的短笛，这时候也成天在嘹亮地响。

雨是最寻常的，一下就是三两天。可别恼，看，像牛毛，像花针，像细丝，密密地斜织着，人家屋顶上全笼着一层薄烟。树叶子却绿得发亮，小草也青得逼你的眼。傍晚时候，上灯了，一点点黄晕的光，烘托出一片安静而和平的夜。乡下去，小路上，石桥边，撑起伞慢慢走着的人；还有地里工作的农夫，披着蓑，戴着笠的。他们的草屋，稀稀疏疏的在雨里静默着。

天上风筝渐渐多了，地上孩子也多了。城里乡下，家家户户，老老小小，他们也赶趟儿似的，一个个都出来了。舒活舒活筋骨，抖擞抖擞精神，各做各的一份事去。“一年之计在于春”；刚起头儿，有的是工夫，有的是希望。

春天像刚落地的娃娃，从头到脚都是新的，它生长着。

春天像小姑娘，花枝招展的，笑着，走着。

春天像健壮的青年，有铁一般的胳膊和腰脚，他领着我们上前去。

好孕美食馆：给准妈妈们的几道爽口凉菜

1. 香菜拌牛肉

【材料】

卤牛肉 250 克，香菜 50 克，牛肉清汤粉 10 克，鲜露 8 克，味精 3 克，细白糖 5 克，米酒 5 克，陈醋 5 克，红油 8 克，香油 5 克，蒜末少量。

【做法】

（1）先将卤牛肉切成均匀的薄片。

（2）然后加入牛肉清汤粉、鲜露、味精、细白糖、米酒、陈醋、红油、香油、蒜末拌匀。

（3）最后放入切好的香菜段稍拌即成。

2. 凉拌菠菜

【材料】

鲜菠菜 750 克，精盐、味精、葱丝、姜丝、花椒油、香油各适量。

【做法】

（1）将菠菜择去老叶，劈开。用水清洗去泥沙，捞出控水。

（2）锅内注入清水，烧沸，放入菠菜炸软，捞出放冷水内过凉，挤净水分，放碗内加精盐、味精、葱姜丝拌匀。

（3）锅洗净，放入少许香油，用小火烧至五、六成热时，加入花椒煸炒出香味，捞出花椒不用，将花椒油淋浇在碗内菠菜上，用盘盖住捂一会儿揭开，装入盘内即成。

3. 大拌菜

【材料】

樱桃番茄，奶油生菜，苦菊，樱桃萝卜和叶子，黄瓜，太空椒红、黄各一个，盐、白糖、香油、醋适量。

【做法】

（1）樱桃萝卜和黄瓜切滚刀块，彩椒切丝，苦菊和萝卜叶子用手揪成段，奶油生菜撕片。

（2）加盐，加糖，加香油，加醋，搅拌均匀即可。

4. 豆皮火腿卷

【材料】

厚百叶，生菜，西式火腿片，葱，辣酱油，米醋。

【做法】

（1）把百叶切成长方形，放在加了盐的开水里焯一下。

（2）然后用凉白开浸泡一下，拿出沥干。

（3）火腿片切同样大小，生菜洗净。

（4）然后一片百叶，一片火腿，一片生菜依次卷起来后用葱扎紧。

（5）把一勺辣酱油，半勺米醋，少许糖调成蘸料。

（6）吃的时候蘸辣酱油，味道很棒。

胎宝宝的私人音乐厅：《春之声圆舞曲》

《春之声圆舞曲》是奥地利著名音乐家小约翰·施特劳斯的不朽名作。小约翰·施特劳斯在创作该作品时已经年近60岁，但此曲依然充满热情与活力，处处散发着青春的气息。曲中生动地描绘了大地回春、冰雪消融、一派生机的景象，宛如一幅色彩浓重的油画，永远保留住了大自然的魅力。

据说小约翰·施特劳斯是在钢琴上即兴创作出此曲的，因此此曲最早的版本是钢琴曲，后经剧作家填词成为声乐圆舞曲并由著名花腔女高音歌唱家比安卡·比安琪演唱，这也是此曲的第一次演出，直到现在仍然是许多花腔女高音十分喜爱的曲目。我国著名花腔女高音歌唱家周小燕在上世纪50年代也曾演唱过这首声乐圆舞曲。后来作者又将它改编为管弦乐曲，也非常受人们欢迎。

圆舞曲（Waltz），有时音译为“华尔兹”，是奥地利的一种民间舞曲，18世纪后半叶用于社交舞会，19世纪开始流行于西欧各国，它采用3/4拍，强调第一拍上的重音，旋律流畅，节奏明显，伴奏中每小节仅用一个和弦，由于舞蹈时需由两人成对旋转，因而被称为圆舞曲。

《春之声圆舞曲》与典型的维也纳舞曲风格迥异。它本身就是舞台上表演的音乐节目，具有纯粹的音乐表演性质。它与作者其他的圆舞曲创作有所差别，节奏自由、充满变化，旋律生动而连贯，具有较强的欣赏性，很少用于伴舞，原谱中也没有注明各个段落，另外此曲还带有回旋曲特征。它有一个多次再现、贯穿全曲的回旋曲主题A。主题在简短热情的引子之后呈现出来，华丽敏捷的旋律如春天的气息扑面而来，洋溢着青春活力。其他几个圆舞曲娓娓动听、充满生机。全曲具有相当高的艺术性，雅俗共赏、经久不衰。

准妈妈可以在阳光明媚的早晨，在家里附近小花园散步时，和着小鸟叽叽喳喳的叫声听着这首歌，感受着大自然灵动而欢快的绿意景象。

第15周：胎宝宝会做“鬼脸”了

这一周胎宝宝已经开始长出细细软软的头发和眉毛了，轻轻薄薄的皮肤上也有了一层细细的绒毛，好像是一条细细的小绒毯子盖在他的身上，这就是胎毛。这层绒毛在胎宝宝出生不久以后就会自动消失。这周，胎宝宝已经能做许多的动作了，如眯着眼睛斜视、双手握拳、皱眉头、吸吮自己的大拇指，等等。它甚至开始学会对你做鬼脸了。而这些动作也可以帮助宝宝更好的发育大脑。此时胎宝宝的胃肠道功能也充分的发育，可以吸收水分，并将不能被吸收的物质运送到大肠了。

此时的准妈妈要特别注意口腔卫生，怀孕后，由于内分泌的改变，对雌激素的需求增加，准妈妈的牙龈多有充血或者出血的症状，可能引发牙周炎。要养成餐后漱口、使用牙线、早晚刷牙的好习惯。这一时期妊娠斑开始较为明显，要避免阳光直接照射到面部，基础体温已经恢复正常，并一直持续到分娩。

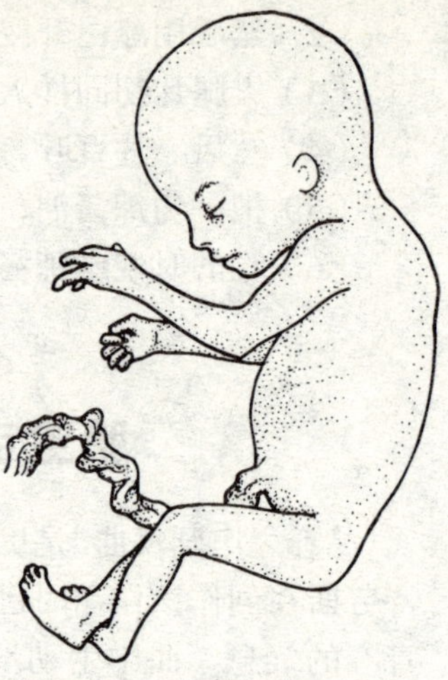
胎儿开始长出睫毛和眉毛。

1. 要在上午吃水果

此时正是胎宝宝味蕾形成的时期，准妈妈可以吃味道多样且营养丰富的水果，让肚子里的胎宝宝在补充营养的同时也品尝到不同的味道。但在食用水果的时候，准妈妈要注意新鲜水果的最佳食用时期是上午。因为人体经过一夜的睡眠之后，肠胃的功能尚在激活当中，消化功能不强，却又需要补充足够的各种营养素，此时吃易于消化吸收的水果可以满足上午的营养需求。如果入睡前吃水果，不利于消化，尤其是吃膳食纤维含量高的水果，对肠胃功能差的人来讲更是有损健康。

2. 描绘大自然

除了和胎宝宝聊天、给他讲故事以外，准妈妈可以有意识地教给胎宝宝一些自然知识。比如邻居家的小狗生了小小狗，公园里又新种了好多的花，街边的大树叶子越来越绿越来越浓密了。如果是冬天，你可以描述一下雪花；如果在湖边，可以给胎宝宝讲一讲静静的湖面，摆动的杨柳。

看幼儿画报时，看到狮子时，可以给胎宝宝讲野生的狮子是怎么生活的，母狮子是怎么养育小狮子的，他们与动物园里被关进笼子里的狮子有什么不同。

做一位热爱生活的准妈妈，随时把生活中的教材提取出来传递给胎宝宝。

第 99 天：认识色彩胎教

色彩能够影响人的精神和情绪，它作为一种外在的刺激，通过人的视觉产生不同感受的结果，给人以某种精神作用。因此，精神上感到舒畅还是沉闷，都与色彩的视感有着直接的关系。赤、橙、黄、绿、青、蓝、紫，正是因为这些色彩的存在，我们的生活才会色彩斑斓。色彩是对人的视觉影响最大的物质。通过色彩的刺激，影响人的精神状态，给人以美的启迪。色彩胎教可以分两种方式进行，一种是利用生活环境的布置来改善准妈妈的心情，胎宝宝自然也能开心成长；另一种是给胎宝宝介绍色彩，让宝宝感受色彩的魅力。

精神上感到愉快还是忧郁，常与色彩的视力感觉有直接的关系。可以说，使人不舒服的色彩如同噪音一样，令人烦躁不安；而协调的色彩则是一种美的享受。红色使人激动、兴奋，能鼓舞人们的斗志；黄色明快、灿烂，使人感到温暖；绿色清新、宁静，给人以希望；蓝色给人的感觉是明静、凉爽；白色显得干净、明快；粉红和嫩绿则预示着春天，使人充满活力；棕色、金色、紫绛色或天然木本色，给人温和舒服的感觉。

1. 准妈妈该如何选择色彩

准妈妈由于阴血聚以养胎，多产生阴血虚，阳气胜，往往火气大，烦躁易怒，所以要有意识地使准妈妈接触一些偏冷的色彩，如绿色、蓝色、白色等，以调节情绪，使其保持淡泊宁静的胎教心境，让腹内的胎宝宝也随之平和地健康成长。怀孕期间不宜多接触红、黑、灰等色，以免产生烦躁、恐惧及悲伤的心理，进而影响胎宝宝的健康成长。因此，在布置孕期居室，选购日常生活用品，以及居家旅行时要有意识地注意这个问题。

2. 教胎宝宝认知颜色

（1）认识水果

色彩缤纷、漂亮又美味的水果是准妈妈和胎宝宝的最爱。妈妈经常吃的苹果、桃子、香蕉等水果摆放在一起，就像是一件漂亮的艺术品。水果有丰富的营养，人们都需要它。你可以这样对胎宝宝说：

这是葡萄。颜色有紫色的和浅绿色的，圆圆的颗粒长到一起成为一串，很好看。

这是苹果，又大又圆又好看。苹果的颜色有红、黄、绿色的，很好看。

这是香蕉。香蕉是黄色的，剥开皮，里面是白色的果肉，味道甘甜。看上去像个月牙。

这是橘子。形状圆圆的，像个皮球。颜色是橙黄色的，剥去皮，里面是瓣样排列的果实，酸甜可口，好吃极了。

（2）认识花

准妈妈可以告诉胎宝宝，花是美丽的代名词，很多很多人都爱它。花有树上开的，也有地上开的，各种花颜色各异，姿态万千。你可以这样教给宝宝认识花朵：

这是梅花。有白色的，也有粉红色的，梅花是最耐寒最有傲骨的，自古以来受过很多人的赞扬。

这是樱花。花是粉色的，“樱花啊，樱花，春天里的晴空”，这是赞美樱花的歌。樱花开在每年的春末夏初，走进盛开的樱花树林里，像是一个童话世界，非常的美丽。

这是牡丹花。花有深红色的、粉红色的，还有白色的，好大、好香。“啊……牡丹，百花丛中最鲜艳，啊……牡丹，众香国里最壮观……”这是赞美牡丹的歌。

这是荷花，也叫莲花、芙蓉花。莲生长在浅水中，它出污泥而不染，是高贵品格的象征。妈妈希望你以后能做一个像莲花一样正直、纯洁而高贵的人。

（3）认识世界

告诉你的宝宝世界是什么颜色的：

天空在晴朗的时候是蓝色的，在阴天的时候是灰色的。

大海和天空的色彩一样，会有晴朗的蓝，也会有阴暗的灰，有时还会掺杂着碧绿色。

门前的那棵大树是翠绿的，在秋天时，所有的叶子就变成黄色、红色了。在冬天时，就剩下了褐色的树干。

我们家所在的小区楼房是灰白色的，爸爸开的车是黑色的，妈妈爱穿的那件衣服是浅粉色的……

总之，妈妈可以随心所欲地告诉宝宝关于这个世界或大或小的一切事物的颜色，宝宝感受得到你眼里的色彩。

第 100 天：让漂亮颜色时时刻刻呈现在准妈妈眼前

在我们的日常生活、文娱活动、军事活动等各种领域都有各种色彩影响着人们的心理和情绪。现代的企业家、艺术家、广告商等都在自觉不自觉地应用色彩来影响、控制人们的心理和情绪。人们的衣、食、住、行也无时无刻不体现着对色彩的应用：穿上夏天的湖蓝色衣服会让人觉得清凉，人们把肉类调成酱红色，会更有食欲。而色彩对于情绪相对敏感的准妈妈来讲似乎更为重要一些，让能愉悦和稳定准妈妈情绪的颜色时刻包围在生存环境当中，也是一种有效的胎教方式。

准妈妈的家居色彩适合以暖色调为主。暖色调营造出的温馨气氛很有利于安抚不安和孤独情绪。在卧房中的暖色，不仅有利于睡眠，而且容易让准妈妈的心里有安全感。不同暖色的搭配应该适当，并且能彼此呼应，这样才不会使家居色彩显得过于杂乱。另外，用暖色形成的线条使空间有适当的活泼感觉，不会像红色、艳粉色一样过分刺激感官，让人感觉紧张。也不会像灰色黑色一样让人心情压抑。

清新的绿色代表生命的萌发，是非常有活力的家居色彩，有利于人们保持健康心态。

粉色是很多花朵的颜色，看到这样的颜色后，第一个反应往往是感动于生命之美，所以此类颜色经常带来感动、放松的心理暗示，具有安抚情绪的作用。有研究报告指出：在粉红色的环境中小睡一会儿，能使人感到肌肉软弱无力，而在蓝色中停留几秒钟，即可恢复。有人提出粉红色影响心理和生理的作用机制是：粉红色光刺激通过眼睛——大脑皮层——下丘脑——松果腺和脑垂体——肾上腺，使肾上腺髓质分泌肾上腺素减少，使得心脏活动舒缩变慢，肌肉放松。

绿色可以提高人的听觉感受性，有利于思考的集中，提高工作效率，消除疲劳。还会使人减慢呼吸，降低血压，素净的植物色家居色彩加上粉嫩的花纹图案，欣欣向荣的感觉容易免除紧张感。

同时，不同的房间在色彩上也要有所差异，各自有侧重点。

1. 卧室：浅绿色或浅桃红色会使人产生春天的温暖感觉，适用于较寒冷的环境。浅蓝色则令人联想到海洋，使人镇静，身心舒畅。

2. 客厅：浅玫瑰红或浅紫红色调，再加上少许土耳其玉蓝的点缀是最“快乐”的客厅颜色，会让人一进入客厅就感到温和舒服。

3. 厨房：鲜艳的黄、红、蓝及绿色都是快乐的厨房颜色，而厨房的颜色越多，家庭主妇便会觉得时间越容易打发。乳白色的厨房看上去清洁卫生，但是别让带绿色的黄色出现。

4. 书房：棕色、金色、紫绛色或天然木本色，都会给人温和舒服的感觉，加上少许绿色点缀，会觉得更放松。虽然，居室颜色对人的情绪影响也是相对的，具体运用中还应结合具体情况而不必强求一律。

要强调的是，颜色对人的影响也受诸多因素影响。比如与人的性格有关系，客观而理智的人，对色彩只注意到它是否鲜明等，不杂有情感成分，那么这类人的情绪受色彩影响就小。而情感丰富的人，比如一些富于联想性格的准妈妈，她们看见颜色，常常会想到与之有关联的事情，这类人的情绪就易受到色彩的影响。还有一些人看颜色都像看人一样各有其特殊的性格，有的颜色是和善的，有的是勇敢或狡猾的。在家居设计色彩的选择当中，还要考虑到准妈妈的个人喜好和性格。选用合适的色彩，把房间布置得整洁舒适一些，即可以使准妈妈心跳减慢，呼吸平缓，利于胚胎发育，又可缓解妊娠反应。准妈妈从繁乱的环境中回到宁静优美的房间里，内心的烦闷不但会趋于平和、安详，心情也会稳定。

第 101 天：孕中期，补脑补血有三果

1. 花生

花生的蛋白质含量可高达 30% 左右，其营养价值可以与鸡蛋、牛奶、瘦肉相媲美。花生还有止血作用。花生红衣的止血作用比花生高出 50 倍，对多种出血性疾病都有良好的止血功效。花生中的不饱和脂肪酸有降低胆固醇的作用，可防治动脉硬化、高血压和冠心病。

还可以抗老化、增强记忆、延缓脑功能衰退、滋润皮肤。花生中还含有一种生物活性很强的天然多酚类物质——白藜芦醇。这种物质是肿瘤类疾病的化学预防剂，也是降低血小板聚集、预防和治疗动脉粥样硬化、心脑血管疾病的化学预防剂。

准妈妈常吃花生能够预防产后缺乳，而且花生衣中含有止血成分，可以对抗纤维蛋白溶解，增强骨髓制造血小板的功能，缩短出血时间，提高血小板量，改善血小板质，加强毛细血管的收缩功能，是准妈妈防治贫血的最佳选择。此外，用新鲜花生叶煎水代茶饮，还能够有效防治妊娠高血压综合征。

花生可以与黄豆炖汤喝，也可以煮着吃，最好不要用油炒。

2. 核桃

核桃甘温，在中医学上来说，它有温肺、补肾、益肝、健脑、强筋、壮骨、润肠通便的功能，常用来治疗肾虚喘咳、腰痛脚弱、阳痿遗精、耳鸣、小便频数、带下、大便干燥等。民间对核桃的赞誉也很多，它在我国民间一向享有“长寿果”的美称，“母食核桃儿补脑”则是对孕妇吃核桃功用的赞誉之一。

核桃，富含不饱和脂肪酸、磷脂、蛋白质等多种营养素。具有补脑健脑的功效。而且磷脂还具有增加细胞活力的作用，能增强抵抗力，促进造血功能和加速伤口愈合，同时还具有镇咳平喘的作用。据测定：1 千克核桃仁相当于 5 千克鸡蛋或 9 千克鲜牛奶的营养。其营养成分的结构对于胚胎的脑发育非常有利。因此，准妈妈每天宜吃 2 ~ 3 个核桃。嚼核桃仁还能防治牙本质过敏。优质核桃不论是生嚼

还是熟食，营养价值和口味都不错，还可以加入适量盐水煮着吃，和栗子一起炖粥吃，等等。

3. 榛子

榛子，又称山板栗、尖栗等。它果形似栗子，外壳坚硬，果仁肥白而圆，有香气，含油脂量很大，吃起来特别香美，余味绵绵，因此成为最受人们欢迎的坚果类食品，有“坚果之王”的称呼。榛子营养丰富，果仁中出除含有蛋白质、脂肪、糖类外，胡萝卜素，维生素 B_1，维生素 B_2，维生素 E 含量丰富；榛子中人体所需的八种氨基酸样样俱全，其含量远远高过核桃；榛子中钙、磷、铁含量也高于其他坚果。

榛子富含油脂，有利于几种脂溶性维生素在人体内的吸收，对体弱、易饥饿的人都有很好的补养作用。榛子有天然香气，在口中越嚼越香，有开胃之功效。榛子包含着抗癌化学成分紫杉酚，它是红豆杉醇中的活跃成分，这种药可以治疗卵巢癌和乳腺癌以及其他一些癌症，可延长病人的生命期。中医认为，榛子有补脾胃、益气力、明目的功效，并对消渴、盗汗、夜尿多等肺肾不足之症颇有益处。准妈妈如果不想单独吃榛子的话，可以将其碾碎与麦片混合在一起食用。

坚果类食品对于准妈妈和胎宝宝来说都是补脑益智的佳品。坚果中含有的油脂虽多，却多以不饱和脂肪酸为主。对于胎宝宝大脑发育来说，需要的第一营养成分就是脂类（不饱和脂肪酸）。坚果还含有对大脑神经细胞有益的维生素 B_1、维生素 B_2、维生素 B_5、维生素 E 及钙、磷、铁、锌等营养素。因此准妈妈应适当食用一些花生、榛子之类的坚果，但不要过量，以免消化不良。

第 102 天：孕妈妈的“护牙大战”

怀孕后，由于内分泌发生变化，可能会导致牙齿抵抗力减弱。准妈妈们如果不能很好地保持口腔卫生，牙齿就会面临各种不适。很多准妈妈对牙齿的美观一直是非常注重的。而孕期的牙齿护理就更加不能马虎了。由于分泌素的作用往往使口腔中的唾液变为酸性，对牙齿有腐蚀作用而造成龋齿。加之早孕时偏好酸性食物，并胃部常返酸水至口腔中，由此加剧龋齿。而且，口腔细菌分泌的毒素作用引起牙龈炎，使牙龈平滑光亮、暗红色肿胀、容易出血，有时还形成触之易出血的硬肿块。所以在孕期，准妈妈们不但应和平常人一样地刷牙，而且还应刷得更仔细，吃完东西后还应漱口、刷牙，这不但不会损伤准妈妈的身体，还会有益于口腔保健，减少或减轻口腔疾病的发生和发展。

在怀孕期间要保护好牙齿需要做到以下几方面：

1. 饮食均衡

准妈妈容易挑食，加之家人一味纵容，导致偏食后营养摄入不均衡，某些机体需要的营养得不到保证，从而身体抵抗力下降。正常情况下，人体口腔内都存有细菌，当机体抵抗力下降时，这些细菌就会泛滥。比如，正常情况下，口腔中有一种变形链球菌，这是一种专门引起蛀牙的细菌。当机体抵抗力下降时，唾液中的酶类、微量元素等物质抗击这种细菌的能力就下降了，容易引起蛀牙。所以要想牙齿好，饮食平衡，营养充足是相当关键的一步。

2. 正确选择牙膏

在牙膏的选择上，准妈妈应该尽量避免食用含有药物成分的牙膏产品，一般的清洁牙齿产品就可以了。电动牙刷的刷毛比较软，比较适合准妈妈。但有频率很高的震荡，只要准妈妈们不存在体内钙缺乏，就不会造成不良影响，引起牙齿的松动。如果准妈妈们习惯使用普通牙刷，那么就要尽量选择刷毛软、刷头小的牙刷，并且每三个月更换一把。刷牙时，一定要用温水，这样可以减少对牙龈的刺激。

3. 重视氟的补充

孕期容易缺钙，不仅自己的牙齿会受到伤害，也会殃及宝宝的牙齿。准妈妈在补钙的同时，不妨多到户外散散步，既锻炼身体，又可以从阳光中获得维生素D，参与体内钙的合成。为了牙齿的健康，除了每天使用含氟牙膏外，还可以在医生指导下口服氟片，吃些含氟食物如海鱼。

4. 接受牙医治疗

最好在怀孕之初就和牙科医生商订一个治疗的具体时间安排。一个负责的牙科医生会根据准妈妈的病情和全身情况安排好治疗方案。一般来说，准妈妈治疗口腔疾病最适宜的时间是在怀孕的第四至第六个月之间。牙科X光片是牙科医生诊断龋齿和其他牙科疾病的重要手段，但一般应避免在孕期拍摄X光片。准妈妈还应告诉牙科医生，目前自己正在服用什么药，以免药物之间发生不良作用。最重要的是，不可因牙痛而自己乱吃药，否则会对自己和宝宝的口腔健康和全身健康造成不良影响，而这种不良后果可能会是终生的。所以，一定要根据医生的处方处理。

5. 防治牙龈出血

牙龈出血是一些准妈妈的常见症状，而刷牙能有效除去菌斑，减少炎症。最好每顿饭后都刷一次。防治牙龈出血的正确刷牙方法是：将牙刷的刷毛顶端与牙面接触，然后向牙龈方向轻轻刷，刷牙动作要轻柔，每次刷3分钟。这种刷牙方法如同食物经过牙龈一样起到轻微刺激作用，促进牙龈血液循环，有利于牙周组织保持健康。

6. 注意口腔卫生

怀孕期间的口腔卫生应该做得比平时更好。一天中很可能会吃很多东西，如果不及时把食物残渣清理掉，蛀牙的机会就会大大增加。所以除了正常的一天三次刷牙外，最好每次吃东西后，都用医生专门指定的漱口水漱口，尤其是每天晚上睡觉前一定不要忘记刷牙。

7. 少吃酸甜和香脆的食物

口腔是一个多菌的环境，有些细菌可以利用蔗糖合成多糖，多糖又可形成一种黏性很强的细菌膜，这种细菌膜黏附在牙齿表面上，特别是牙齿咬面上的沟裂和牙齿邻面的间隙内，很不容易清除掉。细菌就可能大量繁殖而形成一些有机酸和酶，特别是乳酸杆菌酿出大量的乳酸直接作用于牙齿，可以使牙齿脱钙，软化腐蚀。酶可以溶解牙齿组织中的蛋白质。牙齿的硬度和结构容易遭到破坏，这为龋病的发生创造了条件。

吃多了酸味食物容易使牙齿受到酸物质侵蚀，牙齿矿物质被溶解，牙切面变薄，牙齿变得脆弱和敏感，患上酸蚀症。

冰块、爆米花谷粒等吃起来不叫脆的食物，刺穿舌头以及嘴唇都可能引起牙齿破裂。与皮肤不同，牙齿不能再生。吃爆米花谷粒就像吃“石头”，冰是尖利易碎的，这些食物都可能破坏牙釉质，尤其是嘴里塞满东西时你更要小心。

第 103 天：孕期 B 超检查对宝宝的影响

孕期 B 超检查的目的是判断胎宝宝生长是否符合孕周，判断胎儿有否畸形，了解胎宝宝在子宫内是否安全。另外，不同时期检查的目的也不同，早期 B 超检查是确定是否怀孕、怀孕的位置及孕囊大小与停经时间是否符合，为预产期的估计提供可靠的依据，并及时发现胚胎发育的异常情况；中期妊娠 B 超检查的目的是观察胎宝宝各组织器官发育有无异常，及时发现胎宝宝畸形，如先天性心脏病、无脑儿、脑积水、脊柱裂、腹壁缺损、四肢短小、多囊肾、消化道闭锁等；晚期妊娠 B 超检查的目的是了解胎儿在子宫内的安全情况，为临床处理提供信息。

也有一些准妈妈担心 B 超检查会对胎儿有害，事实上，从原理上分析，B 超是超声传导，不存在电离辐射和电磁辐射，是一种声波传导，这种声波对人体组织没有什么伤害。但如果声波密集在某一固定地方，又聚集很长时间的话，就会有热效应，这种热效应达到一定程度时，可能会对人体组织产生不良影响，影响细胞内的物质，包括染色体。理论上是高强度的超声波可通过它的高温及对组织的腔化作用，对组织产生伤害。医学使用的 B 超是低强度的，对胎宝宝是没有危害的，至今尚没有 B 超检查引起胎儿畸形的报道。目前，各医院在产科领域中使用的 B 超检查对胎宝宝是安全的。

在整个怀孕期间接受 10 次以下的 B 超检查是安全的，而事实上医院为准妈妈制定的产前检查计划中涉及 B 超检查的次数也不超过 10 次。大部分医生认为整个怀孕过程中有两次 B 超产检是非常必要的，一次在 20 周左右，这时可以检查宝宝身体的细节，甚至可以数清宝宝的手指、脚趾，了解胎宝宝的基本发育情况是否正常；另外一次是在 36 周，了解胎位、预测胎宝宝体重，以确定最后的生产方式。此外，在怀孕过程中还有几次 B 超检查也是必要、重要的。一次是在 6 ~ 10 周期间，通过对胎芽、胎心的检查，可以让你对自己的怀孕情况更加安心；而在 12 ~ 13 周的时候，因为医院会要求住准妈妈在此阶段开始建档检查，所以也会做一次包括 B 超在内的全面检查，以了解孕妇的情况，而对于 35 岁以上的准妈妈这一次的 B 超检查则是必需的，因为要精确怀孕的周数，以进行此后的唐氏综合征血液筛查。

第104天：清爽空气浴，提高抵抗力

在进行空气浴的时候，皮肤细胞会从清新的空气中大范围的吸收氧气，增加血液中携带的分子的数量，从而促进胎宝宝的大脑发育。身体虚弱、经常感冒的准妈妈也可以进行空气浴，循序渐进地进行，既可以提高身体的免疫力又可以预防感冒。

1. 空气浴的方法

空气浴的具体方法是：敞开窗户，使室内空气充分流通。把衣服脱掉，盖上被子，静坐一分钟。一分钟后拿下被子，对着头部按摩20秒钟。再次盖上被子安静地休息片刻。然后拿下被子对颈部和肩部进行40秒钟的按摩，闭目养神休息一分钟。然后再次拿下被子，对腰部和腿部进行40秒钟的按摩。

空气浴一般只能在怀孕中期进行，最好在饭前一小时或饭后三四十分钟开始。进行空气浴时盖被子的时间可以稍长一些，但裸露的时间必须遵照要求，在裸露的时间里通常按照头部、颈部、肩部、腰部的顺序进行按摩。为了防止着凉，应准备比应季稍厚的被子或毯子。

2. 冬日保持室内通风

一到冬天，很多人家里都紧闭窗户，怕冷气进来，热气散发出去，降低室内温度。而集中供暖温度不能自主调节，室内空气流通不畅，会降低准妈妈身体抵抗力。建议每天都要给房间通风，保证室内空气新鲜，最好的通风时间是在上午十点到下午三四点之间。清晨空气污染较严重，不建议打开窗户。通风时还要观察有没有雾霾，若是能见度低，就先别开窗，以免造成室内环境污染。

为了好通风，建议装修时安装能打开上缘的窗户。这样开窗时能避免冷风直吹到人身上，减少感冒，也能防止雨雪打入屋子。若家里房间较多，可以逐个房间通风，能保证居室的整体温度。最后需要提醒的是，南北通透的房子通风效果较好，高层建筑效果较差，通风时间应相对延长。

3. 去大自然中获取氧气

已经到了怀孕的第15周了。这一时期胎宝宝的大脑发育不断完善，需要从母体中得到足够多的新鲜氧气。此时准爸爸和准妈妈不妨一起到大自然中走一走，大自然中的新鲜的空气有利于胎宝宝的大脑发育，能给胎宝宝提供充足的氧气。郊外、公园、田野、海滨、森林等对人身心健康极其有益的负离子含量很高，准妈妈经常到山川、旷野中区走一走，就有机会获得足够多的氧气，对胎宝宝的大脑发育有极大的好处。

在大自然当中，你可以把各种声音介绍给胎宝宝听，小鸟的鸣唱，风吹树木的沙沙声……小宝贝都会很喜欢的。妈妈喜欢的声音，胎宝宝听到后也会倍感舒服，如果妈妈勉强的听音乐或者声音，这种心情也会传递给胎宝宝。而漫不经心地观察事物也是不可取的，只有准妈妈对看到的东西有感触并充分理解其内容，胎宝宝才能通过你的情绪感受得到。所以说无论是外出散步还是外出度假，准妈妈看

到的事物越新鲜越令人感动，听到的声音越让自己欣喜愉悦，胎宝宝的收获也就越来越多，胎教效果也就越来越好。

第105天：和胎宝宝一起动动脑筋吧

准妈妈在周末或者工作间隙，可以猜几个谜语，做几道有趣的推理题，松弛一下紧绷的神经，也锻炼一下胎宝宝的思维能力。多动脑筋可以在短时间内让准妈妈集中注意力，调动起已有的知识结构，运动联想、比较、推理等思维方式对可能的结果做出判断，这对胎宝宝大脑左右半球的均衡发展起着很重要的作用。

1. 16个经典的脑筋急转弯

（1）一头牛一年吃3公顷的牧草，现有面积30公顷的牧场养了5头牛，请问需要多久才能全部吃完？

（2）大象为什么会有那么长的鼻子？

（3）什么东西不怕布，只怕石头？

（4）煮一个蛋要4分钟，煮8个蛋要几分钟？

（5）一加一等于多少？

（6）萝卜喝醉了，会变成什么？

（7）老李站在马路上比手画脚，却不见警察来赶他，为什么？

（8）小王一边刷牙，一边悠闲地吹着口哨，他是怎么做到的？

（9）有一位老太太上了公车，为什么没人让座？

（10）“水蛇”“蟒蛇”“青竹蛇”哪一个比较长？

（11）什么门永远关不上？

（12）为什么大雁秋天要飞到南方去？

（13）打什么东西毫不费力？

（14）盖楼要从第几层开始盖？

（15）什么地方开口说话要付钱？

（16）大气的流动叫“气流”；河水的流动叫“水流”；那风的流动呢？

答案如下：

（1）春风吹又生，他们一辈子也吃不完。

（2）他爱说谎。

（3）剪刀。

（4）4分钟。

（5）不三不四。

（6）红萝卜。

（7）老李是警察。

（8）他在刷假牙。

（9）车上有空位。

（10）青竹蛇。

（11）球门。

（12）走着去太慢太累了。

（13）打瞌睡。

（14）是从地基开始的。

（15）打电话。

（16）风流。

2. 有趣的推理游戏

（1）一位商人花 70 元钱购进了一件衣服，加价 12 元售出。后发现购买者支付的那张 100 元是假钞，他在这件衣服上一共损失了多少钱？

（2）一个人的岁数的个位和十位换一下就是他自己儿子的岁数，如果他比儿子大 27 岁，那么父子俩现在分别多大岁数？

（3）有一个这样的数字。这个数字加这个数字，这个数字减这个数字，这个数字乘以这个数字，这个数字除以这个数字，把这四个结果相加刚好是 25。你能猜出这个数字吗？

（4）老李带着一家人坐火车回家乡，车上遇到一个人不停地问这问那，最后问起了老马一家人的年龄。老马有心要为难他一下，就说：“我孙子的年龄是我孙女年龄的 5 倍，我儿子的岁数是我孙子岁数的 5 倍，我的年龄是我儿子年龄的 2 倍，把我们的年龄加在一块，正好是我母亲的年龄，今天她这能够要庆祝 81 岁的生日。”

你能猜得出老马的儿子、孙子、孙女、母亲以及他自己到底是多少岁了吗？

答案如下：

（1）商人共损失了 88 元。

（2）儿子 25 岁，爸爸 52 岁。

（3）这个数是 4。

（4）小孙女 1 岁，孙子 5 岁，儿子 25 岁，爷爷 50 岁。

胎宝宝的阅读时光：经典童话《灰姑娘》节选

《灰姑娘》的故事是我们每一个人都熟知的故事。在故事里梦幻的童话爱情，善恶分明的人生观影响着一代又一代人。今天就让我们一起来重温一下这个充分体现了人生冷暖的经典童话故事。

现在，家里的人都走了，只留下灰姑娘孤零零一个人悲伤地坐在榛树下哭泣：“榛树啊！请你帮帮我，请你摇一摇，为我抖落金银礼服一整套。”她的朋友小鸟从树上飞出来，为她带了一套金银制成的礼服和一双光亮的丝制舞鞋。收拾打扮、穿上礼服之后，灰姑娘在她两个姐妹之后来到了舞厅。穿上豪华的礼服之后，她看起来是高雅、漂亮、动人极了。她们都认不出她，以为她一定是一位陌生的公主，根本就没有想到她就是灰姑娘，她们以为灰姑娘仍老老实实地待在家中的灰堆里呢。

王子看到她，很快向她走来，伸出手挽着她，请她跳起舞来。他再也不和其他姑娘跳舞了，他的手始终不肯放开她。每当有人来请她跳舞时，王子总是说：“这位女士在与我跳舞。”他们一起跳到很晚，她才想起要回家去了。王子想知道这位美丽的姑娘到底住在哪里，所以说道：“我送你回家去吧。”灰姑娘表面上同意了，却趁他不注意时，悄悄地溜走，拔腿向家里跑去。王子在后面紧追不舍，她只好跳进鸽子房并把门关上。王子等在外面不肯离去，一直到她父亲回家时，王子才上前告诉他，说那位他在舞会上遇到的不知道姓名的姑娘藏进了这间鸽子房。当他们砸开鸽子房门时，里面却已空无一人，他只好失望地回宫去了。父母进屋子时，灰姑娘已经身穿邋遢的衣服躺在灰堆边上了，就像她一直躺在那儿似地，昏暗的小油灯在烟囱柱上的墙洞里摇晃着。实际上，灰姑娘刚才很快穿过鸽子房来到榛树前脱下了漂亮的礼服，将它们放回树上，让小鸟把它们带走，自己则回到屋里坐到了灰堆上，穿上了她那灰色的外套。

第二天，当舞会又要开始时，她的爸爸、继母和两个姐妹都去了。灰姑娘来到树下说：“榛树啊！请你帮帮我，请你摇一摇，为我抖落金银礼服一整套。”那只小鸟来了，它带来了一套比她前一天穿的那套更加漂亮的礼服。当她来到舞会大厅时，她的美丽使所有的人惊讶不已。一直在等待她到来的王子立即上前挽着她的手，请她跳起舞来。每当有人要请她跳舞时，他总是和前一天一样说：“这位女士在与我跳舞。”到了半夜她要回家去的时候，王子也和前一天一样跟着她，以为这样可以看到她进了哪一幢房子。但她还是甩掉了他，并立即跳进了她父亲房子后面的花园里。花园里有一棵很漂亮的大梨树，树上结满了成熟的梨。灰姑娘不知道自己该藏在什么地方，只好爬到了树上。王子没有看到她，他不知道她去了哪儿，只好又一直等到她父亲回来，才走上前对他说：“那个与我跳舞的不知姓名的姑娘溜走了，我认为她肯定是跳上梨树去了。”父亲暗想:“难道是灰姑娘吗？”于是，他要人去拿来一柄斧子，把树砍倒了一看，树上根本没有人。当父亲和继母到厨房来看时，灰姑娘和平时一样正躺在灰烬里。原来她跳上梨树后，又从树的另一边溜下来，脱下漂亮的礼服，让榛树上的小鸟带了回去，然后又穿上了她自己的灰色小外套。

第三天，当她父亲、继母和两个姐妹走了以后，她又来到花园里说道:“榛树啊！请你帮帮我，请你摇一摇，为我抖落金银礼服一整套。”她善良的朋友又带来了一套比第二天那套更加漂亮的礼服和一双水晶的舞鞋。当她赶到舞会现场时，大家都被她那无法用语言表达的美给惊呆了。王子只与她一个人跳舞，每当有其他人请她跳舞时，他总是说:“这位女士是我的舞伴。”当午夜快要来临时，她要回家了，王子又要送她回去，并暗暗说道：“这次我可不能让她跑掉了。”然而，灰姑娘还是设法从他身边溜走了。由于走得过于匆忙，她竟把左脚的水晶鞋失落在楼梯上了。

王子将舞鞋拾起，第二天来到他的国王父亲面前说：“我要娶正好能穿上这只水晶鞋的姑娘做我的妻子。”灰姑娘的两个姐妹听到这个消息后非常高兴，因为她们都有一双很漂亮的脚，她们认为自己穿上那只舞鞋是毫无疑问的。姐姐由她妈妈陪着先到房子里去试穿那只舞鞋，可她的大脚趾却穿不进去，那只鞋对她来说太小了。于是她妈妈拿给她一把刀说:“没关系,把大脚趾切掉！只要你当上了王后，还在乎这脚趾头干吗，你想到哪儿去根本就不需要用脚了。”大女儿听了，觉得有道理，这傻姑娘忍着痛苦切掉了自己的大脚趾，勉强穿在脚上来到王子面。王子看她穿好了鞋子，就把她当成了新娘，与她并排骑在马上，把她带走了。

但是，在他们出门回王宫的路上，经过后花园灰姑娘栽的那棵榛树时，停在树枝上的一只小鸽子唱道："再回去！再回去！快看那只鞋！鞋太小，不是为她做的！王子！王子！再找你的新娘吧，坐在你身边的不是你的新娘！"王子听见后，下马盯着她的脚看，发现鲜血正从鞋子里流出来，他知道自己被欺骗了，马上掉转马头，把假新娘带回她的家里说道："这不是真新娘，让另一个妹妹来试试这只鞋子吧。"于是妹妹试着把鞋穿在脚上，脚前面进去了，可脚后跟太大了，就是穿不进去。她妈妈说："把后跟削去吧，只要你当上皇后，就不需要走路了。"于是她削去脚后跟穿进去，然后拉着她来到王子面前。王子看她穿好了鞋子，就把她当做新娘扶上马，并肩坐在一起离去了。

当他们经过榛树时，小鸽子仍栖息在树枝头上，它唱道："再回去！再回去！快看那只鞋！鞋太小，不是为她做的！王子！王子！再找你的新娘吧，坐在你身边的不是你的新娘！"王子低头一看，发现血正从舞鞋里流出来，连她的白色长袜也浸红了，他拨转马头，同样把她送了回去，对她的父亲说："这不是真新娘，你还有女儿吗？"父亲回答说："没有了，只有我前妻生的一个叫灰姑娘的小邋遢女儿，她不可能是新娘的。"然而，王子一定要他把她带来试一试。

灰姑娘先把脸和手洗干净，然后走进来很有教养地向王子屈膝行礼。王子把舞鞋拿给她穿，鞋子穿在她脚上就像是专门为她做的一样。他走上前仔细看清楚她的脸后，认出了她，马上兴奋地说道："这才是我真正的新娘。"继母和她的两个姐妹大吃一惊，当王子把灰姑娘扶上马时，她们气得脸都发白了，眼睁睁地看着王子把她带走了。他们来到榛树边时，小白鸽唱道："回家吧！回家吧！快看那只鞋！王妃！这是为你做的鞋！王子！王子！快带新娘回家去，坐在你身边的才是真正的新娘。"

鸽子唱完之后，飞上前来，停在了灰姑娘的右肩上。他们一起向王宫走去。在灰姑娘与王子的结婚晚会上，灰姑娘的两个姐姐也去了，鸽子在门口，看见她们，于是啄瞎了她们的眼睛各一只，说："这是你们应有的惩罚。"

好孕美食馆：豆类美味好处多

大豆含有较高的蛋白质，大豆蛋白质是最好的植物性优质蛋白质，含有丰富的赖氨酸。大豆油脂中含不饱和脂肪酸高达85%，其中亚油酸高达50%以上，这些油脂是人体必需的脂肪酸，自身不能合成，必须从食物中摄取，另外油脂中还含有较多的卵磷脂、脑磷脂。除此以外，大豆中的钙含量也极高，维生素B_1、维生素B_2等的含量在植物性食物中也较高。除大豆外，其他的豆类含脂肪不多，却含有较多的淀粉、蛋白质。

准妈妈多食用豆及豆制品，可以补充蛋白质、脂类、钙及B族维生素等，有助于胎宝宝的发育，尤其是胎宝宝脑及神经系统的发育。脑及神经系统的发育依赖于大量的多不饱和脂肪酸及磷脂，孕期多吃豆制品可保证胎宝宝健康成长，使宝宝更聪明。

豆类包括许多种，根据其营养成分及含量大致可分为两类：一类是大黄豆、黑豆及青豆，另一类包括豌豆、蚕豆、绿豆。

在食用豆制品时，注意要吃加热煮熟的食品，以免豆类中固有的抗营养物质对人体造成不良影响。在食用普通豆制品的同时，某些发酵的豆制品如豆腐乳，也可以食用。发酵的豆制品不但易于消化，有利于提高大豆中钙、铁、镁、锌等的生物利用率，促进吸收，而且能使不利物质降解。

1. 煎肉片豆腐卷

【材料】豆腐、猪肉片或牛肉片、酱油、料酒、淀粉、白糖等按个人需要确定用量。

【做法】

（1）把豆腐切成薄片，长度跟涮肉片的宽度一致，宽度则和一片口香糖宽度差不多。

（2）最好是用猪肉片或牛肉片做这道菜。把肉片平铺在案板上，把豆腐片放在肉片的一端，然后，用肉片卷起豆腐。

（3）把卷好的豆腐卷都摆到浅盘子上，在上面浇上生抽酱油、料酒、少许淀粉和少许白糖调好的汁，腌 10 ~ 15 分钟。腌制过程中要翻一次面。

（4）煎锅里热少许油，把腌好的豆腐卷摆放进去，小火慢慢煎至豆腐卷的两面都成漂亮的金黄色，盛出摆盘即可。

2. 芹香豆腐汤

【材料】香菇 100 克，豆腐 200 克，芹菜叶 50 克，精盐、味精、葱花、鲜汤、植物油各适量。

【做法】

（1）先将香菇去杂质洗净，撕成小片。

（2）豆腐切小块；芹菜叶洗净撕成小朵。

（3）净锅置火上，加油烧热，放入香菇煸炒片刻，加入鲜汤、豆腐块、精盐，烧煮至入味。

（4）撒上芹菜叶、葱花和味精，烧沸后佐餐食用。

胎宝宝的私人音乐厅：《四小天鹅舞曲》

《四小天鹅舞曲》是《天鹅湖》第二幕中的舞曲。《天鹅湖》是世界上最出名的芭蕾舞剧，也是所有古典芭蕾舞团的保留剧目。《天鹅湖》原为柴科夫斯基于1875　1876 年间为莫斯科帝国歌剧院所作的芭蕾舞剧，于 1877 年 2 月 20 日在莫斯科大剧院首演，之后作曲家将原作改编成了在音乐会上演奏的《天鹅湖》组曲，组曲出版于 1900 年 11 月。

而《四小天鹅舞曲》是舞剧中最受人们欢迎的舞曲之一，这首舞曲音乐轻松活泼，节奏干净利落，形象地描绘出了小天鹅在湖畔嬉游的情景，质朴动人的旋律还富于田园般的诗意。四小天鹅舞曲的八分音符奏出活泼跳跃的伴奏音型，以二重奏的形式奏出轻快的乐句，形象地刻画了小天鹅天真活泼可爱的形象，显得十分有趣。乐曲欢快、活泼、跳跃，整首乐曲速度轻快，有管弦乐队来演奏，并且能较明显地听出管乐和弦乐分别演奏的乐句。

音乐是心灵的语言，它能使人张开幻想的翅膀，随着优美的旋律，翱翔在自由自在的天空。胎宝宝对声音的感受来自母体内大血管的搏动，其节律与心脏跳动相同，与有规律的肠蠕动相同。胎宝宝在子宫内能分辨出不同的声音，并能进行“学习”，形成“记忆”，可影响到出生后的发音和行为。因此准妈妈应该给予胎宝宝以良好的声音刺激,像是《四小天鹅舞曲》这样有节奏感和旋律欢快的音乐，就是促进宝宝听力发展的好音乐。

第16周：听到了胎心音

此时胎宝宝的身长大约有16厘米，体重达到了80 ~ 110克，大小正好可以放在手掌里。现在的他免疫系统逐步完善,血液中某些抗体的浓度到达了一定水平。胎盘发育完成，附着在胎盘上的脐带将胎宝宝和准妈妈连为一体，形成维持胎宝宝发育的系统。而现在胎宝宝已经开始打嗝了，这是呼吸的先兆。但是他还听不到声音，因为胎宝宝的气管里充斥的都是液体。

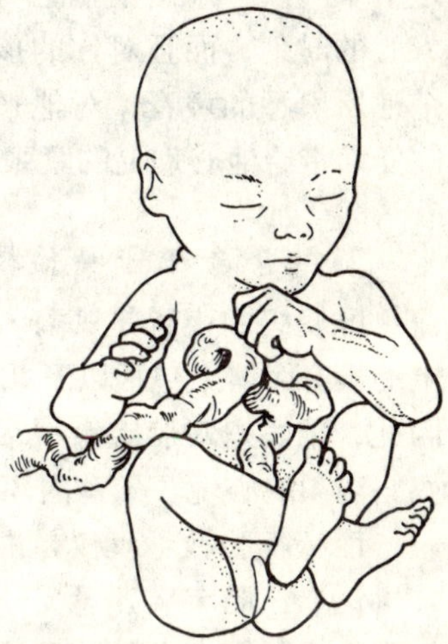
此时胎儿的皮肤很薄，甚至可以看见表皮下的血管。

令准妈妈们兴奋是，这周开始感受得到胎动了。胎动会在16 ~ 20周时逐渐地明显起来，如果感觉到子宫在蠕动，胃里发出类似饥饿时的咕嘟声，就是胎动。

1. 学会科学饮水

要在口渴之前就补充水分，口渴是缺水的结果而不是开始，是大脑中枢发出来的要求补水的求救信号，口渴说明体内水分已经失衡，细胞脱水已经到了一定的程度。即便是在怀孕期间有轻度的水肿，也不要过于节制地饮水。孕中期准妈妈缺水会不利于肾脏保持良好的工作状态，或出现便秘。而且即使减少液体的摄入量，也不会减轻水肿的程度，饮水量应根据不同季节和气候有所改变，炎热的季节要多饮水。

2. 给胎宝宝唱一些欢快的歌

准妈妈可以经常给胎宝宝唱一些欢快的歌，让胎宝宝接受音乐熏陶的同时也能让准妈妈的心情变得很好，从而让胎宝宝在一个良好的环境中健康生长。你可以在厨房做饭的时候唱着歌，也可以在打扫房间的时候唱，还可以在上班的途中唱着。随心所欲灵活地变换唱歌的时间和地点。只要有时间准妈妈就可以哼唱一些歌曲。这种随时随地进行音乐胎教的方法能让胎宝宝受益良多。

第106天：认识呼唤胎教

1. 呼唤胎教的作用

"呼唤胎教法"即"母儿对话"，准妈妈和准爸爸与胎宝宝进行语言沟通，包括讲一些儿歌。胎宝宝是有记忆的，呼唤他的名字，或"宝贝"、"乖乖"等称呼，出生后仍可辨认。准爸爸准妈妈通过声音和动作对腹中的胎宝宝进行呼唤训练，是一种积极有益的胎教手段。胎宝宝具有辨别各种声音并能做出相应反应的能力，准爸爸准妈妈就应该抓住这一时机经常对胎儿进"对话训练",也就是"呼唤胎教"。

曾有这样一个故事，准妈妈在怀孕期间，准爸爸经常对胎宝宝说："小宝贝，你好吗？我是你爸爸！"同时经常抚摩胎宝宝。在坚持这样做了一段时间以后。他发现后来每当这句话一出现胎宝宝就会兴奋地蠕动起来。而当这个孩子出生后出现不快时，父亲还习惯性地说："小宝贝，你好吗？我是你爸爸！"话刚出口，婴儿就像着了魔法一样突然停止了哭声，并掉转头来寻找发出声音的方向，后来竟笑了。以后每当孩子哭闹时，父亲都会说这句话，而每次孩子都能从哭闹中安定下来。孩子一出生就会马上识别出父母的声音，这不但对年轻父母是一个激动人心的时刻，而且对你的孩子来说，刚来到这个完全陌生的世界时，就能听到一个他所熟悉的声音，对他来说是莫大的安慰和快乐，同时消除了由于环境的突然改变而带给他心理上的紧张与不安。

2. 准爸爸在呼唤胎教中的重要性

准妈妈的声音是其身心状态（感情的起伏、生理条件）的反映，传达给胎宝宝的声音大体上包括以下几个因素：声音的高低与强弱、音阶、节奏、协调性、音调。因此，准妈妈对胎宝宝说话时最具成效的声音胎教法，有缺一不可的三要素：准妈妈温柔的心境，子宫内环境同步的旋律，轻快的节奏。

而呼唤胎教不仅仅是准妈妈一个人的事情。准爸爸坚持每天对子宫内的胎宝宝讲话，让胎宝宝熟悉父亲的声音，能够唤起胎宝宝最积极的反应，有益于胎宝宝出生后的智力及情绪稳定。丈夫抚摸妊娠中妻子的腹部，这种亲昵的动作，不仅是讨"宝宝"的欢喜，对准妈妈来说，也是件非常愉快的事情。

这种"父亲式胎教"是有科学实验基础的，英国科学家通过对胎宝宝的听觉功能试验得出结论：胎宝宝最容易接受低频率的声音。在他们的实验中，8个月的胎宝宝听到低音大管乐曲后，胎动大大加强。这组胎宝宝出生后只要一听到类似男子声音的乐曲，便会停止哭闹，露出笑容。

同时，美国的优生学家认为，胎宝宝最喜欢爸爸的声音及父亲的爱抚。妻子怀孕后，丈夫隔着肚皮经常一边说话一边轻轻抚摸胎宝宝，胎宝宝会对父亲手掌的移位动作做出积极的反应；另外，男性特有的低沉、宽厚、粗犷的嗓音让胎宝宝听起来更"舒服"。

在可能的情况下，准爸爸应每天和胎宝宝对话，这样才能加深与宝宝的感情。

3. 给胎宝宝取一个乳名

给胎宝宝起个名字，可以使他感受到准爸爸准妈妈对他更为重视，和他“对话”也更为方便。经常呼唤胎宝宝的名字，可以引起他的条件反射，让他记住自己的名字，在以后一听到叫他的名字时就知道父母在和他讲话了。胎宝宝出生后，父母呼唤他的名字，宝宝会转头寻找声源，感到熟悉，对父母亲近。当然，给胎宝宝起的名字要响亮一些，最好使用叠字，如“贝贝”、“灵灵”、“辉辉”，这样既朗朗上口，又容易被胎宝宝记住和接受。父母轻声呼唤胎宝宝的名字，会在心中产生一种温馨、亲昵的感情，必然会觉得胎宝宝已经成为家庭中不可缺少的一员。虽然他还没有出生，虽然彼此还未曾谋面，但这样做对胎宝宝的身心发育和健康生长却是很有帮助的。

第107天：牙龈炎和“烧心”的解决办法

1. 牙龈炎

牙龈炎是由细菌的入侵造成的，表现为牙龈出血，红肿，胀痛，继续发展侵犯硬组织，产生牙周炎症。牙龈炎也是孕期极易发生的病症之一，发病率高达50%左右。一般认为，妊娠性牙龈炎是由于孕妇体内黄体激素的增加所导致的，通常可表现为单纯性妊娠性牙龈炎与妊娠性牙龈瘤两种。牙龈炎以牙间乳头处最明显，前牙区重于后牙区。患有牙龈炎时，牙龈色呈鲜红或暗红，极度松软光亮极易出血，有时甚至是自动出血，一般无疼痛症状，但重症者龈缘可有溃疡和假膜形成，有轻度叩痛。

对于妊娠性牙龈炎的治疗，首先要仔细、轻巧地除去一切局部刺激因素，如牙石、菌斑、不良修复体、充填开放的龋洞；对一些体积较大，妨碍进食的妊娠瘤，则可手术切除，应达骨面，包括骨膜，以免复发。切除时间多选在孕4 ~ 6个月之间。

妊娠性牙龈炎常出现两个高潮期，一是在妊娠的前三个月，一是在妊娠的最后三个月。妊娠初期，孕妇体内绒毛膜促性腺激素明显增加，可影响牙龈上皮组织的完整性，而妊娠后期黄体激素的水平达到最高，因此，妊娠性牙龈炎一般以妊娠第2 ~ 3个月及分娩前最为严重。牙龈炎对孕妇和胎儿的危害很大，患有中度至重度牙龈炎的孕妇，产下早产婴儿的可能性要比一般孕妇高出两倍，婴儿出现体重过轻等生理缺陷的几率也较大。

要想避免遭受牙龈炎的困扰，女性在怀孕前就应先到口腔科做全面的口腔健康检查，及时治疗原有的牙龈炎；妊娠期内注意保持口腔卫生，坚持做到每餐饭后漱口、睡前刷牙，刷牙时使用软毛牙刷；妊娠反应造成呕吐的孕妇要注意清除存留在口内的酸性物质，可以用2%小苏打水漱口，以抑制口腔细菌的生长繁殖，中和酸性物质，保持口内的碱性环境；平时多吃一些含有丰富维生素和蛋白质的食物，特别要多吃富含维生素C的新鲜蔬菜和水果；如果牙龈有急性炎症或症状明显的话，应及时到医院请医生治疗，而不要随意服用消炎药，以免造成胎儿畸形。

2.“烧心”

除了流鼻血，在怀孕期间还会有另外一个常见的不适现象困扰着准妈妈。那就是不少准妈妈吃完饭后都会感到“烧心”。所谓烧心，就是胃部的灼热感，这是一种正常的孕期反应。除了饭后，当准妈妈的体位从坐位、立位转变为卧位时，或在咳嗽、屏气用力排便时，也易诱发这种不适感，并常伴有嗳气、反胃、中上腹闷胀不适等症状。引起“烧心”的原因在于，由于妊娠中后期，孕激素分泌增加影响食管蠕动，减缓食管反流胃内容物的清除，从而使反流性食管炎加重；另外孕期内分泌变化使胃酸反流，还会刺激到食管下端的痛觉感受器，从而引起不适感。而且这时候胎宝宝的发育使子宫迅速膨胀，对胃部形成了较大的压力，加之胃排空的速度减慢，胃液在胃内的滞留时间变长，也容易使胃酸反流到食管下端，准妈妈就会产生胃部不舒适、“烧心”的感觉。

避免和缓解胃部的灼烧感，合理饮食非常重要。准妈妈进食不要过饱，以免使胃内压力升高、横膈上抬；平时要多吃利于消化的食物，少吃肥腻、高脂的饮食，少吃酸味和辛辣食品，少吃过冷或过热的食品，避免喝咖啡及可乐等碳酸饮料，少吃巧克力、薄荷和芥末等。

此外，为了减轻食管反流造成的“烧心”感，准妈妈平时要穿着宽松舒适的衣服，腰带不要系得太紧；时刻保持大便的通畅；睡前 2 ~ 3 小时内不要进食；睡觉时要抬高上身，可以将头部的床脚抬高 15 ~ 20 厘米，使上身抬高 10 ~ 15 度，也可有效地减少食管反流。另外，也可在医生指导下服用碱性药物，如氢氧化铝凝胶、乐得胃或保护胃黏膜的药物，如硫糖铝、迪乐冲剂等，可有助于减轻“烧心”感。

第 108 天：做好手部和足部的护理

1. 如何护理双手

（1）注重滋养与呵护的方式，每次洗完手或是感到皮肤很干燥的时候都应该涂上有滋润效果的护手霜，尤其是在手指关节处，因为关节处很容易产生多条的皱纹。白天时还可以选择防晒护手霜，避免手部皮肤被晒黑或是形成斑点。

（2）尽量多按摩手指。长时间使用电脑和鼠标也会给手部皮肤和手部形状带来很大的影响，所以在使用鼠标一段时间后，应该涂上护手霜并轻轻按摩几分钟，特别是手指这里。否则手指关节会变得很粗，皮肤也会变得很粗糙，手腕这里还会出现酸痛的现象。

（3）自制天然的手膜。喜欢 DIY 面膜的准妈妈也可以花一点心思和时间做几个手膜，在敷面膜的同时也给自己的双手敷一层面膜。不仅要保养自己的第一张脸还要更仔细地呵护第二张脸。

（4）每周为手部做一次去角质的护理。把手洗干净之后，用水温约 40℃的热水泡水 5 ~ 10 分钟用来软化角质。然后用修剪器或小剪刀把手指边缘多余的死皮修掉。再用去角质膏在手掌和手腕处轻轻画圈按摩 2 ~ 3 分钟，角质就很容易被冲洗掉了。去完角质后涂上适量的护手霜，尤其在虎口、关节处，这样手部的皮肤就会变得十分柔嫩光滑了。

2. 自制手部护肤品

（1）护手油。植物油（香油、色拉油均可）100克，加50克蜂蜜，2只鸡蛋清；一朵玫瑰花或几滴玫瑰油，放在砂锅中，文火加热至皮肤可接受的温度，将手浸于其中10分钟，有很好的滋润效果。

（2）按摩油：取半杯橄榄油加几滴玫瑰香水，再加半汤匙蜂蜜和少量水调和，每天做按摩，能缓解手部粗糙干燥。

（3）养手膏。半根黄瓜捣烂，加1个蛋黄搅匀，加入1汤匙橄榄油，涂在手上，戴上棉质手套，第二天早晨洗净，能令双手变得滑爽滋润。

（4）美白手膜。少许白砂糖和几滴柠檬汁调和，每次洗手后用来搓手，有明显的美白功效。

3. 脚部皮肤的护理方法

（1）脚的卫生。每次洗脚后用刷子将脚后跟、脚趾、脚缝等部位刷干净。脚部干燥者洗脚后可涂些橄榄油、套个塑料袋，再入热水中，待毛孔张开后，营养成分便会被脚肌肤吸收。这和用浴帽护发的原理是一样的。

（2）用柠檬、西瓜皮、小黄瓜等含维生素C的蔬果搽脚，可使脚部肌肤滑柔、细嫩，防止脚部发炎，并有增白效果。你还可以用甜杏仁油涂抹在趾甲根部的皮肤上。这样能预防趾甲断裂。如果想要使双脚肌肤光滑柔软，可以再加上一匙细盐，然后按摩双足，效果会更好。

（3）准备一盆热水，在热水中滴芳香精油，将两脚放进去浸至脚踝以上的部位为止，浸泡5分钟。然后坐在椅子上，把脚架在另一脚的大腿上，一只手抓住脚踝。反复活动手腕。另一手抓住脚背，转动脚踝数回。再用双手握着脚，由前往后搓搽按摩。其次，对小腿进行按摩。先用一只手往上按摩，再从膝下往下揉捏至脚踝。重复5 ~ 6次。持之以恒，不仅能缓解疲劳还可消除脚踝四周的脂肪，变得结实纤细。

（4）脚部疲劳的消除可以借用这两种方法：一是在温水中加入一小杯米醋，泡脚20分钟，然后平躺，脚高于头部半小时；二是先将双脚浸入烫水（以脚能承受为限）约两分钟，然后再浸入冷水中两分钟，交换两三次。

第109天：学会科学饮水

1. 喝水的重要性

脑重量的77%是水分。脑的正常活动依赖于氧气、葡萄糖和水，三者缺一不可。如果仅给足量的氧和葡萄糖而不给水的话，血液就会浓缩，使垂体分泌抗利尿激素而不能排尿；肾脏无尿时会导致废物氮在血液中的浓度增加，引起尿毒症。怀孕期间，准妈妈体内的血流量增加了一倍，需要摄取大量水分。因此准妈妈必须喝足够的水，即每天1500毫升为宜，以供循环和消化，并保持皮肤健康。如果进水量过少，血液浓缩，血液中代谢废物的浓度也相应升高，排出就不太顺利，增加尿路感染的机会，对胎宝宝的新陈代谢不利，对准妈妈的皮肤护理和养颜也不利。

2. 喝水的正确方法

早晨起床要喝一杯新鲜的温水。有研究表明，早饭前30分钟喝200毫升25℃～30℃的新鲜开水，可以温润胃肠，使消化液得到足够的分泌，以促进食欲，刺激肠蠕动，有利于定时排便，防止痔疮便秘。早晨空腹饮水能很快被胃肠道吸收进入血液，使血液稀释，血管扩张，从而加快血液循环，补充细胞夜间丢失的水分。

要合理地安排时间，如果准妈妈的生活节奏极为规律，可以参考以下的方案来保证饮水量。这样可以使准妈妈每天的24小时都不会发生缺水。

早上起床后饮用一杯水，上午10时左右一杯，午餐后1小时补充一杯，下午4时一杯，晚餐后1小时补充一杯，睡前再来一杯。

3. 喝水的禁忌

（1）切忌口渴才饮水。口渴说明体内水分已经失衡，体内细胞脱水已经到了一定的程度。准妈妈最好定时饮水，次数不限，但保证一天共饮水1500毫升就差不多了。

（2）不能喝在热水瓶中贮存超过24小时的开水。随着瓶内水温的逐渐下降，水中含氯的有机物会不断地被分解成为有害的亚硝酸盐，对孕妇身体的内环境极为不利。

（3）久沸或反复煮沸的水不宜喝。水在反复沸腾后，水中的亚硝酸银、亚硝酸根离子以及砷等有害物质的浓度相对增加。

（4）没烧开的自来水不能喝。自来水中的氯与水中残留的有机物相互作用，会产生致癌物质。

（5）不要喝浓茶。孕前有饮茶习惯的准妈妈，可适当喝一点淡茶，万不可过量、过浓。同时不要喝保温杯沏的茶水，因为茶水中含有大量的鞣酸、茶碱、芳香油和多种维生素等。如果将茶叶浸泡在保温杯的水中，多种维生素被大量破坏而营养降低，茶水苦涩，有害物质增多，饮用后会引起消化系统及神经系统的紊乱。

4. 水并不是喝得越多越好

如果准妈妈已发生肿胀，就应该注意控制饮水量，每天在1000毫升以内为宜，以免加重妊娠水肿，导致妊娠高血压等疾病，同时要注意饮食习惯，多吃高蛋白的食物，适量限制食盐摄入，并保持大便通畅。

整个妊娠期间，母体的代谢很旺盛，所以要保证每天的饮水量，防止脱水。母体的矿物质和微量元素的摄入量也要增加，所以准妈妈对水中的微量元素和矿物质的含量要注意，过多饮用纯净水或蒸馏水不利于这些物质在体内的蓄积和供给胎儿，并会引起准妈妈身体内矿物质的缺乏。

饮水安全关系到两代人的生命健康，一般来说，婴儿发生怪胎、畸形与母体饮水的卫生安全有直接关系。自来水因存在二次污染，不要直接饮用，最好先经过净化处理，因为如果水中铅含量过高，会影响胎儿的发育。此外，还有多种污染物可以通过母体传给胎儿，这些污染物极有可能造成妊娠期间胎儿的细胞发生畸变或突变。

第110天：和胎宝宝一起玩有趣的音乐游戏

1. 音乐游戏的方法

单纯地听胎教音乐或者给宝宝唱歌，仿佛成了音乐胎教约定俗成的固定形式。其实我们这里还有更加活泼更加多样、让准妈妈参与积极性更强的音乐胎教形式。音乐游戏就是一个形式活泼、操作简单、参与性强的音乐胎教形式。下面，我们就通过向各位准妈妈介绍一个音乐游戏案例，来告诉准妈妈们如何通过做音乐游戏实现音乐胎教的目的：

（1）背景音乐：儿歌《两只小羊要过桥》

（2）背景音乐介绍：儿歌《两只小羊要过桥》用歌声给我们讲了一个富含哲理的小故事。东家和西家各有一只羊，它们有一天在村外的小桥上遇到的，可是小桥很窄，只能允许一只羊先过。东家的小羊心真好，让西家的小羊先过桥，然后它自己再过桥，后来它们成了好朋友。

（3）参加人：准妈妈、准爸爸、家人。

（4）游戏时间：建议选择傍晚时间。

（5）游戏地点：均可。建议选择在家中。

（6）游戏形式：听 + 唱 + 玩。

（7）游戏内容：准妈妈和准爸爸分别扮演东家的小羊和西家的小羊：其中，东家的小羊是一只英俊的小公羊、西家的小羊是一只可爱的小母羊（可以实现准备两个简单的道具），准妈妈和准爸爸要调动自己的创造力，在儿歌故事情节上进行创新，用动作、表情、歌声去演绎这个故事：第一次在桥上遇到的时候，东家和西家的小羊互不相让，打起架来，掉到了河里，结果两只小羊狼狈地回到家里。第二次遇到的时候，东家的小羊礼让了西家的小羊，让西家的小羊先过桥。从此以后，两只小羊就成了好朋友。

2. 根据胎宝宝的性格进行音乐胎教

准妈妈和准爸爸可以进一步做的，就是根据自己胎儿的性格、气质特点，本着因材施教的原则，为胎儿“编辑”个性化的胎教音乐目录。

（1）可以根据胎宝宝的胎动情况将胎儿大致分成“活泼型”和“安静型”：对于“活泼型”的胎儿，就“投其所好”，多给他们安排节奏更明快、风格更活泼的音乐，在时间上也可以适当多安排一些时间，音量也可以适当大一些；对于“安静型”的胎宝宝，也要“照顾”他的特点，一则少安排一些音乐胎教时间、将音量调小一些，二则为他们多安排一些音乐节奏变化不是太大、曲调比较平和，力度弱一点，速度慢一点的胎教音乐。需要特别说明的是，“活泼型”和“安静型”只是为了便于选择胎教音乐而使用的划分标准，比不代表胎宝宝性格的活泼程度，同时，也不存在“活泼型”和“安静型”哪个好，哪个不好的问题。

（2）如果准妈妈和准爸爸已经知道了胎儿的性别，也应该考虑到胎宝宝的性别差异：一般而言，男孩子更活泼一些，女孩子更安静一些。

（3）准妈妈自身对音乐的偏好可以作为胎教音乐选择的一个重要参考标准：所谓母子连心，妈妈喜欢的，胎宝宝一般都会喜欢的；妈妈不喜欢的，胎宝宝多半也不会喜欢。在选择胎教音乐的时候，准妈妈可以把自己的喜好标准用在胎宝宝身上。

3. 一边做家务一边和胎宝宝进行互动

制定做家务事的计划，不失为语言胎教和音乐胎教的一种好方法。合理地安排家务，既能融语言和音乐于家务活中，又能使夫妻的生活规律舒适。既能留出一段安静的时间进行语言胎教，又能节省时间去郊外观光野营。你可根据自己的情况，在胎教中拟定家务活安排表。

安排星期一和星期四外出采购，注意改变路线，并且花一定的时间观察并向胎宝宝讲解生活中的各种现象，有意识地去幼儿园或学校观察学生上课以及在操场上玩耍的情景。

星期二打扫起居室、卧室、家具，给胎儿讲述这个温馨的家，给胎宝宝哼唱《三只熊》之类表示家庭温暖的活泼歌曲。

星期三擦拭窗户和门框，冲洗厕所和浴室，教胎儿爱劳动、讲卫生的科学知识。给胎宝宝哼唱《劳动最光荣》等简单欢畅的儿歌。

星期五打扫和整理厨房，安排星期六和星期日的食谱，给胎儿讲述各种营养素的作用，告诉胎儿自己怎样安排每天的膳食以保证孕期的营养需要。

星期六和星期日这两天主要是在家里休息或者去植物园、动物园、花园、田野、沙滩等地方，除了享受日光浴外，还要向胎儿传授自然界的知识。你可以把音乐播放器带到户外，一边看美景，一边和胎宝宝一起欣赏美妙的音乐。

第 111 天：做个漂亮的十字绣

1. 绣十字绣的益处

十字绣是用专用的绣线和十字格布，利用经纬交织的搭十字的方法，对照专用的坐标图案进行刺绣，任何人都可以绣出同样效果的一种刺绣方法。十字绣是一种古老的民族刺绣，具有悠久的历史。

十字绣是一种很简单的手工编织，如果准妈妈以前从来没有接触过刺绣，不妨从最简单的十字绣开始，准妈妈只要备齐绣针、绣布和绣线，然后按照图示一针一针依比葫芦画瓢就可以了。很多小商品市场都有卖十字绣原料的。一般来说，正规的绣图上会表明绣线的类别和线号，在绣之前，注意把绣线用水洗一下，如果不掉色就可以放心地绣了。十字绣简单易操作，但是需要心平气和，作品就能很快完成。且制作出来的十字绣成品美观、大方，让人很有成就感，是一种很好的情绪和美学胎教。准妈妈可以试着绣一副壁画、一套枕巾或者给胎宝宝绣一方小围嘴，一针一线里都是妈妈对宝宝最好的祝福。

但需要注意的是，绣十字绣的时间和强度要适量，有些准妈妈绣起来就上瘾，不知不觉就保持同一个姿势好几个小时，累得腰酸背痛，这对身体是十分不好的。准妈妈要有自制力，控制绣十字绣的时间，并且每绣一段时间就注意活动一下肩背，不要长时间保持一个姿势不动。

2. 常见的十字绣方法

目前常见的十字绣绣法有：扣眼绣、链绣、断绣、飞绣、羽毛绣、瓣绣、回针绣、克里岛绣、十字绣、法国结。

（1）全针绣法：先由网眼 1 穿上来，再由网眼 2 穿下去，再由网眼 3 穿上来，再由网眼 4 穿下去，再由网眼 5 穿上来，再由网眼 6 下去，依此类推。

（2）半针绣法：半针绣是一条对角线构成的，即为全针绣的一半。

（3）四分之一绣法：1/4 针绣是由对角线的一半构成的，如果要边线正方形中残留的部分，表现不同颜色，则需要有 1/4 针绣来表现。

（4）四分之三绣法：3/4 绣是由一条完整的对角线与半条对角线所构成出“人”字形状。

（5）回针绣法（边线）：第一针由网眼 1 上来，再由网眼 2 下去；第二针则由网眼 3 上来，再由网眼 2 下去，再由网眼 4 上来回到网眼 3，除了第一针，其余每一针都是以回针的方式回到原穿上来的网眼中。回针一般用于绣轮廓和字母。

（6）法兰西结：把针举到 1 的位置穿出，将线绕针一圈，把针插在 2 的位置。用不绣花的指握住绣花线的端部，把结拉紧，而后将针穿过织物，把住绣线，直到必须松开为止。若打大结，可适当增加线的股数，但只缠一次。

（7）平式花瓣针：把针从 1 的位置穿出，将线回绕，再将针从 1 穿入，从 2 穿出，压住回绕的线，将线拉紧成花瓣形，再将针从 2 穿入。

十字绣有很多规则，最重要的一条，就是这是一个自娱自乐的活动，你完全可以按照自己的喜好去绣，没有必有遵守任何规则，包括后面将要写到的一切。

3. 提高十字绣速度的绣法

通常情况下，十字绣中一个半针需要以下几步：针下去；手下去；拉线；针上来；手上来；拉线。运用挑绣则可以大大提高绣十字绣的速度：挑绣就是在以上步骤中省略掉第二步和第三步，针上来以后不换手，直接接下一针的出针处。继而可以省掉第五步。挑绣的速度很快，不过缺点是针脚不够整齐。

第 112 天：语言胎教：和宝宝聊聊你现在的感受

在法国，由玛丽·布斯内尔领导的研究小组证实，在怀孕的最后三个月，胎宝宝可以辨别声音、气味和味道，并且能够习惯于反复的刺激，甚至可以学习和记忆。布斯内尔举例说，每天播放一段音乐，刚开始时胎宝宝会心率过快，但在播放 6 周以后，心率开始放缓，若突然换成另外一种音乐，则会引起胎宝宝心跳异常。实验还证明，胎宝宝不喜欢寂静的环境，喜欢美妙的人声，尤其爱听准妈妈的声音，甚至还可以分辨出准妈妈是在同他说话，还是在同别人说话。但是如果突然出现刺耳的噪声，胎宝宝就会受到惊吓。现在已经怀孕快满四个月了，准妈妈可以和胎宝宝聊一聊你心里的感受，告诉宝宝你听到胎动声音时的快乐，你每天感受着他一点一点长大的欣喜，传递给宝宝你对他的爱与期盼。

1. 准妈妈与胎宝宝的“1 分钟交流法”

一分钟的威力是很巨大的，所谓的一分钟母亲，关键旨在提醒准妈妈，无论多么忙，都应该每日抽出时间来，哪怕只是一分钟的时间，也要及时与胎宝宝沟通、交流和表达你的爱。

具体点说，是花很少的时间，去启发指导孩子自己教育自己，自己约束自己。通过父母的启发与教育，孩子们一旦拥有某一知识和懂得某一道理，自然就会主动地也可以说是下意识地运用它们并教育自己。比如七八个月大的宝宝没有“火会烧伤手”的知识，他会伸手去抓火苗，即使被烫了一次，他仍会去抓，因为他还不具备懂得这一知识与道理的能力，但小学生没有一个会用手去抓火苗的。

在怀孕期间，准妈妈与胎儿的交流大都是在下意识的状态完成的，主动地或有意识地让胎儿与自己交流或自己主动地与胎儿交流所占的比例很小。如果准妈妈能巧妙地利用一分钟的时间与胎宝宝交流，那可是一种高品质的胎教。有时候只是因为这一分钟，你的心中就会被幸福与喜悦充盈着。每等到一有胎动，你可以轻轻地触碰，心里想着或直接告诉胎宝宝：你真棒，妈妈知道你睡醒了，正在锻炼身体哩！或者：我知道你又长大了一点，现在你想告诉我什么信息呢？就是在这样随时随地与胎宝宝的轻松交流中收获良好的胎教效果。

2. 在生活中给宝宝讲解知识

准妈妈除了可以和胎宝宝进行心灵交流以外，还可以在生活中教给他一些日常知识。比如在吃煮鸡蛋时，你可以告诉胎宝宝，大头一面是空的，这原本是一个充满空气的小空间，叫做“气室”，小鸡在孵化出来的时候，这个气室有着非常了不起的作用。当一枚受精的鸡蛋经过大约三周的孵育，小鸡就要破壳而出了，当小鸡快出来时，它的头就在鸡蛋大头的一面，它用嘴穿入气室，开始直接呼吸气室内的空气。

你还可以告诉胎宝宝，鸡蛋的形状与小鸡在蛋中的状态有着密切的关系，小鸡从蛋里出来，是靠自己的嘴啄破蛋壳并用力挣扎出来。啄蛋壳的时候，小鸡不但头和脖子都要用力，脚也需要有支持的地方。鸡蛋小头的壳，正好是小鸡两脚的支撑点。这有点像地板就是我们身体的支撑点。如果蛋壳是圆的，或者是长的，小鸡就不容易撑起身体将蛋壳啄破，所以过圆或过长的蛋就很难孵出小鸡来。

动起来：准妈妈体操：骨盆、腹肌运动

1. 骨盆运动

具体步骤如下：

（1）准妈妈平卧在床上，全身放松，深呼吸5次。

（2）屈膝，抬起臀部，尽量将臀部抬高，然后慢慢下落。

（3）重复这个动作3 ~ 5次。

这个动作做起来要温和一些，每一位准妈妈的运动量、频率及动作幅度要根据自身的情况具体把握。它能够加强准妈妈骨盆关节和腰部肌肉的柔软性。

2. 腹肌运动

具体步骤如下：

（1）准妈妈半仰卧躺着，再平卧屈膝。

（2）从平仰到半坐不完全坐起。来回做数次。

做这个动作时，服装要宽大、舒适，可以播放一些轻松的音乐。运动强度视准妈妈的体力情况决定。它能增强腹肌的收缩力量，防止因腹壁松弛而造成的胎位不正和难产。

胎宝宝的阅读时光：乔治·桑《冬天的美》

今天一起走进法国浪漫派女小说家乔治·桑眼里的冬天吧，看看冬天的美，品品在冬天迸发出的智语。

我从来热爱乡村的冬天。我无法理解富翁们的情趣，他们在一年当中最不适于举行舞会、讲究穿着和奢侈挥霍的季节，将巴黎当做狂欢的场所。大自然在冬天邀请我们到火炉边去享受天伦之乐，而且正是在乡村才能领略这个季节罕见的明朗的阳光。在我国的大都市里，臭气熏天和冻结的烂泥几乎永无干燥之日，看见就令人恶心。在乡下，一片阳光或者刮几小时风就使空气变得清新，使地面干爽。可怜的城市工人对此十分了解，他们滞留在这个垃圾场里，实在是由于无可奈何。我们的富翁们所过的人为的、悖谬的生活，违背大自然的安排，结果毫无生气。英国人比较明智，他们到乡下别墅里去过冬。

在巴黎，人们想象大自然有六个月毫无生机，可是小麦从秋天就开始发芽，而冬天惨淡的阳光——大家惯于这样描写它——是一年之中最灿烂、最辉煌的。当太阳拨开云雾，当它在严冬傍晚披上闪烁发光的紫红色长袍坠落时，人们几乎无法忍受它那令人炫目的光芒。即使在我们严寒却偏偏不恰当地称为温带的国家里，自然界万物永远不会除掉盛装和失去盎然的生机，广阔的麦田铺上了鲜艳的地毯，而天际低矮的太阳在上面投下了绿宝石的光辉。地面披上了美丽的苔藓。华丽的常春藤涂上了大理石般的鲜红和金色的斑纹。报春花、紫罗兰和孟加拉玫

瑰躲在雪层下面微笑。由于地势的起伏，由于偶然的机缘，还有其他几种花儿躲过严寒幸存下来，而随时使你感到意想不到的欢愉。虽然百灵鸟不见踪影，但有多少喧闹而美丽的鸟儿路过这儿，在河边栖息和休憩！当地面的白雪像璀璨的钻石在阳光下闪闪发光，或者当挂在树梢的冰凌组成神奇的连拱和无法描绘的水晶的花彩时，有什么东西比白雪更加美丽呢？在乡村的漫漫长夜里，大家亲切地聚集一堂，甚至时间似乎也听从我们使唤。由于人们能够沉静下来思索，精神生活变得异常丰富。这样的夜晚，同家人围炉而坐，难道不是极大的乐事吗？

好孕美食馆：让人食欲大开的孕期营养荤菜

1. 软溜虾仁腰花丁

【材料】

虾仁 400 克，猪腰 100 克，蛋清 40 克，枸杞 5 克，山药丁 50 克，西兰花 50 克，葱、姜、油、盐、黄酒、味精、淀粉各适量。

【做法】

（1）虾仁洗净去沙肠，吸干水分，加盐、味精、蛋清、生粉上浆。猪腰洗净剖去杂质，切小块状，放入含黄酒的清水中浸泡片刻，除异味。枸杞泡软，山药丁煮熟，西兰花洗净摘朵状煮熟待用。

（2）在热锅中加油，烧至四成热，放入虾仁滑油至熟捞出。另将油温烧至五成热，放入腰花，爆熟捞出沥油。

（3）锅中留少许油，放入葱段姜片煸香取出，放入虾仁、腰花、枸杞、山药、西兰花翻炒片刻，加少许汤汁，盐、酒、味精，水淀粉勾芡，淋麻油出锅装盆，西兰花挑出围边。

【功效】

虾仁蛋白质、钙质丰富、开胃补肾，猪腰蛋白质、铁、锌充足，补肝肾。枸杞明目，山药健脾，西兰花胡萝卜素充分，对准妈妈的视力和皮肤有益。

2. 瓜姜乌鱼片

【材料】

乌鱼 1000 克，酱瓜片 20 克，酱姜片 20 克，蛋清、鸡汤、味精、料酒、淀粉、葱姜汁、胡椒粉、色拉油各适量。

【做法】

（1）乌鱼宰净，剔去鱼皮，拆去鱼骨，鱼肉入清水中略泡，取起，沥干水分；

（2）加料酒、盐、味精、葱姜汁、胡椒粉稍腌，用蛋清、淀粉拌和上浆，注色拉油搅匀，进冰箱涨发片刻；

（3）锅置火上，放色拉油烧至五成热，投入鱼片划散至熟，捞出；

（4）原锅放酱瓜片、酱姜片略炒，烹料酒，兑入鸡汤、盐、味精，用水淀粉勾芡，倒入鱼片翻炒，淋上色拉油，起锅装盘即成。

3. 五彩鸡丁

【材料】

鸡胸肉、青红椒、炸花生米、甜玉米粒、青豆粒、葱、姜末、蒜末、花椒、干红辣椒、盐、料酒、生粉、醋、酱油、砂糖、香油、白芝麻各适量。

【做法】

（1）将鸡胸肉切1厘米大小的丁，加入盐、料酒和生粉搅拌均匀后，腌制5分钟。葱姜切成末。青红椒切粒。

（2）将蒜葱姜放入碗中，调入盐、砂糖、醋、酱油、清水、生粉调成汁备用。

（3）锅烧热，倒入油，再添加少许香油，趁油冷时放入花椒，待花椒出香味，颜色略变深后，放入干辣椒爆香。

（4）放入鸡丁炒至变色后，将青红椒粒、甜玉米粒、青豆粒放入，翻炒10秒钟，倒入调好的料汁，大火翻炒1分钟后，倒入炸好的花生米，撒上熟白芝麻即可。

胎宝宝的私人音乐厅:《彼得与狼》《B小调第一钢琴协奏曲》

1.《彼得与狼》

彼得与狼是前苏联作曲家普罗柯菲耶夫为儿童写的一部交响童话，作曲家运用乐器刻画人物和动物的性格、动作和神情，音乐技巧成熟，形式新颖活泼，旋律通俗易懂。音乐中用长笛、双簧管、单簧管、大管、弦乐四重奏、定音鼓和大鼓所奏出的具有特性的短小旋律和音响，分别代表小鸟、鸭子、猫、爷爷、少先队员彼得和猎人的射击声等。由作者本人所构思的情节和撰写的朗诵词，具有生动活泼而又深刻的教育意义。

该故事讲述了少先队员彼得与他的小朋友鸟儿一起玩耍，家中的小鸭在池塘嬉游，与小鸟争吵。小猫趁机要捕捉小鸟，被彼得阻拦。爷爷后来吓唬他们说狼要来了，把彼得带回家。不久，狼真来了，吃掉了小鸭，还躲在树后要捉小鸟和小猫。彼得不顾个人安危，在小鸟的帮助下捉住狼尾巴，将它拴在树上，爷爷和猎人赶来把狼抓进了动物园。故事寓意深刻，表现了儿童彼得以勇敢和机智战胜了凶恶的狼。

准妈妈在欣赏这首曲子时，可以配合着给胎宝宝朗读一下这个小故事，让宝宝学一学少年彼得的正直和勇敢。

2.《B小调第一钢琴协奏曲》

《B小调第一钢琴协奏曲》在柴可夫斯基早期的大型作品中，是真正开朗的情绪和乐观主义的深刻体现，它称得上是19世纪俄罗斯钢琴音乐的一个顶峰。是柴可夫斯基在创作歌剧《叶甫盖尼·奥涅金》之前的重要作品之一。

该协奏曲一共分为三个乐章。第一小提琴和大提琴用它那温暖的声音庄严地奏出这段引子的基本主题，钢琴用大量洪亮的和弦伴随着它。这个主题气息宽广，宏伟有力，充满着一种炫目的光辉，具有俄罗斯民歌旋律的特征，它是一支庄严壮丽的生活颂歌，是继贝多芬之后的另一首新的《欢乐颂》。

第二乐章是介乎前后两个乐章之间的一首抒情间奏曲，它的音乐怡神悦耳，具有温雅朴质的田园风味。乐章的基本主题是一支具有民歌气质的优美动听的旋律，体现了人对大自然形象的静观和省察，反映了人同大自然永远相亲的感情。

最后乐章是一首欢乐的颂歌，是充满元气和生命力的表现，乐章中出现的一些形象，全都在一个明朗、乐观的氛围中活动。这一乐章用回旋奏鸣曲形式写成，乐曲的基本主题在乐队奏出的一段简短的引子之后由独奏钢琴奏出，这个主题选自乌克兰民间的一首春季歌曲，乐章的这两个主题，一个急速有力，充满无尽的表现力，另一个虽然比较平静，但逐渐也转换为胜利的步调，发展成为对生活的狂喜赞歌。这两个主题互相对比，互相补充，共同表达这终曲的明朗而乐观的基本思想。

第五个月（17 ~ 20 周）：在互动中亲密接触胎宝宝

1. 胎宝宝的变化

到这个月末，他的头此时已经占到了全身长的 1/3，头部及身体上呈现出一层薄薄的胎毛，白色的脂肪逐渐覆盖皮肤；手指、脚趾长出指甲，并呈现出隆起；耳朵的入口张开；牙床开始形成；头发、眉毛齐备；由于皮下脂肪开始沉积，皮肤变成半透明，但皮下血管仍清晰可见；骨骼和肌肉也越来越结实；生殖器官也已经几近成形；能够听到妈妈的心脏和动脉血流动声及肠鸣声，并且如果用听诊器可以听到他的心音了。

17 周的胎宝宝身长大约有 13 厘米，体重 150 ~ 200 克，看上去像一个梨子。在这一周，准妈妈可以借助听诊器听到胎宝宝强有力的心跳，这时候胎宝宝的骨骼都还是软骨，可以保护骨骼的卵磷脂开始慢慢地覆盖在骨髓上。

到了第 18 周，胎宝宝长到了约 14 厘米长，200 克重。这一周肺部的肺泡也开始发育，小胸部总是在一鼓一鼓的，表示他正在呼吸，但这时的他吸入和呼出的不是空气而是羊水。在这个时候，通过 B 超检查的话，已经能够明显分出来是男宝宝还是女宝宝了，如果是女宝宝的话，那么她的阴道、子宫、输卵管都已经各就各位；如果是男宝宝，他的生殖器也已经清晰可见，当然有时候因为宝宝的位置不同，小小的生殖器也会被遮住。

第 19 周的胎宝宝身长大约有 15 厘米，体重 200 ~ 250 克，皮肤腺体开始分泌出腺脂，出现乳头，开始能够吞咽羊水，经过肾过滤后把它变成洁净的尿液重新又排入羊水中，过滤出的渣滓积存在肠道内形成胎粪，待出生后才排出体外，头发也在迅速地生长着。他的动作开始活跃，能够做出戳、踢、扭动和翻转动作，还能够用口舔尝、吸吮拇指，那样子就像在品味手指的味道。在这一周，胎宝宝最大的变化就是感觉器官开始按照区域迅速地发展，味觉、嗅觉、触觉、视觉和听觉从现在开始在大脑中专门的区域里发育，此时神经元的数量减少，神经元之间的连通开始增加。

第 20 周是胎宝宝味觉、嗅觉、视觉和触觉等感觉器官发育的关键时期，此时他的状况已经趋于稳定，身长 16 厘米，体重 255 克。这时候胎宝宝在快速成长着，他的头发继续生长，胎脂增加，皮肤增厚发育为 4 层。

2. 准妈妈的变化

这个月准妈妈的体重开始上升，最少会增加 2 千克体重，有些也许会达到 5 千克。准妈妈这时的子宫已经犹如婴儿的头大小，用手触摸肚脐和耻骨之间可感到有一团硬东西，即子宫的上部；宫底高厚度在耻骨联合上缘的大约 15 ~ 18 厘米处。等到胎宝宝 19 周以后，准妈妈的子宫底每周会升高 1 厘米。

在这个月，准妈妈的乳房会比以前膨胀得更为显著，有些准妈妈还能挤出透明、黏稠、颜色像水又微白的液体；而且臀部也因脂肪的增多而显得浑圆，从外形上开始显现出较从前丰满的样子。

由于这个月子宫在腹腔内慢慢增大，对膀胱的刺激症状随之减轻，所以尿频现象相对减轻；早孕反应也自然消失，准妈妈的身体和心情会好很多。

在这一阶段，有些准妈妈常会有胃内积食的不消化感，这是由于增大的子宫挤压内脏的缘故。另外，还有些准妈妈常常感到口干舌燥，甚至出现耳鸣，会误以为自己患了伤风，但实际上并不是这样，这主要是妊娠引起的体内变化。

从第五个月月末开始，当准妈妈精神集中的时候，尤其是夜晚躺在床上时，会感到下腹部像有一只小虫子似的一下一下地蠕动，平时胎宝宝在子宫的羊水中蠕动、挺身体、频繁活动手和脚，碰撞子宫壁所引起。现在准妈妈应该坚持有规律地数胎动了，时间最好固定，胎动一般平均每小时 3 ~ 5 次。每天坚持数胎动，是一种直接的胎教。当准妈妈对胎宝宝高度注意时，可以想象胎宝宝的各种体态，胎宝宝也会回应准妈妈的感受，这样会增进母子之间的感情交流。

3. 胎教重点

（1）营养胎教

从本月起，准妈妈应注意补钙，还要加服鱼肝油，但有些人因补钙心切而大量服鱼肝油，这样做是不妥当的，因为过多服用鱼肝油，会使胎宝宝骨骼发育异常，造成许多不良后果。还要补充维生素 D 以促进钙的吸收。对于长期在室内工作，缺乏晒太阳机会的准妈妈更是如此。此时，还要多吃动物内脏，包括肾、肝、心、肚等，它们不仅含有丰富的优质蛋白质，而且还含有丰富的维生素和矿物质。本月，准妈妈对维生素、矿物质、微量元素等需要明显增加，为此，孕中期准妈妈至少每周一次选食一定量的动物内脏。

（2）运动胎教

怀孕中期，胎宝宝着床已稳定，胎盘也已经形成，再加上这时候胎宝宝的成长不算太大，准妈妈也不算是特别笨拙，因此此时是运动的最佳时机。准妈妈可以根据个人体质及过去的锻炼情况，坚持适量的运动或是适当加大运动量，进行力所能及的锻炼，如游泳、孕妇体操、瑜伽等。如果准妈妈以前一直没有运动的习惯，那么可以做一些轻微的活动，比如散散步、坐坐健身球等；如果孕前一直游泳的话，那么在孕中期照样可以游泳，虽然孕中期运动量可以适量增加，但仍应切记不可进行跑、跳等容易失去平衡的剧烈运动，更不要做爬山、登高、蹦跳之类剧烈的运动，以免发生意外。

需要注意的是，上面所说的加大运动量，并不是增加运动强度，而是提高运动频率、延长运动时间。准妈妈切不可为了控制体重或是其他原因不加控制的运动，这样对自己的身体和胎宝宝可以说不但没有益处，反而会带来一些危害。

（3）情绪胎教

这一时期准妈妈要继续注意调节自己的心理状态，在孕中期的时候不要随意发脾气，克服自己身上娇气、懒惰、小心眼和自以为是等毛病，乐于帮助他人或集体做一些自己力所能及的小事，乐于赞美他人，能由衷为他人的成就而高兴，能从心底深处爱着亲朋好友、邻里他人。遇到事情不贪图小便宜，把“君子爱财，取之有道”作为自己的做人准则。不欺诈不霸道，不侵犯他人的利益，不以伤害和欺辱他人为乐，学会尊重他人，宽以待人。

第17周：宝宝已经像鸭梨一样大了

此时的胎宝宝已经有一个鸭梨那么大了，循环系统、尿道等也开始工作，肺部正在发育得更加强壮，以利于将来使用子宫外的环境。从16周到19周，胎宝宝的听力形成，此时的他就像一个小小的窃听者，能听得到准妈妈的心跳声、血流声、肠鸣声和说话的声音。

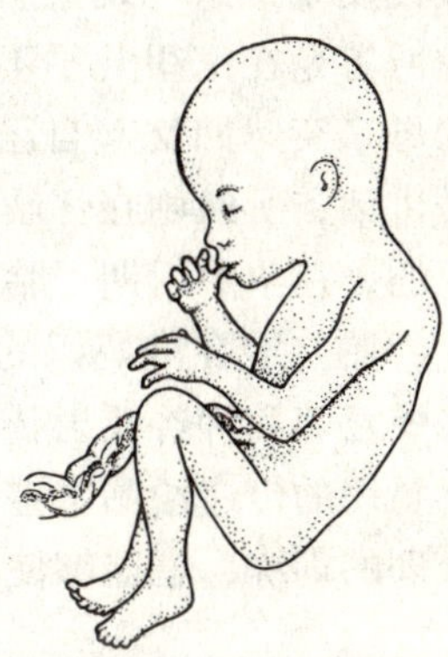

孕期还没过一半的时候，胎儿看上去已经很像发育健全的小宝宝，甚至会吮吸手指头了。

胎宝宝在准妈妈的腹中渐渐地长大，此时身长25厘米左右，体重约300克，身体已经是4等份，体型逐渐变得匀称。

伴随着怀孕时间不断增加，准妈妈在外貌和体型上都出现了较大的变化。子宫的增大使下腹部越来越明显，子宫底的高度与肚脐平齐，乳房和臀部变得丰满，皮下脂肪增厚，准妈妈体重增加了2000 ~ 5000克。子宫长得很大，有时还会感到一阵阵的剧痛，这种疼痛是由韧带牵拉所导致的。

1. 开始教胎宝宝学习数字

怀孕第五个月可以开始让胎宝宝认识数字了，从最简单的“1”开始，一天学一到两个数字。首先要将这个数字的形状印入脑海中，形成一种立体的形象，将其传输给胎宝宝。然后利用联想法加深对这个数字的认识，并用生活中的实物举例子，解释这个数字代表什么。学习数字时，准妈妈一定要集中注意力才能保证效果。

2. 严格控制血压

怀孕期间高血压发病原因主要有：准妈妈精神过分紧张；气温变化过大；初产准妈妈年龄过小或偏大；准妈妈有肾炎、糖尿病、肥胖、营养不良等病史；羊水过多、双胞胎或多胞胎及葡萄胎；准妈妈有高血压家族史，等等。随着孕期到了第五个月，胎宝宝生长的速度开始加快，这个时候准妈妈一定要注意监控自身的血压变化，防治自己患上妊娠期高血压。如果不慎患上妊娠期高血压，病情较轻的准妈妈可以根据自身条件在家或住院休息治疗，可以不用药物。注意平衡膳食，可间断吸氧。如果是子痫前期则应立即住院治疗，延误治疗时机就会出现生命危险。

第 113 天：认识知识胎教

1. 进行知识胎教的作用

在巴黎的某医院，有一位叫托马蒂斯的语言心理学教授接待了一位 4 岁的患儿名叫奥迪尔。奥迪尔患有孤独症，不爱讲话，不论父母怎样启发开导都无济于事，只好送到医院求助于教授。开始教授用法语和患儿交谈，她毫无反应，经过一段时间的治疗和观察，偶尔发现了一个奇怪的现象：每当有人同这位患儿讲英语时，奥迪尔的兴趣就出现了，表示出既爱听又喜欢开口和别人交谈，每当这时病就好了。教授发现了这一现象后找来了她的父母了解他们在家里是否经常讲英语，可他们的回答是在家里几乎不讲英语，教授又问他们曾经什么时候讲过英语。这时患儿的母亲突然回忆起自己在怀孕期间曾在一家外国公司工作，因为那里只允许用英语讲话，所以她在怀孕时一直是讲英语，教授这时才恍然大悟说："胎宝宝是有意识的，在孕中后期，胎宝宝的大脑神经已经逐渐发达起来了。"

胎宝宝在准妈妈的肚子里时有记忆的，不是个无知的小生命。他通过胎盘来接受营养和神经反射传递来的信息，从而促进脑细胞的分化。如果在胎宝宝时期，有意识的传递给胎宝宝一些知识，合理地进行知识胎教，对胎宝宝的强能进行及时、合理的训练，就能够使其大脑得到全面的发育。

2. 如何进行知识胎教

我们以学习英文和数字为例，讲解一下如何对胎宝宝进行知识胎教。

学习英文字母的方法是将 A ～ Z 这 26 个英文字母制成闪光卡片，然后鲜艳的色彩勾画，并用黑色描边。描边具有醒目和有利于区别的作用。每天教 3 ～ 5 个字母，大写教完了再教小写。选择容易形象化的和好发音的反复正确发音。例如：A，可以选择 Apple（苹果）等。这种胎教教完后胎宝宝会能记忆，出生后再教相同的内容，就会发现孩子很快能认知了，并会开心地笑。

教数字与教英语字母一样，每天教 3 ～ 5 个数字。数学中一定要运用形象思维及色彩组合。例如 2 像水中自由游泳的鸭子，3 像人的耳朵，5 像秤钩，6 像倒置的 9，9 像小蝌蚪，等等。又例如 11、33、44 等两位数可以分别将左侧用绿色、右侧用蓝色这样既形象又富有色彩地组合。

为了让胎宝宝与教学合拍，在教学之前，准爸爸准妈妈须先给胎宝宝一个信号。如抚摸着胎头说："乖孩子，我们开始上课。"

然后就开始一边与胎宝宝互动，一边做数学计算，例如说一就拍一下，说二就拍两下，说加就点一下，说等于就点两下。每一个动作都要轻、慢，并且与胎宝宝说明了。

在教胎宝宝百科知识或者音乐、文字之前，也可以采取这样的提示方法。总之，重视知识胎教时开发胎宝宝潜能的一种很有效果的方法，如果你希望宝宝未来能够对某一领域的知识产生兴趣，也不妨在这个时候就开始对他进行培养。

第114天：做母亲的感觉越来越强烈

进入怀孕中期以后，准妈妈的体内已经形成了适应胎宝宝生长的新的平衡，孕吐等不适应反应也逐渐消失，准妈妈的情绪也变得相对稳定。这个时期，随着肚子一天天变大，胎动越来越强烈，你会越来越有做妈妈的感觉了，所以，孕中期心理安定，其保健的重点应在于通过生活、工作和休息的适当调整，保证良好的心理状态。

1. 孕中期准妈妈在心理上应注意的问题

（1）心理上过于放松

身体状况的安定，可能会导致精神上的松懈，准妈妈会大舒一口气。但是，孕中期并不一定就平安无事。如由于怀孕造成各个系统的负担，可能加重原有的心脏、肾脏、肝脏等病情；孕中期也可能会出现各种病理状况，如妊娠高血压综合征和贫血等，放松对身体状况的注意，很可能会导致不良后果。所以，应定期到医院接受检查。

（2）对分娩过于恐惧

虽然孕中期距分娩尚有一段时间，但不少准妈妈已经开始承受分娩的压力。有些准妈妈因为听信了"过来人"宣讲的分娩如何痛苦的传言，或受到影视作品对分娩场面的过分渲染，因而开始感到惶恐不安。虽然说在现在的医疗条件下，分娩无痛苦是不可能的，但过分恐惧所产生的不良后果比分娩本身还可怕，所以，过度的忧虑与担心并不是好办法。正确的做法是，准妈妈应学习一些关于分娩的医学常识，对分娩是怀孕的必然结局有所了解。另外，如果准妈妈和家人一起为未出世的宝宝准备一些被褥、衣服、玩具，也许能使准妈妈精神轻松，心情好转。事实证明，这样做往往能使准妈妈把对分娩的恐惧转变为热切的盼望。

（3）心理上的过分依赖

孕中期的准妈妈适当做一些工作，并参加一些平缓的运动不仅没有危害，而且还会有一定的益处。但有些准妈妈因体形显露而不愿活动，每天不干任何事情，凡事都由丈夫包办，以为这样才会对胎宝宝有利。可这样做却易引起心理上的郁闷、压抑、孤独，这对胎宝宝是不利的。医学界认为，孕期适当的活动可以增强准妈妈的肌肉力量，对分娩有一定帮助。所以，准妈妈可以从事家务劳动，如果没有异常情况，孕中期仍能正常上班，这样对于改善心理状态也大有益处。

2. 孕期准妈妈对自己积极的心理暗示

只有准妈妈处于放松状态，胎宝宝才会轻松地在子宫内成长，准妈妈要让自己完全放松下来可以有很多方法进行选择，进行积极的心理暗示就是一种非常好的方法，准妈妈不妨去尝试一下。

准妈妈可以在早晨起床前先闭目让自己放松，使自己的身心头脑完全处于宁静舒适的状态。接着要暗示自己“我的心中充满了爱意，不仅爱丈夫，也爱亲人朋友和他人，爱所有的孩子，爱这个世界。我将用最真诚的心去对待他们，我相信我腹中的胎宝宝也会感受得到这一切，相信他未来也会有这样的价值观，也会这样为人”。你还可以继续暗示自己：“我为自己的这种追求感到骄傲和自豪，我相信我的孩子也会这样认为的。”

你也可以在平静舒适的心态中继续暗示自己：“我是一个温暖又安心的人，我要培养出一个正直有爱心的孩子。所以我要时时刻刻注意保持行为品格的端正，争取不要出错，我相信自己完全能够做得到。”

在睡觉前，准妈妈可以再检查一天自己的行为，继续对自己进行积极的心理暗示。如果自己预想的都做好了，就鼓励自己明天继续努力继续加油。

第115天：准妈妈要进一步加强补钙

这个月胎宝宝开始形成骨骼、牙齿、五官和四肢，大脑也开始形成和发育。因此，对钙质的摄取就显得极为迫切了，如果供给不及时的话，他还会很“自私”地从妈妈的骨骼里“抢”出钙质以备生长之需，这对准妈妈的健康伤害极大。因此准妈妈除了保证蛋白质、维生素、碳水化合物、矿物质的基本供给外，还特别要注意补充含钙的食物。胎宝宝的大脑也开始划分专门区域，嗅觉、味觉、听觉、视觉以及触觉都开始发育了。脂质的摄取对于促进脑和神经的发育非常重要，适当摄取脂肪，可以补充宝宝大脑发育所需要的能量。准妈妈在孕中期每天的钙适宜摄入量是1000毫克，每天摄入一杯牛奶，多吃一些深海鱼类、虾皮等都对补钙大有帮助。

1. 牛奶的饮用量

孕妇奶粉和鲜牛奶都含有丰富的钙质。当然，一杯标准冲调（比如40 ~ 50克孕妇奶粉加水冲制成250毫升的配方奶）的孕妇奶粉的钙含量通常比同量的鲜牛奶要高。此外，孕妇奶粉往往强化了多种维生素和矿物质，从这个角度看，孕妇奶粉比鲜牛奶营养更为全面。

两杯按标准冲调的孕妇配方奶粉，钙含量大约是1000毫克。不同牌子的孕妇奶粉会有一些差异，具体可查看产品包装上的营养成分表。按这个标准计算，孕早期每天喝1 ~ 2杯孕妇奶粉，孕中期和孕晚期每天2杯为宜。

喜欢喝鲜牛奶来补钙的准妈妈，从孕中期开始，每天至少要喝250毫升的鲜牛奶，或500毫升的低脂牛奶。

当然准妈妈可以同时选择喝鲜牛奶和孕妇奶粉，可根据它们的钙含量来计算自己每天应该喝多少。从孕中期开始，孕妇要更加注意合理搭配饮食，适当增加乳类及其他富含钙质的食品与维生素D的摄入量，同时，适当进行外源性补充（即吃钙片）。

2. 补钙的同时补充其他营养物质

补钙同时适量补充维生素D，维生素D能够调节钙磷代谢，促进钙的吸收。除了服用维生素D外，也可以通过晒太阳的方式在体内合成。每天只要在阳光充足的室外活动半小时以上就可以合成足够的维生素D。而服用过量反而会引起食欲减退、乏力、心律不齐、恶心、呕吐等副反应。准妈妈还可以每天吃一些瘦肉、豆制品、鸡蛋、蔬菜水果。动物肝脏、血等能补充足量的铁质，芝麻、花生、核桃等富含丰富的不饱和脂肪酸，还有让准妈妈越来越漂亮的维生素E。均衡营养，给胎宝宝做出好榜样，做一个健康靓丽的准妈妈。

3. 影响钙质吸收的克星

（1）钠——盐：准妈妈摄入过多盐分会影响身体对钙的吸收，同时还可能导致人体骨骼中钙的更多流失。这是因为盐中含有钠，而肾脏每天要把多余的钠排出体外，每排泄1000毫克的钠，就会同时耗损26毫克的钙。所以准妈妈饮食还是以清淡为主。

（2）植酸——大米、白面：大米和白面中所含的植酸，与消化道中的钙结合，产生不能为人体所吸收的植酸钙镁盐，大大降低人体对钙的吸收。因此，准妈妈可先将大米用适量的温水浸泡一会，这样米中的植酸酶将大部分植酸分解；而发酵后的面食分泌出植酸酶也能将面粉中的植酸水解，避免影响身体对钙的吸收。

（3）草酸——菠菜、苋菜、竹笋等蔬菜：怀孕后，很多准妈妈开始注意多吃蔬菜水果。但是，有些有涩味的蔬菜含有草酸，草酸在肠道中可与钙结合形成不溶性的沉淀，影响钙的吸收。因此，建议准妈妈每天吃蔬菜、水果500 ~ 750克即可。也可以将这些蔬菜用水先焯一下，去掉涩味后再烹饪。

（4）磷酸——碳酸饮料、可乐、咖啡、汉堡包等：正常情况下，人体内的钙磷比例是2 : 1，然而，如果准妈妈过多地摄入碳酸饮料、可乐、咖啡、汉堡包、比萨饼、动物肝脏、炸薯条等大量含磷的食物，使钙磷比例高达1:10 ~ 20，这样，过多的磷会把体内的钙赶出体外。

（5）脂肪酸——油脂类食物：脂肪分解的脂肪酸（尤其饱和脂肪酸）在胃肠道可与钙形成难溶物，使钙的吸收率降低。因此，准妈妈要合理安排好膳食，不要吃过于油腻的东西。

第116天：心情愉快地数胎动，陪胎宝宝玩踢肚子游戏

1. 什么是胎动

胎动是子宫内生命存在的象征，数胎动是准妈妈自我监护胎宝宝情况的一种简易手段，是掌握胎宝宝健康情况的最佳渠道。孕妇17 ~ 20周开始自感有胎动，夜间尤为明显，孕29 ~ 38周为胎动最频繁时期，接近足月略为减少，一般每小

时3～5次。如胎动异常应警惕胎宝宝发生宫内窘迫。缺氧早期，胎宝宝会表现得躁动不安，胎动明显增加，当缺氧严重时，胎动减少减弱甚至消失，胎动消失后，胎心一般在24～48小时内消失。

胎动的意义非常大，如果胎宝宝在子宫内出现问题，比如缺氧、胎盘功能减退、期待扭曲打结或者脱垂时，胎动就会出现异常。这个时候准妈妈可以感觉到胎动突然变得频繁，然后逐渐减慢或消失。因此，数胎动可以帮助准妈妈及时了解胎宝宝的生长情况，有助于降低胎宝宝的死亡率。

2. 数胎动的方法

数胎动最好的方法是，采取卧位或坐位，每天选择4个时段，建议为三餐饭后和睡前，不做任何事，静静地坐着休息感受胎动即可。若是12点用餐，那么1～2点之间就应该聚精会神地感觉胎动，尽量不要做其他事，以免错过胎动，只要一小时内有超过4次的胎动就可安心，20周后能明显感觉到胎动时就能用这个方式计算胎动。一般来说，若12小时胎动达30次以上，反映胎宝宝情况良好，少于20次，说明胎宝宝异常，如果胎动少于10次，则提示胎宝宝宫内缺氧。如果准妈妈抽不出时间好好感觉胎动，只要一天连续12小时都没有胎动，也必须立即就医。

此外，还有一种方法，就是在晚餐后计算10次胎动需要多少时间，若超过3小时，胎动仍不到10次，就需找医生做进一步检查。或是在白天时，无论在做什么，只要感觉到胎宝宝一次胎动就做个记录，如果白天能够测得10次胎动，即可安心。

在数胎动时，准妈妈应保持思想集中，可以用一些小巧物品做标记或记录在纸上，以免遗漏。若连续胎动或在同一时刻感到多处胎动的话，只能算做一次，要等胎动完全停止后，再接着计数。若胎宝宝长时间持续胎动，准妈妈也应该提高警惕。胎动的强弱和次数个体间的差异很大，准妈妈自数一段时间后会得出一个常数，以后便可以此为标准，进行自我监测胎宝宝的安危。

胎动次数的多少、快慢、强弱等，常表示着胎宝宝的安危，因此，人们把胎动称为胎宝宝安危的标志。胎动正常，表示胎盘功能良好，输送给胎宝宝的氧气充足，胎宝宝在子宫内发育健全。小生命在子宫内愉快地生存着。据妇产科专家观测，正常明显胎动不少于每小时3～5次；12小时明显胎动次数约30～40次以上。但由于胎宝宝个体差异不同，有的胎宝宝在12小时内胎动次数可达100次以上。但只要胎动有规律，有节奏，变化不大，都说明胎儿发育是正常的。所以当你进入孕晚期后，医生就会建议你去记下宝宝每天踢你的次数了，或者是记下踢你的姿势有什么不同之类的。要做好这项工作，你就要选择一天内婴儿最活跃的时候来做，并且保证胎宝宝每天都在这个时候这么活跃。你静静地坐下来，或者躺下来，再记下胎宝宝踢你的次数和部位，计算一下要多长时间你才能感觉到它踢你10下。如果你在两个小时内感觉不到他踢你10下，那你就不要数了，马上就医。

3. 与胎宝宝玩踢肚子游戏

进入孕五月，准妈妈已经能够感受得到胎动了，此时，你可以和准爸爸一起与胎宝宝玩踢肚子游戏。

具体做法是，准妈妈感受到胎动时，轻轻拍打被踢的部位，等待胎宝宝第二次动时再采用相同的动作。一般来讲，一两分钟后胎宝宝就会有第二次动作。这时准妈妈可再轻轻地拍几下，等胎宝宝再踢时，如果这时准妈妈改变拍的部位，胎宝宝便会向改变的方向踢去，但是准妈妈要注意改变的位置不要离胎宝宝一开始踢的地方太远。

这个游戏每天可以进行两次，每次进行5分钟。如果准爸爸准妈妈能一起做抚摸胎教效果会更好，既可以增进夫妻感情，又能增进父亲和胎宝宝间的感情。

第117天：孕期外出旅行的黄金期

准妈妈旅游最好选择在怀孕第4 ~ 6个月之间，此期最安全。此时剧烈的妊娠反应已经过去，沉重大腹便便与腿脚肿胀尚未出现，准妈妈具有一定的对旅游辛劳的承受能力和愉悦的心境。而且胎宝宝此时已经初步“站稳脚跟”。现在已经是怀孕第五个月了，如果准妈妈有出行计划的话，现在正是实施的好时机。在不影响健康和孕育的情况下，孕期在准爸爸的陪同下出去旅游是一种很好的放松方式。不仅解决了你的“旅行瘾”，还开阔了视野，扫除了一切负面情绪，转换心情。

准妈妈在旅行前必须去医院看一次妇产科医生，将整个行程向医生交底，以取得医生的指导。同时需要准备宽松、舒适的衣裤和鞋袜，带一只符合自己心愿的枕头或软垫供途中使用，必须有亲人陪同，确保途中的周全照顾与安全。旅游方式非常重要，准妈妈适合悠闲舒缓的旅行方式，跟着旅行团每天赶好几个景点的旅游方式，绝不适合你。定点式的休闲，如在度假村玩乐是较为适合准妈妈的。

准妈妈需要乘飞机出去旅游时，在登机前两周，必须先向妇产科医生做咨询，若有以下健康问题，不可成行。曾有过自然流产、子宫外孕、妊娠毒血症、早产史、子宫颈闭锁不全、难产史、胎盘早期剥落、子宫及胎盘先天异常、高血压、盆腔发炎、下肢静脉栓塞、Rh血型阴性者或怀孕早期有严重的妊娠反应。有糖尿病、心脏病、严重贫血、气喘、癫痫、静脉炎、晕动症，某些需长期服药的慢性病，以及某些严重的过敏性疾病，病情未能控制者。怀孕所伴随的合并症，如尿蛋白、糖尿病、子痫症、高血压的准妈妈。在坐飞机的时候，不要维持同一姿势太久，经常起身走动。全程把安全带舒服地系在腹部下方。多喝水，带一些有益健康的食物和点心。几乎所有商用客机都维持接近正常的气压，但小型飞机、运输机没有，可能会导致准妈妈和胎宝宝缺氧，应避免搭乘。

为了以防万一，准妈妈在出行前最好事先搜集好当地医院的资料。同时旅游别忘了随身携带保险卡（及保险业务员的联络方式）、孕妇手册、服用药品，做好紧急应变的准备。旅游时避免太劳累，千万不要疏忽身体上的任何不适，一有状况，赶快休息或就医。同时要注意保暖，切忌感冒。

准妈妈在休闲度假的同时别忘了继续注意自己的营养摄取，以保证胎宝宝的健康成长。出门在外，饮食习惯较难坚持，因此在饱尝当地美食之外，别忘了携带足够剂量的维生素；孕妇奶粉，以防旅途中找不到鲜奶；一小包黑芝麻，洒在白米饭中；包里随身携带高能量小点心，如苏打饼、干果类，但只会让你发胖、没啥营养的小零食要尽量少吃少带。别喝生水、避免生冷食物，以防吃坏肚子。如果不确定当地的饮水是否方便，记得带个温水瓶。穿着绝对舒适的鞋子。为预防静脉曲张，可带一双弹性袜。

那些可能会使你摔倒的运动不适合准妈妈，因此，滑雪、溜冰、骑马、滑水或冲浪等项目，在孕期就不要亲自上阵了。潜水和其他会受到压力的运动也不能参加，因为当你升上水面时，血液中可能会形成气泡，这是很危险的。水上乐园里的滑水道和许多惊险刺激的游乐项目（如过山车、摩天轮等）同样有危险，它们的冲击力以及突然的起动和停止，可能会伤害到你未出生的胎宝宝。另外，准妈妈还要避免泡热水澡，因为已经有研究表明，在怀孕初期体温的升高，会增加宝宝患出生缺陷的风险。另外，不仅仅是摔倒了才有危险，任何有可能伤到你肚子的活动，你都应该避免。

有孕在身并不表示准妈妈不能享受一个充满活力的假期，或者完成一次卓有成效的公务旅行。只要身体条件允许，准妈妈依然可以参加许多正常的活动，比如游玩景点、参加宴会，或者探亲访友。但有一点，外出时你可能会比怀孕前更容易感到疲劳，所以，不要勉强自己保持以前那样的节奏。同时，尽量每天都留出一些时间休息：洗个澡，小睡一会儿，把你的脚抬高，听听音乐，找个舒服的地方坐下来看看书。你也可以简单地在酒店房间里安安静静地待上一晚,享受一下客房服务……这些方法都可以让你放松，还可以补充旅途中消耗的体力。

第 118 天：食欲见长，科学补充各类营养

怀孕第五个月准妈妈的食欲渐增，体重也在上涨，在饮食上要更加注重全面均衡，关键在于体重的合理控制，在保证营养摄入均衡充足的基础上还要防止体重增长过快。一般来讲，最好把每周体重的增加量控制在 350 克左右。由于食欲增加，孕妇的进食会逐渐增多，有时会出现胃中胀满。此时可服用 1 ~ 2 片酵母片，以增强消化功能。也可每天分 4 ~ 5 次吃饭，既补充相关营养，也可改善因吃得太多而胃胀的感觉。

在这个月，准妈妈的饮食还应持续保持多样化，注意多种维生素和微量元素的摄入，多吃蔬菜水果，以防胎宝宝贫血。在这个月，建议准妈妈每天膳食中的营养物质最好要保证含钙 1.5 毫克，铁 1.5 毫克，维生素 A3000 国际单位，胡萝卜素 6 毫克，维生素 C6200 毫克。如果平时饮食荤素搭配合理的话，准妈妈这时候的营养一般不会有什么问题。但是如果担心发胖或胎宝宝过大而限制饮食的话，则有可能造成营养不足，严重的甚至患贫血或影响胎宝宝的生长发育。

1. 孕五月应当多吃的食物

（1）茭白。茭白中富含蛋白质、碳水化合物、维生素 B_1、维生素 B_2、维生素 C 及钙、磷、锌、铁等多种营养元素，此外还含有丰富的粗纤维素，有清热利尿、活血通乳的功效。常吃茭白可以预防妊娠高血压和便秘症状，若以茭白煎水代茶，还可以有效防治妊娠水肿。

（2）萝卜。萝卜的营养及药用价值都很高，当中富含的木质素能够大大增强

身体内巨噬细胞的活力，从而有效吞噬癌细胞。同时，萝卜中还含有妊娠期需要的钙、磷、铁、淀粉酶及多种维生素，还有利于肠道机能的改善。

（3）牡蛎。牡蛎中含有丰富的牛磺酸，牛磺酸是人和动物早期发育阶段必需的氨基酸，是神经细胞正常发育的必要物质，对脑细胞的增殖和分化起促进作用，能增强记忆力和机体免疫功能，还能够促进视网膜的发育，增进角膜的自我修复能力。缺乏牛磺酸会引起神经细胞的损伤。因此，准妈妈在这个月可以适当吃些牡蛎、海带等富含牛磺酸的食品，但是需要注意的是，这些海产品一定要保证烹到全熟后再食用。

（4）菜花。菜花中富含维生素K、蛋白质、脂肪、糖类、维生素A、B族维生素、维生素C及钙、磷、铁等营养素，准妈妈常吃些菜花，可以预防产后出血及增加母乳中维生素K的含量。菜花除了具有很高的营养价值外，还可以防治多种疾病，它能够增强肝脏的解毒能力及提高机体的免疫力，从而有效预防感冒、防治坏血病等疾患。此外，用菜花叶榨汁液煮沸后加入蜂蜜制成糖浆，有止血止咳、消炎祛痰、润嗓开音的功效，更是预防新生儿颅内出血、皮下出血、上呼吸道感染的药膳。

2. 孕五月应当少吃的食物

（1）热性香料。如八角茴香、小茴香、花椒、辣椒粉、桂皮、胡椒、五香粉等调味品，准妈妈在孕期应少用或不用。因为当怀孕时，肠道较为干燥，而热性香料性热，具有一定刺激性，易造成肠道枯燥、便秘或粪石梗阻。

（2）咸鱼。咸鱼中含有大量二甲基硝酸盐，进入人体内能被转化为致癌性很高的二甲基硝胺，并可通过胎盘作用于胎宝宝，是一种危害很大的食物，因此准妈妈尽量少吃或干脆不吃。

（3）芦荟。芦荟对调节胃肠机能有着很显著的功效，同时还是美容瘦身的一道佳品，因此在人们日常饮食中变得普遍起来，如凉拌芦荟、芦荟酸奶等。但据研究发现，如果准妈妈饮用太多芦荟汁的话，会导致骨盆出血，甚至会造成流产。因此，准妈妈在怀孕时不可多吃含芦荟的食品。

（4）爆米花。爆米花中含有大量的铅，对准妈妈和胎宝宝的身体都有很大的危害。此外，爆米花中还含有一定量的糖精，这对人体同样也会有不利的影响。因此，即使爆米花再好吃，准妈妈还是不能把它当做一道日常的零食来吃。

（5）牛肉干。牛肉干中含有大量的盐，准妈妈如摄入盐过多的话是不利于预防水肿的，同时也有引发妊娠高血压的可能。

（6）马齿苋。准妈妈在孕期应当吃绿色蔬菜，但是马齿苋是绝对不能吃的。马齿苋又名马齿菜、瓜仁菜，其药性寒凉而滑利。实验证明，马齿苋汁对于子宫有明显的兴奋作用，能使子宫收缩次数增多、强度增大，易造成流产。

第119天：胎宝宝要开始学习数学了

1. 胎宝宝学习数学知识的益处

怎么样教胎宝宝学习数学？也许这会让准爸爸准妈妈觉得很荒唐，但是事实证明胎宝宝的能力远比我们想象的还要出色。人在整个胎儿期完全运用右脑来感知所有信息，透过母亲的肚子看外界，所以准爸爸要常常和胎儿面对面地说“悄悄话”，有助于胎儿和父亲建立起心电感应。随着怀孕月份的增加，胎宝宝整体全面发展，右脑构造逐渐完成，在怀孕时期进行物象连锁和点数对应的训练能帮助胎宝宝进一步开发右脑潜能。右脑发育的完整需要大量的营养补充，因此准妈妈的饮食很重要，要丰富营养。

2. 教胎宝宝学习数学知识的方法

准妈妈可以找个舒适的地方坐下，打开胎教音乐，面带微笑，心中想象胎宝宝认真学习的样子,手抚摸胎宝宝,清晰的声音从“1”念到“8”,数和量一起念,如:“一个草莓”。从孕中期到晚期，两天进行一张，下午胎动时间进行，每次2分钟。点数对应能让胎宝宝在腹中就接受数字信息，提高对于数字的敏感性，奠定数学基础。

准妈妈还可以制作一些数字卡片，将实物与卡片对照运用，是通过深刻的视觉印象将卡片上描绘的数字、图形的形状和颜色，以及准妈妈的声音一起传递给胎宝宝，以立体形象传递会更有效果。教图形时，先用彩笔在卡片上描绘出圆形、方形、三角形，将其视觉化后传递给胎宝宝，并找出身边的实物来进行讲解。

例如教1+1=2的时候，可以说：“这里有1个苹果，又拿来了1个苹果，现在一共有2个苹果了。”在胎教时，要尽量运用三维概念，即具体的、有立体感的形象。在教加减法时，准妈妈要准备彩色的万能墨水笔和图画纸。例如，用很大的字来进行含有8的加减法运算，像8-1=7，8-2=6，8-3=5，4+4=8，5+3=8，6+2=8等。进行各个数字的组合，而且每个数字都用不同颜色，一张图画纸只写一个算式。

如同人们在记住文字之前就会讲话一样，在记忆方面，第一步是“囫囵吞枣”。因此，准妈妈不要拘泥于“记住数字以后，再教算术”的常规，而要把注意力集中在眼前的苹果和算式上，要和胎宝宝一起思考，代替胎宝宝回答并传递给胎宝宝。用于算式的实物可以是一些好玩的东西，像台球、折的纸人，也可以选一些准妈妈喜欢吃的东西，像小饼干、梅子、糯米团子等。

关于胎宝宝的学习，有一则趣闻。据新加坡《联合晚报》报道，美国加利福尼亚州希霍市产科医生连尼·凡特卡设计了一套胎教方法。他的合作者为心理学家和医生，他们招收尚未出生的胎宝宝为学生，创办了世界上第一所胎儿大学。自1979年至今，已培养出千余名毕业生。胎宝宝自准妈妈怀孕5个月时入学，直到呱呱坠地时毕业。毕业时，校长给他们颁发四方帽和文凭。在胎儿大学要上3门必修课，即英语、音乐和体育。上英语课时，准妈妈用一个喇叭形话筒向胎宝宝不断重复一些单词和短语。音乐课是准妈妈把一个玩具木琴放在肚子上，演奏一连串的音符；或者用录音磁带，播放简单而优美的旋律。体育课是准妈妈轻拍自己的肚子与胎儿沟通，胎宝宝在肚子里不断踢脚，过了不久，胎宝宝就能向感觉到准妈妈的手的地方踢。胎儿每天只上两节课，每节课5分钟。这是人一生中最早的超早期教育。

动起来：颈部和坐姿运动

1. 颈部运动

具体步骤如下：

（1）准妈妈和准爸爸相对而坐，准爸爸十指交叉抱住准妈妈的头颈后部。

（2）准妈妈的头颈尽量向后仰，准爸爸要轻轻施力向前拉，每次持续 10 秒钟左右。

为了安全起见，准妈妈在自己一个人的时候最好不要做这个动作，一定要在准爸爸的帮助之下进行。这套动作能够有效舒张颈部肌肉，减轻颈部压力。

2. 坐姿运动

具体步骤如下：

（1）准爸爸和准妈妈相对而坐，互相抓住对方的手腕，双腿打开，两脚相对，如果准爸爸和准妈妈的腿够长，可以交叉放在一起。

（2）两个人保持同步呼吸。呼气时两个人同时向前压。

（3）两个人同时吸气，并向后仰，然后再呼吸回复到步骤 1。

如果担心运动中有意外的话可以在准妈妈周围放一些靠垫和其他软的东西，预防准妈妈发生磕碰。这套动作可以增加氧气的吸收量，为胎宝宝提供充足的氧气。

胎宝宝的阅读时光：《三字经》释义

《三字经》是学习中华传统文化不可多得的儿童启蒙读物，已经被联合国教科文组织列入《世界儿童道德教育丛书》，共一千多字，可谓是家喻户晓。三字一句的韵文极易成诵，内容包括了中国传统的教育、历史、天文、地理、伦理道德以及一些民间传说，广泛生动而又言简意赅。关于作者，史学家们仍有争论，有说是孔子的，也有说是宋朝末年区适子的，还有说是明朝黎贞的，不一而足。

孩子在咿呀学语的时候，大人们喜欢让宝宝诵读经典的启蒙读物《三字经》，那么将其提前到胎儿时期岂不是更有意义？今天就带着胎宝宝一起来诵读三字经吧。

人之初，性本善。性相近，习相远。

【译文】人生下来的时候都是好的，只是由于成长过程中，后天的学习环境不一样，性情也就有了好与坏的差别。

苟不教，性乃迁。教之道，贵以专。

【译文】如果从小不好好教育，善良的本性就会变坏。为了使人不变坏，最重要的方法就是要专心一致地去教育孩子。

昔孟母，择邻处。子不学，断机杼。

【译文】战国时，孟子的母亲曾三次搬家，是为了使孟子有个好的学习环境。

一次孟子逃学，孟母就割断织机的布来教子。

窦燕山，有义方。教五子，名俱扬。

【译文】五代时，燕山人窦禹钧教育儿子很有方法，他教育的五个儿子都很有成就，同时科举成名。

养不教，父之过。教不严，师之惰。

【译文】仅仅是供养儿女吃穿，而不好好教育，是父亲的过错。只是教育，但不严格要求就是做老师的懒惰了。

子不学，非所宜。幼不学，老何为。

【译文】小孩子不肯好好学习，是很不应该的。一个人倘若小时候不好好学习，到老的时候既不懂做人的道理，又无知识，能有什么用呢?

玉不琢，不成器。人不学，不知义。

【译文】玉不打磨雕刻，不会成为精美的器物；人若是不学习，就不懂得礼仪，不能成才。

为人子，方少时。亲师友，习礼仪。

【译文】做儿女的，从小时候就要亲近老师和朋友，以便从他们那里学习到许多为人处世的礼节和知识。

香九龄，能温席。孝于亲，所当执。

【译文】东汉人黄香，九岁时就知道孝敬父亲，替父亲暖被窝。这是每个孝顺父母的人都应该实行和效仿的。

融四岁，能让梨。弟于长，宜先知。

【译文】汉代人孔融四岁时，就知道把大的梨让给哥哥吃，这种尊敬和友爱兄长的道理，是每个人从小就应该知道的。

首孝弟，次见闻。知某数，识某文。

【译文】一个人首先要学的是孝敬父母和兄弟友爱的道理，接下来是学习看到和听到的知识。并且要知道基本的算术和高深的数学，以及认识文字，阅读文学。

一而十，十而百。百而千，千而万。

【译文】我国采用十进位算术方法：一到十是基本的数字，然后十个十是一百，十个一百是一千，十个一千是一万……一直变化下去。

三才者，天地人。三光者，日月星。

【译文】还应该知道一些日常生活常识，如什么叫“三才”？三才指的是天、地、人三个方面。什么叫“三光”呢？三光就是太阳、月亮、星星。

三纲者，君臣义。父子亲，夫妇顺。

【译文】什么是“三纲”呢？三纲是人与人之间关系应该遵守的三个行为准则，就是君王与臣子的言行要合乎义理，父母子女之间相亲相爱，夫妻之间和顺相处。

曰春夏，曰秋冬。此四时，运不穷。

【译文】再让我们看一看四周环境，春、夏、秋、冬叫做四季。这四时季节不断变化，春去夏来，秋去冬来，如此循环往复，永不停止。

曰南北，曰西东。此四方，应乎中。

【译文】说到东、南、西、北，这叫做“四方”，是指各个方向的位置。这四个方位，必须有个中央位置对应，才能把各个方位定出来。

曰水火，木金土。此五行，本乎数。

【译文】至于说到“五行”，那就是金、木、水、火、土。这是中国古代用来指宇宙各种事物的抽象概念，是根据一、二、三、四、五这五个数字和组合变化而产生的。

十干者，甲至癸。十二支，子至亥。

【译文】“十干”指的是甲、乙、丙、丁、戊、己、庚、辛、壬、癸，又叫“天干”；“十二支”指的是子、丑、寅、卯、辰、巳、午、未、申、酉、戌、亥，又叫“地支”。

曰黄道，日所躔。曰赤道，当中权。

【译文】地球围绕太阳运转，而太阳又围绕着银河系中心运转。太阳运行的轨道叫“黄道”，在地球中央有一条假想的与地轴垂直的大圆圈，这就是赤道。

赤道下，温暖极。我中华，在东北。

【译文】在赤道地区，温度最高，气候特别炎热，从赤道向南北两个方向，气温逐渐变低。我们国家是地处地球的东北边。

曰江河，曰淮济。此四渎，水之纪。

【译文】中国是个地大物博的国家，直接流入大海的有长江、黄河、淮河和济水，这四条大河是中国河流的代表。

曰岱华，嵩恒衡。此五岳，山之名。

【译文】中国的五大名山，称为“五岳”，就是东岳泰山、西岳华山、中岳嵩山、南岳衡山、北岳恒山，这五座山是中国大山的代表。

曰士农，曰工商。此四民，国之良。

【译文】中国是世界上人口最多的国家。知识分子、农民、工人和商人，是国家不可缺少的栋梁，称为四民，这是社会重要的组成部分。

曰仁义，礼智信。此五常，不容紊。

【译文】如果所有的人都能以仁、义、礼、智、信这五种不变的法则作为处事做人的标准，社会就会永保祥和，所以每个人都应遵守，不可怠慢疏忽。

地所生，有草木。此植物，遍水陆。

【译文】除了人类，在地球上还有花草树木，这些属于植物，在陆地上和水里到处都有。

有虫鱼，有鸟兽。此动物，能飞走。

【译文】虫、鱼、鸟、兽属于动物，这些动物有的能在天空中飞，有的能在陆地上走，有的能在水里游。

稻粱菽，麦黍稷。此六谷，人所食。

【译文】人类生活中的主食有的来自植物，像稻子、小麦、豆类、玉米和高粱，这些是我们日常生活的重要食品。

马牛羊，鸡犬豕。此六畜，人所饲。

【译文】在动物中有马、牛、羊、鸡、狗和猪，这叫六畜。这些动物和六谷一样本来都是野生的。后来被人们渐渐驯化后，才成为人类日常生活的必需品。

曰喜怒，曰哀惧。爱恶欲，七情俱。

【译文】高兴叫做喜，生气叫做哀，害怕叫做惧，心里喜欢叫爱，讨厌叫恶，内心很贪恋叫做欲，合起来叫七情。这是人生下来就有的七种感情。

青赤黄，及黑白。此五色，目所识。

【译文】青色、黄色、赤色、黑色和白色，这是我国古代传统的五种颜色，是人们的肉眼能够识别的。

酸苦甘，及辛咸。此五味，口所含。

【译文】在我们平时所吃的食物中，全能用嘴巴分辨出来的，有酸、甜、苦、辣和咸，这五种味道。

膻焦香，及腥朽。此五臭，鼻所嗅。

【译文】我们的鼻子可以闻出东西的气味，气味主要有五种，即羊膻味、烧焦味、香味、鱼腥味和腐朽味。

匏土革，木石金。丝与竹，乃八音。

【译文】我国古代人把制造乐器的材料，分为八种，即匏瓜、黏土、皮革、木块、石头、金属、丝线与竹子，称为“八音”。

好孕美食馆：预防便秘的几种食物

1. 哈密瓜蒸蛋

【材料】

哈密瓜 1 个，蛋 2 个，胡萝卜 60 克，西芹 60 克。

【做法】

（1）将哈密瓜洗净，横切为两半，挖出瓜子部分备用。

（2）鸡蛋打散，加少许水搅匀。

（3）胡萝卜去除外皮，切成小丁；西芹洗净，切小丁备用。

（4）将胡萝卜和西芹放入蛋液中，再倒入哈密瓜里。

（5）将哈密瓜放入蒸锅中，用大火蒸至蛋液凝固即可。

2. 桂花糖饼

【材料】

桂花糖 10 克，荸荠 500 克，枣泥馅 150 克。

【做法】

（1）将三种原料打碎，混合在一起。

（2）加面粉、淀粉、白糖各适量，制成饼状。

（3）加入花生油中，炸成金黄色食用。

3. 粳米肉丝粥

【材料】

猪里脊肉60克，粳米100克。

【做法】

（1）将猪里脊肉洗净切丝，加香油炒熟。

（2）把粳米放入锅中，加水适量煮粥。

（3）将肉丝放入半熟的粳米粥中一起煮，待熟后加入调味品食用。

4. 核桃粥

【材料】

核桃10个，粳米100克。

【做法】

（1）将核桃肉捣碎、粳米洗净。

（2）粳米、核桃肉放入锅内，加清水适量，用武火烧沸后，转用文火煮至米烂成粥即可。

（3）每日一次，做早、晚餐食用。

5. 彩椒炒玉米

【材料】

玉米粒300克，红、绿柿子椒50克。花生油10克，盐2克，白糖3克，鸡精、水淀粉适量。

【做法】

（1）玉米粒沥去多余水分，待用;红、绿柿子椒去蒂去籽洗净，切成小丁，备用。

（2）炒锅置于火上，放入花生油，烧至七成热时，下玉米粒，翻炒片刻。

（3）再放入柿子椒丁翻炒后加白糖、鸡精、盐调味后，加少许水淀粉勾芡，盛入盘内即可。

胎宝宝的私人音乐厅：《In The Rowans》

《In The Rowans》是来自美国德克萨斯州奥斯汀市的Post-Rock团体Balmorhea同名专辑里的一首歌。在这首《In The Rowans》里，准妈妈一边聆听，一边纵情想象，去感受，电影胶片放映机，打字机，摩擦，打击，卷带，转动，以及贯穿整个音效的静电噪，所有这一切没有一个不是音乐的一部分。16秒啼音初破，先是试探性的转移跳跃，在此之内包含着轻重缓急，流畅连贯的曲调，停顿之后，是另一个台阶上的同源的转移跳跃，秉承氛围音乐（Ambient）的宗旨，有变化而不易觉察；之后，欢快活泼，激流勇进，不是激愤情绪，只是很流畅，流畅之中有静默或震撼，并且层层推进，先是高音主导，低音伴奏，接下来换作低音快速行进，高音部分强有力地敲击，掌握着节奏；瞬间，再次跌落，这是水到渠成的感情的收尾；在朦胧纷繁如流水般淙淙逝去的音符中，戛然而止。不需要什么另一个境界，什么升华。准妈妈只需要坐在安静的房间里，感受这玄妙的情境。

Balmorhea的钢琴细致而和悦，声音永远落在最温柔的地点。记忆的河流似那涸泽，心灵是迂回。它诉说着的故事永远是年华中的美好与失落，缅怀默语。淡淡的忧伤，从伊始便踏入了这条生命之河，与爱意交织成串，亦成泪光。相知，相爱，相离，尔后的一个转身，顾盼的是过往的时光。相爱的人河畔拾沙，相恋的人魂牵梦萦。岁月不短也不长，恰好在诗词企及的地方。

熟悉的声音忽远忽近，寻找应答之时，却忘记了彼此之间那条隔着的忧伤之河。听Balmorhea描述故事，琴弦在心里，旁边还有支在梳理着光影的蜡烛，灵魂就这样地唱起歌来。

也许我们已经很久全神贯注地去做一件事情，哪怕是呼吸，也很少能够花费漫长的历程把心窗打开，把美好的事物放进去。但在Balmorhea清澈的音乐声中任何不安躁动的想法都会被本能抑制。心中掠过的是不明亮的阳光、暗色发青的天空和残云、大光圈所能摄入的模糊远景以及露水划过草尖的快速重放。在这样的音乐声中，你也许只想躺在这般天空的阴影之下，什么都不去思考不去烦躁，认真地当一棵植物。关心根茎，关心阳光和水，关心所有在你身旁静态的所在。即将成母亲的你，心也就开阔和平和了，母性本能的光辉与爱逐渐从你的身体中散发出来。

第18周：动来动去的胎宝宝

这一周胎宝宝开始频繁地胎动了，原来偏向两侧的眼睛开始向前集中，面部发育得更像人的样子，开始有最早的面部表情。能皱眉、斜眼、做鬼脸。皮肤是半透明的，可以清楚地看见皮下血管，也能够看见全身开始长硬的骨骼。在这期间胎宝宝的间脑已经发育，能及时产生与准妈妈完全一致的喜怒哀乐等感受。

有些准妈妈会出现鼻塞、鼻黏膜充血和鼻出血的状况。这种情况与孕期内分泌变化有关，这时切忌滥用滴鼻液或抗过敏药物，可适量食用冷血、凉血的食品或重要。在不治疗的情况下这种现象也会逐渐减轻。如发生严重的鼻出血，最好去看医生。

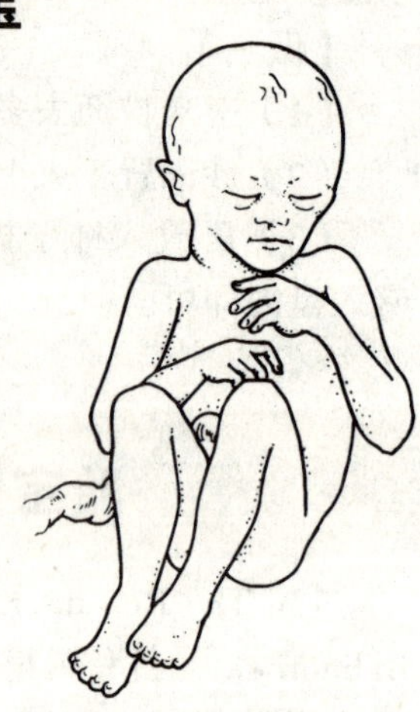

胎儿的眼睛已经成型，他的脸现在更像成人的脸了。

1. 补充营养促进骨骼发育

维生素A是视紫红质形成所需要的重要物质，严重缺乏会导致色盲。不仅如此，维生素A也是正常骨骼发育所必需的，缺乏时会导致成骨和破骨之间的不平衡，并造成神经系统异常。维生素D促进钙、磷在胃肠道的吸收和骨骼中的沉积，如果缺乏就会影响胎宝宝骨骼和牙齿发育。

2. 晒日光浴

阳光中的紫外线可以使人体产生维生素D，从而促进体内钙元素的正常吸收。

准妈妈要充分利用好大自然慷慨给予的宝贵阳光，给自己和胎宝宝带来健康。准妈妈每天晒太阳的时间不能太长，最好以一个小时为佳，一定要根据季节和个人情况来安排时间，一定要避开紫外线照射强烈的时间。

第 120 天：认识脑呼吸胎教

1. 脑呼吸胎教的作用

所谓脑呼吸胎教是利用体内能源气的脑运动法，是管理肉体的身心修炼法。脑呼吸通过集中力和想象力，在脑里聚集新鲜的能量。这样准妈妈脑内聚集的能量使脑细胞震动，纠正准妈妈歪斜的脑构造，并慢慢地给胎宝宝影响力。通过脑呼吸与胎宝宝进行交感，把妈妈的精气和爱传达给胎宝宝。

人依靠呼吸生存，一旦停止呼吸，人就会死亡，呼吸等于人的生命。但是，一般人大多只用浅呼吸状态生活，他们只使用肺的 1/3 的容积，余下 2/3 的肺都积沉着旧空气。准妈妈学会运用呼吸法训练进行深呼吸，肺就会完全被使用，因为深呼吸能够保证体内充分取得气的动能，同时也能够摄入更充足的氧气量。这样更能促进细胞活性化。这也是呼吸法训练的主要作用之一。

通过脑呼吸，如果进入深层的冥想状态脑波会变成心理上最安定的状态 a- 波，会更加安定，具有平静的心态。在怀孕时期准妈妈的内心如果一直维持平静与安定的状态的话，胎宝宝也会受到此影响。脑呼吸胎教对胎宝宝的头脑发育有帮助，准妈妈运动脑，胎宝宝的脑也具有相同的运动效果，从而可以启发潜在的能力和集中力。

2. 大脑的奥秘

大脑分为左脑和右脑。左脑是知识司令，它的职责是以思维、分析思维、集中思维为主进行智力开发，左脑又可称为数学家的脑。右脑是创造司令，它的职责是以想象、直觉思维、扩散思维为主进行智力开发，右脑又可称为艺术家的脑。但是这种把左脑和右脑分开，功能明确划分并不准确。因为连接着左脑和右脑的是由大约几亿条神经纤维组成的胼胝体进行连接的，左脑和右脑在不断地相互交流传递信息，大脑是个完整的不可分割的整体。

3. 呼吸的方法

（1）通过腹式呼吸，肺就能完全被使用从而摄取足够的新鲜的氧气量，通过血液向大脑提供充足的氧。此后，大脑才能进入极佳的工作状态，开发无限的智能潜能。所谓腹式呼吸是指吐气的时候，压缩腹部使其凹入；吸气的时候，让腹部凸起的呼吸法。

（2）通过打哈欠能大量吸氧，调节供氧不足，保护大脑，让大脑充满能量。脑筋也会变得清醒起来。当打哈欠的时候就会造成筋肉暂时的紧张状态，这种由松到紧的状态是很好的自然运动。生病的人，有精神疾病的人几乎从不打哈欠。因此打哈欠是精神放松、身心调向健康的标志。

（3）通过腹式呼吸与打哈欠的相结合，进行呼吸方法的训练。

选择舒适的环境，采用舒适的自然的姿势。然后采用腹式呼吸和口呼气结合的同时，头缓缓向下低头，腹凹，这样就能最大化地排除废气。

接着，鼻吸气的同时，头徐徐向上抬头。腹凸，嘴巴是自然随着张开。这样稍能阻止血液向大脑供给，刺激出现打哈欠。在腹式呼吸 + 打哈欠双重效果的作用下，准妈妈的身心就会逐渐进入极佳状态。有时双眼还会出现自然的湿润，说明一切的毒素、压力也在流走。最终的效果是身心会出现自然的震颤，达到身心合一的境界。

（4）脑呼吸胎教法

脑呼吸胎教是从脑运动开始，使准妈妈可以没有负担地做。刚开始做脑呼吸时，先在安静祥和的气氛下简短做 5 分钟左右，在逐渐熟悉方法后，可增加时间。最好安排在饭前做这个活动，因为在身体轻快的状态下更有效果。

观察脑部，感觉脑部，首先熟悉脑的各个部位的名称和位置，闭上眼睛在心里按次序感觉大脑、小脑、间脑的各个部位。想象脑的各个部位并叫出名字集中意识。这样做可进一步集中力，能清楚地感觉到脑的各个部位。

用手感觉精神。以跏趺坐的姿势安稳的坐下后，两只手放在距胸前 5 厘米左右的地方，然后闭上眼专心的感觉双手的部位。这时感觉一下充满在双手间的气息，先合掌然后再慢慢地张开双手。

通过脑呼吸与胎宝宝进行对话，想象一下肚子里的胎宝宝，想象他的各个身体部位，从内心感觉胎宝宝如通过超声波照片来看的话，形象更轻易想象，与脑呼吸一起进行胎谈，或写胎教日记的话，使胎儿和妈妈更轻易进行交感。

第 121 天：脑呼吸胎教的技巧

在上一章节我们已经简要地介绍了脑呼吸的基本方法。在这里，我们详细介绍一下脑呼吸胎教的训练技巧，通过这些方法的练习，准妈妈不仅可以舒缓心情，放松神经，还可以促进自己和胎宝宝的大脑潜能的开发。这些方法在宝宝出生以后用于其在童年时的智力开发和引导也是非常有效的。

1. 图像呼吸法训练

图像呼吸法是一种利用想象中的图像的状态来引导呼吸、放松身体的方法。进行图像呼吸训练法时，最好借助音乐诱导，一边听音乐一边呼吸，这样效果会达到最佳。具体步骤是：

（1）随着音乐的指引，全身注入力气，想象全身变成一根“硬棍”的图像，让全身慢慢变得僵硬。让双手紧贴体侧，缩紧脖子，将腰部分三阶段往上提成弓形，让身体硬直。

（2）依指引瞬间把体内的力气放掉，慢慢让身体松弛下来。同样的操作再进行一次，第一回放力是为了舒缓身体的紧张，第二回是以消除心里的紧张为重点。上面要领需重复做两次，才能够放松身心。坚持做这种呼吸训练法，能很好地促进右脑开发。

2. 气的训练

控制意识并使之与自然动能同频，才能随心所欲地发挥大脑的潜能。想达到这种境界，第一步就是要先感受得到气。接下来我们一起来学习一下气的感受及提高的方法。

（1）感受气

①闭上眼睛呼吸 10 次，让心平静下来。

②慢慢张开眼睛，左手放在膝盖上，用右手掌由上向下抚摸左手腕。

③用左手掌抚摸右手腕。

④把意识集中在抚摸的手腕上。

⑤把意识集中在被抚摸的手腕上。

准妈妈会感觉到，每一步骤的感觉并不一样，在意识集中的地方会有一股气流流过。通过这种方法集中自己意识，就能感受到自己的身体。

（2）气的增强方法

①入浴的方法。躺入浴缸、闭上眼睛，想象动能进入身体的图像。

②手印的方法。想象一下大自然在你握紧的手中，大自然与你的波动调和、增强，并且吸收到体内的图像。

③就寝的方法。每天晚上上床之后，想象自己的身体充溢着动能的图像，并在心中自我暗示“我从来没有这么健康过，全身充满着光”。要增强人体的气，必须要把自己的频率调整到与自然和谐。愿望集中在某单一项目上，持之以恒。值得注意的是：不管处于多么悲观的情况，都要相信愿望一定能够实现，坚持下去。

第 122 天：孕中期适度性生活有益于健康

一般来说，准妈妈过性生活对胎宝宝的影响，主要表现在孕期的前三个月和后三个月。前三个月容易引起准妈妈流产，而后三个月则常常导致准妈妈早产，其余时间过性生活对胎宝宝的影响不会太大。

准妈妈在怀孕的头三四月内，性欲会降低，对任何性接触都表现出冷淡或强烈的反感。这是因怀孕带来的疲惫，使这期间的女性性欲低下，她们无法去顾及性生活。尽管有些准妈妈性欲未减，但一到晚上，她们会感到特别劳累，以致对性生活失去了足够的反应。怀孕三个月以后，胎盘逐渐形成，妊娠进入稳定期；早孕反应过去了，准妈妈的心情开始变得舒畅。由于激素的作用，准妈妈的性欲有所提高。加上胎盘和羊水的屏障作用，可缓冲外界的刺激，使胎宝宝得到有效的保护。因此，妊娠中期可适度地进行性生活，这也有益于夫妻恩爱和胎宝宝的健康发育。

1. 孕中期性生活的好处

怀孕期间的性生活不仅有利于父母，而且对胎宝宝的发育也是有益的。充满愉悦的荷尔蒙与爱液会促进胎宝宝脑神经的发育。愉悦的性生活，可以充分分泌精液与爱液，这不但使男人不易得前列腺炎，女人不易得卵巢癌，而且更加有利于胎宝宝的发育。在妊娠期性生活过程中，精液中的精子将以 100 公里 / 小时的速度向阴道挺进，那些精液将触及子宫，这温柔而又强有力的触碰使羊水产生波动，进而刺激胎宝宝的脑神经与皮肤。

通过对精液成分的分析，我们可以得知它是形成胎宝宝的必要遗传因子，所以胎宝宝对准爸爸的精子并不会感到很陌生。同时，精液还有杀菌的作用，进入准妈妈体内的精子还可以帮助准妈妈提高免疫力。

准妈妈在性生活中体会到的高潮对胎宝宝的发育也是至关重要的。女性的性高潮维持时间因人而异，但平均都会在十分钟左右。性高潮作为一种很强的脑部反应，它会直接传输给胎宝宝的脑部神经，愉悦性刺激越频繁，胎宝宝的脑部神经就越发达。

另外，不用过于担心怀孕期间的性生活导致流产的问题。流产的原因大部分并非是性生活所导致，而是胎宝宝自身发育不够健全或存在其他的问题。当然，怀孕期间的性生活也要适可而止，并且在某些时候是需要克制的。例如妊娠初期出现出血症状、胎盘置于宫颈部位（胎盘前置）、早期阵痛、有早产倾向等，这时就一定要避免性生活，和准妈妈禁止随意服用药物一样，这一点应该是众所周知的常识。

2. 孕期性生活注意事项

在怀孕期间的性生活还是需要比平时要谨慎一些的。若能遵守以下几点，在怀孕期间不仅可以进行愉悦的性生活，而且还可以孕育出更加健康聪慧的宝宝。

（1）双方沟通：夫妻性生活不能以单方的意愿进行，必须经过充分沟通并且双方同意的情况下才可进行。

（2）性交次数：怀孕第 4 个月至第 8 个月，前半期可每周性交一次，后半期则相应减少次数。

（3）性交时间：每次性交的持续时间宜减少到平时的一半甚至 1/3，动作应轻柔。

（4）性交体位：前半期，女方体位以仰卧，两腿屈曲或伸展分开为宜，这样可使男方提前射精，缩短性交时间。后半期，由于孕妇腹部隆起，宜采用男女身同一侧侧卧，男方在后插入阴道，这样阴茎进入阴道的长度减小，阴道及子宫所受到的刺激强度减弱。总之，阴茎插入时要缓和，不要插得太深，宜在阴道外三分之一段，不超过阴道二分之一，如戴避孕套更好。

（5）清洁性器官：男女双方的性器官应仔细清洗，以防细菌感染。

（6）尽量克制：尤其是准爸爸，应为准妈妈和胎宝宝的平安着想。在性生活需要克制时一定要能够忍耐。

第 123 天：了解乳房和乳汁

女性的每个乳房有 15 ~ 20 个乳腺，每一个乳腺都开口于乳头。乳腺是由腺泡和乳腺导管组成，腺泡分泌乳汁，乳腺导管向外输送乳汁。在乳腺之间还有许多结缔组织和脂肪，乳房表面被皮肤覆盖着。正常乳头为圆柱状，凸出在乳房表面，乳头表皮不平，有小结节。每个月的排卵期，女性的血液中雌性激素和孕激素的水平就会升高，它们促使并帮助子宫成为一个柔软的、像海绵一样的准备孕育的温床。如果这个月受孕了，雌性激素和孕激素还会作用到制造乳汁的组织，使乳房感觉肿胀、发麻。如果没有受孕的话，乳房通常会恢复原来的样子，并在月经来之前变得比较敏感。当精子与卵子结合成为受精卵并在子宫内开始成长的时候，雌性激素和孕激素会大量增加。对于乳房来说，一切的变化就开始了：乳汁的制造和输送组织立即蓬勃地发育起来。

雌性激素的增加使乳汁输送管延长并扩展出分支。孕激素水平的提高会促进乳腺葡萄状腺体的气泡的生长（这是未来生产乳汁的地方）。血液更多地流向乳房。脂肪组织也开始在延展开来的乳汁输送管和腺体周围积蓄、围绕、层垫。

此时乳头会变得更加坚挺和敏感。乳晕逐渐扩大，颜色变深。乳晕上环绕的小丘疹一样突起（这是乳晕腺，也叫蒙哥马利腺体，它负责分泌一种油性的抗菌物质，对于乳头起到清洁、润滑和保护的作用），会更加突出。整个乳房会涨大，表面皮肤的纹理也会更加明显。乳房的发紧、沉重以及丰满感，依然会比较显著。

怀孕中期，准妈妈体重约略已经增加5 ~ 6千克。不仅肚子有明显突起，胸部也会明显变大许多，外表一窥便知，原本的胸罩已经不太适合，应该要开始穿戴较大的孕妇专用内衣。

另外，此时期乳房内可能开始生成乳汁，所以乳头会分泌少量白色乳汁。再者，准妈妈可以自行评估在20 ~ 24周之间开始为产后哺乳做准备，例如乳头护理及乳房按摩，按摩的频率和力道适中即可。

妈妈的乳汁经常被称之为是宝宝最自然最完美的食物。乳汁是自然界任何一个新生的哺乳动物幼崽生存所需要的全部。自然界中脂肪最丰富的乳汁是海象的乳汁，比黄油还腻。成长缓慢的动物的乳汁中，氨基酸浓度比较小，人类成长缓慢，人乳也属于含蛋白质最低的乳类。牛奶中蛋白质比人乳高4倍，这就是为什么不能直接给婴儿喝牛奶而必须将它加工成配方奶的主要原因。

现在乳汁的制造已经在准妈妈的体内悄悄地开始了。有些准妈妈在此时甚至会分泌出淡淡的乳汁，无须担心，这是乳房为未来制造乳汁做准备。在孕期，大脑垂体开始释放不断增量的催乳激素，催乳激素促使泡状细胞合成乳汁。但有趣的是，孕激素拖延释放作用。只要准妈妈一天不生宝宝，它就不开闸放奶。

在宝宝出生之后，乳激素和雌激素急转直下。泡状细胞自由自在地吸收循环中的催乳激素，并贪婪地吸收它们。起初它们制造它们已习惯制造的东西——初乳，这是一种黏性液体，但是没有脂肪，脂肪是在后期才出现的。

很多准妈妈刚升级为真正的母亲时，一说起哺乳的感觉就会提到有多么幸福多么的好，这件事情甚至会让她们极度的兴奋和喜悦。有时候，哪怕宝宝不在身边，但只要一想起被吸吮的感觉就感到一股热流流遍全身，并使她们的乳汁开始分泌。相反，如果准妈妈放弃使用母乳喂养宝宝，不但会给宝宝的成长带来一定的缺憾，也会让自己的心里感到内疚和遗憾。因此，在有条件的情况下，在你的宝宝出生以后最好对其进行母乳喂养。

第124天：看电影《芳心何处》，感受生活中的爱

影片《芳心何处》又名《女孩第一名》，讲的是一位名叫诺瓦丽·雷辛的17岁女孩，在离开已生活多年的位于田纳西的拖车式房屋后，准备去加利福尼亚寻找新生活。但在俄克拉荷马，怀孕多时的雷辛却遭到男友无情地抛弃。由于没有钱，雷辛只好躲在当地一家沃尔玛商店里生下了孩子，并因此成了当地的“名人”。她决定把这一给了她新生命的地方当做新的家，并与一位图书管理员产生了真挚的恋情。在众多好心人的帮助下，她从一个少不更事的小姑娘成长为一个年轻有为的摄影师，纯真无知对生活懵懵懂懂放纵自由的女孩，慢慢懂得自尊自立自强，懂得爱和责任，并且步入了婚姻殿堂。

影片中最感动人的一幕是龙卷风来的时候，女主角出去寻找修女，大风来了，她艰难地爬进地窖，小宝宝挣扎着过去要救妈妈，女主角一边奋力挣扎一边大喊不让宝宝过来，突然风把小宝宝刮了起来，女主角一把抱住了孩子，地窖的盖子也忽的一下被风刮了过来，有惊无险，却显示了母子情深。

这部影片一直在说，我们是为了幸福而生活，它宣扬了在困境中的真善美，相信爱可以永恒，相信人性是美好的。看这部影片时，因为你正处于准妈妈的角色当中，和主人公同有做妈妈的切身体会，所以准妈妈对影片所表达的真善美的体会一定会更加真切和深刻。难能可贵的是，影片中没有把一个落魄的孕妇表现得如何悲惨，更没有抨击社会、不满社会，而是通过积极和努力来获得尊重，勇敢地去面对。通过观影，胎宝宝也可以体会到，其实生活是美好的，人在向着和谐美满的生活前进，用干净如水的心态去面对命运所赠予的一切。

第125天：和宝宝一同认知图形

学习图形是通过深刻的视觉印象将卡片上描绘的图形的形状和颜色以及准妈妈的声音一起传递给胎宝宝。此时胎宝宝的感官都正在逐渐发育成熟，视觉、听觉、触觉都正在形成当中，准妈妈可以进行图形教育。胎教成功的诀窍是不要以平面的形象而是要以立体形象传递。图形的学习与数学的学习一样，重要的是将学习内容与生活紧密地联系在一起，也就是说胎宝宝出生后，用周围的东西进行实物教学是最有效的。它也是以卡片上描绘的图形为基础，将其与具体情境和准妈妈的声音相结合，把图形视觉化后传递给胎宝宝。

1. 教胎宝宝认识图形

准妈妈可以用鲜艳的彩色硬纸，剪成几个不同颜色的正方形、长方形、三角形、圆形等图片，准妈妈可以认真地告诉胎宝宝：“宝宝，你看妈妈手里拿的是黄颜色的正方形，正方形是4个边一样长，4个角，都是直角，你看咱家的餐桌是正方形的，再看电视机也是正方形的。宝宝，你再看这个，这是绿颜色的长方形，长方形是两个边长两个边短，4个角也都是直角。你看客厅里放的茶几，书房里的写字台，它们的桌面都是长方形的。”

学完正方形、长方形、正三角形、圆形、半圆形、扇形、梯形、菱形等平面图以后，再告诉胎宝宝什么是立方体、长方体、球体等。在学习这类图形时，最系统的教

具可以说是积木，准妈妈可以把积木和日常生活用品联系在一起穿插着教。胎宝宝边听边受母体脑电波的刺激，就会初步记得这几个形状的特点，达到胎教的目的。

2. 教胎宝宝认识动物

同教图形异曲同工之处的是，你也可以用类似的方法教宝宝认识动物。在进行教胎宝宝认识动物的小游戏时，你可以制作一些简单的图像卡片，或者是去儿童书店购买一套动物卡片或动物图画书。通过深刻的视觉印象将卡片上描绘的图像、形状、颜色传递给胎宝宝。

例如，准妈妈拿着一张画有小猫的卡片，读出卡片上动物的名字，告诉宝宝："这是小花猫，它长着一双机灵的圆眼睛，细微的胡须，身上有着漂亮的小斑纹。小猫咪有个大本事就是抓老鼠。它还可以陪你玩，窝在你身边陪你聊天，是一种聪明又贴心的小动物。"在给宝宝讲解完以后，你还可以一只手抚摸着胎宝宝，然后问他："认识了吗？"这样的寓教于乐，既可以达到母子感情的充分交流，对胎宝宝的身心也有极大的帮助。

3. 教胎宝宝认识颜色

教胎宝宝认识颜色会对其知觉能力、思维能力有所帮助。准妈妈可以拿出一个颜色鲜艳的物体或者卡片，例如拿出一张红色的卡片，对胎宝宝说："这是红色的卡片，妈妈爱吃的樱桃、红苹果都是这个颜色的。它代表着火热、热情、活力。"然后再拿出类似于樱桃、苹果之类红色物体的图片，对着胎宝宝说："看到了吗，这就是红色。"在教学的过程当中，要尽量多地提起本次胎教的颜色，便于给胎宝宝加深印象和记忆。

4. 给胎宝宝讲解画册故事

为胎宝宝讲幼儿画册可以培养其丰富的想象力、独创性和进取精神。准妈妈可以将画册中每一页所展示的幻想世界用丰富的想象力在大脑中放大，幻化成语言讲解出来，将其传递给胎宝宝，从而促使他心灵健康的成长。

画册可以选用那些色彩丰富、富于幻想的内容。或者是提倡真善美等积极向上的内容。总之，适合胎宝宝成长主题的都可以拿来应用。

用画册进行胎教时，一定要把情感倾注于故事的情节当中，通过语气、声调的变化，使胎宝宝了解故事是怎么发展变化的。

对于任何事物的认识都有一个过程。一般学习都是循序渐进的，根据这个规律，在教胎宝宝认识图形时，也可以一步一步地来，不要过于着急，否则将欲速则不达。只要你和胎宝宝能快乐地度过一天，先认识什么和后认识什么是没有关系的。

第 126 天：意念胎教：沉浸在美好的童年回忆中

童年是一个人一生当中有意识地面对这个世界的最初的时光。那时候是快乐而单纯的，童年时的生活和发生的趣事也是可以在一生中都拿来回味和享受的。在准妈妈心里安静的时候，可以独自一个人躺在床上，或坐在窗前，回忆一下自己的童年往事，带着胎宝宝一起回到那个纯真年代。对于你已经成为永久记忆的童年，对于胎宝宝来说，还是一段未开启的人生旅途。

看看以下几段他人对自己美好童年的回忆，看看能不能激发起你的共鸣和感动。

1. 无邪的童年

上幼儿园的时候，我养了一只小黑兔，养在浴室里。每当我洗澡时，小黑兔总是躲着从我身上飞溅下来的小雨点。看着小兔躲躲闪闪的样子，我来了兴趣，硬抱着小兔，给它洗了个澡，然后偷偷用电吹风把它吹干。这件事过后，小兔总是躲着我，我伤心地和妈妈诉说，妈妈幽默地说："肯定是小兔生气了，你可要给它道歉哦！"我深信不疑，连忙跑向浴室，认真地说："小兔，对不起，我不该惹你生气，原谅我好吗？"妈妈在一旁看着，忍不住大笑，我不知道有什么可笑的，也"呵呵"地跟着傻笑。

2. 调皮的童年

还记得那次我到外婆家过年，才到我就被那些猪呀，牛呀，鸡呀给吸引了，有一天，我突发奇想对外婆说："我要放猪。"外婆听了笑着说："就你，还放猪呢。"我不服气地说："别小看我。"我趁外婆不注意，蹑手蹑脚地走到猪圈旁，刚打开猪圈门，大大小小的猪就像疯了一样冲了出来，我还被一只小猪撞倒在地，更可恨的是它还踩了我一脚，我一下子站起来，找了一根棍子狂抽它，小猪被我打得嗷嗷直叫，这叫"杀鸡给猴看"。其他的猪见了便乖乖地听话。我把猪赶到大路上，许多小朋友见了跑来和我一起放。我们一人拿一根小棍子，赶着猪"呵呵呵"地笑。"哎呀"，有一只小猪跑了，我拿着棍子满大路地追，边跑边叫到"站住，别跑，再跑待会儿回家把你给炖了吃。"顽皮的小猪哪里肯听我的，我气急败坏拿起石头就砸，路上的人看到我笑得前俯后仰。经过激烈的赛跑我终于跑赢了猪，并成功地将它制服。我还没来得及高兴，又有一只开始"造反"了，接着又是一只，我和伙伴们共同努力，赶回了所有的猪。不一会儿，所有的猪都反方向前进，吓得我大叫一声，回头就跑，这倒好，猪没放成，反倒让猪"放"我，最后还是外婆及时赶到才把那些猪赶了回去。

童年的记忆像一个个烙痕，烙在每一个人记忆的深处。每当打开记忆的闸门时，美好的时光再现，我们才会更加珍惜现在的时光，也就珍惜了另一份美好的回忆。好好珍惜现在孕育生命的时光吧，若干年后，它也将成为记忆里一道闪亮的光。

胎宝宝的阅读时光：经典童话《皇帝的新衣》

你还记得《皇帝的新衣》里那个愚蠢而虚荣的皇帝和那个说真话的小孩吗？大人世界的伪善和假和平在孩子纯粹而明净的目光里不堪一击的瞬间显露原形。今天就来给胎宝宝讲一讲这个故事，也重温一下年少时它带给你的感悟和思考，看看自己对这个故事是不是有了新的理解。

许多年前，有一位皇帝，为了穿得漂亮，不惜把所有的钱都花掉。他既不关心他的军队，也不喜欢去看戏，他也不喜欢乘着马车逛公园——除非是为了炫耀一下他的新衣服。他每一天每一个钟头要换一套新衣服。人们提到他总是说："皇上在更衣室里。"

有一天，他的王国来了两个骗子，自称是裁缝，说能织出人间最美丽的布。这种布不仅色彩和图案都分外美丽，而且缝出来的衣服还有一种奇怪的特性：任何不称职的或者愚蠢得不可救药的人，都看不见这衣服。

"那真是最理想的衣服！"皇帝心里想，"我穿了这样的衣服，就可以看出我的王国里哪些人不称职；就可以辨别出哪些人是聪明人，哪些人是傻子。是的，我要叫他们马上织出这样的布来！"他给这两个骗子许多报酬，叫他们马上开始工作。

他们摆出两架织布机，装作是在工作的样子，可是他们的织布机上连一点东西的影子也没有。他们急迫地请求发给他们一些最细的生丝和最好的金子。他们把这些东西都装进自己的腰包，只在那两架空空的织布机上忙忙碌碌，直到深夜。

"我倒是很想知道布料究竟织得怎样了，"皇帝想。不过，想起凡是愚蠢或不称职的人就看不见这布，他心里的确感到有些不大自然。他相信他自己是无须害怕的，但仍然觉得先派一个人去看看工作的进展情形比较妥当。

全城的人都听说过这织品有一种多么神奇的力量，所以大家也都很想借这机会来测验一下：他们的邻人究竟有多笨，有多傻。

"我要派诚实的老大臣到织工那儿去，"皇帝想，"他最能看出这布料是什么样子，因为他很有理智，就称职这一点，谁也不及他。"

这位善良的老大臣就来到那两个骗子的屋子里，看到他们正在空空的织机上忙碌地工作。

"愿上帝可怜我吧！"老大臣想，他把眼睛睁得特别大，"我什么东西也没有看见！"但是他没敢把这句话说出口来。

那两个骗子请求他走近一点，同时指着那两架空织布机问他花纹是不是很美丽，色彩是不是很漂亮。可怜的老大臣眼睛越睁越大，仍然看不见什么东西，因为的确没有东西。

"我的老天爷！"他想。"难道我是愚蠢的吗？我从来没有怀疑过自己。这一点决不能让人知道这件事。难道我是不称职吗？不成！我决不能让人知道我看不见布料。"

"哎，您一点意见也没有吗？"一个正在织布的骗子说。

"哎呀，美极了！真是美极了！"老大臣一边说一边从他的眼镜里仔细地看，"多么美的花纹！多么美的色彩！是的，我将要呈报皇上，我对这布非常满意。"

"嗯，我们听了非常高兴。"两个骗子齐声说。于是他们就把色彩和稀有的花纹描述了一番，还加上些名词。老大臣注意地听着，以便回到皇帝那儿可以照样背出来。事实上他也就这样做了。

这两个骗子又要了更多的钱，更多的生丝和金子，说是为了织布的需要。他们把这些东西全装进了腰包。

过了不久，皇帝又派了另一位诚实的官员去看工作的进展。这位官员的运气并不比头一位大臣好：他看了又看，但是那两架空织布机上什么也没有，他什么东西也看不出来。

“您看这段布美不美？”两个骗子问。他们指着，描述着一些美丽的花纹——事实上它们并不存在。

“我并不愚蠢呀！”这位官员想，“这大概是我不配有现在这样好的官职吧。这也真够滑稽，但是我决不能让人看出来！”他就把他完全没有看见的布称赞了一番，同时保证说，他对这些美丽的颜色和巧妙的花纹感到很满意。“是的，那真是太美了，”他回去对皇帝说。

城里所有的人都在谈论这美丽的布料。

皇帝就很想亲自去看一次。他选了一群特别圈定的随员——其中包括已经去看过的那两位诚实的大臣。他就到那两个狡猾的骗子那里去。这两个家伙正在以全副精神织布，但是一根丝的影子也看不见。

“您看这布华丽不华丽？”那两位诚实的官员说，“陛下请看：多么美的花纹！多么美的色彩！”他们指着那架空织布机，他们相信别人一定看得见布料的。

“这是怎么一回事呢？”皇帝心里想。“我什么也没有看见！这可骇人听闻了。难道我是一个愚蠢的人吗？难道我不配做皇帝吗？这可是最可怕的事情。”“哎呀，真是美极了！”皇帝说。“我十分满意！”

于是他点头表示满意。他仔细地看着织机的样子，他不愿意说出什么也没看到。跟他来的全体随员也仔细地看了又看，可是他们也没比别人看到更多的东西。他们像皇帝一样，也说：“哎呀，真是美极了！”他们向皇帝建议用这种新奇的、美丽的布料做成衣服，穿着这衣服去参加快要举行的游行大典。“这布是华丽的！精致的！无双的！”每人都随声附和着。每人都有说不出的快乐。皇帝赐给骗子每人一个“御聘织师”的头衔，封他们为爵士，并授予一枚可以挂在扣眼上的勋章。

第二天早上，游行大典就要举行了。头一天夜晚，两个骗子整夜点起十六支以上的蜡烛。人们可以看到他们是在赶夜工，要把皇帝的新衣完成。他们装作从织布机上取下布料，用两把大剪刀在空中裁了一阵子，同时用没有穿线的针缝了一通。最后，他们齐声说：“请看！新衣服缝好了！”

皇帝亲自带着一群最高贵的骑士们来了。两个骗子各举起一只手，好像拿着一件什么东西似的。他们说：“请看吧，这是裤子，这是袍子，这是外衣。”“这衣服轻柔得像蜘蛛网一样，穿的人会觉得好像身上没有什么东西似的，这正是这些衣服的优点。”

“一点也不错，”所有的骑士都说。可是他们什么也看不见，因为什么东西也没有。

“现在请皇上脱下衣服，”两个骗子说，“好让我们在这个大镜子面前为您换上新衣。”

皇帝把他所有的衣服都脱下来。两个骗子装作一件一件地把他们刚才缝好的新衣服交给他。他们在他的腰周围那儿弄了一阵子，好像是系上一件什么东西似的：这就是后裾。皇上在镜子面前转了转身子，扭了扭腰。

“上帝，这衣服多么合身啊！裁得多么好看啊！”大家都说。“多么美的花纹！多么美的色彩！这真是贵重的衣服！”

“大家都在外面等待，准备好了华盖，以便举在陛下头顶上一参加游行大典。”典礼官说。

“对，我已经穿好了。”皇帝说，“这衣服合我的身吗？”于是他又在镜子面前把身子转动了一下，因为他要使大家看出他在认真地观看他美丽的新装。

那些将要托着后裙的内臣们都把手在地上东摸西摸，好像他们正在拾起后裙似的。他们开步走，手中托着空气——他们不敢让人瞧出他们实在什么东西也没看见。

这样，皇帝就在那个富丽的华盖下游行起来了。站在街上和窗子里的人都说：“乖乖！皇上的新装真是漂亮！他上衣下面的后裙是多么美丽！这件衣服真合他的身材！”谁也不愿意让人知道自己什么东西也看不见，因为这样就会显出自己不称职，或是太愚蠢。皇帝所有的衣服从来没有获得过这样的称赞。

“可是他什么衣服也没有穿呀！”一个小孩子最后叫了出声来。

“上帝哟，你听这个天真的声音！”爸爸说。于是大家把这孩子讲的话私自低声地传播开来。“他实在是没有穿什么衣服呀！”最后所有的老百姓都说。皇帝有点儿发抖，因为他觉得百姓们所讲的话似乎是真的。不过他自己心里却这样想：“我必须把这游行大典举行完毕。”因此他摆出一副更骄傲的神气，他的内臣们跟在他后面走，手中托着一个并不存在的后裙。

好孕美食馆：芹菜的妙用

芹菜具有清热除烦、平肝调经、利水解毒、凉血消肿、止血之功效，其含有酸性降压成分，可降低血压；含利尿有效成分，消除体内水、钠潴留，利尿消肿。芹菜是高纤维食品，它经肠内消化作用产生一种木质素或肠内脂的物质，这类物质是一种抗氧化剂，高浓度时可抑制肠内细菌产生的致癌物质。它还可以加快粪便在肠内的运转时间，减少致癌物质与结肠黏膜的接触，达到预防结肠癌的目的。芹菜含铁量较高，能养血补虚，对于准妈妈来讲是一种非常好的食品。

1. 芹菜粥

【材料】

芹菜连根120克，粳米250克。

【做法】

（1）将芹菜洗净，与淘洗干净的粳米同入锅加水2000毫升。

（2）用大火烧开，再用小火熬煮成稀粥。

【功效】

健脾消痰。

2. 凉拌芹菜海带

【材料】

芹菜200克，水发海带100克，水发黑木耳50克，酱油、芝麻油、精盐、白糖、味精各适量。

【做法】

（1）将海带、黑木耳切丝，用沸水泡熟。

（2）芹菜切成3厘米长的段，用沸水煮3分钟捞起。

（3）待海带丝、黑木耳丝、芹菜段冷却后放入盘中，再加酱油、麻油精盐、白糖、味精拌匀，即可食用。

【功效】

滋养润燥、预防妊娠性高血压。

3. 鸡丝拌芹菜

【材料】

鸡脯肉100克，芹菜200克，精盐、味精、麻油适量。

【做法】

（1）鸡脯肉洗净，煮熟，撕成细丝。

（2）芹菜去根、叶，洗净，切段，入沸水中焯一下。

（3）加入鸡丝、精盐、味精、麻油，拌匀即可。

【功效】

滋阴，平肝，降压。

4. 芹菜炒猪心

【材料】

芹菜50克，猪心250克，酱油、香醋、姜丝、香油各适量。

【做法】

（1）将猪心洗净煮熟，切成薄片，把芹菜洗净去叶，切成2厘米长的段。

（2）将锅放火上，加入香油，待油热后加入酱油、姜丝炝锅，放入芹菜煸炒。

（3）待芹菜将熟时放入猪心片，注意翻转炒匀。炒好后盛盘中，加入少许香醋即可。

【功效】

清心火，养心神。

胎宝宝的私人音乐厅：舒曼《快乐的农夫》

《快乐的农夫》是德国著名作曲家舒曼于1848年为大女儿玛丽过十岁生日写作的，当时他写了这首钢琴练习曲作为生日礼物送给她。这首曲子虽然在技巧上比较简单，而且非常的短小，但是经典程度丝毫不亚于他的其他气势恢弘的作品。情绪欢快、轻盈跳跃，曲子在听觉上给人一种充满活力、饱含激情与希望的热烈之情，深受孩子们的喜爱。准妈妈带着胎宝宝在欣赏这首作品的同时，心也会随之简单和轻盈起来。

在听这首曲子时，准妈妈可能会瞬间萌动出想舞蹈的愿望、想歌唱的心思，快乐就在我们的笑意里。这首音乐里弥漫着花香，有小草在歌唱，小鸟在东张西望跳来跳去，田里有麦穗在欢快的舞蹈，还有风在原野撒欢，小孩在苹果树下追逐嬉戏。当然还有农夫一边欣赏着这一切，一边愉快地去耕作。他提着锄头，满手满脚都沾满着泥土，却毫不在意，悠悠闲闲漫步在田间的小道上，被满眼的绿色所吸引，晒得红彤彤如爱尔兰人一般的脸庞洋溢着欢快。直到夕阳西下，他才想起该回家了，想起在厨房忙碌的妻子，想起在院子里疯闹着的儿女。这个时候他就欢快的哼唱着这首《快乐的农夫》，大步踏上了回家的路程。

准妈妈可以在清晨的阳光里，戴上耳机，在小花园里边走边听；也可以再自己喜欢的时刻，站在窗前，打开音响静静欣赏。听音乐时，你可以环顾四周，将绿色收纳眼底，这将与胎教音乐中的基调不谋而合。在听音乐的同时，准妈妈还可以轻声地给胎宝宝讲你看到了什么心里想着什么，和他一起分享乐曲与风景中的美好。

第19周：身上长满胎毛

此时胎宝宝全身的皮肤由透明的深红色变为不太透明的红色，从头、面部开始，全身渐渐被汗毛所覆盖，头上长出少量的头发。孕中期做B超时，能看到胎宝宝正在踢腿、屈身、伸腰、滚动以及吸吮大拇指，根据B超中的图像，你就可以画出胎宝宝大致的模样。现在已经可以清晰地分辨胎宝宝的性别了。这个时期的胎宝宝显得特别的淘气，他在准妈妈的肚子里不停的运动，做一些翻滚的动作。

在以后的十周里，准妈妈也许会因为胎宝宝运动太剧烈，胎动非常的频繁而睡不着觉。这种情况一直到孕后期子宫被撑满才会缓解。从现在开始，准妈妈的宫底每周大约升高1厘米，腰身也会变粗，动作也开始笨拙了。

1. 远离静电

在生活中准妈妈经常会遇到静电现象，比如在黑夜从脱、穿含有化纤的衣服时，会看到闪亮的火花，这就是静电现象。此时胎宝宝已经5个月了，准妈妈最好远离静电，否则会对自身和胎宝宝极为不利。准妈妈要尽量避开静电的影响，平时可以多穿布鞋，少穿橡胶鞋、球鞋；夏天在家的时候就可以光着脚少接触带电的物品，这样可以使身上的静电能随时通过接触地面而溜走。最好使内外衣布料一致，避免摩擦起静电。

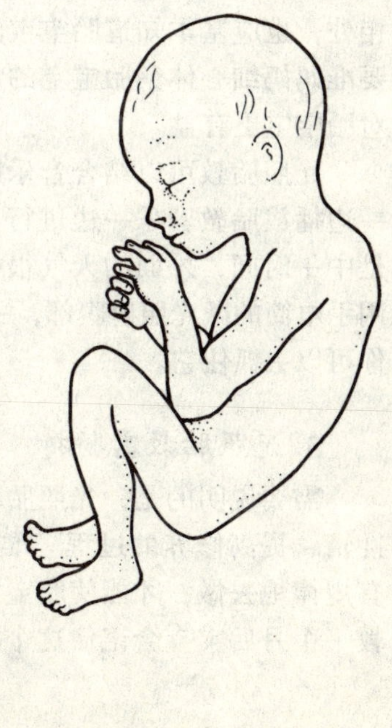

现在胎儿的肌肉已经足够结实，可以做一些幅度较大的动作。胎儿体形仍然很小，而且在子宫中被羊水所包围（羊水能起到保护胎儿的作用），但是大多数孕妇在这个时候都可以第一次感觉到胎动。

2. 做自己喜欢的事

准妈妈可以做些自己喜欢做的事，一方面可以减轻身心因怀孕而不舒服的感觉，另一方面这些努力与尝试也有助于胎教和以后的亲子关系。可以通过与胎宝宝聊天或专门去做某些事情，来与胎宝宝沟通与交流思想感情。

第 127 天：认识光照胎教

1. 光照胎教的作用

子宫内胎宝宝是否能真的能看到光？经彩色超声波观察，光照后胎宝宝会出现转头避光动作，同时心率增加，脐动脉和脑动脉血流量也有所增加。实验证明，胎宝宝是可以看到射入子宫内的光亮的。光照胎教法是用手电筒的微光作为光源对胎宝宝进行刺激，训练胎宝宝视觉功能，帮助胎宝宝形成昼夜周期节律的胎教法。光照胎教不仅可以促使胎宝宝对光线的灵敏反应及视觉功能的健康发育，而且有益于出生后动作行为的发育成长。光照胎教法最好从孕中后期开始实施，用手电筒即可，因为此时胎宝宝对光开始有反应。

2. 光照胎教的时间及方法

从下个月起，也就是孕 6 个月以后，准爸爸准妈妈就可以开始对胎宝宝进行光照胎教了。可以每天用普通手电筒紧贴准妈妈腹壁照射胎头部位，每次持续 5 分钟左右。结束时，可以反复关闭、开启手电筒数次。胎教实施中，准妈妈应注意把自身的感受详细地记录下来，如胎动的变化是增加还是减少，是大动还是小动，是肢体动还是躯体动。通过一段时间的训练和记录，准妈妈可以总结一下胎宝宝对刺激是否建立起特定的反应或规律。不要在胎宝宝睡觉时进行光照胎教，以免打乱胎宝宝的生物钟。光照胎教还是要配合胎宝宝的作息时间，仍然要在胎动明显时，即胎宝宝醒着的时候做光照胎教。准妈妈经过这么长时间和胎宝宝的相处，也应基本知道胎宝宝的作息规律。当然也有作息不太规律的宝宝，这就需要准妈妈细心体察胎宝宝的情况了。光照时可以配合对话，综合的良性刺激可能对胎宝宝更有益。

光照胎教可以结合音乐胎教、对话胎教进行，选择胎宝宝觉醒、活跃的时候一边播放胎教音乐一边进行，在照射的时候准妈妈可以和胎宝宝对话，如，现在是中午时间，外面的天气很好，微微的风很舒服，宝贝你感觉到了吗？妈妈一边用手电筒的微光照射腹部，一边告诉胎宝宝，这是手电筒发出的光，它好玩儿吗？你可以去抓住它。

3. 光照胎教需坚持

需要说明的是，光照胎教和音乐胎教、运动胎教一样，都是准妈妈自身磨炼性情、提高修养的过程。准爸爸可以和准妈妈一起进行光照胎教，要坚持下去、有规律地去做，才能使胎宝宝领会其中的含义，并积极地做出回应。坚持光照胎教一个月后宝宝会记住这个时间段，每到这个时间胎宝宝也会非常高兴，每天享受着甜美的胎宝宝游戏时光，妈妈也会心情舒畅。

第 128 天：带着宝宝来场日光浴

日光中的紫外线是一种具有较高能量的电磁辐射，有显著的生物学作用。多晒太阳，能促使皮肤在日光紫外线的照射下制造维生素 D，进而促进钙质吸收和骨骼生长。怀孕期间为了保证胎宝宝骨骼和牙胚的正常发育，准妈妈必须增加钙的摄入，而钙的吸收要借助人体血液中的维生素 D。只有在紫外线照射后，人体皮肤中的 7- 脱氢胆固醇才能变成维生素 D3 被人体吸收到血液中。如果不接受阳光照射，准妈妈体内的维生素 D 就会缺乏，钙、磷的吸收就会减少，会导致将来出生的宝宝出现先天性佝偻病。

在孕期，由于受妊娠反应或内分泌不适的影响，以及对胎宝宝健康状况的担忧，准妈妈最容易出现情绪波动或情感障碍，而冬季又是季节性情感障碍——冬季抑郁症的高发期。在日照少的冬季晒晒太阳是准妈妈防治冬季抑郁症的最好办法。

阳光中的紫外线还有杀菌消毒的作用，准妈妈进行日光浴还可以增强抵抗力，强健身体。

晒太阳时有一些注意事项：

1．掌握每天最佳日晒时间。上午 9 ~ 10 点，下午 4 ~ 5 点，这是人们总结的每日最佳日晒时间。而在这两个时间中间的中午，阳光中的紫外线过强，长时间日晒会对皮肤造成伤害。晒太阳要足量，冬季每天不少于 1 个小时，夏季每天不少于半小时。特别是那些久坐办公室或在地下室等场所工作的女性更为重要。

2．不要隔着玻璃晒太阳。阳光中的紫外线有利于合成维生素 D，但紫外线无法穿透普通的玻璃。坐在屋子里隔着玻璃晒太阳实际上只是得到了阳光的温度，却拒绝了日光的营养。所以准妈妈尽可能在自然条件下接受阳光。

3．选择最佳防晒品。准妈妈晒太阳时要注意摘掉帽子和手套，尽量将皮肤暴露在外，让阳光与皮肤亲密接触。但由于准妈妈对日光中能使人晒黑的 UVA 更为敏感，遭遇阳光后，会比其他人产生更多的色素沉着，如原有的色素痣（俗称痦子）开始扩大，面部雀斑也会加重，甚至有些色素痣还可能变成黑色素瘤。所以，在多吃含维生素 C 含量比较高的果蔬同时，孕妇最好使用物理性的防晒霜，因为它的化学成分少，很天然且不含铅，对胎宝宝没有影响，化学防晒霜或美白霜最好不要用，因为有的里面含有铅、铬等元素。

4．不要过度晒太阳。许多准妈妈都发现，怀孕时皮肤变得更加敏感，更容易受到日晒的伤害，在这种情况下，要尽可能使用防晒霜并避免日晒。在怀孕时，体内刺激黑素细胞的激素含量要比平时高，使色素更容易沉着。假如脸上已经出现黄褐斑，就表示你的皮肤已经对日晒有了强烈的反映，需要多加注意了。如果此时再进行日光浴，黄褐斑会更多。另外，长时间躺在太阳下，不但会令体温增高，还容易发生脱水，这两种情况都不利于你和胎宝宝。不过大可不必因为你曾在阳光下享受了一个美好的下午而惊慌失措，只要体温没有过度升高即可。

第129天：准妈妈五大不良症状的解决方法

1. 消化不良

怀孕后，由于体内的一些变化，孕激素增加造成胃肠蠕动减弱，胃酸分泌减少，加上逐渐增大的子宫压迫肠胃妨碍消化活动，因而准妈妈常会产生食欲不振、恶心、呕吐等消化不良症状。

一般来说，这种消化不良的现象不需要进行药物治疗，只要通过合理的调配饮食，都可使其得到不同程度的改善。在食欲不振时要少吃多餐，择其所好，吃一些清淡、易消化的食物，如粥、豆浆、牛奶以及水果等，细嚼慢咽；少吃甜食及不易消化的油腻荤腥食物；可以在吃东西时适当吃些醋，也可有效帮助消化；待食欲改善后，可增加蛋白质丰富的食物，如肉类、鱼虾和豆制品等。

此外，任何精神方面的不良刺激都会导致消化不良，所以准妈妈要保持有良好的心情，加上适当的活动，如每天散散步、做一些力所能及的工作和家务等，都可以有效增进消化功能。

2. 肚子下坠感

怀孕中后期，随着胎宝宝体积的增大，准妈妈的腹围也会增大，有的准妈妈会出现腹部下坠的感觉，这种情况是正常的，有可能是胎宝宝已经入盆的象征，为顺产提供了基础。这个时候准妈妈要注意多休息，避免体力劳动，如果下坠感强烈且持续时间长的话，就应该去医院做相关的检查，看是否有早产或是其他异常情况。

通常来说，肚子下坠感应是出现在怀孕中后期的。如果在怀孕早期肚子下坠感强烈的话，就要及时到医院进行B超检查，查看有无流产先兆、有无出现不规则宫缩、有无妇科炎症，胎宝宝有无异常反应，是否因准妈妈过度劳累造成下坠感等。针对准妈妈的情况，还要特别查看其是否出现消化道方面的问题，只有找出病因，才能及时进行对症治疗。

3. 坐骨神经痛

之所以准妈妈们会感到坐骨神经痛，是因为怀孕时准妈妈的身体会释放一种耻骨松弛激素，来使骨盆以及相关的关节和韧带放松，为将来宝宝的顺利娩出做好准备，而关节和韧带的放松会无形中使准妈妈腰部稳定性减弱；加之随着胎宝宝的不断发育，胎宝宝的重量会给准妈妈的背部增加压力，并且挤压坐骨神经，从而使准妈妈在腰部以下到腿的位置产生强烈的刺痛。

准妈妈的坐骨神经痛一般发生在怀孕的中后期，如果胎宝宝的头正好压在妈妈的坐骨神经上，准妈妈就会有疼痛、麻木，甚至伴随着针刺样的感觉，刚开始可能是在臀部，后来会辐射到大腿。随着胎儿在子宫内位置的改变，这种疼痛感可能会在某一天突然而至、又在某一天突然消失。通常这种疼痛无需治疗，分娩后可以自愈。

缓解坐骨神经痛，关键在于孕期要劳逸结合，避免做剧烈的体力活动。具体来说，准妈妈在平日生活里需要注意的是，不要用同一种姿势站着或者坐着超过半个小时；坐的时候可以将椅子调到舒服的高度并在腰部、背部或颈后放置舒服的靠垫，以减轻腰酸背痛的不适；尽量不要举重物过头顶；当疼痛发生时，尝试做做局部热敷，用热毛巾、纱布和热水袋都可以，热敷半小时，可减轻疼痛感觉；在睡觉时要选择自己舒适的体位和睡眠姿势，采用左侧位，可以在两腿膝盖之间夹放一个枕头，促进血液向子宫方向的流入。除此之外，孕妇瑜伽和适当的游泳运动也是帮助减轻坐骨神经压力的有效方式。

4. 尿频

怀孕之后，盆腔充血、子宫体增大牵扯膀胱向上推移，可刺激膀胱而造成尿频，尤其在怀孕末期接近临产前 1 ~ 2 周，因胎儿先露部（胎头或胎臀）下降进入骨盆腔，进一步压迫膀胱，使膀胱容积减小，致使小便频数的现象加重。一般情况下，小便次数增多但没有尿急、尿痛、发热、腰痛等现象，尿色正常，不浑浊，没有血尿现象就是正常的尿频，准妈妈不必顾虑，分娩后自可消失。

如果在孕期小便次数增多，有尿急、尿痛、尿液混浊、血尿，或是在尿频同时伴有多渴、多饮等现象，准妈妈一定要警惕某些泌尿系统疾病的可能，及时就医，否则将可能引起早产。

预防尿频，准妈妈首先要保持外阴部清洁、干爽，清洗外阴时用中性的皂液避免刺激；内衣内裤要选用纯棉材料；平日里多饮水、多排尿，尽量不憋尿，以减少膀胱压力；睡眠和休息时尽量采取左侧卧位，以减少增大的子宫对输尿管的压迫。

5. 痔疮

痔疮是一种孕期常见的病症，准妈妈痔疮的发病率高达 76% 左右。这是因为，随着胎儿一天天长大，日益膨大的子宫压迫下腔静脉，腹内压增加，影响了血液的回流，致使痔静脉充血、扩张、弯曲成团，从而形成了痔疮。一般来说，孕妇的痔疮在生产之后是可以痊愈的。

如果痔疮情况非常严重，如发生大量便血、疼痛难耐的话，也可以考虑接受局部切除或手术等积极外科治疗。手术治疗一般建议在怀孕中期进行处理，治疗手段有橡皮筋结扎、局部注射、冷冻治疗、电烧、手术切除等，医生会考虑最安全的用药及最不影响胎儿的方式来处理。

为了防止痔疮，准妈妈应在平日加强锻炼，卧床休息时可将骨盆部抬高 20 ~ 25 厘米，避免久坐、久站，适当增加休息，如厕时要用柔软洁净的手纸，还可进行肛门收缩运动，每天早晚各做一次提肛运动，每次 30 下，可以加强肛周组织的收缩力，有助于肛周组织的血液循环。

第 130 天：准妈妈在外饮食需谨慎

对于准妈妈尤其是上班族的准妈妈来说，怀孕期间饮食关系重大。准妈妈应尽量避免在外面的饭店吃饭，即使是因为工作和其他不可抗拒原因而不得不经常在外就餐时，一定要遵循均衡摄取营养的原则，才能让自己和胎宝宝都健康的成长。准妈妈在外吃饭时可以参考以下方法和注意事项。

1. 在外就餐最好一天就一次。若是一餐在外面吃饭，另外两餐在家里面吃饭，还可以补充养分的摄取不足。况且，二餐都在外面吃饭，难免会营养不均衡，所以最好尽量避免。

2. 避免食用刺激性的快餐和速食小吃。汉堡、鸡块、比萨等快餐虽然吃起来简单便捷，但因热量和盐分高，具有刺激性，对孕妇来说绝对不是个好选择。另外，由于速食产品和快餐流通量大，里面可能会含有食品添加剂，因此准妈妈最好不要食用。

3. 在外面吃饭的时候，如果只是吃一些拉面或意大利面之类的东西，可能会造成营养不均衡。因此，最好是吃米饭 + 肉或鱼 + 蔬菜 + 味噌汤或其他的汤类。在外吃饭最容易摄取不足的食物，就是蔬菜及豆类。因此，点菜的时候，不妨多叫一些豆腐、沙拉或青菜等。

早餐的食物可以以牛奶及鸡蛋为主。至于水果由于携带非常方便，所以上班的时候最好不要忘了随身携带一些。此外，多喝些番茄汁、果菜汁等，也可以补充蔬菜的摄取不足。

4. 拒绝味重食物。工作餐和饭店里的菜往往不是咸了就是淡了。准妈妈应少吃太咸的食物，以防止体内水钠潴留，引起血压上升或双足水肿。其他辛辣、调味重的食物也应该明智地拒绝，辣椒属于热性食品，不仅会引起习惯性流产、早产、难产，还会引起胎热或过敏性皮炎。因此，准妈妈要尽量避免吃辛辣食物，还是多吃清淡食物比较好。

5. 把面条当做尝鲜。外出就餐的时候经常点的炸酱面、乌冬面等食物，里面除了碳水化合物外几乎没有什么其他营养成分。偶尔尝尝鲜还可以，但每周如果吃三次以上就会导致营养失衡。因此，外出就餐时要慎重选择面条。如果真喜欢吃面条的话，还是选择那些加有蔬菜的刀削面或者面片汤吧。

6. 外食族准妈妈应该经常变换外食种类及菜色搭配，才能摄取到不同食物中的各种营养素，提供腹中胎宝宝完整的营养。准妈妈在选购外食时，建议以菜色种类较多的自助餐为首要选择，不仅可以自己搭配喜欢的菜色，也能避免总是只吃到某几类食物的问题。如果工作或住家附近没有自助餐店，则不妨每天更换不同店家或点选不同餐点，才能让饮食内容有较多变化，均衡摄取各类营养。

7. 准妈妈在怀孕期间，可能会接触很多过敏物质，这些过敏物质会刺激母体，产生过敏反应，再借由胎盘影响胎宝宝，因此，建议准妈妈在外就餐时应该注意某些容易引发过敏的食物，如硬壳海鲜类（虾、蟹等），是否可能对自身造成过敏，如果有此情况时，应该尽量避免摄取；尤其本身就有过敏体质的准妈妈，更要避开会引起自身过敏的食物，以降低宝宝出生后发生过敏的几率。

8. 最好自备餐具。外面饭店的餐具在卫生上存在很多的隐患，就是一次性筷子也存在着制作过程当中消毒不利的问题。因此，为了饮食安全，准妈妈最好自备筷子和勺子，又卫生又环保。

第131天：穿托腹带，学会量子宫底

1. 托腹带

托腹带的作用主要是帮助准妈妈托起腹部，为那些感觉肚子太大、走路的时候都需要用手托着肚子的人提供帮助，尤其是连接骨盆的各条韧带发生松弛性疼痛的准妈妈使用可以对背部起到支撑作用。还有胎位为臀位，经医生做外倒转术转为头位后，为防止其又回到原来的臀位，可以用托腹带来限制。

准妈妈产前使用腹带能很好地支持腰部，使用后下腹部被托起，能使人有安定感，并减轻腰部的负重感，减缓腰疼。还可以在保护腹中胎宝宝外，具有保温的作用，使胎宝宝在温暖的环境中成长。一般情况下准妈妈不必使用托腹带，如果你有下列情况之一，则必须考虑使用：有过生育史、腹壁非常松弛、成为悬垂腹；多胞胎、胎儿过大，站立时腹壁下垂比较剧烈；连接骨盆的各条韧带发生松弛性疼痛；胎位为臀位，经医生做外倒转术。

托腹带的伸缩弹性应该比较强，可以从下腹部托起增大的腹部，从而阻止子宫下垂，保护胎位并能减轻腰部的压力。应选用可随腹部的增大而增大，方便拆下及穿戴，透气性强不会闷热的托腹带。为了不影响胎儿发育，托腹带不可包得过紧，晚上睡觉时应脱掉。

2. 量子宫底

准妈妈的宫高、腹围与胎宝宝的大小关系非常密切，通过测量子宫底的高度与腹围，可以对胎宝宝的体重有一个估测，还可以根据每一时期二者的变化来估计胎宝宝宫内发育情况。从孕中期开始，准妈妈应学会自测子宫底和腹围。

（1）子宫底高度（宫高）

妊娠子宫的增大有一定规律性，表现为宫底升高，腹围增加。因此，从宫高的增长情况也可以推断妊娠期限和胎宝宝的发育情况。宫高的测量方法是，准妈妈排空小便后，采平卧位，测量耻骨联合上缘中点到子宫底部最高点的距离。它反映的是子宫纵径长度，以厘米为单位。需要注意的是，若如果连续2周宫高没有变化，准妈妈需立即去医院做详细检查。

子宫底由耻骨联合处由下向上逐渐升高，到了这个月末，可能会达到耻骨与脐之间。准妈妈自己可以摸出子宫底的位置，子宫底的高度在18厘米左右，可能达到了你的脐部。一般情况下，孕16周可以开始测量子宫高度（宫高）了。宫高的增长规律是：孕16 ~ 36周时，宫高每周增长0.8 ~ 1.0厘米，平均增长0.9厘米；孕36 ~ 40周时，每周增长0.4厘米；孕40周后，宫高不但不再增长，反而会下降，因为胎头入盆了。如果连续两次或间断三次测量的宫高在警戒区，则提示异常；宫高在低值，多提示胎儿宫内发育迟缓或畸形；宫高在高值，多提示多胎、羊水过多、胎儿畸形、巨大儿、臀位、胎头高浮、骨盆狭窄、头盆不称和前置胎盘等情况。

（2）腹围

腹围的测量方法是，采取站立姿势，以肚脐为准水平绕腹一周，测得数值即为腹围。腹围平均每周增长0.8厘米，孕20 ~ 24周时增长最快，孕34周后腹围

增长速度减慢。如果以妊娠 16 周测量的腹围为基数，到足月平均增长值应为 21 厘米，若腹围增长过快时则应警惕羊水过多、双胎或多胎等。

有些准妈妈的腹围没有按照正常数值增长，因此准妈妈会为此感到担忧，担心肚子里的宝宝出现了问题。实际上，每一位准妈妈的腹围的增长情况并不是完全相同的，准妈妈腹围的增长情况除了与胎宝宝的发育有关，与准妈妈自身情况也是有关系的。例如，未孕前较胖的准妈妈和偏瘦的准妈妈，同一孕期的腹围很可能差距较大；再有，有的准妈妈在孕早期妊娠反应强烈，进食情况较差，因而早期腹围增加不明显，等到妊娠反应消失食欲增加后，准妈妈的腹围才开始随着体重的增长而明显增大；还有的准妈妈，从怀孕后体重迅速增加，腹部皮下脂肪也较快增厚，不但腰围增粗，腹围也较其他人增长快；如果准妈妈水钠潴留明显的话，同样会使腹围增加明显。

所以，准妈妈腹围的增长不仅仅是由胎宝宝和子宫的增大所决定的，因此测量腹围只是检测胎宝宝发育状况的多种手段之一，若单以腹围的增长来衡量子宫和胎宝宝的增长情况是有局限性的，也是片面的，还应该结合其他检查综合加以分析评估。

第 132 天：改善孕期抽筋、水肿的妙招

1. 孕期抽筋的具体原因

（1）缺钙虽是孕期抽筋的最常见原因，但抽筋却并不全由缺钙所引起。准妈妈在一次过量摄入肉类物质后，会引起抽筋，这是因为，肉类富含蛋白质，摄入过多将影响碳水化合物的代谢，导致酸性代谢产物堆积，引起电解质紊乱。而电解质紊乱的表现之一就是抽筋。

（2）腿部过度运动如长途跋涉、剧烈运动等，使腿部肌群过度疲劳。肌肉紧张度仍未消除，过多的酸性代谢产物如乳酸刺激肌肉引发抽筋。所以准妈妈要避免身体上的过度劳累。

（3）小腿肌肉容易受凉，如果夜里室温较低，睡眠时盖的被子过薄或腿脚露到被外，使腿部肌肉着凉出现痉挛抽筋。因此，要注意腿脚的防寒保暖。

（4）若长时间保持某种体位，腿部静脉受压，血液回流受阻，造成血流淤滞。当血流淤滞达到一定程度时，就会使腿部肌肉痉挛。

2. 缓解抽筋的方法

（1）在饮食上进行调节

平时多吃含钙丰富的食物，如牛奶、奶制品、排骨、小鱼干，增加维生素的摄取量（尤其是维生素 D）；少吃太咸、腌渍食物如香肠、罐头食品，以免造成水肿。每天喝数杯新鲜橙汁、番石榴汁或番茄汁补充矿物质，这都是预防抽筋的方法。

（2）注意保暖

保持下肢的温暖，以及让自己觉得最舒服的睡姿来入睡，也可以有效降低抽筋的发生。入睡前，不要直接让小腿吹风或冷气，并采侧卧姿势，可以减轻症状。

常按摩抽筋的脚部肌肉使循环增加以利排除代谢物，并可以搭配热敷，晚上洗澡时，双腿泡热水 10 分钟，效果会更加显著。

（3）孕期伸展运动

平躺、仰卧、双膝弯曲成 45 度角立起来，背和脚底贴在地板上，保持这个姿势，然后尽可能地突起腹部，使脊柱、背部至臀部肌肉成弓形弯曲，然后回复原来姿势。自怀孕四个月开始，每日两回，每回三次。借着这个运动的重复，可以松弛、收缩骨盆及腰的肌肉，并具有柔软产道出口肌肉的作用。在家里或搭车时，坐着也可以做相同的动作，因为主要的动作在背部和腰部，不一定非得躺着才能做。

（4）穿弹性袜

准妈妈本身若有静脉曲张或是水肿的现象时，可在白天时穿着弹性袜，对于静脉曲张以及水肿的症状会有明显的改善效果弹性袜可选择较厚、弹性好一点的材质，棉质、毛料与弹性纤维混纺的料子，比丝袜型弹性袜穿着起来较为舒适、吸汗；准妈妈所穿的鞋子足趾与足跟的高度差距不要太大，可选择平底或外前高后高的厚底鞋或气垫鞋，并且要有合脚、贴脚的柔软鞋体。

3. 孕期水肿的具体原因

孕期水肿最容易发生在孕后期，也就是从怀孕第 7 个月开始，尤其是孕 8 个月以后，症状最为明显。水肿发生的原因是子宫压迫到腹部后方的下腔静脉，使下肢血液回流状况变差，导致下肢水肿现象。一般水肿的部位是在脚背、脚踝及小腿，有些也会引起手掌、手指轻微的水肿现象，严重的水肿还可能使手臂、脸部、眼皮都有水肿的现象。发生下肢水肿的时间大多在下午或晚上，但也有些症状严重的准妈妈早上起床时手掌、手指就肿胀到无法握成拳头。

在怀孕五六个月时就开始有水肿现象或者症状特别严重的准妈妈，需注意自己血压是否正常，有没有蛋白尿产生，是否有妊娠毒血症、妊娠高血压或与肾脏相关的疾病。准妈妈们应该密切注意自己的身体状况，有不适时及时去医院检查。一般生理性的水肿可通过在日常生活中多加注意而改善。

4. 缓解水肿的办法

（1）在生活上，有水肿的准妈妈不宜久坐久立，防止过分疲劳。应该每坐半个小时到一个小时站起来走动数分钟，促进下肢的血液循环，回到座椅上后，可在桌下放一个脚凳，抬高脚部。睡觉时应尽量左侧卧位，不宜仰卧。

（2）在饮食上，不用刻意地少喝水，必要的水分可以帮助体内钠的排出，是不能缺少的。但应适当限制盐的摄入，包括酱油、腌制食物（如咸肉咸菜等）、盐分过多的一些话梅类零食、薯片、虾条等膨化食品及碱制点心。应该常吃一些有助于利尿的食物，如用淡豆浆、冬瓜茶、玉米须煎水等代替水饮；或是赤小豆鲤鱼汤、扁豆薏苡仁粥等，在水果中，适量地吃些西瓜也有利于水分排出。

（3）心情要放松，不必过于紧张，要知道 40% 的准妈妈都会有不同程度的水肿，一般都会在产后自然消退。当然，一定要定期到医院就诊，有水肿了，应在产科检查时告诉产科医生，如果出现蛋白尿、高血压或是有肾脏疾病者，除了生活饮食可以参考这些方法，还要听从医生的意见和安排，必要时服用药物防止危险。

第 133 天：学做几个快乐的折纸手工

折纸不仅是种艺术，还是一种锻炼方法。折纸能锻炼人的综合协调能力，包括手、眼和大脑。比如学习折纸需要用眼睛看折叠的过程，并在看的同时思考，记住过程；在折的时候，准妈妈要亲自动手，其间遇到问题，还要仔细去想刚才别人是怎么叠的。这样就可以使准妈妈开动脑筋、活跃思维，从而达到手、眼、脑三位一体的综合协调。

今天我们来教准妈妈做几个简单又漂亮的手工，让你的心情平静下来，同时也给胎宝宝做了美育胎教。

1. 纸艺芭蕾女孩

（1）准备好硬卡纸和彩色水笔。

（2）先在硬卡纸上描绘出一个女孩儿跳芭蕾舞的样子，注意只画出裙子以上部位即可。

（3）在裙子下摆处掏两个洞。

（4）将食指和无名指放进两个小洞中，做芭蕾女孩儿得两条腿，随着手指的运动，芭蕾女孩儿就会在你的手指上跳起舞蹈来。

2. 折纸小兔

（1）准妈妈首先要准备一个大圆纸片、四个中圆纸片、两个小圆纸片。色彩要一致，纸质稍微薄一些。

（2）将大圆纸片沿虚线朝箭头方向折叠，折成兔身。

（3）取一个中等圆纸片做兔头。

（4）另外三个中等圆纸片对折。

（5）最后一个圆纸片对折做兔尾巴。

（6）最后，将它们依照兔子的形状折起来，就完工了。

3. 幸运星

（1）准备长条纸一张，剪刀一把。纸张你可以选择一些自己所喜欢的彩纸，比如礼品包装袋和一些彩色硬壳纸等，也可以直接从礼品店购买，纸张不要过薄，不然做出来的效果不好。

（2）用手指弯曲纸条一端，做一个结，使之与一边平齐。压平，然后将较长的一端沿着一边以正确的角度折回，翻转后继续沿着一边折叠，依样折至纸张尽头。

（3）把多出来的部分穿进纸缝，用手指头轻轻地挤压五个边，让星星鼓起来。完工。

4. 可爱的小孩儿

（1）准备好剪刀、铅笔、橡皮、方形纸。你手边的彩色广告纸、废报纸、彩色硬纸都是很好的材料。

（2）将一张方形纸对折，裁成两半成长条形。

（3）分别将长条形纸向前、向后连续翻折，对齐，成屏风样。

（4）将折好的纸张压平，勾出女孩的轮廓，将不要的部分描黑。

（5）剪去描黑部分，注意不要将手部剪断。展开，一群手牵手的小女孩就出现了。

在剪纸的过程中，你还可以向胎宝宝描述你剪的是什么，长什么样，还可以向他描述你剪纸的过程，这样同时也进行了语言胎教，也会更富有趣味。

动起来：瑜伽骨盆倾斜式、蹲式

1. 骨盆倾斜式

具体步骤如下：

（1）平躺在垫子上，弯曲双膝脚跟靠拢臀部。

（2）两脚平行分开，呼气，轻压背窝部位并贴地。

（3）将尾椎部位稍微向上抬，离开地面，呼气，轻轻摇动尾椎，使肚脐部位向上抬升，这时背窝与地面之间会形成狭小的空间。

（4）配合呼吸节奏缓慢运动。重复10次。

这套动作可以缓解腰部紧张，有利于消除背部疼痛。

2. 蹲式

具体步骤如下：

（1）两腿打开，脚尖向外，两手十指相交放于体前，靠墙站立。

（2）吸气，伸展脊椎向上。呼气，缓缓下蹲。

（3）吸气，伸展手臂向上贴墙。可以把瑜伽砖放在臀部下方。

（4）呼气，落下手臂。

这套动作可以帮助打开髋部，锻炼骨盆底肌肉的弹性和力量。

胎宝宝的阅读时光：给宝宝朗读几首优美的古诗

题西林壁

横看成岭侧成峰，
远近高低各不同。
不识庐山真面目，
只缘身在此山中。

——宋·苏轼

这是一首哲理诗，但诗人不是抽象地发议论，而是紧紧扣住游山谈出自己独特的感受，借助庐山的形象，用通俗的语言深入浅出地表达哲理，故而亲切自然，耐人寻味。开头两句“横看成岭侧成峰，远近高低各不同”，实写游山所见。庐山是座丘壑纵横、峰峦起伏的大山，游人所处的位置不同，看到的景物也各不相同。这两句概括而形象地写出了移步换形、千姿万态的庐山风景。后两句“不识庐山真面目，只缘身在此山中”，是即景说理，谈游山的体会。为什么不能辨认庐山的真实面目呢？因为身在庐山之中，视野为庐山的峰峦所局限，看到的只是庐山的一峰一岭一丘一壑，局部而已，这必然带有片面性。游山所见如此，观察世上事物也常如此。

望庐山瀑布

日照香炉生紫烟，
遥看瀑布挂前川。
飞流直下三千尺，
疑是银河落九天。

——唐·李白

这是一首写景的诗。诗人在庐山香炉峰下，远远地观赏这里的风景。他先从上面的香炉峰看起，“日照香炉生紫烟”，太阳的光辉照射在香炉峰上，“香炉”正升起紫色的烟雾。烟，一般呈灰白色，这儿的烟怎么会是紫色的呢？因为香炉峰下有瀑布，水气蒸腾，混入云气，透着日光，反映出紫红色，远望过去，在形似香炉的高峰上盘旋缭绕的就是紫色的烟云了。这样的风景多么美妙啊！香炉冒烟是极为平常的事物，诗人借它来描写香炉峰的奇丽景观。

这首诗运用了丰富的想象力，有比喻，有夸张，显示出庐山瀑布奇丽雄伟的独特风姿，也反映了李白这位大诗人胸襟开阔、超群出俗的精神面貌。

望洞庭

湖光秋月两相和，
潭面无风镜未磨。
遥望洞庭山水色，
白银盘里一青螺。

——唐·刘禹锡

这是诗人遥望洞庭湖而写的风景诗，明白如话而意味隽永。第一句从水光月色的交融不分写起，表现湖面的开阔廖远，这应该是日暮时分的景象，天还没黑但月亮已经出来，如果天黑就看不出两者色彩的融合了。第二句用镜子的比喻表现夜晚湖面的平静，因为太阳已落，湖水不反光，像镜子没磨时光泽暗淡的样子。第三句写远望湖中君山翠绿的色彩，这里的“山水”实际只是指山，即湖中的君山。用“山水”属于古代汉语中“偏义复词”的用法。第四句再用一个比喻，将浮在水中的君山比做搁在白银盘子里的青螺。全诗纯然写景，既有描写的细致，又有比喻的生动，读来饶有趣味。

夜雨寄北

君问归期未有期，
巴山夜雨涨秋池，
何当共剪西窗烛，
却话巴山夜雨时。

——唐·李商隐

这首诗即兴写来，写出了诗人刹那间情感的曲折变化。语言是朴实的，在遣词、造句上看不出修饰的痕迹。李商隐的大部分诗辞藻华美，用典精巧，长于象征、暗示。这首《夜雨寄北》，表现了李商隐诗的另一种风格：质朴、自然，却同样具有“寄托深而措辞婉”的艺术特色。

李商隐的诗，特别是他晚年的诗，感伤情绪很浓。这种感伤反映了时代的黑暗，反映了他个人遭遇的不幸。《夜雨寄北》，虽然有些欢欣的折光，总的看来，也是感伤的。只是这种感伤表现得很曲折、很深沉。一句“巴山夜雨涨秋池”，隐含了多少丰富的潜台词。这里似乎不是由于夫妻分离而感到的痛苦，实在是深深包含了诗人此时此地回顾一生的哀愁，隐含着对于现实的愤懑与绝望。

好孕美食馆：鸡蛋的妙处

鸡蛋所含的营养成分全面而均衡，七大营养素几乎完全能被身体所应用。尤其是蛋黄中的胆碱被称为“记忆素”，对于胎宝宝的大脑发育非常有益，还能使准妈妈保持良好的记忆力。除此之外，鸡蛋中的优质蛋白可以储存于准妈妈体内，有助于产后进步母乳质量。

鸡蛋吃法多种多样，就营养的吸收和消化率来讲，煮蛋为100%，炒蛋为97%，嫩炸为98%，老炸为81.1%，开水、牛奶冲蛋为92.5%，生吃为30% ~ 50%。由此来说，煮鸡蛋是最佳的吃法，但要注意细嚼慢咽，否则会影响吸收和消化。鸡蛋是高蛋白食品，如果食用过多，可导致代谢产物增多，同时也增加肾脏的负担，一般来说，准妈妈一天吃一两个就可以了。正确的吃法应该是吃整个鸡蛋，蛋白中的蛋白质含量较多，而其他营养成分则是蛋黄中含得更多。而在怀孕期间，最好不要吃茶叶蛋。因为茶叶中含酸化物质，与鸡蛋中的铁元素结合，会对胃起刺激作用，影响胃肠的消化功能。

1. 腊肠炒蛋

【材料】

腊肠、鸡蛋、蒜苗、盐、胡椒粉各适量，可根据个人需要确定用量。

【做法】

（1）腊肠切片，鸡蛋打散。

（2）锅里少下些油，先把腊肠用小火炒一炒让它出油。

（3）然后把腊肠放到一边，倒入蛋液，炒散。

（4）下点盐和胡椒粉，撒点蒜苗。

2. 鸡蛋炒豆腐

【材料】

鸡蛋、豆腐、盐、胡椒粉、葱花各适量，可根据个人需要确定用量。

【做法】

（1）锅烧热，放油，油热后下蛋液。

（2）蛋液还没凝固的时候下入豆腐，然后用勺子把豆腐都搅碎了，让蛋里有豆腐，让豆腐中有蛋。

（3）豆腐炒后会出水，然后改成小火像炖菜似的，放点葱花，然后放盐，胡椒粉，偶尔翻几下，稍微多炖一会儿就可以了。

3. 银鱼鸡蛋

【材料】

银鱼、鸡蛋、姜蒜、料酒、盐、糖、鸡精、胡椒粉各适量，可根据个人需要确定用量。

【做法】

（1）银鱼洗净，用盐和料酒腌 10 分钟，鸡蛋打散，加盐、糖、鸡精、胡椒粉。

（2）锅中烧油，先将银鱼下锅炒，加点料酒，炒熟后捞出备用。

（3）把炒熟的银鱼倒在鸡蛋内，姜蒜也搅在鸡蛋中。

（4）锅中烧油，把鸡蛋倒入锅中。炒至鸡蛋凝固就可以出锅了。

胎宝宝的私人音乐厅：亨德尔《水上音乐》

《水上音乐》，因在水上听的音乐而得名，是亨德尔 1717 年为英国皇家在泰晤士河上游船活动而创作的。18 世纪初的达官贵人，喜欢夜游泰晤士河休闲消暑。豪华的游船张灯结彩，女人们牵着鲸骨撑裙问安，绅士们个个彬彬有礼。五十人的乐队，包括小号、圆号、双簧管、大管、德国长笛、法国长笛和弦乐器，演奏优美的《水上音乐》，恰似春风柔抵人心。旋律映着满天星斗，贴着湖水低飞，大家跳着华美的宫廷舞蹈，荡漾无限的温柔和人间喜悦。管弦齐作，碧波万顷，那时繁华，仿佛眼前。

现在我们演奏和听到的《水上音乐》已经不是亨德尔的原作，而是后来英国曼彻斯特的哈莱乐队指挥哈蒂爵士为近代乐队所改编的乐曲，共有六个乐章：快板、布莱舞曲、小步舞曲、号角舞曲（一种古代的三拍子舞曲）、行板、坚决的快板。由于旋律优美动听，节奏轻巧而流传后世。六个乐章当中，第一乐章为庄严的序曲，乐曲气氛活泼热烈，开始由圆号与弦乐器共同奏出轻盈的同音反复和华美的颤音，相互对答。第二乐章为舞曲般的旋律，气氛轻松舒展。这里选录的第二主题为小调，抒情性很强。第六乐章为坚决的快板，威武雄壮。这一部分是全曲最为精彩的篇章。

准妈妈可以选择在傍晚来欣赏这首乐曲，那真是奇特美妙的享受。晚风轻拂，残阳一点点收了妆容，轻盈欢快的管弦乐，在屋子里流光溢彩。用手轻轻地抚摸着胎宝宝，脚步跟着音乐很随意地划出舞步，这样的时刻，准妈妈会感到满心欢悦，心情惬意宁和；还有其中典藏的“咏叹调”，小提琴奏出清丽舒展的旋律，总能让人想起春天里生长缓慢的植物，它质地纤嫩，却能牵出一地明媚。

关于亨德尔，海顿曾经说过：“他是我们一切人的老师”；贝多芬则宣布：他是真理之所在。与巴赫相比，亨德尔算是一位彻头彻尾的国际性作曲家，他的音乐兼有德国的严肃、意大利的悦耳和法国的壮丽，而这些特点是在英国成熟的。回顾亨德尔的一生，他确实是乐坛上的常青树和多面手：他一生近 60 年的音乐生涯中，在德、英、意三国乃至全欧洲都获得了巨大的声誉；他的作品熔德国严谨的对位法、意大利的独唱艺术和英国的合唱传统于一炉，成为世界音乐史上的瑰宝。他同巴赫、维瓦尔第一起，为辉煌的巴洛克时代画上了一个圆满的句号。

第 20 周：胎宝宝开始吞羊水了

从本周起，胎宝宝的视网膜就形成了，开始对光线有所感应，并能感觉到准妈妈腹壁外的光亮。这周起，可以用手电照射腹部进行胎教，胎宝宝对强光的反应会很大。此时胎宝宝的感觉器官进入了成长的关键时期，大脑开始划分专门的区域负责嗅觉、味觉、听觉、视觉以及触觉的发育。准妈妈的子宫中现在空间还算宽敞，加上羊水的包围和子宫壁的弹性，胎宝宝会很活跃。他在子宫中变换各种姿势，可能盘腿而坐，时而斜靠着吸吮拇指，有时甚至翻个筋斗倒转过来。他还喜欢用小手、小脚、头部等撞击子宫壁，就像一个在水里游泳的鱼儿一样自由弹动，当他成熟以后，他可能对这种游来游去的感觉很感兴趣。

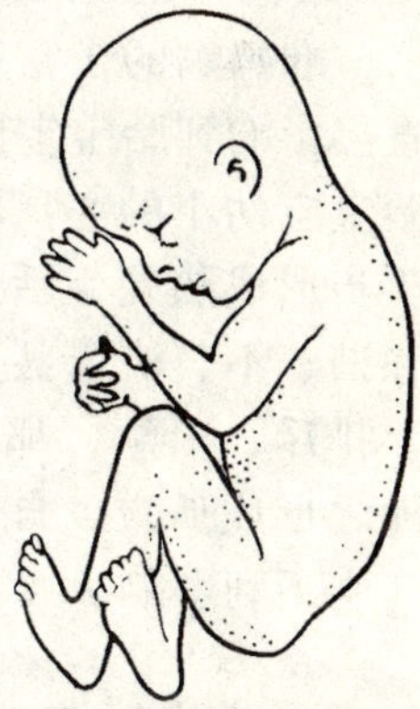

与发育完全的胎儿比较，孕期第 20 周时的胎儿仍然需要进一步生长发育。

准妈妈的腹部已经逐步适应了不断增大的子宫，现在准爸爸每周要帮助准妈妈测量宫高了。每周的宫高都应增加 1 厘米，如果持续 2 周没有变化，就要请医生来做检查了。

1. 不要久站

准妈妈在久站之后或突然站起的时候会感到眩晕。在怀孕期间，准妈妈体内由于激素和自主神经功能的改变会使血管神经调节功能不稳定，如果长时间站立就不能迅速调节血管阻力，进而导致回心血量不足，心排血量减少，所以血压骤降而引起脑缺血，这时眩晕就发生了。所以准妈妈应尽量避免久站不动，也不要突然改变了体位。如果出现眩晕，也不要着急，先找一个物体让自己稳住，然后立即休息。

2. 让自己的工作环境更舒适

由于准妈妈从这个月开始身体有了明显的变化，因此更要注意创造一个舒适温馨的办公环境。准妈妈可以在办公桌底下放个鞋盒作搁脚凳，并放双拖鞋，尽量把脚放舒服，不要悬空放置；采取防护措施的话，在电脑前工作不会损害胎宝宝的发育，但准妈妈却更容易受腕管综合征的影响，因此应采取措施把你的桌椅调整得尽可能地舒适；要注意适当的休息，工作一段时间后要适当地作作伸展运动，抬腿并适当按摩小腿部以放松压力；要多喝水，可以办公桌上准备一个大水杯并随时填满它；一有尿意就要立即去厕所，即使手头工作再忙也不能憋尿。

第134天：认识性格胎教

人与人性格存在个体差异，早在胎儿时期就已表露出来，有的安详文静，有的活泼好动，有的淘气调皮。这既和先天神经类型有关，也与怀孕时胎宝宝所处的内外环境有关。先天和后天两种因素影响人的性格形成。就先天而言，与父母性格的遗传基因有关，也与胎宝宝出生前在子宫内所受到的影响有关；后天因素则是在其出生后的社会实践过程中逐步形成的。

准妈妈的子宫是胎宝宝的第一个生存环境，小生命在这个环境里的感受将直接影响到胎宝宝性格的形成和发展。如果这里充满和谐、温暖、慈爱，那么，胎宝宝幼小的心灵将受到同化，并意识到等待自己的那个世界是美好的，进而逐步形成热爱生活、果断自信、活泼外向等优良性格。反之，倘若夫妻生活不和谐、不美满，甚至充满了敌意和怨恨，或者是母亲不欢迎这个孩子，从心理上排斥、厌烦，那么，胎宝宝就会痛苦地体验到周围这种冷漠、仇视的氛围，随之形成孤寂、自卑、多疑、怯弱、内向等性格。显然，这对胎宝宝的未来会产生不利影响。

1. 决定胎宝宝性格的两大因素

（1）妈妈的心情

许多研究表明，准妈妈的精神状态、情感、行为、意识可以引起体内激素分泌异常，影响到胎宝宝的性格形成。怀孕期间，准妈妈的心情好坏与否，是决定胎宝宝性格好不好的一个至关重要的因素。

随着胎宝宝的一天天长大，宝宝和妈妈的心灵感应也会日渐明显，如果准妈妈情绪好，心情愉悦，胎宝宝自然也会安静愉快；如果妈妈的心情烦躁压抑，那么宝宝也会躁动不安、缺乏耐性；如果准妈妈郁郁寡欢、缺乏活力，所怀孩子出生后也喜欢长时间啼哭，长大后感情脆弱，郁闷；如果准妈妈能正确对待孕期反应带来的烦恼，积极、坚强地克服怀孕后期和分娩中的痛苦，这种坚强的意志会影响到胎宝宝，为胎宝宝出生后能有自尊自强、勇于与困难作斗争的好性格打下基础。

所以为了腹中的宝宝着想，准妈妈应该时时刻刻注意自己的情绪，即便是遇到特别让人生气的事，也要懂得随时调整自己的心态，尽量排除不良情绪，让自己尽快恢复平静。特别在胎儿6个月以后，能把感觉转换为情绪。这时胎宝宝的情感与母亲息息相通。因此，在怀孕过程中，要时刻注意当好胎宝宝的老师，塑造胎宝宝美好的性格。

（2）家庭环境

准妈妈所处的家庭环境也往往是影响宝宝性格的重要因素。如果胎宝宝所处的家庭纷争不断，那么在准妈妈腹中的宝宝自然就会吸收这些不良的信息，他的情绪和性格也会随之受到影响。两人之间发生磕磕碰碰的事在所难免，但为了孩子，准妈妈和准爸爸应该学会控制自己的情绪，相互谅解，尽量避免发生正面冲突。为胎宝宝营造温馨愉悦的家庭环境。

2. 准爸爸要有“精神刺激”意识

准爸爸可以有意识地对准妈妈进行“精神刺激”，实际上就是准爸爸时常为准妈妈制造一些小惊喜，使准妈妈有片刻的情绪波动，并且让准妈妈的这种情绪波动影响胎宝宝，使胎宝宝心理得到锻炼。

比如，准爸爸可以为准妈妈买一件纪念品，或趁准妈妈不备时给将要出生的小宝宝买漂亮的衣物，悄悄放在床头，给准妈妈一个意外的惊喜。这些有益的刺激，能为胎宝宝日后养成坚强、自信的性格奠定基础。

或者，不少准妈妈在怀孕时会出现恶心、呕吐、厌食的情况，这时，如果准爸爸把一份亲自做的酸甜可口、色香味俱全的美餐放在准妈妈面前，说：“亲爱的，看我特地为你和小宝宝做了一份好吃的。”当准妈妈看到准爸爸亲自做了她平时最爱吃的美餐，她一定会很感动，并为准爸爸对她和胎儿的关爱感到无比欣慰，食欲大增。

又如，到了孕中后期，准妈妈感受到的胎动越来越明显，胎宝宝有时安静，有时躁动。这时，准妈妈往往会产生各种猜测，想得最多的便是胎宝宝的性别，怕生了女孩准爸爸不高兴，家人不喜欢。此时，准爸爸可以和准妈妈猜猜小宝宝是男还是女，准爸爸可以先装出喜欢男孩、讨厌女孩的表情，刺激准妈妈，然后再解释，无论生男生女都非常高兴。

第135天：调节情绪，学会主动放松

在怀孕中期，也许准妈妈正在逐渐适应自己的新角色，也适应了身体和生理上的变化，恐惧感在减轻，心理上也没那么焦虑了。但这个时期，你身上是否出现的这样的症状？比如说，总觉得自己怀孕后就是家里的女王、人人都得奉承着的皇后娘娘。性格变得越来越霸道和任性，对他人颐指气使，原来那个温柔谦和的你渐渐地不知道跑哪里去了。抑或是你发现自己的心思越来越细腻敏感，一句话一件小事儿就让内心出现波动，还总容易误会他人，让自己和家人都疲惫不堪？如果出现了这种情况，那你很可能得了“女王病”和“敏感症”。这个时候需要准妈妈继续调解情绪，主动去放松心情，让自己充满正能量，继续健康、快乐的生活。

1. 孕期女王症

有些准妈妈一旦怀孕，就会变得极端挑剔，觉得“自己最大”，老公和家人必

须对自己唯命是从，否则便大闹脾气或是大声哭闹。这种情绪也是孕期常见心理问题的一种——孕期女王症，特点是怀孕之后变得爱抱怨、爱挑剔不满足、骄横跋扈、以自我为中心，一旦自己的期望没有达成的话，就会大发雷霆吵吵嚷嚷。

孕期女王症多出现在孕中期和孕晚期，患有此病的人，不一定是家人忽视对其关心照顾所引起的。即使家人给予了足够的关心和关怀，孕妇还是有可能患上此病，尤其是那些从小娇生惯养、集万千宠爱于一身、没有经历过什么挫折的准妈妈更容易患上此病。

对于孕期女王症的避免和缓解，最重要的还是对准妈妈心态的调整。不要觉得因为怀孕了就可以高高在上对家人颐指气使，要心平气和地对待家人的关心宠爱，不能恃宠而骄，坚持自己的事情自己做，保持平和的心态。对于家人生活上和照顾自己上可能出现的疏忽也要给予理解，学会调节自己的身心，凡事向好的地方去想，不要总是走极端的思想和采取极端的行为。

2. 孕期敏感症

不少原本开朗自信、有主见的准妈妈，在怀孕后突然变得脆弱敏感，对自己身体的思维变化和周围人与事的反应十分强烈，常常是把小毛病放大成严重的症状，把本来微不足道的小事看得过重，或是常常觉得家人对自己疏忽和怠慢，因而感到委屈难过，并且常会以哭闹等行为引起家人的注意。如果孕妇在怀孕期间变得过于敏感脆弱，甚至常常为了一点小事就哭闹，思想极端化的话，就要警惕是否患上了孕期敏感症。

孕期敏感症多见于孕中期，多数是由于无法适应怀孕带来的身体和角色变化所引起的。患有孕期敏感症的准妈妈对自身和周围的变化感觉十分敏锐，并且多数时候会将这种敏感的情绪传递给周围最亲近的人，如丈夫、母亲等家人，使家人常常感到苦恼，觉得是小题大做无理取闹。

对于准妈妈的家人来说，如果准妈妈在孕期出现了这种敏感情绪应给予充分的体谅关心，尽量多宽慰她、帮助其消除敏感源，而不是对她的反应、情绪的变化不屑一顾，或是刺激到她。对于准妈妈本身来说，预防和消除孕期敏感症最直接的办法是把心境放轻松，多和有过生产经验或是也处于孕期的朋友们多聊聊天，分享下彼此的感受经验；还可以找些事情做以分散注意力，把怀孕的时间充分利用起来，做一些以前想做又没有时间做的事情；再有，不要把自己困在家里，多与外界保持联系，当感觉有不良情绪侵袭时，可以给自己一些积极方面的心理暗示，也是很好的缓解症状的办法。

第136天：警惕孕期高血压和糖尿病

1. 妊娠期高血压

妊娠高血压综合征，是孕产妇特有的一种全身性疾病，也是导致孕产妇和胎儿死亡的主要原因之一，目前在我国的发病率为10.32%，多发生在孕20周以后至产后2周。临床主要表现为水肿、高血压、蛋白尿三大征候群，重度患者伴有抽搐、昏迷等并发症，容易导致胎宝宝宫内急性或慢性缺氧，胎宝宝发育迟缓、死胎、死产或新生儿死亡。目前医学上对妊娠高血压综合疾病的病因不明确。但是，有高血压家族史、营养不良或者自身患有免疫性疾病的准妈妈是高危人群。

目前大多数患有妊高征的准妈妈都是轻度妊高征患者，患者一般无明显症状或轻度头晕感，分娩后自可痊愈。妊高征的预防，重在生活上的调理。

实行产前检查是筛选妊娠高血压综合疾病主要途径，每次检查都会做血压测量、验尿、体重测量，并检查腿部水肿现象，这些都是判别妊高征的重要指标。在妊娠早期，应测量 1 次血压作为孕期的基础血压，以后定期检查，尤其是在孕 36 周以后，应每周观察血压及体重的变化、有无蛋白尿及头晕等自觉症状。

另外，加强怀孕中、晚期营养，尤其是钙质、多种维生素、叶酸、铁剂的补充，对预防妊娠高血压综合疾病有一定作用。动物脂肪、热能摄入太多，蛋白质、各种维生素、无机盐和微量元素摄入不足，都会诱发或加重妊高征。因此，准妈妈的合理饮食，对预防和控制妊高征的发生发展非常关键。

再有，身体过胖容易引起妊高征。一般在孕 28 周后每周体重增加应控制在 500 克以内。如果体重增长过快的话，就有引发妊高征的危险。所以，准妈妈在怀孕期间不可大补特补，要定期测量体重，科学饮食，适当运动。

2. 妊娠期糖尿病

妊娠糖尿病是糖尿病的一种特殊类型，系高危妊娠，会严重危害母体和胎儿的健康。对于准妈妈来说，妊娠糖尿病会加大流产的可能，还可出现羊水过多、易感染、早产的现象，以及容易诱发妊高征；对于胎儿来说，妊娠糖尿病会致使胎儿畸形、宫内发育迟缓、红细胞增多，出生时易患呼吸窘迫症，并发各种其他症状，从而使新生儿死亡率增高。

研究发现，发生妊娠期糖尿病的病人，很大一部分都是在怀孕期间摄入了大量含糖量高的食物。一般来说，准妈妈们应在孕 24 ~ 28 周时到医院进行糖尿病筛查。对于有糖尿病家族史、年龄偏大或肥胖的糖尿病高危人群，怀孕后应尽早接受糖尿病的筛查，以便及早诊断。一旦确诊为妊娠期糖尿病，孕妇应在医生指导下进行饮食、运动调节，如果血糖控制不满意，必须及时接受胰岛素治疗。由于胰岛素本身不通过胎盘，因此对母子来说都是安全的。

轻微的妊娠糖尿病患者可以由营养师或专业医生指导，先执行饮食控制，之后再抽血检查，若空腹血糖值仍大于 105 毫克 /dl，饭后 2 小时血糖值大于 120 毫克 /dl，就应配合注射胰岛素，期望能将血糖值控制为空腹 60 ~ 90 毫克 /dl（指禁食 8 小时所测之血糖值）、饭前 60 ~ 105 毫克 /dl、饭后 1 小时＜ 140 毫克 /dl、饭后 2 小时＜ 120 毫克 /dl。

妊娠糖尿病其实完全是可以预防的，其最重要的原则就是严格控制热量和糖的摄入量。一般来说，怀孕初期不需要特别增加热量，中、后期保持 300 大卡 / 天的增长即可；尽量避免加有蔗糖、砂糖、果糖、葡萄糖、冰糖、蜂蜜、麦芽糖之含糖饮料及甜食；少食多餐，防止血糖快速上升；烹调用油以植物油为主，少吃或不吃油炸、油煎、油酥食品；注重蛋白质摄取；最好每天喝至少两杯牛奶，以获得足够钙质；多摄取高纤维食物；吃水果时也不能毫无节制。

第 137 天：胎儿有十怕，妈妈需当心

人们一般认为，胎儿受到母体的滋养和保护，在其独有的宫殿——子宫里安全、幸福地成长。其实，胎宝宝的处境并非总是安全的，也会受到多种危险因素的威胁。为了优生优育，提高孩子的素质，我们应该为胎宝宝营造安全的生长发育环境，避免不必要的意外情况发生。在本书前面的内容中我们已经了解了很多关于如何预防和避免对胎宝宝生长发育不利的因素，今天我们把主要因素系统地归纳起来，可以总结出胎宝宝主要有以下“十怕”。

1. 怕妈妈滥用药物

许多药可以通过妈妈血液进入胎宝宝体内，对胎宝宝造成不同程度的损害，甚至引起胎宝宝畸形，其中尤以一些抗生素、解热镇痛药、催眠药、抗癌药等对胎宝宝危害大。因此，孕期准妈妈最好不要凭经验和感觉滥用药物，需要用药时一定要请教医生。

2. 怕妈妈玩宠物

准妈妈经常玩猫、狗等宠物，极易感染弓形体病，孕妇感染后，可造成胎宝宝先天性感染，引起流产、早产或胎宝宝畸形。有养宠物习惯的准妈妈在孕期最好是暂时把宠物送到别人家里寄养，同时也要注意在外不要亲密接触宠物。

3. 怕妈妈生病

准妈妈一人生病，母子两人受害，尤其是准妈妈患风疹、病毒性肝炎及巨细胞病毒感染、肾炎等疾病，会导致流产、早产、死胎及畸形。所以准妈妈在怀孕前必须做好体检，看看自己是否适合怀孕。在整个孕期也要好好照顾身体，定期产检，保持健康。

4. 怕妈妈心情不舒畅

如果准妈妈长期精神忧虑、苦闷，不仅对胎宝宝发育不利，而且还影响胎宝宝出生后心理、生理及智力发育，也可给胎宝宝出生后带来遗传性焦虑。所以我们一再强调准妈妈要保持心情舒畅，这是整个孕期都需要坚持的事情。尤其是到孕中后期，胎宝宝的大脑和各个器官逐渐发育完全，你的心情和想法对他的影响会越来越大。

5. 怕妈妈吸烟

烟雾中的有害物质可通过血液进入胎盘，祸及胎宝宝，易造成早产、死胎、畸形及发生各种围产期并发症。准妈妈不仅自己要禁烟，还要避免在有人抽烟的场所停留，尽量避免二手烟。

6. 怕妈妈干重活

重活就是那些挑、抬、搬、提、背等强体力劳动。准妈妈若勉强干这些重活、累活，易导致胎宝宝流产或早产。孕期尽量不要做背重背包、搬家具等负重劳动，以免发生意外。

7. 怕妈妈酗酒

酒精会通过母血进入胎宝宝体内，对胎宝宝造成损害，甚至引起早产、流产、死胎或畸形，还会影响孩子出生后的智力发育。准妈妈在怀孕期间不要饮酒和饮用含有酒精的饮料。

8. 怕妈妈性生活不节制

准妈妈在孕早期（头 3 个月）和孕晚期（后 3 个月）如果性生活不节制，可引起早产、流产或宫内感染。所以在前面我们讲了准妈妈性生活最好在孕中期进行，并且要适度，不要过于频繁。

9. 怕妈妈不按时做产前检查

准妈妈只有按时检查，才能发现自身及胎宝宝的异常，及时采取有效措施。另外，利用现代科学技术进行产前检查，能及时发现胎宝宝畸形和其他先天性疾病，及时采取补救措施。

10. 怕妈妈接受 X 线检查

由于 X 线的“电离作用”和“生物效应”，可引起胎宝宝一系列反应，导致流产、早产、死胎和畸形。所以准妈妈不要接受 X 线检查。

第 138 天：补充脂肪（营养）的最佳时期

1. 孕中期补充营养物质的重要性

在准妈妈和胎宝宝都较为舒适的孕中期是胎宝宝生长发育增快的时期。这一时期特别是脑的发育重量持续增加，而且脑细胞的数量开始迅速增加，所以需要特别增加有利于大脑发育的营养物质，如磷脂和胆固醇等脂类。胎宝宝内脏系统开始分化，开始形成循环功能、肝、肾功能，胎宝宝各系统功能的加强，使母体负担加重，需求和消耗增加。如：肾脏需排出自身及胎宝宝的代谢废物，肾小球的滤过能力增加；肾血流量增加，负担加重。胎宝宝的骨骼开始骨化，准妈妈的体重、乳房、子宫逐渐增大，母体各个器官、系统功能加强，基础代谢增加，并且从孕中期开始，母体内就要逐渐储存一定量的能量、蛋白质、脂肪、钙、铁等营养素。

此时的准妈妈妊娠反应减轻，食欲渐渐增加，腹部隆起并不突出，身体活动尚且自由。这是一个纠正、弥补、调整、补充的大好时期。要充分利用这段时间纠正早孕呕吐期造成的电介质紊乱，弥补早期营养素的丢失，调整机体的营养状况，系统地进行各方面的检查，再根据胎宝宝生长发育的需要，及时补充各种所需的营养素，给自己和胎宝宝最好的呵护。

2. 孕中期补充营养的原则

由于胎宝宝生长发育迅速，对各种营养物质的需求会相应增加，所以孕中期的准妈妈需要补充丰富的营养，如蛋白质、维生素、碳水化合物、矿物质等。因此，必须适量增加这些物质的摄入，多吃一些蛋类，奶类制品、肉类、五谷杂粮、蔬菜及水果，以保证胎宝宝的发育。每天应有谷类主食350 ~ 500克，如米、面、玉米、小米等动物性食物100 ~ 150克，如牛、羊、猪、鸡、鱼肉、蛋等；动物内脏50克，每周至少1 ~ 2次；水果100 ~ 200克；蔬菜500 ~ 750克；奶及其制品250 ~ 500克；豆及其制品50克，如豆腐、豆浆、豆制品、红小豆、绿豆、黄豆等；油脂类25克，如烹调油等。

（1）补充维生素

孕中期对叶酸、维生素B_6、维生素C以及其他B族维生素的需要量增加，应增加这些维生素的摄入。这要求孕中期选食米面并搭配杂粮，保证准妈妈摄入足够的营养。在北方日照时间短的地区会有部分准妈妈缺乏维生素D，故这部分人应注意多吃海水鱼、动物肝脏及蛋黄等富含维生素D的食物。

（2）保证充分的蛋白质和脂肪

脂肪开始在腹壁、背部、大腿等部位存积，为分娩和产后哺乳做必要的能量贮存。准妈妈应适当增加植物油的量，也可适当选食花生仁。核桃、芝麻等含必需脂肪酸含量较高的食物。而为了满足母体和胎宝宝组织增长的需要，也为了分娩消耗及产后乳汁分泌进行适当储备，应增加蛋白质摄入量，并且多多补充动物蛋白，要做到动物蛋白质占全部蛋白质的一半以上。

孕中期准妈妈应多吃含钙丰富的食物，补充奶类及奶制品、豆制品、鱼、虾等食物。准妈妈从孕中期开始加速钙的吸收和体内钙的贮存，如果准妈妈得不到充足的钙，首先，为了保证胎宝宝对钙的需要，母体会动用自身骨骼中的钙，结果使准妈妈血钙降低，诱发小腿抽筋或手足搐搦，严重时准妈妈出现骨质疏松、骨质软化；其次，会使孩子患先天性佝偻病，孩子出生后因体内的钙储备量不足，新生儿期容易出现手足搐搦症，表现为烦躁不安、肌肉抽搐、面色发青、喉痉挛、腕踝阵挛等。因此，准妈妈补钙非常重要。孕中期每日应摄入钙1000毫克。

（3）饮食分配比例

早餐的热能占全天总热能的30%，要吃得好；午餐的热能占全天总热能的40%，要吃得饱；晚餐的热能占全天总热能的30%，要吃得少。由于怀孕的不同时期有不同的特点，故应因人而异，灵活掌握，记住平衡膳食是“金”。

第139天：教胎宝宝认识小动物

1. 象

大象有长长的象牙，脚掌有厚厚的软垫。大象可以用鼻子闻气味儿，也可以用鼻子捡东西。大象生长得很缓慢，但是寿命很长，可以活到60 ~ 80岁，公象长到大概13岁左右的时候就会离开象群独自生活，或者和其他大象组成小群体生活。

大象的怀孕期大约要22个月。小象胚胎需要大约16个星期才能长出象鼻子，光是象鼻子长度超过腿就要用近1年的时间。小象在出世的时候，其他大象都会站在附近保护，直到小象能站起来走路为止。小象一直吃母乳3 ~ 5年，直到它的弟弟或妹妹出生。

小象有的时候会躺在地上睡觉，但成年后大多会站立睡觉。别看大象看起来高高大大，很笨重的样子，却是个游泳能手。它们在游泳时，把鼻子当做通气管用。大象非常喜欢游泳，有时候甚至会在大海里游泳，当走到水深处的时候，成年大象会把小象举起来并且往前推，帮助小象过河。

大象还非常喜欢在一块洗泥浆澡，泥浆虽然黏糊糊的，但泥浆让大象不会被晒伤，而且还能阻止虫子叮咬。

2. 海豹

海豹是一种神奇又可爱的海洋动物，从出生的时候就是群居生活，它们有时候一起在海里游泳，有时候又成群结队地在岸上休息、晒太阳。海豹的游泳本领很大，每小时可达27千米。更是潜水的高手，可以潜入100米深的海底呢。

海豹生活在寒温带海洋中，除了产崽、休息和换毛季节需要到冰上、沙滩或岩礁上之外，其余时间都在海中游泳、取食或嬉戏。繁殖期不集群，崽兽出生后，组成家庭群，哺乳期过后，家庭群结束。在冰上产崽，当冰融化之后，幼兽才开始独立生活在水中。少数繁殖期推后的个体则不得不在沿岸沙滩上产崽。以鱼类为主要食物。

3. 鱼

鱼离不开水。因为鱼用鳃呼吸。水中的氧气通过鱼鳃被吸入鱼的血管中，同时排出二氧化碳，这样鱼就可以呼吸到水中的氧气了。因为鱼鳃只能吸收水中微薄的氧气，不能从氧气密度大的空气中吸收氧气，所以鱼一旦离开水，就没有办法吸氧，从而会因为缺氧而死去。

鱼类的种类非常之多，不同的鱼也有各自的特别之处。今天准妈妈就告诉胎宝宝几种神奇的鱼，来一起开阔一下眼界。

（1）会发光的鱼

我国东南沿海的带鱼和龙头鱼是靠身上附着的发光细菌而发光的。而更多的发光鱼类则是由鱼本身的发光器官来发光。

烛光鱼的腹部和腹侧有多行发光器，犹如一排排的蜡烛，故名烛光鱼。深海的光头鱼头部背面扁平，被一对很大的发光器所覆盖，该大型发光器可能就起视觉的作用。

（2）会发电的鱼

有些鱼类的身体能发电，它们放出的电压竟比我们生活用电的电压大好几倍，具有发电能力的鱼大约有500种，如长吻鱼、电鳍鱼等等。各种发电的鱼，它们发出的电流强弱和电压高低都不同。电鳐鱼身体呈扁平卵圆形，带着一条长长的尾巴，活像一把团扇。生活在非洲尼罗河的电鲶鱼，身体只有1米长，却能发出

350 伏的高压电。

（3）会飞的鱼

燕鳐鱼的身体又扁又圆，略呈梭形。一般体长 20 ~ 30 厘米，背部很宽，两侧教平至尾部逐渐变细，腹面很窄。头和嘴都很短，上下颚成狭带状。身体两侧的两鳍伸开时如同蜻蜓的翅膀，所以能短短的飞行一阵子。

第 140 天：欣赏宫崎骏经典动画片《千与千寻》

《千与千寻》是日本动画巨匠宫崎骏勇夺奥斯卡的杰作。片子里面叙述了千寻的一个个生活小片段，讲述她在面对困难时，如何逐渐释放自己的潜能，克服困境。这是献给曾经有过 10 岁和即将进入 10 岁的观众的一部影片，它以现代的日本社会作为舞台，讲述了 10 岁的小女孩千寻为了拯救双亲，在神灵世界中经历了友爱、成长、修行的冒险过程后，终于回到了人类世界的故事。

入世的生活是物质的、感情的、人群的生活，《千与千寻》正是借由小女孩千寻的经历，在积极探索一条入世的道路。千寻由一个物质世界跌入一个对于她来说全然陌生和充满着困境的神灵的世界，“回归”将是一切努力的终极目标，取胜的魔法只有一句话——“为了他人而做一件事”，不屈的千寻最终发现了自身存在的意义，她于是努力以成长的主题去实现自己对世界的怀疑与期待。

在影片的配乐当中，惯用钢琴独奏与弦乐编曲捕捉影像风采的久石让，照例运用细腻的琴键之音，揣摩小女孩千寻的情感世界，琴键流转中闪耀着新世纪音乐与新古典风华，优雅而美丽的琴音里不时随着剧情坠入调皮、可爱、奇趣、踌躇、犹疑、不安、感伤的思路，并随时与掌握惊险奇异冒险历程的管弦乐交互融合，而繁复多变的弦乐编曲中更见久石让融会日本与西方音乐情感基调的匠心，几段昂扬澎湃的交响弦乐乐章的洗练程度也有超乎好莱坞电影音乐的水准。

宫崎骏的影片常常被称之为成年人世界的童话。《千与千寻》讲述的是在善恶交错的社会里如何生存。学习人类的友爱，发挥人本身的智慧，最终千寻回到了人类社会，但这并非因为主人公彻底打败了恶势力，而是由于她挖掘出了自身蕴涵的生命力的缘故。

“在万物重生的早晨，来到静寂无声的窗前，一切归零之后渐渐充实，不再去追寻海的彼岸，耀眼的宝物一直就在这里，在我身上就可以发现。”

准妈妈可以在闲暇时间欣赏一下这部动画片，享受水彩画出的风景中透着的灵气和清新，感受源于内心深处碰撞出来的情感，去寻找和唤醒心中的纯真与热情。

动起来：孕期臀部及腿部体操

1. 臀部体操

具体步骤如下：

（1）准妈妈双腿站直，双手扶着椅子，把重心放在右脚上。

（2）收紧臀部，抬起左腿，膝盖绷直不能弯曲，画圈。

（3）做10次后换脚，重复同样的动作。

做这套体操时，准妈妈要选择高度适宜的椅子，过低会导致准妈妈重心前倾。长期坚持做臀部体操，有利于加强臀部及腰部肌肉，改善腰部酸痛，预防臀部下垂。

2. 腿部体操

具体步骤如下：

（1）准妈妈坐在椅子上，全身自然放松，腰脊挺直，小腿与地面保持垂直；避免坐得太深而影响下肢的摆动。

（2）左脚抬起，脚踝上下摆动30秒。也可以将抬起的脚踝按顺时针或逆时针方向转动，再换脚做相同的动作。

这套体操能够活动踝关节，让准妈妈走路更平稳。但要注意做这套体操时，应避免使用到腹部肌肉的力量。

胎宝宝的阅读时光：经典童话《小红帽》

小红帽和大灰狼的故事你一定还记得。童年的时候是这个故事教会了我们要对坏人提高警惕，不要轻信他人。今天，和胎宝宝一起重温一下这样的人生经验吧。

从前有一个可爱自信的女孩，谁见都喜欢，最疼爱她的要数她的奶奶，她真不知再给她的孙女儿些什么才好。一次，奶奶送给她一顶红绒缝制的小帽。她戴上小红帽显得非常好看，从此不愿再戴任何别的帽子，于是人们就只管她叫“小红帽”。一天，妈妈对她说：“来，小红帽，这儿有一块蛋糕和一瓶葡萄酒，给你住在村外的奶奶送去；她有病，身子虚弱，吃了会好一些的。趁天黑之前动身吧，到了野外得乖乖儿地走，别离开大路乱跑，不然你会跌倒和摔坏瓶子的；真那样的话，奶奶就什么也没有啦。还有，你进她的房间时，别忘了说‘早上好’，别一进屋就东瞅西瞅的。”

“我会做好所有的事！”小红帽对妈妈说，说完就和她拉拉手告了别。奶奶可是住在村外的大森林中，离村子有半小时路程呐。小红帽一走进森林就碰着一头狼，可她却不知道这是一种多么凶残的动物，因此并不怕它。

“你好啊，小红帽！”狼说。

“谢谢，狼先生。”

“这么早出村干吗来啦，小红帽？”

“去看奶奶。”

“你那围裙下边拿的什么来着？”

“蛋糕和葡萄酒呗。昨天我们烤了蛋糕，奶奶病了，身子虚弱，吃了有好处，身体会健康起来。”

“小红帽，你奶奶家在哪儿？”

“进了林子还得走整整一刻钟，在3株大橡树底下就是她的房子，低处围着胡桃树的篱笆，你一定知道的。”小红帽回答。

狼心里想：这小东西细皮嫩肉儿，一定很可口，味道准比那老太婆要好。我得放聪明些，叫她俩都逃不出我的手心儿。狼一边想，一边陪着小姑娘往前走，过了一会儿，它说："小红帽，瞧瞧周围那些花开得多么鲜艳！干吗连头都不转一转？我想，你压根儿没听见小鸟们唱得有多么动听吧？你这样只顾往前走，就像去上学似的，不知道这森林里有多么快活哟。"

小红帽抬起眼帘，看见阳光在树木间来回跳荡，四周鲜花盛开，心里想，要是我给奶奶捎一束鲜花去，一定也会使她高兴。天色还早着呐，我不会迟到的。她于是离开大路，进密林中采花去了。她采下一朵，心想前边没准儿还有更漂亮的，又往前走，一直走到了密林深处。这当儿，狼却直接赶到奶奶的房前，敲起门来。"外面是谁呀？""是小红帽，给你送蛋糕和葡萄酒来啦，快开门吧。""你只管拉把手好啦，"奶奶大声回答，"我身子虚弱，起不来哟。"狼一拉把手门就开了，它二话没说就冲到床前，把奶奶给吞进了肚里。接着，它穿上奶奶的衣服，戴上她的软帽，钻进她的床铺，扯严了帐幔。

小红帽呢，这时还在跑来跑去摘花。直到采集了许多许多，再采就拿不了啦，她才又想起奶奶，重新上了路。她感到奇怪，奶奶的房门怎么大开着？走进房间，她心里立刻觉得很异样，心想，唉，上帝啊，今天我怎么这样害怕，平常我来奶奶家不总是高高兴兴的嘛！她大声喊："早上好！"没有回音。她随即走到床前，撩开帐幔，只见奶奶躺在床上，软帽拉得低低的一直盖住了面孔，样子好奇怪。

"哎，奶奶，你的耳朵怎么这样大啊？""为了听你说话更清楚呗。""哎，奶奶，你的眼睛怎么这样大啊？"

"为了看你更清楚呗。""哎，奶奶，你的手怎么这样大啊？""为了抓牢你呗。""可是奶奶，你的嘴怎么大得可怕呀？""为了很快把你吃掉。"话音未落，狼从床上一跳而起，把可怜的小红帽张口吞掉了。

狼满足了食欲，重新上床睡大觉，一会儿就震天地打起鼾来。碰巧猎人从房前经过，心想：这老太婆鼾打得好厉害！她莫不是病了吧，我得去看看。他于是进了房。可等他走到床边，一看床上竟躺着狼。"你这个老坏蛋，我找了你很久，你竟在这儿！"他说。正当他准备举起猎枪时，他突然想到，这狼可能把老奶奶给吃了吧？嗯，她还有救。猎人没有开枪，而是找来一把剪刀，动手把睡着了的狼的肚皮剪开。刚剪了几下，他就看见一顶漂亮的红色小帽子，再剪几剪，小姑娘已经跳出来，大声嚷嚷："哎呀，可吓坏我啦，这狼的肚皮里好黑哟！"接着，老奶奶也走了出来，还活着，只是上气不接下气。小红帽却赶快去搬来一些大石头，把它们塞进狼的肚皮里。狼一醒过来就想逃走，可石头沉甸甸的，它一站起来马上又倒下去，摔死了。

好孕美食馆：蒸制的美食营养多

1. 蒜香蒸肉

【材料】

精瘦肉400克，糯米粉150克，大蒜50克，鲜青椒100克，精盐10克，料酒10克，嫩肉粉1克，香醋40克，香油30克，辣椒油80克。

【做法】

（1）大蒜剥皮，青椒洗净，同入石臼中捣碎；精瘦肉洗净，切成6厘米长、3厘米宽、0.4厘米厚的片，随后用料酒、嫩肉粉及适量精盐拌匀，腌渍约10分钟。

（2）把渍好味的肉片拍上糯米粉，入笼蒸熟后取出，放入一器皿内稍晾片刻，再加入捣碎的大蒜、青椒，调入辣椒油、香油、香醋、精盐，拌匀即成。

2. 蒸制桑葚牛骨

【材料】

牛骨500克，桑葚（紫、红）25克，姜5克，大葱10克，盐3克，料酒10克，白砂糖2克。

【做法】

（1）先将桑葚洗净。

（2）桑葚加酒和糖各少许，上锅蒸一下备用。

（3）再将牛骨洗净，砸断，放入锅内，加适量清水煮开后撇去浮沫。

（4）加姜、葱再煮至牛骨发白。

（5）捞出牛骨，加入桑葚继续煮。

（6）开锅后再撇去浮沫，加盐和味精调味即可。

3. 佛手白菜

【材料】

牛肉猪肉混合馅350克，嫩白菜心叶20个，鸡蛋2个，大海米25克（水发后剁成末），盐、味精、胡椒粉、淀粉各少许，各种菜叶，品种不限，作点缀用。

【做法】

（1）将混合馅、海米末、淀粉、盐、味精、胡椒粉放在容器中。

（2）打入2个生鸡蛋后拌匀做成20个丸子，分别放在白菜叶上。

（3）把各种菜叶摆在四周，中间有规律地放上白菜丸子，每个丸子上放个香菜叶，入屉急火蒸10分钟即可出锅上桌。

胎宝宝的私人音乐厅：和家人一起为宝宝唱一首儿歌

孕期准妈妈经常唱歌，对胎宝宝相当于一种产前免疫，可为其提供重要的记忆印象，不仅有助于胎宝宝体格生长，也有益于智力发育，这能使胎宝宝获得感觉与感情的双重满足。

人体的某些肌肉（如四肢肌肉等骨骼肌）可以通过体育锻炼来增强，而内脏平滑肌却不能只靠锻炼来改善，唯有声音能到达这些肌肉，唱歌发出声音引起声带振动，而振动可以净化身体，增强心、肝、脾、肺、肾等器官的功能。其中，对肺功能的锻炼特别强，胸肌兴奋，肺活量增加，血液氧含量提高，从而为未来的胎儿奠定良好的营养基础。同时，唱歌可以优化人的心境，保持愉悦情绪，使体内神经内分泌系统始终处于正常状态，提供给胎宝宝一个优越的发育环境，使其先天充足，日后自然健康聪慧。

而胎宝宝也喜欢听自己其他家人的声音，只要是悦耳的，对其充满爱的声音，胎宝宝都能感受得到。今天准妈妈就和你的家人来一起为胎宝宝唱首儿歌吧。

我们为大家提供一些耳熟能详的动听儿歌，以供参考：

1. 上学歌

这首欢快的《上学歌》，相信每一位准爸爸准妈妈都会唱，可能童年的时候你还很淘气的改过歌词。而歌声里描绘的美好情景和孩子简单快乐的情绪，听着就让人心里愉悦。

歌词：

太阳当空照，花儿对我笑。
小鸟说：早早早，你为什么背上小书包。
我去上学校，天天不迟到
爱学习，爱劳动，长大要为人民立功劳。

2. 新年好

优美动听的《新年好》，是童年时每个元旦我们都喜欢哼唱的歌。这首歌唱出了人们在新的一年里互致问候的喜悦情绪，简单而欢快。

歌词：

新年好呀，新年好呀。
祝贺大家新年好。
我们唱歌，我们跳舞。
祝贺大家新年好。

3. 小毛驴

这是一首非常有趣的儿歌，如果准妈妈愿意，可以从现在一直唱到宝宝长大。如果不会唱，只是念歌词，胎宝宝也会非常喜欢的。

歌词：

我有一只小毛驴，我从来也不骑。
有一天我心血来潮骑着去赶集。
我手里拿着小皮鞭，我心里正得意。
不知怎地哗啦啦我拌了一身泥。

4. 拔萝卜

这首欢快的儿歌一定把大家带回了幼儿园的美好时光吧？就带着这种愉悦的

心情，把这首轻松快乐的歌哼唱出来吧。

歌词：

拔萝卜，拔萝卜。
嗨吆嗨吆，拔萝卜，嗨吆嗨吆，拔不动，
老太婆，快快来，快来帮我们拔萝卜。
拔萝卜，拔萝卜。
嗨吆嗨吆，拔萝卜，嗨吆嗨吆，拔不动，
小姑娘，快快来，快来帮我们拔萝卜。
拔萝卜，拔萝卜。
嗨吆嗨吆，拔萝卜，嗨吆嗨吆，拔不动，
小黄狗，快快来，快来帮我们拔萝卜。
拔萝卜，拔萝卜。
嗨吆嗨吆，拔萝卜，嗨吆嗨吆，拔不动，
小花猫，快快来，快来帮我们拔萝卜。

第六个月（21 ~ 24 周）：他变成了一个皱巴巴的“小老头儿”

1. 胎宝宝的变化

这个月的胎宝宝皮肤是皱皱的、红红的，样子像个小老头；他的眉毛和眼睑已经能够清晰可见，牙齿也开始发育；肺中的血管形成，呼吸系统正在快速地建立；手指和脚趾开始长出指（趾）甲。胎宝宝学会了在子宫羊水中游泳和用脚踢子宫，这时如果子宫收缩或受到外方压迫的话，胎宝宝就会猛踢子宫壁，把这种信息传递给妈妈。

21 周的胎宝宝现在身长大约 18 厘米，体重 300 ~ 350 克。在这个时候的胎宝宝体重开始大幅度的增加，他的眉毛和眼睑清晰可见，手指和脚趾也开始长出指（趾）甲。他的听力已经达到一定的水平，可以听到外界的声音并做出相应的反应。

到了 22 周，胎宝宝已经长到了 19 厘米、350 克了。这一周的胎宝宝看上去已经有了宝宝的模样了，皮肤更加红润，而且看上去滑滑的，像覆盖了一层白色的滑腻的物质，即为胎脂。胎脂可以避免胎宝宝的皮肤长期在羊水的浸泡下受到损害，很多宝宝在出生的时候身上还都会带有这样的胎脂。另外此时胎宝宝的牙齿，主要是恒牙的牙胚也开始发育了。

第 23 周时，胎宝宝的身长大约 19 厘米，体重 400 克左右。在这个时候的胎宝宝皮肤很薄而且是皱巴巴的，几乎没有任何皮下脂肪；他的听力基本形成，能够辨认出准妈妈的说话声音、心跳声音和肠胃蠕动发出的声音；视网膜初步形成，具备了微弱的视觉。胎宝宝肺中的血管形成，呼吸系统正在快速地建立，并且这时候还学会了不断地吞咽，但是还不能排便。另外这时候胎宝宝对音乐的反应尤其敏感，若准妈妈播放节奏感稍快的音乐，会发现胎动的幅度变大；若播放轻柔舒缓的音乐，胎宝宝就会明显安静下来。

到了孕六月的最后一周，胎宝宝能够发育到 25 厘米、500 克左右。这个时候，胎宝宝已经在妈妈的子宫中占据了相当大的空间，身体的比例开始匀称，皮肤薄而且有很多的小皱纹，浑身覆盖了细小的绒毛。

2. 准妈妈的变化

很多准妈妈发现，在这个月你开始变得非常能吃，而且很多以前不喜欢的食品现在反倒成了最爱。与此同时你的身体也越来越重，大约以每周增加 250 克的速度在迅速增长；腰部增粗开始明显；子宫进一步增大，子宫底已高达肚部，准妈妈自己已能准确地判断出增大的子宫；乳房越发变大，乳腺功能发达，挤压乳房时会流出一些黏性很强的黄色稀薄乳汁，内衣很容易被污染；由于子宫刚好在膀胱上，所以准妈妈有时会发觉有液体渗漏到内裤上；此外，你还会发现自己脸上和腹部的妊娠斑更加明显并且增大，可能还会感觉眼睛发干、畏光等。

随着胎儿的慢慢增长，准妈妈的腹部突出越来越明显，行动也渐渐开始不太方便了，有时候走几步路就会累得气喘吁吁，以前非常简单的捡拾东西的动作现在也要先屈腿，然后再慢慢弯下腰才能完成。而且由于子宫增大和加重而使脊椎骨向后仰，身体重心开始向前移，出现了孕妇特有的状态。有些准妈妈对身体的这种变化还不习惯，所以很容易出现倾倒，腰部和背部也特别容易疲劳，在坐下或站起时开始感到有些吃力了。

需要注意的是，在这个阶段胎宝宝可能会发生早产，所以准妈妈们要尽量从饮食和运动上避免这种情况的发生。

3. 胎教重点

（1）营养胎教

这个月依然要坚持全面摄取多种营养元素的原则，增加体内营养物质的储存，同时要多喝白开水，以保证尿路通畅，预防尿路感染。如果准妈妈开始出现水肿，就要控制好食盐量，把饮水时间放在白天，晚上尽量少喝水。

在补充营养的同时，准妈妈还应提防营养过剩。自进入孕中期准妈妈胃口好转以来，多数准妈妈为了肚子里的宝宝能够全面摄取营养，都会吃各种各样的营养食品甚至是营养补品，久而久之可能就埋下了营养过剩的隐患。营养过剩最直接的后果就是准妈妈发胖，体重增长过快，为以后的生产和哺乳带来麻烦，同时对胎宝宝的生长发育也会造成不良影响。因此，准妈妈在孕中期应坚持科学均衡地摄取食物中的营养物质，避免偏食、暴饮暴食等不良习惯。

（2）行为胎教

到了怀孕的第 21 周，有些准妈妈发现水肿现象已经在自己身上出现了。事实上，很多准妈妈在孕期都会出现水肿，尤其是当准妈妈久坐或久站时，水分就会在下肢聚积，这时水肿就出现了。这种情况准妈妈也不要过分担心，这时孕期的正常生理现象。出现水肿后准妈妈要注意换宽松的鞋子，在饮食上注意多吃一些利水消肿的食物，平时注意定期进行产检。

（3）音乐胎教

怀孕 21 周的时候胎宝宝大脑沟回增多并且已经基本定型。这时候的音乐胎教会发挥更大的作用。临床观察发现，在音乐胎教中长大的宝宝都会比较聪明，可见音乐对智力开发还是有非常大的作用的。另外此时在进行胎教时更要注意选择一个安静舒适的环境。

第21周：胎宝宝看起来像一个小老头

胎宝宝已经21周了，体重正在不断增加。现在胎宝宝的眉毛和眼睑清晰可见，手指和脚趾开始长出指甲，细细的胎毛已经布满全身，看起来像一个小老头。不过胎宝宝现在看上去却是滑溜溜的，这是因为他的全身盖满了胎脂。它的作用是保护胎宝宝的皮肤，以免在羊水的长期浸泡下受到损害。

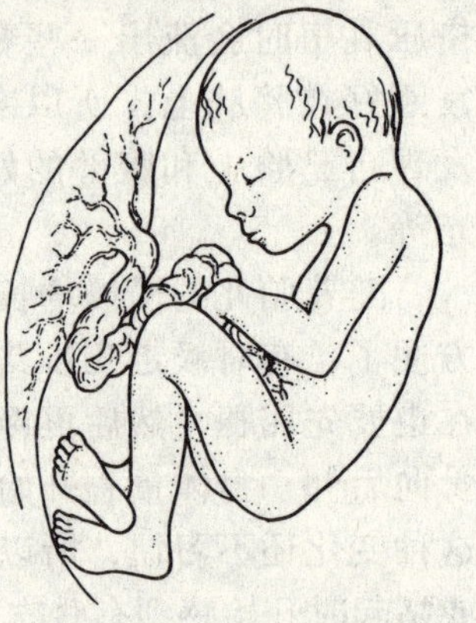

此时子宫是个大而复杂的器官，为胎儿迅速的发育提供养料。

这一周胎宝宝身长16～18厘米，体重为300～350克，接下来的日子里，他的体重要开始大幅度增加了。现在胎宝宝的身体比较匀称，虽然整体看上去头仍显得稍大，但是腿、手臂和躯干并不会显得太短。

现在准妈妈可能觉得呼吸急促，特别是在上楼梯的时候，走不了几级台阶就会气喘吁吁的。这是因为日益增大的子宫压迫了准妈妈的肺部，随着子宫的增大，这种状况将更加明显。

1. 教胎宝宝学习

准妈妈要保持旺盛的求知欲，多给胎宝宝进行音乐胎教、语言胎教，等等，教胎宝宝认识数字、字母、汉字、音乐符号，也可多教他念一念童谣、儿歌，学一些简单的单词和词语。这将对宝宝的智力开发和身体的发育起到积极的作用。

2. 手工编织有益胎宝宝的思维能力

准妈妈可以继续做一些平时没有时间做的手工编织，会使腹中的胎宝宝也变得心灵手巧，因为，手指的动作精细、灵敏，可以促进大脑皮层相应部位的生理活动，提高人的思维能力。准妈妈的编织活动，能够通过信息传递的方式，促进胎宝宝大脑发育。

3. 饮用大麦叶汁

大麦叶汁是利用抽穗前得嫩大麦叶榨取的汁液，它可以通过脐带传输到胎宝宝体内，清除环境激素和其他毒素。在改善肠内环境和胎盘环境方面，大麦叶汁比酸奶更有效，对缓解准妈妈和胎宝宝的心理压力也是颇有益处的。

第 141 天：音乐胎教的最好时期

1. 胎宝宝已经开始聆听外界声音了

从怀孕的第 6 个月起，胎宝宝就开始在子宫里不断地“凝神倾听”了，准妈妈想象着一个小人儿蹑手蹑脚地趴在自己的子宫壁上倾听外面的声音，是不是一件很神奇的事情呢？

借助 B 超，人们已经能够观察到，胎宝宝在听到音响时，胎心跳会变快，听到汽车的喇叭声时，会出现频繁胎动。现在准妈妈的子宫是一个嘈杂的地方，有大量的声音能够传入胎宝宝的耳内，其中准妈妈胃内发出的咕噜咕噜声是最为嘈杂的，也是传入胎宝宝耳内最多的声音。但他仍然会认真地倾听。此外，准妈妈的心脏搏动声也是胎宝宝听得最多的声音之一，并且他会熟悉这样的声音，在出生后还会记住准妈妈心脏跳动的节奏，最有意思的莫过于准妈妈的说话声了，即使是准妈妈用微弱的声音和别人说悄悄话，胎宝宝也会全神贯注地倾听。

但是由于受到准妈妈肠胃蠕动和心跳声的影响，以及准妈妈腹壁的反射作用，外面的声音在传到胎宝宝耳朵里时会降低大约 20 分贝。虽然胎宝宝所听到的声音比实际分贝要低，但是他仍然能听得清清楚楚，而且你说话时若情绪消极也会影响到他的情绪。因此，准妈妈现在和老公要格外注意胎宝宝的听力问题，避免高分贝的噪音，要知道胎宝宝喜欢融洽平和的声音氛围，高分贝的声音会影响到胎宝宝听力的发育。

2. 音乐胎教的好时机

孕中期胎宝宝的听觉器官发育基本成熟，优美的音乐对胎宝宝的大脑能产生良性的刺激。此时听音乐的侧重点不再是为了调节准妈妈的情绪，而是真正地对胎宝宝的听力和大脑隐形训练了。准妈妈听的音乐，主要是舒缓轻柔或欢快相间的音乐，如一些潺潺流水声、虫鸣鸟啼声，伴随准妈妈丰富的联想，心情会无比愉快与放松，有利于胎宝宝的发育。应避免听摇滚乐等节奏较强的音乐。音乐声音不宜过大，应选择在胎动较多时听音乐，每次不宜超过 20 分钟。

孕中期准妈妈在利用音乐进行胎教时，给胎宝宝听的曲子应该多样化。但在选曲时应当注意到胎动的类型,因为人的个体差异往往在胎儿期就有显露。有的“淘气”，有的“调皮”，也有一些是老实、文静的。这些既和胎宝宝的内外环境有关，也和先天神经类型有关。一般来讲，应该给活泼好动的胎宝宝听一些节奏缓慢、旋律柔和的乐曲，而给那些文静、爱动的胎宝宝听一些轻松活泼、跳跃性强的歌曲。切忌给胎宝宝听较大音量的乐曲，这会引起胎宝宝的躁动不安，长期下去，胎宝宝体力消耗太大，可能出生时体重过低，有时还出现不良神经系统反应。节奏过分强烈和音量较高的音乐，还会致使胎宝宝的消化系统发生紊乱。此外，如果能和着音乐的节奏和表达的内容与胎宝宝玩耍，那将对其生长、发育起到更为明显的效果。

3. 音乐胎教的四种方法

（1）音乐熏陶法。这种方法是最常见的方法。准妈妈单纯地欣赏音乐，把心情和感受通过神经和体液传导给胎宝宝。

（2）哼歌谐振法。每天哼唱歌曲给宝宝听，抒情的、欢快的都可以，重要的是准妈妈要有一颗愉快和富有感情的心，通过歌声的谐振，将美好的感情传递给胎宝宝，他会非常的心满意足。

（3）母教子“唱”法。可以在哼歌谐振法的基础上进行，唱的时候想象胎宝宝正在跟着你唱，等他“唱”完，你再接着唱。

（4）器物灌输法。将耳机放在腹部，播放准妈妈和胎宝宝喜爱的音乐，会有很好的效果。但是要以感觉舒适为度，别太疲乏。

第 142 天：为宝宝牙齿发育备足养分

怀孕四个月后，胎宝宝的恒牙胚在乳牙胚的深部开始发育，延续到宝宝出生后 3 ~ 4 年，再逐渐发育成恒牙。而在孕中期是宝宝发育最快的时候，如果这个时候准妈妈不能及时地补充牙齿发育所需的养分，就会影响胎宝宝的牙齿发育。这种影响会一直延续到宝宝的乳牙时期。

准妈妈要吸收全面的营养和钙磷及矿物质，为胎宝宝的发育做充足的后备。尤其要防止缺钙，可以适当多晒太阳，多喝牛奶、多吃虾皮、蛋黄等含钙丰富的食物。从孕中期开始，还可以适量口服钙剂作为补充。有龋齿的准妈妈要及早医治好。因为，龋齿多为细菌引起，如果准妈妈是个龋齿患者，那么在给宝宝喂食的时候，难免会发生细菌感染。这样，小宝宝也就比较容易患上龋齿了。为了避免这种传播途径，最好的办法就是先彻底治好准妈妈的龋齿。牙齿的牙釉质表层中的氟含量高低与抗龋能力直接关联，而氟是从母体和饮食中获得的。准妈妈或哺乳期妇女应多补充优质蛋白质，适量的脂类，含钙、磷、铁等矿物质和维生素丰富的食物。

1. 维生素 D 对胎宝宝的牙齿发育很重要

维生素 D 可以支持牙齿的形成；钙需要满足牙齿和骨骼的发育。在胎儿期钙化受阻的牙齿，萌出后会表现为颜色的改变或形态的缺陷等，同时因质地较差而易患龋齿，儿童牙齿的生长发育和钙化，与母亲怀孕期间的营养状况密切相关，所需要的营养成分主要来自母亲的饮食。

2. 及时补充蛋白质

在牙齿萌出前的发育阶段，缺乏蛋白质可造成牙齿形态异常、萌出模式改变，对龋病的敏感性也增加。来自食物中的脂肪，可以在牙面形成脂类保护膜，防止牙齿脱矿，具有抗龋作用。为了促进胎宝宝牙齿的健康发育，准妈妈要多吃鸡肉、鱼肉、蛋类、豆腐等食品。

3. 钙对牙齿发育的重要性

牙齿发育所必需的营养物质是钙。所以准妈妈补充足够的钙对胎宝宝的牙齿发育十分重要。所以准妈妈可以多吃豆制品、芝麻酱、虾皮、海带等食品来摄取钙质。

4. 维生素 A 不可缺

牙齿表面主要是珐琅质，而珐琅质的形成则需要维生素 A。如果准妈妈缺乏维生素 A 则会造成胎宝宝的珐琅质形成异常，所以准妈妈为了补充维生素 A，可以多吃一些蛋奶、胡萝卜、甜菜、南瓜、红薯、西葫芦、桃子和大比目鱼，等等。

5. 胎宝宝牙齿发育周期表

怀孕周数	胎宝宝牙齿发育情况
孕 6 周	胎宝宝的口腔上皮形成牙板，牙板上有 10 个牙蕾，形成乳牙胚
孕 5 个月	乳牙的牙尖基本形成，恒牙胚在乳牙胚的深部开始发育
孕 7 个月	胎宝宝 1/2 左右的乳牙冠形成
出生时	20 颗乳牙的牙冠几乎全部形成并钙化、16 颗恒牙胚形成恒牙的切牙、尖牙和第一恒磨牙牙胚都已形成

第 143 天：做好居家自我监护

虽然准妈妈在产前定期要去医院做检查，但是腹内孕育着的小生命却是经常发生变化，而且很多时候就是在家中，如果自己在医生的指导下掌握一些有关知识，并且学会对胎宝宝的生长发育进行自我检查方法，就会及时发现异常，对保障母子的健康和安危，降低围产期死亡率十分有用，下面介绍一些具体的监护方法。

1. 胎位监护

观察胎头的位置。胎头呈球状，较硬，在准妈妈腹部最容易被摸到。在产检时，通过医生指导，准妈妈可自己进行检查。由于胎宝宝在羊膜囊内是悬浮在羊水中的，因为有胎动，所以胎位会发生变化。

具体方法是，双手从腹部上方左右交替往下摸，如在下腹部中央，即耻骨联合的上方摸到胎头，属于正常胎位。如在上腹部摸到胎头，说明小屁股在下，属臀位；如在腹部旁侧摸到胎头，则是横位，这两种胎位均属胎位不正，如临近分娩还不转正，可造成难产。根据医生检查结果，若臀位，医生会建议准妈妈作胸膝卧位，以便矫正胎位。作胸膝卧位当然不太舒服，但为了顺产，仍应坚持，在连续做一周后去医院复查。如果准妈妈每日自己检查胎位，一旦发现胎位已矫正，可立即请医生证实。

2. 听胎心

听胎心音可以观察胎宝宝在子宫内生活得是否正常。特别是对有妊娠中毒症、高血压、肾病及子宫发育迟缓，胎盘功能不全的准妈妈，用这种方法判断胎宝宝的情况比较可靠，正常的胎心音每分钟 120 ~ 160 次。如果胎宝宝在宫内缺氧，早期表现为心音增快，晚期则成心音不规则，减慢或消失。准妈妈在家听胎心音可让准爸爸或其他亲人将耳朵直接贴在准妈妈的腹部，便可听到如有钟表样的“嗒嗒”声响，有条件者还可用木制听筒，每日两三次。

3. 数胎动次数

胎动次数也可直接反映胎宝宝在子宫内的安危情况。准妈妈怀孕 18 ~ 20 周后，胎宝宝在子宫内经常会做伸胳膊蹬腿等动作，这就是胎动。一开始次数较少，以后逐渐增多，通常在怀孕的 29 ~ 38 周达到最高峰。数胎动的方法为：准妈妈仰卧或左侧卧在床上，把两手掌放在腹壁上。每天早、午、晚各数 1 次，每次数 1 小时，然后把 3 个小时的胎动乘以 4（等于 12 小时的胎动次数）。如果少于 20 次或比以前减少一半，或者胎动过于频繁，再结合胎心异常变化，胎宝宝可能面临危险，应赶快去看医生。如果 12 小时胎动次数在 30 次左右，则表明胎宝宝情况良好。

4. 子宫增长高度的测量

怀孕 16 周起，从下腹耻骨联合至子宫底间的长度为子宫高度。测量时准妈妈应将尿排净，仰卧躺下，用卷尺紧贴腹壁测量。耻骨联合位于阴阜上端坚硬处，一般在怀孕第 12 周时，耻骨上刚刚可摸到宫底，到 16 周时，宫底居耻骨联合和肚脐连线中央；32 ~ 34 周达到剑突下 1 ~ 2 横指。通过与宫高正常值相比较，如果发现连续 2 周宫高没有变化，须立即去医院。

5. 检测体重

准妈妈的体重变化也可间接反映胎宝宝的生长发育情况，整个孕期体重大约增加 10 ~ 15 千克，一般可每周测量 1 次。在怀孕 28 周后，通常每周增重 500 克，如果体重连续数周不增，可能是胎宝宝发育缓慢，一般是由于准妈妈不良饮食习惯而造成营养不良、羊膜发生病变或羊水过少引起的；如果体重增加过快则可能是合并了糖尿病、妊娠水肿或羊水急性增多。

6. 腹围测量

怀孕 20 周起，可绕肚脐一周测量，或取最大的腹围值，以厘米为单位。怀孕 20 周至足月，平均腹围增长 21 厘米，每周增长 0.8 厘米。怀孕 20 ~ 24 周即妊娠 6 个月时，腹围增长最快，怀孕 34 周以后，腹围增长速度减慢。当然，腹围增长尺寸的多少，还要受准妈妈怀孕前腹围的大小和体形的影响。

同时，准妈妈及家人应尽可能学会一些自我监护知识及方法，如测量体重、血压。孕妇应学会测胎动，并记录胎动数等。一旦发现异常情况，应及时到医院妇产科就诊。

第 144 天：左撇子在胎儿时期已经形成

1. 揭秘左撇子形成的渊源

左撇子一直被视为一种奇怪的生命现象，部分人还对此抱有偏见。英国伦敦大学学院的科学家通过多年研究发现，左撇子人数正在逐年增加，基因遗传可能是左撇子产生的原因。人成为“右撇子”或“左撇子”的倾向，在胎儿发育早期就形成了。

胎宝宝发育到10周的时候，也就是在吸吮手指之前，便开始挥舞手臂，而大部分胎宝宝都喜欢挥舞右臂，其中使用左右手偏好的胎宝宝比例与成年人大致相同。这种偏好要持续到24周，此后胎宝宝因生长迅速，体积变大，在子宫中就无法活动了。

科学家通过对1000名胎宝宝进行的超声波扫描以及后续的追踪研究发现，10 ~ 12周左右的胎宝宝如果喜欢吸吮自己的右拇指而不是左拇指，那么他出生以后将倾向于正常的右手习惯，否则就更可能是左撇子。研究人员对其中75个胎儿进行了跟踪调查，他们中的60个偏好吸吮右手，15个偏好吸吮左手。在这些胎宝宝在出生后成长到10 ~ 12岁时，60个在胎儿阶段吸吮右手的孩子习惯用右手；而在15个吸吮左手的胎儿中,有10个仍旧习惯用左手,另外5个则变成“右撇子”。科学家称，一个人在娘胎里10周大小时喜欢用的手将成为他一生喜欢用的手。

2. 众说纷纭“左撇子”

脊髓反射弧作用：有证据表明胎宝宝早期的用手习惯受大脑控制，更可能的原因是脊髓的局部反射弧在起作用。科学家认为，胎宝宝之所以表现出对身体某一侧的倾向性，原因可能是这一侧身体发育较快。

（1）遗传：如果一对双胞胎的父母中有一方是左撇子，他们同为左撇子的几率是76%。这意味着，左撇子的产生主要源于基因遗传。

（2）与子宫内睾丸激素有关：子宫内睾丸激素的增加会抑制胎宝宝左脑发育，增大形成左撇子的可能性。同时，一些根源于左脑的疾病的患病几率会增加，比如诵读困难和口吃。

（3）母亲年龄：一些研究人员表示，随着母亲生育年龄增加，孩子是左撇子的几率也随之增大。

3. 左撇子人的特点

（1）左撇子更富于形象思维

毕加索有句名言:“艺术不是真理。艺术是一种谎言，它教导我们去理解真理。”他认为“画家，该让自己的眼睛像脱离樊笼的金翅雀那样，离开了笼子，鸣声才好听。”也许正是左手作画的毕加索的右脑思维特质，造就了这位20世纪现代艺术的魔术师。

左撇子的空间想象能力更强一些，最典型的例子是，意大利文艺复兴的三杰——达·芬奇、米开朗基罗和拉斐尔全是左撇子，近代电子游戏制作大师宫本茂也是左撇子。

（2）撇子更敏捷

左撇子的敏捷则成为体坛永恒的话题。一般来说，对于不需要进行面对面搏斗的运动，如游泳、田径、射击等，左撇子运动员占的比例较其在人口中的比例并不高。

在最典型的搏斗项目击剑中，1979 ~ 1993年间进入世界锦标赛1/4决赛的选手中，一半的男选手和 1/3 的女选手是左撇子。乒乓球多年来左撇子称霸，网球长期左手族称雄，美国的 NBA 职业篮球比赛，也是左撇子特别突出。

一种解释是，由于专长于感知空间和知觉功能的右脑指挥左手，使左撇子的运动方式更易于发挥视、空间感知功能，出手快、准、狠。从神经传输的速度看，由“看”到“动”，右撇子走的是“大脑右半球 - 大脑左半球 - 右手”的路线，而左撇子的路线是“大脑右半球 - 左手”。可见在神经传输的过程中，左撇子走了一条捷径。大脑通过中枢神经传递信息到身体的左侧比传递到右侧要快千分之十五秒，这使左撇子的动作更敏捷。

（3）左撇子似乎更聪明一些

说左撇子更聪明似乎不够准备，说左撇子有其特点、有其所长，若善于利自身优势，有可能取得更大成绩也许更合适。左撇子的特点在于，他们多用左手，刺激右脑发达，或者说是由于右脑为优势半脑而惯用左手。因此左撇子的空间感较好，知觉较强。

也正因为右半脑主管节奏、音乐、色彩、空间及左侧肢体活动，所以相对而言，左撇子的节奏感强、空间平衡能力好、对色彩更敏感。如果说一些著名的左撇子科学家、音乐家、画家、运动员的成功，与他们惯用左手有一定关系的话，还不如说他们更善于也更充分地发挥了他们的特长。

但一个人聪明与否，特别是是否会取得成功，绝不取决于是不是左撇子或右撇子。这不仅与先天的素质有关，更多地取决于后天的努力。任何一条成功之路都是由汗水铺成的。

第 145 天：把胎教当成一种生活习惯

有一种胎教不需要你花许多的时间，也不需要借助其他的工具，而是不知不觉中天天都在进行的，它的效果也是神奇而明显的，这种胎教既不是我们通常所说的音乐胎教，也不是语言胎教，它来自准妈妈的日常生活，却对胎宝宝有着非常大的影响。胎教并不是一种刻意进行的活动，应该把它当做一种日常生活，当它已经成为一种习惯时，它的作用就会在潜移默化中实现了。

1. 如何随时进行胎教

准妈妈在工作时，可以告诉宝宝自己在做什么工作，内容是什么。在吃饭的时候可以给宝宝讲自己在吃什么，所吃的食物里都含什么营养，告诉宝宝它是什么味道的。就是在这样随时随地地交流当中，使胎宝宝受益匪浅。

在胎宝宝听觉发育良好的孕中期，准妈妈可以经常与胎宝宝玩一玩节拍游戏。首先，准妈妈要选择有声音的玩具。比如摇铃，或用筷子敲击碗、木头等都可以，也可以轻轻地用手掌拍击。要用不同的节奏进行击打。这样有助于胎宝宝慢慢感受四拍、三拍、二拍的不同节奏。准妈妈也可以利用家里的多种器具，组成一个超级随意的打击乐团队，也可以让家里的毛绒玩具与可爱的洋娃娃加入。准妈妈要充分发挥自己想象力，平时多想一些小游戏和胎宝宝玩玩，开心之余，胎教任务也完成了。

2. 准妈妈平时不要久站久坐

到了孕中晚期，子宫增大会不断加重对腔内静脉的压迫，阻碍下肢静脉的血液回流，极易引发下肢静脉曲张或会阴静脉曲张。准妈妈若长时间站立的话，由于突出的腹部会使身体的重心前移，准妈妈为保持身体平衡就会不自觉的后仰，使背部肌肉紧张，而长时间的肌肉紧张则会造成背部肌肉负担过重，腰肌便很容易疲劳，从而使准妈妈感到腰酸背痛。所以准妈妈在站立时应尽量纠正过度代偿姿势，可适当活动腰背部，增加脊柱的柔韧性以减轻腰背痛。若长时间保持坐姿的话，由于受到重力影响，可能会使身体低垂部位的静脉扩张、血容量增加、血液回流缓慢、较多的静脉血潴留于下肢内，导致下肢静脉曲张，从而导致准妈妈常感到下肢酸痛、小腿隐痛以及脚踝足背部水肿。

其实，准妈妈到了孕中期和后期，任何一种姿势坚持时间稍长的话都会引起不同程度的疲惫感，所以最好的方式是经常更换姿势，平时勤活动手脚，注意易疲劳部位的锻炼和适度的按摩，以助于预防和舒缓这些由怀孕所带来的不适感。

第 146 天：孕中期饮食需谨慎

1. 进食时要细嚼慢咽

即使再饿，准妈妈在进食时也应要细嚼慢咽，切忌狼吞虎咽。准妈妈要知道，自己吃下的食物是在提供两个人的营养，为了保证全面彻底地吸收食物中的营养含量，准妈妈就要注意一下自己的进食方式了。

人体只有将食物的大分子结构变成小分子结构，才有利于更好地吸收，而这种由大分子结构变成小分子结构的过程是靠消化液中的各种消化酶来完成的。咀嚼食物引起的胃液分泌比食物刺激胃肠而分泌的胃液数量更大，持续时间更长。可见，咀嚼食物对消化液的分泌起着重要作用。当人在进食时，慢慢咀嚼食物可以使消化液的分泌增多，从而有利于摄取食物中的营养；相反若在进食时吃得过快、食物嚼得不精细的话，当食物进入胃肠道后与消化液接触的面积就会大大缩小，从而影响食物与消化液的混合，有相当一部分食物中的营养成分不能被人体吸收。若长时间这样的话，就会导致营养素缺乏，进而使准妈妈和胎宝宝的健康都受到影响。此外，有时食物咀嚼不够，还会加大胃的消化负担或损伤消化道黏膜，使消化液分泌减少，易患上某些肠胃疾病。

2. 不可贪食冷饮

有些准妈妈在怀孕后由于体内常感燥热，因而偏爱冷饮，但这实际上是非常不利的。

首先，在怀孕期间准妈妈的胃肠对冷的刺激非常敏感，多吃冷饮能使胃肠血管突然收缩，胃液分泌减少，消化功能降低，从而引起食欲不振、消化不良、腹泻，甚至引起胃部痉挛，出现剧烈腹痛现象。

其次，准妈妈的鼻、咽、气管等呼吸道黏膜往往充血并伴有水肿，如果大量贪食冷饮的话，充血的血管突然收缩，血液减少，可致局部抵抗力降低，使潜伏在咽喉、气管、鼻腔、口腔里的细菌与病毒趁机而入，引起嗓子痛哑、咳嗽、头痛等，严重时能引起上呼吸道感染或诱发扁桃体炎。

再有，胎宝宝对冷的刺激也极敏感。当准妈妈喝冷水或吃冷饮时，胎宝宝会在子宫内躁动不安，胎动会变得频繁。而且过冷的食物进入体内会使血管收缩，减少胎盘给胎宝宝的血液供应，从而对胎宝宝的生长发育造成不利的、影响。因此，准妈妈吃冷饮一定要有节制，天气较热的话适当吃一点冷饮可以，但千万不可以吃得太多，以免破坏自身的健康状况和引起胎宝宝的不安。

3. 孕中期需少吃的食物

（1）糖精。糖精是和糖截然不同的两种物质。糖是从甘蔗和甜菜中提取的，而糖精是从煤焦油里提炼出来的，其成分主要是糖精钠，无营养价值。纯净的糖精对人体无害，但准妈妈不应长时间过多地食用糖精或大量饮用含糖精的饮料，或是每天在饮料中加入糖精。糖精对胃肠道黏膜很有刺激作用，并影响某些消化酶的功能。出现消化功能减退，发生消化不良，造成营养吸收功能障碍。另外由于糖精是经肾脏从小便排出，所以也会加重肾功能负担。

（2）苦瓜。苦瓜中富含多种维生素，常吃苦瓜对于预防坏血病、保护细胞膜、提高机体应急能力、预防感冒和降低血糖都有着极佳的效用，但苦瓜性寒且含有奎宁，奎宁会刺激子宫收缩，引起流产。虽然苦瓜中所含的奎宁成分很少，但为了胎宝宝的安全，准妈妈还是尽量少吃为好。

（3）绿豆汤。绿豆汤是清热解毒、消暑益气的最佳饮料，特别是在炎热的夏天，绿豆汤已经成为家家户户必不可少的清凉饮品。但绿豆汤性阴寒，所以准妈妈不可以喝太多的绿豆汤，特别是本身脾胃虚弱的准妈妈更不宜喝绿豆汤。

第 147 天：动动脑，做一做数独游戏

准妈妈的思想活动对于胎宝宝大脑发育的影响至关重要。准妈妈与胎宝宝之间是有信息传递的，若准妈妈适当保持旺盛的求知欲，则可使胎宝宝不断接受刺激，大脑神经和细胞的发育也得到促进。因此，准妈妈勤于动脑，会给胎宝宝良好的影响。每个准妈妈都希望自己的小宝宝是个爱动脑筋的孩子，那么现在就来做几个数独游戏动动脑筋吧，也许一开始做这个游戏你会觉得有一点吃力，但做几个以后，就会找出规律发现其中的奥秘啦。

1783 年，瑞士数学家莱昂哈德 · 欧拉发明了当时一种称为“拉丁方块”的游戏，这个游戏是一个数字游戏，每一行和每一列都是由不重复的 N 个数字或者字母组成的。1984 年，一家日本游戏杂志提出了“独立的数字”的概念，意思就是“这个数字只能出现一次”或者“这个数字必须是唯一的”，并将这个游戏命名为数独。从此这个游戏开始风靡全球。

数独游戏在横竖为九的方格矩阵内进行，分为横竖为三的小方格，被称为“区”。数独有些首先从已经填入数字的格子开始，每个格子只允许有一个数字，最后保证每一个区、每一列、每一行，都是 1 ～ 9 这 9 个数字，不能重复，即每个数字在每一行，每一列和每一区都只能出现一次。

一

		1						8
8			4	2	7			
		6				5		4
	4		8				1	
	7							
	3				6			
2		4				3		
			1	4	5			2
9						6		

二

		1				8		
	7		3	1			9	
3				4	5			7
	9		7			5		
	4	2		5		1	3	
		3			9		4	
2			5	7				4
	3			9	1		6	
		4				3		

三

7			2	5			9	8
		6					1	
			6	1		3		
9					1			
				8		4		9
		7	5		2	8		1
	9	4			3			
				4	9	2	3	
6							4	

答案一

4	2	1	6	5	9	7	3	8
8	5	3	4	2	7	1	6	9
7	9	6	3	8	1	5	2	4
5	4	9	8	7	3	2	1	6
6	7	2	5	1	4	8	9	3
1	3	8	2	9	6	4	5	7
2	1	4	9	6	8	3	7	5
3	6	7	1	4	5	9	8	2
9	8	5	7	3	2	6	4	1

答案二

4	2	1	9	6	7	8	5	3
6	7	5	3	1	8	4	9	2
3	8	9	2	4	5	6	1	7
1	9	8	7	3	4	5	2	6
7	4	2	8	5	6	1	3	9
5	6	3	1	2	9	7	4	8
2	1	6	5	7	3	9	8	4
8	3	8	4	9	1	2	6	5
9	5	4	6	8	2	3	7	1

答案三

7	3	1	2	5	4	6	9	8
5	2	6	9	3	8	7	1	4
4	8	9	6	1	7	3	5	2
9	6	8	4	7	1	5	2	3
1	5	2	3	8	6	4	7	9
3	4	7	5	9	2	8	6	1
2	9	4	7	6	3	1	8	5
8	7	5	1	4	9	2	3	6
6	1	3	8	2	5	9	4	7

动起来：腰部、四肢放松术

1. 腰部放松术

具体步骤如下：

（1）准妈妈坐在床上，双腿盘坐或采取放松舒适的坐姿，把双手自然地放在膝盖上，一边呼吸一边轻轻地按顺时针方向转动腰部，然后按逆时针方向转动。反复练习。

（2）准妈妈坐在床上，稍屈起身体，屈起的程度以不压迫腹部为宜，双臂放松地搭放在双膝上，然后一边呼气一边向前弯腰。

在做该项运动时准妈妈要全身放松，调节呼吸，做动作要轻缓。该动作可以使骨盆关节和腹部肌肉变得更加柔软，有利于分娩。

2. 四肢放松术

具体步骤如下：

（1）准妈妈背部倚靠在健身球上，双臂在身后撑地，双腿伸直，然后最大限度地转动脚踝，双脚脚踝可以同时向左、向右、向前、向后转动。

（2）躺在床上，把胳膊和双腿任意自然地向上抬起，然后手指和脚趾轻轻地随意活动。

这项运动准妈妈也可以坐在舒适的椅子上做，可以促进下肢血液循环，预防、改善下肢水肿及静脉曲张。

胎宝宝的阅读时光：泰戈尔《孩童之道》

《孩童之道》蕴涵丰富，人们对其主旨有不同的理解：有人认为它表达了对母爱的崇高礼赞，有人认为它抒发了孩童对母亲深挚的爱恋，有人认为它表现了对人世间真善爱的热烈追求。下面准妈妈就富有感情地给胎宝宝朗诵一下这首散文诗吧：

只要他们愿意，此刻便可飞上天去。

他们所以不离开我们，并不是没有缘故。

他们把他们的头倚在妈妈的胸间，他即使是一刻不见她，也是不行的。

孩子知道各种各样的聪明话，虽然世间的人很少懂得这些话的意义。

他所以永不想说，并不是没有缘故。

他说要做的一件事，就是要学习从妈妈的嘴唇里说出来的话。那就是他所以看来这样天真的缘故。

孩子有成堆的黄金与珠子，但他来到这个世界上，却像一个乞丐。

他所以假装这样来了，并不是没有缘故。

这个可爱的小小的裸着身体的乞丐，所以假装这完全无助的样子，便是想要祈求妈妈的爱的财富。

孩子在纤小的新月的世界里，是一切束缚都没有的。

他所以放弃了自由，并不是没有缘故。

他知道有无穷的快乐藏在妈妈的心的小小一角，被妈妈亲爱的手臂所拥抱，其甜美远胜过自由。

孩子永不知道如何哭泣。他所住的是完全的乐土。

他所以要流泪，并不是没有缘故。

虽然他用了可爱的脸蛋儿上的微笑，引逗得他妈妈的热切的心向着他，然而他的因为细故而发的小小哭声，却编成了怜与爱的双重约束的带子。

好孕美食馆：妙吃猪肝巧补铁

1. 爆炒猪肝

【材料】

猪肝，胡萝卜，黄瓜，料酒，酱油，葱、姜、蒜。

【做法】

（1）用清水加几滴白醋把猪肝泡两个小时。

（2）切片，用料酒、酱油腌 15 分钟左右。

（3）胡萝卜、葱姜蒜切片，黄瓜切条。

（4）跟平常炒菜一样，炒葱姜蒜和胡萝卜，至胡萝卜变软变金黄，放入猪肝大火不停地翻炒3分钟左右，放入黄瓜条出锅加鸡精即可。

2. 西红柿猪肝瘦肉汤

【材料】

番茄300克，猪肝80克，猪肉（瘦）80克，土豆（黄皮）50克，盐5克，味精3克，醋10克。

【做法】

（1）西红柿洗净，每个切四块；土豆去皮洗净；瘦肉洗净，切薄片；猪肝切薄片，用清水冲洗，洗去血浆，加醋腌10分钟洗净。

（2）瘦猪肉和猪肝加调料腌10分钟，放入滚水中，煮半熟捞起。

（3）将土豆、西红柿放入煲里，加水适量，用文火煲20分钟，下猪肝、瘦肉煲至肉熟，加入盐、味精调味供用。

3. 金针木耳猪肝汤

【材料】

黄花菜（干）20克，猪肝200克，银耳（干）20克，枣（干）50克。

【做法】

（1）金针菜（黄花菜）与白木耳用水浸透，洗净。

（2）红枣用水洗净，去核。

（3）猪肝用水洗净，切片。

（4）用适量水，猛火煲至滚，放入金针菜、白木耳和红枣。

（5）用慢火煲约1小时，再放入猪肝，以细盐调味，候猪肝熟透，即可饮用。

4. 竹笋肝膏汤

【材料】

猪肝250克，竹笋50克，鸡蛋100克，虾米15克，鸡肫15克，猪腰子15克，蘑菇（鲜蘑）15克，猪肉（瘦）15克，大葱5克，姜5克，盐3克，味精1克，胡椒粉1克。

【做法】

（1）猪肝撕掉筋膜，洗净；猪肝放在砧板上，拍敲成极细腻的浆。

（2）把浆水放在碗中，加入冷的白汤250克左右，拌匀，倒入纱布中过滤。

（3）姜用刀面拍碎，和葱段一起放在碗中，加入适量冷水浸20分钟成葱姜汁。

（4）将肝浆放在浅汤盆中，放入葱姜汁、鸡蛋、精盐、胡椒粉、味精，用筷子搅拌均匀。

（5）笼子煮沸，放入肝浆，蒸15分钟左右；蒸至肝浆结成膏，随即出笼（不要多蒸，以免出水）。

（6）炒锅洗净，置大火上放入清汤750克（可用白汤吊清，最好用鸡汤）；再放入蘑菇、肉粒、笋片、肫粒、腰丁和虾米等，加入精盐、味精、胡椒粉、料酒煮沸。

（7）出锅装入汤盆，再把肝膏覆在上面即成。

胎宝宝的私人音乐厅：《绿袖子》

《绿袖子》是一首英国民谣，在伊丽莎白女王时代就已经已广为流传，相传是英皇亨利八世所作。这首民谣的旋律非常古典而优雅，是一首描写对爱情感到忧伤的歌曲，但它受到世人喜爱的层面却不仅仅局限在爱情的领域，因此后来出现了众多版本。有人将它换了歌词演唱、也有人将它作为圣诞歌曲，而它被改编为器乐演奏的版本也是数不胜数，有小品、有室内乐、有管弦乐……它的版本有很多，但每个版本都能带给人完全不同的感受。

第 22 周：胎宝宝越来越爱睡觉了

这个时期，胎宝宝已经越来越强壮了，他现在每天都用大把大把的时间来睡觉，当他醒来时，总会在准妈妈身体里动一动，和准妈妈一起玩玩游戏，累了的话，他会再次进入梦乡。这周胎宝宝的眉毛和眼睑已经充分发育，小手指上也已长出了娇嫩的指甲。他已经完全可以听到声音了，为他讲故事、唱歌、播放音乐或者和他聊天都没有问题了。

通过 B 超，胎宝宝的头盖骨、脊椎、肋骨、四肢的骨骼都能清楚地显现出来，骨关节也开始发育了，身体逐渐匀称，但头看起来仍旧大一点，脂肪仅占体重的 1%，不过此时胎宝宝的手很有力，能够抓东西。

这个阶段准妈妈感到身体舒服了许多，相对而言，现在是整个孕期里最为轻松的时候。很多准妈妈在这个时期会出现牙龈出血的现象，这是因为孕激素使你的牙龈变得肿胀，即使刷牙时动作很轻，也可能导致出血。

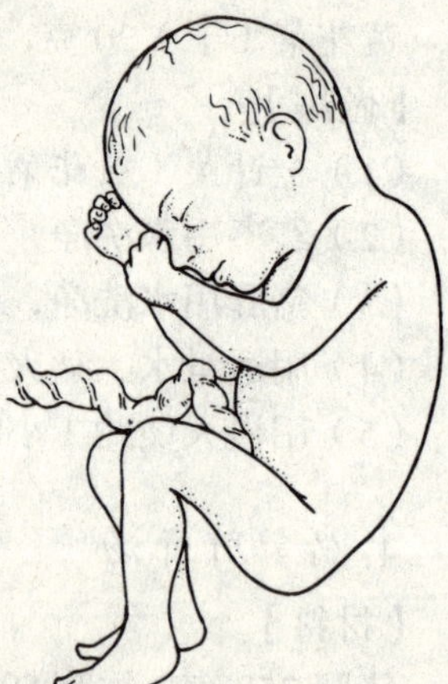

从孕期 14 周就开始长出的手指甲，此时快要长到手指尖了。

1. 让胎宝宝参与家庭生活

无论是准妈妈还是准爸爸与胎宝宝进行对话，都要把宝宝当做一个可爱的小生命来对待，也要让他参与到家庭生活当中。通过对话告诉他，爸爸妈妈今天为宝宝做了什么，期待宝宝以后会怎样做……要注意对话的内容不要太复杂，最好能用简单的短语概括出来，并且要反复重复一句话，以使胎宝宝大脑皮层产生深刻的印记。

2. 准妈妈不宜用人参进补

准妈妈在怀孕后久服或过量服用人参会阴耗气盛、阴虚则火旺。而且过度服用人参会产生抗利尿作用，易引起水肿。由此可见，准妈妈如果滥用人参易加重妊娠呕吐、水肿和高血压等现象，也会促使阴道出血而导致流产。而且胎宝宝对人参的耐受性很低，所以准妈妈还是不吃人参为好。

第 148 天：警惕妊娠性血毒症和子痫

1. 妊娠血毒症

妊娠毒血症是一种妊娠期的重症，据临床统计，患有高血压、糖尿病的病人，高龄产妇，过度肥胖者和多胞胎孕妇易患此症。患者患病较轻时症状不明显，重者可见精神沉郁，呼吸困难，尿量严重减少，呼出气体有酮味，可发生流产、共济失调、惊厥及昏迷等症状。

造成妊娠毒血症的原因目前医学上尚无明确定论，但普遍认为是一连串疾病衍生的过程。首先是体内肝糖原被消耗，接着动员体脂去调节血中葡萄糖平衡，结果造成大量脂肪积聚于肝脏和游离于血液中，造成脂肪肝和高血脂，肝功能衰竭，有机酮和有机酸大量积聚，导致酮血症和酸中毒；大量酮体经肾脏排出时，又使肾脏发生脂肪变性，有毒物质更加无法排出，造成尿毒症；同时因机体不能完成调节葡萄糖平衡而出现低血糖。因此，妊娠毒血症是酮血症、酸中毒、低血糖和肝功能衰竭的综合征。

妊娠毒血症对准妈妈和胎宝宝都非常危险，在疾病刚发生时，人体生理调节作用呈现心输出量增加和血管阻力降低。一旦疾病继续恶化，最后会导致心输出量降低、血液流注减少，血管收缩，并发症包含脑出血、肾衰竭、肝衰竭、呼吸衰竭、播散性血管内凝血等，严重时可致孕妇和胎儿死亡。

妊娠毒血症是一种持续进行的疾病，没有方法使它的病情回头，唯一的治疗方法就是终止怀孕、娩生胎儿，一旦胎儿娩出，疾病就自然好转，终至痊愈。如果保守治疗的话，应本着补充血糖、降低血脂、保肝解毒、维护心肾功能的原则，住院观察，除了卧床休息，还可以经常测定血压及仔细评估胎儿的情况，必要时进行提前剖腹手术。

总而言之，多数的妊娠毒血症并没有明显的症状，所以每次产前检查都要量血压、测尿蛋白、量体重，以及早发现妊娠毒血症并加以控制病情，避免并发症的发生。

2. 子痫及先兆子痫症

子痫是孕 20 周以后妊娠高血压综合征（妊高征）的特殊表现，包括水肿、高血压和蛋白尿，特别于怀孕晚期发展呈最严重而紧急情况时，以抽搐及昏迷为特点，可并发肾衰竭、心力衰竭、肺水肿、颅内出血、胎盘早期剥离等，子痫可以发生在产前、产时或产后 1 周内，多数发生在产前。先兆子痫则是于抽搐前，在妊高征基础上伴有头痛、头晕、眼花、上腹不适、恶心等症状，预示子痫即将发生的阶段。

发病急，病情变化快，后果严重，处理复杂，特别在急诊处理时，要求迅速诊断，及时抢救。在先兆子痫阶段如能抓紧治疗则可避免子痫发生。一般来说，子痫抽搐前多数有先兆子痫症状，也有个别患者前驱症状不明显，突然发作抽搐或进入昏迷。子痫发作时一般开始于面部，眼球固定，斜视一方，瞳孔放大，从嘴角开始出现面部肌肉痉挛，数秒钟后全身肌肉收缩，面向一侧歪曲，双手臂屈曲握拳，腿部旋转，约持续10余秒。下颌及眼皮一开一合，全身上下肢迅速强烈阵挛，口吐白沫，舌被咬破时口吐血沫，眼结膜充血，面部发紫发红，1～2分钟后进入昏迷。昏迷后常有鼾声，体温上升，呼吸加深，少数患者抽搐后立即清醒，亦可停止片刻再发生抽搐。

先兆子痫和子痫的治疗应以预防为主，凡妊高征患者、血压较高、水肿较重、尿蛋白阳性者均应入院治疗。当出现有先兆子痫症状来急诊检查时也应立即入院，积极对症治疗，以免子痫发作。如果孕妇在家突发子痫，可以先使患者头部偏向一侧，在口中垫上软毛巾等防止患者咬破舌头；保持呼吸道通畅，如有呕吐物，要用吸痰器或其他辅助用具及时吸净呕吐物和异物，以避免吸入性肺炎。

第149天：准妈妈需要留心的十大反常现象

1. 鞋码加大

由于准妈妈体内存在过多体液脚会胀大，因此，穿鞋的号码会加大1～2号。有的准妈妈以后会永远保持着穿这么大号的鞋，脚的大小不会再恢复到孕前水平。孕期穿便鞋会有效遏制脚大。

2. 关节易损

准妈妈体内分泌一种叫松弛素的荷尔蒙，这种物质能促使耻骨区和子宫颈为生产胎宝宝做准备。但是它同时还会使准妈妈的韧带松弛，容易受伤。尤其是骨盆、下背及膝关节容易过度牵拉或扭伤。所以，准妈妈活动时动作应缓，不宜急动。

3. 心态不良

准妈妈这时的表现症状类似于经前期综合征。乳房发胀并有触痛感，孕激素水平波动。总感觉心境欠佳，喜怒无常，甚至于想落泪，有时也会对丈夫无端地发一通火，或不可控制地、无任何理由地激怒同事，这种情绪烦躁现象可能会持续整个孕期。如果在孕前有经前期综合征的妇女，在孕期这种症状会更加明显。如还有睡眠不好，食欲减退或食欲亢进等症状时，应看心理医生。

4. 毛发与指甲的变异

体内荷尔蒙的分泌使会促使指甲生长得更快、更坚硬，有的孕妇出现指甲容易劈裂现象。这时准妈妈应经常修剪指甲并避免涂抹指甲油。过多的荷尔蒙分泌使得毛发的脱落速度降低，生长速度加快，但这种变化并非永久性的，多数准妈妈在产后期或终止母乳喂养后脱发严重。有的准妈妈还在不应该长毛发的部位长出了毛发。例如在面部、腹部、乳头周围。还有的毛发质地发生了变化。变得更干或更油性。更有甚者发生毛发变色的现象。指甲也同毛发类似，孕期会发生明显变化。

5. 精力分散

怀孕的痛苦和妊娠反应使准妈妈心烦意乱，不能集中精力，并表现出健忘。准妈妈这时所能想到的也只有腹中的孩子，有时甚至连工作或与医生约诊都无关紧要。建一个记事本或备忘录。将每天或近期应办的事情记下来，以弥补由于健忘而造成的疏忽。

6. 乳房增大、胸廓增大

由于雌激素和黄体酮水平的增加，乳房会增大。为使自身和胎宝宝获得足够的氧气，准妈妈的肺活量增加，因此，也导致胸廓增加。

7. 容易造成静脉曲张、痔疮、便秘

准妈妈荷尔蒙水平的增高，致使静脉中的血流量增加，因此，在腿部或性区多发生静脉曲张现象。当然，这种现象会随孕期的消失而消失。在孕期可采取如下措施，以缓解静脉曲张：穿宽松式的衣服，穿支撑式长筒袜，在坐下时将脚部抬高。

痔疮对准妈妈来说是极其痛苦的，尤其是在大便时或大便后，会出现流血、瘙痒或有刺痛感。

8. 皮肤异常

有些准妈妈面部皮肤会有黄褐斑或称妊娠期黑斑病，还有的在下腹部正中线上出现一条黑线，乳头、外生殖器及肛门区色素过度沉着。这些现象都是由于孕激素引起体内产生过多色素所致，是无法预防的，但若设法防止紫外线直射，会使黄褐斑出现降至最少。由于流入子宫的血流量增加，流入准妈妈各器官的血流量也会增加。所以，流经血管的血量增加油脂分泌量增大。因此，痤疮或粉刺也是孕妇常见病之一。准妈妈由于腹部皮肤的拉伸，会有痒感和出现裂片。这时可到孕妇商店买些油膏涂于腹部或用燕麦片洗浴，以缓解皮肤炎症。

9. 分娩前的异常现象

产前破水是又一种异常现象。在国外，仅有 10% 的准妈妈生产前自然破水。有的准妈妈破水时，会有一种强烈的小便欲，致使羊水涌出。还有的由于胎宝宝的头部像一个塞子一样，阻碍了羊水的流出，而表现出涓涓细流或滴流样。请放心，羊水只不过是有甜味的灰色或无色液体，如果持续流淌（每小时 1 杯）的话，不必恐慌。

有的准妈妈在分娩时会有恶心、呕吐现象，还有的在产前或产中会发生腹泻、胃胀气等，在用力分娩时，准妈妈可能大小便失控。为防止分娩中出现上述现象，医生可能会采取灌肠措施。若准妈妈不同意灌肠，应事先与医生沟通。

10. 为迎接新生命做准备

人类也像其他动物一样，在产前要本能地做一番筑巢工作。如：准妈妈可能会为未来的宝宝清洁或装饰房间，准备衣物及被褥等，这样可以为产后休息和专心育儿节省时间。

第150天：孕妈妈出行交通注意事项

怀孕期间，大部分准妈妈还要到单位上班或者经常出行。在选择和使用交通工具时必须谨慎,要学会保护自己和腹中的宝宝。特别是孕早期和孕晚期的准妈妈，要注意交通工具的安全和舒适性，不要乘坐过于拥挤的公交地铁。条件允许，尽量避开上、下班高峰时间，选择行驶平稳、舒适性高的交通工具。交通工具的选择和注意事项有以下几项：

1. 步行

若准妈妈住得离单位不远，那毫无疑问，步行上班是最佳选择，可做到运动胎教和到达工作场所一举两得的效果。这不仅能让准妈妈呼吸到新鲜的空气，而且还能预防静脉曲张和痔疮的发生，并且有利于顺利分娩。当然，每次步行上班的时间不宜过长，一般每次不超过30分钟为宜，如果工作单位离家过于远的话就不要选择步行。而且行走时速度不能太快，以免绊倒或摔跤。准妈妈上班时穿的鞋子，一定要轻便合脚，选择软帮的低跟鞋，以减少脚部压力，最好别穿高跟鞋。

2. 公交车/地铁

准妈妈不要乘坐过于拥挤的公交车或地铁。注意不要站在门口位置，以防上、下车的人群拥挤而受到推搡或挤压；站立时最好手扶车椅或竖杆，尽量不要拉车上的吊环，以防吊环摇晃而导致站立不稳。在坐车的时候如果感觉不适，可以请求年轻的乘客让一下座位或者向司机或售票员提出自己的不便。

那些上班时不能迟到而孕吐又很严重的准妈妈，为避免车内空气质量差而加重恶心的感觉，最好乘坐出租车，或者选择早点出门以便可以避开拥挤的交通。

3. 出租车/顺风车

准妈妈可以选择打车上班。如果同事或朋友是有车一族，正好大家每天上班又顺路，或者准爸爸有条件开车送准妈妈上班，那么搭乘他们的顺风车吧。对于同事或朋友，准妈妈可以自己赞助一部分油钱，互惠互利，双方都乐意。无论是乘坐出租车还是顺风车，准妈妈都最好坐后排，以防车辆紧急刹车或转弯时对肚子的冲击和压迫。

4. 自驾车

自己开车的准妈妈最好不要采用前倾姿势，这样子宫易受压迫，产生腹部压力，易导致流产或早产。另外，孕期还在上班的准妈妈的神经比平时更敏感，容易疲劳，而驾车时精神需要十分专注，疲劳感就会加强，所以，选择自驾车的准妈妈要量力而行。同时，系安全带时要避开肚子隆起的部分，要调节座椅位置，让肚子和方向盘之间有一定空间。背后最好准备一个靠垫，以免腰酸背痛。同时车里的空调温度不能太低，吹自然风比较好。准妈妈在开车时一定要随身携带手机，并且要保持通讯正常，这样才能在遇到紧急情况时及时求助。

开车前准妈妈要注意通风换气。车子里到处充满有毒的挥发气体，尤其是在夏天再加上太阳长时间得暴晒，使车内有毒挥发气体的浓度更高。有研究显示，车内甲苯含量本来就比室内标准高了4倍，在日晒后甚至会达到20倍，这对人体极有可能会造成伤害。吸入过多的甲苯会使孩子患上白血病，会使准妈妈流产。装饰过的车子会散发甲醛，也会致癌；车子内的芳香剂含有甲醇，可能导致人的脑神经受损。所以建议准妈妈在上车后先别着急把车开走，可以先打开窗户，或者将冷气开到通风状态，花个5 ~ 10分钟，让毒气散发出去，以避免吸入过多的有毒气体。

第151天：准妈妈洗澡时的注意事项

准妈妈怀孕以后，由于体内发生了许多特殊的生理变化，如汗腺和皮脂腺分泌旺盛，表现为容易出汗，汗液与头部的油性分泌增多，如不经常洗头、洗澡，皮肤及头部的污垢可影响毛孔的排泄功能，易招致感染而发生痒肿或其他皮肤病。因此准妈妈应经常洗头、洗澡，勤换衣服，保持自身清洁卫生，防止感染，减少皮肤疾病。经常洗头还能保持头发柔软、光亮、美观舒适，有利于准妈妈身心健康。有条件的准妈妈最好能每天洗澡，时刻保持身体清洁。

但准妈妈洗澡时应注意以下事项：

1. 淋浴为最佳选择

现在人们洗澡通常采用淋浴的比较多，对准妈妈来说，更需如此。一般怀孕以后不主张坐浴，如果坐浴，浴后的脏水有可能进入阴道，而阴道的防病力减弱，就容易引起宫颈炎、阴道炎、输卵管炎等，或引起尿路感染，使准妈妈出现畏寒、高热、腹痛等症状，甚至发生宫内或外阴感染而引起早产。这样势必增加孕期用药的机会，也给畸胎、早产创造了条件。因此，准妈妈不要坐浴，更不要到公共浴池去洗澡。同时，热水不要长时间冲淋腹部，以减少对胚胎的不良影响。

2. 洗澡时间不宜过长

洗澡时，浴室内由于通风不良，空气混浊，湿度大，就会降低空气中的氧气含量，再加上热水的刺激，会使人体内的血管扩张，这样血液流入人体躯干、四肢较多，而进入大脑和胎盘的血液就要相对暂时减少，氧气的含量也必然减少，且人的脑细胞对缺氧的耐力很低，就会造成洗澡时昏倒情况。如果准妈妈洗澡时间过长，除发生以上情况外，还会造成胎宝宝缺氧。如果胎宝宝脑缺氧时间很短，一般不会造成什么不良后果，如果时间过长，就会影响神经系统的生长发育。因此，专家提示，一般准妈妈一次洗澡时间不宜超过15分钟，或以准妈妈本身不出现头昏、胸闷为度。

3. 水温要适宜

准妈妈洗澡时室温不宜过高，以皮肤不感到凉为宜，水温最好控制在38℃以下。因为如果水温或室温过高，很可能因为缺氧导致胎宝宝发育不良。而在孕后期更不能洗很烫的热水澡，洗澡的时间也不宜太长，否则很容易出现缺氧、窒息的情况，还可能导致胎宝宝宫内缺氧，严重的甚至会胎死腹中。专家还提醒，有的准妈妈为了皮肤保健在淋浴时会冷热水结合，这种方法对准妈妈来说很容易影响子宫和胎宝宝，不宜采取。

4. 洗澡频率最好每日一次

洗澡频率应根据个人的习惯和季节而定，一般来说最少三四天一次，有条件的话，最好是每天一次，炎热的夏天每天洗两次都可以。如果做不到每天都洗澡，也要尽量每天都用温水擦擦身，洗洗外阴。因为准妈妈身体负担较重，新陈代谢逐渐增强，汗腺及皮脂腺分泌也比常人旺盛，如果出汗了，或者说代谢的细胞脱落得比较多，皮脂腺分泌得也比较多。

5. 用正确方法清洗敏感部位

外阴：准妈妈除了清洗全身以外，最重要的是外阴部位的清洗，一定要每天清洗。此部位最好用清水洗，尽量少用洗剂，避免坐浴，也不要冲洗阴道，否则会影响阴道正常的酸碱环境而引起感染。大便后最好也要清洗肛门，还可有效防治痔疮。洗好澡后，别急着穿上内裤，可穿上宽松的长衫或裙子，等阴部风干后，再穿上，这样可以有效地预防阴部痛痒。

乳房：洗澡时，注意用温水冲洗乳房，动作要轻柔，不可用力牵拉乳房及乳头，不可用力搓揉，应以一手往上轻托乳房，另一手指腹顺时针方向轻揉，避免引起子宫收缩。准妈妈可在浴后抹些橄榄油，以使乳房皮肤滋润而有韧性，这样分娩后才经得起婴儿吸吮，否则易发生乳头皲裂。

第152天：准妈妈为什么会失眠

1. 准妈妈失眠的原因

（1）荷尔蒙变化。正值怀孕的准妈妈，在精神和心理上都比较敏感，相对地，对于压力的耐受力也会降低，通常这段时间的情绪不太稳定，常会有忧郁和失眠等症状的发生。一般认为，怀孕期心情的转变，是因荷尔蒙变化所导致。

（2）尿频影响睡眠。准妈妈常有尿频的经验，许多人也习以为常。根据统计，怀孕初期可能由一半比率的妇女有尿频的问题，但是到了妊娠后期，有将近八成的准妈妈畏尿频所困扰。而且不只是白天，连晚上也会起床跑厕所。这样的症状会严重影响准妈妈的睡眠品质，造成失眠的问题。

（3）饮食习惯的改变。饮食习惯的改变，也会影响孕期睡眠品质的好坏。所以，均衡的饮食很重要。

（4）半夜抽筋。随着孕期的慢慢变化，许多准妈妈到了怀孕后期，常常会有抽筋的症状，因而引起影响睡眠的品质。许多医生认为抽筋的问题大多来自于在睡眠姿势的关系，通常脚掌向下时会比较容易抽筋。另外，也可能和局部血液循环、血液酸碱度平衡有关。一般正常的血液时处于微碱性，如果压力过大、饮食中甜食和动物性食物过多，都很容易让血液偏向酸性，引起电解质的不平衡，因而造成局部的肌肉产生抽筋症状。

（5）对食物过敏。过敏是最容易被忽视的一环，尤其是对于食物的过敏反应。过敏的问题在过去一直很少被注意，但它会造成对免疫系统的负担，增加了身体的压力，造成一些不适的症状。

2. 防治孕期失眠的妙招

（1）静下心来读书或者是听音乐，这种方式极其有效，而且还可以胎教，一举两得。只要情绪能保持稳定，睡眠就不成问题。

（2）尽量避免引起压力的食品，例如咖啡、茶、油炸食品等。尤其是食物中的饱和脂肪，会改变准妈妈体内的荷尔蒙分泌，造成很多不适症状。

（3）营造良好的环境。家里装饰重新摆设。按照优雅、舒适的原则，营造一个让孕妇感到有安全感的地方。环境也会让准妈妈感觉舒心一些。

（4）注意控制体重，注意营养膳食。健康的身体不会怕失眠。

（5）学会用婴儿威胁自己。每当自己要发脾气时一定要先考虑到宝宝的感受，对宝宝不利的一定不要做。

（6）烦躁的心情是失眠的最大敌人，如果有什么不开心的，一定要找个人说出来，释放一下。

（7）有的准妈妈在怀疑期间容易多疑，怀疑自己的丈夫。所以相信自己的爱人，在一定程度上可以增加自己的安全感。

（8）注意控制饮食。有的准妈妈在怀孕期间食欲特别好。大吃特吃。这也是造成失眠的一个原因。进食过多，会影响肠胃功能。身体不舒服，自然睡不好。

（9）和丈夫协调好，对怀孕中的自己一定要从旁帮助控制自己的情绪。在这种包容理解的情况下既保证了宝宝的健康，也有利于夫妻之间的感情培养。

（10）多了解怀孕方面的知识。

第 153 天：试着用英语对胎宝宝讲一讲话

怀孕 4 个半月以后，胎宝宝的内耳和鼓膜已经是发育成熟的器官。因此，从这时开始，胎宝宝就非常注意外界的声音。胎宝宝已经能够用耳朵去听。

国外曾报道，胎宝宝在母腹内就能够接受莎士比亚语言的启蒙教育。教师埃伦·罗伊说：只需一个袖珍耳筒式录音机，一盘磁带和英文唱的摇篮曲，就可以使胎宝宝将来成为精通两种语言的人才。那么，怎样对胎宝宝进行英语启蒙教育呢？其方法是：准妈妈把一个袖珍耳筒式录音机固定在腹部，在怀孕期间的最后 4 个月或 5 个月以英语儿歌的节奏摇晃腹中的胎儿，每天进行 2 或 3 小时，但一次决不要超过 45 分钟。因为超过这个时间，胎宝宝就烦了，不听了。

有研究称，在胎儿期接受了英语启蒙教育的孩子，在学校学习英语只不过是一次简单的饭后散步，轻而易举。他们的发音比那些其父母精通两种语言的孩子们还要好。如果在接受了产前英语启蒙教育之后，又继续接受正规教育的话，这个在母腹中就开始上学的孩子，其前途不可限量。若希望自己的孩子将来成为精通两种语言的人才，最好在胎儿期给孩子进行英语启蒙教育，并作为胎教的一个内容。

在听英文歌曲的同时，准妈妈还可以试着和胎宝宝用英文对对话。准妈妈可以讲一些很简单的英语，例如："This is Mommy"、"Let' s go to the park"、"That is a cat"，将自己看见、听见的事情，以简单的英语对胎宝宝说话。

和胎宝宝说一段时间英语后，你可以看看成效如何。如果以后当你对着他说英语时，他有用脚丫踢你肚子的反应时，表示胎宝宝在学习，这时你不妨试着用英语叫他别再踢，看看他会不会平静下来呢？如果英语胎教有成果的话，这种成果的保持仍然需要坚持练习，多加巩固，不然天长日久胎宝宝就会生疏了。

胎教英语口语选摘

Are you coming with me ？你跟我一起去吗？

Are you sure ？你能肯定吗？

As soon as possible. 尽快。

Believe me. 相信我。

Buy it. 买下来！

Call me tomorrow. 明天打电话给我。

Can you speak slowly ？请您说得慢些好吗？

Come with me. 跟我来。

Congratulations. 恭喜恭喜。

Do it right ！把它做对。

Do you mean it ？你是当真的吗？

Do you see him often ？你经常见到他吗？

Do you see it ？ /Do you understand ？你明白了吗？

Do you want it ？你要吗？

Do you want something ？你想要些什么？

Don' t do it. 不要做。

Don' t tell me that. 不要告诉我。

Give me a hand. 帮我一下。

Have a good trip. 祝旅途愉快。

Have a nice day. 祝你一天过得愉快。

Have you finished ？你做完了吗？

How are you doing ？你好吗？

How long are you staying ？你要待多久？

I am wasting my time. 我在浪费时间。

I can do it. 我能做。

I can’t believe it. 我简直不能相信。

I can’t wait. 我不能再等了。

I don’t have time. 我没时间了。

I don’t know anybody. 我一个人都不认识。

第 154 天：知识胎教：卡片识别

“闪光卡片”就是用彩色笔在白纸上写上文字、数字的卡片，其内容包括：图形、英文字母、汉字、数字以及用这些数字进行加法、减法、乘法、除法时的算式。在将上述内容制成卡片时，还要考虑它们相互间的色彩搭配，要用鲜艳的色彩勾画，并用黑色勾边，使卡片的边缘具有醒目和有利于区别的作用。这就是为了在进行胎教的过程中强化准妈妈的意念和集中注意力，并促使准妈妈获得鲜明的印象。

1. 如何制作闪光卡片

（1）选择一些稍大点的白纸，将白纸裁剪成若干等大的正方形，大小可随意，但不要太小，最好宽 15 厘米以上。

（2）准备一些彩色笔，可选择那些线条稍微粗一些的，另外还要准备一根钢笔或黑色签字笔。

（3）现在可以在上面写上准妈妈想要的内容，在写的时候可实现考虑一下颜色搭配，先用鲜艳颜色勾画，再用黑色勾边，使字体更醒目。

2. 用闪光卡片教胎宝宝学知识

准妈妈只有保持平静的心情和集中注意力才能使自己的感觉和思考的内容与胎宝宝吻合。在学习开始前，准妈妈最好把呼吸调整得深沉而平静，然后将要教的内容在头脑中描绘出来。

用闪光卡片教胎宝宝字母和数字很方便有效的，不过要注意集中注意力，并积极地联想，最好可以把准妈妈内心的想法用丰富形象的语言描绘出来，让胎宝宝不仅仅能听得到，还能感受得到。

准妈妈可以将几个字母和数字分别写在不同的卡片上，写的时候记得将音读出来，临摹的时候要集中注意力，加深印象，同时对所临摹的对象加以想象，比如 C，你可以用手做出 C 的形状，想象它是一个小手镯；比如 A，可以想象这是一个铁塔，也可以像是一个吊索桥，还可以像一个娃娃叉着腰，等等，描摹完以后，可以连贯地领着胎宝宝读几遍，同时还要记得不断地将平面的形象转化成生活中存在的立体信息，并通过想象传达给胎宝宝。

同时，喜欢画画的准妈妈还可以在卡片上画各种植物和小动物，来教胎宝宝认识它们。现在市面上也有一些专业的用于胎教的卡片，你也可以直接买现成品来进行胎教。

3. 看看斯瑟蒂克夫人怎样教天才宝宝认识字母

在本书开头我们提到过的斯瑟蒂克胎教法，斯瑟蒂克夫人在怀孕时就曾用闪光卡片教胎宝宝认识字母,效果极佳。现在我们就来看看斯瑟蒂克夫人的一段文字，看看她是如何培育天才宝宝的吧。

在教“A”时，我一边联想着一顶尖尖的帽子，一边从上往下努力勾画其形象，然后选择一个以 A 开头的单词进行学习。像“Apron”我就讲：“围裙就是妈妈做饭时围的布，今天妈妈用的是一条带有大花的围裙。除此以外，还有各种各样的，到你能吃饭会烧饭的时候，妈妈也给你缝一条漂亮的围裙。”再反复正确地发音，认识字母时像这样选择容易形象化和好发音的单词是非常必要的，通过这样的学习，孩子自然就把“A”这个字母记住了。

我在教英文字母“F”时，首先说“这个红字是 F”，接着想象在一片平静的水面上醒目地印出红色的 F 字形，然后用意念把它像沉入水底一样牵引到腹中来，我把它深深地看在眼里,并用手指一边临摹它的笔画，一边告诉苏珊 F 是什么形状，“画一竖杠，右边生出一长一短两只手，还记得前边教过你的 E 吗？形状就像 E 下面缺一横一样。”

然后重复几遍 F 的正确发音,在读几个以 F 开头的单词,像 Flower(花)、Fun(喜悦)、Fair (公平的)、Full (充满)、Favorite (喜欢的东西等)，并且一面解释这些单词的意思，一面逐个一笔一画地写在白纸上，来代替苏珊记住它。也就是说，苏珊能通过我的眼睛和大脑来识别文字和数字并把它记住。

动起来：练习孕期抬腿、踏步运动

1. 抬腿运动

具体步骤如下：

（1）放松躺在床上，双手放于大腿两侧，自然放置，头部摆正，呼吸三次。

（2）将手扶着头部上方的栏杆，保持身体笔直，臀部夹紧，两条腿紧紧并拢。注意要将手尽量伸直，保持一种拉伸的状态。

（3）两条腿紧紧并拢，腰部用力，将两个并拢的腿一起缓慢抬起，过程中两条腿夹紧，脚面绷紧，将两条腿尽量抬高，保持大腿伸直，两腿并拢，腰部肌肉紧张，保持该动作 10 秒。然后缓缓地放下，放下的过程中要保持两条腿夹紧，腰部用力。

（4）重复以上步骤，抬腿 10 下为一组。

整个过程中保持两腿夹紧，腰部用力，要保持身体伸展，笔直，不能有所弯曲。

2. 踏步运动

具体步骤如下：

（1）找一个沙发垫或椅子垫，光脚站在上面。

（2）放一些有节奏感的欢快音乐，跟着音乐原地踏步。

（3）可通过增加摆臂来加大强度。

抬腿的高度和运动的强度由准妈妈自己控制，不要过度劳累。

胎宝宝的阅读时光：现代诗《面朝大海，春暖花开》《春天》

“从明天起，做一个幸福的人”，这是诗人海子在我们与他的心灵相识之初告诉我们的诗句。这位纯真、浪漫、热情、悲伤的天才诗人给我们留下太多充满灵性的伟大诗句。今天，准妈妈就给胎宝宝朗读两首海子的诗歌，这是两首关于温暖、希望和春天的诗。

《面朝大海，春暖花开》

从明天起，做一个幸福的人
喂马，劈柴，周游世界
从明天起，关心粮食和蔬菜
我有一所房子，面朝大海，春暖花开
从明天起，和每一个亲人通信
告诉他们我的幸福
那幸福的闪电告诉我的
我将告诉每一个人
给每一条河每一座山取一个温暖的名字
陌生人，我也为你祝福
愿你有一个灿烂的前程
愿你有情人终成眷属
愿你在尘世获得幸福
我只愿面朝大海，春暖花开

《面朝大海，春暖花开》这首诗歌以朴素明朗而又隽永清新的语言，拟想了尘世新鲜可爱、充满生机活力的幸福生活，表达了诗人真诚善良的祈愿，愿每一个陌生人在尘世中获得幸福。

《春天》

你迎面走来
冰消雪融
你迎面走来
大地微微颤栗
大地微微颤栗
曾经饱经忧患
在这个节日里
你为什么更加惆怅

野花是一夜喜筵的酒杯
野花是一夜喜筵的新娘
野花是我包容新娘
的彩色屋顶
白雪抱你远去
全凭风声默默流逝
春天啊
春天是我的品质

作者想象自己便是春天。在赞颂春天带来的生机的时候，也认为自己和春天一样，具有卑微而勤奋、温暖而乐观的内质。尽管春天的景象还是淡淡的，仅仅消融了积雪，开化了土壤，让残败的野花只够做一时的装点，但她在默默中留下了痕迹。

好孕美食馆：吃几道减轻孕期水肿的私房菜

1. 清炒黄花菜

【材料】

黄花菜15克，黄瓜150克，生油12克。

【做法】

（1）黄花菜、黄瓜洗净后切段。

（2）用九成热的油炒熟即成。

2. 冬瓜鸡

【材料】

童子鸡750克，冬瓜300克，料酒5克，盐5克，姜8克，猪油（炼制）100克。

【做法】

（1）冬瓜削皮去瓤，制成15厘米高的段筒，并留顶片做盖。

（2）童子鸡宰杀洗净，切成小块（肫肝可用），下油锅炒至生黄，然后倾入冬瓜筒内，盖上顶片。

（3）将瓜筒置于汤罐内，旁注好汤，酌加细盐、料酒、姜末，在小火上慢煨，熟后连锅上桌。

3. 海米冬瓜蛋汤

【材料】

冬瓜500克，虾米15克，鸡蛋50克，香菜3克，花生油10克，盐4克，味精3克，大葱3克，姜2克。

【做法】

（1）冬瓜去瓤洗净，切成瓦棱形的片。

（2）把鸡蛋打入碗内，并搅拌均匀。

（3）海米放在碗内，用开水浸泡软，洗净杂质备用。

（4）炒锅放在火上，放入花生油烧热，下入葱姜丝、海米粉炒。

（5）加入鸡汤熬10分钟，再放入冬瓜片煮5分钟。

（6）加入精盐、味精，淋入鸡蛋液，盛在汤碗内，撒上香菜末即成。

胎宝宝的私人音乐厅：贝多芬《田园》

第六号交响曲《田园》，是贝多芬的代表作之一，并由作曲者亲自命名为《田园交响曲》。《田园交响乐》是贝多芬交响乐中唯一的标题音乐。

创作这部作品时，贝多芬双耳已经完全失聪，因而这部作品也正表现了他在这种情况下对大自然的依恋之情，是一部体现回忆的作品。这部作品1808年在维也纳首演，由贝多芬亲自指挥，在首演节目单上，他写道：“乡村生活的回忆，写情多于写景。”整部作品细腻动人，朴实无华，宁静而安逸，与贝多芬的第五号交响曲同为世界上最受欢迎的交响曲之一。

准妈妈可以跟着女作家乔治·桑在《贝多芬田园交响乐》里所叙述的听《田园》的感受，一同欣赏这首名曲。

《贝多芬田园交响乐》正文：

这是在聆听贝多芬这部伟大的交响乐时我所看到的：

我首先看到广阔的平原：空荡、平坦，我认为它是灌木叶腐殖土层，很干燥。平原上没有羊群，也没有人。我疲劳不堪，躺在地上。我先试着站起来，但没有成功，不过我一点一点跪起来，然后站立，面朝着天。

我头上的天空是阴沉的。处处都笼罩着雾气，我只发现远处时而闪过黄色的光线，而且变得越来越耀眼，光照越来越扩展。它们渐渐照亮了天边，先是橘黄色，然后变成紫铜色。随着天空尽染这种光芒四射的色调，平原变得更加黑了，火热的天空与地平线上大地的线条形成对照，就像人们在夕阳西下时看到的一样，但在这一世界中并没有太阳。

于是，我似乎觉得天渐渐暗下来，像一可触摸的穹顶向大地靠近。我感到用手可以摸到它，我伸出双手。

与此同时，大地似乎后退了。我感到自己坠入到虚空之中，而且不知发生了什么奇迹，我竟稳立于天地之间。

大地仍然在暗下去，而天空仍然闪耀着热烈、明亮的光芒。我明显地与天空接近了，前额就要触到这光亮的圆顶。我害怕了。空中发生了强烈的震动，犹如军号的一声巨响撕裂了我所在的天地。我倒下了，但不知身落何处。我再也看不见自己，感觉不到自己的存在。

当我重新跃起，天已远去，大地已全部没入夜晚的黑暗之中。柔和、温暖的清风拂面而过，我也飞离了地面。我长久地贴着地面而行，试图重新找到通天之路，但每当风停息时，我就会再次倒下。终于，风力加强了，透过地平线那边的空间，我发现长长的金色光线划破阴郁的厚厚乌云，我朝着那个方向飞去。

但是，在我更加急迫地向那令人迷惑的光线奔去之时，地平线使那宽广的境域向后退去。每当我认为要抓住这些光线时，它们就熄灭了，又在更远的地方亮起来，落入无边的空间之中。大地无休无止，天空总是重新出现，我疲于奔命。我感到这次旅行持续了整整一个世纪。

终于，和煦的风吹遍天空，突然强劲起来，像一只展开双翅的雄鹰，我迅速地升上虚空之中。于是，五色光线消失了。我的上方和脚下除却渺渺太空，不再有任何其他东西。

不过，我还是依稀发现远方世界中消失的火光，大地暗淡的反光升入隐约可闻的乐曲声中，这乐声很轻，和风不时打断曲调，并把它扩散到浩茫的宇宙之中。

之后，一切归于平静。我孤独无依，悄悄地融入云层的静穆之中。

第23周：有了微弱的视力

本周胎宝宝开起来已经很像一个微缩版的婴儿了。但皮下脂肪尚未产生，皮肤依然红红的，皱巴巴的，这种颜色其实是透过皮肤看到的血管里血液的颜色，他真正的皮肤会在出生的头一年表现出来，现在最细小的血管——毛细血管开始生长，当血液流进这些血管时，胎宝宝的皮肤会呈现红色或粉红色。嘴唇、眉毛和眼睫毛已清晰可见，视网膜已经形成，具备了微弱的视觉。胰腺及激素的分泌正处于稳定的发育过程中。

这个阶段胎宝宝肺中的血管还在形成，呼吸系统正在快速地建立，为了锻炼呼吸功能，他在不断地进行着吞咽动作，不过，他得等到出生后才能完成真正的呼吸和排便动作。

准妈妈的体重在稳定增加，大约每周增重300克，共已增重了5000 ~ 8000克。阴道分泌物也增加了，这是正常现象，不用过度担心。要注意个人卫生，因为此时准妈妈泌尿道平滑肌松弛，膀胱感染的危险性增高了。

1. 带着胎宝宝去游泳

现在是一个相对安定的时期，比较适宜进行柔和的运动。因为缓慢地深呼吸有利于全身的血液循环，减轻腰酸腿疼，下肢水肿，促进消化和营养的吸收，这对准妈妈和胎宝宝都十分有益处。游泳是一项有利于舒展全身的运动。准妈妈在游泳时要注意，水温不能太低，避免下水后引起腿部肌肉痉挛，游泳的动作要轻柔舒缓，要适可而止，不能把自己弄得太疲劳。

2. 胆碱补充要及时

尽管人体可以合成胆碱，但由于女性在孕期、哺乳期对胆碱的需求量会增加，所以准妈妈要多吃含胆碱的食物，进行额外补充。对准妈妈来说，胆碱的摄入量是否足够，会影响到胎宝宝的大脑发育。从怀孕23周期，主管人的记忆的海马体就已经开始发育，并一直持续到宝宝 4 岁，所以如果在海马体发育初期，准妈妈摄入的胆碱量要是不充足，就会导致胎宝宝的神经细胞凋亡，新生脑细胞减少，进而影响到大脑发育。准妈妈为了摄取足够的胆碱，可以多吃一些鸡蛋、红肉、奶制品、豆制品、花生、土豆等食物。

第 155 天：了解五种孕检方式

1. 核磁共振检查

可以配合超音波检查，进一步了解及诊断胎宝宝的先天异常，在妊娠 18 周以后施行，对于胎儿的影响很小。

哪些情况需要进行胎儿核磁共振检查呢?

第一，因准妈妈肥胖、羊水过少、子宫腺肌瘤病、胎儿已入盆、孕期后 3 个月胎宝宝后颅窝异常及胎儿位置变动导致超声不能提供诊断信息的病例。

第二，超声已确定或不能确定的胎宝宝中枢神经系统异常，核磁共振可提供更多的补充信息。

第三，复杂的胎宝宝异常，如肺先天性囊性腺瘤样畸形、先天性膈疝、肺隔离症等。

第四，评价胎宝宝腹部异常。

第五，胎盘异常及高危的评价。与超声比较，核磁共振视野大，软组织对比好，高质量显示胎儿器官，更利于评价胎宝宝解剖异常的空间关系及较大病变与周围结构的关系。

但是核磁共振并不是可以显示胎儿所有的形态学异常，如胎宝宝心脏小，心率较快核磁共振无法显示心腔的内部结构而不能用于心脏畸形的诊断，有些四肢的畸形由于胎儿体位关系也不能很好显示。

2. 羊膜腔穿刺检查

怀孕中期做羊膜腔穿刺检查，可以诊断出胎儿染色体异常、基因突变及先天生化代谢异常胎儿，在怀孕 15 ~ 18 周之间施行，安全性相对提高，发生自发性流产及早产的概率不到 5‰，普遍为大部分准妈妈所接受。

3. 绒毛膜取样检查

在怀孕 10 ~ 12 周之间施行，早期绒毛膜取样检查，可以诊断出高发生率的基因异常疾病，如海洋性贫血、肌肉萎缩症等，其检查的风险比羊膜腔穿刺稍高，流产发生率约 3%，而胎宝宝肢体残缺的后遗症原因还未明，需要在手术前的遗传咨询告知孕妇及其配偶。

4. 胎儿脐带采血术

为了迅速诊断胎宝宝是否合并有染色体基因及其他遗传性疾病，采取少量脐带血来确定胎宝宝是否异常。医学上可以利用胎动监测、胎心听诊、B 超检查等多种仪器设备对胎儿进行检查，具有安全、可靠的指导作用，但如果母亲的一些抽血化验异常如:HCG 化验和 AFP 检查比值、胎儿皮肤厚度等多项检查均不在正常范围内，医生高度怀疑胎宝宝有遗传病或染色体病的话，要进行准确的评价和排除，脐带穿刺采血是准妈妈不得不选择的最可靠的一项检查。

胎儿脐带采血操作中为避免并发症发生，医生在 B 超指导下，一般选择经腹经子宫做脐静脉穿刺。应该说，胎儿脐带采血毕竟是一项侵犯性的操作，对胎儿有可能会造成脐带血肿、损伤、出血、胎盘早剥、早产等问题。据报道，约有 1/1000 ~ 1/2000 可能导致这些并发症，严重的可以危及母子生命安全。其中还有极少数标本因为母血污染，导致培养不成功，出报告率为 98%。从 1986 年国外成功进行首例胎儿脐带血穿刺以来，国内外医学家通过对照研究认为：脐带穿刺的危险因素关键在于操作者的经验。脐带穿刺技术经过十几年的发展，现在不仅运用于胎儿的产前诊断，而且已经发展到对产前胎儿进行治疗，在降低围产儿死亡方面起到了非常重要的作用。比如说对胎儿细胞遗传学、血液性疾病的产前诊断、胎儿感染性疾病，包括风疹病毒感染、弓形体感染以及缺氧产前诊断、输血产前治疗，等等。

5. 胎儿镜检查

这是一项技术性较强的产前诊断项目。一般在怀孕第 15 ~ 20 周时时行检查。用超声波定位后，经过局部麻醉作一腹部小切口，将此镜插入羊膜囊，可以直接观察胎儿的外形、性别，判断有无畸形，进行皮肤活检或从胎盘表面的静脉抽取胎儿血标本。能对胎儿的某些遗传性代谢疾病、血液病进行产前诊治断。它的应用使产前诊断发展到了一个新的水平。国外一些研究机构还用它给胎儿注射药物，甚至对胎儿脑积水和尿道梗阻进行外科手术。这些成果确实很有吸引力。但事实上只有极少数孕妇需要进行胎儿镜检查，而且它造成的胎儿流产率达 5%，由操作引起的胎儿死亡率达 4.7%。因此，目前使用尚不广泛。

第 156 天：警惕胎动异常

异常胎动是因病理情况和功能障碍，如脐带绕颈较紧、胎盘功能障碍，或准妈妈不正常用药及外界的不良刺激等，导致胎宝宝在子宫内缺氧。当胎宝宝的生命受到威胁时，便会出现异常的胎动，不仅表现在次数上，而且还体现在性质上，如强烈地、持续不停地推扭式胎动或踢动，甚或是微弱的胎动。准妈妈在家自测胎动时，如果 12 小时胎动少于 20 次，则为异常；如果少于 10 次则表明胎宝宝有宫内缺氧或宫内重度窒息。而且在妊娠 28 周后，胎动部位多在中上腹，很少出现在小腹下部。如果小腹下部经常出现胎动，则也应视为异常，表明胎位不正常，多为臀位或横位，容易造成分娩困难，应及时就诊。

1. 引起胎动异常的情况

（1）由准妈妈受到剧烈外伤而引起的胎动加快

由于受到羊水的保护，胎宝宝在妈妈的子宫可以避免轻微外力的伤害；但准妈妈受到严重的外力撞击时，就会引起胎儿剧烈的胎动，甚至造成流产、早产等情况。此外，如果准妈妈有头部外伤、骨折、大量出血等状况出现，也会造成胎动异常的情况。因此，准妈妈要减少大运动量的活动，并尽量少去人多的地方，以免不小心被撞到。

（2）由准妈妈发烧引起的胎动减少

一般来说，如果准妈妈有轻微的感冒发烧，胎宝宝因有羊水的缓冲作用并不会受到太大的影响；但若是感染性的疾病或是流感，对胎宝宝的影响就较大了。如果准妈妈的体温持续过高的话，都会导致胎盘和子宫的血流量减少，进而使胎宝宝在子宫内造成供养不足，胎动明显减少。因此，准妈妈在怀孕期间，特别要避免感冒；当有流行性疾病发生时，要避免去人多的公共场所；外出回家后注意做好清洁工作；保持室内的空气流通和新鲜；平时也要多喝水，多吃新鲜的蔬菜和水果，补充营养，增强抵抗力。

（3）由脐带绕颈或打结引起的胎动急促后突然停止

正常的脐带长度为50厘米，如果脐带过长则容易缠绕胎宝宝的颈部或身体。由于这个时候胎宝宝已经能够在羊水中自由地运动翻转，所以一不小心就有被脐带卡住的危险。一旦出现脐带缠绕或是打结，血液就无法流通，胎宝宝因此就会缺氧窒息，准妈妈就会感觉到胎动先是变得急促，经过一段时间后又突然停止。脐带绕颈是无法提前预测的问题，所以就要求准妈妈在孕中后期时刻注意观察每天的胎动，一旦有异常就应马上到医院检查。

（4）由胎盘早剥引起的胎动加剧后急速停止

这种情况多发生在孕中期以后有高血压、严重外伤或短时间子宫内压力减少的准妈妈。一旦出现这种情况，准妈妈会伴有阴道出血、腹痛、子宫收缩及严重休克的症状，胎宝宝也会由于突然缺氧而做出反应，表现为胎动突然加快，而后又很快停止。因此，建议有妊娠高血压的准妈妈一定要定时去医院做检查，并依据医生的建议安排日常的生活起居，尽量避免不必要的外力冲撞和刺激，同时还要保持良好的心态，放松心情，减轻精神紧张的程度。

2. 养成数胎动的习惯

建议准妈妈在怀孕28周开始至临产，要进行有规律的胎动监控记录。最好的时间规划是每天上午8 ~ 9点，下午1 ~ 2点，晚上8 ~ 9点，各数胎动1次，每次数1个小时，3次计数相加乘以4，就是12小时的胎动数。如果每日3次计数有困难，可于每日临睡前1小时计数1次，每天的检测时间也应该是固定的。然后将每日的数字记录下来，描绘成曲线，这样便于观测胎动的变化情况，及时了解胎宝宝的安危情况。同时也为临床医生进行诊断提供了参考资料。

计数胎动时，准妈妈宜取左侧卧位，环境要安静，思想要集中，心情要平静，以确保测量的数据准备。

第157天：准妈妈正确的走姿、站姿和坐姿

随着胎宝宝的生长与发育，准妈妈的体形和身体状况会发生很大变化，这给准妈妈带来了许多身体上的不适和行动上的不便。如果准妈妈的睡、站、坐姿及

行走姿势等不正确，极易引起身体疲劳，甚至有损胎宝宝健康。今天，我们就来教给孕中期以后身体越来越笨重的准妈妈们正确的走路姿势、站立姿势、坐姿等，来保证准妈妈和胎宝宝的健康。

1. 走姿

由于准妈妈腹部前凸，重心不稳又影响视线，很容易摔倒，故在行走时要特别注意。准妈妈行走时要背直、抬头、紧收臀部，脚跟先着地，步步踩实，保持全身平衡，稳步行走。不要用脚尖走路。可能时利用扶手或栏杆行走，切忌快速急行，也不要向前突出腹部。

目前市场上有一种孕妇托带，能帮准妈妈托起笨重的腹部，使准妈妈行走起来轻松一些。徒步行走对准妈妈很有益，它可以增强腿部肌肉的紧张度，预防静脉曲张。但一旦准妈妈感觉疲劳，要马上停下来，找离身边最近的凳子坐下歇息5～10分钟。

在上楼梯时，按照先脚尖、后脚跟的顺序，将一只脚置于台阶上，同时挺直腰部，将重心前移，用后脚向前推进。

走路时，准妈妈可以欣赏路边的风景和来往的过客，也可以哼唱歌曲，踩踏有节奏的步伐，心情自然轻松愉快，就不会觉得累了。

2. 站姿

准妈妈应避免长时间站立，否则不仅易引起腰背痛，还会加重下肢水肿和静脉曲张。站立时放松肩部，将两腿平行，两脚稍微分开，距离略小于肩宽，双脚平直。这样站立，身体重心落在两脚之中，不易疲劳。但若站立时间较长，则将两脚一前一后站立，并每隔几分钟变换前后位置，使体重落在伸出的前腿上，这也可以减少疲劳。准妈妈外出时，要穿舒适的平底鞋。

3. 坐姿

准妈妈所坐椅子不应过高、过矮，应以40厘米为宜。当由立位改为坐位时，准妈妈要先用手在大腿或扶手上支撑一下，再慢慢地坐下。坐时先稍靠前边，用双手支撑腰部向椅背方向慢移，然后移臀部于椅背，挺直脊背，使其舒适地靠在椅背上，双脚平行叉开。在深坐椅中，后背笔直靠椅背，大腿成水平状，并与膝关节成直角，这样不易发生腰背痛。如果准妈妈是坐着工作的，有必要时常起来走动一下，因为这样可预防痔疮和下肢水肿。当由座位起立时，动作要缓慢。

准妈妈不要坐小凳子。大腿不能高过肚子，两只脚不可以交叉的搭起。坐在床上时如果要看电视，最好是放个枕头在背上，使身体后仰一些。

4. 休息姿

当准妈妈的肚子渐渐变大后，难免会感到腹部压力过重，因此感到累了时就一定要休息一下，不管准妈妈采取什么姿势，甚至紧闭双目几分钟养养神也可以。

坐下来休息后，尽量动动双脚、甩甩手。脚趾也可以趁机伸展一下，转转脖子，耸耸肩，都会使准妈妈舒服很多。

如果躺下来，若是侧卧时，就在左腿和右腿的膝盖下垫个软垫子；仰躺时，可在膝盖和脚下垫个软垫子，都是比较舒适的姿势。

5. 蹲跪姿

如果准妈妈要蹲下来捡东西的话，应该屈膝蹲下去弯腰，双脚平稳地踏在地面上，然后缓缓地站起来。应该由大腿来承受所有的重量。腰部才不容易受伤。

正确蹲跪法是，往前跨出一步，双膝慢慢弯曲，如果身边有稳固的支撑物，最好攀附一下，腰随着下弯，直至双足踏实在地面上。如果需要跪下时，就将双膝缓缓着地，以腿来支撑全身的重量。

第158天：积极预防早产

1. 早产的三个征兆

（1）下腹部变硬：过了第8个月，下腹部反复变软、变硬且肌肉也有变硬、发胀的感觉时，首先保持安静，尽早去医院接受检查。

（2）出血：少量出血是临产的标记之一，但有时是从生殖器官出血，这有非正常临产的危险，可局部用干净的纱布、脱脂棉、卫生纸垫上止血。

（3）破水：温水样的东西流出，就是早期破水。有的准妈妈即便是早期破水，仍能在几周后平安生产，但一般情况下是破水后阵痛马上开始，此时可把腰部垫高，不要动腹部，马上去医院。

2. 高危产妇预防早产七原则

（1）有内科疾病、体重过轻及营养卫生状况不佳、胎盘异常等高危险情况的准妈妈，应当增加产检的频率，并在怀孕期间严密观察，及早在发现早产前兆时予以药物注入。

（2）避免毒品烟酒等的接触。

（3）确诊有子宫颈闭锁不全的患者予以子宫颈环扎手术。

（4）在怀孕前发现可能造成早产的子宫体异常则预先矫治，若已怀孕后才发现，则需严密观察胎宝宝的生长及产兆的发生。

（5）准妈妈应保持均衡饮食及充足睡眠，多吃蔬果，多喝水，勿憋尿，保持会阴部干爽及卫生，避免发生准妈妈常见的阴道炎、尿路感染等，产科医生应注意准妈妈的感染状况并及早给予治疗，而准妈妈在治疗过程应依医嘱用药以免造成抗药性而影响治疗。

（6）怀孕前的其他疾病应先予以治疗，怀孕期间是否持续用药则应与医生讨论并维持病情稳定。

（7）近年来因为不孕症治疗，给予排卵药而同时刺激数颗卵泡排出，或为达到高受孕率而植入数颗受精卵，均使得双胞胎及三胞胎发生情况增加，甚至达四胞胎以上。这些怀孕情况均因多胞胎而有早产可能，且加上不孕症患者本身子宫异常或高龄怀孕等因素，不孕症治疗增加了许多的早产可能性。

3. 准妈妈预防早产要注意的七个要点

（1）不要碰腹部

不要跌倒：不要到人多的地方或上下班高峰时外出。被人碰一下，就有跌倒的危险，特别是上台阶时，一定要注意一步一步地走稳。

保护腹部：不要拿重东西或拿高处的东西，以免碰到腹部。

有时跌倒会引发阵痛，但不会流产或早产，如果经过2～3天没有什么异常，那就是一切平安无事，这是因为羊水起到了缓解应急、保护胎宝宝的作用。

（2）不要刺激腹部

严重的腹泻：严重的腹泻因排便时刺激子宫使其收缩加快，可引起早产。

夫妻生活：正常意义上的夫妻生活与早产没有关系，但只要有一点点早产征兆，也应禁止夫妻生活。

（3）准妈妈的健康状况如何，是否患有以下疾病：

高危疾病：心脏病、肾病、糖尿病、高血压等。

传染病：流感、没有治愈的梅毒等。

营养不良：维生素A、维生素E等不足。

（4）安静地休息

对初次分娩的不安等精神紧张均可引起早产，要注意保持精神上的愉快。

意想不到的事故、烦恼，甚至于有时噪音都能引起早产。

轻度疲劳也可引起早产，要注意避免睡眠不足，过度疲劳。

（5）不要让腹部紧张

长时间持续站立或下蹲的姿势，会使腹压升高子宫受压，也可引起早产。

（6）有宫颈机能不全和子宫畸形的准妈妈请加以注意。

需要去医院做检查，在医生指导下采取相应的措施。

（7）有下面情况的准妈妈请遵照医生的指示活动：

妊娠高血压综合征；双胞胎或多胎妊娠；前置胎盘；羊水过多症（胎儿先天异常等时）。

第159天：挥别孕期手脚冰冷的症状

1. 手脚冰冷的原因

秋冬交替，天气逐渐转冷，手脚冰冷对女性而言是常有的事。为了孕育腹中胎宝宝，准妈妈的血流量会增加，体温也跟着升高，但仍有部分准妈妈可能会出现手脚冰冷的现象，尤其是在冬天。当准妈妈有此情形时，应警觉是体内血液循环不良或血液量不足所致，要及早从饮食及日常生活上做改善，以免影响胎宝宝的发育。

准妈妈若出现手脚冰冷的问题，大多是属于暂时性现象，到怀孕后期就会改善，其可能原因包括有下列几种：

（1）母体血液重新分配。怀孕期间，母体的血液会重新进行分配，特别是在初期，大部分血液都集中在子宫，四肢末梢的血流量略嫌不足。

（2）饮食不匀衡。在孕育胎宝宝的过程中，母体必须有足够的血流量，才能充分提供良好的生长条件。若孕妇没有摄取均衡的营养及足够的水分，容易造成血液不足，有可能引发手脚冰冷。

（3）水肿的间接影响。肿是准妈妈常出现的症状之一，容易阻碍血液循环，如果再加上母体的血液量不足，有可能间接造成手脚冰冷。

（4）某些疾病的症状表现。若准妈妈本身有贫血、子痫症、心血管疾病等，也可能因为血液量不足或血液循环较差而表现出此种症状。

器官健全发育是日后健康的重要基础。当准妈妈出现手脚冰冷的情形时，如果置之不理，可能会影响到胎宝宝的发育，造成胎儿器官成熟度不足，容易对日后的健康产生影响。所以，虽然孕妇出现此现象并不多见，可是一旦发生这种情形，绝对不可以忽视，应该尽早改善。

2. 手脚冰冷的改善方法

（1）增进血液循环。怀孕期间，随着胎宝宝渐渐地成长，子宫开始压迫到骨盆腔的静脉，容易造成血液回流受阻，导致血液积存在下肢，间接影响四肢末梢的循环状况，引发手脚冰冷。因此，建议准妈妈晚上睡觉或休息时在腿部放个小枕头，将腿部垫高；适时按摩或热敷下肢，这些做法都有助于让血液循环变得更好。

（2）补充合适的中药材。许多中药材对改善或预防手脚冰冷有不错的效果，如人参、党参、丹参、当归、鸡血藤、女贞子、旱莲草、阿胶等。此外，红糖姜汤也有助于调整气血、促进血液循环。

（3）做好手脚的保暖工作。若准妈妈出现手脚冰冷，应该更重视手脚的保暖工作，像是穿着较厚的棉袜或戴手套。孕妇平常在家，不妨将手脚泡在热水或煮开的米酒水中，让手脚比较暖和些，准备米酒水时，可加上姜或葱一起煮，煮开之后，先将手脚放在米酒水上，利用热气来达到保暖效果，等温度降到42℃左右，再将手脚放到米酒水中泡，一方面能保暖，一方面也可促进四肢末梢的血液循环。

（4）补充铁质以增加造血量。血液量不足是造成手脚冰冷的重要原因，而铁质有助于造血，特别对准妈妈来说，适量补充铁质也就更显得重要，甚至到怀孕后期，每日需增加约40毫克的摄取量。

食物是铁质摄取的最佳来源，为了补充铁质，建议孕妇可以多吃颜色偏红的肉类、肝脏类、苹果、樱桃、葡萄、菠菜、李子、红枣、枸杞、红苋菜等富含铁质的食物；若孕妇是素食者，除了摄取偏红色的蔬菜水果之外，还可多补充牛奶、蛋、山药等，都有助于铁质的摄取。准妈妈在摄取含铁质的食物时，应同时搭配摄取含有丰富维生素C的食物，有助于身体对铁质的吸收。

当然，均衡的饮食习惯也是促进体内造血的重要条件，孕妇在补充铁质时，必须拥有正确的饮食观，那就是千万不能只注重单一营养的摄取，如此才能确实达到补血的效果。

（5）预防后续的皮肤皲裂问题。当准妈妈出现手脚冰冷时，代表体内的血液循环状况不佳，此时除了借由调整日常作息与饮食来改善之外，也要注意后续可能引发的皮肤皲裂问题。

当四肢末梢的血液循环不好时，皮肤容易产生皲裂现象，此时准妈妈可擦拭适量的婴儿油、乳液等，以增加皮肤的滋润度，避免出现皮肤皲裂问题。

（6）从平时的保养做起。手脚冰冷大多不是临时性的问题，而是长期现象，因此，为了减少此现象所带来的不适，特别是避免孕期中所可能产生的影响，女性应该从平时就做好保养，才是根本之道。平日多运动、做好保暖工作，也都能促进血液循环，达到缓解手脚冰冷的效果。

第 160 天：巧克力对孕期的益处

为何准妈妈吃巧克力对胎宝宝好？芬兰科学家们在《新科学家》杂志中撰文表示：与不吃巧克力的妈妈生出的孩子相比，那些定期吃巧克力的妈妈生出的孩子，对新环境产生的恐惧感较少。赫尔辛基大学的科学家让 300 名孕妇记录她们的巧克力消费量与压力水平，结果发现：日常食用巧克力对胎儿的行为会产生积极影响。报告另外指出，在孩子出生 6 个月后，那些食用巧克力较多的母亲，她们的孩子会产生更多好的行为反应。

芬兰科学家也承认，他们仍未确定巧克力的消耗量、婴儿行为，是否还与其他因素有关联。他们推测他们所观测到的影响，源于巧克力中与积极行为有关的化学成分，而这些化学成分是通过子宫传递给胎宝宝的。

1. 吃巧克力会让胎宝宝性格更开朗

科学家经调查发现，准妈妈食用巧克力对宝宝的性格产生积极影响，与那些在怀孕期间很少吃巧克力的准妈妈所生的宝宝相比，在怀孕期间爱吃巧克力的准妈妈所生的宝宝在出生6个月后更喜欢微笑或表现出开心的样子。该项研究还显示，那些容易紧张的准妈妈，如果在怀孕期间能经常食用巧克力，其所生的孩子不怕生人，让孩子以后会更乐观。虽然这种影响的真正原因并没有完全查明，但可以肯定的是当准妈妈吃巧克力的时候，会觉得“心情很好，感觉很棒”，而准妈妈会把这种感觉传递给腹中的胎宝宝，待孩子出世后，他们会变得更加愉快、开朗。

巧克力中所含的铜元素对胚胎的正常发育具有重要作用。有些巧克力中还添加了卵磷脂，其磷的成分对胎宝宝大脑发育是大有好处的。

2. 吃巧克力可预防先兆子痫

美国一项研究显示，每天食用一定量的优质黑巧克力可降低孕妇患先兆子痫的风险，并可预防妊娠高血压。美国耶鲁大学的研究人员通过比较脐带血中可可碱的浓度发现，孕妇食用巧克力的比例和先兆子痫发生率有关。

先兆子痫是一种严重的孕期并发症，发病时，准妈妈血压突然升高，水肿加剧，出现头胀痛、眩晕、恶心、呕吐等症状。可可碱是巧克力中一种重要的化学物质，能够起到利尿、促进心肌功能和舒张血管的作用。

研究还发现，巧克力中一些其他成分也对人体有益，比如镁，可以起到降低血压的作用。

研究人员指出，纯度越高的巧克力，也就是巧克力越黑，有益成分也越多。

经过的加工程序越多，巧克力中可可碱的含量越低。

3. 不要过度贪吃巧克力

巧克力内含咖啡因，每块标准大小的巧克力含有50毫克的咖啡因。如果准妈妈每日摄取300毫克以上的咖啡因可能会导致流产，使胎宝宝体重下降，也有可能导致早产。另外，过多食用巧克力会使一些必需的营养素缺乏，这就会影响准妈妈的身体健康，不利于胎宝宝的生长发育。而且有的巧克力所含糖分太高，可能诱发准妈妈患妊娠期糖尿病。

准妈妈可以吃巧克力,每天食用不超过100克的巧克力对健康是大有益处的！可以充分调节好准妈妈的情绪，对胎宝宝的发育也有益无害。但凡事有度，巧克力虽好吃,不可贪吃,嘴馋的准妈妈要控制吃巧克力的数量。而且在选择巧克力时，要尽量选择纯度较高的产品，不要为了省钱而去买含有代可可脂的巧克力，这样才能真正实现巧克力带来的益处和快乐。

第161天：及时解决孕期难言之隐

1. 白带增多

准妈妈怀孕后，阴道的分泌物会增多，这种分泌物一般称为“白带”。如果白带只是量较多，但没有恶臭，没引起瘙痒，没有特别的颜色（如红色、咖啡色或黄绿色），则属正常的现象，无须特别处理。假如白带颜色较多、气味难闻或阴部瘙痒，就必须请医生诊治。

白带增多比较常见的原因和对策是：

（1）感染白色念珠菌

白色念球菌是霉菌的一种，生命力极强，喜欢温热潮湿的环境。由于准妈妈阴道分泌物较多，且含糖的成分较多，白色念珠菌很容易繁殖，因此，孕妇特别容易感染白色念珠菌，一旦感染了也不容易治愈。白色念珠菌感染会造成阴部剧烈的瘙痒，患者常因搔抓破皮而疼痛与红肿，甚至因而造成性交不舒服或疼痛。此外，也会造成大量像乳酪状的白带，使阴道变得干涩而不利于性行为。目前认为白色念珠菌感染虽然对胎儿没什么大伤害，但自然生产时，婴儿的口腔可能受到感染而产生溃疡，一般称为“鹅口疮”。所以，准妈妈有念珠菌感染最好还是要使用药物控制，以免婴儿通过产道时受到感染。然而，口服的抗菌药物可能影响胎宝宝，故只能使用阴道栓剂和药膏来治疗。

（2）阴道滴虫感染

这种感染多半是由性行为传染，公共卫生学者认为是一种性病。换言之，最好性伴侣同时接受治疗才根治。比较麻烦的是，这种感染在男性身上大多不会出现不舒服的症状，因此男性愿意接受治疗的动机不强。换句话说，男性多半不愿服药。在这种情形之下，妇女常常一犯再犯，苦不堪言。治疗阴道滴虫通常都使用口服的甲硝唑，效果相当好，但可能使胎儿畸形，所以怀孕期间不宜服用。有些医生认为，怀孕末期胎儿器官已经发育成熟时可以服用，有些较保守的医生则表示，最好等生产后，夫妻再同时接受治疗。

（3）衣原体感染

是目前最常见的性病之一，感染后会有脓样白带，气味难闻。孕妇感染后，最好接受治疗，以免胎宝宝通过产道时，眼睛受到感染而受伤害。

（4）淋病感染

症状与衣原体感染差不多，胎宝宝通过产道时也可能受到感染，因此，最好在生产前接受彻底治疗，性伴侣若同时接受治疗，疗效更佳。

2. 外阴瘙痒

准妈妈大多有外阴瘙痒的“难言之隐”，决不能对这“难言之隐”听之任之，它有可能造成这样那样的险情。而且，由于外阴瘙痒会造成失眠，以致精神不振、食欲减退，从而会使身体抵抗力降低，因此对妊娠和顺利分娩都将不利。为了自己，更为了腹中的宝宝，请重视孕期的外阴瘙痒。外阴瘙痒比较常见的原因是：

（1）外界刺激引起的外阴瘙痒

准妈妈由于汗水过多、潮湿、浸渍，可引起瘙痒；穿质地较硬的内裤或有的准妈妈对某些化纤的内裤过敏也会引起瘙痒。

（2）精神因素引起的外阴瘙痒

医学研究证明，准妈妈在怀孕之后，由于生活有了某些改变，如性交的减少或中断、对妊娠的恐惧心理、失眠等常会引起外阴瘙痒。

（3）阴道炎症引起的外阴瘙痒

外阴瘙痒是霉菌性阴道炎、滴虫性阴道炎等疾病的主要症状。

对于因外界刺激引起的外阴瘙痒，只要仔细找出原因，便可以得到解决方法。例如内裤要用质地柔软并有吸汗作用的棉布，每天用清水清洗外阴。霉菌性阴道炎的用药指导在孕早期时，由于胎宝宝正处于器官发育形成的重要时期，此时药物很容易对此有副作用，此时多不主张准妈妈使用栓剂和口服药，若症状较轻，最好先选择一些中药洗剂改善一下瘙痒症状；若感染情况较严重，可以进行阴道擦洗后，再在阴道局部上栓剂，但这一过程必须由医院的妇产科护士完成，以免用药不当。

精神因素引起的瘙痒可饮食调理，在饮食上应注意不吃辛辣刺激性食物，如辣椒、姜、蒜、油炸食品、五香粉、胡椒等。在治疗方面，可用中药治疗，效果较好。

到了孕中、晚期，用药相对比较安全，这时候应彻底解决问题。建议口服药、栓剂、洗剂三管齐下。各种药物在用前应先咨询一下医生。外洗的洗剂目前市场上品种很多，对准妈妈而言，外阴部的冲洗是允许的，但阴道内的冲洗剂则是禁用的，这很容易影响到胎宝宝，甚至可能给胎宝宝带来不良影响。

动起来：带着胎宝宝一起去游泳

游泳对准妈妈来说是相当好的有氧运动，是否可以游泳应根据身体而定，如果是怀孕前就一直坚持的人，而且怀孕期间身体状况良好，那么从孕早期到后期都可以继续进行。不放心的准妈妈可以在咨询医生后再决定是否游泳。

游泳让全身肌肉都参加了活动，促进了身体的血液流通，能让胎宝宝更好地吸收营养、健康发育。孕期游泳可以增加心肺功能，而且水里浮力大，可以减轻关节的负荷，消除淤血、水肿和静脉曲张等问题，不易受伤。新研究则显示，准妈妈在孕期游泳，可缓解分娩时的疼痛。同时，孕期经常游泳还可以改善准妈妈的情绪，减轻妊娠反应，对胎宝宝的神经系统有很好的作用。

游泳是孕期最为安全的锻炼方式之一。但在开始之前，最好向医生进行咨询。如果在怀孕之前就有规律地进行游泳锻炼，那么在怀孕期间不用做太多调整，减少运动强度和时间，可以继续锻炼。如果平时基本不游泳，怀孕期间也可以进行游泳锻炼，但要注意热身，在缓慢的热身过程中，让身体得到很好的舒展，同时游泳过程中不要用力过猛，并且最好有人陪同进行。游泳最好在温水中进行，水温最好在28 ~ 30℃之间，低于28℃的水温易造成子宫不稳定而产生收缩，高于30℃的水温容易使准妈妈感到喘。

孕期游泳的注意事项有以下几点：

1. 防滑拖鞋

鞋底一定要选择防滑材质的，否则摔一跤可不是闹着玩儿的。如果拿不准拖鞋是否确实防滑，不如先让准爸爸穿着试试看。最好使用连体式的泳衣，分体式对腹部会有束缚，准妈妈会感到不舒服。孕早期可以使用原有的旧泳衣，孕中后期时要视腹部大小更换合适尺码的泳衣。

2. 随时补充能量的食品

游起泳很容易饿，所以准妈妈一定要携带一些零食，比如水果、坚果等，在游泳前、游泳中及游泳后都可以吃上一点儿，随时补充能量。

3. 准备充足的水分

开始游泳之后，准妈妈对于要适量饮水这个建议很容易忘到脑后。游泳期间具体应该喝多少水没有正式的规定，但是作为准妈妈，每天保证充足的水分摄入是非常重要的，尤其在运动期间。可以在开始游泳之前先喝一些水，游泳期间的休息时间，至少隔20分钟应该喝一些，运动结束离开泳池的时候再喝上一杯。无论天气、环境潮湿还是干燥，补水都不可忽视哦。

4. 准备活动要做好

下水之前可以做一些简单的准备活动热热身，比如活动一下脖子、手臂、膝部、踝部关节等。

5. 游泳前要沐浴

在下水之前应先沐浴，将身上的汗渍冲洗掉再游泳，这样能够帮助准妈妈尽快适应水温。

6. 选择恰当的时间

准妈妈最好能够选择泳池人少的时间前往，这样可以防止人多而在游泳过程中碰撞到腹中的胎宝宝。

胎宝宝的阅读时光：冰心诗集《繁星》《春水》

《繁星》、《春水》的内容，是诗人冰心平时随便记下的“随时随地的感想和回忆”。后来，她受到泰戈尔《飞鸟集》的启发，觉得自己那些三言两语的小杂感里也有着诗的因子，这才整理起来，而成为两本小诗集。在语言上，《繁星》、《春水》清新淡雅而晶莹明丽，明白晓畅而又情韵悠长，具有独特的魅力。

冰心在当时大约不会想到，她这两本含蓄隽永、富于哲理的小诗集的出版，竟会使那么多青年的久已沉默的心弦受到拨动，从而在她的影响下，促使“五四”以来的新诗，进入了一个小诗流行的时代。

总的来说，《繁星》、《春水》的主题大致包括三个方面的内容：一是对母爱与童真的歌颂；二是对大自然的崇拜和赞颂。三是对人生的思考与感悟。在这里，我们节选了这两本小诗集的部分篇章，供准妈妈和胎宝宝一起欣赏。

繁星

一

繁星闪烁着——
深蓝的太空
何曾听得见他们对语
沉默中
微光里
他们深深的互相颂赞了

二

童年呵！
是梦中的真
是真中的梦
是回忆时含泪的微笑

春水

一

春水
又是一年了
还这般的微微吹动
可以再照一个影儿么
“我的朋友！
我从来未曾留下一个影子

不但对你是如此”

二

四时缓缓的过去——
百花互相耳语说
“我们都只是弱者！
甜香的梦
轮流着做罢
憔悴的杯
也轮流着饮罢
上帝原是这样安排的呵！”

三

青年人！
你不能像风般飞扬
便应当像山般静止
浮云似的
无力的生涯
只做了诗人的资料呵！

好孕美食馆：妙吃玉米健大脑

1. 松仁玉米

【材料】

玉米100克，松仁50克，红菜椒5克，葱末1克，白糖1克，盐3克。

【做法】

（1）红菜椒去籽洗净，切成1厘米大小的菱形片；玉米棒去皮和须，剥下玉米粒。

（2）大火将平底煎锅烧热，撒入生松仁，调小火焙干。要用锅铲经常翻炒，使松仁滚动，颜色均匀。

（3）当焙至松仁全部为金黄色时，盛出摊在大盘中晾凉。煮锅中放水，大火烧沸，将玉米粒放入，调中火煮5分钟，然后取出沥干水分。大火烧热炒锅，倒入油，待油温升至六成热时，先放葱末煸香，随后再放入玉米粒和红菜椒片，调入适量盐和白糖翻炒片刻。

（4）沿锅边加入约1汤匙（15毫升）清水，再盖上锅盖焖3分钟。打开锅盖，加入松仁，大火翻炒均匀即可。

2. 玉米萝卜大骨汤

【材料】

玉米棒150克，排骨250克，红萝卜50克，生姜、红枣少许。

【做法】

（1）玉米棒去外皮，切成段，红萝卜切块，排骨砍成块，生姜切处，红枣洗净，备用。排骨氽一下去血水。

（2）煲内注入清水（水量自己看着办，多一些），水开后加入姜片、玉米棒、排骨块，用大火煲开，改中火煲 40 分钟。

（3）加入盐、鸡精，调好口味，再煲 2 分钟即可。

3. 三鲜玉米羹

【材料】

嫩玉米粒 50 ~ 100 克，鲜贝切小丁 25 克，火腿肉丁 25 克，熟鸡肉丁 25 克，淀粉适量。

【做法】

（1）将嫩玉米蒸煮熟烂，再放入鸡汤中。

（2）与鲜贝丁、火腿肉丁和鸡丁共煮 5 分钟，勾淀粉，调味后即可食用。

4. 水果玉米沙拉

【材料】

玉米粒（新鲜的玉米棒取粒或玉米罐头均可）100 克，生菜 30~50 克，樱桃西红柿 20 克，奶酪、橄榄油、黑胡椒少许。

【做法】

（1）将玉米粒放入锅内加少量盐大火煮开。

（2）生菜清洗干净，撕成小片。

（3）把樱桃西红柿从中间分开，奶酪切丝。

（4）将玉米粒、樱桃西红柿、生菜叶和奶酪加橄榄油、黑胡椒拌匀即可。

胎宝宝的私人音乐厅：维瓦尔第《四季·春》

春天是万物复苏的季节，在这样的季节里，人的心情也会变得更加舒畅。无论我们在什么季节听这段音乐，都可以感受音乐中“春”的气息，准妈妈在听这首乐曲时，应该尽量使自己的情绪调整到一种积极的状态。

这首名为《春》的作品是意大利作曲家维瓦尔第在 1725 年时出版的《四季》中的协奏曲，其他三部分分别为：《夏》、《秋》、《冬》。《四季》共有十二首协奏曲的合集组成，每个季节由三个乐章构成，由独奏小提琴和弦乐器共同演奏。

在维瓦尔第生活的 18 世纪，音乐家们喜爱用乐器来模仿大自然的声音，如鸟鸣、风声、雨滴声，等等。而维瓦尔第的这部《四季》，是描绘自然景象的典范之作。

在这首《春》中，小提琴用明亮的色彩奏出主题，在愉悦的气氛中使人感受到春天已经到来了。准妈妈可以在这短短十几秒时间中感受一下这首乐曲的情绪：

在整首乐曲中，曲作者分别两次用小提琴模仿小鸟的欢唱：在 00 :32 ~ 1 :04 处，两把小提琴在不同声部模仿鸟儿的啾鸣；在 2 :20 ~ 2 :37 处，独奏小提琴用各种音调模仿不同鸟儿的歌唱。

当然，在欣赏这首乐曲时，要用心灵去体会作曲家所要表达的春天生机盎然的景象，乐曲的情绪是欢快的，色彩是明亮的，这首乐曲容易使孕妇感到愉悦。

听这首赞美春天的乐曲，如同在充满绿意的公园里散步，如同听到清脆的鸟叫声、看到明媚的阳光和色彩鲜艳的花朵、闻到芬芳袭人的花香草香味，当你赞叹，“生活是多么美好！”时，这种情绪也会影响胎中的宝宝。

这首乐曲适合在早上听。尽管早上是一个非常繁忙的时段，也许你由于时间紧迫而放弃一些事情，但还是希望你能抽出这 3 ~ 4 分钟时间，安静的、专注地听音乐。当你安心地去听一段音乐时，宝宝也正在与你一起分享这美好的时光。

第 24 周：胎宝宝对声音更加敏感

这一周胎宝宝体重仍在增加，几乎占据了整个子宫腔。他最喜欢的活动仍然是抓住脐带，触摸四周。他的脸现在已经大致发育完全，双眼在脸的正面靠近了一些，但仍然紧闭着。除了听力有所发展以外，呼吸系统也正在发育。尽管还是在不断吞咽羊水，但是通常并不会排出大便。

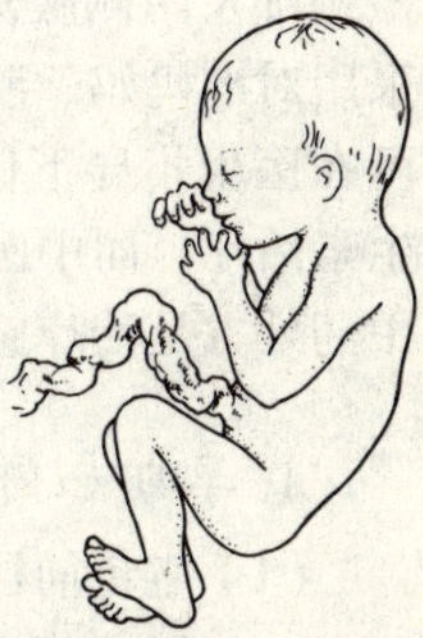
覆盖在胎儿身上的胎脂可以保护胎儿不受羊水的影响。

此时胎宝宝大脑内部的数百万个神经正在发育，并且连接成形，神经细胞数量已和成人基本相同。脊髓神经周围开始形成一个鞘，避免神经受损害。他的大脑发育得非常快，现在能够熟练地通过大脑的意识来区别苦味和甜味。此外大脑脑电波对视觉和听觉系统开始有反应，他的大脑开始有意识了，但是和其他所有系统一样，大脑的这种意识还需要得到更多的锻炼，可以多给胎宝宝说说话、唱唱歌等。

准妈妈的身体变得更加笨拙了，身体重心也前移了。原来凹进去的肚脐开始变得向外突出，不要紧，等分娩以后自然会恢复原样。由于子宫增大，压迫周围血管，也许还会出现便秘现象，还会导致痔疮的发生。

1. 正确对待产检结果

在做超声波检查时，胎宝宝偶尔会被查出过重或过轻，此时准妈妈不要太过于担心。因为胎宝宝的生长曲线是有些起伏的，而且胎宝宝的生长速度在中途也会有些变化，有些胎宝宝在怀孕初期被认为过轻，但是有可能在后期生长得很快。如果准妈妈注意营养的摄入，通过饮食调整，胎宝宝的体重就会正常了。所以当自己的胎宝宝出现这种情况时，准妈妈要正确对待，可以向医生咨询具体的改善方法，调整自己的饮食，让胎宝宝达到正常的体重。

2. 少吃火锅

对于准妈妈来说，火锅还是少吃为妙。因为吃火锅时不免要吃牛羊肉，大多数的牛羊肉中都寄生着弓形虫。如果在吃火锅时只是把肉片放到汤中稍微烫一烫就吃的话，这种短暂的加热并不能杀死寄生在肉片细胞内的弓形虫虫卵，这样幼虫可穿过肠壁随血液扩散至全身，从而可能导致胎宝宝畸形。

第 162 天：妥善应对孕期感冒

准妈妈是最容易感冒的一个群体，大多数的准妈妈在怀孕期间至少都会经历一次感冒的“洗礼”。因为妊娠时抵御力削弱，身材容易疲劳、有贫血的偏向、营养不均、压力增添，比未怀孕者具备了更多患感冒的条件。怀孕以后，准妈妈的细胞免疫功效削弱，增添了对病毒的易感性；而且妊娠时由于上呼吸道黏膜增厚、水肿、充血，局部抵御力下降，比孕前更易沾染病毒而引起感冒。

对轻度感冒，仅有喷嚏、流涕及轻度咳嗽，则不需用药，可注意休息，多喝开水，保暖，往往可以不治而愈。如果症状仍不改善，可口服感冒清热冲剂或板蓝根冲剂等中成药。感冒较重有高烧者，除一般处理外，应尽快控制体温。可用物理降温法，如额、颈部放置冰块、湿毛巾冷敷、30% ~ 35% 酒精（或白酒加水冲淡一倍）擦颈部及两侧腋窝等方法；亦可选择用药物降温。在选用解热镇痛剂时，要避免采用对准妈妈、胎宝宝和新生儿有明显不良影响的药物，例如阿司匹林之类药物。可在医生指导下使用醋氨酚、柴胡注射液等药。对感冒合并细菌感染，应加用抗生素治疗。而中医药能很好地控制感冒病毒，同时又无毒性，所以中医的辨证论治、中药处方是治疗感冒的可靠药物。

1. 孕期如何预防感冒

（1）避免前往人群众多或小孩聚集处，人多口杂，容易传染。

（2）钱、把手、水龙头等和人最容易接触的东西，碰触后赶紧净手，或者使用卫生纸，避免直接接触。

（3）勤戴口罩。过敏体质的人鼻子和眼睛容易过敏，戴口罩可以避免接触；为了确保准妈妈健康，只要家中有人感冒，准妈妈就要戴口罩。

（4）孕妇避免接触感冒家人使用的碗碟。

（5）注意调适身心状态。准妈妈身心负担大，平日要多休息，才能有健康的身体，但也不能睡过头，反而造成身体不适。压力过大、工作太累、熬夜、情绪悲伤这些因素会降低准妈妈的抵抗力，感冒病毒也就容易侵入。准妈妈身心要保持好状态，就可以预防感冒。

（6）注意调节室内环境。住在潮湿之处的准妈妈，要利用除湿机去除空气中的湿气。对于生活在早晚温差大的地区的准妈妈，则利用电热器以维持室内温暖。

（7）摄取适当的食物，并以药膳和背部按摩进行自我调理。

2. 治疗感冒的小偏方

（1）感冒初起喉头又痒又痛时，立即用浓盐水每隔 10 分钟漱口、清洁咽喉 1 次，10 次左右即可见效。

（2）喝鸡汤可减轻鼻塞、流涕等症状，对清除呼吸道病毒有较好效果。在鸡汤中加一些胡椒、生姜等调味品，或下面条吃，都可治感冒。还在保温杯内倒入

42℃左右热水，患感冒者将口、鼻部置入茶杯口内，不断吸入热蒸气，一日 3 次。

（3）咳嗽时，可以将一只鸡蛋打匀，加入少量白砂糖及生姜汁，用半杯开水冲服，2 ~ 3 次即可止咳。

（4）感冒较重有高烧者，除一般处理外，应尽快地控制体温，可用物理降温法，如额、颈部放置冰块等，亦可选择使用药物降温。

（5）对于普通感冒，最安全简便的方法就是在家休养、多喝白开水、保证营养补给，调整身体提高免疫力。如果感冒发烧较为严重，应及时就医。

第 163 天：治疗孕期咳嗽的良方

怀孕期间咳个不停，是许多准妈妈曾有的惨痛经验，捧着肚子，不敢用力咳，生怕宝宝会提早报到；若一不小心咳到尿失禁，更是令人困窘。所以，怀孕咳嗽是令孕妇及产科医生苦恼的症状，若咳得太多或太过激烈，使腹压增加，会导致流产或早产。

准妈妈咳嗽不止可能是感冒引起的，也可能是准妈妈自身体质引起的，所以千万别自作聪明，乱服成药（中药、西药都一样），因为有些治疗咳嗽的中药、西药对胎宝宝会有影响。要治疗，一定要到医院找医生诊治，这样才不会祸及胎宝宝。

《女科经纶》说：“久嗽不已，则伤胎。”故应重视妊娠咳嗽的防治。因其咳发于怀孕期间，尤须注意胎孕。治疗必须治病与安胎并举。依照中医的说法，这些准妈妈原本体质就比较阴虚，只要一怀孕就会咳嗽，一直咳到胎儿出生为止，大大损害了胎儿健康。这时的治疗方法就不同于感冒所引起的咳嗽，必须着重于止嗽、养阴润肺。

1. 治疗孕期咳嗽的食疗法

（1）冰糖炖梨：将新鲜的梨去皮，剖开去核，加入适量冰糖，放入锅中隔水蒸软即可食用。

（2）烘烤橘子：在橘子底部中心用筷子打一个洞，塞一些盐，用铝铂纸包好之后放入烤箱中烤 15 ~ 20 分钟，取出后将橘子皮剥掉趁热吃。或把橘皮晒干成陈皮，加水煎茶，大口大口喝下，颇具奇效。

（3）川贝炖梨：用去皮、去核的新鲜梨加川贝粉 2 钱，放在锅中隔水蒸软，趁热食用。

（4）白萝卜饴：将白萝卜切成 1 厘米长的小丁，放入干燥、干净容器中，加满蜂蜜，盖紧，浸渍 3 天左右会渗出水分与蜂蜜混合，放入冰箱保存；每次舀出少许加温开水饮用，止咳效果非常好。若临时要喝，没时间浸渍，可将白萝卜磨碎，加 1/3 量的蜂蜜拌匀，再加温水饮用。

（5）糖煮金橘：将金橘洗净，用牙签戳两三个洞，加水淹没煮沸，加入冰糖，用小火熬烂，趁热食用。没喝完的放凉，存入冰箱保存，每次舀一些温热食用。

（6）不要吃糖果饼干等甜食，那些冰冷、干、且易上火的食物，如花生、瓜子、油炸物等也应禁止。

（7）多喝温开水，将温开水含在口中也有很好的止咳效果。

2. 外治疗法

（1）热敷止咳：背部热敷具有使上呼吸道、气管、肺等部位的血管扩张，血液循环加速，增强新陈代谢和白细胞的吞噬能力等作用。

具体方法：根据个体差异选用不同型号的热水袋，装盛 60℃ ~ 70℃的热水，置放于患者背部，白天和晚上均可进行，持续时间视病情而定，一般 2 ~ 5 天，平均为 3.5 天。

热敷过程中有以下注意事项：热水袋不可直接放在患者背部，应隔 1 ~ 2 件内衣，或将热水袋外包一块毛巾；水温一般以 50℃为宜；如有发烧者忌用。

（2）蒸气吸入法：妊娠咳嗽发作期间，自感有咳嗽不爽、胸闷气阻、烦躁不安时，可以用直径为 10 ~ 15 厘米的深桶杯，盛半杯热开水，将口鼻入杯口，用力吸蒸气。待水稍冷再换开水，反复 2 ~ 3 次，有祛痰止咳作用。

第 164 天：准爸爸也有妊娠反应

谁说准爸爸没有“妊娠反应”？食欲不振、紧张、倦怠等症状不只是准妈妈专利，等待宝宝出生的准爸爸也同样会发生一些生理变化！他被妻子怀孕的消息和即将做爸爸的未来所鼓舞，但与此同时，一种隐约的不安乃至几分恐惧也来到了他的心头，这是一个男人一生中最微妙的时刻之一！

据国外媒体报道，调查发现，在另一半已经怀孕后，有 23% 准爸爸们的情绪和身体状况，会和另一半有着关联变化。研究发现，他们当中的一些人会变得更加感性、“易哭”、情绪波动较大，恶心甚至幻想自己承受着怀孕的痛苦。此外还有突然改变口味，或是热衷某些怪异食品的情况。

在生理上，科学家发现准爸爸体内激素的变化在妊娠反应中起着重要作用。最近，加拿大纽芬兰的科学家对 34 对正在接受产前辅助训练的准父母们进行了血液测试。测试结果表明，准妈妈身体中出现的诸如内分泌系统、生殖系统以及乳房方面的变化在准爸爸体内也同样发生了。这些即将成为父亲的男人们在妻子怀孕期间，其体内的泌乳激素（与泌乳和母性与父性行为有关的激素）、雌二醇（雌激素的一种形式）、氢化可的松（与应激反应有关的激素）和雄性激素均较以往有所增高。当孩子出生之后，他们血液中的上述激素水平也会与母亲们一样明显下降。随着男子雄性激素含量的逐渐减少，其产生的一个结果就是：父亲们在孩子出生后都变得温存而体贴了。

多年来，科学家们一直尝试从心理和生理方面寻找准爸爸妊娠反应的答案。许多专家认为这是诸多心理因素共同作用的结果。首先，这是男性追求平等的一种表现，即认为“妻子能做的事情我也能做”。另外，这些症状也可能来自焦虑，担心家中人口增加、妻子的收入减少、性生活次数减少、夫妻关系的变化或其他有关为人父的问题，因而对怀孕神经过敏并表现出躯体症状。其他心理因素包括对胎宝宝强烈渴望与认同；同情妻子在生理上所遭受的苦痛；因为发现女人会生小孩，而男人不能，所以嫉妒女性，即所谓的“子宫钦羡”。还有心理学家认为产翁综合征是男人尝试证明自己的父权地位，这种解释似乎有点极端，但确实有部分男性为证明自己的父权而“不惜代价”，因为有研究发现，这种症状更容易在曾经受不孕症困扰的准爸爸中发生。

缓解和消除准爸爸妊娠反应的方法有：

（1）准爸爸要正确对待妊娠和分娩，学习一些有关妊娠、分娩方面的医学常识，从而解除思想顾虑，同时也可以在网上交流、分享、学习。

（2）如果对即将为人父或家中经济状况改变而担忧，那就不妨平心静气地坐下来为将来的开销做个预算，提前做计划有助于减轻压力。

（3）至于那些因为嫉妒妻子而出现“妊娠反应”的准爸爸们，不如把嫉妒转化成更多更深的爱，尽量和妻子一起分享孕育新生命过程中点点滴滴的快乐。

（4）性生活减少是妻子怀孕后不得不面对的问题，首先丈夫一定要让妻子明白无论她变成什么样她的吸引力都始终如一，其次还得清楚性交并不是享受欢愉的唯一方式。

（5）也许什么原因都没有，可还是出现了“妊娠反应”，那就找个好友聊一聊，说出自己的真实感受。不必担心被人笑话，说不定他当初的“妊娠反应”比你还强烈。

（6）准爸爸如果出现了妊娠反应，可以适当的内服维生素 B_6、安定等药物。同时作为妻子准妈妈也要多体谅下丈夫，了解他的心态，多关心多体贴。夫妻间要经常谈心，相互勉励，增强信心，共同承担心理负担。妻子要做个细心人，注意观察丈夫有无心理异常表现，一旦发现，就应帮助丈夫有的放矢地进行心理保健。

第 165 天：准爸爸：做一名新式好父亲

随着时代的发展，父亲这个词不再只代表大男子主义式的严厉和武断。爸爸不仅担负起教育孩子的责任，在孕期准爸爸也承担起了重要的角色。有人总结出了新时代父亲的几大新特征，这标志着父亲这个词变得更丰富，更有爱意。

1. 谈论孩子，不再遮遮掩掩

过去，如果下班以后你推掉饭局的理由是要回家陪孩子，肯定会遭到男同事们的耻笑：太不男人了！然而，在育儿环境逐渐改善的今天，育儿讲座的课堂上，父亲的身影也越来越多地出现。一些父亲们还会为探讨育儿话题专门搞一次聚会。

2. 出得厅堂下得厨房

这曾经是男人们择偶的重要标准，而今套在“新父亲”们身上也并不为过。就像《天天饮食》中的那句“男人下厨房，绝对新时尚”一样，而今厨房不再是妈妈们的绝对领地，“谁有时间谁做”，或者“妈妈照顾宝宝，老公制作美食”的分工方式越来越常见了。然而，对于那些坚决要做时尚潮流的领军人物的男人们来说，就连居家服饰也是绝对马虎不得的。于是，一群喷着男人香水、戴着围裙的父亲出现了！

3. 擅长刚柔相济

传统父亲几乎就是威严的代名词，而“新父亲”却擅长刚柔相济。他们有很男人的一面，但是又可以很平等地和孩子交流；当孩子违反了规则时，他们会坚持到底，不讲情面，但是他们不会用粗暴的武力来解决问题。和传统父亲比起来，“新父亲”们的性情更丰富了。他们可以让孩子在自己身上同时体验到刚强和柔软。

4. 亲子教育正在流行

换个通俗的说法就是做父亲先要学习。亲子教育让父亲们认识到，自己不是孩子天然的教育者，而是需要在育儿实践中不断地学习和摸索。

5. 全职奶爸，扔掉另类的帽子

曾几何时，提起全职爸爸，我们总是感觉怪怪的。原因就在于，虽然我们的行为模式告别了传统，但是我们的思维和考量标准却还停留在那个时代。慢慢地，全职爸爸们用他们的经历和强大的心理能量告诉我们，他们不过是为自己的妻子提供了一种方便，而现代社会，恰恰需要这种随机应变的分工模式。

6. 育儿网络，不只是妈妈们的天下

从网络妈咪的一统天下，到老爸军团的迅速壮大，在育儿网络上，我们可以越来越多地听到男人们的声音。有人说，老爸们的出现让育儿论坛真正地完整起来。

7. 直接和孩子“谈情说爱”

说起传统父亲，很多人都会想起《背影》中那个始终用缄默来表达深沉父爱的男人。而在如今崇尚表达和交流的时代，对父亲来说，“宝贝，我爱你！”却可以脱口而出。

准爸爸在孕中、晚期有以下任务：

1. 怀孕中期

（1）带太太买孕妇装，若太太脚水肿、变大，要换一双合脚的鞋。

（2）可以开始作胎教了，让胎宝宝听柔和的音乐、跟胎宝宝说话、提醒太太养成良好的生活习惯及饮食习惯。

（3）可以规划一个轻松、安全的旅游。

（4）陪太太参加产前妈妈教室，多了解孕期及生产知识。

（5）给宝宝起名字。

（6）太太可能出现乳房肿胀和妊娠纹，帮她按摩乳房、在她的肚子擦乳液。

（7）与其他父母交换育儿经验。

2. 怀孕晚期

（1）继续作胎教，让胎宝宝听柔和的音乐、跟胎儿说话、提醒太太，养成良好的生活习惯及饮食习惯。

（2）参加产前妈妈教室，学习分娩呼吸法、认识生产预兆、了解生产过程。

（3）不要外出旅行，因为此时行动不便，而且随时会生产。

（4）若太太在上班，规划好请产假的时机。

（5）若太太产后要上班，先找好保姆。

（6）和医生、太太决定生产方式。

（7）准备好待产用品、宝宝用品、宝宝房间。

（8）让太太可以随时找得到，因为随时都可能会生产。

（9）陪太太生产去!

第 166 天：孕中期准妈妈的身体变化

孕中期是指怀孕的第四个月到第六个月。眼看着孕中期已经快结束了，今天就让我们一起来盘点一下准妈妈在这段时期都有哪些变化吧。

1. 身材

随着子宫不断增大，腰部将明显变粗，身体的重心将发生改变。胸部也越来越大，乳晕颜色加深，有些准妈妈的乳头可以挤出乳汁来。

由于原来的衣服已经穿不下，如果这时还穿紧身衣牛仔裤，就会影响血液循环，造成静脉曲张和肿胀。这时可以考虑选购防辐射孕妇装，以及舒服防滑的鞋子。

40% 以上的准妈妈会出现妊娠纹和妊娠斑。另外由于妊娠激素的关系，手脚也会出现肿胀和酸痛的状况。

2. 睡眠

孕中期的准妈妈已经慢慢适应了荷尔蒙和身体的变化，所以睡眠质量好多了，尽管有时候也还会有腿抽筋、做奇怪的梦和鼻子不通气的现象发生。在孕中期，虽然睡眠情况有所好转，不过随着准妈妈精力的恢复，可能反而不需要睡那么多觉了。

3. 胃口

早孕反应（恶心、呕吐、食欲不振）在孕中期已经消失，现在准妈妈的胃口会变得越来越好，似乎总也吃不饱。有些准妈妈还特别喜欢闻一些奇怪的味道（比如汽油味）。

4. 不适症状

孕中期可能出现视力减退、听力下降、记忆力不好、阴道出血、头晕、小腿抽筋、乳房疼痛、水肿、体重增加过快、便秘、尿频、尿失禁、头疼、腹痛、背痛、腰痛、呼吸短促、皮肤瘙痒、牙龈出血、妊娠抑郁症、妊娠并发症等不适症状。

孕中期三个月准妈妈的身体变化具体有以下几点：

（1）孕四个月：基础体温逐渐呈现低温状态。由于早孕反应的结束，身心都很舒服，食欲因此大增。子宫持续变大，尿频、腰部沉重感、脚跟扎痛现象依然存在。母体的下腹部稍稍隆起，还感觉不到胎宝宝的活动，乳房开始变大。

（2）孕五个月：体重增加，下腹部的隆起开始明显。由于子宫向上推挤内脏，饭后易出现胃中饱满的感觉。孕吐消失。由于皮下脂肪开始生长，身体突然发胖，乳房也由于乳腺的发达而变大。已能感觉到胎动。由于荷尔蒙分泌失衡，面部开始出现色斑。

（3）孕六个月：腹部越来越大，已接近典型孕妇的体型。体重急剧增加。膨大的腹部破坏了整体的平衡，使人易感疲劳，同时伴有腰痛。睡眠中有时出现腿部痉挛。在腿肚以及膝盖内侧，容易出现静脉瘤。已能明显地感觉到胎动。乳房更加发达，挤压时会出现淡淡的初乳。

孙思邈的医学巨著《千金要方》中，记载有孕妇怀胎十月的逐月养胎法，至今仍具有科学、实用价值和现实指导意义，兹简介如下：

（1）怀孕第四月：准妈妈“应静形体，和心志，节饮食，洗浴远避寒暑”。即孕妇要尽量少劳动，动作要轻柔和缓，心平气和，并注意调节饮食，洗澡用水要避免过凉或过烫。

（2）怀孕第五月：准妈妈“应卧必宴起，洗浣衣服，深其居处，厚其衣裳，朝吸天光，以避寒殃。无大饥，无大饱，无劳倦”。意为孕妇必须保持充足的睡眠，衣服要勤换勤洗，注意保暖，适当沐浴阳光，预防外界的寒邪侵袭，以免影响胎宝宝的发育和胎病的发生；不得过饱、过饥和过度疲劳。

（3）怀孕第六月：准妈妈“应身欲微劳，无得静处，出游于野，调五味，食甘美，无大饱”。这是说孕妇要注意劳逸结合，适当从事一些轻体力劳动，并经常到室外走动走动，一则呼吸新鲜空气，二则使肢体舒展，气血流畅，有益胎宝宝发育，并注意调换口味，饮食清淡。

第167天：预防紫外线

在一年四季中，春季阳光紫外线含量最高，冬季紫外线含量最低。科学家还就人们对紫外线的敏感性作了统计：春季敏感性最高，冬季则最低。因此，对于皮肤敏感型的准妈妈来说，从春季起就开始预防紫外线。

在预防紫外线上，准妈妈可选涂一些防晒值不超过SPF15的防晒保湿乳液。虽然说SPF值越高的防晒产品的效果越好，但SPF值越高的同时，产品刺激性就越强，容易导致肌肤干燥。所以建议准妈妈选择SPF值低一点、刺激性小一些的防晒产品。另外，防晒用品用新不用旧，这样更能减少肌肤的敏感性。准妈妈可以选择水润轻薄、刺激性小的防晒产品，比较适合外出时使用，不会有过于油腻的感觉。

平常懒得用防晒品的准妈妈，这时可得勤奋一点，每天出门前一定要用防晒品。有些准妈妈在孕期中体质会变得较敏感，如果之前的防晒品还适用，可以继续使用，在产品的选择上，则最好以纯物理性防晒为佳。

防晒产品上最常见的SPF，代表防止紫外线B光的能力，紫外线B光会造成肌肤晒伤、晒红；而肌肤会晒黑，则是因为紫外线A光。虽然紫外线A光不会使肌肤立即晒伤，但却会造成肌肤老化，并产生皱纹和黑斑，所以在购买防晒品时，除了要能防止紫外线B光，最好还能防止紫外线A光，才能有效防止肌肤变黑。

防晒品另一项最常见的标示还有PA值，从PA++到PA++++++都有，虽然“+”数越多，表示防晒系数越高，但准妈妈不一定需要买到那么高效的产品。因为每个人的肤质不同，当防晒系数越高时，质地会偏较油性。通常怀孕后皮脂腺分泌较多，反而无法接受那么油的防晒用品。除了涂抹防晒产品之外，戴顶宽边的防晒帽或撑把洋伞，都能让防晒效果加分！

别以为擦了防晒系数50的防晒乳，再擦另一瓶防晒系数30的防晒乳，就能达到加乘的效果！防晒系数必须在一定厚度下，才会有所功效，但准妈妈们常常因为害怕油腻感，而将防晒品擦得很薄，这就很难达到标示系数的功效了。因此擦得太薄，无法发挥作用，相反地，擦得太厚，防晒效果也不会因此增高。不妨试试这个涂抹防晒的简单方法：擦完保养品，吸收之后，先擦第一层防晒，隔20分钟后，再擦第二层防晒，如此一来，就能避免擦得厚厚的油腻感，又同时保有防晒的功能。

除了选择合适的防晒霜以外，准妈妈还可以参考以下方法来保护皮肤免遭紫外线的侵害：

1. 选择含油性的护肤品，如有条件可每周做一次面膜。

2. 洗脸用水不可过热，不用碱性肥皂洗脸，不用粗糙毛巾使劲擦脸。

3. 谨防一次性大量强烈日光曝晒，如在春游时，要戴上宽边遮阳帽或伞。

4. 在日常饮食中，多食富含维生素A的食物和新鲜蔬菜、水果。注意每天饮水量要充足。

5. 有春季皮炎的准妈妈，可适当外用防晒剂，如二氧化钛霜、素配洗剂等。

6. 每天洗脸后可进行5分钟的穴位按摩，也可用蒸气浴面，以增强血液循环，改善皮肤的环境，有利于皮肤的保温。

7. 为免肌肤色素沉着，尽量少吃太咸或太辣的刺激性食物；酒吧及餐厅中的荧光灯含强度紫外线，所以准妈妈尽量不要出入这些场所。

8. 阳光强烈时，最好穿深色衣衫，而不是白色的。白色衣服只反射热度，却无法阻隔紫外线。黑色、红色、紫色的棉质衣服是不错的选择。

9. 补充大量水分。日晒后的肌肤水分已经大量流失，因此时刻保持肌肤的水分充足是美白肌肤的首要条件，因此，准妈妈需要买一瓶肌水（雾化特制保湿化妆水，分子量极小，可直接透过皮肤渗入皮下），经常喷在脸上，既镇静皮肤又保湿。

10. 如果不慎晒伤，灼伤严重的皮肤会出现小的水泡，切忌用针头刺破或用手抓破，应在患处涂抹一些抗生素软膏，以控制皮肤炎症，然后用消毒纱布敷盖，以吸收水泡中的水分，保护皮肤创面，促使其愈合。灼伤处大约三四天会出现脱皮现象，此时也不可用手剥脱，而应让它自行脱落，并在脱皮过程中将少许牛奶加水调和，用棉花蘸着涂在患处。这样有助于皮肤自我调整，减轻疼痛，加速肌肤的康复。

第168天：欣赏电影《练习曲》，感受自由之心

《练习曲》是由台湾导演陈怀恩执导的一部清新的台湾电影。影片透过一个即将毕业的大学生，虽然一无所有，依旧骑着单车勇敢上路，环岛一周；虽然听觉障碍，依旧背着破吉他浪漫启程，经历人世的故事。在这七天六夜当中，透过主角本身

及旅途中所遇到人与点点滴滴的故事，传达出导演及每个生长在这片土地的居民对家园的热爱。

这是一部关于梦想的电影，主人公一股单纯的执著令人心动。大学就要毕业的明相骑上自行车，独自一人展开七天六夜的单车环岛旅程。逆时针的环岛路线，东岸到西岸的逆风行，一路所遇见的人与景，交织相扣，谱出生命的和弦。诗是画。一个人的旅行，在有风的季节。海、树、云、天、好心的陌生人。有些事现在不做，真的一辈子也不会了。

《练习曲》是公路题材与青春片糅合的结晶，单纯、质朴，含蓄的情感中透露着对社会、生命的思考。电影中的景色配上舒缓的音乐令人回味。《练习曲》中有的只是公路的骨骼，其血肉完全是东方的、含蓄的。七天六夜的旅程故事没有好莱坞公路电影的那种反抗主题，取而代之的是清新明丽的自然景色，温暖的情感流露。电影中积极的青春元素被放大，散文诗式的故事结构，纪录片式的跟随方式，精致的如 MV 的静止画面，《练习曲》是属于听障少年东明相的青春成长练习曲，是一首无声却甚有声的吉他小调；是属于台湾海岸线每一寸土地每一棵花草的生活奏鸣曲，是每一个善良的台湾老百姓质朴纯真的笑脸；更是陈怀恩以摄影师的身份第一次执导电影的练习之作。

请用一颗安静平和的心去看这样的电影，脱离人世间的浮躁，就好像一个人的一次旅行，我们把心灵都灌注到大自然中，我们卸下伪装真实地去面对路上遇到的陌生人，该是多么美妙的事情。

动起来：孕期瑜伽胸部练习、盘腿运动

1. 瑜伽胸部练习

骆驼式

具体步骤如下：

（1）跪姿，上身挺直，两脚打开与肩同宽，双手自然垂放在身体两侧。

（2）初学者可上身往前倾 45 度，双手叉腰。

（3）身体慢慢后仰，知道双手碰到后脚跟，停留 3 ~ 5 个呼吸，再回到原地，重复 3 次。

鱼式

具体步骤如下：

（1）平躺，双手放在身体两侧，慢慢呼吸。

（2）双手肘关节碰地与地面垂直，双手握拳向上。

（3）双手力量将胸部撑开，额头百会穴顶地，停留 3 ~ 5 个呼吸，然后回到平躺姿势，重复 3 ~ 5 次。

2. 盘腿运动

具体步骤如下：

（1）双腿自然盘腿，尾椎下方垫一条毯子，双手放在膝盖上。

（2）吐气，身体往前延展，双手肘撑地。

（3）身体进一步往前延展，让额头碰地，保持呼吸，停留1 ~ 2分钟。

停留时坐骨不离地，尽量往地板上沉，背部尽量往前延展。柔软度不佳者可以把双手放在长枕上以避免胯骨受伤。

胎宝宝的阅读时光：林徽因《你是人间的四月天》

四月，是踏青的季节；四月，一年中的春天，是春天中的盛季。四月，一年中最珍贵的季节，一如初恋转瞬即逝。在这样的季节里，诗人要写下心中的爱，写下一季的心情。诗人要将这样的春景比做心中的“你”。这样的季节有着什么样的春景呢？让我们一起来吟诵林徽因的这首《你是人间的四月天》，让四月天在我们心中留下最美好的记忆。

我说你是人间的四月天，
笑响点亮了四面风；轻灵
在春的光艳中交舞着变。
你是四月早天里的云烟，
黄昏吹着风的软，星子在
无意中闪，细雨点洒在花前。
那轻，那娉婷，你是，鲜妍
百花的冠冕你戴着，你是
天真，庄严，你是夜夜的月圆。
雪化后那片鹅黄，你像；新鲜
初放芽的绿，你是；柔嫩喜悦
水光浮动着你梦期待中白莲。
你是一树一树的花开，是燕
在梁间呢喃，你是爱，是暖，
是希望，你是人间的四月天！

这首诗的魅力和优秀并不仅仅在于意境的优美和内容的纯净，还在于形式的纯熟和语言的华美。诗中采用重重叠叠的比喻，意象美丽而丝毫无雕饰之嫌，反而愈加衬出诗中的意境和纯净——在华美的修饰中更见清新自然的感情流露在形式上，诗歌采用新月诗派的诗美原则：讲求格律的和谐、语言的雕塑美和音律的乐感。这首诗可以说是这一原则的完美体现，词语的跳跃和韵律的和谐几乎达到了极致。如果准妈妈对林徽因的诗歌觉得意犹未尽的话，那让我们再读她另外一首同样优美的诗歌吧。

情愿

我情愿化成一片落叶，

让风吹雨打到处飘零；
或流云一朵，在澄蓝天，
和大地再没有些牵连。
但抛紧那伤心的标帜，
去触遇没着落的怅惘；
在黄昏，夜半，蹑着脚走，
全是空虚再莫有温柔。
忘掉曾有这世界，有你；
哀悼谁又曾有过爱恋；
落花似的落尽，忘了去，
这些个泪点里的情绪。
到那天一切都不存留，
比一闪光，一息风更少；
痕迹，你也要忘掉了我，
曾经在这世界里活过。

好孕美食馆：滋补炖菜让你安胎养神

1. 鸡汤炖干丝

【材料】

白豆腐干数块，熟鸡腿 1 只，鸡汤、虾仁适量，少许熟猪油，熟冬笋、熟火腿各少量，嫩豌豆苗适量，精盐适量。

【做法】

（1）白豆腐干数块，入水煮至微沸，捞出晾凉后，切片成薄片，再切成细丝，放入盆中；加入少许并冲入沸水，用筷子将干丝拨散烫匀，沥掉水分，如此反复三次，制成豆干丝。

（2）鸡腿肉撕成细丝，熟冬笋、熟火腿切细丝，虾仁上浆后用油滑熟。

（3）将沥干水分的豆干丝，放入锅中加入鸡汤、虾仁、少许熟猪油、熟鸡丝和冬笋丝，用大火烧煮片刻，至汤汁呈乳白色。

（4）加精盐用小火煮 5 分钟，放入洗净的嫩豌豆苗再煮片刻，起锅盛入盘中。

2. 东北乱炖

【材料】

排骨 300 克，豆角 250 克，小土豆 200 克，玉米一个，葱姜适量，大酱两勺，盐少许。

【做法】

（1）豆角洗净用手掰断，玉米洗净切段，土豆洗净切两半，大酱用少许水拌匀。

（2）排骨焯水捞出，冲洗干净。

（3）锅内烧热油，放葱姜爆香，下土豆一分钟。

（4）玉米、排骨、豆角一同放入锅内翻炒均匀。

（5）把大酱倒入锅内，加热水没过菜。

（6）大火烧开，小火炖至汤变为原来的1/4左右，根据口味放盐即可。

3. 木瓜炖海带

【材料】

木瓜250克，带鱼500克，生姜10克，葱段10克，料酒10克，精盐3克，生猪油15克。

【做法】

（1）木瓜洗净切成薄片。带鱼刮鳞去鳃，剖腹去内脏，洗净，切成3厘米长的段。生姜洗净拍裂，葱洗净切段。

（2）将木瓜和带鱼放于大瓷碗中，加入料酒、生猪油，姜块、葱段和精盐，注入清水400毫升，盖严。

（3）上笼用大火蒸20分钟，见鱼色转洁白，肉质熟透时出笼，捡出姜块、葱段，下味精，调好味。

4. 核桃鸡腿汤

【材料】

鸡腿肉200克，核桃50克，冬瓜50克，绍酒5克，盐3克，香油少许，葱少许，姜少许，草果少许，大料少许，小茴香少许。

【做法】

（1）葱切段、姜切片、冬瓜去皮切大块。

（2）鸡腿肉切块，凉水下锅焯水。

（3）大火烧开，将鸡腿肉内的血沫焯出，捞出鸡腿肉反复冲洗干净。

（4）将锅内放入清水，加入葱姜、小茴香、草果、花椒、大料倒入清洗干净的鸡腿肉，大火烧开烹入绍酒，转小火盖盖炖30分钟。

（5）加少许盐调味倒入冬瓜，核桃。

（6）直至冬瓜变成透明，点入少许香油即可出锅。

胎宝宝的私人音乐厅：柴可夫斯基《如歌的行板》

《如歌的行板》是柴科夫斯基于1871年写作的《D大调弦乐四重奏》的第二乐章，而《D大调弦乐四重奏》也正因有这个杰出的乐章，才特别受到世人的钟爱。《如歌的行板》的主题，是1869年夏，柴可夫斯基在乌克兰卡蒙卡村他妹妹家的庄园旅居时，从一个当地的泥水匠处听来的。这是一首脍炙人口、广为流传的弦乐曲，并逐步演变成为多种乐器独奏或协奏的保留曲目，其中最为地道的是弦乐四重奏。

其旋律深沉、婉转、凄美，似诉说、似哭泣、似叹息。听《如歌的行板》容易让人联想到《二泉映月》，这两首曲子都体现了作者对人生艰辛的感悟，对劳动人民苦难生活的深切同情和无可奈何，听这样的曲子很难不受其打动。应该说《如歌的行板》和《二泉映月》是属于那种能够净化人类灵魂的音乐，无论哪个民族、哪个阶层的人，只要良知尚存，都能够从中体会到善良、真诚和同情。

大提琴演绎的《如歌的行板》，罗斯特洛维奇将弓弦柔和却有力地拉满，让饱满而又轻柔的回音荡漾在无尽的空间；这种感觉就像是一位老人，对你讲述着人生与艺术的哲学，听出的更多的是那种看惯了《春秋演义》之后的豁达和沉思。那是一种风雨过后的感觉，虽有落叶萧萧，落花缤纷，却也有一阵清凉和辽阔霜天的静寂。一切纵使都已经过去，眼前面目皆非，却一样别有风景。

第七个月（25 ~ 28 周）：爱玩踢肚子游戏的小淘气包

1. 胎宝宝的变化

第七个月的胎宝宝脸上布满了皱纹，酷似一位沧桑的老人，但是他的皮肤皱纹会随着慢慢长大而逐渐减少，皮下脂肪仍然较少；有了明显的头发；脑组织开始出现皱缩样，大脑皮层已很发达，开始能够分辨妈妈的声音，同时对外界的声音是否喜欢和厌恶能力有所反应；感觉光线的视网膜已经形成；有了浅浅的呼吸和很微弱的吸吮力；四肢已经相当灵活，可以自由地在羊水里游泳；男宝宝已经有了明显的阴囊，而女宝宝的小阴唇、阴核也已经清楚地突起了。

2. 准妈妈的变化

由于胎盘的增大、胎宝宝的成长和羊水的增多，准妈妈在这个月的体重会迅速增加，大约每周可以增加 500 克，经常会出现手脚酸痛的症状。准妈妈的肚子上和乳房上会出现一些暗红色的妊娠纹，从肚脐到下腹部的竖向条纹也越加明显；宫底上升到脐上 1 ~ 2 横指，子宫高度为 24 ~ 26 厘米。有些准妈妈这时会感到眼睛不适，怕光、发干、发涩，这是比较典型的孕期反应，可以使用一些消除眼部疲劳、保持眼睛湿润的保健眼药水以缓解不适。

这个月的准妈妈，新陈代谢时的耗氧量会明显增大，因此准妈妈的呼吸会变得更加急促，稍加活动就会气喘吁吁，所以尽量要避免走太远的路和站立过长的时间。另外，胎宝宝的日渐增大会使准妈妈的心脏负担逐渐加重、血压开始升高，心脏跳动次数也会由原来 65 ~ 70 次 / 分钟增加至 80 次 / 分钟以上，所以准妈妈很容易出现贫血。

到了这个月，胎宝宝几乎占满了整个子宫，随着空间越来越小，胎动也在减弱，准妈妈要注意记录下每一次有规律的胎动。有的时候，准妈妈的腹部会出现阵发性的跳动，这种跳动不同于胎动，它表示胎宝宝在呃逆，每天 1 ~ 5 次不等。胎宝宝打嗝是正常现象，是他正在“练习”呼吸动作，所以不必担心。另外在此阶段，寻求舒服的睡觉方式将是一个挑战，去卫生间、找水喝、吃零食以及胎宝宝的运动都会使准妈妈的睡眠支离破碎，所以准妈妈要努力获得充足的睡眠，白天有机会就打几个盹吧！

3. 胎教重点

（1）营养胎教

由于这个月胎宝宝进入了大脑发育的高峰期，脑细胞迅速地增殖分化，所以为了促进胎宝宝的智力发展，使将来的宝宝更聪明，准妈妈应在这个月重点补充“脑黄金”。

“脑黄金”指的是DHA、EPA和脑磷脂、卵磷脂等营养物质。这些物质对于准妈妈和胎宝宝来说有双重的营养意义，对于准妈妈来说，“脑黄金”能预防早产，防止胎宝宝发育迟缓，增加婴儿出生时的体重；对于胎宝宝来说，足够“脑黄金”的摄入能够保证胎宝宝大脑和视网膜的正常发育和神经系统的完善，使宝宝将来更聪明活跃。

为了补充足量的“脑黄金”，准妈妈可以在这个月交替地吃些富含DHA类的物质，如富含天然亚油酸、亚麻酸的核桃、松子、葵花子、杏仁、榛子、花生等坚果类食品。此外还可以多吃些鱼类、鱼油等，这些食物富含胎宝宝大脑细胞发育所需要的必需脂肪酸，有健脑益智的作用。

（2）抚摸胎教

这个月，胎宝宝的性格已经有所显现。活跃的胎宝宝活动可能比较频繁，他会用小手、小脚在妈妈的肚子里又踢又打，有时还会让自己翻个身，把妈妈的肚子顶得一会儿这里鼓起来，一会儿那里又鼓起来；调皮的胎宝宝会和妈妈玩“捉迷藏”，妈妈摸左边，宝宝在右边胎动；妈妈摸到右边，宝宝又藏到左边胎动。准妈妈有时还会看到肚子的两三处同时鼓出来，这说明胎宝宝在肚子里面正手脚并用地和妈妈玩游戏呢！当然，也有的胎宝宝则相对比较安静。在这个月，准妈妈可以记录下每一次有规律的胎动，想象胎宝宝在肚子里的动作，感受他的快乐。

（3）情绪胎教

准爸爸应帮助妻子克服产前的恐慌和焦虑情绪，要多了解一些分娩常识，用以打消妻子心中的顾虑。陪着妻子做定期产检，和妻子一起参加产前培训班，从饮食起居上给予她最好的照顾，让她可以时刻感受到你就在她的身边陪伴着她，感受到你无微不至的关怀和体贴，从而有效缓解她的不良情绪。

第25周：胎宝宝大脑发育进入高峰期

在本周，胎宝宝的体重稳定增长，一般能达到大约700克的体重了，随着身体体积的增大，胎宝宝在妈妈的子宫中已经占据了相当多的空间，并开始充满整个子宫。处于这一时期的胎宝宝，皮肤很薄而且有一些皱纹，几乎没有皮下脂肪，全身覆盖着一层细细的绒毛，其大脑细胞迅速地分化着，进入了大脑发育的高峰期。

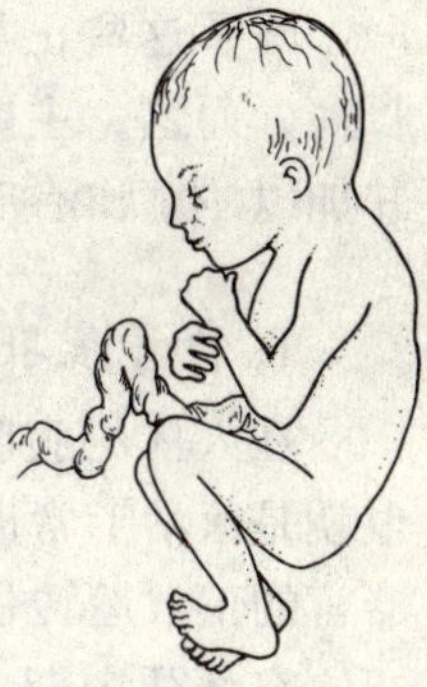

随着胎儿继续发育，他在子宫里的活动空间减小了，因此他的身体现在保持一种蜷曲的姿势。

1. 调节好情绪

准妈妈的情绪和心理状态对于胎宝宝的情绪、性格、心理及健康的发育和成长起着重要的作用，所以，准妈妈应该学会调节好自己的情绪，保持良好的心理状态，具体来说，就是要在平时的生活中时刻保持坚强乐观、积极向上的心态，消除不良情绪的困扰，多给自己鼓劲加油，给自己正面的心理暗示。准爸爸也应积极配合与支持，多给准妈妈一些鼓励，增强准妈妈的自信心，帮助他们调节好情绪。

2. 利用光照胎教法促进宝宝的视觉发育

这个时期的胎宝宝已经对光有所感觉了，因而，准妈妈可以在此时对胎宝宝进行光照训练，这样，不仅能训练胎宝宝对光线的灵敏反应，而且还有助于促进其视觉功能的健康发育，这对于胎宝宝的健康成长是非常有好处的。但是，光照胎教要掌握好正确的方法，并控制好时间。

第 169 天：孕中期腹痛需警惕

在怀孕的中期阶段，准妈妈可能会遇到很多情况，孕中期腹痛就是准妈妈最常见的身体反应。在孕中期腹痛中，有些腹痛是生理性的，只要多休息并注意好好调节一下就好了，不需要治疗，而有些腹痛则是病理性的或是由其他的一些疾病而导致的，这就需要提高警惕，及时采取有效的措施进行处理和治疗。

当面对孕中期腹痛时，我们应该先判断一下是生理性腹痛、病理性腹痛还是其他的一些原因导致的腹痛。通常来说，孕中期的生理性腹痛是一种正常的生理现象，它可能是由以下的几种原因导致的：

一是因为怀孕到这个时期，胎宝宝的体积逐步增大，准妈妈的体重和肚子逐步增大，皮肤也随之会有一种紧绷的感觉，不断增长的肚子就会因对腰腿部位的牵引而产生疼痛的感觉，尤其是在运动后，不少准妈妈都会感到腹部有隐隐的牵拉痛感。与此同时，随着胎宝宝的成长，此时准妈妈的子宫也在不断增大，子宫圆韧带被牵拉，也会造成一定程度的腹痛。这种腹痛的部位多位于下腹部子宫的一侧或双侧，呈现出隐痛、钝痛或牵涉痛的感觉。特别是走远路或是动作过于剧烈时，疼痛的感觉会变得比较明显。对于这样的牵拉疼痛，准妈妈并不用非常焦虑和担心，只要多卧床休息，疼痛就能得到缓解。

二是因胎动而导致的腹痛情况。胎动指的是胎宝宝在子宫内的活动。到了孕中期，胎宝宝的四肢已经发育完全并且变得十分活跃，经常会在妈妈的子宫里进行转动、翻动、跳动等一系列的活动，随着胎宝宝的成长和发育，他运动时的力气也会越来越大。此时准妈妈通常能明显地感觉到胎宝宝的活动状况：一下子滑向左，一下子滑向右，时而在上，时而在下，时不时还会踢踢妈妈的肚子。此时，准妈妈也能感受到胎动带来的疼痛感。

除了这些正常的生理性腹痛，还有其他一些病理性的原因也可能导致孕中期腹痛，而这，主要是与准妈妈在怀孕前后的一些身体疾病相关，这就要引起警惕并加以注意和治疗了。一般来说，病理性腹痛主要是由以下的几种疾病导致的：

1. 食管裂孔疝和反流性食管炎

在人体的腹腔之间，有一组名为“横膈”的肌肉，横膈中央部有一“裂孔”，也就是医学上常说的“食管裂孔”，食管就是通过这个裂孔下行与胃相连的。这一器官的正常运转是人体保持健康的重要保障。

在怀孕中期，因为子宫中的胎宝宝体积逐渐增大，准妈妈腹腔内的压力也会随之升高，在压力的作用下，食管裂孔也极有可能会增宽。而如果食管裂孔增宽，就可能将胃的底部通过增宽的食管裂孔推入胸腔，出现“食管裂孔疝”，因而导致腹痛，同时还多伴有胸闷、气短、胸痛、胃里反酸、打嗝等症状。与此同时，由于腹腔内压力增大而且胃的上口松弛了，胃里的酸液、气体、食物都有可能反流到食管或口腔中。食管黏膜受到胃酸的刺激，就很有可能引发反流性食管炎，这也会导致准妈妈腹痛。

因食管裂孔疝和反流性食管炎而导致腹痛是孕中期常见的病理性腹痛之一，为了防治这类疾病，医生多建议准妈妈应少食多餐，注意清淡和营养均衡，尽量少吃太辣、太甜、太粘的食物，而且在吃饭后不宜立即平卧在床上，同时应该尽量少弯腰以减轻胃部返酸的可能性。如果有轻度胃部反流症状，可设法将上半身抬高20° 左右，如果症状较为严重，就应去医院观察和治疗了。

2. 卵巢囊肿扭转和严重的子宫扭转

很多妇女在怀孕时，常会伴随引发一些良性卵巢囊肿的状况，常见的如黄体囊肿、畸胎囊肿或者其他囊肿等。在怀孕中期，由于体内生理状况的改变，子宫及附属器官很有可能会伸入到腹腔，因而导致囊肿扭转的情况。当发生卵巢囊肿扭转这种情况时，因为血液流通不畅，就有可能致使囊肿肿胀，甚至坏死，这就会导致准妈妈出现腹部疼痛的状况，这种腹痛一般表现为下腹的一侧出现间歇性的疼痛，并伴有恶心、呕吐和虚脱的感觉。

另一种更为严重的情形就是子宫扭转。子宫扭转产生的原因可能是因为准妈妈在怀孕时有子宫肌瘤、先天畸形，或是有卵巢肌瘤等疾病。一旦发生子宫扭转的情形，就有可能引起急性腹痛。如果情况较为轻微，还可以通过卧床休息、服止痛药及改变准妈妈姿势等方式来加以改善：如果子宫扭曲的情形较为严重，还会导致准妈妈休克或是胎宝宝窘迫等情况发生，应该马上就医了，医院也只得通过手术来矫正，这种情形的风险性也较大。

3. 晚期流产

怀孕12周以后出现腹痛并伴有阴道流血的现象，就称为孕晚期流产。晚期流产的过程与分娩时的情形相似，先是会有一阵阵子宫收缩的腹痛，继而胎盘剥离出血，这种状况虽然发生的几率不高，可一旦发生，情况就要比早期流产严重得多。

4. 其他的一些疾病

除了如上的一些与准妈妈生理变化有关的疾病，还有一些与怀孕并无直接关系的疾病也会导致孕中期的腹痛，如果准妈妈在怀孕以前曾经做过腹部手术，或是患有急性阑尾炎、胆石症等，在怀孕期间一定主要调养，以防止病情的加剧和恶化。一旦出现腹痛、腹泻、恶心、呕吐、发烧等情况，应及早就医。而且，准妈妈在平时一定要注意养成良好的生活和饮食习惯，最主要的是要注意劳逸结合，注意均衡营养，少吃刺激性和脂肪含量高的食品，在吃饭时应该细嚼慢咽，要注意少食多餐，一餐不宜吃过饱等。

第 170 天：如何预防孕期贫血

由于生理机能的变化，准妈妈在怀孕期间较容易出现贫血症状，尤其是一些在怀孕之前就贫血的准妈妈，贫血症状可能进一步加重。孕期贫血的危害是非常大的。这主要是因为孕期贫血不仅可能引发准妈妈易感染、产程延长、妊娠高血压综合征等情况，而且还会影响胎宝宝的正常发育和身体健康，甚至危及胎宝宝的生命。比如，准妈妈孕期贫血，就会造成胎盘的血、氧供应不足，这对胎宝宝在子宫内的正常生长发育及出生后的智力水平、行为能力都会有所影响，更为严重的，还可能引起早产或死产等情况。因此，在怀孕期间，准妈妈一定要注意预防贫血。

导致孕妇贫血的原因主要有两个，一个是缺铁性贫血，另一个就是营养性贫血。缺铁性贫血是由于体内铁的储存、吸收不能满足正常红细胞生成的需要而发生的贫血，而营养性贫血则多是由于怀孕后身体缺乏叶酸而引起的。无论是对于哪种贫血，预防都比治疗更重要，所以在日常生活中，准妈妈一定要提高警惕，注意补充铁元素，促进吸收。具体来说，准妈妈可以参照这样的几点建议：

1. 多吃一些富含铁元素的食物

富含铁元素的食物主要有红肉（包括牛、猪、兔肉等）、家禽（如鸡、鸭等）、鱼类（如吞拿鱼、三文鱼等）、蛋类、动物的内脏、叶片青菜、黑木耳、紫菜、菠菜、豆类等。其中，猪肝或其他动物肝脏、动物的血含铁量最高，而肉类中所含的铁质更容易被人体所吸收。除了这些铁含量丰富的食物之外，有些中药材如人参、当归、阿胶、何首乌、熟地黄、鹿茸、海参等也是富含铁质的，硫酸亚铁、葡萄糖酸亚铁、富马酸亚铁等铁剂也能帮助准妈妈补血补铁。

所以，准妈妈在怀孕期间应该调整好自己的饮食结构，以食补为主，多吃一些铁含量高、而且容易吸收的食物。相比于服用抗贫血药，通过饮食来预防贫血更为安全和可靠，因为药物一般都会有副作用，很有可能影响准妈妈的身体健康，导致恶心、呕吐、胃痛不适等病症。

2. 注意饮食的多样化，并多吃一些有助于铁吸收的食物

在怀孕期间，准妈妈要兼顾着自己和胎宝宝的营养供给，所以一定要注意保持饮食的多样化，均衡营养结构。准妈妈可以多吃胡萝卜、蛋黄等食物以及其他

的一些富含各种维生素的食物，尤其是要多吃各种水果和蔬菜，这些食物不仅能补铁，而且其中所含的维生素 C 还可以促进铁在肠道的吸收。同时，准妈妈还可以在三餐之间吃一些零食，如进食牛奶、牛肉干、卤鸡蛋、葡萄干等食物，这些也都对纠正贫血很有好处。但是需要注意，摄取高蛋白食物时，一定要注意把握好分寸、注意荤素结合，这样才不至于伤及脾胃。

3. 做菜时多用铁炊具烹调

一般认为，铁锅、铁铲这些传统的铁质炊具在烹制食物的时候会产生一些小碎铁屑，这些小碎铁屑溶解于食物中就能形成可溶性铁盐，而这也是补充身体铁元素、促进肠道吸收铁的一种重要途径和方法。而且，很多科学研究的证据都表明，用铁锅做出的饭菜，铁元素含量要比用其他金属饮具做出的饭菜高出 5 倍以上，所以，在做菜时多使用铁锅来进行烹调是很有好处的。

4. 补充体内叶酸

怀孕期间，准妈妈的身体对叶酸的需求量有所增加，通常是由孕前的 50 ~ 100 微克增加到 150 ~ 300 微克，如果由于身体缺乏叶酸、体内对叶酸的摄入功能减弱、体内叶酸的排出量增多，都有可能导致叶酸性贫血，也称为营养性大细胞性贫血。尤其是动物性蛋白质和新鲜蔬菜吃得太少，就很容易导致体内叶酸的缺乏，由此引发叶酸缺乏性贫血。

为了预防和治疗这种因缺乏叶酸而导致的营养性贫血，准妈妈就应该在饮食时多吃一些富含蛋白质和叶酸的食物，如动物的肝脏、肾脏、绿叶蔬菜及鱼、蛋、谷、豆制品、坚果等食物，而且在做菜的时候也要掌握好分寸，如做菜时不要用过高的温度，烹饪的时间也不宜太长。另外，准妈妈还可以通过服用叶酸增补剂来补充叶酸，一般可以从孕前 3 个月开始服用，一直到怀孕后 3 个月为止。

5. 要按时进行并且做好产前体检

准妈妈应该认真地对待每次产前检查，这样才能及早发现异常情况，并积极治疗。在怀孕中期，准妈妈可以检查一下血色素，这样的话，如果贫血，也能够及早发现，并采取相应的措施纠正。一般来说，准妈妈如果出现了缺铁性贫血迹象，就应该在医生的指导下使用铁剂溶液进行治疗，严重时可能还应输血治疗。

第 171 天：丰富生活小情趣，塑造宝宝好性格

准妈妈的生活和心理状况对胎宝宝有着重要的影响，如果准妈妈在怀孕期间总能保持一个良好的心态，有丰富的兴趣爱好和生活情趣，就容易生育出热爱生活的胎宝宝；而如果准妈妈各方面的状态都不是很好的话，对于自己的身心健康及胎宝宝的发育成长都是很不利的。因而，准妈妈在孕期应该丰富一下自己的生活情趣，坚持自己的兴趣爱好，平时可以多听音乐、唱歌、看书、读诗、欣赏艺术作品，偶尔还可以和准爸爸到郊外游玩、放风筝、钓鱼，也可以多参加一些准妈妈社团活动、和其他准妈妈一起游玩和交流经验，等等。情趣就是一把钥匙，

能帮助我们开启快乐生活的大门，也能让我们的身心得到放松。准妈妈努力使自己的生活变得丰富而有趣，不仅对于自己陶冶情操、保持身心健康是很有好处的，而且还直接影响着胎宝宝的发育，有利于塑造胎宝宝的良好性格。下面仅就准妈妈可以培养的一些生活情趣做一下简单的介绍。

1. 多听音乐

有大量的科学证据表明，准妈妈经常聆听优美和谐的音乐，除了能让自己保持心情的愉悦，还能增进准妈妈与胎宝宝之间的情感交流，更能促进胎宝宝的身体发育和智力发育、培养孩子的音乐天赋。

在怀孕每个阶段，准妈妈的生理状况和胎宝宝的发育情况都是不同的，因而，如果想要提高音乐胎教的效果，准妈妈就应该根据自己和胎宝宝的变化情况，灵活地选用一些不同风格的音乐。一般来说，在怀孕早期，应该选择一些轻松愉快、诙谐有趣的音乐，在怀孕中期可以选择一些内容更为丰富、抒写美好情感的歌曲，在怀孕晚期的时候，最好能选择既柔和又充满希望的曲子。

在听音乐的同时，准妈妈还可以通过跟着歌曲旋律吟唱、教胎宝宝唱歌等多种方式来增强与胎宝宝之间的情感交流和沟通，不管唱歌的水平怎么样，只要敢于唱出来，爱的表达就算是成功了，这样做对于自己获得愉悦的心情和胎儿的成长发育都是很有好处的。

2. 多欣赏一些文学和艺术作品

我们知道，胎宝宝能明确感知母亲的言语和行为，准妈妈在孕期的言行对胎宝宝出生之后的性格、行为、智力发育等方面的情况有着直接的影响。因而，准妈妈在怀孕期间多读一些好书、多欣赏美好的事物、善于思考，不仅是在丰富自己的知识涵养，对于促进胎宝宝快速成长及其大脑神经和细胞的发育同样是很有好处的。

著名的文学家高尔基曾经说过：“要热爱书，它会使你的生活轻松；它会友爱地帮助你了解纷繁复杂的思想、情感和事件；他会教导你尊重别人和你自己；它以热爱世界、热爱人类的情感来鼓舞智慧和心灵。”书籍是个人陶冶情操、修身养性的良好良好方式，给胎宝宝读书更是两代人之间实现情感交流和互动的重要方式，所以，准妈妈在怀孕期间应该多读书、读好书。为了进行良好的胎教，准妈妈在阅读时应该选择一些格调高雅、趣味盎然的图书，如鼓励人向上的世界名著、历史上杰出人物的传记，充满想象的神话故事、美丽的传说、记录世界各地的山水和名胜古迹的游记、经典的诗歌和儿歌等，准妈妈在看书的时候还可以朗读给胎宝宝听，这样就能在充实自己的同时熏陶腹中的胎宝宝，让其也感受到求知的美好。

除了阅读文学作品，准妈妈还可以多欣赏一些美妙的艺术作品，如精美的风景图和人物画像、名家的优秀画作等，只要是寓意美好的作品，都可以多看看。因为美好的事物总能激起人愉快的情绪，陶冶情操，也有利于对胎宝宝进行美的教育。

3. 适当地进行户外活动

怀孕之后，准妈妈的生理状况会发生变化，体质也会变差，此时适当地外出旅游、在户外进行一些轻松的活动，对于准妈妈和胎宝宝的身心健康都是很有好处的。如外出旅游可以让人感受大自然的美景，呼吸到新鲜的空气，也能愉悦心情；在户外晒晒太阳，可以促进准妈妈身体对钙磷等的吸收利用，有助于胎儿骨骼发育；在户外进行适当的运动，既能增强体质、提高身体的免疫力，而且还能使生产的过程更顺利一些。

准妈妈进行适当的户外活动，是非常有利于母婴的健康和下一代的优生的。但是，有一点需要特别注意的是，准妈妈在进行户外活动时必须考虑到"腹内有婴"这一特殊性，所以在进行户外活动时一定要坚持适量的原则，不能长时间地劳累，更不能像未怀孕时那样进行剧烈的运动，而且还要注意少去人员密集、空气不易流通的环境中，以避免病毒侵扰，减少感染的机会。如果是过敏性体质的准妈妈，也应该不去能引起皮肤过敏的环境。

富有生活情趣的准妈妈，才更容易养育出热爱生活的健康宝宝，所以，准妈妈在平时的生活中应该多丰富一下自己的精神活动，促进母婴的健康成长，同时也为塑造胎宝宝的良好性格奠定基础。

第 172 天：学习《爱的五种语言》

著名的家庭教育专家盖瑞·查普曼博士博士有一本非常有名且影响深远的书，名为《爱的五种语言》。这本书持续问世之后不久就被译成 20 种文字在全球发行，而且连续 50 周出现在《出版者周刊》的畅销书排行榜上，受到了广大读者的欢迎。

两性间的许多误解、隔膜和争吵都是都是因为忽略了对方的主要爱语、不懂得使用爱的语言而造成的，如果双方都能主动选择和使用爱的语言，就能避免和化解很多矛盾，发展彼此之间的亲密关系。爱的语言是表达爱意的方式，懂得正确运用和理解爱的语言，家庭关系才会更加和谐。对于准妈妈和准爸爸而言，正确地进行沟通，增强彼此之间的情感，营建良好的家庭环境是非常重要的，这不仅有利于自己的身心健康，还会对胎宝宝的发育和成长造成一定的影响。因此，学会爱的五种语言也是胎教的重要内容，准爸爸和准妈妈可以一起来学习一下哦。

爱的语言之一：亲密的身体接触。

良好而亲密的身体接触是表达爱的方式之一，夫妻之间要适时进行身体接触，如温柔地抚摸、轻轻地触碰肩头、用手梳理配偶的头发、来个甜蜜的吻等，尤其是在对方需要的时候送上一个温暖的拥抱，共同感受着彼此的呼吸和心跳，这会增加夫妻之间的亲密感和信任感，而且，这些动作所传递的，就是彼此的爱，很多时候都能达到语言所无法达到的良好效果。

爱的语言之二：两个人共度美好时光。

每个人都渴望得到另一半的特别关注和关心，希望对方能多花点时间来陪陪自己，珍惜与自己相处的每一时刻。因此，夫妻双方都需要一些专属于两个人的美好时光，可以是两个人静静地待在一起，凝望着彼此、说说家常；可以是两个人放下工作和另外的打扰，一起待在家里看看书、玩玩游戏或者一起做点其他有趣的事情；也可以是两个人一起外出度假，享受一起感受自然的气息。总之，夫妻不应为了工作或者生活方面的原因而完全没有独处的时间，因为独处的时间能让夫妻双方进行更好地沟通和交流，加深双方的感情。在共享美好时光时，应将注意力集中在对方身上，全身心地和对方一起做些喜欢的事情，而不要总被外界打扰，这点非常重要。

爱的语言之三：珍贵的礼物。

送礼物也是表达爱的方式之一，这不仅能很好地传达出自己的关心和重视，而且还能给对方一些意外的惊喜，让对方开心和快乐。想要使生活变得更有情趣一些，夫妻双方就应该时不时地营造惊喜的氛围，送礼物不失为一个很好的选择。值得一提的是，礼物的大小和昂贵与否并不是最重要的，重要的是你的关心和爱意，在某些时候，你也可以把自己作为厚礼送给对方，多陪陪对方，为对方做些使其高兴的事情。

爱的语言之四：服务的行动。

所谓的服务其实就是指多做一些对方想要你去做的事情或是令对方高兴的事情，通过为对方服务来表达爱意。比如，你可以想想对方喜欢什么，近期有什么心愿或是特别想要去做的事情，然后根据自己的能力，尽力帮对方完成心愿。

爱的语言之五：肯定的言辞和适时的表扬。

夫妻双方，每个人都渴望得到对方的肯定和表扬，只有这样，才会觉得自己的付出和努力是值得的。同时，夫妻双方的很多矛盾可能都是缺乏这一语言而造成的。因此，夫妻双方，应学会适时运用肯定的言辞来表达爱意。尤其是准爸爸，应给予妻子更多的肯定和赞扬。

每个人所熟悉和喜欢的爱的语言是不尽相同的，每个人表达爱的方式也很不一样，所以夫妻双方还应该在不断地沟通和交流中，找到对方喜欢的爱的语言，尽量满足对方的需求，这样，家庭关系才会愈加和谐而美满，对胎宝宝的教育效果可能也会更好。

第173天：学习和练习书法，陶冶情操

怀孕期间，胎宝宝在准妈妈的腹中不断发育成长着，常常会不知不觉中受到准妈妈的生活状态和情绪心理等的影响。如果准妈妈身心健康、热爱生活，孕育健康宝宝的机会就大很多，所以准妈妈在孕期应该多培养和发展自己的兴趣爱好，注重对胎宝宝的情绪胎教。

在孕期，为了修身养性、陶冶情操。准妈妈可以多练习一下书法。书法是我国汉字的一种艺术化书写和表现形式。在我国的历史上，出现了多优秀的书法家，他们用笔墨在绢纸上舞动，尽情挥洒着自己的才情，留下了著名的书法作品，影响了一代又一代后人。书法作品充分显示了中华民族的特色和智慧，如果准妈妈能多多练习的话，不仅能修身养性、提高自己的素养，而且还可以安抚自己的急躁、焦虑等不良情绪，更重要的是，准妈妈的学习也会给胎宝宝以无形的陶冶和影响，对于胎宝宝的生长发育也是很有好处的。

在进行胎教时，准妈妈可以一边学习这些书法常识，一边读给胎宝宝听，相

信胎宝宝一定可以理解的。在与胎宝宝一起学习了这些知识之后，准妈妈就可以在闲暇时多练习一下书法，陶冶自己的情操，抚慰自己的心情，也让胎宝宝尽早受到良好的文化熏陶了。

在练习书法的时候，准妈妈应该多注意练习的要诀：在写书法时，拿笔的时候五个指头要一起用力，手腕保持灵活，指实掌虚；运笔的时候要注意掌握力度，一笔一画，都要意随笔到；另外还要讲究全章贯气、注意文字的整体布局和结构间距等。

如果准妈妈能真心地投入，在学习中努力提升自己的素养、丰富自己的生活，就能给胎宝宝树立一个良好的榜样，这有利于胎宝宝日后的性格培养。

第 174 天：进一步对宝宝进行光敏感训练

因为到了怀孕 25 周的时候，胎宝宝的视觉逐步发育，已经开始有光感，所以准妈妈在怀孕的这个时期，可以适当地对胎宝宝进行光照训练。合理的光照胎教可以促进宝宝的视觉功能的健全发育，也能帮助胎宝宝形成良好的昼夜周期节律，同时对宝宝出生之后视觉的发展和其他一些行为的成熟度也都是有利的。

准妈妈进行光照胎教时，一般使用的工具为手电筒，最好是 4 节一号电池的手电筒。

1. 具体操作方法

准妈妈可以每天定时用手电筒微光紧贴腹部，反复开启和关闭手电筒的开关，就这样一闪一灭地照射胎宝宝的头部位置。光照胎教最好是每天 3 次，每次持续的时间不宜过长。在进行光照胎教的同时，准妈妈最好能将自身的感受和胎儿的反应记录下来，如胎动的变化是增加还是减少，胎宝宝动作是轻还是重，是肢体动还是躯体动等。这样经过一段时间的观察和记录，准妈妈就能总结一下腹中的宝宝对刺激是否建立起特定的反应或规律，同时也更能掌握好光照训练的时间和方式。这种有规律的视觉训练可以促进胎宝宝的视觉发育，也有助于在日后培养和强化其晚上睡觉、白天觉醒等一系列好的行为。

2. 注意问题

在进行光照胎教的时候，准妈妈一定要格外留心，注意一些细节问题，首先是光照胎教必须在有胎动的时候进行，在胎宝宝醒着并有明显活动的时候进行，千万不要在胎宝宝睡觉的时候实行光照胎教，这样会影响宝宝的生理周期；由于胎宝宝的视力发育还不健全，比较害怕强光刺激，所以进行光照胎教时一定要掌握好分寸，手电筒不要直接放在肚脐上，不要使用强光进行照射，而且光照的时间也不宜太长；在进行光照胎教的时候，准妈妈还可以和胎宝宝聊聊天、进行一些互动，以此刺激胎宝宝的视觉和大脑的发育。另外，在进行光照胎教的时候，准爸爸也可以参与进来，与准妈妈一起感受胎宝宝的变化，同时也能思考一下更有效果的光照训练方法。

注意好这些问题，才能对胎宝宝进行良好的光敏感训练，提高光照胎教的效果，否则的话，可能就会适得其反，而且还很可能影响胎宝宝的健康发育。

其实，很多准妈妈在进行光照胎教的时候都很好奇，此时胎宝宝在做什么呢？现在就让我们以科学仪器检测出的结果来说明一下：在胎宝宝醒着的时候进行光照胎教，微弱的光通过腹壁照射到胎宝宝的颜面，在B超显像仪上就可以看到到胎儿的眼睑、眼球活动及头部回转，呈现出躲避样的动作。如果光的亮度合适，胎宝宝会十分感兴趣地将头转向光源的位置，好像是在好奇地张望；如果光源过于强烈，或是照射的时间太长了，胎宝宝就会感到不高兴，而且会慢慢地背过身去；如果胎宝宝对强光来不及躲避，其心搏数就会出现明显的变化，这对宝宝的健康是很不利的。

还有一点需要说明的是，光照胎教可以跟音乐胎教、对话胎教等同时进行，当胎宝宝活跃的时候，一边放着悦耳动听的音乐，一边进行光照胎教，时不时地，准妈妈还可以多和胎宝宝说说话，如告诉宝宝现在是什么时间，外面的天气怎么样，妈妈现在要做一些什么样的活动，准妈妈一定要表现出平和愉悦的情绪，并适当地询问胎宝宝的感受，和宝宝多一些互动。在这样训练了一段时间之后，胎宝宝就能记住每天光照的时间了，如果喜欢的话，胎宝宝每到这个时候就会非常高兴而活跃，很乐意跟妈妈一起享受这美好的游戏时光，这样胎教的效果就会更好。

第175天：知识胎教：带宝宝学习文化知识

为了能促进胎宝宝的神经发育和智力发育，准妈妈和准爸爸应注重对胎宝宝的知识胎教。在本周的时候，胎宝宝的大脑发育进入了一个高峰期。所以准爸爸和准妈妈可以充分抓住这一特点，在这周给胎宝宝讲一些百科知识，多促进胎宝宝的脑部发育。

在讲解文化知识的时候，准爸爸和准妈妈应该多留意自己的语言风格、讲话的语气、讲解的方式，比如，可以买来书，自己一边学习一边给胎宝宝讲解，也可以把自己知道的一些知识讲给宝宝听，甚至还可以带宝宝一起欣赏相关的图片或影像。总之，准爸爸和准妈妈尽量选择有趣的、能激发人的想象力和思维力的知识点，以通俗易懂的方式来讲解，在讲解的时候最好还能充满感情，讲得绘声绘色，而且在讲解的过程中，还可以时不时地和胎宝宝互动一下、询问一下胎宝宝的感受，这样胎宝宝才会更喜欢。

1. 为什么人们只说“买东西”而不说“买南北”

“买东西”是人们在日常生活中经常使用的一个词汇。通俗地说，买东西就是用钱来交换自己想要的货物。而让人颇感诧异的是，同样是方位名词，人们为什么只说“买东西”，却不说“买南北”？关于这个问题，人们有两种说法。

有人认为，“买东西”这一说法起源于唐朝。当时，都城长安非常繁华，占地规模大约为现在西安城的九倍，总人口过百万，是当时全国最大的货物交易区。而东市和西市是长安城两大著名的商业中心，是人们购买东西的主要场所。当时的人们常说“去东市、西市购物”，后来，有人又简化为“去买东西”，这种说法就慢慢流传了下来。

还有人认为，“买东西”的说法与我国古代的“五行”观念有关。

相传，有一天，宋代著名学者朱熹去拜访自己的朋友，朋友正提着篮子，说要去市场买东西。朱熹听了，觉得很奇怪，于是就说：“买东西？难道南北也可以买吗？”

他的朋友笑着说：“不行，只能买东西，不能买南北。我这篮子只能装属金属木的事物，属水属火的事物是装不了的。”朱熹听后马上就明白了话里的意思。原来，古人所说的“五行”是指金、木、水、火、土。这“五行”对应着东、西、南、北、中四个方位，也就是说，东代表金，西代表木，南代表水，北代表火，中代表土。而古人认为，我们生活中使用的所有物品差不多都是由金和木两物质做成的，所以就用“东西”来泛指物质、物品了。由此，后来的人们就沿用这种说法，只说“买东西”而不说“买南北”了。

2. 为什么中国人喜欢用筷子吃饭

每个国家的人们不仅饮食习惯不同，使用的餐具也是各不相同的。像西方人在用餐的时候使用刀叉，而我们中国人在吃饭的时候要使用筷子。筷子是我们非常熟悉的餐具，我们每天吃饭时都会用到，可你知道中国人为什么要用筷子来吃饭吗？

其实在很久以前，我们的祖先吃饭的时候直接用手抓。直到大禹治水的那个时代，人们才发明了筷子，并将它作为吃饭的主要餐具。关于筷子的由来，其中还有一个故事：

相传在远古时期，洪水泛滥成灾，大禹奉命去治理水患。他为了早日完成这个任务，三过家门而不入，辛苦地劳动着，即使是吃饭、睡觉也舍不得耽误一分一秒。

有一次，大禹实在饿极了，就生火煮起肉来。肉煮熟后，因为烫手无法用手抓起来吃。大禹又不愿等肉锅冷却而浪费时间，于是就砍下两根树枝把肉从锅里夹出，吃了起来。从此以后，为了节约时间，他总是这么吃饭。久而久之，大禹练就了熟练使用细棍夹取食物的本领。其他的人见了，觉得这种方式非常好，既节约时间也不会烫手，就都纷纷效仿。这就是人们最初使用的筷子。

后来，人们又在树枝的基础上进行改进，发明了类似于现在的筷子。开始的时候，人们只是将筷子作为辅助的餐具偶尔使用，但后来，由于方便，筷子也就渐渐普及了。直到今天筷子已经成为中国人的常用餐具，同时也是中国饮食文化的重要组成部分。

动起来：教你几个减压小体操

第一式踮足伸臂

具体步骤如下：

（1）做操之前，准妈妈先身体自然站立，两腿稍分开。

（2）做操时，应先深吸气，足尖踮起，两臂成V字形上举，然后徐徐呼气，脚跟落回地面，双臂也落下，身体恢复原先站立姿态，然后重复，多做几次。

第二式站姿前弯

具体步骤如下：

（1）做操前，准妈妈先自然站立，两腿分开。

（2）做操时，先双手互握手腕处或肘关节处，上身从髋部开始向前弯，头放松下垂，同时调整好自己的呼吸，并保持这种姿势1分钟。在做的时候，准妈妈应量力而行，动作的幅度不宜过大。

第三式坐姿举臂

具体步骤如下：

（1）做操之前，准妈妈先保持盘腿坐姿，两手互握置于腹前。

（2）做操时，应先深吸气，将两臂翻掌向上举，眼睛看双手；边吐气，边落下双手。这一动作可以重复着多做几次，在做的时候，一定要注意要领。

第四式坐姿前弯

具体步骤如下：

（1）做操前，准妈妈先保持盘腿坐姿。

（2）做操时，两臂向后伸，双手紧握，在做动作的同时要注意调整好自己的呼吸，先吸气，然后吐气，在吸气和吐气的同时上半身稍微向前弯，同时尽量抬高背后的双臂，之后再吸气，恢复到原先盘腿直坐姿势。这一动作也可以重复练习多次，但准妈妈在练习的时候应尽量保护好自己，动作幅度不宜太大。

第五式肩桥式

具体步骤如下：

（1）准妈妈先保持仰卧、屈膝，双脚平放于地的姿势。

（2）然后慢慢伸直双臂，手心向下，放在身体两侧。同时，准妈妈应注意调整好自己的呼吸，先呼气。

（3）同时臀部尽量缓慢而轻微地抬起，然后吸气，将臀部放回地面，恢复原来的姿势。

好孕美食馆：适合准妈妈吃的海鲜

怀孕期间，准妈妈应调理好自己的饮食，保证营养均衡，同时还需要多注意一些饮食方面的禁忌。一些准妈妈在孕前都很喜欢吃海鲜，怀孕之后就应该注意了，因为现在的很多医学专家都指出，并不是所有的人都可以吃海鲜，现今海鲜的含汞量越来越高，孕妇和哺乳期妇女如果常吃海鲜，会影响胎儿和新生儿的神经系统发育。然而，这并不意味着准妈妈就不能吃海鲜了，而是说准妈妈在吃海鲜时应有所选择，要选择那些营养价值丰富而又对身体无害的海鲜，而且在吃的时候也应掌握好尺度，不能吃得过多。下面就来介绍几种适合准妈妈吃的海鲜：

1. 海鱼

海鱼中所含的营养全面而丰富。海鱼中含有丰富的矿物质，如钙、铁、锌等微量元素，其中碘和磷的含量是很丰富的，这些元素对胎宝宝的成长发育至关重要。鱼肉中还富含各种丰富的维生素，如维生素A、C、D和B族维生素等，这些都是维护人体各项机能不可缺少的元素，维生素A保护视力，提高免疫力；维生素C具有养颜、解毒等效用；维生素D则对骨骼的生长发育、钙的代谢起着重要作用，维生素B_3能将食物转化为能量；维生素B_5能对抗压力；维生素B_6能保持人体免疫系统的健康，充足的水溶性维生素维生素B_1能缓解准妈妈的呕吐、倦怠、体乏等反应，还能帮助减轻准妈妈分娩时的疼痛。鱼肉中氨基酸、卵磷脂等的含量也是非常丰富的，这些元素对于胎宝宝的发育，尤其是脑部发育有很大的作用，而且对于防治妊娠高血压也很有好处。

除了含有人体必需的各种微量元素之外，鱼肉中的蛋白质含量更是丰富，每500克鱼中所含蛋白质的含量相当于600克鸡蛋或850克猪肉中蛋白质的含量。这些优质蛋白质具有均衡营养、调节体内水分平衡、提高免疫力、提供营养等作用，对胎宝宝的成长发育很有好处。最重要的是，尽管鱼肉中的营养价值及热量都很高，却不易导致消化不良、反胃胀气等问题。

因此，准妈妈在孕期可以多吃一些鱼。但在吃海鱼的时候，准妈妈应该避免食用金枪鱼、剑鱼等含汞量高的鱼类，而可以选择有利于健康的海鱼，如含钙量丰富的沙丁鱼、有益于心脏健康的三文鱼、脂肪含量很低的鳕鱼等。

2. 海带

海带中富含碘、钙、磷、硒等多种人体必需的微量元素，含碘量高达5%～8%，含钙量是牛奶的10倍，此外还含有丰富的铁质、胡萝卜素、维生素B_1等维生素，有美发，防治肥胖症、高血压、水肿、动脉硬化等功效，故有“长寿菜”之称。准妈妈多吃些海带，可以补充多种营养元素，能够有效促进胎宝宝的大脑发育。

最适合准妈妈的海带吃法是将海带与肉骨或贝类等清煮做汤，也可以清炒海带肉丝、海带虾仁，或与绿豆、大米熬粥。但在食用海带的时候，准妈妈还应格外注意，海带性寒，准妈妈不应过多食用。

此外，虾、牡蛎等海鲜也适合准妈妈食用，但准妈妈应该控制好食物的分量，避免过多食用，而且在食用时还应注意卫生，因为大多数海鲜含有致病性很强的细菌，所以在食用前最好能将海鲜冷冻一两个小时，然后在淡盐水中浸泡，以达到杀菌目的。

胎宝宝的私人音乐厅：舒曼《梦幻曲》

《梦幻曲》是德国著名的音乐家罗伯特·舒曼创作的一首钢琴曲，旋律十分优美，很有意境，非常适合用于音乐胎教。

《梦幻曲》是世界著名的钢琴曲之一，全曲使用 F 大调，旋律非常优美，富于浪漫气息，全曲总共才 4 个乐句，不计反复地表达着追求童年的那份天然纯粹的自然之美的主题。曲子每一乐句的第一小节的旋律完全相同，但由于作者运用和声进行了巧妙处理，因而曲子的旋律非常优美动听：在第一乐句中，舒曼使用主和弦与属和弦，让旋律四度跳进，但又表现出了平静的情绪；第二乐句比第一乐句要明快得多，旋律六度跳进；第三乐句中舒曼使用了小七和弦，并将中声部半音下行，低声部则上行了二度，使整个感觉不但紧缩了，而且显得更含蓄；第四乐句使用重属和声色彩明亮，很有张力。

总体上来看，曲子充满着浪漫的抒情色彩，在旋律的起伏变幻中，人在不知不觉中就仿佛置身于一个轻盈缥缈的梦幻世界中，童年时代的种种场景可能会在此时被优美的旋律唤醒。

在工作之余，在闲暇的午后或是睡觉前的时刻，准妈妈可以多和胎宝宝一起来分享这样美好的音乐，这对于促进胎宝宝的各项发育是很有好处的。在进行音乐胎教时，准妈妈可以先给胎宝宝讲讲这首曲子的相关知识，如曲子的作者、曲子创作的背景、曲子所表现的情感等，这样不仅有助于自己增长知识，还能让宝宝更容易听懂曲子。然后准妈妈开始播放曲子，当优美的旋律响起，准妈妈就可以放松身心地沉浸于其中，可以在听的过程中自己去感受悦耳动听的旋律，并在欣赏曲子的同时发散思维，用心去感受和联想，比如，在听舒曼的《梦幻曲》时，准妈妈可能会情不自禁地想起自己美好的童年时光，想起童年时可爱伙伴、那一件件有趣的事情、童年时的笑声和理想……这样人有着思绪自由延展，准妈妈就能在欣赏音乐的同时身心得到全面的放松，而且还激发了自己的想象力，心情也会变得更愉悦。准妈妈的这些美好情绪胎宝宝基本都能感受得到，这同时也能促进胎宝宝的生长发育。在听完曲子之后，准妈妈还可以和胎宝宝来分享一下自己的心得，把自己的感受说给胎宝宝听，这样，效果可能还会更好。

第 26 周：胎宝宝睁开了眼睛

到了 26 周，胎宝宝的体重达到了 800 克重，坐高也增长到 22 厘米了。此时的胎宝宝全身覆盖着细细的绒毛，依然很瘦，但皮下脂肪已经开始出现了。而且，从这一周开始，胎宝宝有了呼吸，但由于肺部还未发育完全，所以此时还依然不是呼出吸入真正的空气。更为重要的变化是，本周，胎宝宝已经可以睁开眼睛了，如果这时候用手电筒照射准妈妈的腹部的话，胎宝宝就会自动把头转向光亮的地方。

随着胎儿脂肪一点点沉积，胎儿逐渐变结实。

1. 多开展语言胎教和知识胎教，帮助宝宝增长知识

随着胎宝宝的成长发育，对外界的感知能力也会逐步增强，所以在这个过程中，准妈妈和准爸爸可以多与宝宝进行一些语言上的交流和沟通，也可以多给胎宝宝讲一些各方面的知识。在进行语言和知识胎教的时候，不必刻意打草稿，生活中的一些寻常小事、自己的感受以及生活中有趣而实用的生活常识跟宝宝一起分享，同时也可以挑选一些简单的科普文章，读给胎宝宝听。

2. 注重营养，为宝宝的发育和成长储备能量

因为胎宝宝的健康发育和各种功能的维持，都需要从母体获得，所以准妈妈格外注重饮食搭配、均衡营养。这一时期，胎宝宝对热量和蛋白质的需求量有所增加，所以准妈妈应该多摄取这方面的营养，如多迟一些奶制品、大豆制品、鱼虾等富含蛋白质的食物等，同时还可以适当地进食一些坚果、面包之类的食物，以满足自身和胎宝宝成长发育需要。

第176天：莫入补钙的误区

钙是人体所需的重要元素，它不仅是骨骼发育的基本原料，能直接影响到个人的身高，而且对于维持人体的正常生理功能、保证人的正常发育和健康成长都有重要的作用。如钙能促进和调节体内某些酶的活性作用、能调节激素的分泌、参与神经和肌肉的活动，等等。正是因为人体的很多器官和机能活动都需要钙的参与，而人体通过饮食摄取的钙量有限，所以很多人都会存在不同程度的缺钙问题。尤其是准妈妈，她们摄取的钙量除了要满足自身需要外，还要供应胎儿所需，所以就一定要在孕期注意补钙。

准妈妈在补钙的过程中一定要注意采取科学的方法，合理补钙，同时避免陷入一些补钙的误区，只要这样，才能真正满足自己和胎宝宝的需求。其中，常见的补钙误区主要有这样一些。

误区1：补钙越多越好。

钙对人体的活动能够非常重要，如果缺乏，就会对人体造成不利的影响，正因为这样，一些人就认为补钙越多越好。这其实是不对的，人体所需的钙量是有限的，多补钙不仅没有必要，而且还会危及人体的健康。根据中国营养学会制定的《中国居民膳食营养素参考摄入量（DRI）》标准来看，一般的成人推荐摄入量为每天800毫克，准妈妈每天应该摄入的钙为1000～1200毫克，而通常来说，一般人每天都能从饮食中摄入至少500毫克的钙，成人如果每天摄取的钙量超过

了2000毫克，就会损害身体健康。因而，准妈妈在补钙时一定要掌握好分寸，切不可盲目地多补钙。准妈妈补钙的最佳方式应该是通过日常的均衡膳食和增加奶制品的摄入来补充，同时还可以服用少量的钙剂，每次的服用量最好不超过500毫克。

误区2：吃钙片和服用钙剂是最好的补钙方法。

在怀孕期间，准妈妈对钙的需求量增加，很多人担心从食物中摄取的钙量不够，所以就采取吃钙片和服用钙剂的方式来补钙。其实以服用钙片和钙剂的方式来补钙是可以的，这也是解决钙摄取量不足的重要手段之一，但在服用的时候一定要坚持适当的原则。同时还应该注意，以服用药物的方式来补钙并不是最佳的方式，最好还是通过调整饮食结构来补充钙质。我们每天所吃的一些食物，如奶制品、豆制品等，都能达到增加钙质的目的，而且相比于钙片、钙剂，这些食品还更实惠、更方便、也更天然一些。

误区3：轻信广告，在怀孕期间长期服用保健品。

在现代社会中，各种保健品层出不穷，很多厂商为了扩大知名度、提高销售量，就会做一些夸大其词的广告。有些准妈妈听信保健品补钙的神奇效果，就会通过服用保健品的方式来均衡营养，补充钙质，这其实也是错误的。正常情况下，人体每天能吸收的钙是固定的，而钙剂对于人体的吸收率大致在30%左右，如果超出了这个范围很多，就可能是虚假广告了。而且，准妈妈大量摄入某些营养素，对自身和宝宝的健康都可能造成极大的危害。所以，准妈妈应该积累一些医学常识，有正确的判断能力，且不能盲目相信广告，更不可长期服用保健品。

误区4：补钙只能靠喝骨头汤。

很多老人认为，孕妇补钙只能通过猛喝骨头汤达到效果。但按照营养学的标准，喝骨头汤补钙的效果并不理想，因为骨头中的钙不容易溶解在汤中，也不容易被肠胃吸收。相对而言，具有活性成分的钙片、钙剂更容易为人体吸收。人体每天必须吸收的钙是1500毫克，如果膳食平衡的话，大多可以通过食物摄取。而喝了过多骨头汤，也可能因为油腻等引起孕妇不适。

误区5：以为吃蔬菜和喝饮料与补钙无关。

很多人认为蛋白质和钙质主要来源于与动物有关，而与蔬菜和饮料无关，这种看法也是不科学的。在补钙的同时还应该促进钙的吸收，防止钙的流失。蔬菜中除了含有微量的钙元素，其中所含的钾、镁等元素，还可帮助维持酸碱平衡，减少钙的流失。而在饮料中，大多添加了磷酸盐、精制糖等成分，这些成分都会妨碍钙的吸收，所以准妈妈还是应该少喝为妙。

准妈妈只有走出补钙的误区，科学补钙，才能真正实现补钙的效果，切实满足自身的需要、促进胎宝宝的成长发育。

第177天：做好乳房的护理

在怀孕期间，准妈妈能明显地感觉到乳房的变化，如乳房在体内激素的刺激下发育增大，而且时不时地还会有触痛和肿胀等不适感。所以，在怀孕期间，准妈妈还应该做好乳房的护理工作。

1. 穿戴合适的胸罩

怀孕中期，受到体内激素分泌的影响，乳腺组织内的腺泡和腺管不断增生，乳房的皮下脂肪渐渐沉积，所以准妈妈能明显地感觉到乳房的胀大，伴随而来的还有乳房外形的变化，如乳头和乳晕慢慢增大、颜色进一步加深，左、右乳头之间的距离开始逐渐变宽，双乳开始向腋下扩展并下垂，而且乳房周围的皮肤也不如以前那样有弹性和张力了。所以在这个时期，准妈妈应该选择合适而舒服的内衣。一般应该选择罩杯稍大而不带钢托的胸罩，而且要注意随时更换胸罩，以适应胸部的变化。

2. 注意乳腺护理

怀孕后乳房的皮肤是非常脆弱的，而且怀孕期间的乳腺护理对母乳喂养意义重大，所以准妈妈应该注重这方面的工作。准妈妈在洗浴后应该正确地按摩乳房，一般的方法是先用热毛巾敷盖住乳房，然后用手轻轻的按住，待水分干后再在上面撒一些爽身粉，并用手指从乳房四周由内向外轻轻按摩，接着以画圈方式轻轻按摩，之后又以从四周向乳头方向轻轻按摩，然后还可以用拇指和食指压住乳晕边缘，通过挤压的方式来按摩。对于一些乳房较小的准妈妈，切不可在怀孕期间使用丰乳霜，而乳房大的准妈妈也不能使用减肥霜，因为这两种产品都含有一定的性激素，不利于乳腺的正常发育。

3. 做好乳房的清洁工作

在怀孕期间，准妈妈体内激素分泌旺盛，黏附在乳头上的分泌物也会增多，所以准妈妈一定要注意保持乳房的清洁卫生。一般来说，怀孕6个月后，准妈妈至少每天应用小毛巾擦洗乳头1次。在清洁乳房时，准妈妈应用干净柔软的小毛巾轻轻擦拭乳头的皮肤，清除附在上面的乳痂，如果乳头上的结痂生硬难除，不要用力揭掉，可以先用点橄榄油涂抹乳头，结痂软化后再用清水清洗；也可以在入睡前，用涂有油脂的纱布覆盖乳头，也能起到软化结痂的作用。这样擦拭清洁的过程也是一个对乳房的刺激过程，可以增加乳头表皮的坚韧性，避免日后被宝宝吸破，同时也有利于保持乳房卫生，防止病菌的侵扰。

需要注意的是，清洁乳房不要使用香皂类的清洁用品，这是因为，准妈妈怀孕时，皮脂腺的分泌增加，乳晕上的汗腺也随之肥大，乳头变得柔软，而汗腺与皮脂腺分泌物的增加也会使皮肤表面酸化，导致角质层被软化。此时如果总是用香皂类的清洁物品清洗乳房的话，则会将这些分泌物全部洗去，不利于乳房的保健。此外，常使用香皂类的清洁物品还通过机械与化学作用洗去皮肤表面的角化层细胞，促使细胞分裂增生。如果经常不断去除这些角化层细胞，就会损坏皮肤表面的保护层，使表皮层肿胀，出现一些不适症状。与此同时，香皂还会将保护乳房局部皮肤润滑的油脂洗去，对乳房皮肤有一定的破坏性。因此，要想充分保持乳房的清洁卫生，最好是用温开水清洗，并且在清洗时动作一定要轻柔舒缓。

4. 其他护理

如果是乳房有缺陷，准妈妈还应该多做一些额外的护理工作。如果是乳头凹陷，准妈妈在洗澡按摩之后，还可以用拇指和食指捏住乳头，轻轻往外拉数次；如果是胸部下垂和松垮得比较严重的准妈妈，还可以多做一些能增强胸部弹性和韧度的操，等等。

做好这些基本的乳房护理，准妈妈在怀孕期间就能既保持健康的身体状况、较好的体形状态，同时也能为以后哺乳和养育宝宝做好充足的准备。

第178天：DHA对宝宝发育的影响

说起DHA，也就是人们俗称的“脑黄金”，相信很多人都不会觉得陌生。DHA同蛋白质、氨基酸一样，是人类健康不可缺少的营养要素之一。同时，DHA还是人体大脑中含量最高的脂肪，对人体大脑神经网络的活动、人体的智力发育、视觉发育及后天行为的形成起着重要的作用。因而在怀孕期间，父母们都非常注重摄取富含DHA的食物。

1.DHA对胎宝宝的脑神经生长和智力发育有着重要的作用

人体的大脑神经网络是否丰富，决定着人智力水平的高低。大脑神经网络的组成和健康发育与神经元有着密切的关系。在人的大脑中，约有1011亿个神经元，这是人体大脑具有复杂功能及多种智慧的生理基础。同时，人体的脑部智力发育不仅与神经元的数量有关，而且还和每个神经元的细胞膜的流动性的大小有关。而每个神经元细胞膜的主要构成成分为蛋白质和磷脂，如果当DHA参与到神经元的细胞膜的磷脂中时，细胞膜的流动性就会增强，细胞也就容易向外延伸树突，并和周围的神经元建立良好的关系，这样大脑的神经中枢网络就丰富，人的智力水平就高。如果缺乏DHA的参与，细胞膜就会变得较僵硬和不易向周边的神经元延伸，这样大脑神经网络就不能得到很好的发育，胎宝宝的记忆力、思维能力和记忆水平就都会受到限制。

胎宝宝的脑部发育是一个复杂的过程，大致会经历细胞的增殖、分化、迁移、死亡、突触的形成与修饰等过程，如果想要促进这一过程的顺利完成，就需要很多营养元素的参与。而DHA是胎宝宝大脑发育时必需的一种微量营养素，它可以促进神经网络形成，使神经递质的释放和传递信息的速度加快，而且能对伤亡的脑细胞起到明显的修复作用。尤其是在怀孕的中后期，随着胎宝宝脑部发育的进程，对DHA的需求量也会增加。如果准妈妈的DHA摄取不足就会影响到胎宝宝脑部神经网络和智力的发育、影响到胎宝宝在思维灵活性、语言表达能力、理解能力等方面的健康成长。

2.DHA对胎宝宝的视觉发育和后天的一些行为有着重要的影响

对人来说，视觉是非常重要的一种感官，人体大脑所获得的信息，绝大部分都来自于视觉，健全的视觉功能能保证大脑功能的正常运转，而且还会直接影响胎宝宝的反应能力、空间知觉和知觉速度。我们都知道，视网膜的健康与否决定着视觉能力的好坏。而DHA是视网膜的重要组成物质，如果缺乏这种物质，就会影响胎宝宝视觉功能正常发育，表现为视敏度发育迟缓，对光信号刺激的注视时间延长，从而影响到宝宝的观察和反应能力。所以说，要促成视觉功能的正常发挥，就应该多补充DHA。

除了对视觉的发育有着很大的影响，DHA供给是否充足甚至还会对胎宝宝出生后的行为有所影响。就像现在幼儿常见的一种行为——多动症的发生就与DHA的缺乏有着密切的关系。国外学者研究发现，体内DHA缺乏的患儿经常会出现多动症的症状，而且在平时做事时还会注意力涣散、容易冲动，而如果给患有多动症的儿童补充DHA，其多动症的症状就能得到明显改善。

3. 如何补充DHA

DHA是一种长链多不饱和脂肪酸，它最充分的来源就是动物性脂肪，譬如新鲜的家禽、鲤鱼、竹节虾等，特别鱼类，其中所含的DHA是非常丰富的，准妈妈在怀孕期间应注意经常摄取这一类脂肪酸类食物。除了这些食物外，准妈妈在平时还可以吃一些富含天然亚油酸、亚麻酸的核桃、松子、葵花子、杏仁、榛子、花生等坚果类食品，这对于补充DHA，促进胎宝宝的智力和视力发育、提高胎宝宝的记忆力和观察能力、改善宝宝出生后的一些行为有着重要的作用。

但需注意的是，脂肪的摄取一定要适量，过多的脂肪会导致血液中的胆固醇增高，还会使孕妇过多肥胖。孕妇在摄入脂肪时，以植物性脂肪为好，动物性脂肪为辅，多吃瘦肉和鱼类，尽量不要吃肥腻的肉类。

第179天：和宝宝一起玩记忆游戏

为了更好地促进胎宝宝的脑部发育，准妈妈和准爸爸可以有意识地对胎宝宝进行记忆力等方面的训练，在平时闲暇的时候，准爸爸和准妈妈可以和胎宝宝一起来玩玩记忆游戏，这样，既能排遣准妈妈的不良情绪、增进家人的感情，同时也能让准妈妈和胎宝宝多动动脑，这对于胎宝宝的大脑发育是很有好处的。

1. 记忆城市名称

游戏开始时，准爸爸和准妈妈可以先找来一幅中国地图，由准爸爸担任游客，准妈妈和胎宝宝担任列车员，然后设计好一条旅游的线路图，“列车员”向“旅客”一一报出站名。

比如说，作为旅客的准爸爸要从广西桂林到北京游玩，想要知道具体会经过哪些城市，准妈妈此时就可以带着胎宝宝一起来查找地图，找出具体的线路，先看着地图上的名称来回答一遍，然后逐步记忆，直至脱离地图也能说出经过的这些城市名称。

如果是坐慢车的话，从广西桂林坐火车到北京大致会经过这些城市：全州、东安、永州、祁阳、衡阳、株洲、长沙、岳阳、咸宁、武昌、孝感、信阳、确山、驻马店、漯河、许昌、郑州、新乡、安阳、邯郸、邢台、石家庄、定州、保定；如果是坐快车的话，从桂林出发，经永州、衡阳、株洲、长沙、武昌、汉口、石家庄，就可达到北京。

当然在做这个记忆城市的游戏时，准妈妈和准爸爸应该从易到难，先设计一些路程较短的旅游路线，记住简单的城市名称，然后再慢慢地将旅游线路拉长，一步步增加难度，这样，准妈妈的记忆力会不断增强，胎宝宝也会受到很好的影响。

2. 记忆我国著名景点

在玩游戏的时候，由准爸爸担任游客，准妈妈带着胎宝宝一起担任导游，然后带着准爸爸一起去游览祖国的大好河山，在游览的过程中给准爸爸报一下具体的景点名称，每到一个景点，还要详细介绍一些与景点有关的情况。比如说，准妈妈和胎宝宝要带着准爸爸去游览长城，首先可以说说长城位于哪里，它的历史和修筑的一些具体情况、与它有关的故事、现在的情景等。

3. 玩纸牌配对游戏

在游戏之前，准妈妈和准爸爸可以先准备 52 张纸牌，每种图案的牌有两张，纸牌的图案可以是各种各样的动物图案、人物肖像或是照片等，准备齐全之后，然后洗洗这些牌，之后再将这些纸牌一行一行地摆放在较宽的桌子或茶几上，注意要扣着摆放，图片一面朝下。

在开始游戏后，准妈妈可以任意翻开两张纸牌，如果这两张牌正好是一样的，就把它们拿开放在一边。继续翻开另外两张牌，如果这两张牌正好是一对，继续翻牌；如果不匹配，那就轮到准爸爸翻牌了，如果准爸爸翻到的牌可以配对就可以继续翻，如果翻到的牌无法配对则又轮到准妈妈来翻牌，以此类推。

如果做游戏的人总是能翻出一对匹配的牌，那么就总能保持翻牌的权利。直到所有的牌都被翻开，游戏就结束了。看看谁那边的对对多，谁就赢了。游戏一轮结束之后，还可以先洗牌，然后又开始另一轮游戏。

第 180 天：准妈妈要远离可乐和咖啡

在怀孕期间，随着胎宝宝的发育和成长，准妈妈的生理和心理都在发生着变化，不仅是行动不如以前那么自如了，而且在饮食上也还要讲究很多禁忌。很多准妈妈都知道怀孕期间是不能抽烟喝酒的，所以一些人会在应酬以可乐等饮料来代替酒，有些准妈妈为了提神还会在平时的时候喝喝咖啡。其实，这些做法也是有害健康的，在怀孕期间，准妈妈应该远离可乐和咖啡。

1. 可乐

在平时，尤其是在夏天，很多人都喜欢喝可乐，它口感很好，而且还清凉解渴。但是对于准妈妈来说，可乐就算是自身和胎宝宝健康的杀手。因为大多数可乐饮料都含有咖啡因和可乐定等生物碱，这些物质具有很强的刺激性，准妈妈饮用了可乐之后，通常会出现神经兴奋的状态，变得多动，而且可能出现烦躁不安、呼吸加快、失眠等不良反应。长期饮用可乐的准妈妈，生出的患有多动症宝宝的几率会增加很多。在宝宝出生后，可乐中的咖啡因还会随着母亲的乳汁间接进入宝宝体内，从而影响宝宝的健康。

更加严重的是，还有科学实验证明，可乐等饮料所含的咖啡因等物质还有可能使胎儿变得畸形，甚至造成死胎，后果是非常严重的。咖啡因一旦进入准妈妈体内，就很容易通过胎盘进入胎儿体内，不仅会影响胎儿的骨骼发育，还可能危及胎儿的大脑、心脏等重要器官，导致胎宝宝发育不正常，甚至会危及胎宝宝的生命。

另外，有些可乐饮料中还含有一些影响骨骼形成和钙化的磷类物质以及色素、香精等添加剂，这些对于准妈妈和胎宝宝的身体健康都是非常有害的。

2. 咖啡

和可乐一样，咖啡也是准妈妈应该远离的食品。咖啡中所含的咖啡因成分更高。根据专家的测定，速溶咖啡中咖啡因达到了 3% ~ 4%，1 杯煮咖啡所含咖啡因的量大约为 150 毫克。咖啡因的主要作用前面已经说过，那就是刺激人体神经，让人变得兴奋。

科学家经过研究发现，在一两个小时内连续饮用 3 杯咖啡，就可能出现情绪紧张、忧虑、呼吸短浅等症状；如果饮用量超过了 10 杯，就有可能引起狂躁不安、急躁、说胡话、心律失常等症状，如果饮用量过大，还可能导致死亡。

在生活中，很多人都认为咖啡有良好的提神作用，能更好地提高工作效率，殊不知，咖啡的危害也是非常大的。除了上面说到的一些坏处，咖啡因甚至还会破坏人体内的维生素 B_1，引起维生素 B_1 缺乏症，并影响人体中钙的含量、引起肠痉挛等疾病。常常喝咖啡，会产生因为肠痉挛而导致的腹痛，会加速人体的钙片排泄量，使人体内所含的钙质不足，从而影响人体骨骼发育或造成缺钙的症状，等等，特别是对于娇嫩的胎宝宝和幼小的儿童，这种破坏性作用表现得非常明显。

正因为可乐和咖啡有种种危害，所以，准妈妈在平时一定要加以注意，尽量远离这些对自己的胎宝宝都有很大危害的食品。在生活中，准妈妈的饮品应该以温开水、矿泉水为主，如果实在是要喝可乐和咖啡，千万要控制饮用量，对咖啡因最多的摄入量也应该是在 300 毫克 / 天以下。

第 181 天：尿频的准妈妈莫焦虑

在怀孕期间，由于生理状况的改变，准妈妈们几乎都会有尿频、尿不尽的感觉，可能刚刚上完厕所没过十分钟就又想上厕所了。对于准妈妈而言，这是一种正常的生理状况，尤其是在怀孕的初期与后期，尿频的症状时有发生。

准妈妈尿频的原因主要是因为，随着胎宝宝的长大，子宫也在慢慢长大，长大的子宫会压迫到膀胱，使得准妈妈会产生想小便的感觉，进而发生尿频。在怀孕最初的 3 个月，准妈妈会有特别严重的尿频感觉。到了怀孕的第 4 个月，由于子宫由骨盆腔而进入腹腔中，尿频的症状会有所减轻。直到怀孕后期，由于胎头下降，使得子宫再次重回骨盆腔内，尿频的症状又会变得明显。

一般来说，准妈妈正常尿频主要有以下的一些表现：

1. 小便次数增多，白天解尿超过 7 次，晚上解尿超过 2 次，而且两次的时间间隔在 2 个小时以内；

2. 小便的颜色正常，不浑浊、没有血尿的现象；

3. 在小便时感觉正常，并没有尿急、尿痛、发热、腰痛等不适的感觉；

4. 在进行尿液检查的时候，并没有发现红细胞或白细胞量异常等炎症表现。

如果准妈妈伴随着尿频的情形与上面的几点吻合，就属于正常的生理现象，是不用担心和焦虑的，而且这些症状一般都会在分娩几天后消失。而如果在正常的尿频情形之外，还伴随着其他的一些情况，如尿急、尿痛、发热、还时不时地会有腰痛的情形，或者是尿液浑浊，甚至出现血尿以及其他的一些异常现状，可能就是由一些泌尿系统的疾病所引发的症状了。准妈妈在怀孕期间，由于生理上的一些变化，尿液很容易聚集在尿路里，细菌也变得更容易繁殖，因而准妈妈的确也是尿路疾病的高发人群。一旦发现异常的情况，准妈妈一定要加倍注意，并且积极治疗，千万不能因为担心用药会影响胎宝宝而不去治疗，否则，尿路感染严重的话，是会影响肾功能，并危及胎宝宝健康的。

其实在怀孕期间，很多准妈妈都会被尿频的问题困扰，不管有没有出现尿路感染等异常情况，都是如此。这主要是因为即使是正常尿频，也会影响准妈妈正常的生活，比如，频繁地上厕所是件非常麻烦的事情，很多准妈妈就因为担心尿频而不愿意出门，而且，如果是晚上尿频的话，还会严重影响睡眠质量。长期尿频，还会影响心态，造成心理上的焦虑感。

虽然在怀孕期间，准妈妈尿频几乎是不能避免的事情，但是，仍有一些办法可以稍微缓解一下这种现象，最主要的就是可以从生活中的一些习惯和饮水量做起。具体来说，可以这样做：准妈妈在平时需要注意适量补充水分，但不要过量或大量喝水；在晚上睡觉之前最好少喝水，而且在睡觉前要尽量将排空膀胱；当有尿意的时候，一定要尽快上厕所，尽量不要憋尿，以免造成膀胱发炎或细菌感染；准妈妈还可以做一下缩肛运动，通过这种方式来训练盆底肌肉的张力，这对于控制排尿是很有好处的。

总之，准妈妈在出现尿频现象时切忌焦虑，一定要保持良好的心态，积极应对，并利用良好的方法来缓解尿急的症状。

第 182 天：知识胎教：教宝宝认识苹果

在孕中期，胎宝宝进一步发育，身体的机能也比以前得到了更多的完善，所以在孕中期每周的胎教里，准妈妈都可以安排一定的时间给胎宝宝讲一些知识性的内容，与胎宝宝一起分享求知与学习的美好时光。结合胎宝宝的发育情况，在本周的知识胎教中，准妈妈可以教胎宝宝认识苹果了。

在进行知识胎教前，准妈妈应该先保持舒服的坐姿，让身心处于放松的姿态，然后再以轻柔而甜美的声音，给胎宝宝讲解这方面的知识，或者也可以让准爸爸一起参与进来，全家人共同分享求知的乐趣。

首先，准妈妈和准爸爸可以先给胎宝宝讲一下苹果的一些基本情况，如它的外形、颜色、气味，它是一种什么样的植物、主要的功用是什么，苹果的主要成分有哪些、能给宝宝带来什么有益的帮助，等等。

其次，在讲解的同时，准妈妈和准爸爸还可以拿着苹果的画册或者是实物欣赏，以此让胎宝宝也能欣赏或感受到苹果真正的样子。

再次，就是在讲解苹果知识的时候，准妈妈和准爸爸一定要控制好说话的声音和语速，用胎宝宝喜欢的方式来进行讲述，并且时不时地与胎宝宝进行一下互动，询问胎宝宝的感受，相信胎宝宝肯定会非常愿意听的。

【知识卡片】

苹果是一种落叶乔木，通常栽种于北方。苹果树一般在春天发芽，每当春天到来的时候，春雨滋润着大地，粗壮的苹果树大口大口地喝着春雨，抽出了嫩嫩的新芽，不用几天，这些嫩芽就越来越多，颜色也越来越绿，最终变成了绿油油的小叶子，像一把把小扇子，风一吹，叶子哗啦啦地响，好像在唱春天的赞歌。到了开花的时节，苹果树会开出粉红粉红的小花，风一吹，还会散发出诱人的香味，招引来许多的蝴蝶和蜜蜂。

夏天的时候，是苹果树最为茂盛的时期，苹果树的枝干长得越来越粗壮，枝叶也越来越茂盛，一些高的苹果树能长到15米高。

到了秋天，苹果树上结出了果子，并且一天天成熟起来。那圆圆的苹果像是一个个圆圆的小皮球，有的红彤彤的，有的金黄金黄的，有的一半红一半金黄，有的还在叶子里捉迷藏。再加上那诱人的香味，真是让人禁不住想要摘一个下来尝尝。

已经成熟的苹果吃起来脆脆的，甜甜的，口感特别好。苹果的用途很多，除了可以直接作为水果食用，还可以制成苹果汁，酿成苹果醋……

除了好吃，苹果中还含有人体不可缺少的维生素和其他多种营养成分。苹果中的维生素C是人体心血管的保护神，对于人体的一些心血管疾病能起到很好的预防和治疗效果；苹果性味甘酸而平、无毒，具有生津止渴、益脾止泻、和胃降逆的功效；苹果还能改善呼吸系统和肺功能，保护肺部免受空气中灰尘和烟尘的影响，提高人体的免疫力；同时苹果还有润肺除烦、健脾益胃、养心益气等多种功能。这些对于妈妈和宝宝的健康都是非常有好处的。

在进行这些讲解的时候，准妈妈还可以时不时地停下来，看看胎宝宝的反应，或者跟胎宝宝互动一下，询问其感受，这样既能提高准妈妈的知识水平，也能提高知识胎教的效果。

动起来：做健身球运动

健身球是现今的人们非常喜欢的一项健身运动，与其他的运动不同，做健身球运动不仅能起到很好的运动效果，而且非常有趣，安全性也很高，是比较适合准妈妈的一个运动项目。

健身球原本是一种康复医疗设备，最初起源于瑞士，后来才逐渐在全世界范围内流行。健身球运动的最早用途是帮助那些运动神经受损的人恢复平衡和运动能力，正因为练习健身球能协调和训练腰、背、颈、髋膝盖等部位的肌肉，尤其能使脊柱和骨盆得到很好的锻炼，能提高人的柔韧、力量、平衡、姿态、心肺功能，这对准妈妈的安全孕育和顺利分娩是非常有好处的，再加上健身球在锻炼时比较安全，不容易出现损伤，所以准妈妈在平时可以多多练习健身球。但由于准妈妈的特殊情况，在做健身球操时应选择一些简单的动作。

（1）准备好健身球和哑铃，准妈妈站在健身球的旁边。

（2）准妈妈先坐在健身球上，肩膀下沉，背部挺直，一脚抬起离开地面。

（3）双手握哑铃，两臂放于身体两侧，在这个过程中，准妈妈应努力保持身体的平衡。

（4）准妈妈要调整好呼吸，呼气，抬起双臂与地面平行，保持几秒后，吸气返回至初始位置。

这组动作准妈妈在练习的时候可以多重复几次，它能使肩部的肌肉得到很好的锻炼，也有利于增强人的平衡能力。

胎宝宝的阅读时光：安东尼《这些都是你所给我的爱》

每个人可能都会经历一些美好的时光，留下一些让自己印象深刻的事情，在时光的流逝中，我们在慢慢成长，同时也逐渐学会了接受别人的爱并且爱别人。在本周胎宝宝的阅读时光里，准妈妈可以和胎宝宝一起来分享一下著名作家安东尼的代表作《这些都是你给我的爱》。

《这些都是你给我的爱》是一部非常特别的作品，讲述的是兔子男孩安东尼失恋后，为找寻曾经恋人一心向往的那棵“开满鲜花的树”，而环游旅行的故事。这本书延续着安东尼惯常的风格，全篇都没有使用标点，只用淡淡的语言，倾吐少年恋慕和成长的酸涩心事。文章的字里行间充满着童话般的梦幻色彩，平淡的生活也在作者的文字表述中变得丰富而充满情趣了。

以下就是从书中节选的一些精彩句子和篇章，准妈妈可以带着胎宝宝来一起阅读和感受：

1.一起看电影时买的薯片 / 放到保鲜袋里干燥保存 / 两天过期 /
一起逛花街买的清香栀子 / 天天浇水晒太阳 / 花开一季 /
一起拍的宝丽来相片 / 小心翼翼地藏进相册里 / 几十年后过期 /
那么 / 一起制造的回忆 / 只剩下我一个人保管 / 多久会过期呢

2.我以为 / 只有被喜欢的人喜欢 / 才会觉得幸福 /
如果你喜欢的人 / 不喜欢你 /
那么就算全世界的人都喜欢你 / 还是会觉得很孤独吧

3.爱也像咖啡啊 / 你要细心烘焙打磨 / 然后小心翼翼地煮 / 它才会美味 /

咖啡末本身也是咖啡的一部分/你要享受咖啡的味道/就也要忍受咖啡末儿的酸涩口感/

不过只要你把咖啡放一放/咖啡末儿就会沉到杯底/

嗯我是说/如果你口渴了/应该喝水/咖啡是用来享受的/

4. 诗人继续说/至于小王子/他还太小了/不明白玫瑰的温柔/

他的离开也许并不是坏事/“爱”有的时候好像买新衣服/要站在远处才能看清

5. 每次/开始的时候/都迫不及待地/爱别人/

可是真的在一起以后/就忘记了/小心翼翼地疼爱/

原来/喜欢上一个人很容易/可是/要在心里最深刻的地方/去珍惜/就很难

6. 希望/迷路的时候/前方有车/可以让我跟随/

冷的时候/有带电热毯的被窝/

拉肚子的时候/就离家不远/

困的时候/有大段的时间可以睡觉/

不知道说什么的时候/你会温柔地看着我/笑我词穷/

不可爱的时候/会适可而止/寂寞的时候/知道你在爱我

7. 那些我本来说好/我很喜欢很喜欢的人/那些我告诉他们我想和他们一辈子的人/我真的用心对待了么/会不会/就在我做别的不重要的事情的时候/把他们忘记的时候他们已经死了/或者说/对我/死了心呢

8. 不要走得太慢/花会凋谢的/也不要走得太快/那样/花还没有开

9. 爱和喜欢是同义词么/不过/爱一朵花就为她浇水/喜欢一朵花就把她摘下来

喜欢和讨厌是反义词么/喜欢一朵花就把她摘下来/讨厌一朵花也会把她摘下来

10. 是的/我很清醒/不论是公转还是自转/涨潮还是退潮/

不论是暖流改变/气温带来鱼群/或者海水淹没岛屿/失去踪迹/

不论是我的世界车水马龙/繁华盛世/还是它们都瞬间消失化为须臾/

我都会坚定的走向你/不迷惑/不慌张/不犹豫

11. 你总是问我在想些什么啊/我笑着对你摇头说没什么/那些都是真的

我只是喜欢静静地坐在你身边/不论是看日落或是看日出/

你有一种让我/犹如深呼吸以后放松的魔力/尽管我们也会争吵/

可是我总会原谅你/或者/让你原谅我/我一直觉得/我们就该/在一起/

我/从来/都没有想过要和你分手/即使我们吵得最凶的那次

12. 我想喜欢这个东西很奇怪/

什么时候可以释然/什么时候可以放手/这些都不是三言两语能说清的/

也不是/比如你设定一个目标/然后实现它/就能继续前进的/

那需要很长时间/等到了临界点/对的时间/你准备好了/你就会感觉到

13. 所谓的幸福都是别人眼里的/我们总是很容易觉得别人幸福/觉得自己可怜/

一个人 / 当她 / 可以把自己的幸福 / 建立在别人的幸福之上的时候 /
这样是不是 / 更容易获得幸福呢
14. 我们 / 合影 / 用照片纪念 /
我们 / 写日记 / 用文字纪念 /
我们 / 拥抱 / 用温暖和力度纪念 /
我们 / 把头埋在对方 / 头发或者胸里 / 用味道和声音纪念 /
我们 / 将和那个人一起的某一段画面和时光在脑子里不断温习用回忆纪念
后来 / 就像 / 很多人说的 / 时间 / 让我们淡忘了 / 那个人 /
可是 / 总会有 / 那么一刹那 / 所谓的纪念 / 好像灭了火星的哑炮 / 一下子爆炸 /
然后 / 那个人 / 就被我们 / 这样 / 清清楚楚的 / 想起来了 /
嗯 / 忽然 / 想起你的感觉 / 也许并不好受 / 可是 / 我仍珍惜 / 和你一起的时候 / 每一次 / 能制造“纪念”的机会

好孕美食馆：缓解准妈妈失眠的美食

在怀孕期间，由于生理上的一些变化，很多准妈妈经常会出现失眠的现象。一般来说，准妈妈的睡眠时间每天不能少于8小时，如果有条件的话，则每天尽量午睡一小时左右。失眠或者睡眠质量不好，对于准妈妈的身体健康和胎宝宝的正常发育、成长是很不好的。如果出现失眠的情形，准妈妈就应该想办法加以调节了。今天我们就来说说能缓解准妈妈失眠现象的一些美食。能缓解失眠的食物主要有这样的一些：

1. 小米、牛奶等食物。这些食物中含有色氨酸，而色氨酸能对人体产生镇静作用，使人产生困倦感，从而提高人的睡眠质量；

2. 蜂蜜、莲子、百合等食物。蜂蜜具能安五脏、补中益气的作用，每晚用温开水冲服蜂蜜，能改善睡眠质量；莲子味道带有苦味，但性平，有养心安神的功效；百合味甘，性微寒，能调理虚烦心悸、失眠多梦等症状，起到清心安神的作用。

3. 桂圆、葵花籽、红枣、核桃、豆类等食物。坚果类食物味甘性温，能补益心脾、养血安神，治疗神经衰弱等症状，有利于调理失眠，而葵花籽和豆类中还有多种氨基酸和维生素，可调节脑细胞的新陈代谢，改善脑细胞的抑制机能。

除了这些食物之外，还有一些食物同样能缓解准妈妈的失眠现象，食醋、荔枝，以及虾、蟹、动物肝肾、蚕豆、豌豆和玉米等含铜元素比较丰富的食物。如果多吃这些食物，对于缓解准妈妈的失眠都是非常有利的。

如果准妈妈觉得单吃这些食品有些单调，还可以自己或让家人做一些能调理失眠的美食。下面简单地介绍几种对缓解失眠有效的食物：

1. 丹参冰糖水

【材料】

取丹参 30 克，加水 300 毫升。

【做法】

用文火（小火）煎 20 分钟，去渣，加冰糖适量再稍煮片刻。分 2 次服用。

【功效】

丹参苦微寒，活血安神，对长期失眠者有安神作用，对患有冠心病、慢性肝炎等病患者，尚有改善原疾病的作用。

2. 甘麦大枣汤

【材料】

取浮小麦 60 克，甘草 20 克，大枣 15 枚（去核）。

【做法】

先将浮小麦、大枣淘洗浸泡，入甘草同煎煮，待浮小麦、大枣熟后去甘草、小麦。分 2 次吃枣喝汤。

【功效】

此方为汉代名医张仲景名方。药虽平凡，但养心安神功效很显著。

3. 莲子百合汤

【材料】

取瘦猪肉 250 克，莲子 30 克，百合 30 克。

【做法】

一起放入砂锅内加水煮汤。这样每天 1 次，连服数天。

【功效】

有缓解失眠、治疗头晕目眩、肢倦神疲等功效。

4. 参竹粥

【材料】

取沙参 15 克，玉竹 15 克，粳米 60 克。

【做法】

先将沙参、玉竹用布包好，同粳米煮食。每天 1 次，连服数天。

【功效】

这种食物对于缓解准妈妈的失眠也是有所帮助的。

5. 乌灵参炖鸡

【材料】

取鸡 1 只，乌灵参 100 克，以及适量的酒、姜、葱、盐等。

【做法】

首先将乌灵参用温水浸泡 4 ～ 8 小时，洗净切片，放入鸡腹内，然后将鸡放入砂锅内，清水淹过鸡体，放入酒、姜、葱适量，旺火烧开后，改文火清炖，待鸡熟后，加一些盐就可以了。

【功效】

这种食物能起到补气健脾、养心安神的作用，也能改善睡眠质量。

胎宝宝的私人音乐厅 :《西班牙小夜曲》

这个时期正是胎宝宝活动非常活跃的时候，所以准妈妈和准爸爸千万不要忽视在此时对胎宝宝进行多方面的熏陶和培养，这对于胎宝宝的各项发育及日后的成长都是很有好处的。在此期间，准妈妈在闲暇的时间，可以陪胎宝宝说说话、听听音乐，今天就让我们一起来感受一下《西班牙小夜曲》的优美旋律吧。

《西班牙小夜曲》原是著名的音乐家玛拉兹所作钢琴组曲《西班牙的印象》中的一首曲目，大约创作于浪漫主义音乐思潮席卷欧洲的19世纪末期。

玛拉兹出生于1872年，他很小的时候就喜爱音乐在年轻时，他曾专门跟随著名的音乐家普霍尔学习，其后又留学巴黎音乐学院，在留学期间还获得了巴黎音乐学院一等奖，在1903年，取得以法国钢琴家、作曲家迪埃梅尔命名的奖金，并担任巴黎音乐学院校评审委员。

在一生中，玛拉兹酷爱音乐，尤其是非常喜爱西班牙的民族音乐，他特别欣赏西班牙杰出作曲家、钢琴家阿尔贝尼兹以浓郁的民族风情为特点的创作风格，并对其作品进行了长期和深入的研究。由于受到了阿尔贝尼兹的深远影响，所以他的很多作品也具有浓重的西班牙民族风格，《西班牙小夜曲》就是其中的代表作品之一。

《西班牙小夜曲》的原曲为钢琴曲，但作曲家玛拉兹的创作本意也是非常明显的，即用钢琴来模仿吉他富有特色的圆滑音的特点，在作品问世之后，西班牙近代吉他之父塔雷就将其改编成古典吉他曲，以鲜明表现手法表现了古典吉他的性能和西班牙吉他音乐热情奔放、载歌载舞的特点，这部作品也就更加广为人知了，且深受人们的欢迎了。

《西班牙小夜曲》整曲属带再现的复合三部歌谣曲式，整首曲子可以分为三大部分，但和一般的典型复三部曲式有所不同的是，本曲前面有引子，后面有尾声。曲子洋溢着浓郁的西班牙风情，旋律优美而动听，很讲究演绎的技法和感染力，听起来能感觉到西班牙青年男女在本曲的伴奏下载歌载舞时的热情和酣畅。

这是一首旋律非常优美、节奏感很强，而且也很讲音乐技巧的曲子，几乎都是一句歌唱做旋律、一句舞蹈做伴奏，歌舞的乐句也是比较难以区分的，要想更好地聆听和理解曲子的内容，准妈妈可以先了解一下与曲子相关的背景知识，如曲子的作者、表现风格、变现内容等，这样才更有利对作品的理解和欣赏，与此同时，准妈妈还可以先将自己知道的相关知识说给胎宝宝听听，以便于胎宝宝也能理解一下曲子。然后，准妈妈就可以选择一个舒适的姿势，坐着或是躺着，和胎宝宝一起聆听这美妙的旋律了。在聆听的过程中，准妈妈应多多关注胎宝宝的反应和感受，可以在听的同时和胎宝宝说说话，交流一下，或是给胎宝宝讲讲自己的感受等，这样，可能就会取得更好的效果哦。

第 27 周：胎宝宝形成了自己的睡眠周期

到了本周，胎宝宝又长高了一些，而且体重也已经达到了 900 克左右。这时候的胎宝宝脑组织在快速的增长，大脑皮层表面开始出现特有的沟回，大脑活动非常活跃。同时，有的胎宝宝已经长出了头发，而且时不时地会将自己的大拇指放到嘴里吸吮。而且此时的胎宝宝听觉系统差不多已经发育完全，对外界的声音刺激有更明显的反应，更重要的变化是，胎宝宝眼睛已经能够睁开和闭合了，并且拥有了睡眠周期。

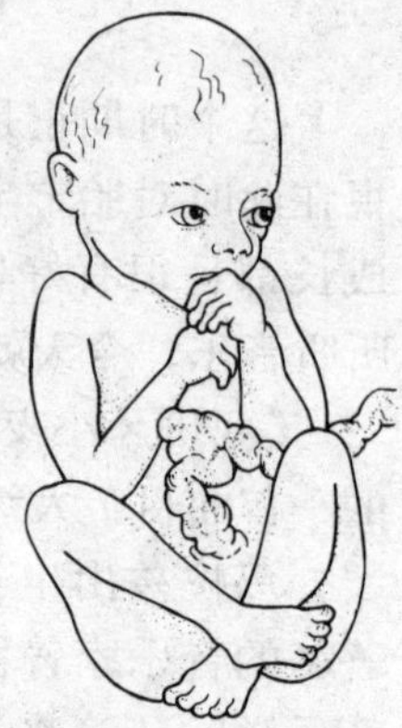

在第 27 周左右，胎儿睁开眼睛，并且可以分辨外部光线的明与暗了。

1. 语言胎教，培养和锻炼胎宝宝的语言能力

本周胎宝宝的大脑发育很快，而且听觉等器官的功能也在不断完善，所以在这段时期，准妈妈可以多朗读一些文学作品给胎宝宝听，以此培养和锻炼胎宝宝的语言能力。比如，准妈妈可以选择著名作家朱自清、冰心、秦牧等人的优秀散文作品，也可以选择一些经典的励志读物和名人传记等。

2. 营养胎教，每天补充 B 族维生素

根据这一时期胎宝宝的发育情况来考虑，准妈妈在这个时期最好能每天补充些 B 族维生素。因为 B 族维生素有利于胎宝宝的大脑发育，但这类维生素几乎全是水溶性的，在体内停留的时间较短，所以必须每天补充。准妈妈可以多吃些富含 B 族维生素的食物，如黑米、香菇、肉类、牛奶、鱼类、豆类、坚果类等。

第 183 天：孕期做家务的禁忌事项

很多准妈妈在怀孕之前是家里的劳动能手，担负着各种家务活动。到了怀孕之后，有些准妈妈出于爱干净、想要营造良好家庭环境的原因，还是喜欢亲自打扫卫生。尽管说准妈妈适当地做一些家务劳动是可以的，而且也是有利于身体健康的，但是，由于准妈妈的身形和动作灵活程度都大不如以前了，所以准妈妈在进行家务劳动时更要考虑到本身的实际情况和胎宝宝的安全。

1. 不能长时间站立，做家务的时间也不宜太长

在怀孕期间，准妈妈的体形发生了很大的变化，腹部隆起，体重增加，因而腿部要承受更多的重量，再加上准妈妈的耐力和身体状况会比之前有所退化，所以准妈妈是不能像正常妇女那样长久地工作的，而且站立的时间也不能太长。在做家务时，准妈妈最好在忙了 15　20 分钟之后，要休息 10 分钟左右。

2. 准妈妈在做家务时不能操之过急，应以缓慢为原则

随着怀孕周期的增长，准妈妈的肚子会越来越大，身体的负担就会不断加重，

自然不能像怀孕以前那样灵活地劳动了。所以准妈妈在做家务的时候动作要轻要慢，如果家务活多还要分开做，切不可为了完成家务而快速干活。

3. 注意采取有利的姿势

准妈妈在做家务时要特别小心地保护好自己的腰部。当扫地或是吸尘的时候，准妈妈可以把扫帚吸尘器的把手，斜着放在身前。一条腿朝前迈一小步，略微歪曲，另一条腿伸直，上身略微朝前倾斜，以避免颈部和腰部过分抻拉用力。收拾垃圾时要使用长把的簸箕，尽量减少弯腰动作。

到阳台晾衣服时间，准妈妈也应注意千万不要过度屈膝或过度伸展，如果自己的个子太矮或晾衣架太高，准妈妈最好使用升降的衣架或是请家人代劳，切不可踮脚尖来够衣架，这样做是很危险的。

一般厨房的操作台都比较矮，在做饭的时候需要稍稍弯下腰，到了孕中晚期弯腰的动作会让腰部感到明显的不适，同时也会加重颈部的疲劳感，所以准妈妈可以左手扶住操作台支撑住身体，用右手干活。

4. 以身体舒适为原则

准妈妈在做家务的时候首先要照顾自己身体的舒适度，然后才考虑家务活动的质量。在做家务的过程中，如果准妈妈突然出现腹部阵痛的情况就应该立即停下来休息了。因为肚子阵痛可能是子宫收缩造成的，这也就意味着活动量已超过孕妇身体可以承受的程度，此时，准妈妈应该停止劳动，等待不适症状的缓解，如果不能缓解，可能还得到医院接受治疗。

而对于那些对家务劳动质量有着严格要求的准妈妈，在怀孕期间就应该降低标准了。因为什么家务都自己承担，而且在干活的时候对自己要求又很高的话，为了做好家务而用很长的时间或者是花费很多的精力就会影响到自己和胎宝宝的健康，这样是得不偿失的。所以，准妈妈应该适当降低家务劳动的标准，适当地做一些家务，或是让家人来分担家务。

5. 有些家务活不能做

准妈妈并不是所有的家务活都能做的，像洗衣服、登高放东西、提重物、背太沉的包等可能会损伤身体的家务活，准妈妈都最好少做。同时，也不是所有的准妈妈都适合做家务活，像一些体态臃肿、灵活度不够的准妈妈，被医生告知有早产或流产危险、需要卧床休息的准妈妈，一做家务就会出现呼吸急促、心跳加快、子宫收缩等情况的准妈妈，有这些情形的准妈妈都是不适宜做家务活的。

总之，准妈妈在做家务时一定要掌握好适度的原则，量力而行，如果是累了就一定要停下来休息，千万不要勉强自己。而且一定要记住，在怀孕期间，准妈妈尤其需要得到休息和保护，这个时候家人应该多分担一些家务，好让她们没有后顾之忧。

第184天：孕期不可信的禁忌和习俗

在长期的历史发展中，中国人形成了很多独特的文化现象。历史悠久而且影响深远的民间禁忌和习俗就是存在于人们心目中的普遍现象，这些禁忌和风俗渗透到人们的物质生活和精神生活的各个领域，深远地影响着人们的思想和行为。在怀孕期间，准妈妈也可能会听到很多有关孕期的禁忌与习俗，一些有经验的过来人，甚至还会信誓旦旦地说，如果违反这些禁忌和习俗，就可能会吃苦头。

1. 关于准妈妈应该忌嘴的食物

关于准妈妈应该忌嘴的食物，有些是过来人的经验之谈，有些是有一定的科学根据，这些还都是合理的。另外，还有些关于忌嘴的禁忌则是毫无根据的，因而准妈妈切不可盲目相信。

不可信的民间忌嘴说法主要有这样的一些：

孕妇忌吃兔肉，否则产下的孩子会有兔唇。这一说法流传范围极广，流传年代也颇为久远。早在西晋时期的一些古籍中，人们就有这方面的记载。

不能吃狗肉，否则将来孩子爱咬人，吃奶时也爱咬奶头。

不能吃驴肉，否则将来孩子“驴性”，不听话。

要忌吃公鸡，这样生下的孩子夜里才不啼哭。

忌吃螃蟹，这样生下的孩子才不会咂泡沫流口水，还有人说吃螃蟹会造成难产。而台湾地区的人们则认为，吃螃蟹的准妈妈，生出来的孩子会像蟹那样抓扭别人的手脚。

忌食生姜，以防生下婴儿有六指。

忌食鸭子，认为吃了鸭子，孩子要生摇头病。

2. 关于准妈妈在行为上应该做到的禁忌

关于准妈妈的行为禁忌，民间流传的一些说法其实还是从准妈妈的身心健康和胎宝宝的正常发育来考虑，是有一定的参考和借鉴意义的。与此同时，也有一些缺乏科学根据的禁忌，如：准妈妈不能缝针线，动剪刀。相传准妈妈如果做了这些事情，生出来的小孩可能会有缺陷。但事实上，所有胎宝宝在出生时都有畸形的可能，但由于这种不确定性就行了这样的禁忌，则是很不科学的。

3. 准妈妈不能看产妇分娩，不然自己将来要难产

当准妈妈看到分娩产妇的痛苦表情，听到产妇的叫喊声，就很容易造成一定的精神压力，当自己分娩时也难免会神经紧张，从而引发一系列的问题。但这主要还是与准妈妈的心态有关，这一禁忌说法还是缺乏科学根据的。

4. 其他一些并不可靠的孕期说法

有些人认为多喝鲜奶，生出来的婴儿皮肤会很白。这种说法是没有科学根据的。实际上胎儿的皮肤颜色是受父母的遗传基因影响，在怀孕的那一刻已由其基因决定，与怀孕期的饮食关系不大。

还有些人认为多吃水果对胎宝宝只有好处没有坏处。这其实也是不对的。准妈妈是应该多吃水果，但对一些很甜的水果，更不能把水果当做正餐来食用，否则容易导致体内血糖升高，可能会引发妊娠期糖尿病。

破除了这些缺乏科学根据的禁忌和习俗，准妈妈才能科学养胎和生育，养育出健康的胎宝宝。

第 185 天：在家里进行芳香浴

怀孕期间，不少准妈妈常常会感觉到身体疲劳、情绪紧张，内分泌失调等情况，如果能在孕期时不时地进行芳香浴，这些状况会得到一定的缓解。

芳香疗法是现代人非常喜欢的一种健康保健方法，它能很好地帮助人们缓解疲劳、放松心、同时也能治疗一些身体的不适症状等。对于准妈妈来说，定期在家中进行芳香浴对于治疗孕期的一些身体和心理的不适感很有益处。

芳香疗法的历史非常悠久。早在古埃及时代，人们就开始会在泡澡的热水中加入植物精油，在浴后还会用香薰用品进行全身按摩，并且在平时也常常会用植物精油来做好身体的清洁和保养工作了。而现在所流行的香薰疗法，是法国化学家加德弗塞在 20 世纪二三十年代所创立的，主要就是利用萃取自植物的香气来达到治疗心理和生理疾病、恢复身体健康的目的。而其中的香气则是来自于从草木、花朵、水果以及各种植物中所提炼出的“精质油”，也就是我们平时所说的精油。

在怀孕期间，准妈妈的味觉会变得更敏感，闻到怡人的香气会觉得特别舒服，心情也会变得愉悦而放松。所以准妈妈在孕期也可以泡泡芳香浴，缓解自己的身体不适。泡芳香浴也就是在泡澡的时候放入一定比例的精油，让自己沐浴在芳香之中。不过精油的使用还是很有学问的，准妈妈在使用的时候应该多加注意。

一般来说，准妈妈应避免使用有刺激性、挥发性很强的精油以及成分中含有通经剂的精油，因为这些类型的精油会对准妈妈和胎宝宝的健康造成威胁，引发流产等危险。因此，准妈妈在选择精油时一定要看清楚产品成分说明或者咨询专业人士。有专家认为，在所有的非媒介油中，苦橙花、苦柳橙、甜橙、橙叶和橘这五种柳橙家族的精油是非常适合准妈妈使用的，相对来说安全性较高。至于媒介油，准妈妈可以选择荷荷芭油、圣约翰草油以及甜杏仁油这些适合孕妇使用的媒介油。

在进行芳香浴时，准妈妈应先将身体洗净，然后再泡浴。在准备泡浴时，需要先调配好适合自己的精油配方，在水中滴入精油时一定要控制好分量，如果要先调配好复方泡浴油，最好是每 100 毫升的媒介油中滴入最多 50 滴纯精油，如果是直接在水中滴入纯精油，最好能遵守不超过 10 滴的原则。然后，再用手充分地搅动，使水中的精油完全散开，让香气弥漫于卧室。一切就绪后，准妈妈就可以进行芳香浴了。通常来说，在进行泡浴时，准妈妈可以根据自己的需要来选择是进行全身浴还是半身浴、温水浴还是热水浴，而且，泡浴的时间最好能控制在 10 ~ 15 分钟，而且每周泡浴的次数最好也不超过两次。

此外，准妈妈还应该明白，芳香泡浴中使用的精油不同，疗效也是不一样的，在进行泡浴时，准妈妈可以根据自己的需求灵活选择。而如果准妈妈觉得洗澡之后再进行芳香浴比较麻烦的话，还可以以涂抹精油、在室内放置精油使其香气挥发等方式来治疗。下面照着准妈妈在孕期可能出现的一些生理反应，具体说说该使用哪些精油。

如果当准妈妈呕吐得比较厉害的时候，可以先准备一大碗刚烧开的热水，滴入 2 ~ 3 滴绿薄荷精油，放在屋内，这样当绿薄荷精油里的分子挥发后弥散在空气中，能帮助准妈妈缓解头痛、呕吐等症状。

如果准妈妈出现睡眠质量下降的问题，可以选择温和的木香类精油，如檀香木或杉木，使用时，主要将精油滴在能加热的容器内，如插电的熏蒸炉或热油皿里，并放在卧室墙角，这样卧室的空气就能改善，准妈妈的失眠问题也能得到改善。

如果准妈妈想治疗下肢水肿的问题，可以将橘或橙叶或甜橙精油滴在浴缸或足浴盆里泡浴或足浴，一般来说，在进行泡浴或足浴时，时间最好能控制在 15 分钟左右，水温应控制在 32 ~ 35℃。

如果准妈妈想要缓解便秘问题，可以选用 50 毫升荷荷芭油 +10 滴橘或甜橙或苦橙花，以顺时针方向将调好的油轻轻按摩在腹部，然后再用一条厚浴巾盖住。

如果准妈妈想要预防妊娠纹，可以怀孕的第三个月开始，在每天洗完澡后，选用 50 毫升荷荷芭油 +12 滴橘精油或者 12 滴苦橙花精油，在胸部、腹部、臀部、大腿等容易发胖的部位，均匀地涂抹精油，并进行按摩。

正确地选择和使用精油、运用芳香疗法，不仅能唤起准妈妈轻松而愉悦的心情，也能预防和治疗一些孕期疾病，对准妈妈的健康是很有益处的。

第 186 天：在胎动时和宝宝谈谈心

随着胎宝宝的日渐发育，其对外界的事物和声音也会变得越来越敏感，准爸爸和准爸爸给胎宝宝留下的记忆，都将对其以后的发育和出生后的成长产生重要的作用，因此，准妈妈和准爸爸最好能抓住这个时机，多对胎宝宝进行知识胎教和语言胎教，最重要的就是要在胎动时多和胎宝宝说说话。

到了这个时候，胎宝宝的听觉能力和理解能力都比以前有很大进步了，而且在此时，准妈妈的子宫增大了很多，子宫壁也被撑得较薄了，声音就变得很容易传入子宫，所以说这个时期是加强和胎宝宝的语言交流和沟通、增进亲自感情、培养胎宝宝的语言能力、表达能力的很好时机。

而且，和我们多数人都害怕孤独和寂寞一样，胎宝宝也不喜欢特别安静的环境，其也喜欢热闹、喜欢听人说话的声音，尤其是准妈妈和祝爸爸和其说话的声音，所以准妈妈和准爸爸切莫忽视在这个时机多给胎宝宝一些关爱，多抚摸、多和胎宝宝说说话。

在和胎宝宝谈心的时候，准妈妈和准爸爸需要掌握好时间和规律，最好是在胎宝宝活动的时候进行，而不要选择胎宝宝睡觉的时候进行。因为胎宝宝在准妈妈的肚子里有着睡着和醒着这两种状态，睡着的时候是没有胎动的，而当胎宝宝醒着的时候，一般都会活动活动，准妈妈就能明显地感觉到胎动。如果是在胎宝宝睡着的时候和其说话和胎心，不仅没有任何效果，而且还可能会吵醒胎宝宝，影响其休息，这对宝宝养成良好的作息习惯及健康发育是不好的。

在和胎宝宝说话或聊天的时候，准妈妈和准爸爸最好能保持温柔而关爱的语气，要轻声地说，语言中流露出对胎宝宝的关心和爱护，至于主题，准妈妈和准爸爸可以自由选择，比如，准爸爸和准妈妈可以和胎宝宝说说最近家中发生的一些事情，说说今天自己又做了什么事情，给胎宝宝介绍一下家庭成员，或者说说自己将要进行的一些活动等，不管是什么主题，就像是平时闲谈家常就可以了。

另外，在和胎宝宝聊天时，准妈妈不一定要静静地坐着或是躺着，其实也可以边和胎宝宝聊天，边做自己的事情，比如，准妈妈可以边看书边和胎宝宝聊天，或者将书中的内容朗读出来，这样也能顺便对胎宝宝进行知识胎教；准妈妈可以一边做一些轻松的家务，一边和胎宝宝说话，在做家务开始的时候先摸摸自己的肚子，告诉胎宝宝将要做的是什么事情，然后戴上必要的防护措施，就可以在做家务的过程中跟宝宝交流了；准妈妈还可以带着胎宝宝和准爸爸一起聊天，让胎宝宝多听听父母的声音，等等。只要你觉得胎宝宝在听的时候有快乐的感觉，就可以一直让这种快乐延续，如果你感觉到胎宝宝有些不耐烦了或是自己说累了，也可以停下来，千万不要勉强自己一直说。

有些准妈妈和准爸爸会觉得每天这样重复着给胎宝宝说话，会让其觉得自己的父母有些啰唆，其实不是这样的。从这点来说，胎宝宝可以说有个很显著的优点，那就是并不讨厌重复和啰唆。相比于陌生而生疏的说话内容，胎宝宝更喜欢熟悉的声音，乃至熟悉的谈话内容，其根本就不会觉得准爸爸和准妈妈每天跟他聊天、说同样的话是一件无聊的事情，甚至还非常喜欢这样的谈话。

第 187 天：不可忽视的皮肤瘙痒

在怀孕期间，尤其是到了怀孕中后期，很多准妈妈都会感觉到皮肤瘙痒的症状。程度较轻的准妈妈会感觉到皮肤稍微有瘙痒的感觉，程度严重的则会感到瘙痒难忍，坐立不安，非常痛苦，如果准妈妈不断地抓挠，还有可能会造成皮肤化脓性感染。

通常来说，准妈妈的皮肤瘙痒主要是由两方面的原因导致的，一个是因为怀孕期间的生理变化而产生的，另一个则是与一些疾病有关。在怀孕期间，随着胎宝宝的发育和成长，准妈妈的腹部也在不断膨胀，拉紧了的皮肤可能导致瘙痒，同时，由于准妈妈身体激素分泌和新陈代谢活动都比较旺盛，再加上天气炎热的原因，身上会出很多汗水，如果此时不注意个人清洁卫生，就很容易引发皮肤瘙痒等一系列皮肤问题。同时，一些与怀孕期间并没有直接关系的疾病也会引发准妈妈的皮肤瘙痒问题。此时准妈妈就应该区别对待了，如果是由生理变化而引发的皮肤瘙痒问题，准妈妈可以通过在洗澡时用弱碱型香皂或沐浴露、洗澡后涂上润肤乳或润肤油等方式来改善，而如果是由一些疾病所导致的，准妈妈就应该在医生的指导下接受药物治疗了。

1. 孕妇瘙痒性毛囊炎

怀孕期间，由于准妈妈的皮脂腺分泌旺盛，新陈代谢活动频繁，加上一些天气方面的原因，准妈妈就很容易引发妊娠瘙痒性毛囊炎。这种病症多发生在怀孕期间的前三个月，主要的表现特征就是腹部出现毛囊性丘疹。

孕妇瘙痒性毛囊炎虽然会导致皮肤瘙痒的问题，但还属于一种良性的皮肤疾病，对胎宝宝不会造成太大的影响，而且分娩时或产后，皮肤瘙痒的症状也会自动缓解。而如果准妈妈在怀孕期间想要借助药物治疗的话，根据医生建议，准妈妈可以使用痱子水，以及金霉素、红霉素等抗生素软膏来治疗。最重要的是，准妈妈在平时一定要注意皮肤的清洁卫生，避免吃太油腻和多糖的食物。

2. 妊娠痒疹

由于皮肤干燥、怀孕期间的激素分泌变化、外界刺激等方面的原因，准妈妈在怀孕期间还可能受到妊娠痒疹疾病的困扰。这种疾病多发生在怀孕的中后期，也就是孕期4～9个月之间的时候，主要的表现症状就是在四肢近端伸侧，包括大腿或手臂等地方，出现红色或淡粉红色丘疹，同时伴有皮肤瘙痒的感觉。

这种症状通常也会在产后自行解除，但需要引起注意的是，症状解除后，仍有可能会在皮肤上留下色素痕迹。如果准妈妈想要借助药物治疗的话，做好涂上一些外用的类固醇药膏。

3. 多型性妊娠症

这种病症多是由准妈妈对胎宝宝的免疫反应所导致。一般情况下，这种症状最容易发生在怀孕后期，而且最常发生在第一胎的准妈妈身上。可一旦发生，会持续整个孕期，直到产后才会逐渐消失。这种疾病的瘙痒多发生在肚皮周围，再往大腿、手脚等其他部位扩散，主要的表现就是，出现类似荨麻疹或不规则的丘疹，感觉很痒。如果准妈妈的皮肤瘙痒是由这种病症引起的，就需要寻求医生诊治，使用口服抗组织胺或局部类固醇药膏涂抹，以缓解症状。

除了这些会引发皮肤瘙痒的疾病之外，准妈妈的皮肤瘙痒问题还有可能是由妊娠瘙痒症、胆汁郁积性瘙痒症、疱疹样脓痂疹等疾病导致的，而且，这些疾病对准妈妈和胎宝宝的身体会造成一定的影响和危害，所以准妈妈一定要格外注意。

在怀孕期间，准妈妈可以多留意一下自己的行为，减少皮肤瘙痒的发生，如准妈妈穿衣服要宽松一些，尽量穿棉质吸汗的衣服；避免流汗，流汗后应尽快擦干；尽量少用刺激皮肤和使皮肤干燥的香皂、沐浴液；不要用指甲大力瘙痒，以免刮伤皮肤，造成感染；多使用温和的润肤霜滋润皮肤等。如果出现了皮肤瘙痒问题，准妈妈也千万不要忽视，最好的办法就是先询问医生，然后根据具体的情况采取改善和治疗措施。

第188天：准妈妈静脉曲张防治办法

怀孕期间，很多准妈妈小腿、脚背及外阴部常会出现一些形状突出的、蚯蚓般的条状物，好像是在腿上蜿蜒而行，颜色为青色，这就是静脉曲张。有些准妈妈以前可能从没见过这样的情形，所以常会被吓到，而有些以前曾经有过静脉曲张的准妈妈则会发现自己的病症越来越严重了。如果出现静脉曲张，准妈妈们多多少少都会有不适的感觉，而且还会影响到胎宝宝的健康，所以，准妈妈应该加以注意，并积极想办法进行防治。

静脉曲张易出现于腿部，但也可见于外阴部或其他部位，一般多在接近人体皮肤表面的地方凸出来，有时呈蓝色或紫色，看起来弯弯曲曲的。静脉曲张主要是因为下肢血液回流不畅，致使静脉血淤积而造成的，而对于准妈妈来说，之所以会出现静脉曲张或是静脉曲张加重的现象，主要是因为随着怀孕周期的增长，准妈妈的子宫也在不断增大，增大的子宫会压迫到准妈妈身体右侧的大静脉（下腔静脉），从而增加了对腿部静脉的压力。而静脉血管的主要功能是把血液从四肢输送回心脏的血管，怀孕期间，准妈妈体内的血量会增加，静脉承受的负担也会增大，如果再加上准妈妈体内的血管壁变得松弛和一定的外在压力，就很容易出现静脉曲张的现象。

所幸的是，一般的静脉曲张并不会对人体的健康造成很大的影响，而且在准妈妈生下宝宝后，静脉曲张会有所好转。尤其是以前并没有得过静脉曲张的准妈妈，通常产后都会自行痊愈，即使到时没什么好转，治疗的方法也还是很多的，所以如果是患有轻度静脉曲张的准妈妈并不用十分担心和焦虑，可如果程度较为严重的话，还是要上医院咨询医生，并接受治疗。因为如果你突然感觉到腿部静脉肿胀，伴有疼痛和发热的症状，也可能是由一种深度血栓造成的，深度血栓如果得不到及时的治疗，就会导致严重的后果，损害准妈妈和胎宝宝的身心健康。

其实，在生活中，准妈妈可以通过改善自己的行为、采取一些措施来预防和治疗静脉血栓，下面就来说说一些可行的方法。

准妈妈预防静脉曲张的方法主要有：加强身体锻炼，将自己的体重保持在每个时期标准的范围内；在平时适当地走动，多活动一下腿和脚；每次蹲厕不要时间太长；保持正确坐姿和睡姿，坐着的时候，不要把一只腿或一只脚搭在另一条腿或脚上，不要长时间地站立或坐着，睡觉的时候最好采用左侧卧位，将脚放在枕头上，在背后塞上个枕头，使自己向左侧倾斜；注意服装的宽松和舒适；高温容易使使血管扩张，所以准妈妈也应避免高温。

如果出现了轻度静脉曲张的现象，准妈妈们也千万不要焦虑，而可以通过平时的一些举动进行自我调整，主要的方法有这样一些：

1. 平时不要提很重的东西。重物会加重身体对下肢的压力，会加重病情。

2. 在发生静脉曲张时，不应该长久地站立或是久坐不动，而应该多活动活动，即使是要持续坐着，也要经常变换姿势休息，同时要注意活动一下自己的脚部。

3. 在坐着或是睡觉的时候，可以用东西垫高双腿，促使静脉血回流。

4. 洗澡时保持适当的水温，最好是与体温差不多的水，避免用过冷或过热的水洗澡。

5. 不要喝酒，要少吃刺激性的东西。

6. 要保持衣服穿着的舒适，不要穿着过紧的衣服，每天起床后趁静脉曲张较轻时，可以通过穿上高弹力尼龙袜或在小腿缠上弹力绷带等方式来调节。

7. 如果出现便秘、慢性咳嗽或气喘等疾病应该计时治疗，以减轻静脉压。

静脉曲张并不是非常严重的疾病，在面临这种症状时，准妈妈应该多给自己一些积极的心理暗示，以良好的心态和生活习惯，来积极防治，而要不过分担忧和焦虑。

第 189 天：感受电影《飞屋环游记》中的天真与温暖

在怀孕期间，准妈妈可以多培养自己的生活情趣，这样不能有助于自己陶冶情操，对胎宝宝的生长发育也是很有好处的。在孕期，准妈妈多丰富一下自己的生活，不仅可以陪胎宝宝看书、听音乐，而且还可以陪胎宝宝看一些有趣的电影。看电影不仅是一种很好的消遣方式，同时也能增长知识。今天，准妈妈可以带着胎宝宝一起来欣赏电影《飞屋环游记》，带着胎宝宝共同感受电影的精彩，体验电影人物天真而温暖的情感。

《飞屋环游记》是2009年皮克斯动画工作室制作的首部3D电影，导演为彼特·道格特，这部影片继承了老迪斯尼动画光辉传统：故事曲折，总体上以情动人，讲究视觉效果，而且有很多出彩的地方。所以影片一问世就深受很多人，尤其是小朋友的欢迎，影片获得第 82 届奥斯卡最佳配乐奖、第 82 届奥斯卡最佳动画长片奖等奖项，好评不断。

影片讲述的主要内容为：小男孩卡尔怀揣着对于冒险的热爱偶遇假小子艾丽，而艾丽把整个屋子当成一艘大飞船的游戏居然使卡尔对这个女孩子有些着迷，相同的爱好最终使两个人成为了一生的爱侣。

卡尔和艾丽有一个共同的梦想，那就是有朝一日要去南美洲的“仙境瀑布”探险，但直到他们渐渐老去、艾丽去世，这个梦想也未能实现。终于有一天，曾经专卖气球的老人卡尔居然用五颜六色的气球拽着他的房子飞上了天空，他决定要去实现他们未曾实现的梦想。令卡尔始料不及的是，门廊居然搭上了一个自称是“荒野开拓者”的小男孩小罗，小罗的喋喋不休让卡尔对这个小胖墩格外讨厌。

这一老一少在飞行中经过了千难万险终于看到了传说中的“仙境瀑布”，与此同时，在相处过程中卡尔发现小罗其实是个惹人怜爱的孩子。在步行穿越一座森林时，他们遇到了不会飞的大鸟凯文和一只会说话的狗狗逗逗，让老人惊讶，这条狗脖子上戴的项圈能把狗的想法通过人类语言表达出来，这样就能与人对话了。之后，他们一起开始了冒险的旅程，最终，爷俩战胜了邪恶的力量，实现了自己的梦想后，顺利飞回城市，过着幸福快乐而惬意的生活。

这部影片中的角色都很有个性，性格鲜明，比如，老爷爷卡尔脾气古怪，固执倔强，但对梦想很执著；胖小孩小罗看起来圆头胖脑，天真烂漫，但却非常善良而勇敢，这是他的努力，才逐渐开启老人心灵枷锁；能“说话”的大狗道格，忠心可爱；色彩斑斓大鸟凯文，则贪吃巧克力；科学家蒙兹则是凶狠狡猾，这些人物共同演绎了一段精彩的影片。

这部影片不仅情节非常动人，人物形象贤明，而且还很讲究视觉效果，如影片中出现了很多动人心魄的惊险场面，很能吸引人。其中最大的亮点还包括，影片中表达的情感很能感染人、打动人。影片中描写了“陪你慢慢变老”的细腻夫妻情，虽然说的是平淡的事情，但却丝毫不会给人以枯燥的感觉，反而能引起人们的共鸣，引人深思；影片中所描写的怪老头卡尔与胖小孩小罗的忘年之交真挚动人，让人觉得十分温暖；影片中描写了人与动物之间的深厚感情，营造了很多温馨的场面，让人在惊叹的同时，更领会到真挚而温暖的情感。

总之，《飞屋环游记》融合了冒险、真挚情感、人生哲理等丰富的内容，非常适合儿童和成年人欣赏，如果有闲暇的时间的话，准妈妈不妨带着胎宝宝一起来欣赏一下。

动起来：提早学习助分娩的拉梅兹呼吸法

到了孕晚期，很多准妈妈的心情都是非常复杂的，既有对胎宝宝出生的期待与渴望，同时也非常害怕面临分娩时的产痛。为了替准妈妈们分忧解劳，相关的专家一直在努力寻找着解决分娩疼痛问题的方法。后来，法国医生拉梅兹博士在学习前人经验的基础上，通过深入的研究，总结出了一套利用呼吸分散注意力，以减轻分娩痛苦的实用方法，这就是著名的“拉梅兹呼吸法”。

一般来说，准妈妈可以在孕七月的时候就开始练习拉梅兹呼吸法，这样就能取得很好的效果。在练习之前，准妈妈可以在床上练习或是在地板上铺上一条毯子来练习，做好准备工作之后，准妈妈可以播放一些优美的胎教音乐，之后盘腿而坐，全面放松身体，保持注意力集中。

拉梅兹呼吸法主要有 5 个具体步骤如下：

1. 胸部呼吸法

胸式呼吸是缓慢的呼吸方式，此方法的练习主要针对的是分娩初期宫颈刚刚张开时。当子宫开始收缩时，准妈妈能感觉到子宫每 5 ~ 20 分钟收缩一次，每次收缩约长 30 ~ 60 秒。所以在练习这一呼吸法的时候，准妈妈可以设想这样的情境，学习由鼻子深深吸一口气，随着子宫收缩就开始吸气、吐气，反复进行，直到阵痛停止才恢复正常呼吸。

相对来说，胸部呼吸做起来简单，感觉却很舒服，而且能很好地缓解分娩初期的阵痛。长期进行相关的练习，熟悉了要诀之后，到分娩时，准妈妈就能通过这种呼吸方式准确地给家人或医生反映有关宫缩的情况。

2. 嘻嘻轻浅呼吸法

嘻嘻轻浅呼吸法主要应用于分娩时子宫慢慢张开到7厘米以前。宫颈开至3 ~ 7厘米，子宫的收缩变得更加频繁，疼痛会有所加剧，时间也会加长，每次持续约 45 ~ 60 秒，伴随着子宫的收缩，胎宝宝的身体会在准妈妈的体内部不断转动，慢慢由产道而下。

所以准妈妈在练习这种呼吸法的时候，也可以先想想当时的情景，在练习时，先保持注意力的几种，最好是让眼睛注视在一点上，同时使身体完全放松。然后，准妈妈可以用嘴吸入一小口空气，努力保持轻浅呼吸，让吸入及吐出的气量相等，呼吸完全用嘴呼吸，保持呼吸高位在喉咙，就像发出“嘻嘻”的声音。

在进行嘻嘻轻浅呼吸法时，应根据子宫收缩的强度、呼吸的快慢来调整。如果收缩强烈时，就应加快呼吸时间。如果子宫收缩减轻时，就放慢呼吸的速度，而且应注意每次呼吸时吸入的气息要尽量均衡。而且，在不断的练习过程中，准妈妈还可以适量地增加练习时间，让深呼吸能保持得更持久一些。

3. 喘息呼吸法

这一呼吸发主要适用于子宫进一步张开，收缩更频繁、疼痛程度最剧烈、胎宝宝马上就要临盆的时候。分娩的这个阶段，子宫口开至 7 ~ 10 厘米，准妈妈能觉到子宫收缩的频率为每 60 ~ 90 秒钟就会收缩一次，每次收缩维持的时间为 30 ~ 90 秒。

在平时练习的时候，准妈妈可以先设想这样的情境，当处于分娩的这一阶段，准妈妈就应采用这一呼吸法了。首先，准妈妈应将空气排出，然后深吸一口气，接着快速做 4 ~ 6 次的短呼气，比嘻嘻轻浅式呼吸还要更浅，感觉起来就像我们平时在吹气球。同时，准妈妈也可以根据宫缩的频率来决定什么时候该换气，而且在平时练习的时候最好能让自己坚持得稍微久点才换气。

4. 哈气运动

到了分娩中第二产程即将结束的时候，胎宝宝好像就要出来了，可医生常常会在这个时候要求准妈妈等待宝宝自己挤出来，而不要用力，以免损伤阴道。这时候，很多准妈妈常常是闲不住的，她们难免会想着用力帮宝宝一把，好让胎宝宝尽早出来，但其实这样做对准妈妈的身体是有害的。

为了避免造成伤害，同时也让自己有事可做，准妈妈在此时最好就是进行哈气运动。在阵痛开始时，准妈妈可以先深吸一口气，接着短而有力地哈气，就像是在吹一样很费劲的东西，这样重复地哈着气，直到自己不想用力为止。

5. 用力推

分娩进入到了最后阶段，胎宝宝的头已隐约可见，此时准妈妈就需要用力将胎宝宝娩出了。用力推的方法就是准妈妈先要长长吸一口气，然后憋气，马上用力。在平时练习时，动作的要领为：准妈妈先保持下巴前缩、头略抬的姿势，用力使肺部的空气压向下腹部完全放松骨盆肌肉。在换气的时候，仍应保持原有姿势，吐气之后马上吸气，继续憋气和用力，直到宝宝娩出。

胎宝宝的阅读时光：成语故事《愚公移山》《一鸣惊人》

我国的语言文化是非常奇妙的，很多我们在日常生活中常用的成语都有着一段故事和来历，读读成语故事，见识也会增长不少。本周的阅读时光，准妈妈可以给胎宝宝讲讲愚公移山、一鸣惊人这两个成语背后的故事，和胎宝宝一起来感受成语的魅力、多学习一些道理。

1. 愚公移山

古时候，在冀州的南部、黄河北岸的北边有两座大山，一座叫太行山，一座叫王屋山。这两座山方圆七百里，高七八百千丈。

在北山脚下，住着一个名叫愚公的人，已经快90岁了。他每次出门，都因被这两座大山阻隔，要绕很大的圈子，才能到南方去。

一天，他把全家人召集起来，说："我准备与你们一起，用毕生的精力来搬掉太行山和王屋山，修一条通向南方的大道。你们说好吗？"

大家都表示赞成，但愚公的老伴提出了一个问题："我们大家的力量加起来，还不能搬移一座小山，又怎能把太行、王屋两座大山搬掉呢？再说，把那些挖出来的泥土和石块放到哪里去呢？"经过讨论，大家纷纷说："把土石扔到渤海的边上，隐土的北面。"

第二天一早，愚公带着儿孙们开始挖山，他们凿石挖土，用箕畚装土石运到渤海的边上。尽管一家人每天挖不了多少，但他们还是坚持挖。直到换季节的时候，才回家一次。

有个名叫智叟的老人得知这件事后，特地来劝愚公说："你这样做太不聪明了，凭你这有限的精力，又怎能把这两座山挖平呢？"愚公回答说："你这个人太顽固了，简直无法开导，即使我死了，还有我的儿子在这里。儿子死了，还有孙子，孙子又生儿子，儿子又生儿子。子子孙孙是没有穷尽的，而山却不会再增高，为什么挖不平呢？"

当时山神见愚公他们挖山不止，便向上帝报告了这件事。上帝被愚公的精神感动，派了两个大力神下凡，把两座山背走，一座放在朔方东部，一座放在雍州南面。从此，冀州的南部，直到汉水的南岸，没有山冈高地了，愚公一家外出也方便了很多。

后来，人们就常用"愚公移山"来比喻坚持不懈地改造自然和坚定不移地进行斗争，同时也用这个成语来形容一个人要想获得成功，必须坚持不懈、顽强奋斗的道理。

2. 一鸣惊人

战国时代，齐国有一个名叫淳于髡的人。他的口才很好，也很会说话，因为懂得劝说方法，所以很多人都愿意相信他。

当时齐国的齐威王，本来是一个很有才能的君主，但他即位后却只顾沉迷于酒色，不管国家大事，致使朝廷之争腐败，官吏们贪污失职，再加上各国的诸侯也都趁机来侵犯，使得齐国濒临灭亡的边缘。虽然齐国的很多爱国之人都很担心，但由于惧怕齐王，没有人敢出来劝谏。淳于髡知道后，便想了一个计策，准备找个机会来劝告齐威王。

有一天，淳于髡见到了齐威王，就对他说："大王，为臣想请大王猜个谜语：某国有只大鸟，住在大王的宫廷中，已经整整三年了，可是他既不振翅飞翔，也不发声鸣叫，只是毫无目的的蜷着，大王您猜，这是一只什么鸟呢？"齐威王本是一个聪明人，一听就知道淳于髡是在讽刺自己，像那只大鸟一样，身为一国之尊，却毫无作为，只知道享乐。而他实在也不是一个昏庸的君王，于是他沉默了一会儿之后就决定改过自新，于是，齐威王说："这一只大鸟，你不知道，它不飞则已，一飞就会冲到天上去，它不鸣则已，一鸣就会惊动众人，你慢慢等着瞧吧！”

从此，齐威王不再沉迷于饮酒作乐，而开始整顿国政。经过一段时间的努力，齐国终于强盛起来了。各国诸侯听到这个消息以后都很震惊，不但不敢再来侵犯，甚至还把原先侵占的土地，都归还给了齐国。

齐威王的这一番作为，真可谓是“一鸣惊人”啊！后来，人们就常用“一鸣惊人”来比喻一个有才能的人，即使平时表现得很平凡，但如果发挥潜能，就能一下子做出惊人的成绩。

好孕美食馆：教你做几道补钙又香甜的奶食品

钙是人体必需的重要元素，它不仅是骨骼发育的基本原料，而且还对维持人体功能的正常运转有着重要的作用，是保证人体健康的重要元素。在怀孕期间，准妈妈对钙的需求量会有所增加，所以就格外需要注重做好补充钙质的工作。下面我们就来给准妈妈推荐几款美味又补钙的奶昔食品的做法：

1. 玉米奶昔

【材料】

玉米一根，酸奶100毫升，水200毫升，冰糖适量。

【做法】

（1）将玉米清理并洗干净，切下玉米粒备用；

（2）在锅里倒入水和玉米粒，将玉米粒煮熟；

（3）将煮熟的玉米粒及汤汁一起放入食品加工机中；

（4）将玉米打磨粉碎后，加入酸奶及冰糖，再搅拌打磨至细致润滑即可。

【功效】

这道奶昔制品能帮助准妈妈补充钙质及多种营养。在制作玉米奶昔时，也可以用牛奶代替酸奶。

2. 西瓜草莓奶昔

【材料】

西瓜200克，草莓200克，牛奶100克。

【做法】

（1）将草莓去蒂并清洗干净；

（2）将西瓜皮和西瓜籽去掉，并将西瓜切成小片；

（3）将处理好的草莓、西瓜放入搅拌机，再加入牛奶一起打碎，然后搅拌均匀就可以了。

【功效】

草莓中富含多种营养，如维生素A、胡萝卜素等，能明目养肝，且对胃肠道和贫血等有一定的滋补调理作用；西瓜可清热解暑，利尿并消除肾脏炎症，同时还具有通便、增加皮肤弹性等作用；而牛奶中的钙含量是十分丰富的。

3. 牛油果奶昔

【材料】

牛油果 1 个，冰牛奶 200 毫升，糖少量。

【做法】

（1）将牛油果切开并去掉里面的核，并将牛油果切成小片；

（2）将牛油果肉放进搅拌机，加上糖加牛奶，

（3）用搅拌机将牛油果搅碎，并搅拌均匀就可以了。

【功效】

牛油果中富含甘油酸、维生素 A、复合 B 族维生素、维生素 C、E 以及磷、镁等营养成分，对身体健康十分有利，而牛奶中的钙含量是很丰富的，能帮助补钙。需要注意的是，在制作时，牛油果最好现切，以免氧化发黑，而且在取出牛油果的核时，最简单的办法就是将牛油果对半开，然后用刀子嵌到牛油果核里，轻轻一转，这样就能将核顺利取出了。

胎宝宝的私人音乐厅：古筝曲《渔舟唱晚》

到了本周，胎宝宝的听觉系统差不多已经发育完全，而且对外界的声音也变得更为敏感了，准妈妈可以抓住这个时机，在此时多挑选一些胎宝宝可能会喜欢的音乐，提高音乐胎教的效果。我国的古典名曲《渔舟唱晚》就是准妈妈不错的选择。

《渔舟唱晚》是一首旋律悦耳动听、令人心旷神怡的古曲，关于它的由来，人们一般认为是在 20 世纪 30 年代中期时，古琴演奏家娄树华根据山东古曲《归去来》的素材改编而成。同时，还有人认为这首曲子是古琴家金灼南根据流传于山东聊城地区的民间传统筝曲《双板》及其演变的两首乐曲《三环套日》和《流水激石》改编而成，是金灼南先将此曲传给娄树华，之后娄树华又对曲子进行了进一步的整理和加工，运用了更为多样化的演奏技巧，曲子由此受到了越来越多人的欢迎，并广泛流传。

这首乐曲的演奏形式多种多样，其中最为出名的就是以古筝形式演奏。除了这一形式，《渔舟唱晚》还曾被改编为二胡、高胡、小提琴曲等形式。曲子的曲名来自唐代著名诗人王勃《滕王阁序》中“渔舟唱晚，响穷彭蠡之滨”的诗句。整首曲子描写了夕阳映照万顷碧波，渔民悠然自得，渔船随波渐远的优美景象，表现了作者对祖国美丽山河的赞美和热爱。

全曲大致可以分为三段，第一段悠扬如歌、平稳流畅，以抒情性的乐段展示了优美的湖光山色，如渐渐西沉的夕阳，缓缓移动的帆影，轻轻歌唱的渔民等，表现了作者对优美景色的赞美和自己的愉悦心情；第二段音乐节奏逐渐加快，旋

律也有了新的变化，与前段形成了强烈的对比，总体上表现了渔夫荡桨归舟、乘风破浪前进的欢乐情绪；在第三乐段中，运用了一些变奏手法，形象地刻画了荡桨声、摇橹声和浪花飞溅声，展现出渔舟近岸、渔歌飞扬的热烈景象。整首曲子的旋律非常优美，音乐活泼而富于情趣，非常适合，仔细聆听的话，常常能使人的身心得到放松和休憩，使人的心情变得舒畅惬意，因此非常适合准妈妈和胎宝宝共同欣赏。

准妈妈可以在闲暇的时间，静下心来细细聆听，如果准妈妈想要达到更好的音乐胎教效果，更好地激发自己心中的情感，最好能选择在黄昏时候、在临湖的窗边来听听这首曲子,这样就能更好地感受到曲子的意境和情感了。在听曲子之前，准妈妈还可以带着胎宝宝一起先了解一下曲子的相关知识和背景，这样才能更好地理解曲中所表达的内容和情感。在听的时候，准妈妈应该保持专注的态度，让自己全身心地沉浸于曲子中，以便产生身临其境的感觉：乐曲开始时，跟随着曲子，眼前仿佛展现了一幅夕阳映照万顷碧波的画面；在音乐的活泼变化中，能感受到划桨归来，唱着渔歌的乐趣；之后，准妈妈还能感受到片片白帆随波逐流、渔舟满载而归的热闹情景。如果准妈妈能细心地聆听，并在聆听的同时展开丰富的联想和想象，胎宝宝也会不自觉地跟随着妈妈一起进行脑部运动，这对于胎宝宝的大脑发育大有好处。

第 28 周：胎宝宝会做梦了

到了本周，胎宝宝的坐高已经增长到 26 厘米，体重也达到 1000 多克了。这时的胎宝宝几乎占满了整个子宫，随着空间越来越小，胎动也在减弱。尽管胎宝宝的肺叶还没有发育完成，但如果此时出生也能在借助器械的情况下进行呼吸了。而且，这一时期的胎宝宝大脑快速发育，而且还会做梦了。

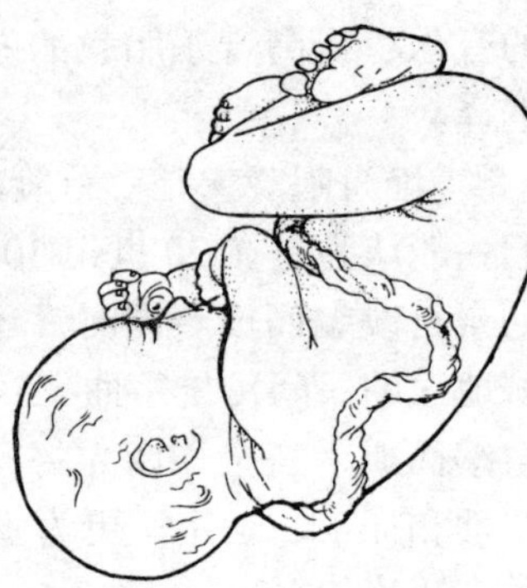

由于子宫的空间变得狭窄，胎儿不得不蜷曲身体。

1. 多给胎宝宝讲一些知识

尽早对胎宝宝进行知识胎教，对胎宝宝以后的成长是很有好处的；多与宝宝进行语言的交流，能丰富和提高胎宝宝的语言能力；朗读一些外语短文或是播放一些外文歌曲给胎宝宝听，也能让胎宝宝尽早地接受这方面的熏陶，培养外语语感。

2. 注重运动和营养均衡

这一时期，胎宝宝的进一步发育成长，而不少准妈妈会发现自己的小腿或是脚面水肿的状况加重了。因此，准妈妈在这一时期应该坚持适量的运动，避免长时间地站立、坐着或是穿太紧的衣服裤子，在此基础上，准妈妈还可以多吃一些鲤鱼、鲫鱼、黑豆等食物，以利于体内水分排出，缓解水肿症状。

第 190 天：准妈妈在孕七月的饮食原则

在孕七月的时候，胎宝宝的生长发育依然很快，此时准妈妈应充分重视给胎宝宝补充足够的营养，同时也应控制好饮食中高脂肪、高蛋白物质的过量摄入，以免引发一些孕期疾病。

在本月，准妈妈要注意维生素、铁、钙、钠、镁、铜、锌、硒等营养素的摄入，进食足量的蔬菜水果，少吃或不吃难消化或易胀气的食物，如油炸的糯米糕、白薯、洋葱、土豆等，以免引起腹胀，使血液回流不畅，加重水肿；多吃冬瓜、萝卜可以利尿、消水肿的蔬菜。准妈妈在怀孕 26 周以后，要注意不宜多吃动物性脂肪，日常饮食以清淡为佳，水肿明显者要控制盐的摄取量，限制在每日 2 ~ 4 克。

与此同时，准妈妈每天还应增加谷物和豆类的摄入量，比如，准妈妈可以多吃些全麦食品、豆类食品、粗粮等，这些食物不仅富含纤维，而且还含有丰富的 B 族维生素，可以预防便秘，更利于吸收和营养供给。

在本月，由于胎宝宝的不断增大，不少准妈妈会出现胃部灼热的问题，所以此时更应注重养成良好的饮食和生活习惯，平时要少食多餐，不要挨饿或是暴饮暴食，而且最好别吃可能引起胃部不适的酸性食物、辛辣食物、太过油腻的食物等。具体来说，准妈妈在孕七月应该多学习和掌握一些饮食禁忌，保持身体健康。

1. 应该多吃的食物

（1）海鱼。胎宝宝在妈妈肚子里最后的三个月，需要足够的亚麻酸和亚油酸（体内合成 DHA）以供大脑快速发育。普通食物中，只有深海鱼中才含有这些物质，所以准妈妈最好每周吃点海鱼，最好是富含大量亚麻酸和亚油酸、又方便吸收的挪威三文鱼。

（2）五谷杂粮类。这个月准妈妈必须开始大量摄入谷类和豆类，如多吃绿豆、赤小豆、黑豆等，还可以把新鲜毛豆洗净去皮后用盐开水煮来吃，也是再好不过。

（3）草莓。草莓中含有极丰富的维生素 C，可预防感冒，而其中所含果胶和有机酸可分解食物中的脂肪，有促进食欲及加强肠胃蠕动的作用。但准妈妈需要注意，草莓在食用前需要多清洗几次，以防上有农药的残留物，影响健康。

（4）秋梨。秋梨性甘寒微酸，有清热利尿、润喉降压、清心润肺、镇咳祛痰、止渴生津的作用，可有效治疗妊娠水肿及妊娠高血压的症状。此外，它还具有镇静安神、养心保肝、消炎镇痛等功效，可以防治肺部感染及肝炎的疾病。除了生吃秋梨之外，准妈妈还可以将秋梨熬汤服用，这样既能防止口干唇燥，可保护嗓子，也能有效地防治是肺炎、支气管炎及肝炎等疾病。

（5）冬瓜。冬瓜中含有丰富的碳水化合物、淀粉、蛋白质、脂肪、胡萝卜素、钙、磷、铁以及多种维生素，肉质细嫩，水分丰富，有利尿消肿、祛暑解闷、解毒化痰以及生津止渴等功效，是准妈妈预防妊娠水肿的最佳良药。

2. 应该少吃的食物

（1）动物油。动物性脂肪中所含的饱和脂肪酸和胆固醇较多，孕中晚期的准妈妈多食的话容易引起一系列妊娠性疾病，还有可能使体重增长过快，胎宝宝也有成为巨大儿的风险。因此，这个时候准妈妈尽量以植物性脂肪代替动物性脂肪，同时还要避免日常烹食中摄入过多的食用油。

（2）人参等补品。人参属大补元气之品，准妈妈在此时大量服用人参的话，不仅很容易导致气盛阴虚和上火，而且还可能会出现呕吐、水肿及高血压等症状，甚至引起见红、流产及早产等危险情况。除了人参之外，准妈妈也不用在此时服用鹿茸、鹿胎、蜂王浆等补品。

（3）桂圆。桂圆辛温助阳，虽有补血安神、养血益脾之效，但性温太热，准妈妈食用后易动血动胎，不仅不能保胎，反而易出现漏红、腹痛等先兆流产症状，所以不宜食用。

（4）柿子。柿子性寒，有清热、润肺、生津、止渴、镇咳、祛痰等功效，适用于治疗高血压、慢性支气管炎、动脉硬化等症状。但同时，柿子也有很多不足之处，柿子有涩味，吃多了会感到口涩舌麻；它的收敛作用很强，多食易引起大便干燥；遇酸还可以凝集成块，与蛋白质结合后产生沉淀。因此，吃柿子应该点到为止，一次最好只吃一个，不能多吃。

如果准妈妈能在饮食方面多加注意，就能避免一些意外情况的发生，从而更好地孕育胎宝宝，顺利而安全地度过孕期。

第 191 天：先兆性流产及相关护理知识

所有的准妈妈都希望养育健康的宝宝，但在怀孕的过程中，由于各方面的原因，准妈妈们难免会遇到这样那样的问题。先兆性流产就是一些准妈妈可能会遇到的问题。尽管每个准妈妈都不愿意发生这样的事情，但如果问题出现了，大家还是要积极应对，并想办法解决，而不是只知道焦虑和担心。下面就来说说先兆性流产及相关的护理知识。

先兆性流产并不是真的流产，而是指准妈妈在怀孕早期发生的阴道少量出血，伴有轻微阵发性宫缩和轻微下腹痛、腰酸的一种疾病。这种疾病如果调理不好，就很有可能导致早产，但如果好好调理和治疗的话，准妈妈还是可以足月生产的。

一般来说，在怀孕的前三个月，子宫比较敏感，胎宝宝各方面的情况都非常不稳定，稍微不注意或是一些小小的意外都可能带来比较严重的后果，所以此时的准妈妈一定要格外小心，尤其是要警惕先兆性流产。

1. 先兆性流产的原因

一是和先天的遗传因素有关。这主要是与遗传基因的缺陷有关，当基因中染色体的数目或者结构异常时，都有可能导致准妈妈的先天性流产。

二是和准妈妈的身体状况及准爸爸的精子状况有关。如果准妈妈的身体虚弱、免疫力比较差，患有严重贫血、心衰、高血压等疾病和一些生殖器的疾病，或者内分泌很不稳定，以及准爸爸患有菌精症等疾病，也很有可能导致先天性流产。

三是由环境因素导致的。这一方面表现在污染严重的环境会影响准妈妈的生理和生育功能，从而引发先兆性流传等问题，另一方面则表现在准妈妈因为平时疏忽大意，因为干了重活、摔倒了等原因而伤到了腹中的宝宝，从而引发先兆性流产。

2. 先兆性流产的对策

身为准妈妈，一定要警惕这些会引发先天性流产的原因，在生活中小心自己的行为，避免受到这样的伤害。然而，由于先天性流产通常会发生在怀孕早期，而一些准妈妈在不知道自己怀孕的情况下，就很容易忽视这一疾病。如果情况是这样的话，准妈妈其实还可以通过先天性流产的一些具体临床表现来了解一下自己是否有这方面的问题。通常来说，先兆性流产的主要表现为：阴道少量出血，但出血量少于月经量，常常伴有轻微间歇性的宫缩和下腹痛、腰酸等毛病。通过妇科检查会发现，此时准妈妈的子宫有所增大但并没有开大，羊膜囊也没有破裂，妊娠试验为阳性，黄体功能不全而子宫敏感性却在不断增强。对照着这些现象，相信一些不知情的准妈妈就比较容易判断自己的情形是否属于先兆性流产了。

确定了自己的情形之后，准妈妈接下来要做的就是正确选择了。如果是暂时还不想要宝宝的准妈妈，在遇到先天性流产的时候可以选择及早进行手工流产手术，如果是想要宝宝的准妈妈，此时就应该加倍小心地调理和保胎了。

首先，准妈妈应该调节好自己的情绪，消除紧张、烦闷、恐惧等心理，尽量保持舒畅的心情。尤其是不要大悲大喜，否则对胎宝宝的发育和成长是很不好的。

其次，准妈妈应该养成良好的生活规律。准妈妈在生活中要保持平和与稳重，干家务活要量力而行，不要过于劳累和做一些危险的事情；准妈妈平时的作息要有规律，最好保证每天能睡够8小时，并适当进行活动；准妈妈应该保持衣着宽松，多穿平底鞋而少穿高跟鞋；准妈妈要养成定时排便的习惯，以保持大便通畅；如果有先兆性流产的迹象，准妈妈应该多注意休息，而且还要禁止性交。

再次，准妈妈还要注重营养的均衡，合理饮食。准妈妈在平时可以多吃一些富含各种维生素及微量元素、易于消化的食品，如各种蔬菜、水果、豆类、蛋类、肉类等。如果是有先兆性流产的迹象，还可以调整饮食结构，多吃一些对治疗这一疾病有好处的食物。

最后是要注意个人卫生并定期做产前检查。任何时候，准妈妈都应保持良好的卫生习惯，要注意身体的清洁和养护工作、勤换衣服等。另外，准妈妈还应该定期做产前检查，这样才能尽早发现问题并及时治疗。

如果能很好地做到这些方面，先兆性流产还是可以预防和护理好的，这样，准妈妈和胎宝宝的健康也就有了保障。

第192天：准妈妈该如何应对上火

在生活中，上火是每个人都很容易遇到的问题，一般人在经常熬夜、压力过大、吃了很热性的食物之后，就很容易上火，而在怀孕期，由于生理方面的改变和免疫力的减弱，准妈妈就更加容易上火了。为了考虑到自己的健康和腹中宝宝的安全，准妈妈绝不能对上火掉以轻心，而一定要加强防范，巧妙应对。

要巧妙地应对上火问题，应该先了解一下有关上火的基本常识。根据中医的观点来看，人体中本身是有火的，它是维持生命的动力，缺少它，生命也就停止了，而如果体内的火过于旺盛，身体机能失调，或是受到外部过于热气的“火毒”的侵袭，就会产生上火的症状。上火的外在表现通常为面红目赤、咽燥声嘶、口腔糜烂、牙疼肿胀、红肿热痛、烦躁失眠、尿少便干、发热出汗等。而从西医的角度来说，上火主要表现为急性感染性疾病，也就是引起发炎，如急性咽喉炎、口腔溃疡、眼睑炎、结膜炎、尿路感染等。

准妈妈如果上火了，首先应该区分好自己的上火属于那种情况。因为上火虽然是人们在生活中常见的一种症状，但引起的原因和病理却是有差别的。一般来说，上火最主要的症候有两种，即实火和虚火。实火多数是由于外感风、寒、暑、湿、燥、火等原因导致的，同时，身体和精神受到过度的刺激、肝脏机能失调等原因也都可能引起上火；而虚火则可以分为阴虚火旺和气虚火旺两种病状，它们多数是因为内伤劳损而导致的，比如身体向来比较虚弱、精气损耗较重、劳伤过度的准妈妈就很容易导致脏腑失调、虚弱而生内热、内热进而化虚火。实火和虚火导致的原因和外在的表现都是不同的，应对和治疗的方法也是很不一样的，所以准妈妈应该根据自己的症状，先仔细区分好自己的上火属于哪种类型，然后在对症用药。

其次，准妈妈如果想要预防和应对上火，可以先从饮食上加以调理，通过科学合理的饮食配置来去火。事实上，具有清热败火作用的食物很多，而且这些食物一般都针对这不同的上火症候，如果食用正确的话，就能帮助准妈妈很好地预防和应对上火问题。现对不同上火症候的食物进行一下分类整理：

1. 清热解毒类

这类食物多具有抗菌消炎作用，主要适用于各种实火症候。主要食物包括如菊花、黄瓜、竹笋、绿豆、芹菜、荸荠、板蓝根、豆腐、菱角、金针菜等。

2. 利湿泻火类

这类食物也是针对实火症候的。主要的食物包括西瓜、冬瓜、大麦、甜瓜、黑鱼、鸭肉、鲤鱼、鲫鱼、泥鳅、莴笋、绿豆芽等。

3. 甘温除热类

这类食物主要适用于气虚火旺的症状。主要的食物如白菜、百合、荔枝、高粱、芥菜、栗子、大枣、胡桃仁、黑芝麻、燕窝、蜂乳、樱桃、石榴、乌梅等。

4. 苦寒制火

这类食物性寒凉，能够解热降火，主要针对的实火型症候。主要的食物包括苦瓜、苦菜、丝瓜、茄子、小米、兔肉、田鸡、蕨菜等。

5. 攻下实火类

这类食物多适用于小便短黄、大便干结、口干口苦、腹胀等上火症候。主要的食物包括黄连、香蕉、芹菜、马铃薯、芝麻、桃仁、海蜇、白萝卜等。

6. 凉血敛血

这类食物主要针对的是由上火而引起的一些出血症状，如便血、尿血、牙龈出血等。主要的食物包括莲藕、梨、生地、木耳、黄鳝、藕粉、荠菜、玉米须、鳗鱼等。

另外，准妈妈还需要注意养成良好的生活和作息习惯，要避免承受大的精神刺激和压力、不要熬夜，也不要吃一些容易引发上火的食物，如油炸和烧烤食物、酒类、方便面等。针对上火症候比较复杂的问题，如果准妈妈自己无法进行准确的判断，最好的方法还是咨询医生，然后说明自己的实际情况，这样医生就会针对你的病症和身体状况来开药和治疗

第 193 天：可缓解孕期疼痛的小动作

在怀孕期间，由于生理状况等方面的改变，准妈妈时不时地会出现一些身体不适的问题，对于这种情况，准妈妈不仅需要做好充足的心理准备，最好还能多学一点能缓解孕期疼痛的小方法、小窍门，这样，如果在孕期出现了一些身体上的小毛病，就可以及时地自我解决而不用动不动就上医院了。今天，准妈妈可以一起来学习几个缓解孕期疼痛的小动作。

1. 手疼

在怀孕期间，尤其是在孕期的夜间，有些准妈妈的拇指、食指、中指指端时不时会感觉异常或疼痛，有时甚至还会向肘、肩部放射，可单侧也可双侧。其实，准妈妈之所以会出现这种症状，主要是因为怀孕期间生理性水潴留引起手腕腕管部局部水肿并压迫神经所导致的，这也就是医学上所称的腕管综合征。

要缓解手部经常疼痛的症状，准妈妈在平时应注意保护好自己的手指和手腕，减轻对腕神经的压迫。比如，准妈妈可以在使用电脑时，装上一个腕托来保护自己的手腕；在睡觉的时候，可以在手和手腕下垫一个枕头，缓解手部疲劳，同时也可有效预防夜间疼痛发作。如果准妈妈感觉手指上有针扎般的疼痛时，可以轻轻按摩手指 5 分钟，这样疼痛也会有所缓解。

2. 肩膀疼

随着胎宝宝的日益增长，准妈妈的腹部也越来越大，此时不少准妈妈就总会不自觉地向后仰肩膀，这样，颈椎和肩胛骨承受的压力也越来越大，所以准妈妈经常会感到脖子发紧和肩胛骨处疼痛，尤其是当长期坐着看电视或聊天时，这种疼痛会加更明显。

若要缓解肩膀疼痛的症状，准妈妈在坐和站的时候只要保持姿势舒适就可以了，最好不要长时间地直腰挺胸，此外，准妈妈还可以在坐着的时候，双手自然放在腿上，腰背部挺直，呼气，努力向上拉伸颈部，好像脖子长长一样坚持几秒后放松。连续多做几次这样的动作，就能对颈椎和肩膀的不适起到一定的舒缓作用。

3. 牙疼

由于体内激素分泌的原因，准妈妈很容易上火，也很容易出现牙疼的症状。牙疼虽算不上什么大毛病，可一旦发作起来，总让人坐立不安，而且还很难止疼。对于准妈妈来说，牙疼的危害可能还要更大一些，它一方面会影响准妈妈的心情，造成心理压力，另一方面甚至还可能引发各种牙周疾病以及其他部位疾病，因此，对于牙疼，准妈妈千万不可掉以轻心，最好能及时想办法缓解。

为了预防牙疼，准妈妈在孕期最好不要吃容易引发上火的食物，同时也要保持心态的平和，凡事不要太急躁。当牙疼发作时，准妈妈可以试着用手指蘸着盐做牙部按摩，这样的方式可以有效为牙齿杀菌并保持清洁，并且味道通常也不会让准妈妈感到讨厌和恶心。

4. 腹部痉挛

随着孕期的增长，准妈妈的子宫在慢慢增大，这样一来，支撑子宫的韧带被拉伸得越来越紧，从而刺激到周围的肌肉，产生腹部痉挛。当发生腹部痉挛时，准妈妈常常会觉得非常难受、坐立不安。一些准妈妈为了能缓解疼痛，常常会不自觉地下蹲弯腰或者按压疼痛的地方，希望疼痛会减轻一些。其实这些姿势都是错误的，它们不仅无效，反而会让疼痛加剧。当遇到腹部痉挛时，准妈妈正确的做法应该是：跪在床上，向前俯身，双手支撑住身体，腰部保持挺直。通过这种姿势，可以让腹部暂时悬空，从而使收缩的肌肉得到放松而达到缓解疼痛的功效。

5. 外阴疼

外阴疼也叫外阴静脉曲张，表现为外阴部肿胀，同时局部皮肤发红，在走动时，外阴有充血一样的疼痛感觉。孕晚期的准妈妈常会遭遇这种疼痛，预防和舒缓的办法是：避免长时间站立，避免穿过紧的裤子和鞋袜；不要接近热源或用过热的水洗澡。如果已经发生外阴静脉曲张的话，准妈妈可以用局部冷敷或用冷开水坐浴的方式，使外阴部的曲张静脉血管收缩。

6. 腰疼

在孕期，尤其是到了孕中晚期的时候，很多准妈妈常常受到腰疼的困扰，这主要是因为准妈妈的腹部不断增大，对腰部肌肉造成了一定的压力而引发的。

想要预防和缓解腰疼的毛病，准妈妈在平时一定要多加注意，尽量不要做有弯腰或是抻拉腰部的家务活，不要提重物；在平时不要长时间站立，如果能够采用坐姿干活的话就尽量采取坐姿；起床的时候最好先用一只手抱住同侧的膝盖，把大腿拉到腹部，慢慢地朝侧面翻身，带动头、肩膀和身体一起转到侧卧之后，抬高另一侧膝盖，用手支撑着坐起来；在坐着的时候，保持舒适的坐姿，也可以在沙发或椅子的后面垫一个柔软的靠垫，使腰部达到最舒服的程度；当从沙发或椅子上起身时，可以先坐到沙发或椅子的边缘，双脚并拢，向前挺起上身再起行，不要站得过猛。总之，准妈妈在平时动作要轻而缓慢，要学会用手、脚等来分担腰部的负担。

当然，以上的一些缓解方法针对的只是准妈妈在孕期出现的一些小毛病，如果准妈妈觉得疼痛特别厉害或是还伴有其他的身体不适时，应该及时咨询医生并接受治疗。

第 194 天：胎宝宝学百科：认识勤劳的蚂蚁

蚂蚁是一种十分古老的小昆虫，它的起源可追溯到 1 亿年前。大约与恐龙是同一时代。蚂蚁是一种有社会性的生活习性的昆虫，属于膜翅目，蚂蚁的触角明显的膝状弯曲，腹部有一、二节呈结节状，一般都没有翅膀，只有雄蚁和没有生育的雌蚁在交配时有翅膀，雌蚁交配后翅膀即脱落。蚂蚁是完全变态型的昆虫，要经过卵、幼虫、蛹阶段才发展成成虫，蚂蚁的幼虫阶段没有任何能力，它们也不需要觅食，完全由工蚁喂养，工蚁刚发展为成虫的头几天，负责照顾蚁后和幼虫，然后逐渐地开始做挖洞、搜集食物等较复杂的工作，有的种类蚂蚁工蚁有不同的体型，个头大的头和牙也发展地大，经常负责战斗保卫蚁巢，也叫兵蚁。

世界上有成千上万种蚂蚁，它们小小的长着六只脚，不管是哪一种蚂蚁，它们都强壮得超乎我们的想象，并且十分爱劳动，别看蚂蚁身体小，它们的精力可是极其旺盛，意志力也非常的坚强。可以举起超过自身重量 10 ~ 50 倍的东西，就是靠着这种力量，它们得以搬运食物并抵御外敌，保护自己的家园。

第 195 天：胎教游戏活动要有规律

为了能帮助胎宝宝更好地发育和生长，同时也为了增进家人的感情，准爸爸、准妈妈应该多了解一些胎宝宝的活动规律，抓住这个时期多和胎宝宝“亲密接触”一下，多和胎宝宝进行一些互动游戏。

大约孕 4 月开始，胎宝宝的触觉、平衡感、听觉、味觉、嗅觉等各种感知能力就逐渐发育起来了，随着孕期的增加，胎宝宝感知外界事物的能力也会不断增强。一般来说，在孕七月中后期的时候，胎宝宝的上下眼睑已经分开，可以感受到外界微弱光线的变化了。准妈妈腹中，黑夜时一片漆黑，白天时会有一些亮光，这些变化胎宝宝在此时已经能够明显地感觉到，而且胎宝宝会根据这些情形和准妈妈的活动状况来逐渐形成自己的活动周期，如果准妈妈平时生活和作息有规律，和胎宝宝进行互动时讲究规律的话，胎宝宝也能在准妈妈的熏陶和感染下，形成良好的活动规律。

胎宝宝并不总是处于活动的状态，也有自己的活动规律，时而睡觉，时而活动。而且，随着发育的进程，胎宝宝感知外界事物的能力在渐渐增强，其活动状态受外界的影响也会越来越大。一般来说，在听音乐的时候，胎宝宝会活动与音乐的旋律和节奏有关，有时候会变得很安静，有时则会变得好动，这是其传达情绪的一种方式；当准妈妈对着肚子说话或是抚摸肚子的时候，胎宝宝也会以胎动的方式给予回应；当准妈妈吃完饭之后，胎宝宝也跟着吃饱了，因此也会变得很好动；在夜晚临睡前，准妈妈的身心会很放松，此时胎宝宝也能明显地感觉到，所以也会活动频繁，似乎想要和母亲多进行交流和沟通；而当准妈妈洗澡的时候，胎宝宝同样能感受到母亲的放松，所以自己也想着活动一下筋骨，所以此时的胎动也是比较明显的。

准妈妈和准爸爸应该根据胎宝宝的活动规律，合理地安排胎教游戏的时间。通常来说，准妈妈和准妈妈在晚上会比较清闲，而胎宝宝在这段时间的活动也比较频繁，所以最好将胎教游戏的时间安排在这个时候。在进行胎教游戏之前，准妈妈应先选择一个舒适的姿势坐下或者躺下，给胎宝宝一个舒服的活动空间，然后就可以开始抚摸和游戏了。然后准爸爸或者准妈妈可以从上到下，从左到右，轻轻地抚摸准妈妈的腹壁，以此来接触和抚摸胎宝宝，看看哪里是胎宝宝圆圆的小脑袋、哪里是软软的小屁屁、哪里是小手、小脚，在抚摸的同时，准爸爸和准妈妈还可以和胎宝宝说说话，或是猜猜胎宝宝现在正在做什么。

除了进行抚摸游戏之外，准爸爸和准妈妈还可以带胎宝宝来玩玩踢肚游戏。当胎宝宝在踢准妈妈的肚子时，准妈妈或者准爸爸可以在胎宝宝踢的地方轻轻拍几下，一般情况下，胎宝宝过一两分钟后会再踢这个地方，再轻拍几下，过一会儿胎宝宝还会再踢，而如果准妈妈或准爸爸在踢肚不远的位置轻拍几下，胎宝宝也会跟着踢过去。在游戏的过程中，准妈妈和准爸爸还应该多和胎宝宝进行语言上的交流，多夸夸胎宝宝，这样，游戏效果会更好。

需要注意的是，在和胎宝宝进行互动游戏的时候，准妈妈首先应该保持身体和心情的放松，其次是要注意手法的轻柔，不可用力拍打和按压，然后是要注意控制好游戏的时间，最好是每次的时间不超过 10 分钟。另外，如果准妈妈感觉身体不适或是胎宝宝反应太强烈时，应立即停止游戏。

第 196 天：准妈妈如果流鼻血该怎么办

在怀孕期间，很多准妈妈还会遇到流鼻血的问题。其实，对于准妈妈来说，在怀孕的早期、中期、晚期都可能会出现流鼻血的现象，尤其是到了中晚期之后，有些准妈妈流鼻血的现象会变得很频繁。针对这一问题，准妈妈们千万不要十分着急和焦虑，而应该先了解一下这方面的知识，然后在生活中加以注意和预防，即使是真的面临这一问题了，也可以自行处理好。

流鼻血是较为常见的一种现象，生活中的很多人都有过这样的经历。这主要是因为在人体的鼻腔黏膜中分布着致密的微细血管，很敏感很脆弱，容易破裂而致出血。所以当一个人的鼻腔过于干燥或是受到了某种刺激时，里面的毛细血管就会破裂，导致流血。由于处在怀孕时期，准妈妈体内会分泌出大量的孕激素，这些激素就是刺激血管扩张容易充血。同时，准妈妈的血容量增高，而人的鼻腔黏膜血管比较丰富，血管壁比较薄，所以十分容易破裂引起出血。尤其是当准妈妈刚刚睡醒起床时或是擦鼻涕的时候，因为体位发生变化或鼻内血管受到挤压等原因，准妈妈就很容易发生出鼻血的现象。

一般来说，准妈妈出鼻血的情况多是鼻子的一侧出血，而且出血量不多，有时只是鼻涕中夹杂血丝而已。面对流鼻血的情况，准妈妈并不用太紧张，多数情况下，只要及时采取正确的动作，就能够自行处理，及时止血。最简单有效的方法是：用手指由鼻子外面压迫出血侧的鼻前部（软鼻子处），就好像用手夹鼻子的做法，直接压迫约 5　10 分钟再放手，大部分情况都可以此种方法简单地来止血。而另一侧未流血的鼻孔仍可通畅地呼吸着。如两侧均出血的话，则要捏住两侧鼻翼，用嘴呼吸。鼻血止住后，鼻孔中多有凝血块，不要急于将它弄出，尽量避免用力打喷嚏和用力揉，防止再出血。也可以在家中准备鼻腔喷液将棉花沾湿，塞入鼻孔帮助止血。如果不能在短时间内止住流血，则可以在额头上敷上冷毛巾，并用手轻轻地拍额头，从而减缓血流的速度。

此外，有人还总结了一些对付流鼻血的小窍门，如左鼻孔流血，举起右手臂，右鼻孔流血，举起左手臂，数分钟后即可止血；另外还可以取适量的大蒜，剥去蒜皮，将蒜捣成蒜泥，敷在脚心上，用纱布包好，也可较快止血；或是坐在椅子上，将双脚浸泡在热水中，也可以止鼻血。

如果流鼻血过于频繁的话，建议准妈妈最好去医院检查凝血功能，除外血小板减少所致的出血，并及时去五官科就诊治疗，以免造成贫血。

除了这些应急的处理措施，准妈妈在平时生活中还应该注意自己的饮食和行为，尽量预防和减少流鼻血。首先，准妈妈应该注意调节饮食，多吃含有维生素 C、E 类的食品，如绿色蔬菜、黄瓜、西红柿、苹果、芒果、桃子等，以及豆类、蛋类、乳制品等食物，以增强血管的弹性，防止破裂出血的情况发生。其次，准妈妈还应多吃些富含维生素 K 的食物，如菜花、白菜、菠菜等，或者通过每天口服维生素 K 药剂的方式来补充维生素 K。因为如果维生素 K 吸收不足的话，血液中凝血酶原减少，易引起凝血障碍，不但容易造成鼻出血，还可引起胎儿先天性视力和智力发育障碍。再次，准妈妈还应该养成良好的行为习惯，少做如擤鼻涕、挖鼻孔等动作，避免因损伤鼻黏膜血管而出血，同时还可以每天用手轻轻地按摩鼻部和脸部的皮肤，这样也能促进局部的血液循环，减少流鼻血的可能。

动起来：继续做孕期体操

第一节上肢运动

具体步骤如下：

（1）自然站立，双脚与肩同宽，将重心平均置于双脚上，膝盖微微弯曲；

（2）向上并向前环绕手臂，将手臂高举过耳；

（3）当放下手臂的时候，弯曲膝盖；

（4）手臂上举，同时伸直膝盖，恢复原来的姿势。

在做操时，准妈妈应先做好预备工作，而且开始做时动作幅度也不宜太大，以免损伤筋骨。这一运动能很好地锻炼准妈妈的手臂、膝盖等部位的肌肉，起到活动筋骨、保持身体健康的作用。

第二节下肢运动

具体步骤如下：

（1）两脚并拢，左手扶杆，以左腿支撑，右膝慢慢提起，绷直右脚脚尖。

（2）将右腿缓慢放下，点于左脚左前方。

（3）继续抬起右腿，绷直脚尖，坚持一会儿之后放下，点于左脚左后方。

（4）换为右腿支撑，左膝慢慢提起，绷直左脚脚尖，然后重复右脚的动作。

（5）在做完左右脚提起的动作之后，将两脚并拢，双手扶把杆，然后连续提踵10次，到最高部位停住保持不动，坚持8秒。

这组动作能使准妈妈的膝盖和脚得到充分的锻炼，同时也能起到预防小腿抽筋的作用。但在做这套动作的时候，准妈妈一定要注意调整好呼吸，保持身体平衡，以防摔倒，如果觉得动作有难度，还可以降低些标准。

第三节腰部运动

具体步骤如下：

（1）两脚并拢，双手自然下垂。

（2）左脚向左侧跨出一步，双腿屈曲，重心向下，并逐渐过度到左脚。

（3）右腿插至左脚斜后方呈叉步，双膝屈曲，以右手触至左膝为度，保持上身正直。

（4）重心向上，同时挺腰展胸。

这套动作能使准妈妈的腰部肌肉和腿部肌肉得到很好的锻炼，有利于缓解准妈妈在孕期经常出现的腰酸腿疼等症状，准妈妈可以重复着多做几次。但在做操的时候，准妈妈一定要注意控制好动作的力度，以免拉伤腰部肌肉。

第四节髋关节运动

具体步骤如下：

（1）先准备好一张坐垫，准妈妈保持好舒适的坐姿。

（2）右腿伸直，左腿屈曲盘于垫上，右手扶于右小腿部，以减轻腹部用力。

（3）身体微微前倾，用左手下压左膝关节，同时左膝关节用力向上，与下压的左手成相对作用力。

这套动作能使准妈妈的髋部得到很好地锻炼，为顺利分娩做好准备，所以准妈妈在练习时也可以重复着多做几次，这样效果可能会更好。

第五节抬升骨盆运动

具体步骤如下：

（1）准妈妈先坐在垫子上，保持舒适的坐姿。

（2）吸气，向上抬起肛门、直肠和骨盆肌肉，感觉就像是内急而又憋着一样。

（3）调整好自己的呼吸，呼气，并保持着上一步的动作。

（4）吸气，然后呼气慢慢放松肌肉，然后准备重复前面的动作。

这套动作对准妈妈保持身体健康很有益处，它使会阴和骨盆底部得到锻炼，在分娩时帮助控制和放松骨盆肌肉并防止子宫下垂，而且动作也算简单。另外，如果准妈妈患有痔疮，可以四肢撑地，臀部朝上，头朝下进行练习，如果准妈妈对这套动作熟悉了之后，还可以主要分三步进行，首先放松肛门外侧的肌肉，然后是内部的直肠肌肉，最后是骨盆底部肌肉，这样效果会更好。

胎宝宝的阅读时光：经典童话《花儿选美》

什么叫做美丽？也许并非只是外表的花枝招展，更多的是气质的美，内心的美，凝聚力当中的美。今天，就让我们在这则《花儿选美》的寓言故事当中来思考一下什么叫做真正的美丽吧。

花儿们要举行盛大的选美比赛，每一朵花都躲在自己的小房子里精心打扮。

牡丹花的裙子多极了，她在她的小房子里穿了一层又一层，穿了一层又一层……

玫瑰花躲在小房子里卷着每一条裙子的边儿，然后又往裙子上拼命洒香水……

仙客来躲在小房子里精心裁剪时装，她可不像一般花儿那样穿裙子，她要让自己的时装别具一格……

水仙花躲在小房子里反复研究自己金色王冠配白裙子的效果，追求典雅是她向来的风格……

好了，一切都已准备就绪，打扮得漂漂亮亮的花儿们走出了自己的小房子，她们个个信心十足……

可是，有一朵小小花儿躲在自己的小房子里迟迟不肯出来，原来，她没有漂亮的衣服，她的全部家当就是一条既不鲜又不美的短裙，那么窄、那么小，算不上真正的裙子，围在身上一点儿也不好看。

小小花儿听见外面的喧笑声，她从门缝里偷偷往外看，啊呀，罂粟花正摇曳着她那艳红镶白边儿的绸裙子跳西班牙舞，那华丽宽大的裙子翻飞着把小小花儿的眼睛都晃花了！

小小花儿这下更不敢出去了。她关紧门，躲在房子里焦急地说："怎么办？怎么办？"

像是一片回声，周围都传来"怎么办？怎么办"的叹息。原来，小小花儿的姐妹们都同她一样胆怯地躲在房子里。

"小姐姐，你带个头先出去怎么样？"隔壁传来花儿妹妹的声音。

"是呀，是呀，你带个头先出去。"四周传来众妹妹的央求。

这时，选美比赛马上就要开始了，蝴蝶评委、蜜蜂主席和特邀主持人金铃子小姐都已到来。所有花儿们都着急地催促躲在房子里的小小花儿们快出来。

"怎么样？我们不出去会影响整个选美比赛，唔，这样吧，我喊一、二、三，我们同时出去。"小小花儿鼓足勇气说。妹妹们都赞成。

小小花儿深深地吸了一口气，大喊了一声："一、二、三！"

刹那间，千千万万朵小小花儿铺天盖地缀满枝头。

"哇，好美，好美的花儿呀！"蝴蝶、蜜蜂、金铃子和开有的花儿都惊呆了。

小小花儿每一朵细看都不美，然而她们成千上万朵簇拥在一起形成的磅礴气势却是那么壮观。那种惊心动魄的美压倒了所有争奇斗艳的花儿。

小小花儿奇迹般地获得了选美比赛的冠军。

小小花儿是非常平凡、非常不起眼的，她们怎么会取得最终的冠军，原因就是：

她们勇敢地走出了自己的房子，并且能开动脑筋进行一些创新。

好孕美食馆：适合孕期吃的几道经典炒饭

在怀孕期间，多数准妈妈都被家人精心照顾和呵护着，各式的水果和蔬菜、肉类食物、奶制品等，准妈妈们几乎每天都能吃到。因为每天吃，所以在有些时候，准妈妈难免想换换胃口，吃一些平日吃得比较少的食物。炒饭就是很多准妈妈在孕期特别喜欢吃的食物。今天的好孕美食馆中，就让我们一起来了解几道适合准妈妈吃的经典炒饭吧。

1. 菠萝炒饭

菠萝炒饭是非常适合怀孕初期的准妈妈吃的一道经典炒饭，因为菠萝中含有一种名为“菠萝朊酶”的物质，这种物质能分解蛋白质，溶解阻塞于组织中的纤维蛋白和血凝块，所以就能帮助准妈妈改善身体局部的血液循环，消除水肿并避免一些炎症的发生。菠萝中所含的糖、盐类和酶有利尿作用，适当地食用，对准妈妈的肾脏很有好处；菠萝性味甘平，具有健胃消食、补脾止泻、清胃解渴等功用，对于准妈妈的身体健康是很有好处的。

【材料】

带皮鲜菠萝1个，白米饭100克，熟虾肉25克，叉烧肉丁40克，鲜鸡蛋1个，葱花芫荽叶、精盐、味精、花生油各适量。

【做法】

（1）先将菠萝切去顶部，作盖用。

（2）用刀将菠萝中间挖空，把挖出的菠萝肉及菠萝壳分别放入盐水中稍浸泡，捞起滤干水分。

（3）将菠萝肉切成小丁，待用。

（4）将油锅上中慢火，放入蛋液、白米饭、叉烧肉丁、熟虾肉，炒至有香味溢出，加葱花、精盐、味精调味，再加入菠萝丁。炒匀后，盛入菠萝壳内并放上芫荽叶，盖上顶盖便成。

【功效】

这道炒饭最大的特色就是在炒成之后要将其盛放于菠萝壳内，这样显得非常特别，而且菠萝的香味能更好地渗透到饭中，使炒饭有着清香的果味，同时，这是一道很有营养的炒饭，富含钙、铁、优质蛋白质。

2. 什锦蛋炒饭

做什锦蛋炒饭时需要用到很多原料，最主要的如鸡蛋、胡萝卜、青椒等，这些食物拌在一起炒，不仅颜色搭配非常好看，而且应该也非常丰富。比如，鸡蛋中所含的营养成分是全面和均衡的，它还有人体所需的多种营养素，其营养几乎完全可以被身体利用，是孕妇理想的食品；胡萝卜富含维生素，可促进血液循环和身体的新陈代谢功能，对于胎宝宝视觉功能的发育也很有好处。因此，准妈妈在孕期可以适量地吃一些什锦蛋炒饭。

【材料】

主要的原料为适量的米饭、胡萝卜和鸡蛋，其余的配料可以自己选择，如适量的青椒、芹菜、莴笋、芹菜、玉米、洋葱、蘑菇等都可以，在选择的时候最好是选择三四种配料，而不宜太多了，而且最好能注意配菜颜色的搭配和营养搭配，这样才会好看又健康。除了主菜和配菜之外，还应该准备花生油、小葱、盐等调料。

【做法】

（1）先准备好适量的米饭，米饭最好能提前蒸煮好，放在一边凉上一段时间，而且米饭最好偏硬一点。

（2）将鸡蛋打入碗内，略加精盐调成蛋液。

（3）将各种配料切成丁，如选胡萝卜、莴笋、鲜蘑菇、洋葱为配料的，就将这些原料切好，并将小葱、蒜等材料切好。

（4）锅内放花生油，烧热后，倒入蛋液煎泡至熟，捣烂捞出。

（5）炒锅内再放少许花生油，先炒蘑菇丁、蒜等，炒出香味后，在放入胡萝卜、莴笋等配料，炒一会儿之后，再加入米饭和煎熟的鸡蛋同炒，最后加葱花、盐和鸡精即可。为了美观，在炒完之后，还可以装饰一下餐盘或是煎个太阳蛋放在上面，这样就更让人垂涎三尺了。

3. 五香肉末蛋炒饭

【材料】

适量米饭、新东洋五香肉末酱，2个鸡蛋，葱花、黄油、盐、鸡精、料酒等少许。

【做法】

（1）先将鸡蛋打成蛋液，在其中滴入一点点料酒，放入适量的盐和鸡精。

（2）锅中倒入少量黄油，小火烧热，把打好的蛋液炒成半凝状态盛出。

（3）锅中再倒入适量的黄油中火烧热，把米饭倒入开始翻炒，然后再放入五香肉末酱一起翻炒，再放半凝固的鸡蛋拌炒均匀。

（4）最后撒上葱花，放入鸡精，翻炒一下就可以出锅了。

【功效】

由于鸡蛋中含有丰富的优质蛋白、脂肪、维生素和铁、钙、钾等人体所需要的矿物质，富含DHA和卵磷脂等，对神经系统和身体发育有利，而五香肉不仅美味可口，也能补充人体所需的一些营养，因此，这道菜也是美味可口而营养丰富的。

4. 香椿蛋炒饭

【材料】

适量米饭，鸡蛋2个，瘦猪肉丝75克，嫩香椿芽125克，花生油5克，盐3克，水淀粉适量。

【做法】

（1）将肉丝放入碗内，加盐、水淀粉、半个鸡蛋的蛋清，搅拌均匀。

（2）将另一个鸡蛋打入碗内，加剩余的蛋液和盐少许搅匀。

（3）将香椿芽择洗干净，切丁。

（4）炒锅上火，放油烧至四成热，下肉丝滑散，捞出。然后再加上少量油，放入肉丝、蛋液和香椿，旺火翻炒均匀，倒入热米饭拌匀，盛入盘内即可。

【功效】

由于嫩香椿芽主要在初春时才有，所以这道炒饭是初春时期准妈妈的美食。这道炒饭中含有丰富的蛋白质、碳水化合物、多种维生素和矿物质等营养素，对于准妈妈和胎宝宝的健康都很有好处。

胎宝宝的私人音乐厅：施特劳斯《蓝色多瑙河》

在本周，胎宝宝的大脑迅速发育着，身体功能有了新的进步，对外界的理解和感知能力也进一步增强，对音乐相对来说也会变得更加敏感一些，所以准妈妈和准爸爸需要坚持做好音乐胎教。在本周的私人音乐厅，就让我们带着胎宝宝一起来欣赏施特劳斯著名的圆舞曲《蓝色多瑙河》吧。

《蓝色多瑙河》也称为《蓝色多瑙河圆舞曲》，它是奥地利著名作曲家施特劳斯的作品，被誉为“奥地利第二国歌”，原为一首由乐队伴奏的男声合唱，后来又经人处理，去掉人声，成为一首独立的管弦乐曲。在每年的维也纳新年音乐会上经常能听到这首曲子。

整部曲主要由序奏、五个小圆舞曲和尾声组成。乐曲以典型的三拍子圆舞曲节奏贯穿，节奏明快而富于弹性，旋律优美动听，体现出华丽、高雅的格调。全曲由小提琴在A大调上轻奏的震音拉开序奏，好似黎明的曙光开启，蓝色的多瑙河的水波在音乐声中轻柔地翻动；之后，五首连着一起演奏的小圆舞曲引入了悦耳动听的音乐声中，那明朗的旋律、轻松活泼的节奏、巧妙而富于变化的旋律、富于流动性的情感表达，让人的思绪不仅随之驰骋，仿佛感受到了蓝色多瑙河的美景；最后是全曲的高潮和结尾，悠扬动听，令人回味无穷。

在闲暇的午后，或是周末的清晨，准妈妈可以坐在临窗的桌子前，让自己全身放松，准备聆听音乐。如果比较有时间的话，在听音乐之前，准妈妈可以先找找资料，了解一下与音乐相关的知识，并讲解给胎宝宝听，这样才能帮助自己和胎宝宝更好地听懂音乐，如果时间不允许也可以直接听。

在听音乐时，准妈妈先要保持舒适的坐姿，然后播放音乐，开始细细聆听，并跟随着明快的音乐节奏，一起去感受音乐美妙的旋律和细腻的情感：在音乐序曲拉开之时，准妈妈仿佛会感受到黎明的曙光唤醒大地，多瑙河的水波在曙光照射下轻柔地晃动；继而，准妈妈会听到连贯优美、活泼轻盈的高音，这仿佛是对春天的多瑙河的赞美；然后旋律跳跃起伏，富于变化，给人以朝气蓬勃的感觉；之后，准妈妈还能听到充满流动性、时起时伏、波浪式的旋律，此时准妈妈可以仍跟随着旋律进行大胆的想象和联想，如这样的旋律是象征这欢快的舞蹈场面呢，还是在描绘着多瑙河上无忧无虑地荡舟时的情景？

是歌颂着盎然的春意呢，还是寄寓着人们的愉悦心情？多进行这样的联想和想象，准妈妈就能更加充分地沉浸于音乐之中，心情也会随之而轻松而愉悦，同时，胎宝宝也会随着准妈妈的想象而脑部快速运转，这对于其脑部发育是很有好处的。

在听完音乐之后，准妈妈还可以给胎宝宝讲讲自己听音乐时的一些感受和想法，或是补充一些与这首曲子相关的故事，轻柔地讲给胎宝宝听，这样，母婴之间的情感交流增强了，音乐胎教的效果也会增强。

第八个月（29 ~ 32 周）：在“尖峰时刻”中延续快乐

1. 胎宝宝的变化

第八个月的胎宝宝多项发育已经基本完全了。在这段时间里，他的生长速度极快，身长达到 40 厘米左右，体重约 1700 克；皮肤由暗红色变成了浅红色，皮下脂肪增厚，身体显得肉乎乎的；已经长出了一头的胎发，手指甲变得很清晰；身体和四肢仍在继续长大；肺和胃肠功能已接近成熟，具备了呼吸能力，能够分泌消化液。男宝宝的睾丸这时正在从肾脏附近的腹腔，沿腹沟向阴囊下降的过程中，而女宝宝的阴蒂已突现出来，但并未被小阴唇所覆盖。

2. 准妈妈的变化

从这个月开始，准妈妈开始进入孕晚期。这个月准妈妈的体重会增加 1300 ~ 1800 克，支撑大肚子的双腿会感受到压力；胸口、胃部会受子宫压迫而产生心悸、恶心、腹胀等现象；乳房高高隆起，乳房、腹部以及大腿的皮肤上的一条条淡红色的花纹更为增多，并且由于激素的作用，乳头周围，下腹、外阴部的颜色也日渐加深；骨盆、关节、韧带均出现松弛；受孕激素的影响，耻骨联合会呈轻度分离；早晨起床会手指发麻；阴道分泌物增多，如果护理不恰当的话就可能引起外阴炎和阴道炎，所以一定要在日常生活中注意保持外阴清洁卫生，以免胎宝宝在出生经过阴道时被感染；由于胎头开始下降压迫到膀胱，准妈妈尿频的感觉越来越明显，并且排尿次数也跟着增多，还会有尿不净的感觉；经常会出现“胃灼热”和便秘的现象，极易出现腰酸感，并且会发现自己变得非常健忘。

3. 胎教重点

（1）营养胎教

胎宝宝开始在肝脏和皮下储存糖原及脂肪。此时若碳水化合物摄入不足的话，将造成蛋白质缺乏或酮症酸中毒，所以在本月准妈妈应主要补充碳水化合物，以保证热量的供给，维持身体的热量需求。准妈妈最好能保证平均每天进食 400 克左右的谷类食品，这对保证热量供给、节省蛋白质有着重要意义。另外，除了米、面主食之外，要适当增加一些粗粮，比如小米、玉米、燕麦片等。

（2）美育胎教

这个月要加入训练培养胎宝宝心智能力的美育胎教，这就要求准妈妈通过看、听等方式，体会生活中美好的事物，然后将自己这份美好的感受通过神经传导输送给胎宝宝。要进行美育胎教，准妈妈可以有选择性阅读一些优秀的作品和欣赏优美的图画，在阅读欣赏过程中一定要注意细细体会当中的美感，有条件的准妈妈还可以欣赏一些著名的美术作品，尽可能多地开拓自己对美的感受和理解力，然后将这种感受传达给自己的胎宝宝。此外，多听美好的音乐也是美育胎教的一个重要部分，可以多选择一些主题鲜明、意境饱满的作品，更有利于体会当中的情怀美感。如果身体允许的话，准妈妈也可以到环境优美、空气质量较好的大自然中去欣赏大自然原始的美丽，这样也是一种不错的胎教。

第 29 周：胎宝宝会对外界刺激做出明显反应

到了本周，胎宝宝的体形比原来要胖一些了，全身长约有 43 厘米，体重约 1300 克。这时的胎宝宝大脑发育迅速，具备了初步的感觉、思维和记忆能力，会对外界刺激发出明显的反应。如果在这时候给胎宝宝放些音乐的话，他就会对不同的音乐作出不同的反应；如果是有光亮透过子宫壁照射进来，胎宝宝就会睁开眼睛并把头转向光源了。

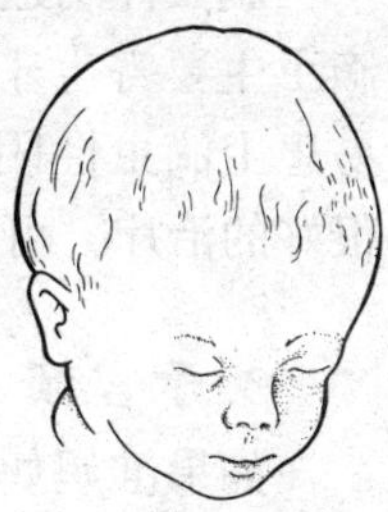

现在，胎儿可能已经长了很多的头发。

1. 多播放一些旋律优美的音乐给胎宝宝听

这一时期的胎宝宝更喜欢有韵律感的声音刺激，所以此时准妈妈和准爸爸可以多播放一些旋律优美的歌曲给胎宝宝听，如一些经典的世界名曲、儿童歌曲等，如果是要朗读文章给胎宝宝听，也要注意控制好节奏和音调了，朗读时应饱含感情，音调应该抑扬顿挫。

2. 保持良好心态

在整个怀孕时期，准妈妈的心理状态对胎宝宝的健康发育都有着重要的影响，尤其是到了胎宝宝发育更完善的晚期。此时准妈妈更应该保持良好的心态，让宝宝也感知到良好的情绪。

第 197 天：孕期妇科炎症及预防

在怀孕期间，准妈妈因为体内激素分泌水平的变化以及其他的一些生理变化，也很容易受到一些妇科炎症的困扰。因此，准妈妈也应该多了解一些相关的知识，并积极做好这方面的预防和治疗措施。

一般来说，准妈妈最容易染上的妇科炎症有霉菌性阴道炎、细菌性阴道炎和滴虫性阴道炎、子宫颈炎等。这些妇科炎症的主要外在表现就是外阴瘙痒、阴道分泌物的颜色发生改变并且有增多的情形，而且还经常会出现接触性出血、下腹疼痛等现象。下面就来具体说说准妈妈最容易患上的几种妇科炎症及其防治措施。

1. 霉菌性阴道炎

很多准妈妈在怀孕期间都会受到这种妇科炎症的困扰。这种疾病的产生主要是由人体内的白色念珠菌繁殖，破坏了人体的平衡导致的。由于准妈妈的身体免疫力相对较弱，因而染病的几率也会更高。如果准妈妈出现了一些略带臭味的白带，颜色为白色黄水样或脓样，或白带中夹有血丝，而且还伴随着阴道瘙痒的症状，那么极有可能就是患上了霉菌性阴道炎。这种妇科炎症一般不会对胎宝宝造成感染的危险，如果酌情用药治疗，一般都能治好，所以准妈妈不必非常担心。

2. 细菌性阴道炎和滴虫性阴道炎

细菌性阴道炎多是由细菌的繁殖而引发的，主要的表现症状为：白带颜色变为灰白色、灰黄色或乳黄色，总体呈稀糊状，带有特殊的鱼腥臭味，而且还常常伴有外阴瘙痒的症状。

滴虫性阴道炎则主要是因为滴虫的繁殖活动而破坏了人机体的平衡而造成的。滴虫主要寄生于阴道、尿道，在怀孕期间，由于阴道酸碱度改变，准妈妈也很容易患上滴虫性阴道炎。这种妇科炎症对胎宝宝的健康有一定的影响，如果得不到很好的治疗，可能会导致流产、早产、胎膜早破等情况的发生。

3. 子宫颈炎

如果准妈妈长期经受着慢性机械性刺激，如性生活过于频繁、曾经有过流产或人流的情况等，就很容易患上子宫颈炎。这种疾病的主要症状为：白带增多，呈黏稠的黏液或脓性黏液，有时白带中还会有血丝，而且还常常伴有外阴瘙痒、腰部疼痛、下腹不适的症状，妇科检查时宫颈充血，水肿，有触痛感。这种妇科炎症很有可能导致流产等问题的发生，所以准妈妈还是要多加注意的。

以上的几种都是准妈妈比较容易感染的妇科炎症，如果出现了类似的症状，准妈妈一定要及时咨询医生，根据医生的指导选择正确的药物来进行治疗。

如果准妈妈想要免受妇科炎症的侵扰，最好的办法就是在平时养成良好的习惯，多加预防。主要的一些措施有：

1. 在平时要注意个人清洁卫生。准妈妈每天最好都能用温水清洗下阴部，只是用清水而不要经常使用清洗液，因为长期使用清洗液会破坏阴道内的酸碱平衡，这样更容易发炎。同时，准妈妈应该穿着柔和、宽松的内裤，少用护垫，在洗衣服时要将内裤与其他衣服分开来洗，而且还要定期对自己的衣物等进行消毒处理。

2. 可以通过采取科学饮食的方式来调理身体平衡，预防一些妇科炎症的发生。比如，准妈妈在平时应该少吃一些甜食和刺激性强的食物，多喝水、多喝一些果汁、优酪乳等饮料，这对于舒缓阴道、防止尿道感染是很有帮助的。

多了解一些有关妇科炎症及其预防方面的知识是一件非常重要的事情，因为只有这样，准妈妈才更能好好地养护身体、养育健康的宝宝。

第198天：告别孕期腹胀的8种方法

在怀孕期间，一些准妈妈常常会有腹胀的烦恼，时不时地会感到肚子不舒服，胀胀的，坐立不安，甚至还会影响食欲，造成一定的心理压力。由于孕激素会影响到胃肠道中平滑肌的蠕动，容易使酸性的胃内容物反流至食管下方，再加上胃排空的时间延长，这样，当食物在肠道中滞留的时间过长，就很容易在细菌的作用下发生腐败与发酵，此时就会产生大量气体，使准妈妈产生饱胀感。如此一来，很多准妈妈就会有腹胀的感觉了。

具体来说，准妈妈的腹胀主要是由这样两个原因造成的。一是由于生理方面的变化。怀孕期间，准妈妈逐渐增大的子宫不仅会慢慢地挤占原本属于胃的位置，不断将胃往上推，而且还会压迫到胃肠道。由于胃肠受到压迫，再加上孕激素的作用，胃肠中食物的消化和气体的排解就会受到影响，产生胀痛感。二是与准妈妈在怀孕期间的运动量减少有关。怀孕期间，准妈妈都要非常注重营养，吃得比以前好了，也比以前多了，可是运动量却减少了，这样，就很有可能造成粪便在肠道内滞留，这样也会产生严重的腹胀感。

了解了腹胀的主要原因之后，准妈妈就可以针对具体的情况，采取切实可行的措施来预防和缓解腹胀了。根据相关专家的建议，准妈妈可以通过采用下列方式来告别腹胀的烦恼。

1. 调节好心态，放松心情

过于紧张的情绪会造成准妈妈体内气血循环不畅，这样就很容易引发腹胀问题。因此，准妈妈应该放松心情，时刻保持一个良好的心态，如果遇到身体不适的情况，应该多咨询一下医生，而不要有心理负担。

2. 少食多餐

因为腹胀主要与肠胃中的食物不消化有关，所以准妈妈可以采用少食多餐的方式来加以缓解。这就是说，准妈妈不妨改变一日三餐的习惯，多吃几餐，可以考虑每天吃五六餐，每次吃饭的时候尽量不要吃得太饱，而且还要学会控制每餐中蛋白质和脂肪摄入量，这样就能有效地缓解腹胀。

3. 吃东西的时候要细嚼慢咽

准妈妈在吃饭和吃其他东西时应该保持良好的习惯，吃东西时要专心，不要一边吃东西，一边做其他的事情，而且，准妈妈在吃东西时还应该细嚼慢咽，尽量少说话，尽量避免用吸管吸吮饮料，这样也能避免过多的气体进入腹部。

4. 少吃一些不易消化和容易产生气体的食物

准妈妈应该注重营养的均衡搭配，合理地摄入一些脂肪和蛋白质含量高的食物，但也要学会控制，不要过量，因为脂肪和蛋白质含量过高的食物，比较难消化，很容易给胃造成负担。同时，准妈妈应该少吃一些容易产生气体的食物，尤其是已经出现腹胀的情况时，应避免吃豆类、蛋类及其制品、油炸食物、马铃薯等，太甜或太酸的食物、辛辣刺激的食物等。

5. 多吃富含纤维素的食物，帮助肠胃消化

因为纤维素能帮助肠胃蠕动，促进食物消化，所以准妈妈应该多吃一些富含纤维素的食物，如韭菜、菠菜、芹菜、丝瓜、莲藕、萝卜等含有丰富膳食纤维的蔬菜，苹果、香蕉、柿子等含纤维素多的水果，多吃这些食物，就能很好地预防腹胀的毛病。

6. 多喝温开水补水，尽量少喝饮料

如果体内滞留的粪便太多，就很容易引起便秘和腹胀，所以准妈妈每天应该补充充足的水分并及时排便。一般来说，准妈妈每天至少要补充 1500 毫升的水。在喝水时，准妈妈最好选择温开水，因为喝冷水可能较容易造成肠绞痛，而如果喝汽水、咖啡、茶等饮料，则会对身体有害。同时，准妈妈还可以在温开水中加入一些蜂蜜，以此促进肠胃蠕动。

7. 每天保持适当运动

运动能促进肠胃蠕动，缓解胀气情况，因而准妈妈应该每天保持适当的运动量。但在怀孕期间，准妈妈不宜进行剧烈而长时间的运动，最好的运动方式就是饭后散步。建议准妈妈在每天吃完饭 30 分钟后，多到外面散散步，每次散步的时间以 20 ~ 30 分钟为宜。

8. 准妈妈在腹胀难受时，可以通过按摩的方式来缓解

按摩能有效地缓解腹胀，所以准妈妈在腹胀的时候不妨用一些简单的按摩方法来舒缓。按摩时，可以先采用顺时针方向从右上腹部开始，接着以左上、左下、右下的顺序循环按摩 10 ~ 20 圈左右，每天可进行 2 ~ 3 次。但需要注意的是，吃东西后不能立刻按摩，按摩时要保持力度适中，并且要避开子宫所在的位置。

如果能巧妙地利用好这些方法，准妈妈就可以预防和缓解腹胀的问题了。

第 199 天：改善孕晚期睡眠质量的绝招

1. 导致失眠的原因

在怀孕期间，很多准妈妈都会有睡眠不好的问题，尤其是到了怀孕晚期，由于准妈妈生理状况的改变以及其他的一些原因，很多人的睡眠质量会受到严重的影响。具体来说，造成准妈妈在孕中晚期无法安然入睡的原因主要有以下几种：

（1）由于腹部变形、体重增加使准妈妈常常感到腰酸背痛、翻身困难。

（2）由于孕中晚期随着胎宝宝的生长，准妈妈的子宫进一步增长，这就会给膀胱造成很大的压力，产生尿频，使准妈妈晚上小便次数增多。

（3）因为有些胎宝宝夜间活动频繁，不可避免地会影响到准妈妈的睡眠，而且，由于胎宝宝的存在，准妈妈的心脏搏出量增加，心率加快。

（4）因为增大的子宫压迫肺部下方的横膈膜，从而使准妈妈呼吸频率加快，常常感到气短。

（5）因为准妈妈在怀孕中晚期常常会受到胃灼烧、抽筋、便秘等问题的困扰，这些也会影响睡眠质量。

（6）因为精神压力太大、多梦等原因造成的。

2. 应对失眠的对策

由于处在怀孕期，准妈妈最好不要通过服用药物的方式来治疗睡眠问题，这样会对自己的身体健康和胎宝宝的生长发育造成很不利的影响。为了能够睡一个安稳的好觉，准妈妈们应该针对具体的情况，积极采取应对措施，以下的一些方法准妈妈们不妨试试：

（1）如果是因为尿频，夜间上厕所的次数过多而影响了睡眠，准妈妈在睡觉前就可以尽量少喝一些水或汤，可以早饭和午饭多吃点，晚饭少吃，这样就能减少上厕所的次数。同时准妈妈还应该注意，尿频也可能与生殖泌尿道的感染有关，所以准妈妈应该在此时留心一下，及早就医，并努力提高免疫力。

（2）准妈妈在睡觉前不要进行剧烈的运动，而可以通过舒缓的音乐来，或是看一会儿小说的方式来放松神经，帮助睡眠。另外，准妈妈应该养成有规律的睡眠习惯，晚上在同一时间睡眠，早晨在同一时间起床。除了睡觉和休闲看书躺在床上以外，其余时间尽量不要躺在床上。

（3）准妈妈在睡觉前可以先做一个利于放松身体、促进睡眠的按摩，然后在睡觉的时候采用良好的睡姿，这样就能改善睡眠质量了。通常来说，准妈妈在睡觉时采用左侧卧并将枕头夹在两腿中间，以及垫在背后的方式可以帮助睡眠，如果这些都没有作用的话，也可以找一张舒服的躺椅，用靠垫类的东西垫在背部支撑一下，这样会睡得好一些。不要采用仰卧，以防增大的子宫压迫下腔静脉引起回血量减少，从而出现胸闷、恶心、出冷汗、胎宝宝躁动等现象影响睡眠或是出现仰卧综合征。

（4）准妈妈在平时应该摄入充足的钙、铁等元素，有些准妈妈晚上常常出现腿脚抽筋、神经兴奋的现象，进而影响睡眠，这其实就是由于钙、铁等元素缺乏而造成的，所以有这类情况的准妈妈应该在日常生活中多吃些富含钙和铁的食物，如牛奶、鱼类、海藻类、豆类和绿叶蔬菜等，还要多晒晒太阳，以促进吸收。

（5）准妈妈如果想改善睡眠质量，最重要的还是要调节好自己的心态，放松心情。有的准妈妈睡不好是由于临近分娩，精神压力过大或是常被生活中的一些事情搅扰得心烦而造成的，有类似情况的准妈妈就应该学会放松紧张的情绪，调节好心情，建议准妈妈多学习一些放松心情的办法，如参加瑜伽学习班、分娩学习班或新手父母学习班，尽可能地卸下心里的包袱，睡眠情况自然会得到改善。

第 200 天：不要因为过节而忽略胎宝宝

在孕期，准妈妈需要留意的事情有很多，不管在什么时候，保证自己和胎宝宝的健康都是非常重要的。在平日里，准妈妈需要学会保护好自己和腹中的宝宝，在过节的时候更应该如此。节日毕竟不同于平日，家中会变得非常热闹，而且吃得也会比平时更丰盛，在欢度佳节的时候，不少准妈妈就很容易忽视一些生活细节，从而影响了身体健康。为了能做好孕期保健工作，准妈妈今天可以来了解一些过节时的注意事项，现以过春节为例来进行说明。

一般来说，过节要打扫房间、尤其是过春节的时候事情都比较多，要打扫房间，要准备年货，要走亲访友，要准备美食，等等，此时为了安全起见，准妈妈一定要小心行事。

1. 凡事都应量力而行

一般来说，到了孕八月，随着胎宝宝的生长，准妈妈的行动会有很多不便，最好不要承担大量的劳动，如果是家人实在忙不过来的话，准妈妈可以适量地帮帮忙。在打扫卫生的时候，准妈妈需要注意：一是不要做比较繁重的事情，不能太辛苦，在劳动的时候最好是选一些轻便的活儿来干，在劳动几十分钟后，不管累不累，都要停下来休息一下；准妈妈不宜长时间地站着劳动，这样腿部、腰部等的负担会加重，常常会引起腰酸背痛等问题，是不利于身体健康的；准妈妈也不宜长时间地蹲着行动，因为蹲久了的话，可能会使骨盆充血，而且也会挤压到胎宝宝，可能会造成危险；在进行劳动时，准妈妈还应注意不要长时间地接触冷水，这样很容易着凉感冒，同时也会影响胎宝宝的健康；准妈妈也最好少做一些需要弯腰、仰头、踮脚的劳动，这也可能导致一些危险事情的发生。总之，准妈妈在进行劳动时一定要量力而行，千万不要逞强，更不要一个人独自承担家中的大扫除。

此外，准妈妈最好让家人承担购置年货、节日礼品等任务。在春节期间，街道、商场的人非常多，准妈妈大腹便便地去购买东西十分不便，而且，如果一不小心被人碰撞或是挤到了都是很危险的。另外，在商场、超市等人太多的地方，空气污浊，准妈妈也很容易受到各种传染疾病的侵袭，这对自己和宝宝都是非常危险的。因此，准妈妈最好把购置年货这样的任务交给家人。

2. 注意合理饮食

过年的时候，好吃的东西特别多，而且高脂肪、高蛋白的食物也非常多，准妈妈在此时一定要控制好自己的饮食，不要过多食用油腻、生冷、坚硬的食物，甜食和坚果也应该适量地控制，以免造成肠胃负担，而应该坚持清淡和营养结合的原则，荤素搭配，保证营养均衡，可以稍微多吃一些粗纤维蔬菜和水果等，还应该多喝一些水，以助于排便。

3. 保持适当休息

除了注意饮食，准妈妈还应该注意休息。在过节期间，亲戚之间的走动会比较频繁，准妈妈的活动也会相对增多，有时还会有需要熬夜、出远门的情况。准妈妈在此时就需要格外留意自己的身体健康了，即使是在过节期间，准妈妈最好也能过有规律的生活，尽量不要熬夜，尽量少出远门，每天晚上都应该保证充足的睡眠时间，白天最好也能有1个小时的午休时间。此外，准妈妈还应学会自我控制，即使是玩得很开心，也要考虑到腹中的宝宝，累了要及时休息，要避免长时间的站立和行走，也不要长时间地坐着打牌、玩游戏等。同时准妈妈在过节期间要做好监督和照顾准妈妈的工作，照料好准妈妈的饮食起居，同时也提醒准妈妈不要过于劳累。

总之，准妈妈在过节期间也应该照顾好自己和胎宝宝，不要因为过节而忽视胎宝宝，这样才能开开心心地过节，快快乐乐地孕育宝宝。

第 201 天：孕期要预防胎宝宝先天性耳聋

胎宝宝的正常发育及出生后的健康成长与准妈妈在怀孕期间的行为等方面有着密切的关系，正常情况下，如果准妈妈在孕期能保持良好的心态、健康的生活和作息习惯、多留意一些注意事项、在发现异常情况时能尽早就医治疗，胎宝宝就能健康地发育和成长，而如果准妈妈在孕期总是大大咧咧，不把怀孕太当一回事的话，不仅是胎宝宝在肚子里时的发育会受到干扰，出生后也可能会患上一些疾病。

在现实生活中，不少宝宝就患有先天性耳聋的病症，表现为在出生后不久或是长到几周岁时出现双耳听力下降、听不见东西等问题。临床实践证明，宝宝的先天性耳聋很可能与准妈妈在孕期的行为有关。解放军总医院的流行病学聋病筛查显示，耳聋人群中，60% 为遗传因素所致，只是有些孩子一出生就表现出耳聋的症状，而有些孩子要到几岁甚至十几岁时才开始发病。同时，这次调查还发现，可能患有先天性耳聋而又推迟发病时间的孩子，常常会经历一个过渡阶段，即在近距离时也听不清别人说话的声音，从而渐渐变为完全听不见。先天性耳聋的发病率高、治愈率低，常常会给人们的生活造成很大的不便，对于孩子日后的成长是非常不利的，所以准妈妈应在孕期就做好充足的准备，及早预防胎宝宝先天性耳聋。

1. 导致先天性耳聋的原因

一般来说，先天性耳聋原因可分为遗传因素和非遗传因素，遗传因素主要就是指有耳聋家族史或是因为近亲结婚而引起胎儿畸形，导致胎儿出现耳部发育不良等。非遗传因素大多就与准妈妈在孕期和产期的这些行为有关：

（1）准妈妈在孕期患有风疹或其他病毒感染，病毒可能会经胎盘而侵害胎宝宝，引起内耳发育畸形，出现耳聋等症状。尤其是当准妈妈在怀孕之前的三个月患有这些疾病，胎宝宝可能受到的影响可能就会更大，先天性耳聋的发病率会更高。

（2）准妈妈在怀孕期间服用了有害药物，如奎宁、链霉素、庆大霉素等这些耳毒性药物，这些药物有可能会通过胎盘而循环，从而影响胎宝宝，造成耳聋。

（3）准爸爸和准妈妈中的一方或双方患有性病，如感染了梅毒，也可能导致胎宝宝先天性耳聋。

（4）胎宝宝在准妈妈的体内发育不良，耳组织发育畸形与出生体重不足，也有可能导致先天性耳聋。

（5）准妈妈在怀孕期间曾受过深度麻醉，从而影响了胎宝宝的发育。

（6）准妈妈在分娩期间出现早产或难产造成对婴儿的缺氧，或是在帮助分娩时使用产钳不当损伤了听觉器官引起耳聋。

2. 避免先天性耳聋的方法

为了避免和尽量减少胎宝宝出现先天性耳聋的情况，最基本的就是要杜绝近亲结婚，其次，准妈妈和准爸爸在准备怀孕之前最好先做一次全面的身体检查，然后针对自己的具体情况，决定是否孕育后代。最重要的是，准妈妈在孕期应多留意一些生活细节，多学一些相关的知识，这样就能避免很多意外情况的发生。

首先，准妈妈从决定怀孕时起就应该养成良好的生活习惯，不能喝酒、抽烟，同时应尽量避免到过于嘈杂的地方去，以免损害听力神经。

其次，准妈妈在孕期应格外注重保持身体健康，预防孕期生病，尤其是要预防传染病的发生，比如风疹、梅毒、艾滋病等。

再次，准妈妈在怀孕期间应尽量少服用药物，注意安全用药。如果身体出现了一些轻微不适的症状，最好是不要用药，确实需要服用药物时，最好也能先咨询医生，在医生的指导下选择副作用较小的药物，而且服药的剂量不宜太大，时间不宜太长。在怀孕期间，准妈妈尽量少服抗生素，因为现代医学证实，有些抗生素对胎宝宝是有一定危害的，此外，准妈妈还应避免服用对听力有损害的药物，如镇静安眠药、抗肿瘤药、抗疟药、抗风湿药等，这些药物可能会破坏胎宝宝内耳的感音神经组织，从而造成先天性耳聋。

除此以外，准妈妈还应该注意一些生活细节，在饮食方面多注意补充足够的营养，做到了这些，就能很好地预防胎宝宝出现先天性耳聋的情况了。

第 202 天：知识胎教：教胎宝宝学汉字的好方法

汉字是世界上最古老的文字之一，也是世界公认的较为难学的语言，但汉字是我国人民智慧的结晶，其中蕴涵着中华民族的血脉，身为中国人，就应该努力学好汉字。为了促进胎宝宝的脑部发育，让其在出生之后更聪明，准妈妈可以在怀孕期间对胎宝宝多进行一些知识胎教，其中，教胎宝宝学汉字也是一种很好的胎教方式。

虽然在这个时期，胎宝宝的大脑发育迅速着，而且已经慢慢地具有了感觉、记忆和初步的思维能力，但相对来说，胎宝宝的理解能力还是非常有限的，再加上汉字相对于数字和字母，要难学一些，所以准妈妈不妨学学一些有经验的家长教婴幼儿学习汉字的方法，在教胎宝宝学习汉字的时候也灵活地运用一些巧妙的技巧。今天，我们就来了解一下教胎宝宝学汉字的好方法吧。

1. 用闪光卡片来教胎宝宝学习汉字

制作闪光卡片的方法前面我们已经讲过，准妈妈只要准备好一些裁剪好的小纸片、各种颜色的彩色笔、黑色的签字笔就可以了。在准备好这些材料之后，准妈妈可以先想想要教胎宝宝一些什么汉字，在选择内容时最好是挑那些比较简单的汉字，比如从一到十的数字、人、口、手、木等简单的汉字。想好了内容之后，准妈妈就可以将这些汉字先用彩色笔写在纸片上，然后再用黑色的签字笔勾勒一遍，这样看起来才更清晰，也更加显眼，在写汉字的同时，准妈妈可以读出声来，边写边给胎宝宝讲解自己写的是什么字，表示什么等。

在写完讲完之后，准妈妈还可以带着胎宝宝一起来将这些汉字朗读几遍，一面正确地反复发好这个音，一面用手指写它的笔画，最重要是将这些汉字的视觉形状和颜色深深地印在自己的脑海里，这样准妈妈获得的信息就会以最佳状态传递给胎宝宝，从而利于胎宝宝用脑去理解并记住它。

需要注意的是，在运用这一方法进行知识胎教时，准妈妈应保持注意力集中和身体放松，同时要有耐心，这样才能取得很好的效果。

2. 在讲解汉字的时候可以拿出实物，增强可视性和立体性

胎宝宝的理解能力非常有限，准妈妈在教胎宝宝学汉字时一定先要清醒地认识到这一点。而对于理解能力有限的人来说，实物的、立体化的教学方法是非常管用的，就像出生不久的婴幼儿喜欢看图画书一样，胎宝宝也喜欢通过形象化的图片来理解事物。所以，在教胎宝宝学习汉字的时候，准妈妈可以拿出相应的实物图，帮助胎宝宝更好地理解并加深其印象。

比如，当准妈妈讲到“手”这个汉字时，可以边指着自己的手，边给胎宝宝解说，同时拿出写有“手”字的汉字，并大声而清晰地读给胎宝宝听；当讲到“门”这个字时，可以边指着门边讲解，同时出示汉字；教其他的能与实物对应的字时也是这样。或者，准妈妈还可以买来现在专门帮助婴幼儿学习汉字的图文并茂的卡片，以上面的方式来教胎宝宝学习。

在讲解完之后，准妈妈还可以带着胎宝宝将汉字朗读几遍，以加深印象，如果准妈妈在讲解的时候非常专心、认真，胎宝宝是能够明显感觉得到，而且实践证明，受过这种知识胎教的宝宝，出生后能较早地说话识字。

3. 可以通过带着胎宝宝朗读，通过开心阅读的方式教胎宝宝学习汉字

要知道，学习汉字的最终目的是为了运用，不仅对普通人是这样，胎宝宝的学习也是如此。因此，为了加深胎宝宝对汉字的印象，准妈妈在运用如上的一些方法教胎宝宝学了汉字之后，还可以在平时阅读的时候在复习巩固一下学过的内容。比如，准妈妈在给胎宝宝朗读童话故事或是美文的时候，遇到了以前学过的内容，就可以告诉胎宝宝这个字以前学过了，然后再说说它的读音和意思等，这样就能很好地巩固胎教成果。

4. 准妈妈应保持随时随地学习的状态，也可以在平时的生活中教胎宝宝学习汉字

想要将知识胎教变得更有趣味、更有效果一些，准妈妈还需要保持随时学习和教习的姿态，将对胎宝宝的知识胎教贯穿于日常生活中。这就是说，准妈妈不仅是要腾出专门的时间来进行知识胎教，还应该增长自己的知识、陶冶情操，在自己学习的同时也让胎宝宝受到很好的影响。

另外，准妈妈在日常生活中也可以教胎宝宝学习汉字。比如，准妈妈外出散步时，见到了美丽的花朵，就可以跟胎宝宝说说这一事物的读音，汉字怎么写，等等，这也是一种很好的胎教方法。

第 203 天：意念胎教：多做一做白日梦

在孕期，准妈妈的思想和行为常常会对胎宝宝产生重要的影响，只有热爱生活、爱动脑思考的准妈妈才能孕育出健康而聪明的胎宝宝，因为胎宝宝处于准妈妈的肚子里，是能很好地感受到准妈妈的想法的，如果准妈妈在平时喜欢思考和学习，就会对胎宝宝形成很好的刺激，让胎宝宝感受到，并促进其发育。为了使胎宝宝受到良好的影响，促进其脑部神经的发育，准妈妈在孕期不妨多做一些白日梦。

首先，准妈妈可以多想想宝宝的美好模样。能够拥有一个健康、漂亮而聪明的宝宝，是每个准妈妈和准妈妈的心愿。为了能实现这个心愿，准妈妈在孕期不妨多想象一下胎宝宝的样子。在孕期开始的时候，准妈妈就可以在家中贴上一些漂亮宝宝的图片，每天多看一眼，这样不仅心情会变得愉悦，而且多欣赏这样美好的图片，腹中宝宝也会受到影响，可能会长得更美哦!

在欣赏宝宝图片的同时，准妈妈还可以根据图片中可爱的宝宝进行联想，想想自己的胎宝宝的模样。如果准妈妈开动脑筋进行思考了，脑部神经会变得异常兴奋，身体的情绪等也会达到最佳状态，从而促进体内具有美容作用的激素分泌增多，这样就会对胎宝宝的器官结构组合及其他各方面的发育产生良好的影响，从而塑造出自己理想中的胎宝宝。

除了可以想象胎宝宝的美好模样，准妈妈还可以想想与胎宝宝有关的其他事情，比如，在胎宝宝进行活动的时候，准妈妈一边轻轻地抚摸腹部，一边想象胎宝宝在进行什么活动，是在伸手、踢脚，还是在翻身、摇头，然后可以沿着抚摸的顺序看看哪里是胎宝宝的头，他的头是什么模样，自己希望胎宝宝将来会有一个怎样的头脑，或者也可以想想胎宝宝五官的模样，比如，胎宝宝长着圆圆的可爱的小脸蛋、一双明亮清澈的眼睛、一个高高而漂亮的鼻子、一张总是喜欢笑的小嘴、还有两个很有福相的耳朵，等等。当摸到胎宝宝的小手小脚时，准妈妈也可以尽情地发挥想象，想象胎宝宝的手会是什么样子的，想着它以后会变得修长，想想这双巧手将来可能会弹奏出美妙的音乐或是画出美丽的图画。准妈妈还可以想想胎宝宝出生后全家生活在一起的幸福场景，想想胎宝宝的可爱和聪明，想想胎宝宝以后成长过程中的有趣故事，准妈妈可以驰骋思绪，尽情地想象。

此外，准妈妈还可以想象一下其他的美好事情，多多进行发散思维。准妈妈是否喜欢学习和思考，对胎宝宝有着重要的影响，爱动脑筋的准妈妈才能孕育聪明而勤于思考的胎宝宝。所以，准妈妈在怀孕期间，可以多读一些文学作品、欣赏一下名家的音乐作品、画作等，在阅读和欣赏的同时，更要进行积极的思考和大胆的想象。比如，准妈妈在读到一篇感人的美文时，就可以努力思考其中的一些问题，如文章的主题、作者表现的情感、一些语言和词语的寓意，等等，如果时间允许的话，准妈妈还可以进行更深入的思考，做一些读书笔记，并写写自己的读书心得等。总之，准妈妈在孕期需要多思考、多动脑。

人类的意念有着非常神奇的功能，在其作用下，我们常常会获得一些意外的惊喜和收获。准妈妈应该运用好意念胎教这一胎教方式，以助于孕育更健康而聪明的胎宝宝。

动起来：孕期简易保健操（一）

为了能保持身体健康，安全而顺利地分娩，准妈妈在孕期应进行适量的有氧运动，做一些孕期保健操就是不错的选择。孕期体操不仅能起到很好的锻炼效果，防止一些孕期疾病的发生，同时，对准妈妈而言，也是非常安全的。从本周开始，我们将连续给准妈妈介绍三组简单易行的保健体操。现在来介绍第一组的基本动作：

第一节头颈运动

具体步骤如下：

（1）自然站立，双脚与肩同宽。

（2）两手叉腰，轻闭双眼，做颈部的前屈后伸、左右摆动及绕环动作。

这组动作能使准妈妈的头部和颈部得到锻炼，有利于增强关节和肌肉的灵活性，预防和缓解头部和颈部出现的疼痛症状。除了站着做这一组动作外，准妈妈在坐着的时候也可以进行相关的练习，如准妈妈可以先保持舒适的坐姿，然后两手支撑于体后，两肩后夹，扩胸仰头或是灵活地转动头部，这样也能达到很好的运动效果。

第二节健胸运动

具体步骤如下：

（1）先保持良好的站姿，站立时要两腿与肩同宽。

（2）两臂经侧向前至胸前交叉抱臂，与此同时，含胸低头并呼气。

（3）两臂前伸，经体侧向后，两手扶于腰部，两肘后夹，充分挺胸，并配合吸气，在呼吸时注意要以胸式呼吸为主。

（4）重复前面的动作。

在做这套动作的时候，准妈妈需要注意调整好自己的呼吸，这样才能达到最佳的练习效果。

第三节脚部运动

具体步骤如下：

（1）准妈妈先坐在椅子上，保持舒适的坐姿，坐的时候尽量坐进去一点，同时双脚并拢，脚与地面保持垂直，脚心放平。

（2）脚尖使劲上翘，待呼吸一次，再恢复原状，再重复做。

（3）将一腿放在另一腿上，上面腿的脚尖慢慢上下活动。

（4）再换另一条腿，重复上面的动作。

这几个动作准妈妈在平时可以重复练习，这样才能达到很好的锻炼效果。这套动作的主要目的在于通过踝关节和脚尖活动，增强血液循环，强健脚部肌肉，经常重复练习的话，对于维护准妈妈脚部关节的灵活和健康很有帮助。

第四节腰背运动

具体步骤如下：

（1）在这组操时，准妈妈需要先躺在柔软垫子上或是床上，将身体的重量均匀地放在四肢上。

（2）摆好基本姿势后，准妈妈可以先伸直颈项，然后仰头，并保持背部伸直。

（3）保持一段时间之后，再慢慢放松背部、颈部，还原姿势。

这套动作的主要功能在于能锻炼腰部肌肉，增强腰背肌肉的灵活性和抗压力，对于预防和缓解准妈妈在孕期经常出现的腰酸背痛很有帮助。但在做的时候，准妈妈应注意保护好自己的腹部，以免受伤。

第五节腿部运动

具体步骤如下：

（1）准妈妈先坐在椅子上，保持舒适的坐姿。

（2）手扶椅背，肘关节伸直。

（3）左腿固定，右腿做360度转动，转动的幅度应尽量大一些，这样效果才会更好。

（4）在做完上述动作之后，还原姿势，然后换一条腿，重复以上的动作。

这套动作能增强骨盆肌肉力量，增强骨盆及阴部肌肉弹性，从而能促进分娩的顺利进行。但在做的时候，准妈妈需要掌握好动作的幅度，量力而行，以保证安全。

胎宝宝的阅读时光：故事《一个豆荚里的五粒豆》

在本周，胎宝宝的脑部快速发育，而且已经能对外界的刺激做出明显的反应，所以此时准妈妈和准爸爸在阅读时可以多选择一些胎宝宝可能会喜欢的文章，童话故事就是很好的选择。童话故事一般用儿童化的语言来写作，蕴涵的道理也非常丰富，婴幼儿多读童话故事，可以激发想象力、锻炼思维能力，同时也能增强语言组织能力、增长知识，而为胎宝宝讲童话故事，同样能促进其脑部发育。

本周的阅读时光，准妈妈可以和胎宝宝一起来分享一下安徒生的童话作品《一个豆荚里的五粒豆》。这个童话讲述的是豆荚成熟之后裂开了，里面的五个豆粒的不同经历，特别讲述了有颗豆粒跳进了“长满青苔的霉菌的裂缝里”，发芽开花，给窗子里的躺着的一个小病女孩带来了愉快和生机的故事，充满着童真童趣，而且寓意丰富。

有一个豆荚，里面有五粒豌豆。它们都是绿的，因此它们就以为整个世界都是绿的。豆荚在生长，豆粒也在生长。它们按照它们在家庭里的地位，坐成一排。

太阳在外边照着，把豆荚晒得暖洋洋的；雨把它洗得透明。这儿是既温暖，又舒适；白天光亮，晚间黑暗，这本是必然的规律。豌豆粒坐在那儿越长越大，同时也越变得沉思起来，因为它们多少得做点事情呀。

“难道我们永远就在这儿坐下去么？”它们问，“我只愿老这样坐下去，不要变得僵硬起来。我似乎觉得外面发生了一些事情——我有这种预感！”

许多星期过去了。这几粒豌豆变黄了，豆荚也变黄了。

“整个世界都在变黄啦！”它们说。它们也可以这样说。

忽然它们觉得豆荚震动了一下。它被摘下来了，落到人的手上，跟许多别的丰满的豆荚在一起，溜到一件马甲的口袋里去。

“我们不久就要被打开了！”它们说。于是它们就等待这件事情的到来。

“我倒想要知道，我们之中谁会走得最远！”最小的一粒豆说。“是的，事情马上就要揭晓了。”

“该怎么办就怎么办！”最大的那一粒说。

“啪！”豆荚裂开来了。那五粒豆子全都滚到太阳光里来了。它们躺在一个孩子的手中。这个孩子紧紧地捏着它们，说它们正好可以当做豆枪的子弹用。他马上安一粒进去，把它射出来。

“现在我要飞向广大的世界里去了！如果你能捉住我，那么就请你来吧！”于是它就飞走了。

“我，”第二粒说，“我将直接飞进太阳里去。这才像一个豆荚呢，而且与我的身份非常相称！”

于是它就飞走了。

“我们到了什么地方，就在什么地方睡，”其余的两粒说。

“不过我们仍得向前滚。”因此它们在没有到达豆枪以前，就先在地上滚起来。但是它们终于被装进去了。“我们才会射得最远呢！”

“该怎么办就怎么办！”最后的那一粒说。它射到空中去了。它射到顶楼窗子下面一块旧板子上，正好钻进一个长满了青苔的霉菌的裂缝里去。青苔把它裹起来。它躺在那儿不见了，可是我们的上帝并没忘记它。

“应该怎么办就怎么办！”它说。

在这个小小的顶楼里住着一个穷苦的女人。她白天到外面去擦炉子，锯木材，并且做许多类似的粗活，因为她很强壮，而且也很勤俭，不过她仍然是很穷。她有一个发育不全的独生女儿，躺在这顶楼上的家里。她的身体非常虚弱。她在床上躺了一整年；看样子既活不下去，也死不了。

“她快要到她亲爱的姐姐那儿去了！”女人说。“我只有两个孩子，但是养活她们两个人是够困难的。善良的上帝分担我的愁苦，已经接走一个了。我现在把留下的这一个养着。不过我想他不会让她们分开的；她也会到她天上的姐姐那儿去的。”

可是这个病孩子并没有离开。她安静地、耐心地整天在家里躺着，她的母亲到外面去挣点生活的费用。这正是春天。一大早，当母亲正要出去工作的时候，太阳温和地、愉快地从那个小窗子射进来，一直射到地上。这个病孩子望着最低的那块窗玻璃。

“从窗玻璃旁边探出头来的那个绿东西是什么呢？它在风里摆动！”

母亲走到窗子那儿去，把窗打开一半。“啊，”她说，“我的天，这原来是一粒小豌豆。它还长出小叶子来了。它怎样钻进这个隙缝里去的？你现在可有一个小花园来供你欣赏了！”

病孩子的床搬得更挨近窗子，好让她看到这粒正在生长着的豌豆。于是母亲便出去做她的工作了。

“妈妈，我觉得我好了一些！”这个小姑娘在晚间说。“太阳今天在我身上照得怪温暖的。这粒豆子长得好极了，我也会长得好的；我将爬起床来，走到温暖的太阳光中去。”

“愿上帝准我们这样！”母亲说，但是她不相信事情就会这样。不过她仔细地用一根小棍子把这植物支起来，好使它不致被风吹断，因为它使她的女儿对生命起了愉快的想象。她从窗台上牵了一根线到窗框的上端去，使这粒豆可以盘绕着它向上长，它的确在向上长——人们每天可以看到它在生长。

“真的，它现在要开花了！”女人有一天早晨说。她现在开始希望和相信，她的病孩子会好起来。她记起最近这孩子讲话时要比以前愉快得多，而且最近几天她自己也能爬起来，直直地坐在床上，用高兴的眼光望着这一颗豌豆所形成的小花园。一星期以后，这个病孩子第一次能够坐一整个钟头。她快乐地坐在温暖的太阳光里。窗子打开了，它面前是一朵盛开的、粉红色的豌豆花。小姑娘低下头来，把它柔嫩的叶子轻轻地吻了一下。这一天简直像一个节日。

“我幸福的孩子，上帝亲自种下这颗豌豆，叫它长得枝叶茂盛，成为你我的希望和快乐！”高兴的母亲说。她对这花儿微笑，好像它就是上帝送下来的一位善良的安琪儿。

但是其余的几粒豌豆呢？嗯，那一粒曾经飞到广大的世界上去，并且还说过“如果你能捉住我，那么就请你来吧！”

它落到屋顶的水笕里去了，在一个鸽子的嗉囊里躺下来，正如约拿躺在鲸鱼肚中一样（注：据希伯来人的神话，希伯来的预言家约拿因为不听上帝的话，乘船逃遁，上帝因此吹起大风。船上的人把约拿抛到海里以求免于翻船之祸。约拿被大鱼所吞，在鱼腹中待了三天三夜。事见《圣经·旧约全书·约拿书》）。那两粒懒惰的豆子也不过只走了这么远，因为它们也被鸽子吃掉了。总之，它们总还算有些实际的用途。可是那第四粒，它本来想飞进太阳里去，但是却落到水沟里去了，在脏水里躺了好几个星期，而且涨大得相当可观。

“我胖得够美了！”这粒豌豆说。“我胖得要爆裂开来。我想，任何豆子从来不曾、也永远不会达到这种地步的。我是豆荚里五粒豆子中最了不起的一粒。”

水沟说它讲得很有道理。

水沟说：“我支持我的那粒豆子。”

可是顶楼窗子旁那个年轻的女孩子——她脸上射出健康的光彩，她的眼睛发着亮光——正在豌豆花上面交叉着一双小手，感谢上帝。

好孕美食馆：预防流产的安胎蔬菜

每一个准妈妈都渴望着安全怀孕和顺利分娩，希望自己能生下健康的宝宝，为避免流产、早产等情况的发生，所以在怀孕期间，准妈妈一般对自己的饮食都是非常注意的，今天，我们就一起来了解一下几种有利于预防流产的安胎蔬菜吧。

1. 菠菜

在所有的蔬菜中，菠菜所含的叶酸是最为丰富的，每 100 克菠菜的叶酸含量高达 50 毫克。而叶酸是胎宝宝在生长发育中不可缺少的营养，它的主要功能是参与机体的生化代谢过程，以及体内诸多重要物质如蛋白质、DNA 的合成，有促进骨髓中幼细胞成熟的作用。如果叶酸缺乏，可能会引起巨红细胞性贫血、白细胞减少、贫血症、身体无力、易怒、没胃口以及精神病症状，对于胎宝宝来说，叶酸的最大功能还在于能保护胎宝宝免受脊髓分裂、脑积水等神经系统畸形之害。

除了富含叶酸之外，菠菜中还含有各种维生素，尤其是大量的 B 族维生素，这些维生素能防止准妈妈盆腔感染、精神抑郁、失眠等常见的孕期并发症，同时对于防治黄褐斑、安胎也是非常有效的。

正因为菠菜中营养含量丰富，有利于预防流产、胎儿畸形等，所以准妈妈在孕期可多吃一些菠菜，助于安胎。但需要注意的是，叶酸不可以与维生素 C 同时服用。因为叶酸适宜存在于碱性或中型的环境中，而在酸性的环境中则比较容易被破坏；维生素 C 适宜存在于酸性环境，若二者同时服用，由于双方的适应稳定环境相抵触，因此会使吸收率受到影响。所以准妈妈不宜在吃菠菜的同时吃一些富含维生素 C 的食物。

2. 萝卜

萝卜是一种维生素含量非常丰富的蔬菜，同等重量中萝卜所含的维 C 比苹果要高 6 倍。萝卜中所含的多种营养成分是人体必不可少的，胡萝卜中富含的维生素 A，可以防治夜盲症及胆结石；淀粉酶能够分解食物中的淀粉及脂肪，有利于人体充分吸收等，准妈妈在孕期多吃一些萝卜，能防病健身，对安胎更是很有好处。但在食用萝卜时准妈妈也应注意，萝卜不宜与水果同食。两者的营养物质相遇，可加强硫氰酸抑制甲状腺的作用，对安胎没有好处。

3. 菜花

菜花也是一种营养价值很高的蔬菜，其中富含维生素 K、蛋白质、脂肪、糖类、维生素 A、维生素 C、B 族维生素及钙、磷、铁等营养素。准妈妈如果能在孕期经常吃菜花，不仅能预防产后出血及增加母乳中维生素 K 的含量，还能防治一些疾病。如菜花中富含的营养元素能增强肝脏的解毒能力及提高机体的免疫力，预防感冒，防治坏血病等疾患；如果用菜花叶榨汁液煮沸后加入蜂蜜制成糖浆，可以起到很好的止血止咳、消炎祛痰、润嗓开音的功效，而且更能预防新生儿颅内出血、皮下出血、上呼吸道感染。因此，菜花也是准妈妈在孕期可以吃的安胎蔬菜，经常吃一些菜花，有利于准妈妈的健康。

胎宝宝的私人音乐厅：舒伯特《小夜曲》

在本周的这段时间，胎宝宝的发育非常快速，其思维、感觉和记忆能力在不断地趋向成熟，更为明显的变化是，胎宝宝对外界的刺激也变得更为敏感了，也能够对准妈妈和准爸爸所播放的不同音乐做出不同的反应。如果准妈妈和准爸爸能抓住胎宝宝发育的这些特点，更好地施行音乐胎教等方式，对胎宝宝的成长是非常有利的。

在本周的音乐时光，准妈妈可以带着胎宝宝一起来听听舒伯特的《小夜曲》这一美妙的音乐，与胎宝宝一起细细品味音乐中流动的美好情感。

小夜曲本是一种音乐体裁，是用于向心爱的人表达情意的歌曲，在最初的时候，青年男女在倾诉爱情的时候常常一边唱歌一边用吉他或曼陀林伴奏，这种歌曲旋律优美、委婉、缠绵，到了后来，随着时代的发展，其形式也有所发展。世界上很多有名的音乐家如莫扎特、肖邦等都曾经创作过小夜曲，并在世界范围内广泛流传。而在诸多的小夜曲中，舒伯特的《小夜曲》是非常有名，而且流传甚广。

准妈妈可以选择在晚上来听这首曲子。准妈妈可以先梳洗完毕，然后保持全身放松，选择一个舒适的姿势坐好或是躺下，然后带着胎宝宝进入美妙的音乐世界。在听音乐之前，准妈妈可以先了解一下与曲子相关的知识，以便更好地理解和聆听。在听的时候，准妈妈需要保持宁静而舒适的心情，并发挥自己的想象和联想，学会真切地感受曲中的情感：曲子的开段，在钢琴的美妙旋律中，可以朦胧地感受到一个青年向他心爱的姑娘所做的深情倾诉，随着情感的升华，曲调慢慢地推向高潮，第一段的音乐就在恳求、期待的情感中结束。在一小段抒情而安谧的间奏之后，乐声又变得高昂而激动起来，这表达的是青年男子的紧张和激动心情，形成了全曲的高潮，最后是由第二段引申而来的后奏，仿佛爱情的歌声在夜曲的旋律中回荡。总之，准妈妈需要细细聆听，用心其感受曲子中的情感。在听完曲子之后，准妈妈还可以把自己的一些感受和想法说给胎宝宝听，让胎宝宝也能试着体会其中的美好情感。

第30周：主要器官初步发育完成

到了第30周，胎宝宝的身高已经大约有44厘米了，体重也增加到约1500克左右。这一时期，胎宝宝的皮下脂肪在继续增长，主要的器官初步发育完成。胎宝宝的头部还在继续增大，大脑发育也非常迅速，大脑和神经系统已经发达到一定的程度；胎宝宝的眼睛能够自由地开闭了，宝宝不仅能够看到子宫中的景象，还开始能辨认和跟踪光源；胎宝宝的骨骼、肌肉和肺部的发育也日益成熟。

1. 多和胎宝宝聊聊天

随着胎宝宝的发育和成长，多和宝宝进行语言交流、互动显得越来越重要。这一时期，胎宝宝主要的器官已经初步发育完成，准爸爸和准妈妈可以多和胎宝宝聊天或是多讲一些故事，如和宝宝说一些家常事，给宝宝讲一些浅显的故事、百科常识，朗读一些优美的诗歌、儿歌等给宝宝听，这样能让胎宝宝熟悉父母的声音。

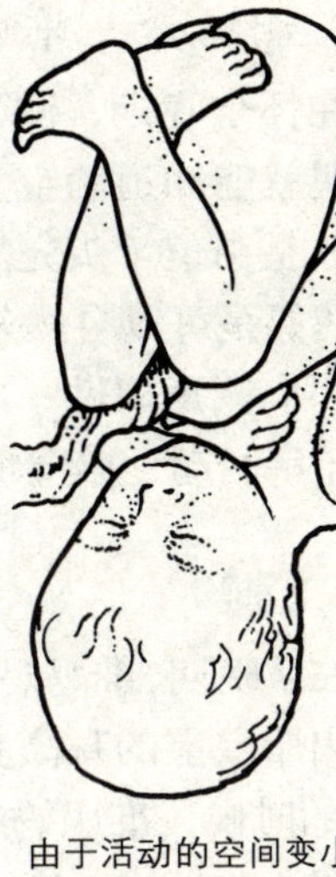

由于活动的空间变小，胎儿现在不能自由活动了，因此开始保持一种身体蜷曲的姿势。

2. 消除紧张情绪

到了怀孕晚期，很多准妈妈通常会有紧张不安、焦虑的情绪，但是为了自己和宝宝的身心健康，准妈妈应该学会乐观地面对生活，遇到烦心事时，多进行一些积极的自我暗示，自己创造良好的心情。

第 204 天：孕晚期应做的身体检查

在怀孕期间，为了保持自己和胎宝宝的身心健康，准妈妈除了在平时生活中要多留心、多注意外，还要定期到医院接受身体检查，这是很正常的事情。尤其是到了孕晚期，准妈妈上医院接受产前检查的频率也会增多，通常需要一周一次，有特殊情况时还需要一周几次。

通常来说，在怀孕晚期，准妈妈至少应该做 8 次身体检查，检查的时间周期为：在怀孕 28 ~ 36 周的时候，最好是每周一次，至少也要两周一次；而到了怀孕 36 周之后，准妈妈就应该每周都进行身体检查，以监控自己的情况了。

在怀孕晚期，准妈妈要做的一些检查主要有：

1. 测量血压和体重

其实在怀孕的每个阶段，准妈妈都应该进行血压和体重的测量，这两项检查结果能使医生更好地掌握准妈妈的健康情况，在下次检查时如发现准妈妈有血压上升的趋势或是体重增长过快时，就可以提醒准妈妈多加注意，并尽早采取措施加以改善。通常来说，在怀孕期间，如果准妈妈血压升高明显且没有其他病症，可能就是妊娠高血压病引起的，而如果准妈妈每周增长的体重过快，就要警惕隐性水肿了。

2. 测量宫高和腹围

宫高指的是准妈妈处于平仰卧位时从耻骨联合上缘中点至子宫底最高点所测得的距离数值，宫高的数值能很好地反映准妈妈子宫纵径的长度；而腹围则是当准妈妈平躺时，绕腹一周所测的长度数值，它代表着子宫的横径与前后径。通过这两项测量，能很好地观测到准妈妈子宫的大小变化和动态，判断怀孕的月份或周数，间接了解胎儿生长发育情况，估计胎儿的体重等。

3. 测胎心，并进行胎心监护

在怀孕晚期，测量胎心并进行胎心监护是一项重要的检查，通过这些检查，准妈妈就能知道胎宝宝的发育和成长情况，而且在检查的时候，医生通常会告诉你胎儿是头位（头先露）、臀位（臀先露），或属于其他异常胎位，这其实也是确定准妈妈是可以自然分娩还是需要手术助产的重要依据。尤其是到了怀孕37周后，准妈妈应该每周做一次胎心监护，借助仪器记录下胎宝宝瞬间的心率变化，这样就能了解胎动、胎宝宝的心脏发育是否健全、胎宝宝是否有缺氧的问题等。

4.B超

在孕晚期，准妈妈还要进行几次B超检查，以此来监测胎宝宝的生长发育情况，估计出胎宝宝的身高和体重、胎宝宝的体位，以及胎盘的情况等。比如，在怀孕32周的时候，准妈妈应该做一次B超检查，以此监测胎儿发育情况、羊水量、胎盘位置、胎盘成熟度及胎儿有无畸形，了解胎儿发育与孕周是否相符；到了怀孕38周的时候，准妈妈还应该进行一次B超检查，以确定胎位、羊水、胎盘位置与功能，为确定生产的方式提供可靠的依据。

5. 尿常规和血常规检查

正常情况下，准妈妈在怀孕过程中都要做三次血液检查和多次尿常规检查。其中孕晚期的血液检查主要是分娩前做好准备。通过血液检查和化验，准妈妈就能对自己的身体状况有个深入的了解，如了解自己的肝、肾等方面的功能是否健全，自己是否患有乙肝、丙肝、梅毒、糖尿病等疾病，了解一下自己是否患有可能危及胎宝宝身体健康或是可能会遗传给胎宝宝的疾病。而通过常规尿检，准妈妈就能更好地了解自己身体健康状况，看看肾脏是否健康等。

6. 白带检查、骨盆测量和肛诊检查

通过进行白带检查，能检测出准妈妈是否患有妇科炎症或者一些更为严重的疾病，同时也能及早发现和预防由此给胎宝宝带来的不利影响；进行骨盆测量主要是为了了解准妈妈骨盆的大小和骨盆入口的宽窄，以此来确定分娩方式。如果是骨盆出口过于狭窄，医生可能就会建议准妈妈采用剖宫产的方式了。

另外，到了怀胎十月的时候，准妈妈每周在做好常规检查的同时，还要内诊或肛诊检查，以此来了解子宫颈口的情况。肛诊检查主要是用来检查产妇子宫颈口的具体情况，如宫颈口是否如期扩张，以及胎头衔接、产位、宫颈顺应情况等。宫颈扩张与否与扩张程度，能够客观地反映出能否正常顺利地进行分娩，所以非常值得重视。

随着预产期的临近，准妈妈应该配合医生做好产前检查，这样对自己的身体健康和胎宝宝的正常发育和成长都是很有好处的。

第205天：孕晚期常见的身体反应

到了怀孕晚期，随着胎宝宝的成长，准妈妈的子宫也在慢慢增大，越来越隆起

的腹部会给准妈妈的行动带来一些不便。其实这些只是人们能够看得见的表面现象，在怀孕晚期，准妈妈不仅会因为腹部隆起而造成行动不便，还会因为生理的变化而出现一些身体不适的情况。

1. 腰痛

在怀孕期间，尤其是到了怀孕晚期，准妈妈的腹部变得越来越大，身体也变得越来越臃肿，所以不少准妈妈在在散步、弯腰、举重物，站立或是运动量有些大的时候会感到腰痛。如果想要避免这种情况，准妈妈应该学会控制好自己的体重和行为，适量运动却不运动过度；一定要学会保护好自己，不要长时间站立，也不要做太重的体力活；尽量不要大幅度地弯腰，需要弯腰捡东西的时候多请别人代劳，遇到实在是迫不得已需要自己弯腰，可以先慢慢蹲下，然后再弯腰，但一定要注意保护好腹中的胎宝宝；当休息或睡觉的时候，准妈妈最好采取侧卧的方式；在平时为了缓解腰痛的问题，准妈妈还可以用特制的妊娠腹带来支撑腹部。而如果准妈妈时常感到腰痛或是腰痛的毛病比较严重，这就应该格外警惕了，因为这可能是其他一些疾病如肾盂肾炎、肾结石等的病症表现，此时准妈妈应该及时咨询医生，根据医生的指导来服药和治疗，而且在平时要注意多休息。

2. 水肿

到怀孕晚期，不少准妈妈都发现自己身体的某个部位发生水肿或是水肿的情况更加严重了，如一些准妈妈就发现自己脚经常会水肿，以前买的鞋根本就穿不进去了。如果水肿的情况不严重的话，还算是正常的，准妈妈在平时可以买稍大一点的鞋子，而且最好是轻便运动鞋、拖鞋或低跟鞋;而如果水肿的情况比较严重，准妈妈最好咨询一下医生，因为这可能是其他一些疾病的外在表现。

3. 坐骨神经痛

坐骨神经痛是一种偶发的臀部、下腰部或下肢的剧烈疼痛。随着怀孕周期的增长，胎宝宝在慢慢长大，准妈妈不断增大的子宫压迫了坐骨神经，就会引发坐骨神经痛的毛病。对于有这种困扰的准妈妈，最重要的是要注意休息，避免劳累，在平时多穿平底鞋，不要用同一姿势坐着或站立太久，也不要运动过量，睡觉的时候可以平躺，将脚架高，使得脚的位置和心脏的位置接近，这样能使静脉回流变得顺畅，也能减轻疼痛。如果是情况比较严重的话，准妈妈应该到医院接受局部的镇痛治疗。

4. 胃灼热感、头晕

胃灼热感是指准妈妈的喉头与胃部有烧灼不适的感觉，这主要是由胀大的子宫压迫到胃部，以致胃液反流到食道所致。针对这一问题，准妈妈在平时应注意少食多餐，千万不要暴饮暴食、饮食过量，吃饭过后不宜马上躺下。

如果是长时间坐着和站着，或是过于劳累，很多准妈妈都会感觉到头晕。其实这主要是与怀孕期间的血管扩张有关。为了应对这一情况，准妈妈在平时应注意：

平时行动时动作要缓慢，避免长时间的站立或过度劳累，尽量不要去人多拥挤或空气不流通的地方去，在发生头晕的情况时，可先坐下或躺下并吸入新鲜空气。

除此之外，到了怀孕晚期，不少准妈妈还会出现静脉曲张、痔疮、抽筋等身体反应，这些反应多数与子宫压迫造成血液流通不顺、经脉不畅有关，面对这些情况，准妈妈在生活中一定要加以注意，采取科学的方法进行预防和治疗，一旦出现相对严重的情况，准妈妈应该及时咨询医生，根据医生的指导进行治疗。

第 206 天：猜一猜胎宝宝是男是女

从怀孕开始，准妈妈和准爸爸常常会谈起的一个话题，恐怕就是关于腹中的宝宝究竟是男还是女。一般来说，在孕中期的时候，医生就可以借助于一些医学仪器判断胎宝宝的性别了，但在现代社会中，进行性别鉴定是违法，出于各种原因，医生是不能随便透露胎宝宝的性别的，所以在整个孕期，准妈妈和准爸爸通常只能带着好奇慢慢等待。到了孕晚期，随着胎宝宝的日渐成熟和预产期的逐渐临近，人们的这一好奇会愈发强烈。

在胎宝宝的性别问题上，需要说明的一点是，现代社会倡导男女平等，生男生女其实是没有多大区别的。性别并不是决定孩子成才和成功与否的关键因素，天资、后天的培养和教育才是最重要的，所以，如果家长优秀，肯多花时间在孩子的教育之上，就有可能培育出优秀的男孩或女孩。

这个道理其实很多父母都明白，而且，准爸爸和准妈妈在孕期关心胎宝宝性别问题，多是出于对孩子的关爱和对宝宝出生的憧憬。既然这样，准妈妈和准爸爸今天不妨来做一个有趣的游戏——猜猜胎宝宝是男还是女。如果你感兴趣的话，还可以来看看其他过来人关于胎宝宝性别的各种推测。

预测法一：看肚子的形状，肚子尖是男孩，肚子圆是女孩？

不少有育儿经验的母亲在总结自己的经验时说道，自己在怀儿子的时候肚子看起来比较尖，而在怀女儿的时候肚子相对较圆。根据这一经验，不少人会通过观察准妈妈肚子的形状来判断腹中宝宝的性别。

预测法二：看胎动的特征，胎动时为小鼓包的是男孩，胎动时为大鼓包的是女孩。

一些有生育经验的母亲在说道自己的经验时有这样的观点，自己在怀女儿时胎动非常明显，腹中的宝宝移动，自己的肚子上就会出现一大块一大块的大鼓包。而怀有男孩的准妈妈，胎动时看到的是小鼓包。

预测法三：看准妈妈腹部隆起的位置，如果隆起部位在上为女孩，偏下则为男孩。

有些妈妈在谈到自己的孕育经验时说到了这点，说自己的腹部始终靠上挺着，到分娩后发现是男孩，同样也有准妈妈发现自己在孕期腹部隆起的位置偏下，结果生出的是女孩。

预测法四：看准妈妈的饮食偏好，这就是民间普遍流传的“酸儿辣女”的说法。

一些妈妈反映，自己在怀女儿的时候喜欢吃辣的东西，在怀儿子的时候喜欢吃酸的东西。

预测法五：看准妈妈的早孕反应，强的是女孩，弱的是男孩。

一些妈妈在总结经验的时候说，自己在孕早期，孕吐情况很强烈，结果生出的就是女儿，一些妈妈则说，自己在孕早期并没有什么强烈的反应，结果生了儿子。

预测法六：看肚脐形状，外突是男孩，平凹是女孩。

有些有孕育经验的妈妈反应，自己的怀儿子的时候，肚脐会撑得凸出来，而有些育有女儿的妈妈则说自己的肚脐是平凹的。

预测法七：看妊娠线，直而偏左则为男孩，短而偏右是女孩。

在有生育经验的妈妈中，有人说自己在孕期时，妊娠线很长很直且偏左，结果生了男孩，有些妈妈说自己的妊娠线短而偏右，结果生出的是女孩。

看到这么多种预测方法，你是不是觉得有点摸不着头脑了呢？实际上，这些方法，只是一些妈妈的经验之谈，并没有充足的科学根据，也不是普适性的经验，在胎宝宝出生之前，一切皆有可能。准爸爸和准妈妈最好保持一颗平常心，耐心地等待结果。

第 207 天：孕八月抚摸胎宝宝的方法

从怀孕的第八个月起，准妈妈进入了孕晚期，在这个时期，胎宝宝的体重不断增长，多项发育已经基本完成，如胎宝宝的听觉神经已经发育完成；眼睛时开时闭，能够辨认和跟踪光源；触觉也已经发育完全；肺和胃肠功能已接近成熟，具备了呼吸能力，能够分泌消化液。与此同时，准妈妈的身体也在发生着新的变化，出现一系列新的身体反应和特征，其中最为明显的就是准妈妈的腹部会变得越来越大，行动也会变得更加不方便。

在孕八月的时候，准爸爸和准妈妈还会发现一个问题，那就是胎宝宝的胎动开始越来越少了。这是因为，随着胎宝宝越来越大，其能活动的空间就变得越来越小了，因为手脚不能自如伸张，所以胎宝宝的活动就会减少很多。只要感到宝宝在腹中偶尔的活动，就说明他很好。正是因为胎宝宝的这一变化，所以在这个时期，准爸爸和准妈妈应该给予胎宝宝更多的关心和爱护，其中最重要的就是，用正确的方式去抚摸胎宝宝，并多和胎宝宝进行一些沟通和交流。

准爸爸和准妈妈用手在准妈妈的腹壁上轻轻地抚摸胎宝宝，这是父母与胎宝宝最早的触觉交流，也是准爸爸和准妈妈在怀孕中晚期时必须要做好的一门功课。通过抚摸的方式，准爸爸和准妈妈就能更好地与胎宝宝进行交流，让胎宝宝感觉到自己的关爱和温情，也能加深一家人的感情。而且，有科学研究证明：在被抚摸时，胎宝宝一般都会有很愉悦、舒服的表情，可见他是喜欢这样的刺激的；同时，经过抚摸和轻拍等胎教训练的胎宝宝，出生后会比一般婴儿动作灵活，感受力强，对环境的反应能力也较强，身体也会更健康。所以，从准妈妈能感受到胎动时起，就可以对胎宝宝进行抚摸胎教了。但是，在怀孕的每个时期，抚摸的方法是不尽相同的。现在就来说说孕八月时抚摸胎宝宝的具体方法。

1. 保持放松的心情

在抚摸胎宝宝的时候，准爸爸和准妈妈都应该保持一个放松而舒畅的好心情。到了孕八月，胎宝宝的个性感觉器官都已基本发育完全，对外界的感觉也更为敏锐了，所以准爸爸和准妈妈一定要注意与胎宝宝进行交流时自己的心情和语气。而且，如果准妈妈心情很好、对胎宝宝充满了关爱，气血就会处于很顺畅的状态，这样胎宝宝的气血也会随之变得更顺畅，这对于胎宝宝的健康发育是很有好处的。有些专家甚至认为，当一个人处于平和、愉悦的情绪中时，身体内会分泌多种能补养身体的化学物质，以及有利于健康的激素，反之则会分泌多种有害的物质。因此，在抚摸胎宝宝时，父母，尤其是准妈妈应该保持愉快的心情。

2. 采用正确的姿势抚摸胎宝宝

在进行抚摸胎教时，准妈妈可以先平躺在床上，全身放松，然后轻轻地来回抚摸、拍打腹部。在这个过程中，准妈妈和准爸爸一定要控制好时间和抚摸的力度，时间上以 5 ~ 10 分钟为宜，这样能使胎宝宝对时间建立起信息反应，抚摸时不能太用力，这样可能会损伤胎宝宝和让准妈妈产生疼痛的感觉，但也能太轻，否则的话胎宝宝根本就感觉不到抚摸。

由于到了孕八月，在腹部已经能明显地触摸到胎儿的头、背和肢体了，所以准爸爸和准妈妈在抚摸时可以先由头部开始，然后沿背部到臀部至肢体，要轻柔有序地进行，这样胎宝宝才会更喜欢。在抚摸的同时，准爸爸和准妈妈应该随时注意胎宝宝的反应，如果胎宝宝是轻轻地蠕动，说明他很喜欢，可以继续抚摸；而如果胎宝宝用力蹬腿，就说明你抚摸得不舒服，胎宝宝不高兴了，此时应该马上停下来。

3. 保持与胎宝宝的互动

在进行抚摸胎教时，准妈妈和准爸爸应该多跟胎宝宝聊聊天，进行一些互动，如准爸爸最好是一边抚摸，一边与胎宝宝说话，告诉胎宝宝是爸爸在抚摸他，除了这些，准爸爸还可以和胎宝宝聊聊家常或是诉说自己对胎宝宝的关爱等。这样将语言胎教和抚摸胎教结合起来，就能收到更好的效果了。

第 208 天：孕晚期要更密切关注胎动

胎动是胎宝宝生命力的象征，也是了解胎宝宝活动和健康状况的重要方式，所以准妈妈和准爸爸应该细心观察和全面了解胎宝宝在每个时期胎动的特点，根据胎动，就能对胎宝宝的一些大致情况有所了解，如果有什么异常的情况，也能及时作出反应。尤其是到了孕晚期，准妈妈经历了漫长的煎熬，满怀着憧憬地等待着胎宝宝的降临，此时更应该密切关注胎动，以便更好地掌握胎宝宝的健康状况。

在准妈妈的体内，胎宝宝总是处于睡眠和活动交替的状态，睡眠时没有胎动，活动时根据动作的大小，会产生强弱两种胎动。当胎宝宝的躯干和下肢同时活动时，就属于强胎动，当胎宝宝只是进行一些孤立分散的肢体活动，就是弱胎动。准妈妈能明显地感觉到强胎动，但对于有些弱胎动，准妈妈则是感觉不到，需要借助超声检查才可见到。一般来说，当胎宝宝进行翻身等全身转动时，准妈妈能感觉到强烈而持续时间较长的胎动；当胎宝宝在伸胳膊、踢腿时，根据动作的快慢和强弱，能感觉到的胎动也有强弱之分；当胎宝宝进行轻微的肢体活动、打嗝，胎动就会很微弱。

1. 胎动的标准水平

一般情况下，孕7 ~ 8个月时，胎宝宝的胎动最活跃，一天中胎动高峰是下午7 ~ 9时和午夜11时至凌晨1时；在孕30周后，如果胎宝宝每小时的胎动不少于3次，12小时内的胎动数约为30 ~ 40次以上算是比较正常的；到了孕末期，胎宝宝头部进入骨盆，胎动会减少。

准爸爸和准妈妈在孕晚期应该密切关注胎动，最好的方法就是在每天早、中、晚的时候各腾出一小时来计算胎动，在12小时内，如果3次相加再乘以4，所得的胎动数值为30次以上，就属于正常的，若在1小时以内胎动少于3次，或12小时胎动少于10次，则说明胎宝宝有宫内缺氧危险，应去医院检查。但要注意，在计算胎动时准妈妈应选择舒适的体位并保持内心的平静。

2. 警惕胎动的异常

除了认真数胎动的次数，准妈妈还应该密切关注胎动的异常情况，多了解一些可能会引起胎动异常的原因，并努力想办法解决。比如，当准妈妈染上了一些感染性的疾病或是流感，体温持续过高的话，都会导致胎盘和子宫的血流量减少，进而使胎宝宝在子宫内造成供氧不足，胎动明显减少；如果准妈妈运动过于剧烈或受到比较强烈的外力撞击时，就会引起胎儿剧烈的胎动，甚至造成流产、早产等情况；当准妈妈患有妊娠高血压，或是因短时间子宫内压力减少而引发胎盘早剥时，胎宝宝也通常会由于突然缺氧而做出反应，表现为胎动突然加快，而后又很快停止。发生类似情况时，准妈妈也应该及时咨询医生，尽早治疗。

总之，在整个孕期，尤其是到了孕晚期的时候，准爸爸和准妈妈应该密切关注胎宝宝的活动状况，通过这种方式多与宝宝进行一些沟通和交流，同时也及时掌握胎宝宝的健康状况，如果出现胎动异常的情况，也好尽快医治。

第209天：语言胎教：带宝宝学学绕口令

到了本周的时间，胎宝宝出现了许多非常可喜的变化，如主要的身体器官已经发育成熟，而且眼睛也已经能够自由闭合并能开始追逐光源了等，看到这些，准妈妈一定觉得非常高兴吧。为了帮助胎宝宝更好更快地发育，准妈妈不妨在今天陪胎宝宝来学学绕口令。

绕口令是我国传统的一种语言游戏，一般是将若干双声、叠词或发音相同和相近的词语等串联在一起，组成连贯而有趣的句子，读起来节奏感很强，妙趣横生。绕口令对于胎宝宝语言和思维的发育有很大的促进作用，不仅有可能增强其记忆力，也有利于培养胎宝宝的语言的潜力和快速反应能力。因此，准妈妈可以在孕期陪胎宝宝学学绕口令。

绕口令一

坡上立着一只鹅，坡下就是一条河。
宽宽的河，肥肥的鹅，
鹅要过河，河要渡鹅，
不知是鹅过河，还是河渡鹅?

绕口令二

天上看，满天星。
地上看，有个坑。
坑里看，有盘冰，
坑外长着一老松，
松上落着一只鹰，
鹰下坐着一老僧，
僧前点着一盏灯，
灯前搁着一部经，
墙上钉着一根钉，
钉上挂着一张弓。
说刮风，就刮风，
刮得难把眼睛睁，
刮散了天上的星，
刮平了地下的坑，
刮化了坑里的冰，
刮倒了坑外的松，
刮飞了松上的鹰，
刮走了鹰下的僧，
刮灭了僧前的灯，
刮乱了灯前的经，
刮掉了墙上的钉，
刮翻了钉上的弓。
只刮得：星散、坑平、冰化、松倒、鹰飞、僧走、
灯灭、经乱、钉掉、弓翻。

绕口令三

丰丰和芳芳，上街买混纺。
红混纺，粉混纺，黄混纺，灰混纺。
红花混纺做裙子，粉花混纺做衣裳。
穿上新衣多漂亮，丰丰和芳芳喜洋洋。
感谢叔叔和阿姨，多纺红、粉、黄、灰好混纺。

绕口令四

从南边来了个喇嘛，提拉着五斤塔嘛，
从北边来个哑巴，腰里别着个喇叭。
提拉塔嘛的喇嘛，要拿塔嘛换别喇叭哑巴的喇叭，
别喇叭的哑巴，不愿意拿喇叭换提拉塔嘛喇嘛的塔嘛。
提拉塔嘛的喇嘛拿塔嘛打了别喇叭的哑巴一塔嘛，
别喇叭的哑巴拿喇叭打了提拉塔嘛的喇嘛一喇叭。
也不知提拉塔嘛的喇嘛拿塔嘛打坏了别喇叭哑巴的喇叭，
也不知别喇叭的哑巴拿喇 打坏了提拉塔嘛喇嘛的塔嘛。
提拉塔嘛的喇嘛敦塔嘛，别喇叭的哑巴吹喇叭。

绕口令五

老彭捧着一个盆，
路过老庞干活儿的棚，
老庞的棚碰了老彭的盆。
棚倒盆碎棚砸盆。
盆碎棚倒盆撞棚。
老彭要赔老庞的棚，
老庞要赔老彭的盆。
老庞陪着老彭去买盆，
老彭陪着老庞来修棚。

绕口令六

石、斯、施、史四老师，天天和我在一起。
石老师教我大公无私，斯老师给我精神食粮；
施老师叫我遇事三思，史老师送我知识钥匙。
我感谢石、斯、施、史四老师。

第 210 天：看电影《The Big Fish》感受亲情和梦想

在闲暇的周末或是傍晚，静下心来，和胎宝宝一起欣赏一些有趣而美妙的电影，感受生活的乐趣，这不仅能帮助准妈妈放松心情，而且也是一种重要的胎教方式，有助于胎宝宝智力的发育和良好情感的培养。因此，准妈妈可以在空闲的时间，陪胎宝宝共同来享受一下美好的电影时光。在今天，准妈妈和胎宝宝可以来欣赏电影《the big fish》，中文译名为《大鱼》，共同感受梦想的力量。

《The Big Fish》是根据丹尼尔·华莱士同名畅销小说改编，导演是著名的迪斯尼公司的蒂姆·伯顿。蒂姆·伯顿是一名很有个性的导演，他执导的影片风格鲜明，如喜欢掺杂一些黑色幽默，喜欢以故弄玄虚和超自然现象来引起人们的好奇心，影片的视觉元素独特古怪、注重技巧等，《The Big Fish》中也体现了这些特点，同样也深受观众的喜爱和欢迎。

影片之所以取名为《大鱼》（Big Fish），其实暗含着多重隐喻。一是这个片名与美国俗语“Tig Bish Story”相近，意为有趣的或夸张的童话，弥天大谎；第二，是因为影片主人公爱德华叙述中有举世无双的鲶鱼；第三，爱德华想要走出小小的池塘，做一条真正的“大鱼”，这就是他的梦想。在这部电影中，准妈妈可以感受到感人的情感和梦想的奇妙力量。

整部影片充满着超现实的色彩，为了更具有吸引力，影片主要以两条线来贯穿，一是爱德华年轻时的冒险故事，二是记者儿子寻找父亲生活真实的努力，父子之间的情感和父亲的历险经历是影片中很出彩的地方。影片的剧情是这样的：威尔记得，从小时候起，父亲爱德华就喜欢滔滔不绝地讲述自己早年当阿拉巴马旅行推销员时经历的众多离奇的故事，它们是如此的光怪陆离，就连小威尔也时常怀疑它们的真实性，他觉得自己根本就不了解父亲，也无法接受他的奇说，这让父子间的关系逐渐疏远。后来威尔和一名叫约瑟芬的法国女子结了婚，终于离开了自己的家和喋喋不休的父亲。

整整三年，威尔一直没和家里联系，这天母亲桑德拉突然打来电话，她告诉威尔，他的父亲得了癌症，很快将不久人世，请他回家见父亲最后一面。威尔和妻子重返故里，威尔再次听到了父亲的那些他年轻时候的传奇故事。

根据爱德华的叙述，自己年轻时是一位意气风发，野心勃勃的人，他一直想离开自己居住的小村庄，去体验一下外面大城市的生活。在旅行途中，他曾遇到过一个老巫婆，一个巨人，一个叫做“幽灵城”的地方，一个晚上会变成狼人的马戏团老板，还包括一名有着两个不同性格但只有一个身体的中国歌手和一条谁也抓不住的“大鱼”。在这些传奇之余，爱德华也道出了自己和妻子桑德拉的爱情故事——他如何遇到她，如何被她的美丽打动并向她求婚。

在经历了生活的磨炼之后，威尔终于明白，父亲关于自己的经历中尽管包含了很多的修饰，但却比自己从前认为的要真实得多，由此开始尊重和理解父亲了，最终，爱德华在深爱着他的亲人的环绕中安详地逝去。

准妈妈可以带着胎宝宝一起来欣赏这部美妙的电影，观看精彩而曲折的故事情节、欣赏影片中那令人惊心动魄的特技效果和视觉效果，更要深刻地体会影片中人物的真挚情感，领悟关于梦想的主题。同时，准妈妈可以在欣赏影片的同时多多思考，还可以把自己的感受写下来或是说给胎宝宝听，这样胎宝宝也会受到熏陶。

动起来：孕期简易保健操（二）

在本周的运动时光，我们将带着准妈妈来继续做一些简单的孕期保健体操。如果准妈妈能在怀孕期间，多加练习的话，不仅能起到很好的锻炼和健身效果，同时还能预防和缓解孕期出现的诸多不适症状。

第一节腿部运动

具体步骤如下：

（1）准妈妈平躺在床上或是舒适的垫子上，保持舒适的姿势；

（2）把一条腿搭在另一条腿上，然后放下来，为了增加难度，还可以在搭腿的同时将腿抬高，将这一动作重复 10 次，并逐次增加难度；

（3）换另一条腿来做运动，然后重复上面的动作，大约做 10 次。

这组动作简便易行，能帮准妈妈很好地锻炼腿部肌肉，减少腿部酸痛等症状的发生，在做这组操的时候，准妈妈应还可以加上内侧夹紧、紧闭肛门等动作，增加难度，这样练习的效果会更加好。

第二节腹肌运动

具体步骤如下：

（1）准妈妈先平躺在床上或是垫子上，保持身体舒适；

（2）依次抬起左腿和右腿，做一些曲起、伸展、曲起、伸展的练习，并重复 8 次；

（3）双膝曲起，然后依次单抬左腿和右腿，每条腿重复着上抬，放下，上抬，放下的动作各 10 次。

这组动作能使准妈妈的腹部肌肉得到很好的锻炼，增强肌肉的功能，尤其是能锻炼支持子宫的腹部肌肉，这对于促进分娩的顺利进行是很有好处的。

第三节：上肢运动

具体步骤如下：

（1）身体直立，保持良好而舒适的站姿；

（2）双手垂直放于腰部，缓缓向上划圆弧，同时做吸气运动；

（3）将手慢慢地举至头顶，然后再调整好呼吸，呼气，同时将手缓缓放落下来。

通过这组动作的练习，准妈妈能很好地锻炼自己的上肢，使之更加灵活，预防或减轻手部酸痛的问题，同时还有助于增强肺活量，对准妈妈的身体很有好处的。

第四节肩部肌肉练习

具体步骤如下：

（1）持良好而舒适的站姿；

（2）向两侧缓缓平举，同时做吸气运动；

（3）向胸前合拢，缓缓下垂，同时做呼气运动。

如果在平时能经常重复练习这组动作，准妈妈的上肢关节、肩胛肌、背肌和胸肌都能得到很好地锻炼，有利于缓解孕期经常出现的腰酸背痛等症状，有利于准妈妈的身体健康。

第五节腰部运动

具体步骤如下：

（1）准妈妈先舒适地坐好，两脚分开同肩宽；

（2）上身向右侧下弯，同时吸气。做这个动作的时候，动作不宜过于激烈，下弯幅度不宜过大；

（3）上身恢复原状，然后转向左侧下弯，反复重复几次。

这套动作可以锻炼腰部，使腰肌发达，加强腰的灵活性，同时也有利于缓解孕期经常出现的腰酸背痛等症状。但需要注意的是，由于准妈妈的腹部在此时已经很大了，所以在做的时候应尽量保护好自己的腹部，同时还要注意动作的幅度不宜太大，以免扭伤腰。

胎宝宝的阅读时光：有趣的胎教故事《橘子月亮》

在本周的阅读时光，准妈妈可以带着胎宝宝一起来阅读一个有趣的故事《橘子月亮》，共同感受童真童趣。我们知道，天上的月亮在每个月都有圆有缺，可笨笨熊却不知道这个道理，他听信小猴子的话，天真地认为天上的月亮是自己种的橘子树结出的果子，于是笨笨熊那一连串疑问就此展开了……

果果节到了，小鹿给笨笨熊送来一篮大橘子。

笨笨熊吃了一个又一个，一会儿，一篮橘子只剩下一个了。笨笨熊舍不得吃了。心想，要是有一棵大橘树就好了。

笨笨熊突然高兴地蹦了起来："对！种橘子！"

笨笨熊拎着小铲，挎着小篮，跑到院子里。"嘿嘿嘿！"笨笨熊挖了一个坑："把大橘子种在坑儿里，每天浇一桶牛奶，过几天就会长出一棵大橘树的。"笨笨熊心里好快活。

一个星期过去了。笨笨熊急了：橘子树怎么还不长出来？晚上，笨苯熊拎着小铲，在院子里挖呀挖呀，种在地里的橘子不见了。

小猴子给笨笨熊送桃子来了。

笨笨熊说："小猴子，我种的橘子，是你偷走的吗？"

小猴子说："是啊！那不是！"小猴子指了指天上："你瞧，我把你的橘子种到天上去了。我怕别人把它偷去呀！就是用桃核儿种的嘛！"

笨笨熊一看：天上真的有个大橘子，圆圆的，黄黄的，周围还有好多亮晶晶的橘子核儿。"谢谢你，小猴子。"

小猴子说："你等着吧！等大橘子熟了，就从天上掉下来了。"嘻嘻嘻，小猴子笑着跑走了。

"咚咚咚！"笨笨熊跑到了小白兔家："小白兔，你看，我的大橘子，种在天上了！"

小白兔跑出来一看："什么呀，你真笨！那是大橘子吗？那是我送给小玉兔的大花篮。你看，小玉兔把花篮里的花，撒得满天都是，多美呀！"

笨笨熊说："你太臭美，不跟你说了！"

笨笨熊回家了。坐在圆圆的大橘子下面，等着大橘子长成一棵大橘树。

等呀等，等了一个星期了。笨笨熊发现：不好了！圆圆的大橘子，被谁掰去了一半。

“咚咚咚！”笨笨熊跑到了淘气狗的家：“淘气狗，你看见谁偷吃我的橘子了吗，我种在天上的橘子，丢了一半。”

淘气狗跑出屋一看：“什么呀，你真笨！那是半个橘子吗？那是一口扣着的大金锅，里面盛的都是好吃的。你看：北面有一把银勺子，天上有一只天狗，每天夜里都喂那些倍儿贼倍儿贼的小鬼。那些小鬼都吃胖了！”

笨笨熊说：“你太淘气，不跟你说了。”

笨笨熊回家了。坐在半个橘子下面，盯着偷吃橘子的小偷。

盯了一个星期，笨笨熊发现：更不好了！半个橘子只剩下一瓣了。天上的橘子核儿倒是越来越多。

笨笨熊搬来桌椅板凳搭高高。呀，够不着。笨笨熊抱来布娃娃，把布娃娃举过头顶：“布娃娃，快帮我把天上的橘子瓣摘下来吧！要不，我一瓣橘子也吃不上了。”

布娃娃“噗嗤”笑了：“什么呀，你真笨！那是橘子瓣吗？那是我丢的发卡。我的也找到了，可惜，让天上的娃娃玩散了。”

笨笨熊说：“你太傻，不跟你说了。”

笨笨熊好伤心。笨笨熊一伤心就爱吃巧克力。一盒酒心巧克力吃没了。笨笨熊呼噜噜睡掉了一个星期。

笨笨熊醒了，扒着窗户往天上一看：哟，那瓣橘子，长成了大半个橘子。

“咚咚咚！”笨笨熊跑到了小花猫家：“小花猫，种在天上的橘子怪不怪？剩下一瓣橘子的时候，就开始长，长，长，都长成大半个橘子了！”

小花猫跑出屋一看：“什么呀，你真笨！那是大半个橘子吗？那是个大鱼缸。天上有个馋猫偷鱼吃，不小心把玻璃鱼缸弄翻了。你瞧，小鱼游来游去的，还有小鱼虫子，呀，小鬼螃蟹也爬出来了！”

笨笨熊说：“你太馋，不跟你说了！”

笨笨熊回家了。坐在大半个橘子下面，等着大半个橘子长成圆圆的橘子。

等呀等，又是一个星期过去了。笨笨熊一看：天上的大橘子，圆圆的，鲜鲜的，一挤就能挤出好多瓶橘子水。笨笨熊馋得直流口水。等着吧：说不定大橘子今天夜里就会从天上掉下来的。

夜里，一声雷响，笨笨熊跑出来一看：坏了，天上的橘子没了！

“咚咚咚：”笨笨熊跑到了小猴子家：“小猴子，是不是你看见大橘子熟了，就把它偷吃了！”

小猴子跑出屋一看：“什么呀，你真笨！大橘子刚从天上和雷一起滚下来了，你还不快去找找？”

“咚咚咚！”笨笨熊撒腿就往外跑。找呀找，天越来越黑了，大橘子还没找到。等了一个月才熟了的大橘子丢了，笨笨熊坐在一棵大树下，“呜呜呜——”伤心地哭了。

“咚！”谁砸我的头？笨笨熊觉得有个圆溜溜的东西滚进了怀里。笨笨熊一看，高兴死了：“天上的大橘子掉下来啦！”

笨笨熊抱着大橘子跑回家，剥下橘皮，刚想吃，“不，我要让大家都尝尝，这是天上的橘子呀！”

第二天早上，笨笨熊把大橘子，一瓣一瓣送给了朋友们。

哟，只剩下一瓣了，“送给我自己吧！”笨笨熊刚放进嘴里，又拿了出来：天上的橘子不是剩下一瓣的时候，就会再长大吗？把它吃了多可惜……

笨笨熊咽了几下口水，把最后一瓣橘子，种在了自己的小院里。

好孕美食馆：有利于强健脾胃的食物

由于孕期常常会发生的一些生理反应和身体变化，不少准妈妈脾胃都会受到影响，出现脾胃虚弱、胃口变差等情况。因此，准妈妈在孕期应注重脾胃的调理，多吃一些有利于强健脾胃的食物。今天的好孕美食馆，我们就来介绍一些能帮助准妈妈调理脾胃的食物。

1. 蔬菜类

（1）红萝卜：味甘，性平微凉；适量地吃胡萝卜，有助于健脾化湿，润肠通便，对于准妈妈在孕期出现的便秘、肠胃不适、消化不良等症状有很好的疗效。

（2）白萝卜：味辛甘，性凉；白萝卜的主要功效为宽中下气，消食化痰，对于缓解和治疗准妈妈的食积不消，脘腹胀痛等症状也有很好的作用。

（3）番茄：又称西红柿，番茄味甘酸，性微寒，常吃番茄有利于健脾开胃，生津止渴，如果准妈妈在孕期常有食欲不振，热病，口渴等，可以多吃些番茄。

（4）南瓜：味甘，性温；主要的功效为补中益气，驱蛔虫，对于准妈妈在孕期出现的脾虚气弱，或营养不良能起到很好的缓解和治疗作用。

（5）莲藕：味甘，熟用性微温；莲藕有补益脾胃，止泻之功；对于防治脾胃虚弱，食欲不振，呕吐反胃，腹泻等症状有很好的疗效。

（6）大头菜：味苦辛甘，性平；大头菜的主要功效为温暖脾胃，顺气开胃，解毒利湿，如果准妈妈在孕期出现消化不良、腹痛、小便不利等症状有较好的疗效。

（7）山药和芋头。这两种食物比较温和，山药的主要功效是健脾益气，滋补养阴，芋头能补益脾胃，这两种事物对于缓解孕期的脾虚气弱、便秘等情况很有帮助。

（8）扁豆：味甘，性平；其主要功效是健脾开胃、和中益气、消暑化湿之功效，如果准妈妈出现脾虚呕逆、泄泻水肿等症状有一定好处。

（9）香菇和蘑菇：这两种食物味甘，性情也比较温和；有补脾胃、益气、增进食欲等功效，同时也适用于体质虚弱，饮食不香，胃胀不适的症状。

（10）辣椒：味苦辛，性热；主要功效为暖胃祛寒，有利于缓解准妈妈在孕期出现的胃寒疼痛、不思饮食，以及呕吐、腹泻等症状从。但值得注意的是，由于辣椒有很强的刺激性，准妈妈在孕期还是不能多吃。

（11）生姜和大蒜。这两种食物味辛，性温；生姜有温中止呕的功效，而大蒜有醒脾、健胃、消积、杀虫等作用，这两种食物对于缓解准妈妈在孕期出现的胃疼腹痛、呕吐、消化不良等有一定的疗效。

2. 五谷杂粮类

（1）大米：味甘，性平，有着良好的健脾和胃、强壮肌肉的功效，经常吃大米，对于缓解准妈妈在孕期出现的脾虚烦闷等症状有一定疗效。

（2）小米：味甘咸，性微寒；有健脾益中、补中益气、健脾益肾等功效，对于缓解准妈妈在孕期出现的由脾肾不足所致的纳食少，烦渴，反胃呕吐及病后体弱等有一定作用。

（3）小麦和大麦：这两类食物味甘，性偏寒凉；对于预防和缓解孕期的脾胃虚弱、消化不良、烦躁不安、食欲不振等很有益处。

（4）黄豆和蚕豆：这两类食物味甘，性平，有很好的健脾利湿、润燥等功效，对于强健脾胃有所帮助。

（5）红薯：味甘，性平；有健脾胃，润便之功，对于强健脾胃，缓解便秘等很有好处。

（6）荞麦：味甘，性凉；有消积下气，健脾除湿之功；对于预防和缓解胃肠积滞，腹胀、腹泻等有所帮助。

3. 鱼肉蛋类等

（1）鲫鱼：味甘，性平；主要适用于脾胃虚弱、少食乏力、呕吐等症状，能益脾开胃，利水除湿。

（2）鳝鱼：味甘，性温；有补虚损，补气血，强筋骨的功效；对于准妈妈在孕期出现的疲倦、腹胀、气血不足等有所帮助。

（3）鳙鱼：味甘，性温；主要的功效为暖脾胃，益脑髓；主要用于治疗脾胃虚弱而致的食欲不振，消化不良。

（4）牛肉和牛肚：这两类食物味甘，性平；有补脾胃，益气血，强筋骨之效；对于脾胃虚弱所致的消化不良、气血不足等有所帮助。

（5）鸭肉：味甘咸，性平微寒；有滋阴养胃、补血之功；用于胃阴不足所致的厌食等症，但准妈妈在食用的时候应控制好分量，不能吃得太多。

（6）鹅蛋：味甘，性温；有补气血和胃的作用，对于食欲不振，消瘦乏力等症状有缓解的作用。

（7）牛奶制品：牛奶味甘、性微寒，含有丰富的蛋白质和钙，牛奶中丰富的蛋白质能有效缓解身体的疲劳感；牛奶中的乳糖还可以促进人体对钙和铁的吸收，增强肠蠕动，润肠通便；牛奶还可以阻止人体吸收食物中有毒的金属铅和镉，清除体内有害物质，增强免疫力。因此，牛奶对于强健脾胃是很有益处的。

胎宝宝的私人音乐厅：海顿《云雀》

到环境优美、空气清新的公园去散散步，感受一下美妙的自然风光是准妈妈在孕期应该多做的事情，这样，不仅能使自己得到锻炼和放松，对于胎宝宝的生长发育也是非常有利的。其实，不仅是身处自然、欣赏美景能使人领略到大自然的魅力，聆听美妙的胎教音乐有时也能达到这样的效果，海顿的《云雀》就是一曲能唤起人的美好情感、帮心灵回归自然曲子。在本周的音乐时光，准妈妈可以和胎宝宝共同分享这首曲子。

《云雀》是一首流畅欢快、婉转动听的曲子，能让人从中体会曲作者对生活和自然的热爱，听起来是非常愉快的，所以准妈妈在孕期可以多听听这首曲子。为了更好地理解曲子，在听音乐之前，准妈妈可以先了解一些相关的知识，然后就可以在有胎动的时候和胎宝宝一起来分享这美妙的音乐了。在听音乐的时候，准妈妈最好是临窗而听，如果窗外有美丽的自然风光就更好了，这样在听音乐的同时，准妈妈和胎宝宝还可以看看窗外，打开窗户呼吸新鲜的空气，感受一下自然的气息，这样就更容易进入音乐的世界。随着悦耳动听的音乐，准妈妈还可以想象自己和胎宝宝置身于有云雀鸣叫的森林中，在其中欢快地畅游和欣赏着，这样，愉悦的心情就更容易激发和保持。

而且，在听音乐的同时，准妈妈还应该多注意一下胎宝宝的反应，以此判断和猜测胎宝宝对曲子的感受，如果胎宝宝喜欢的话，可以在以后的时间重复播放这一曲子，让胎宝宝的音乐的熏陶中培养音乐敏感性、促进脑部发育。

第31周：胎宝宝体重迅速增加

到了第31周，胎宝宝的皮下脂肪更加丰富，体重迅速增长，差不多快接近2000克了，而且此时随着胎宝宝的增大，他在子宫内的活动空间在慢慢变小，胎动也会有所减少。这一时期，胎宝宝的身体和四肢在继续长大，正在努力和头部的比例相当；胎宝宝的各个器官也在继续发育完善，肺和胃肠接近成熟，能够呼吸和分泌消化液。

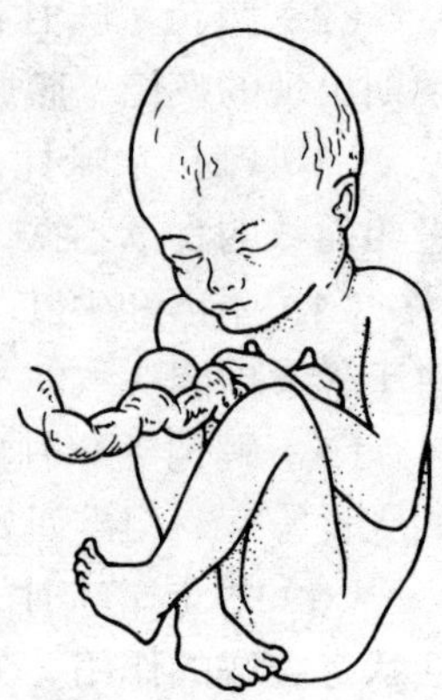

到了孕期第31周，胎儿的体重仍然不足新生儿的一半。

1. 适时开始拼音方面的训练

这一时期，准妈妈和准爸爸可以开始进行一些更为细致的知识训练了，如带着胎宝宝开始进行拼音方面的训练。准妈妈可以买一些单独的拼音练习卡，或是买一些带有拼音的儿童读物，在闲暇的时间给胎宝宝讲讲这方面的知识。及早进行这方面的训练，对胎宝宝出生后的学习是很有帮助的，而且，现在买的带拼音的读物，宝宝出生后还可以自己看，一点都不浪费。

2. 坚持适量的运动，促进乳腺分泌

这一时期，不少准妈妈都发现，自己的乳房时不时地会有少量的乳汁出现，这是一种正常的生理现象。此时的准妈妈应该更加注意乳房的护理工作，多进行一些相应的运动，为日后的哺乳做好准备。

第 211 天：孕晚期主要的几大生理压力

经过漫长的等待，孕晚期终于来临，准妈妈与腹中宝宝的相见日期越来越近了。可就是在这个等候幸福的冲刺阶段，准妈妈可能会面临着比孕早期和孕中期更为严峻的生理和心理压力，此时准妈妈的身体负荷越重，一些孕期疾病也常常会来骚扰，多数准妈妈开始表现出焦躁、忧虑的情绪，有人恨不得马上将孩子生出来，以结束孕期生活，也有很多人开始为即将到来的分娩感到紧张和不安。

1. 腹部明显增大带来的压力

到了孕晚期，胎宝宝进入了一个快速生长发育的时期，随着胎宝宝的生长，加上逐渐增多的羊水，准妈妈的子宫逐渐增大，所以能看出腹部隆起得越来越高，明显地增大了不少。通常情况下，随着体内激素和分泌和子宫内容物的压力，准妈妈的子宫会由非孕期的 50 克重量及 10 毫升的容积，发展到孕末期的 1000 克重量及 5 升的容积。在孕晚期时，子宫增大明显，且逐渐接近腹前壁，将肠管排挤至腹两侧及后方，甚至升及肝脏。这些内在的变化虽是人的肉眼所无法察觉的，但通过其外在表征，即准妈妈的腹部增大确是非常明显的。

随着腹部的明显增大，准妈妈的行动会有很多不便，而且由于腹部向前突出，准妈妈的身体重心也会随之前移，为保持身体的平衡，准妈妈经常需要双腿分开站立，上身代偿性后仰，致使背伸肌处于紧张状态，当腰椎过度前凸时则更明显。肌肉这种长时期的紧张状态，也会使准妈妈产生腰酸背痛、小腿抽筋等情形。

2. 呼吸系统功能受到阻碍

孕晚期的时候，随着胎宝宝的日益增长，准妈妈身体膈肌的运动速度会有所减弱，这将导致准妈妈的呼吸加深，通常来说，此时准妈妈的通气率由平常每分钟 7 升提高到 10 升，增加了 40% 以上，而且消耗的氧气也会比平时增加很多。由此，准妈妈就很可能出现气短和呼吸不畅的情形。

具体来说，准妈妈之所以会出现呼吸方面的障碍，主要是因为：怀孕期间母体血容量比非孕时平均增加 1500 毫升，到孕晚期时，全身的血容量要比未孕时增加 40% ~ 50%，心率每分钟增加 10 ~ 15 次，心脏的排出量增加了 25% ~ 30%，也就是说，心脏的工作量要比未孕时明显加大；再加上怀孕后期膨胀的子宫使心脏向上、向左移位，心脏在不利的条件下工作，母体新陈代谢加快，需氧量增加，准妈妈必须通过加深呼吸，增加肺的通气量，才能获得必需的氧气。在这种情况下，一些身体条件较弱的准妈妈即使是在没有运动的时候，也常常需要大口深呼吸才会觉得舒适，而一些身体条件稍好些的准妈妈在活动量增多、需氧量增多时，也很容易出现心慌气短的现象。

3. 消化系统和肾功能方面的压力

孕期激素水平的改变，会使准妈妈体内消化液分泌减少，整个胃肠道肌肉处于松弛状态，胃肠蠕动减慢等情形，到了孕晚期，增大的子宫逐渐压迫准妈妈的胃，加上胎宝宝越来越大，阻碍胃里的食物排空，这将促使胃液反流到食管下段，就会引起准妈妈产生一种灼热和挤压的感觉。

同时，在孕晚期，由于使胃肠道平滑肌的张力降低的孕激素增多、膨大的子宫体压迫结肠、胃肠的蠕动也相对减少、准妈妈的活动减少等方面的原因，食物残渣在肠内停留时间长，也很容易造成便秘，甚至引起痔疮。

除了这些压力，准妈妈的肾脏的压力也会有所增加，并出现再次尿频的现象。在孕晚期，由于胎宝宝的胎头下降、身体下滑压迫膀胱，所以准妈妈多会在此时再度发生尿频的现象。此外，临产前紧张的情绪也会加重尿频。这是孕晚期的正常生理现象，但如果同时伴有尿急、尿痛，则属于异常情况，需要立即就医。

第 212 天：孕晚期要注意的日常生活细节

到了怀孕晚期，随着胎宝宝的长大，准妈妈身体状况的变化也会越来越明显，此时为了保证自己的身心健康和胎宝宝的发育成长，准妈妈应该更加留心，注重一些生活细节，只有这样，准妈妈才能生育出健康的胎宝宝。

1. 保持良好的心态和愉悦的心情

孕晚期，随着胎宝宝的生长，准妈妈的腹部会变得越来越大，会出现尿频的症状，极易出现腰酸干、便秘、心悸、恶心、腹胀等现象，甚至有些准妈妈还会发现自己变得健忘了。面对这种种变化，再加上想到分娩时的痛苦，一些准妈妈常常会表现出担心、紧张、焦虑的情绪。实际上，这样的心态对于自己的身心健康和胎宝宝的健康发育都是很不利的，因为在这一时期，胎宝宝各项感觉器官的日益成熟，感知能力也越来越强，准妈妈的不良情绪会对胎宝宝造成不好的影响，也会阻碍胎宝宝朝着好的方向发育成长。因此，在怀孕晚期，尽管要面对很多问题，准妈妈也应该学会调节好自己的心情，始终保持乐观向上的心态。

2. 坚持适量的运动

到了怀孕晚期，因为肚子变大、身体变胖和容易疲劳等原因，准妈妈在活动时会感到诸多不便，所以一些准妈妈就慢慢变得不爱运动了。这其实是不对的，进行适量的运动，一方面能放松心情，另一方面也能锻炼身体，使准妈妈能控制好自己的体重，同时也能为分娩做好准备。所以，即使到了孕晚期，准妈妈还是应该坚持适量的运动，在家人的陪同下散散步，活动下筋骨。

3. 不宜过于操劳或是长时间坐着

在孕晚期，准妈妈的身体会变得越来越臃肿，这时想要一个人包揽家务或是从头到尾做好一件事，几乎是不可能的，所以这时候准妈妈在做家务的时候需要适可而止，把一些自己干不了的活留给丈夫，如搬沉重的物品、打扫高处的卫生，以及需要长时间弯腰的家务。

值得注意的是，尽管准妈妈在怀孕晚期不适宜过于操劳，但也绝不能整天坐着或躺着不动。因为如果长时间坐着或是躺着不动，准妈妈体内的血液就会流通不畅，加上子宫的压迫和身体的其他一些变化，准妈妈就很容易患上静脉曲张、痔疮等疾病，这对于准妈妈自己和胎宝宝的健康都是有影响的。

4. 注意保证营养均衡，养成良好的饮食习惯

准妈妈一方面要合理补充营养，满足自己和胎宝宝的需要，另一方面也要有所节制，避免摄入太多的脂肪和蛋白质，不能让自己变得太胖。因为准妈妈的体重超标，可能就会增加分娩的难度，导致难产或是很容易生出神经管有缺陷的胎宝宝。通常来说，在怀孕期间的每个月，准妈妈在做到营养均衡的同时还应该根据胎宝宝发育的需要，适当地多补充一些胎宝宝发育时需要的营养。

5. 注意生活中的其他小细节

在孕晚期，准妈妈要注意的生活细节是非常多而零碎的，除了前面提到的一些，准妈妈还应该注意：在家里最好不要铺地毯，因为地毯中很容易滋生细菌或潜藏一些影响准妈妈和胎宝宝健康的物质；准妈妈不能长时间待在太热或太冷的地方，这样很容易诱发一些疾病或是导致流产；准妈妈应该避免长时间蹲着，因为这样会引起骨盆充血最终导致流产，尤其在怀孕后期应绝对禁止；准妈妈在平时应保护好自己的腹部，不到人多拥挤的地方，不让腹部受到挤压，等等。

生活细节虽然看起来不起眼，可对准妈妈和胎宝宝的健康却是至关重要的，稍有疏忽，可能就会酿成严重的后果，所以准妈妈在平常生活中一定要多加注意，做一个有心人。

第 213 天：孕晚期运动的好处和注意事项

到了怀孕晚期，一些准妈妈常常会因为行动不便或是担心流产而停止做一切工作和家务；与此相反，有些准妈妈却仍然是大大咧咧，觉得即使是在怀孕期间也应该多运动。其实这两种做法都是不科学的，在孕晚期，由于身体状况的改变，准妈妈在做任何事时一定要先考虑到胎宝宝的发育和安全，既要坚持适量的运动，又要多留心一些运动时的注意事项。

在孕晚期时，合理进行运动锻炼，对于准妈妈和胎宝宝的身心健康都很有好处，这主要表现在：

1. 能够增强人的心脏功能

到了孕晚期，准妈妈的身体较之于怀孕之前发生了重大的变化，在这个过程中，准妈妈的心脏负担也在逐渐加重，这样势必会影响给胎宝宝的氧气供给，影响胎宝宝生长发育。如果准妈妈能保持适量的运动，就能增强心脏功能，这对自身的健康和胎宝宝的发育都是很有利的。

2. 能够增强准妈妈身体和骨骼等方面的力量

当进行体育运动时，准妈妈全身的肌肉血液循环能得到改善，肌肉组织也能储备加大的能量，这样能有利地防止因腹壁松弛造成的胎位不正和难产，而且，如果身体强壮了，准妈妈在分娩时就会顺利和安全很多。与此同时，运动还能使

骨骼的力量变得更为坚实，如此一来，准妈妈就能避免受到牙齿松动、骨质软化等问题的困扰。

3. 能够增强自身的抵抗力和免疫力，减少疾病的发生

如果长时间不进行运动，准妈妈的肠胃功能、神经系统功能可能都会受到一定的影响。比如，活动太少可能导致胃肠的蠕动减少，从而引起食欲不振、消化不良、便秘等症状；缺乏运动还可能减弱神经系统的功能，影响各个器官的协调工作；长期缺乏运动还可能导致准妈妈产生腰痛、脚痛、下肢水肿、心跳气短、呼吸困难等症状。

对于准妈妈来说，运动的好处是很多的，但由于“腹中有宝宝”的特殊性，准妈妈在运动时也不能太过于随意，而应该考虑自己和胎宝宝的安全，因此，准妈妈在运动时一定要掌握好一些注意事项，其中最主要的就是，准妈妈一定要注意控制好运动的强度和时间，不能做过于激烈的运动，运动的时间也不宜太长。一般来说，到了孕晚期，很多运动对准妈妈都是不适合的，此时准妈妈应该多做一些轻松而安全的运动，如散步和一些调整呼吸、帮助分娩的体操练习。

在运动的过程中，准妈妈一定要把握好尺度，如果是一直很少参加锻炼的准妈妈，千万不能突然做剧烈的运动，而应该适当地进行运动，量力而行。一般来说，准妈妈在进行运动时有这样的一些运动过程中有以下注意事项：在孕晚期，准妈妈不能做较大强度的运动，不可以做举重和仰卧起坐运动，因为它会妨碍血液流向肾脏和子宫，影响胎儿发育，甚至导致流产；准妈妈在运动时不要跳跃、猛跑、突然拐弯或弯腰，也不要做时间太长、太累的运动；准妈妈不要在太热或是太凉的环境中进行运动，这样很容易会得病，影响健康；准妈妈在运动时如果突然感到头晕，呼吸不畅，或者心跳加快，重心不稳等，应立即停止运动，如果出现血压升高、小腹疼痛、阴道流血、羊水流出、心率紊乱等情况应该立即上医院接受治疗。另外，如果准妈妈在怀孕之前或是怀孕期间还患有心脏病、肾脏泌尿系统疾病、妊娠高血压等疾病，最好还是选择不要运动，这样才不至于危及生命安全。

第 214 天：警惕怀孕后期的危险信号

在怀孕晚期，很多准妈妈孕早期时出现的一些身体不适慢慢消失了，食欲也逐渐恢复了，随着胎宝宝的发育成熟和预产期的临近，准妈妈们都对即将出生的宝宝充满着希望和憧憬，这种情况的确是让人十分欣喜的。但在孕晚期，准妈妈除了要控制好营养、保持好心态之外，还要注意一些危害自己和胎宝宝身心健康的症状。如果准妈妈在平时能细心留意，警惕怀孕后期的危险信号，并及时治疗和矫正的话，就能避免很多意外的发生。

1. 胎位不正

在孕晚期以前，由于胎宝宝在子宫中占据的空间有限，再加上子宫内羊水很多，胎宝宝可以在羊水中自由活动，所以此时如果出现了胎位不正的现象还不需要担心。但如果到了孕晚期，胎宝宝逐步长大，子宫中的羊水渐渐减少，此时胎宝宝

还有胎位不正的现象，如出现头部朝上的情形，准妈妈及应该特别留心了。因为头朝上的胎位是很不利于自然分娩的。遇到这种情况，准妈妈应咨询医生，尽早矫正胎位，如果是无法矫正而自己的骨盆又太小的话，为了安全起见，还是剖腹生产较理想。

一般来说，准妈妈可以通过做一些矫正体操的方式来进行自然矫正，如准妈妈可以通过“膝胸卧式”的方式来进行矫正，即准妈妈将脸部贴近床面，臀部举高，保持此种姿势一般每天早晚各一次，每次15分钟；另外，通过“跨桥的姿势”来进行矫正，也是非常有效的，但在做的时候一定要注意，如果腹部有紧绷或疲劳的感觉时应该立即停止。

2. 胎盘前置

正常情况下，胎盘通常位于距离子宫口较远的地方，这样才不至于会阻碍分娩的通道，可如果胎盘移到了子宫口或是完全覆盖住了子宫口，就属于胎盘前置的情况了。一般来说，有多次人工堕胎、子宫内膜炎、子宫肌瘤等情形的人较容易发生这种情况，胎盘前置通常会导致准妈妈在孕晚期小量出血、急性大出血的情况或是在分娩时大量出血，这对准妈妈和胎宝宝的生命安全都是非常不利的。为了避免或减少这种情况的发生，准妈妈在怀孕期间，即使只有少量出血，也应该去看医生，通过超声波的诊断，就能了解胎盘的位置，尽早发现和治疗；如果出血之后才诊断为前置胎盘时，须立即住院休养；情况较为严重时，还需要进行开刀手术。

3. 前期破水与早期破水

在怀孕晚期，一些准妈妈可能还会遇到破水的情况，破水指的准妈妈在怀孕期间，部分羊膜破裂的话，胎儿周围的羊水即会流出体外。破水通常是由阵痛引起的，在以前造成者为前期破水，而阵痛开始后，子宫颈尚未完全打开者，则为早期破水。导致破水的原因多与羊膜受细菌感染，或是多胎、羊水过多、子宫颈易开等情形有关。

破水是很容易被准妈妈们忽视的一个问题，因为在出现了破水这一情形时，准妈妈一般都不会感觉到疼痛或是看到有血流出，其主要的外在表现就是从阴道口流出像尿一样的水状物，可这种水状物并没有尿的臭味。在怀孕晚期，准妈妈如果感觉到自己可能破水了，尽量不要活动身体，然后在家人的帮助下立即就医。

4. 胎盘早期剥离

正常情况下，生产时是胎宝宝出生后不久才会产出胎盘，可有时候也会出现胎盘事先剥离，而胎宝宝还没产出的情形，这就称之为胎盘早期剥离。胎盘早期剥离会危及胎宝宝和准妈妈的生命，一旦出现，就会造成很严重的后果。

胎盘早期剥离的前兆表现是，准妈妈的腹部会出现紧绷和阵痛异常的情况，紧接着强烈腹痛、脸色苍白、盗汗等，有时还伴有阴道大量出血，或是表面虽然看不到有血流出可子宫却出血不止。

准妈妈一定要注意预防这种病症，如果在怀孕后期出现腹部疼痛的情况，即使没有出血，准妈妈也应该立即就医。

总之，在孕后期，准妈妈一定要非常留心自己的行为和身体反应，一旦出现什么异常情况，应该及时就医。

第 215 天：准妈妈应对孕晚期身体异常状况

到了孕晚期，准妈妈的身体状况会发生很大的改变，同时也很可能出现诸多身体异常的状况，此时应该如何应对呢？

1. 阴道分泌物增多

随着预产期的临近，不少准妈妈会发现自己的阴道分泌物增多，有人以为这是临产的信号，所以并不在意。其实并不是这样的，孕晚期之所以会出现阴道分泌物增多的现象，是因为准妈妈体内的分泌液再次发生了改变，而并非预示着即将生产。

为了避免或减少这种情况的发生，准妈妈在此时更应特别注意阴部的清洁卫生，最好每天都能用温热的清水冲洗外阴，避免局部感染。鉴于此时准妈妈的身体特点，任何可能对阴部造成刺激的物品都应尽量避免，以防引起早产，此时最好、最安全的选择还是选择用清水冲洗，如果有特殊需要，一定要用洗液的话，最好是经医生的推荐或在使用之前做好相关咨询，以免增加局部感染的可能性。此外，准妈妈还要注意每天更换内裤，尽量选择舒适透气、宽松的内裤。

2. 阴道出血

在孕晚期，一些准妈妈可能还会遇到阴道出血的情况。这种症状的诱因可能是早产的迹象，也可能是前置胎盘、胎盘脱落，或者是阴道、子宫出血等。无论是何种原因所致，这时候的阴道出血都是表示危险的信号，准妈妈应立即入院检查，然后再决定治疗方案。通常情况下，如果检查的各项结果正常的话，医生一般会建议准妈妈通过剖宫产的方式提前分娩。

为了防止孕晚期的阴道出血，准妈妈在最后的这个时段里要特别注意休息睡眠，保持轻松愉悦的心情。有的时候，过度疲劳或是持续紧张不安焦躁的情绪也会导致阴道出血。特别对于高危妊娠者，在此阶段更应加强护理，尽量多卧床休息，不要随意走动。如果准妈妈本身有胎盘轻度早剥史、早产史或晚期流产史等不良孕产史的话，应在孕晚期做好产前检查，如有需要的话，可提早入院保胎或是提早剖宫产结束妊娠。

3. 宫内感染

在孕晚期，准妈妈还应该密切关注自己的身体变化，谨防宫内感染。宫内感染指的是有些传染疾病和危害因子通过准妈妈的身体进入胎宝宝所在的子宫，从而使胎宝宝受到感染和伤害。

宫内感染主要通过胎盘的垂直传播、下生殖道感染的上行性扩散和围产期感染3个途径发生，属于先天性的母婴直接传播的疾病。其中，胎膜早破是引起生殖道下段细菌上行性感染的最常见原因，且与破膜时间密切相关，若胎膜破裂时间延长，重复行阴道或肛门检查也有诱发宫内感染的危险。除此之外，孕晚期的性行为也有可能造成宫内感染。

宫内感染可能会引起诸多很不好的后果，如果母亲的身体状况较弱、病原体有致病性、发生的时间处于胎宝宝的敏感期，后果是非常严重的，如巨细胞病毒感染可造成胎儿脏器损害，影响胎儿的正常发育，导致先天畸形和智力发育障碍。孕晚期感染多会导致早产、胎膜早破和新生儿感染等，因此，准妈妈绝不能掉以轻心。

一般来说，当准妈妈抵抗力低下时，很容易使体内的一些潜在感染源被激活，成为活动性感染。为此，准妈妈要在整个孕期注意营养搭配和合理运动，增强身体抵抗能力；及时纠正贫血、营养不良等可使产妇抵抗力低下的疾病以及及时治疗如阴道炎、子宫颈炎等妊娠合并感染性疾病；在孕晚期不要做不必要的肛门和阴道检查，更不能在围产期进行性交。此外，在孕期要做好宫内感染筛查，如果一旦确诊发生了宫内感染，就要及时采取宫内给药治疗或建议终止妊娠。

学会正确地应对孕晚期的这些身体异常状况，准妈妈才能更好地保证胎宝宝的平安和健康。

第216天：美学胎教：带着宝宝赏几幅名画

我们生活的这个世界是美好的，有着各种各样美的事物，如美丽的自然风光、美妙的音乐、漂亮的人、充满魅力的艺术作品，等等，在怀孕期间，准妈妈不仅是要自己欣赏和感受美，培养良好的情操，而且还要将自己感受到的美通过神经传导输给胎宝宝，做好美学胎教。欣赏美好的艺术作品就是美学胎教中的重要内容，今天，准妈妈可以带着胎宝宝一起来欣赏几幅世界名画，在这个过程中，陶冶情操，也使胎宝宝受到熏陶。

1. 凡·高的《向日葵》

凡·高是荷兰后印象派著名画家，表现主义的先驱，深深影响了20世纪艺术，尤其是野兽派与德国表现主义。他是一个很有天分而且有些“离经叛道”的艺术家，早期因为表达内心的悲痛，曾割断了自己的耳朵，最终也因精神病的困扰而结束了年轻的生命。在他生前，他的作品很少知音，在他死后，作品却产生了深远的影响，现已跻身全球最具名、广为人知与昂贵的艺术作品的行列，《向日葵》就是他的代表作之一。

这幅作品创作于他35岁的时候，当时，凡·高从巴黎来到法国南部一座充满着乡间气息的小城，感受自然风光并进行创作，《向日葵》就是他所创作的作品之一。这一作品主要使用点彩画法这一创作技法，作品体现了强烈的个性和形式上的独特追求。在作品中，我们一眼就能看到几多姿态各异的向日葵挤在一个花瓶中，背后衬托的，是一片淡柠檬黄的背景，那鲜艳明朗的黄色不仅让人想起乡间金色的阳光，簇拥的花朵，显示着充满活力和朝气的景象，而通过画面的构造和画笔的勾勒，又流露出了出天真、活泼、热情的情怀，不禁让人产生温暖而又亲切的感觉。

看着这色彩鲜明的画作，想着温馨的场面，相信准妈妈的心境会变得豁然开朗，如果细细品味，应该还能感受到自然气息和生命的热情，这样浓浓的爱意就能很好地被激发出来了。

2. 达·芬奇的《蒙娜丽莎》

达·芬奇是意大利文艺复兴时期的文化名人，也是人类文明史上罕见的全才，他在文学、绘画、雕塑、音乐、天文学等方面都取得了辉煌的成就，《蒙娜丽莎》就是其在绘画艺术上成就的明证。

《蒙娜丽莎》是在世界史上享有盛名的一幅肖像画，所画的是城市资产阶级贵妇形象，主要采用正面的胸像构图，透视点略微上升。画中人物坐姿优雅，笑容微妙，线条流畅而饱满，背景则主要采用渐变的绘画技法，描画得幽深茫茫而富于意境。透过那一双柔嫩而丰满的手，我们仿佛能感受到蒙娜丽莎的温柔与端庄；通过人物的美丽外在形象和面部表情，我们仿佛能感受到人物丰富内心感情。尤其是蒙娜丽莎的微笑更是让人着迷，画家很注重人像面容中眼角唇边等表露感情的关键部位的描画，如梦似的妩媚微笑很有神韵，被不少美术史家称为“神秘的微笑”。

欣赏这样美丽的人物画像，感受画家高超的创作技巧，相信准妈妈的心情也会变得十分舒畅。蒙娜丽莎的形象温柔而端庄，这美丽的外表，总能使人联想到一些美好的情感，欣赏这样的画作，能让准妈妈的心情平缓而放松；而那神秘的微笑，相信更是能激起准妈妈丰富的想象力，准妈妈在欣赏画作的时候尽可以发挥自己的想象力进行猜测和联想，同时也影响胎宝宝进行思考，这样，美学胎教就会收到很好的效果。

其实，能吸引人、感染人的世界名画还有很多，准妈妈可以在孕期多欣赏一些，欣赏名画，既能提高准妈妈的艺术修养、帮助放松身心，更能激发胎宝宝的潜力，有助于发育，这是一种非常好的胎教方式。

第 217 天：重温《多啦 A 梦》，和宝宝一起穿进梦中麦田

几乎每个人都渴望具有神奇的魔力，能够像《多啦 A 梦》中的机器猫一样，总能从自己的百宝袋中取出各种各样神奇的道具，克服困难或是实现自己的愿望，过上无忧无虑的生活。有梦想的人，会觉得生活中充满了希望，因而整个人都会变得热情、开朗和乐观。准妈妈在进行胎教的时候，也应该将这些美好的情感传达给胎宝宝，在胎教时就努力帮助胎宝宝培养良好的心态。今天，准妈妈不妨陪胎宝宝一起来欣赏动画片《多啦 A 梦》，这样既可以重温自己曾经的美好时光，也能给胎宝宝更好地教育，帮助胎宝宝成长，

《多啦 A 梦》是日本著名漫画家藤本弘和安孙子素雄共同创作的，1969 年《哆啦 A 梦》首次作为长篇连载漫画出版，就受到了众多青少年的喜爱，后来，这部

漫画又被制作为动画片，并于 1979 年在日本播出，整个国家都掀起了哆啦 A 梦的热潮，尽管当时日本的经济还很不精气，但这部动画片还是取得了空前的成功，之后，这部动画片又被译为多国文字，在世界范围内广泛传播，深受人们，尤其是青少年朋友的喜爱和欢迎。

在这部动画片中，给人印象最深的就是机器猫哆啦 A 梦的形象及其无所不能的本领。它是一只来自未来世界的猫型机器人，有着特殊的本领，总能用自己神奇的百宝袋和各种奇妙的道具帮助大雄解决各种各样的困难，实现大雄的愿望。

哆啦 A 梦的形象憨态可掬，非常可爱，它的个头虽小，本领却非常大。它身上最有特点的部位如强力鼻，其嗅觉灵敏度相当于人类的 20 倍，尤其是闻到了自己最喜欢吃的食物——铜锣烧时，会非常兴奋；吸盘手，别看它是圆圆的，看起来非常笨拙，却能吸住许多东西；四次元口袋，这个口袋直接通往四次元空间，再多的东西也放得下，而且这也是哆啦 A 梦神奇力量的根本，一旦大雄遇到什么困难，它总能从自己的这个口袋中掏出各种各样神奇的道具，帮助大雄解决困难，当然，有时候因为口袋太大也会找不到想要的工具，常常在危急的时刻手忙脚乱。哆啦 A 梦虽然有些懒惰，但心肠却非常好，乐于助人，经不住大雄的软磨硬泡，不管什么事情总是会帮忙，可有时候也会用愚蠢的方法来帮助大雄，由此引发了一连串有趣的故事。

而故事中的另一位主人公大雄则是四年级小学生的人物形象。大雄性格懒惰，做事只有三分钟热情；成绩、运动等都很差，经常挨骂；笨嘴笨舌，经常惹怒胖虎而被欺负；每天会遇到很多倒霉的事情……但是不管怎样，他都有办法，因为他有哆啦 A 梦。只要是遇到了什么困难，他总有办法令哆啦 A 梦借出他的法宝相助，有时候也会偷着便去捉弄别人，结果害人害己，引发了很多搞笑的事情。但在本质上，大雄是一个很善良、很讲义气的孩子，他帮助了无数的朋友，也成就了自己的幸福。

鲜明而富于个性的人物形象、戏剧化的故事情节、各种新奇而充满魔力的道具……多种元素共同造就了这部精彩的动画片。在欣赏影片时，人们总能随着情节的发展进入奇妙的、充满想象力的世界。因此，准妈妈也可以带着胎宝宝一起重温经典，用心体会其中充满着新奇和乐趣的故事，也让胎宝宝受到很好的熏陶，培养其潜力。

动起来：孕期简易保健操（三）

第一节上肢运动

具体步骤如下：

（1）先站好，站的时候保持双脚分立，大约与肩同宽，两臂自然下垂；

（2）双手交叉，掌心相对，缓缓提至胸前；

（3）当双手移至胸前之后，翻掌，两掌心向上用力；

（4）双臂逐渐伸直，头随着手的运动方向，向上仰望，坚持 5 秒；

（5）双臂从头顶至腰侧缓慢还原，然后开始重复前面的动作。

通过这套动作，准妈妈的上肢能得到很好的锻炼，这样既能增强手部的灵活性，也能避免和缓解孕期出现的手部酸痛症状。

第二节骨盆与背部摇摆运动

具体步骤如下：

（1）先保持舒适的仰卧姿势，然后双腿弯曲，两手扶腰；

（2）利用腿和腰部肌肉的力量轻轻抬高背部；

（3）重复上述动作。

这组动作能活动背部肌肉，同时也能是盆骨得到很好的锻炼，经常练习，有利于减轻怀孕时腰酸背痛的感觉，同时也能促进分娩的顺利进行。

第三节放松运动

具体步骤如下：

（1）做好基本的姿势，即双膝屈曲，跪于垫上，臀部坐于足跟之上，两臂自然下垂，上身保持正直；

（2）身体微微前倾，双肩双臂反复抖动，至发热为止；

（3）吸气，双臂交叉环抱，吸气末双臂自然下落；

（4）恢复基本姿势后，头向后仰，眼向上望，同时两臂上举，吸气；

（5）颈部前屈，上体前倾，同时两臂下摆，呼气；

（6）两臂分别向左右斜前方徐徐抬起，抬至头平，同时吸气；

（7）两手经胸前徐徐下按，至小腹向左右分开，恢复原来的姿势。

这是一套能帮助人放松身体的动作，在做的时候，最基本的要求就是松、慢、匀，同时，在做操的时候，也要注意调整好自己的呼吸，保持动作的轻松和舒畅，这样才能达到很好的效果。

胎宝宝的阅读时光：格林童话《六只天鹅》

在孕期多读一些童话故事给胎宝宝听，对于胎宝宝的生长发育是非常有利的。在本周，准妈妈可以和胎宝宝来共同分享经典的格林童话《六只天鹅》。

从前，有一位国王在大森林里狩猎，他奋力追赶一头野兽，随从们却没有能跟上他。天色渐晚，国王停下脚步环顾四周，这才发现自己已经迷了路。他想从森林里出来，可怎么也找不到路。这时，国王看见一个不住地点头的老太婆朝他走来，那是个女巫。“您好，”国王对她说，“您能不能告诉我走出森林的路？”“啊，可以，国王陛下，”女巫回答说，“我当然能告诉您，不过有个条件。要是您不答应的话，就永远休想走出森林，您会在森林里饿死的。”

“什么条件呢？”国王问道。

“我有个女儿，长得很美，”老巫婆回答说，“她的美貌无与伦比，做您的妻子绰绰有余。要是您愿意娶她做王后，我就告诉您走出森林的路。”国王忧心如焚，只好答应了女巫的条件。老巫婆把国王领到她的小屋子里，只见她的女儿正坐在那儿烤火。女儿接待了国王，那神色好像她早就料到国王会来似的。国王觉得她长得的确美丽非凡，可是并不喜欢她，一看见她就不由得心惊胆战。等国王把姑娘抱上了马，老巫婆才把路告诉国王。国王回到王宫之后，便和姑娘举行了婚礼。

国王曾经有过一次婚姻，他的第一个妻子给他生了七个孩子：六男一女，国王特别疼爱他们。婚礼之后，国王担心继母虐待孩子，更担心他们受到继母的伤害，于是就把他们送进森林中的一座孤零零的古城堡里居住。城堡位于密林深处，路极其难找，要不是有位女巫送给国王一个奇妙的线团儿，连他自己也休想找到。只要国王把线团儿在地上往前一抛，线团儿就会自己打开，为国王引路。国王经常去看望他心爱的孩子们，而王后发现国王经常不在身边，很是好奇，总想弄明白国王独自一个人到森林里干什么去了。她用大量的金钱收买了国王的随从，这些人就向她泄漏了其中的秘密，还把能引路的线团儿也告诉了她。从此，王后便心神不宁，直到知道了国王收藏线团儿的地方之后，她才安下心来。

随后，王后用白绸缝了几件小衬衫，她跟母亲学过巫术，就在每件衬衫里缝了一道符咒。一天，国王骑马狩猎去了，王后便带着这些小衬衫走进森林，用线团儿在前面给她引路。孩子们远远地看见有人来了，以为是自己亲爱的父亲来看望他们，个个欢天喜地，都跑着去迎接。就在这时，继母朝他们每人抛过去一件小衬衫。小衬衫一碰到他们的身体，眨眼之间他们就一个个地变成了天鹅，飞上天空，消失在远方。

王后回到宫中，心花怒放，以为打发了这些继子女。谁知那个女孩并没有和她的兄长们一起跑出来迎接，而王后对此却一无所知。第二天，国王去看望这几个孩子，发现只有女儿一个人在城堡。“你哥哥们呢？”国王问道。“唉，别提了，亲爱的爸爸，”女儿回答说，“他们都走了，只剩下我孤零零一个人啦！”接着，她告诉父亲，她从自己房间的小窗里看见，哥哥们都变成了天鹅，在森林的上空飞走了。说着她还把羽毛拿出来给父亲看，这些羽毛是他们掉在院子里的，是她拾回来的。国王悲痛欲绝，却怎么也没有想到，这件伤天害理的事是王后所为。他担心女儿也被从他身边夺走，就想带她回去，可女儿惧怕继母，恳求国王允许她在林中古堡里再待一夜。

可怜的姑娘心想：“我在这里一天也不能再呆了，我要去寻找哥哥们。”夜幕降临时，她跑出城堡，径直朝密林中走去。她走了整整一夜，第二天又一刻不停地走了一整天，直到累得筋疲力尽，再也走不动一步了，这才停下了脚步。就在这时，她看见一间猎人栖身的小屋，便走了进去，发现屋子里有六张小床，可她不敢躺在床上，于是就爬到一张床下，躺在了硬邦邦的地上，准备在那里过夜。

太阳快落山的时候，她忽然听见沙沙的声响，看见六只天鹅从窗口飞了进来。天鹅们飞落在地上，相互吹着气，吹掉了身上的全部羽毛，接着，它们的天鹅皮也像脱去衬衫一样从身上脱落了。这时，姑娘再看他们，发现原来是她的几个哥哥。她喜出望外，急忙从床下爬出来，她的哥哥们一见自己的小妹妹，也异常高兴。可是，他们高兴的时间却很短。“你说什么也不能待在这儿，”他们对小妹妹说，“这可是个强盗出没的地方，要是他们回来发现了你，你就没命啦。”“你们难道不能保护我吗？”小妹妹问道。“不能啊，”他们回答说，“我们每天晚上只有一刻钟的时间可以脱掉天鹅皮，恢复人形，然后我们又要马上变成天鹅的呀。”小妹妹一听哭了起来，边哭边说：“难道你们就不能得救吗？”“唉，还是不成呵，”他们回答道，“那些条件实在是太苛刻啦！要整整六年啊，你既不许说话，也不许笑出声来，而且在这六年里，你还必须用水马齿草为我们缝六件小衬衫。只要你嘴里漏出一个字，一切努力就前功尽弃啦。”哥哥们话音刚落，一刻钟的时间就到了，他们又变成了天鹅，从窗口飞走了。

姑娘呢，下定决心不惜付出一切，哪怕是自己的生命，也要救哥哥们。夜幕降临时，她离开小屋，走进密林深处，爬到一棵树上过了一夜。第二天早上，她便四处采集水马齿，开始缝衬衫。她不能和任何人说话，也没心思笑，所以就坐在那里，只顾低着头忙手里的活儿。她在森林里就这样过了很长一段时间，直到有一天，当地的国王到森林里来打猎，猎手们来到姑娘坐在上面的那棵树跟前。他们发现了她便大声地跟她打招呼，问她说：“你是谁呀？”可她默不作答。“快下来吧，”他们对她说：“我们不会伤害你的。”她听了只是摇了摇头。他们还是一个劲儿地问这问那，她就把自己的金项链扔给了他们，心想这下他们该满足了吧。谁知这些家伙还是不肯罢休，于是她又把腰带扔给了他们，可仍然无济于事。

接着，她又把吊袜带和身上所有可有可无的东西都一件件地扔给了他们，最后身上只穿着内衣。可就是这样，这些猎手还是赖着不走，并且爬到树上把姑娘抱了下来，领到国王面前。国王问她：“你是谁？在树上干什么呢？”可她并不回答。国王于是用自己会说的每一种语言问她，她却仍然闷不作声。姑娘异常美丽的容貌打动了国王的心，他深深地爱上了她。国王把自己的斗篷披在她身上，抱她上了马，让她坐在自己的前面，带着她回到了王宫。随即，国王吩咐给她穿上五彩缤纷的服装，这样一来，她就越发光彩照人、美若天仙啦，可她就是一语不发。吃饭的时候，国王让她坐在自己身边。姑娘举止端庄，彬彬有礼，国王格外喜欢，就喃喃自语道：“她就是我心目中的王后，我非她不娶。”几天之后，国王和姑娘结下了百年之好。

谁知国王的母亲刁钻恶毒，对这桩婚事很是不满，常说年轻王后的坏话。“有谁知道呢，”她说，“这个不会说话的臭丫头是从哪里钻出来的？她根本不配做王后！”转眼一年过去了，王后的第一个孩子出生了。老太婆趁王后睡着了，把孩子给抱走了，还在王后的嘴上涂了一些鲜血。然后，她到国王面前去诬告王后，说她是吃人的妖怪。国王听了不肯相信，也不容许谁伤害王后。可王后呢，对一切都置若罔闻，只是一刻不停地坐着缝衬衫。第二次，王后又生了一个漂亮的男孩，这个歹毒的婆婆再次故伎重演，国王听了还是不肯相信，他说：“她那么虔诚，心地那么善良，不会做出这种事来。要是她会说话，能为自己辩解的话，她的清白无辜就大白于天下啦。”可是，老太婆把第三个刚刚出生的孩子偷走之后，又去诬告王后，王后还是一句为自己辩解的话也没说，国王束手无策，只得把王后交给法庭审理，法庭判决用火刑处死她。

行刑的那天，刚好是她不能说话也不能笑的那六年的最后一天，而且她已经能把亲爱的哥哥们从魔法中解救出来了。六件衬衫已经缝好，只是最后一件左边还少一只袖子。在被押往火刑柱的时候，她把那些衬衫搭在胳膊上。她被推上了火刑柱，木柴即将点燃了。王后在最后关头环顾四周，恰在这时，空中有六只天鹅朝她飞来。她心里明白，她就要得救了，她的心激动得欢跳起来。天鹅掠过长空飞了过来，落在了她的附近，她便把衬衫朝他们扔了过去……天鹅刚一碰着衬衫，身上的天鹅皮立即就脱落了。她的哥哥们又恢复了人形，个个生龙活虎、英俊标致，他们就站在她的面前，她的小哥哥却少了一只左胳膊，肩上仍然长着一只天鹅翅膀。兄妹们相互又是拥抱，又是亲吻。随后，王后走到深受感动的国王面前，开口讲了起来："亲爱的夫君，现在我可以开口说话了，可以向您表明，我是清白无辜的，遭到了诬陷。"

接着，她跟国王讲述了老婆婆伤天害理的行径……她偷走了她的三个孩子，把他们藏了起来。一会儿，孩子们被送到国王面前了，国王心潮澎湃，激动不已。刁钻恶毒的婆婆受到了应得的惩罚，被捆绑在火刑柱上烧成了灰烬。从此以后，国王和王后与她六个哥哥幸福安宁地生活了很多年。

好孕美食馆：做一些营养的蔬菜饼

在怀孕期间，准妈妈应注重合理饮食，保证营养全面均衡，多吃一些蔬菜和五谷杂粮对于准妈妈的身体是很有好处的。如果准妈妈很想吃一些既有营养，而且还十分美味的食物，可以试试自己做一些营养的蔬菜饼。在今天的好孕美食馆中，我们就来介绍几种营养化蔬菜饼的做法。

1. 菠菜鸡蛋饼

【材料】

菠菜180克，面粉50克，鸡蛋4个，姜末、葱花、黑胡椒粉等少许。

【做法】

（1）将菠菜洗干净，放入沸水中烫一下后捞出，过凉水后沥干水分。

（2）将鸡蛋打散成蛋液，平均分成两份；其中一份加入面粉，拌匀成面糊；另一份蛋液中加入少许盐，拌匀待用。

（3）将沥干水的菠菜放入面糊中，放入葱花、姜末、适量的盐与少许胡椒粉，拌匀。

（4）平底锅内放入少许油，将菠菜面糊平摊在锅里，煎至成型后翻面。

（5）将留出的蛋液的一半倒在蛋饼上面，然后翻面，再倒入剩下的另一半蛋液在饼面上。

（6）小火将其煎至两面金黄中间熟透后即可出锅切块装盘。

菠菜和鸡蛋能补充准妈妈在孕期所需的多种营养物质，有利于身体健康。之所以在做蔬菜饼之前要将菠菜先烫一下，主要是因为菠菜中含有大量的草酸，吃起来带有涩味，而且，草酸可能会与食物中的钙结合成草酸钙影响人体对钙的吸收。

此外，在吃的时候，你还可以根据自己的口味，蘸上自己喜欢的各种调味汁，这样味道可能会更好。

2. 香煎薯泥蔬菜饼

【材料】

面粉150克，土豆1个，胡萝卜1/6个，洋葱1大片，豌豆、甜玉米粒各1大匙，蛋黄酱3大匙，适量的发酵粉、白糖、盐、橄榄油、胡椒粉等。

【做法】

（1）先用少许温水将发酵粉化开，然后倒入面粉、白糖和盐，揉成面团。

（2）在面团中倒入橄榄油，然后盖上纱布，将其放置于温暖处发酵，直到变为两倍大为止。

（3）土豆切成小块蒸熟，然后去皮碾成泥，胡萝卜去皮切碎，洋葱洗净切碎。

（4）锅中倒入少许橄榄油，将胡萝卜和洋葱入锅炒一下，然后盛出晾凉，之后将豌豆和玉米粒放入沸水中略微煮一下。

（5）将土豆泥、胡萝卜、洋葱、豌豆、玉米粒倒入大碗中，再加入蛋黄酱、少许盐和胡椒粉拌匀成馅。

（6）将发好的面团分成6等份，盖膜松弛10分钟。

（7）取一小面团，压平，放上馅料，像包包子那样包起来，并再次醒发30分钟。

（8）将醒发好的“小包子”慢慢压平成饼状。

（9）在平底锅中倒入少许橄榄油，然后用小火将饼煎至两面金黄色即可。（在进行这一步之前，你还可以在饼的表面喷上少许水，并沾上一些面包屑，这样可能会更加美味。）

香煎薯泥蔬菜饼能补充人体所需的多种营养成分，但准妈妈在制作和食用时，一定要掌握好油的分量，不要放得太多，要不会很油腻的。

3. 小白菜蔬菜饼

【材料】

中筋面粉120克，鸡蛋1个，冷水180克，牛奶120克，小白菜2、3棵，葱、姜少许，胡椒粉、盐少许。

【做法】

（1）将面粉、鸡蛋、清水、少量的牛奶混合搅拌均匀，等待15分钟左右，这样蛋糊便做好了。在进行此步骤的时候，需要掌握好加冷水的分量，应根据情况进行添加，不能太浓稠也不能太稀了。

（2）将小白菜和葱姜洗干净，然后切成一小段一小段的；

（3）在锅里加入少许油，加入葱姜末炒香，再加入小白菜继续炒香，然后把炒好的菜倒入面糊中，加盐和胡椒粉调味，搅拌均匀成最后的蔬菜蛋糊；

（4）在平底锅中倒入一层薄薄的油，然后再将一大勺蛋糊倒进去，摊成饼，煎至两面金黄就好了。

小白菜蔬菜饼做法比较简单，其中最讲究的就是调制面糊的过程，一定要掌握好加水的分量，要不可能会制作失败，而且在煎饼的时候，最好能放入适量的油，多了，蔬菜饼会变得油腻，少了，则可能粘锅、变糊。在吃的时候，可以蘸上一些蒜汁或是其他的调料，这样味道会更好。

4. 蔬菜米饼

如果家中有剩下的米饭而且也不想浪费扔掉的时候，准妈妈还可以试着做做美味的蔬菜米饼。蔬菜米饼是一种可口的零食，主要的原料是米饭和一些蔬菜，准妈妈可以根据自己的喜好自由地选择添加的蔬菜。现在介绍两种蔬菜米饼的做法。

做法一：选取适量的剩米饭、芹菜、胡萝卜、香菇、油、盐等为原料。先将米饭用饭铲按压一下，这样能使米饭更好地黏在一起；然后把芹菜、胡萝卜、香菇切成碎末，放入油锅翻炒一会儿，让它们变熟；接着将炒好的蔬菜末放入米饭中加少许盐拌匀，捏成饼；最后，把这些办好的食物装盘放入微波炉加热即可。

做法二：选取鸡蛋两个，适量的米饭、胡萝卜、香菜、大葱芹菜、盐、花椒粉、油等为原料。在制作时，先将米饭放入微波炉中高火热1分钟，然后等其稍微冷却之后再放入两个鸡蛋；接着，可以将芹菜、香菜、葱头、胡萝卜等原料切碎；之后，可以在锅里刷薄薄一层底油，用勺放入大小一致的量，煎至两面焦黄即可。在吃的时候可以蘸上一些自己喜欢的调料，这样味道会更好。

胎宝宝的私人音乐厅：古典名曲《春江花月夜》

不仅是外国名曲有着惹人心动的力量，中国的一些古典曲子也非常能吸引人，多听这些曲子对于促进胎宝宝的脑部发育、训练胎宝宝对声音的敏感性、培养胎宝宝的音乐潜能都是很有帮助的。在本周的音乐时光，准妈妈可以和胎宝宝一起来分享一下中国古典名曲《春江花月夜》，和胎宝宝共同领略中国古典乐器的魅力，感受中国古典文化。

《春江花月夜》是中国古代音乐中的经典。这首古曲源于唐代著名诗人张若虚的同名诗：“春江潮水连海平，海上明月共潮生。滟滟随波千万里，何处春江无月明。江流宛转绕芳甸，月照花林皆似霰。空里流霜不觉飞，汀上白沙看不见。江天一色无纤尘，皎皎空中孤月轮……”诗作描写了春天的晚上，皎洁的月光照在宽阔江面的迷人景色，抒发了作者的热爱山水自然的美好感情。后来，有人觉得这首诗非常优美，就将其改编成了乐曲。

在最初的时候，《春江花月夜》原是一首琵琶独奏曲，名为《夕阳箫鼓》、《浔阳琵琶》、《浔阳曲》等，乐曲在明清的时候就已经广泛流传了。乐曲通过流畅多变的节奏，优美婉转而质朴的旋律，巧妙的演奏、配乐技巧等，形象地描绘了月夜春江的迷人景色。整首曲子就像是一幅色彩柔和、清丽淡雅的山水画，将春天晚上的宁静，在山头渐渐升起的月亮，在江面上自由穿梭、荡漾的小舟，以及湖边摇曳多姿的景色全部细致地描绘了出来，让人不禁沉醉。

《春江花月夜》这首曲子的构思非常巧妙，节奏平稳而舒缓，旋律优美典雅而富于变化，以特有的方式表现出了深远的意境，有着很强的艺术感染力。这首曲子中还运用了中国民间音乐中的“换头合尾”表现手法，在富于变化的主题旋律中又很讲究整体性和和谐感，随着音乐主题的变化和发展，乐曲所描绘的情境等也在不断变化着，表现出了大自然景色的神奇变化。

这首曲子分为十段，第一段“江楼钟鼓”描绘出夕阳映江面，熏风拂涟漪的景色，旋律较为平缓;第二、三段，表现的是“月上东山”和“风回曲水”的情境，让人不禁想到风吹江面、花草摇曳、水中倒影渐渐散开的自然景象；紧接着，曲子还将带着我们一起去感受那“江天一色无纤尘，皎皎空中孤月轮”的壮阔景色，那那渔舟在水面荡漾、浪花飞溅、波涛拍岸的美好景色；之后，随着渔舟在江面渐渐远去，江水渐渐复归平静，在悠扬徐缓中，乐曲慢慢结束，余味无穷，仍能引起人的无限遐想。

在欣赏音乐之前，准妈妈可以先了解一些与曲子相关的背景知识，也可以将介绍曲子的内容朗读出来给宝宝听，以此增强音乐胎教的效果。在听音乐的时候，准妈妈可以将音乐调到理想的音量，然后细细聆听，并随着这美妙的音乐飞扬思绪，随着曲子的旋律和节奏去感受春江花月夜的美景，并尽量将自己的感受传达给胎宝宝。

第 32 周：胎宝宝像个小婴儿了

到了 32 周，胎宝宝的皮下脂肪进一步丰富，身上的皱纹开始减少，看起来更像一个婴儿了，此时的胎宝宝已经有 40 多厘米长，体重也差不多快 2000 克重了。同时，胎宝宝的各种器官功能逐步完善，肺和肠胃的功能接近成熟；性器官发育迅速，如果宝宝是男孩的话，这时他的睾丸可能已经从腹腔进入阴囊，但是有的宝宝可能会在出生后当天才进入阴囊；如果是女孩的话，她的大阴唇已经明显的隆起并左右紧贴着。

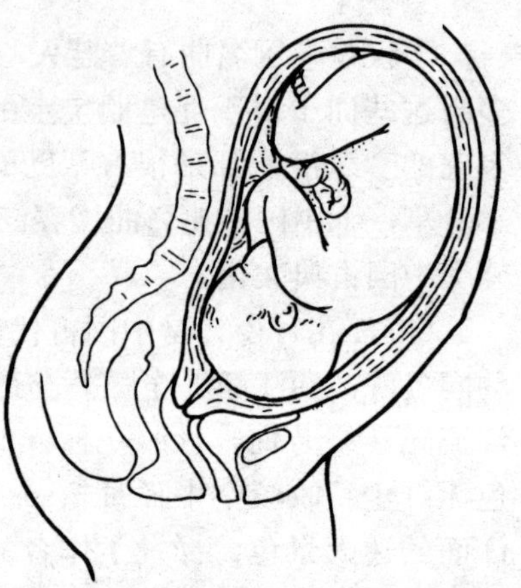

胎儿现在在温暖舒适的子宫里发育良好，羊水开始减少。

1. 多带胎宝宝欣赏一些美的事物

准妈妈多带胎宝宝欣赏一些美好的事物，加强美学胎教，可以让胎宝宝受到很好的熏陶，有利于培养其发现美、感受美的能力，也有利于让宝宝养成乐观的好性格。准妈妈要进行美学胎教，可以多欣赏一些美丽的图片、绘画作品，也可以适当地外出旅游，感受美好的自然风光，这样的美学胎教对于胎宝宝出生之后的成长是很有好处的。

2. 发挥想象力，想象胎宝宝可爱的模样

因为这一时期的胎宝宝差不多已经具有小婴儿的形态了，很多准爸爸和准妈妈都迫切地想要知道胎宝宝的形态和长相。因而，准妈妈在这一时期可以多进行一些想象方面的练习，如想象一些美好的事物，或是想象一下胎宝宝的可爱模样，这样，生出来的胎宝宝也会很可爱的。

第 218 天：孕晚期要更注重合理饮食、营养均衡

到了孕晚期，随着胎宝宝的生长发育和预产期的渐渐临近，准妈妈更应该注重合理饮食，讲究营养均衡。在这个时期，准妈妈在饮食时应以清淡爽口为原则，不仅要多吃一些营养价值高的食物，而且还要注重摄取各种营养。

在孕晚期，准妈妈要注重饮食的多样化和搭配食用，这样才能使准妈妈获得多方面营养成分，有利自己的健康和胎宝宝生长发育。例如在制作菜肴时，准妈妈可以依寒冷与温热性质的不同互相搭配，如作馅或炒菜时白菜配韭菜、茴香，或者韭菜配菠菜、辣椒配苦瓜、茄子加蒜等，都是很好的搭配，可以使寒温结合，不使受损，而且营养全面平衡，有利于人体增加营养。

除了讲究食物搭配之外，准妈妈在饮食上还可以混吃搭配，以起到同吸收多种营养素的作用。例如，可以用土豆炖牛肉既可以减少牛肉的油腻，又可以获得土豆和牛肉中的营养；蒸玉米面馍时加入黄豆面，可同时获得玉米、黄豆两种食物的营养，味道和质地也大米改善；蒸大米饭加上红豆或红小豆，以及大米、小米二米粥、豆稀饭、白面与玉米面发酵后蒸丝糕，都是很好的搭配，可以同时获得多种营养成分。

此外，准妈妈要尽量少吃咸的东西，每天盐摄入量最好在 7 克以下，不宜大量饮水。要限制糖、甜食、油炸食品、肥肉、油脂摄入，避免吃土豆、红薯等不易消化的事物，以减轻胃部被增大的子宫顶的胀满感。

因为胎宝宝在发育的每个阶段所需的营养、准妈妈每一时期的身体状况都是不尽相同的，所以准妈妈应该根据具体的情况，在均衡营养的基础上合理饮食，适当地多补充所需营养。

1. 孕晚期之孕八月

在怀孕八月的时候，胎宝宝开始在肝脏和皮下储存糖原及脂肪，所以此时准妈妈应格外注重碳水化合物的摄入，以保证及时为自己和胎宝宝的身体供给能量。准妈妈最好能做到平均每天进食 350~400 克的谷物，除了我们常吃的大米、白面这样的精粮之外，还要适当增加一些粗粮，比如高粱米、玉米、红薯、燕麦片等。另外，由于怀孕最后的三个月，胎宝宝进入了大脑增殖高峰期，所以准妈妈还应该注重葡萄糖、不饱和脂肪酸等的补入，如多吃一些鱼类、豆类、奶制品类、蔬菜类食物，以满足胎宝宝生长发育的需要。

2. 孕晚期之孕九月

到了怀孕九月的时候，逐渐增大的胎宝宝会给准妈妈带来负担，此时准妈妈

很容易发生便秘、痔疮等问题。为了缓解这些疾病带来的痛苦，准妈妈应在这个月里重点注意摄取足够量的膳食纤维，以促进肠道蠕动。全麦面包、芹菜、胡萝卜、白薯、土豆、豆芽、菜花等各种新鲜蔬菜水果中都含有丰富的膳食纤维，准妈妈在这个月应该多吃些。

除了膳食纤维，准妈妈还必须补充维生素和足够的铁、钙。如准妈妈可以吃些肉类、谷物、豆制品等富含维生素 B_1 的食物，这样就能缓解呕吐、倦怠、体乏等问题；准妈妈应该多吃富含铁、钙的食物，满足胎宝宝生长发育的需要，避免胎宝宝发生缺钙性贫血、缺钙等疾病；准妈妈还应该多吃维生素 K 含量丰富的食物，如新鲜的肝脏、煮熟的绿色蔬菜、新鲜的酸奶等。

3. 孕晚期之孕十月

到了孕十月的时候，准妈妈离分娩的日子越来越近了，此时准妈妈应该多吃富含蛋白质、糖类等能量较高的食品，以为分娩储备能量。同时，准妈妈还必须重点补充各类维生素和足够的铁、钙、充足的水溶性维生素，尤其以维生素 B_1 最为重要。如果维生素 B_1 不足，易引起准妈妈呕吐、倦怠、体乏，还可影响分娩时子宫收缩，使产程延长，分娩困难。所以准妈妈应多吃富含维生素 B_1 的食物，如全麦、燕麦、花生、猪肉、蔬菜、牛奶和海鱼等食物。此外，准妈妈还应多吃些含铁质的蔬菜，如菠菜、紫菜、芹菜、海带、黑木耳等。值得注意的是，在这个月里，由于胎儿的生长发育已经基本成熟，如果准妈妈还在服用钙剂和鱼肝油的话，应该停止服用，以免加重代谢负担。

第 219 天：孕晚期准妈妈应少吃的食物

孕晚期是非常重要的时期，在这段时期，准妈妈除了要注意合理饮食，讲究营养均衡之外，还要注意一些饮食禁忌。下面就分别来说说准妈妈在孕晚期的每个月应当少吃的一些食物吧。

1. 孕八月应当少吃的食物

（1）洋葱。洋葱容易消耗肠道水分而使胃腺体分泌减少，易造成胃痛、肠道干燥、痔疮、便秘或粪便梗阻，从而可能会对肚子里的宝宝产生不良影响。

（2）味精。味精的主要成分是谷氨酸钠，血液中的锌与其结合后便从尿中排出，味精摄入过多会消耗大量的锌，导致准妈妈体内缺锌。而锌是胎宝宝生长发育之必需品，故准妈妈要少吃。

（3）甲鱼。甲鱼虽有滋阴益肾的功效，但是其性味咸寒，有着较强的通血络、散淤块作用，因而有一定堕胎之弊，尤其是鳖甲的堕胎之力比鳖肉更强，所以准妈妈最好不要食用甲鱼，以免给胎宝宝带来不必要的危险。

2. 孕九月应当少吃的食物

（1）荸荠。荸荠性微寒，而多数准妈妈的脾胃虚寒，所以应当少吃或不吃。即使肠胃功能良好的话也不宜多吃，否则会引起胀气等一系列肠胃方面的不适症状。

（2）海参。海参是一种高蛋白低脂的食物，是补充优质蛋白的最佳来源。但若过分食用海参的话，可能会影响准妈妈的食欲，增加胃肠道的负担，并影响其他营养物质摄入，使饮食营养失去平衡。

3. 孕十月应当少吃的食物

（1）黄芪。黄芪具有益气健脾之功，但快要临产的准妈妈应慎食，避免妊娠晚期胎宝宝正常下降的生理规律被干扰而造成难产。

（2）鱼肝油。有些准妈妈在怀孕后为了能让宝宝更聪明健康，便服用鱼肝油来补给营养。但如果长期服用大剂量的鱼肝油，可能会为生产带来一定的副作用，所以准妈妈如果在之前有补充习惯的话，此时也应停止补充。

（3）钙片。钙质是胎宝宝成长发育必需的营养元素，但这个月胎宝宝已经足月，发育也已经几乎全部完成，若此时继续补充钙质的话会导致血中钙的浓度过高，容易出现肌肉软弱无力、呕吐和心率失常等情况，所以此时不宜再额外补钙。

（4）木瓜。木瓜中含有女性荷尔蒙，容易干扰准妈妈体内的荷尔蒙变化，特别是青木瓜。准妈妈若吃太多木瓜的话，不利于胎宝宝的稳定，还有可能导致早产。

在怀孕晚期注意好这些饮食禁忌，准妈妈才能更顺利地生产，以更好的心态迎接健康的胎宝宝的到来。

第 220 天：如何消除孕期黄褐斑

准妈妈们都是非常爱美的，可在怀孕期间，由于身体激素分泌、饮食等方面的原因，一些准妈妈的脸上在不知不觉中就有了黄褐斑的痕迹。面对这种情况，很多准妈妈难免会露出担心和焦虑的神色，为了预防和消除黄褐斑，一些准妈妈甚至动用了各种方法，但效果却并不尽如人意。为了帮助爱美的准妈妈解决这一问题，我们今天就来介绍一些预防和消除孕期黄褐斑的方法。

黄褐斑的形成多是由于组织细胞间微循环受到淤阻，细胞溶解死亡，黑色素不断增多和积淀而形成的。一般来说，色素沉淀的部位主要在表皮基底层，严重的情况还会深入到真皮层，而准妈妈在怀孕期间，尤其是在怀孕 3 ~ 5 月的时候很容易出现妊娠性黄褐斑，直到分娩后才逐渐消退。

如果准妈妈想要预防和消除孕期黄褐斑，可以首先考虑采用食疗的方式，多补充维生素 C 和维生素 E，因为这两种维生素对于干扰黑色素的形成、消褪色素有着很好的功效，具体来说，准妈妈可以多吃这些食物：

1. 猕猴桃和柠檬

猕猴桃中含有食物纤维和多种丰富的维生素，如维生素 C、维生素 D、B 族维生素等。其中的维生素 C 能有效抑制皮肤内多巴醌的氧化作用，预防色素的形成和沉淀，也能使深色素变浅。柠檬中所含的枸橼酸能有效防止皮肤色素沉着，有利于抗斑美容。

2. 西红柿和其他一些新鲜蔬菜

西红柿中富含丰富的番茄红素、维生素C等，这些元素能很好地抑制黑色素的形成，所以对保养皮肤、消除雀斑是很有功效的。在生活中，准妈妈可以通过吃西红柿、用西红柿汁敷面或者使用西红柿面膜等方式来预防和消除黄褐斑。除了西红柿，土豆、卷心菜、花菜、冬瓜、丝瓜等蔬菜中也含有丰富的维生素C，能帮助准妈妈预防黄褐斑。

3. 黄豆、牛奶和一些带谷皮的食物

黄豆中所富含的维生素E能够破坏自由基的化学活性，有抑制皮肤衰老和防止色素沉淀的功效。牛奶中也富含维生素E，也能有效地改善皮肤细胞活性，促进细胞新陈代谢、延缓皮肤衰老。而谷皮类食物中的维生素E，能有效抑制过氧化脂质产生，从而起到干扰黑色素沉淀的作用。因此，准妈妈如果想要预防和消除黄褐斑，在生活中就应该多吃这些食物。

同时，准妈妈在平时还可以通过敷面膜的方式来改善面部皮肤，预防和减少黄褐斑。根据一些准妈妈的亲身体验，有两种自制面膜的效果是十分好的。一个是蜂蜜双仁面膜，也就是将冬瓜子仁、桃仁晒干后磨成细粉，加入适量蜂蜜混合成黏稠的膏状，然后每晚睡觉前涂在斑点上，第二天早晨洗净，这样经过一段时间，黄褐斑会渐渐淡化；另一个就是红酒蜂蜜面膜，即将一小杯红酒加2～3匙蜂蜜调至浓稠的状态后，均匀地敷在脸上，八分干之后，用温水冲洗干净，这种方式也能起到很好的淡斑效果。

妊娠期黄褐斑其实并不可怕，只要准妈妈能在注意饮食调节和日常护理方面多加注意，就能减少黄褐斑的发生，做一个漂亮的准妈妈。

第221天：准爸爸与胎宝宝的沟通妙招

孕育健康的胎宝宝需要准爸爸和准妈妈共同努力，在怀孕期间，不仅是准妈妈需要多关心胎宝宝，做好与胎宝宝的沟通和交流工作，准爸爸也应如此。但相对于准妈妈来说，准爸爸对于胎宝宝状况的了解要少一些，再加上其他的一些原因，准爸爸与胎宝宝交流起来可能会困难一些。为了与胎宝宝更好地沟通，增进彼此之间的感情，准爸爸可以多学一些亲子沟通的技巧。

1. 和胎宝宝聊天

在时间的流逝中，胎宝宝慢慢地发育着，对外界的感知能力也会越来越强，如果是一直坚持语言胎教的话，到了这个时期，胎宝宝差不多能明显地区分准妈妈和准爸爸的声音了。而且，有科学家通过对胎宝宝的听觉功能进行测试得出了这样的结论：胎宝宝更喜欢听准爸爸的声音，出生前如果能经常听到这样的声音，还会对宝宝出生后的行为产生良性影响。因为准爸爸说话的声音主要是以中、低频调为主，这样低沉、浑厚的声音更容易传递到羊水中，是胎宝宝在子宫内听到最适宜的声音。

准爸爸在平时应多和胎宝宝进行语言的交流。在进行语言交流时，准爸爸最好能专注一些，语言中要充满真挚的感情、富于爱心，千万不要抱着应付和随便的态度，因为此时的胎宝宝完全可以根据准爸爸说话的语气来判断态度；在与胎宝宝进行语言交流时，准爸爸应保持高兴而轻松的心情，最好是面带着微笑地说，这样说话时声音就会变得更加动听；在进行语言交流时，准爸爸还应注意与胎宝宝的互动，如当胎宝宝在准妈妈的肚皮上顶起了一个小鼓包的时候，准爸爸可以夸奖一下他，当胎宝宝在准妈妈的肚子里躁动不安的时候，准爸爸可以陪着说说话或是唱儿歌来安慰一下他，等等。

准爸爸和胎宝宝进行语言交流其实就是为了让胎宝宝适应和熟悉准爸爸的声音，增加亲子感情，也为出生后的培养和教育等做好准备。在胎动的时候，准爸爸可以选择任何的内容来和胎宝宝沟通，如聊家常琐事、讲故事、说笑话等都可以。在进入主题之前，准爸爸还可以设计一下自己的开场白，如：“宝贝（或者叫乳名），我是你的爸爸，我会天天和你讲话，我会告诉你外界一切美好的事情。”在沟通的过程中，准爸爸应注意和胎宝宝的互动，在沟通结束之后，最好也不要忘了鼓励和称赞一下宝宝！

2. 多给胎宝宝讲故事或是唱儿歌

除了语言的交流，准爸爸来可以给胎宝宝唱儿歌、讲故事，同时做好语言胎教和知识胎教。对给胎宝宝唱歌和讲故事，胎宝宝会更加熟悉准爸爸的声音，而且对于胎宝宝的脑部发育也会有很大的帮助，有利于后天的智力发育和良好性格的养成。同时，这样的胎教方式还能让胎宝宝更深刻地感受到准爸爸的重视与关爱，产生快乐的情绪，这对于其日后的发育大有好处。

在给胎宝宝讲故事或是唱儿歌的时候，准爸爸除了要保持认真、耐心的态度，饱含着感情地进行沟通，最好还能根据胎宝宝的特点来选择适宜的故事和曲目，要控制好的声音的大小和活动的时间，最好能选择平稳的曲调或是用浑厚而亲切的声音来讲，切忌说得太大声，以免给胎宝宝造成不良影响。而且在活动时间上，最好能选在胎宝宝活动的时间进行，每次的时间控制在10分钟左右，这样才不至于影响胎宝宝的休息。

3. 抚摸胎宝宝，来个“亲密接触”

每个孩子都喜欢父母的爱抚，胎宝宝也不例外，为了能更好地增进感情，准爸爸还可以在适当的时候和胎宝宝来个“亲密接触”。在进行抚摸胎教时，准爸爸可以先让准妈妈保持一个舒适的姿势坐着或躺着，然后在胎宝宝活动的时候，双手轻柔地放在准妈妈的肚子上，按照从上到下、从左到右的顺序轻轻地抚摸，还可以在抚摸的同时和胎宝宝说说话或是玩一些亲子游戏。但需要注意的是，在抚摸的时候，准爸爸的动作一定要轻、要慢，千万不能伤着胎宝宝，抚摸的时候也不宜太长，一般最好控制在5分钟左右。

多学习一些与胎宝宝沟通的技巧和妙招，准爸爸与胎宝宝之间的交流才会更顺畅，这样有更有助于提高胎教的效果。

第222天：孕晚期准爸爸必做事件

怀孕和分娩并不是准妈妈一个人的事情，准爸爸在每个时期也应该做好各方面的准备，尽好自己的职责。在孕晚期，当准妈妈经受着身体的疼痛和心理的困惑时，准爸爸也同样要承担诸多责任，做好全面的准备。

1. 调节好心态，做好角色转换的心理准备

虽然从妻子怀孕的那一刻开始，准爸爸就知道自己要做父亲了，但只有到胎宝宝的出生后，准爸爸才算是真正的父亲，要充分担当起父亲的职责了。身为父亲，准爸爸应对月子里的妻子和刚刚出生的宝宝做好充足的料理准备，要努力解决一家人的经济问题、提高生活质量，要慢慢地面对宝宝的成长、教育过程中遇到的诸多问题，等等，对于未来可能会出现的一些基本情况，准爸爸应该有所心理准备，这样在真正担当起父亲角色时，才能做得更好一些。

2. 照顾好准妈妈的饮食起居，尽量陪准妈妈一起去做孕期检查

到了孕晚期，由于体重的增加，准妈妈在生活上可能会有诸多不便，此时准爸爸就担当好自己的角色，如主动承担家务、注意保护妻子的安全、注意多陪在妻子的身边、当其行动不便时帮助她等。

在孕晚期，准爸爸应充分做好准妈妈的饮食安排和调理工作。在这个时期，各种营养的合理摄取和适当控制都非常重要，因为此时宝宝的生长发育已基本成熟，所以准爸爸应帮助妻子增加蛋白质、钙、铁等营养素的供给，同时适当限制脂肪和碳水化合物等热能的摄入，以免胎宝宝长得过大。同时，为了避免分娩困难，准爸爸还应该合理控制一下准妈妈的营养供给，以助于准妈妈控制好体重。另外，准爸爸还可以为妻子准备一些营养丰富、容易消化的食物，会为即将到来的分娩积攒体力和能量。

在照顾准妈妈的起居方面，准爸爸应该尽量做到无微不至，在小处也要用心呵护。比如，准妈妈在孕晚期通常会出现弯腰困难、穿鞋困难、捡东西困难等情况，如果此时准爸爸在身边，就请为准妈妈代劳吧；准妈妈在孕晚期的时候尽管行动不便，但还是需要进行适量运动的，如果条件允许的话，准爸爸每天都应该抽出一定时间陪妻子散散步；准妈妈在孕晚期每周都要到医院进行产前检查，但此时准妈妈的身体负重很大、行动不便，此时准爸爸也最好能陪同妻子去医院体检，以保证妻子的安全；到了孕晚期，准妈妈可能经常会有腰酸背痛的情形，准爸爸可以关切地给妻子按摩一下。

3. 在精神上给予妻子更多的关爱与支持

在怀孕期间，准妈妈可能会变得脆弱而敏感，对人的依赖性也会增强，此时准爸爸要宽容地对待妻子的抱怨和牢骚，多关心和理解她们。当妻子有不良情绪时，准爸爸也应该多开导和鼓励他们，以自己的关心转移或缓解准妈妈的不良情绪。而且，准爸爸还要学会勇敢面对妻子将要承受的痛苦，当妻子还在待产室时，要尽可能地陪在她的身边，悉心照顾她，不时帮她喂水、按摩，等等，还有义务和

她说说话，以分散她的注意力，这些都能够稍稍缓解她的痛感。当然，就算你心里同样紧张，但在整个生产过程中、面对你妻子时，你也一定要保持轻松冷静的状态。因为如果当她疼痛的时候，你显得比她还要痛苦害怕，那就真的是帮了倒忙了。另外，你也不要认为妻子的产痛不可能转移到你的身上，你就真的一点帮不上忙，只要做到了上述的这些，实际上你就已经在很大程度上帮到她了。

4. 提前了解生产过程

准爸爸有必要提前了解整个生产过程和可能出现的意外问题，一旦意外真的发生的话，一定不能慌张无措，更不能对医生护士横加指责甚至大声喊叫辱骂，此时最好的做法是保持镇定冷静的情绪，多多安抚周围紧张的家人。如果有些事情需要你签字决定的话，一定要果断行事，切不可犹豫拖延，以免耽误产房里产妇和宝宝的救治。

5. 学习照顾新生儿的知识

准爸爸还可以在宝宝未出生前，努力学习照料宝宝的知识，如给婴儿洗澡、换尿布、洗奶瓶，等等，只有对这些琐事有了事先的熟悉和良好的心理准备，才不至于在宝宝出生之后，把自己弄得手忙脚乱。

第 223 天：知识胎教：了解二十四节气

在这个时候，胎宝宝感知外界事物和准妈妈思想的能力进一步加强，如果此时准妈妈自己能始终保持强烈的求知欲望，并且注重对胎宝宝的知识胎教，就会促使胎宝宝不断接受刺激，促进大脑神经和细胞的发育，而且也有助于胎宝宝后天的成长。因此，准妈妈和准爸爸应该利用好时间，做好知识胎教。在今天，准妈妈和准爸爸可以给胎宝宝来讲讲二十四节气的知识。

在讲解知识的时候，准妈妈和准爸爸最好能先准备一下，比如先在网上找好相关的资料或是直接买一本适用于胎教的知识手册，这样在讲解的时候才能才能针对要点进行发挥，讲得更加精彩一些。

其次，准妈妈在进行知识胎教前应该先选择一个舒适的姿势，保持心情的愉悦和注意力的集中，在整个讲解的过程中，准妈妈应充分调动自己的情感、积极思考和大胆想象。因为胎宝宝是能感知到准妈妈的心理的，准妈妈的行为通过转化形成刺激，这些刺激作用于胎宝宝就可能激发胎宝宝的潜力、促进其发育。如果准妈妈能保持一个良好的状态，知识胎教才能取得良好的效果。

另外，在讲解知识的过程中，准妈妈和准爸爸需要多关注胎宝宝的反应和感受，尽量选择胎宝宝喜欢的方式来进行讲解，在讲解的同时多与宝宝进行一些互动。

【知识卡片】

对于二十四节气，相信大家都不陌生，它们指的是立春、雨水、惊蛰、春分、清明、谷雨、立夏、小满、芒种、夏至、小暑、大暑、立秋、处暑、白露、秋分、寒露、霜降、立冬、小雪、大雪、冬至、小寒、大寒这二十四个气候。有人为了便于记忆还编写了一段顺口溜，即：

春雨惊春清谷天，夏满芒夏暑相连，

秋处露秋寒霜降，冬雪雪冬小大寒。

这二十四个节气的划分,充分考虑了季节、气候、物候等自然现象的变化。其中，立春、立夏、立秋、立冬分别是四个季节的开始；惊蛰、清明反映了自然气候的变化和转折,尤其惊蛰,它用天上初雷和地下蛰虫的复苏,来预示春天的回归;小暑、大暑、处暑、小寒、大寒等5个节气反映气温的变化，等等。基本每个节气都有着特殊的意义，如今的人们就是根据节气的变化来安排自己生活的。

第 224 天：看电影《阿甘正传》，在经典中寻觅纯粹与执著

“人生就像各种各样的朱古力，你永远不会知道哪一块属于你。”生活中的事情是很奇妙的，时而让人欣喜，时而令人担忧……面对“让人欢喜让人忧”的孕期生活，准妈妈更难免会有诸多感慨。当准妈妈被一些不良情绪困扰的时候，或是想要放松身心的时候，或是为了休闲娱乐，都可以带着胎宝宝一起来欣赏一些励志电影,《阿甘正传》就是不错的选择。

《阿甘正传》是根据作家温斯顿·格卢姆的同名小说而改变的一部美国电影，自 1994 年上映以来，影片就风靡全球，受到了人们的喜爱，在 1995 年一举囊括了奥斯卡最佳影片奖、奥斯卡最佳男主角奖、奥斯卡最佳导演奖等六项大奖。

电影《阿甘正传》通过一个聪明而又幸运的弱智青年的眼睛描绘了美国的近代史。影片的主人公阿甘于二战结束后不久出生在美国南方亚拉巴马州一个闭塞的小镇，他先天弱智，智商只有 75，但他却有一个性格坚强、为人善良、有着诸多美好品质的母亲，她要让儿子和其他正常人一样生活，而且还常常鼓励要自强不息。阿甘虽然有些傻，但却并不是一无是处，他有一双疾步如飞的“飞毛腿”，更有许多常人都不一定具备的美好品质，如单纯正直、善良友爱等，在母亲的影响和熏陶下，在内心美好品质的激励下，阿甘傻人有傻福，上演了一段精彩的故事，也成就了自己。

影片的主要剧情是这样的：从小智商很低的阿甘在上学的校车里遇到了金发小女孩珍妮，并和她结为朋友，阿甘不断奔跑的人生也由此展开。在中学时，阿甘为了躲避同学的追打而跑进了一所学校的橄榄球场，就这样跑进了大学。在大学里，他被破格录取，并成了橄榄球巨星，受到了肯尼迪总统的接见。

大学毕业后，受到别人的鼓动，阿甘应征参加了越战。在从军的过程中，发生了许多有趣而又发人深省的故事，最终，在一次战斗中，阿甘所在的部队中了埋伏，阿甘拼命跑出很远之后，才发现自己的朋友巴布还没有跑出来，于是又回去寻找，尽管最终没有救回自己的好友，但却救起了许多的同伴，立下了卓越战功。战争结束后，作为英雄受到了约翰逊总统的接见。

在此之后，阿甘在“说到就要做到”这一信条的指引下做了许多令人意想不到的事情，成就了自己的事业，如以顽强的毅力苦练乒乓球，并作为乒乓外交的

使者到中国参加比赛，并为中美建交立了功；教“猫王”埃尔维斯·普莱斯里学跳舞；帮约翰·列农创作歌曲；在风起云涌的民权运动中，他瓦解了一场一触即发的大规模种族冲突……

除了表现阿甘的坚强、执著等美好品质，美好而曲折的爱情也是影片中的一大亮点。阿甘从小一直爱着珍妮，但珍妮却不爱他，在经历了种种磨难之后，珍妮终于投入了阿甘的怀抱，之后又悄悄离开。醒来的阿甘又开始了自己人生中漫长的奔跑，这一次他跑步横越了美国，又一次成了名人。在 3 年之后，他终于见到了珍妮，还有自己的孩子，并带着他们一起回到家乡。

高超的编排技巧、精彩的台词和对白，戏剧性的故事情节、引人思考的哲理、催人向上的精神……这诸多要素融合在一起，共同成就了这部影片。影片自始至终洋溢着温情和善意，展现着许多美好的事物和情感，每个看了这部影片的人都会有所收获。

相信准妈妈在欣赏影片时也会有不少自己的感慨和收获吧，不妨说出来和胎宝宝分享一下吧。

胎宝宝的阅读时光：给胎宝宝读几首经典童谣

在本周的阅读时光，准妈妈可以带着胎宝宝一起来朗读一些经典而有趣的童谣，让胎宝宝在快乐聆听的同时培养语言的潜力、促进脑部发育。

数字童谣

一只小蜜蜂呀，飞到花丛中呀，飞呀，飞呀。
二只小耗子呀，跑到粮仓里呀，吃呀，吃呀。
三只小花猫呀，去抓小耗子呀，追呀，追呀。
四只小花狗呀，去找小花猫呀，玩呀，玩呀。
五只小山羊呀，爬到山坡上呀，爬呀，爬呀。
六只小鸭子呀，跳到水里面呀，游呀，游呀。
七只小百灵呀，站在树枝上呀，唱呀，唱呀。
八只小孔雀呀，穿上花衣裳呀，美呀，美呀。
九只小白兔呀，竖起长耳朵呀，蹦呀，蹦呀。
十个小朋友呀，一起手拉手呀，笑呀，乐呀。

保护眼睛

小眼睛，亮晶晶，样样东西看得清。
好孩子，讲卫生，不用脏手揉眼睛。

做早操

早上空气真叫好，我们都来做早操。
伸伸臂，弯弯腰，踢踢腿，蹦蹦跳，

天天锻炼身体好。

九九歌

一九二九不出手，
三九四九冰上走。
五九六九，阳坡看柳。
七九河开，八九雁来，
九九无凌丝。
九九加一九，耕牛遍地走。

两只小兔

两只小白兔，上山采蘑菇，
碰见只小鹿，正在种萝卜，
红萝卜，白萝卜，
馋得小兔拍肚肚，
小鹿拔萝卜，送给小白兔，
小兔吃萝卜，忘了采蘑菇。

小白兔

小白兔，白又白，
两只耳朵竖起来，
爱吃萝卜和青菜，
蹦蹦跳跳真可爱。

搬鸡蛋

小老鼠，搬鸡蛋，鸡蛋太大怎么办?
一只老鼠地上躺，紧紧抱住大鸡蛋。
一只老鼠拉尾巴，拉呀拉呀拉回家。

小老鼠上灯台

小老鼠，上灯台，偷油吃，下不来，
喵喵喵，猫来了，叽里咕噜滚下来。

老虎和灰兔

坡上有只大老虎，坡下有只小灰兔；
老虎饿肚肚，想吃灰兔兔，
虎追兔，兔躲虎，老虎满坡找灰兔；
兔钻窝，虎扑兔，刺儿扎痛虎屁股。
气坏了老虎，乐坏了兔；
饿虎肚里咕咕咕，窝里笑坏了小灰兔。

动物歌

公鸡公鸡真美丽，大红冠子花外衣，
油亮的脖子红红的爪，人人见了人人夸。
小鸡小鸡叽叽叽，爱吃小虫和小米。
小鸭小鸭嘎嘎嘎，扁扁嘴，大脚丫。
小青蛙，呱呱叫，专吃害虫护庄稼。
小肥猪，胖嘟嘟。吃饱饭，睡呼呼。
小松鼠，尾巴大，轻轻跳上又跳下，
我帮你，你帮我，采到松果送回家。
小孔雀，真美丽，身穿一件花衣裳，
衣服干净又整齐，我们大家喜欢你。

好孕美食馆：菇类食物宜多食

以前曾经有不少人认为准妈妈在孕期不应该食用菇类食物，以为这可能会对准妈妈和胎宝宝的身体健康造成影响，引发早产、流产等问题。这种观点实际是缺乏科学依据的，现在的一些营养学家认为，准妈妈在孕期也应该适当吃一些菇类食物，菇类中也含有人体所需的多种营养，能帮助准妈妈补充营养，改善食物结构，增强身体免疫力。

菇类中含有丰富的多糖体，这种物质具有明显的抗癌活性，对癌细胞有很强的杀伤力，从而能提高机体的免疫力。对于准妈妈来说，菇类多糖体的主要作用有：菇类多糖体能帮助准妈妈提高身体的免疫力，减少孕期患病的几率，更能防治一些癌症的发生；菇类多醣体能降低胆固醇，减少准妈妈患高血压、冠心病、动脉硬化等疾病的概率；它能很好地消除自由基，促进体内细胞正常工作，保持人体机能的正常运转；它还能促进胰岛素的分泌，帮助准妈妈防治妊娠糖尿病。

除了菇类多醣体之外，菇类中还含有人体所需的多种营养元素，所以准妈妈在孕期应该适量地吃一些菇类，如香菇、草菇、金针菇、蘑菇等。今天，就给准妈妈介绍两道鲜美的菇类食物的做法吧。

1. 蘑菇炖豆腐

【材料】

嫩豆腐500克，鲜蘑菇50克，熟竹笋片25克，素汤汁适量，酱油10克，香油25克，精盐、味精各适量。

【做法】

（1）将嫩豆腐切成小块，加水放进锅中煮一下，捞出待用。注意时间不宜长，水开后立即捞出，以免煮老了。

（2）把鲜蘑菇削去根部黑污，洗干净，放入沸水中焯1分钟捞出，用清水漂凉，切成片。

（3）在沙锅内放入豆腐、笋片、鲜蘑菇片、盐和素汤汁，用中火煮得沸腾之后，改用小火炖上12分钟，加入酱油、味精，淋上香油就可以了。

【功效】

这道菜鲜美可口，营养丰富，其中含有蛋白质、脂肪、糖、钙、磷、铁、锌、铜等营养成分，温和养胃，有生津润燥、清热解毒的功效，同时更能为准妈妈和胎宝宝提供全面的营养。

2. 香菇炖鸡

【材料】

一只鸡，适量的香菇，几颗红枣，枸杞10粒，姜片2　3片，盐等调料少许。

【做法】

（1）将鸡清理好，洗干净之后斩去鸡的头部和尾部，将鸡肉切成块备用。

（2）将香菇、红枣、枸杞等洗干净，将香菇撕小一些，将红枣和枸杞放入温水中浸泡一会备用。

（3）在锅中放入足够量的清水，放入鸡肉，大火煮滚后捞去浮沫，放入姜片、泡过的红枣和枸杞，还有香菇。

（4）用中火炖上一两个小时，在出锅前撒些盐等调料就可以了。

香菇炖鸡可以补气血、养颜、提高免疫力，能为准妈妈和胎宝宝补充足够的营养，而且，香菇中的有效成分溶解在汤内，可提高人体吸收率。但在选择鸡时，准妈妈最好选择瘦一点的，以免炖出来的汤太油腻。

胎宝宝的私人音乐厅：布拉加《天使小夜曲》

前面我们已经介绍了一些有名的小夜曲及相关知识。小夜曲是中世纪一种抒情风格的声乐体裁形式，流行于欧洲等国，其旋律悠扬悦耳，乐音缠绵婉转，很有感染力，也比较适用于胎教。其实，在听了舒伯特、莫扎特等人的小夜曲之后，准妈妈在本周的音乐时光中，还可以听听布拉加的《天使小夜曲》。

《天使小夜曲》又名《瓦拉契亚的传说小夜曲》，原本是由钢琴伴奏、大提琴助奏的独唱曲，后来，美国的小提琴家津巴里斯特、克莱斯勒等人将其改编为为小提琴曲，之后，这首曲子还被改改编为其他的艺术形式，如钢琴曲、竖琴曲、管弦乐曲等。但在这众多形式中，流传最广最为人们所接受的还是小提琴曲版的。

这首曲子的旋律优美，节奏富于变化，有着很强的艺术感染力。全曲主要采用三部曲的形式，总体的曲调较为明畅舒缓，就像是宁静的月夜下的缓缓流水，让人觉得十分惬意。

在小提琴和伴奏音响的和谐配合下，曲子以逐渐向上移动的旋律线展开，由平淡舒缓而渐渐趋于欢快，接着，乐曲又慢慢地呈现出中间部主题，预示着困扰和烦恼的情绪，随后，曲调又恢复明快晓畅，在渐变的节奏中，人的情感也会跟着起伏，而在简短的尾声中，音量由弱至强，力度变化激烈，最终，在富于戏剧性效果的和弦最强奏中曲子结束，给人以很强的震撼力，余味无穷。

准妈妈可以选择一个宁静的月夜，对窗而坐，一边欣赏这首优美的曲子，一边还能欣赏窗外皎洁的月光，这样可能会更有感觉。在听曲子之前，准妈妈最好能做好准备工作，先了解一些与曲子相关的知识，以便更好地理解曲子的主题，尽快进入其中的意境。之后，准妈妈就可以聆听音乐了，在听的时候，准妈妈需要保持注意力集中，全身心地沉浸其中，并随着曲调和旋律去自由想象。

第九个月（33 ~ 36 周）：挤眉弄眼的可爱小娃娃

1. 胎宝宝的变化

在这个月，胎宝宝快速地生长发育着，此时其身体已经成为圆形，而且皮下脂肪开始丰富，皮肤的皱纹也相对减少；皮肤呈淡红色，指甲长到了指尖部位；胎宝宝能够表现出喜欢或厌烦的表情；性器官和内脏已经发育齐全，肺部基本完成发育。另外，此时的胎宝宝已经为分娩做好了准备，将身体转为头位，即头朝下的姿势，头部已经进入骨盆，因为到这个月的月底，胎宝宝就正式成为足月儿，可能随时会降生了。

2. 准妈妈的变化

从这时开始，准妈妈到了怀孕过程中最为烦恼的时候，因为这时的子宫还在继续往上、往大长，子宫底的高度已经到了 28 ~ 30 厘米，大概升到了心口窝的位置；腹部还在继续向前挺进，身体变得更为沉重，所以行动越来越笨拙，很容易引起腰部外伤或腰椎间盘突出；准妈妈常常会感到气短、喘不过气来；尿频、水肿、便秘等问题也依旧在困扰着她们。

在这个月，如果是初产妇的话，胎宝宝的头部已经降入骨盆，紧紧地压在子宫颈上；而对于经产妇，胎宝宝入盆的时间会较晚些。在这个月，准妈妈要特别关注胎位，因为胎位正确与否关系到孕妇能否正常分娩。胎位如果是臀位，即胎儿的臀部朝下，这种情况，要在医生的帮助下进行纠正，以便顺利生产。由于胎宝宝已经占据了整个子宫，活动空间减少，所以这时候的胎动会越来越少了，准妈妈更要留意做好胎心和胎动的监护工作，以防出现不测。

3. 胎教重点

（1）营养胎教

到了这个月，逐渐增大的胎宝宝会给准妈妈带来负担，准妈妈很容易发生便秘。

由于便秘又可引发内外痔，所以必须及早预防和缓解。为了缓解便秘带来的痛苦，准妈妈应在这个月里重点注意摄取足够量的膳食纤维，以促进肠道蠕动。全麦面包、芹菜、胡萝卜、白薯、土豆、豆芽、菜花等各种新鲜蔬菜水果中都含有丰富的膳食纤维。

（2）情绪胎教

充足的休息不仅能适当补充准妈妈的体力，防止过度疲劳，还可使准妈妈保持良好的精神状态和情绪。

准妈妈的精神好坏与胎宝宝的健康和能否顺利生产都有着至关重要的联系。当准妈妈的精神愉快、情绪和谐时，血液中有利于胎宝宝健康发育的激素和化学物质就会增加，因而胎宝宝的活动便更加有规律性，可促进胎宝宝神经系统发育。相反，如果准妈妈长时间处于焦躁不安、悲伤或紧张恐惧的状态下，血液中有害神经系统和心血管系统的化学物质就会增加，引起肾上腺激素分泌过多，进而影响胎宝宝的健康状况，有些甚至还会引起晚期流产或早产的现象。因此，准妈妈在这个月应更要注重休息和睡眠质量，平时不要过度劳累，尽量减少外出活动，为即将来临的生产提前养精蓄锐。

第33周：骨骼渐渐结实起来

第 33 周的胎宝宝身长约有 40 多厘米，体重也已经超过了 2000 克。此时的胎宝宝身体变得圆润，呼吸系统和消化系统已近成熟，皮肤也不再又红又皱了。而且在这个时期，胎宝宝身体部位的骨骼也渐渐变得结实起来，但其头骨仍然很软，每块头骨之间有空隙，这是为宝宝在生产时候头部能够顺利通过阴道做准备。

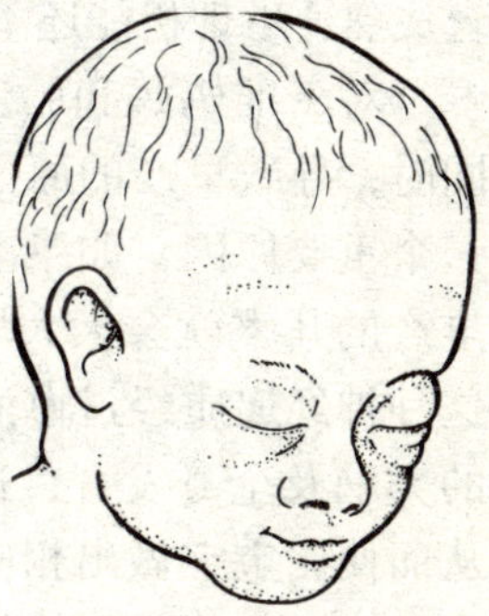
胎儿的眼睑很肿，也许是为了防护眼睛一直泡在羊水里。

1. 培养胎宝宝的学习能力

知识胎教是胎教的重要内容，尽管仍在准妈妈的肚子里，但此时的胎宝宝差不多已经具备了较为复杂的学习能力，其他方面的感知能力也在进一步加强。因而，准妈妈和准爸爸应该抓住时机，多给胎宝宝讲一些简单的生活常识和通俗的百科知识，让宝宝在知识的熏陶中健康地发育成长，为日后生育一个聪明好学的宝宝打好基础。

2. 多听一些幽默故事和笑话，缓解内心的焦虑和不安

到了怀孕后期，一些准妈妈的心理压力会增大，焦虑不安的情绪也会滋长，这很有可能会引起早产。此时，为了调节好情绪，准妈妈可以多听一些幽默故事和笑话，保持好心情。准爸爸在生活中应该多多关心和照顾准妈妈的情绪，也可以搜集一些这方面的故事讲给准妈妈听，逗她开心。

第 225 天：过度焦虑会引发早产

在怀孕期间，很多准妈妈还常常会产生焦虑的情绪。有人曾针对这一问题做过专门的调查，结果显示，有 98% 的准妈妈在孕晚期会产生焦虑心理，这其中的部分人能通过自我调节的方式来缓解自己的焦虑情绪，而部分人却不善于调节，结果心理焦虑的问题会变得越来越严重。

一般来说，造成准妈妈焦虑的原因无外乎这些：一是因为很多准妈妈都是初产妇，在生育方面缺乏经验，大家往往通过各种媒体或是别人的诉说来了解这方面的情况，在看到、听到一些人的痛苦经历后，想着自己也要经历这一过程，所以就会到焦虑；二是因为担心胎宝宝的健康和自己的身材等，害怕生出畸形儿、害怕自己的身体会受到影响，从而变得焦虑；三是当面对孕期出现的一些困难和疾病时，觉得自己无力应对，也会变得焦虑；另外，如果准妈妈还要面对其他的一些压力，如家庭经济窘迫、属于单亲妈妈、家中长辈有重男轻女的思想等，会产生心理焦虑的几率就会更大了。

焦虑情绪不但对准妈妈的身体健康有很大的危害，也会给胎儿健康带来极大的危害。据临床观察，在怀孕期间高度焦虑的孕妇，发生恶心、早产、流产、产程过长的现象较多，而且容易生出兔唇、腭裂等畸形的孩子。尤其是因过度焦虑而引发早产的问题，这在现实生活中并非少见，而是一件概率很高的事情。

早产是指在怀孕 28 ~ 37 周之间进行的分娩，在此期间出生的体重在 1000 ~ 2499 克的新生儿，称为早产儿。此时，胎宝宝的各身体各器官还未完全发育成熟，生理机能还不健全。

对于准妈妈和胎宝宝来说，早产都是有很大风险的，准妈妈应该尽量避免。同时，导致早产的原因也是多种多样的，准妈妈的情绪和心理状况不佳是其中的一个重要原因，如果准妈妈在怀孕期间常常感到焦虑、恐惧、惊慌、抑郁，那么早产的几率就会大大增加。这主要是因为，准妈妈情绪能够产生一种神经递质，这种神经递质经过血液循环进入胎盘，就会传递给胎宝宝，进而会影响到胎宝宝的大脑及全身发育，这也就是说，准妈妈的不良情绪会不自觉地传达给胎宝宝，从而使胎宝宝做出相应的反应。另外，如果准妈妈总被焦虑等不良情绪困扰，就常常会坐立不安，使得自身的消化和睡眠受到影响，这样胎宝宝也势必也会受到影响。

人生在世，难免会有焦虑和困惑的时候，准妈妈更是如此，如果只是轻度或是偶尔的焦虑，只要及时调整好，对自己和胎宝宝的身心健康是不会造成不良影响的，但如果是过度焦虑，真的会造成严重的后果。因此，准妈妈应该学会调节好自己的情绪，避免受到过度焦虑情绪的影响。

准妈妈的焦虑症多数是由心理原因引起的，在预防和缓解焦虑时也应该“对症下药”，首先，在准备怀孕之前和怀孕之后，准妈妈和准爸爸可以共同了解孕婴生活、健康等方面的基本常识，对于可能出现的情况做到心里有数，这样就能避免面临问题时的手足无措，也能减少焦虑的发生；其次，准妈妈应该学会掌控自己的心情，保持开朗的心境，尤其是到了妊娠中后期，多做些能使自己放松下来的活动，对于父母、公婆有时可能会出现的唠叨、过分关心等现象，要充分予以理解，用积极正面的态度去面对，不要因此而给自己的思想和神经背上重负，当感觉由于生产临近而紧张时，不妨从“宝宝就要和我见面了”的角度来思考，这样紧绷的神经也能在不知不觉中有效地松弛下来。

第 226 天：做快乐妈妈，克服分娩的恐惧

在怀孕期间，尤其是到了孕晚期，随着宝宝降生日子的一天天临近，很多准妈妈常常会变得担忧，甚至恐惧，这不仅严重地影响了准妈妈的心情和日常生活，而且还为胎宝宝的发育成长带来的不利影响。

在怀孕期间，多数准妈妈会变得敏感而脆弱，对别人的依赖心理也会增强，再加上生理方面的变化、孕期出现的很多困难，所以就很容易患上孕期恐惧症。此时，平时的一些小事就能触发她们恐惧的心理。不仅如此，一些准妈妈常常生出一些不必要的担心。比如，有些准妈妈在怀孕期间已经听很多过来人讲述了分娩时“疼得死去活来”的情景，所以到预产期临近的时候就会因为害怕难产而产生恐惧心理；有些准妈妈因为在孕期犯了一些行为和饮食禁忌，所以就非常担心宝宝不健康或生出畸形儿；有些准妈妈在生活中并没有得到充分的关爱，所以就觉得生孩子和带孩子是一件非常麻烦的事情；还有些准妈妈担心生完孩子之后自己会变胖，皮肤会变差……

其实，准妈妈的这些担心都是有一定道理的，但如果因为这些原本可以解决的问题而变得恐惧怀孕和分娩就是大可不必了。毕竟，相比于孕育生命的美好和伟大，这些问题真的不算什么。一般来说，准妈妈的恐惧心理多是因为没有做好迎接宝宝的心理准备而引起的，她们不敢去面对新生命，对孕期的各种状况缺乏很好的心理认知和应对能力，所以就很容易受到恐惧症的侵袭。

而如果准妈妈在怀孕之前和怀孕期多深入学习和了解一些相关的知识，恐惧心理也就自然能够消失。比如说，有的准妈妈总是担心孩子不健康或是畸形，而实际上只要准妈妈没有畸形家族病史，能够保持健康良好的生活习惯，注重自我保护，远离辐射和带菌的小动物等有害物质，就基本都能够生出一个健康的宝宝。如果有的准妈妈在孕早期或不知道自己已经怀孕的情况下接触到了某些可能危害胎宝宝健康的东西，可以到医院向医生进行相关咨询，以便了解情况，及时采取措施，让自己能够安下心来孕育胎宝宝。

因为害怕难产而产生恐惧心理也是不必要的。尽管每个准妈妈在分娩时都会经历一些疼痛，但却很少有人会至于“痛死”，而且由于每个人的身体状况不同，别人的经验也未必会应验在自己身上。正常情况下，只要在怀孕时注意孕期的营养均衡和合理控制、在平时进行适度的运动、注意一些生活细节，如果不出什么意外的话，基本就能生育出健康的宝宝。换句话来说，如果真要有什么问题，你在事前担心也是白费工夫的，那又何必增添无谓的烦恼呢？

对于因为担心生育会使皮肤变差、身体走形的准妈妈来说，只要在怀孕时坚持适当的锻炼和皮肤护理，保持充足的睡眠和良好的心情，不让体重增长过快，在生育后坚持锻炼和恢复，还是比较容易恢复原先的身材的。而且，此时准妈妈如果能想想腹中的宝宝、想象自己孕育生命的幸福，这些烦恼可能就会

消失了。

总的来说，只要准妈妈找到了自己恐惧的对象，学习和了解相关的知识，就很容易“对症下药”了。恐惧是发自内心的，所以最好的解决办法也是从心着手，主要消除她们的内心隐忧，乐观地看待怀孕和分娩这些事，就能消除恐惧感。对于家人来说，只要能够帮助准妈妈正确面对怀孕带来的种种变化，做足心理准备，她们的妊娠恐惧症还是比较容易治愈的。而对于一些情形比较严重的准妈妈，也应该及时接受专业的心理治疗，以尽早消除心理恐惧。

第 227 天：准妈妈应认识和预防妊娠抑郁症

在怀孕期间，准妈妈不仅要经受诸多生理上的疼痛，可能还会面临很多生理上的问题，妊娠抑郁症就是准妈妈应该特别警惕的一种心理疾病。据统计，目前有近 10% 的女性在孕期会受到不同程度的抑郁症的侵袭。妊娠抑郁症的主要表现就是准妈妈在一段时间内持续性表现出喜怒无常、容易发火、心神不定、情绪低落、无法集中注意力、失眠多梦、暴饮暴食或者食欲不振等反常情绪，这种心理疾病如果得不到充分重视和及时治疗，是具有相当大的危险性的，它可能会使孕妇照料自己和胎儿的能力受到影响，并带来很多不好的后果。

1. 妊娠抑郁症的成因

造成孕期抑郁症的原因有很多，其中最为主要的有生理方面的原因、心理原因和由其他社会因素而引起的原因。

在生理方面，由于在怀孕期间，准妈妈体内激素水平发生显著变化，进而对大脑中调节情绪的神经传递产生影响，造成不良情绪，一般来说，在怀孕前有过抑郁症、家族中有人患有抑郁症、有过流产经历等情况的准妈妈更容易患上妊娠抑郁症。尤其是以前自己或家人有抑郁症的准妈妈一定要特别留心，因为在怀孕的情形下抑郁症很容易复发，有科学研究显示，过去有过抑郁病的女性有 70% 在怀孕期间会再度复发。

在心理方面，随着孕期身体状况的改变和诸多孕期状况的出现，很多准妈妈常常会觉得难以应对，再加上生活中的其他压力，所以很多准妈妈就容易产生焦虑和抑郁情绪。

除了这两方面的因素之外，准妈妈的世界观和人生观、文化背景、人际关系、社会经验、怀孕时的年龄、对孕期知识的了解程度等也都与准妈妈是否容易患上妊娠抑郁症有关。

临床的研究和实验证明，妊娠抑郁症对于准妈妈的身心健康和胎宝宝的成长发育都是非常有害的，准妈妈在怀孕和分娩时出现的很多并发症都与抑郁症有关，如妊娠抑郁症可能导致引发准妈妈的妊娠高血压综合征、习惯性流产、早产或产程延长、胎儿窘迫、胎膜早破等疾病，造成严重的后果。同时，准妈妈的妊娠抑郁症还可能影响到胎宝宝的正常发育和日后的成长，使胎宝宝在出生后身体素质下降、行为能力受到影响，或是也被遗传上抑郁症。

2. 妊娠抑郁症的调节

如果不小心患上了妊娠抑郁症，准妈妈一定要格外留意，并学会自我调节。准妈妈要放下思想上的包袱，消除不必要的担心，乐观地应对怀孕期间出现的各种问题；准妈妈应尽量让自己保持轻松的心理状态，可以尝试着多做做自己喜欢的事情，如看小说、听音乐、适量运动，身体允许的情况下还可以外出旅游，等等；准妈妈应学会多和别人交流和沟通而不是整天自我封闭，可以和亲友交流一下自己的感受，向朋友和家人说出你对于未来的恐惧和担忧，有什么问题也可以寻求大家的帮助；准妈妈可以通过多吃一些有助于身心愉悦的食物如香蕉、莲子、核桃等来预防和缓解妊娠抑郁症；准妈妈还应该学会自我调节情绪的方法，要懂得自我欣赏，多看自己的优点，遇到事情时尽量往好的方面去想。除此之外，准爸爸和其他的家人也应该给予准妈妈更多的关心和爱护，和准妈妈一起渡过难关。

而如果准妈妈的妊娠抑郁症已经很严重，无法通过自我调节的方式得到缓解时，就应该立即寻求医生的帮助，在医生的指导下服用一些对自身和胎宝宝没有副作用的抗抑郁药物，也可以请一位这方面的心理医生或精神治疗专家来进行心理上的辅导和诊治，以免病情延误，带来消极后果。

第228天：教你学做心理体操

怀胎十月，尤其是到了孕晚期的时候，眼看着胎宝宝就要出生了，此时准妈妈的心中多是欣喜、紧张、焦虑等多种情绪交织在一起，既有期待胎宝宝出生的喜悦，也有对分娩时过于疼痛、自己身体和胎宝宝身体状况的担忧。

负面情绪对于准妈妈自己的身体健康和胎宝宝的发育都是很不好的。有科学家经过研究发现，大约3/4有情绪问题的准妈妈生下的宝宝都会出现不同程度上的行为问题，而且准妈妈消极的情绪会使宝宝的慢性疾病增多，身体素质下降，甚至还会增加孕期意外事故的发生几率。比如，当准妈妈的情绪激动时，可能会造成胎动频繁和胎宝宝的心率加快；但准妈妈发怒时，体内的激素就会增加，并通过胎盘影响胎儿，从而导致胎宝宝体内的白细胞减少，免疫力和抗病力会降低，在孕晚期时可能还会导致早产、难产等问题；当准妈妈长期处于过度紧张、痛苦、恐惧情绪时，将对胎宝宝的下丘脑造成不良影响，影响胎宝宝的智力发育和良好性格的形成；而当准妈妈长期处于焦虑不安、抑郁的情绪中，胎宝宝出生后可能就往往会躁动不安、爱哭闹、个性怪僻、智力低下等。正因为这种种不良后果，所以，准妈妈必须要重视怀孕期间发生的心理问题，努力做好心理体操，避免不良后果的发生，一旦发生也应该想办法及时解决。

1. 自我调节，保持良好的心态

准妈妈首先应该学会自我调节，努力让自己保持一个良好的心态。自我帮助，多给自己一些积极的心理暗示很重要。当内心有了强大的信念时，准妈妈的焦虑自然会解除。如果准妈妈对自己有一个明晰的认识、凡事都能以乐观的心态来看待的话，就能勇敢面对孕期遇到的问题并积极解决好；如果准妈妈能学会自我调节和相信自我的话，就不会给自己以及丈夫造成过大的压力，这样，孕期生活才会幸福而美好。

2. 理智处理和准爸爸的关系

很多准妈妈在怀孕的时候对丈夫特别依赖，希望得到对方全部的爱和关怀，这就会造成二人关系失衡，当准妈妈对准爸爸的期望没有达成时，就容易产生诸多抱怨，情绪上也会变得敏感脆弱、大起大落，致使关系紧张僵化。准爸爸是对准妈妈情绪影响为最直接的人，双方之间的情感会帮助准妈妈度过艰辛的时刻，所以此时的宽容、理解、体谅和信任就格外重要。对于准妈妈来说，就是要学会换位思考，学会体谅丈夫的苦衷，要知道，因为胎宝宝即将出生，准爸爸的压力也很大，他们不仅要照顾好自己，还要更勤奋地工作，以为全家人创造良好的物质条件。

3. 培养兴趣爱好，调节情绪

有调查研究表明，人在孤独和无聊时产生的消极情绪要比在有事可做时产生的消极情绪多得多。因此，准妈妈应该努力使自己的生活丰富起来，尽可以利用闲暇的时间多做做自己喜欢而又力所能及的事情，如看杂志、听音乐、短途旅行等，在自己的爱好中转移注意力、忘记烦恼，学会积极地思考问题面对生活，重拾快乐的情绪。同时，准妈妈还可以多学点东西、培养更为广泛的爱好，这样，准妈妈不仅能在学习的过程中结识更多的朋友，自己的生活也会变得充实而丰富，心情也会变好很多。

尽管孕期激素水平的影响和身体上的变化会给准妈妈的内心带来一定的影响，但是只要能够掌控自己的情绪，保持情绪的平稳，就能轻松愉快地度过孕期，同时还能预防产后抑郁的发生。

第229天：带着胎宝宝在阳光下说说话

随着孕期的增长，准妈妈的身体会变得越来越沉重，在行动上多多少少会有些不便，不少准妈妈待在家里的时间会逐渐增多，户外活动的时间会相应减少，但这样做其实是不科学的。相对来说，孕九月还是准妈妈身体和精神状态比较好的时候，而且也是胎宝宝成长发育的关键时期，准妈妈应该抓住这段时间，做好各方面的胎教工作，其中就包括带着宝宝到户外散散步、晒晒太阳，这样做不仅有利于保持自己的身体，对胎宝宝的发育更是好处多多。

在阳光明媚的午后，尤其是在冬春季节有阳光的天气，准妈妈可以带着胎宝宝到户外放松一下心情，在阳光下陪胎宝宝说说话、稍微地运动一下，或是叫上几个熟悉的朋友，在阳光下闲聊和活动。要知道，万物生长靠太阳，准妈妈带着胎宝宝在沐浴阳光、进行语言交流是有益于身心健康的。

首先，阳光具有杀菌的作用，当人体的皮肤适当地接受阳光照射时，皮肤和衣服上的细菌就会被消灭不少，皮肤的抵抗力会增强，人体的免疫力也会相应地增强。如果经常晒太阳的话，准妈妈就能变得更强壮和健康一些，减少皮肤病的发生几率，解除一些不必要的困扰。

其次，人体的健康运转需要多种营养物质的工作作用，而生命活动中必需的维生素 D 主要就是通过晒太阳这种方式来获得的。维生素 D 又叫“阳光维生素”，当准妈妈沐浴在阳光下，原本蕴藏在准妈妈的维生素 D_3 就能在紫外线的作用下发生一些特殊的反应，并转化成维生素 D。这种“阳光维生素”可以帮助准妈妈和胎宝宝摄取并吸收钙、磷等营养物质，保证准妈妈和胎宝宝的身体健康，避免骨质疏松、发育不良等情况的发生。

在怀孕期间，为了维持自身的健康运转和胎宝宝的发育需要，准妈妈对钙、磷等物质的需要会有所增加，通过食用奶制品、鸡蛋、钙片等方式的确能补钙，但有时候补充的营养物质却未必能完全吸收，晒晒太阳，就能很好地促进营养物质的吸收，保障供应的充足。

再次，晒太阳还有着其他更多的功能，如晒太阳能够促进人体的血液循环、增强人体新陈代谢的能力，能使人体循环更加顺畅，让人产生舒适的感觉；晒太阳还可以刺激骨髓制造红细胞，提高造血功能，从而防止贫血；在寒冷的冬天晒晒太阳还可能让人体感觉到温暖，身体得到放松，等等。

在晒太阳的同时，准妈妈还可以和胎宝宝说说话，多和宝宝进行一些交流。至于说话的内容，准妈妈尽可以随意地选择，比如，准妈妈可以在阳光下对胎宝宝絮叨一下家常，跟宝宝说说最近家里发生了什么事情、新买了什么东西、说说自己喜欢吃的食物、喜欢的书等；准妈妈可以在阳光下带着胎宝宝散散步，活动一下筋骨，并给胎宝宝讲讲自己的运动心得；阳光下，准妈妈可以带着胎宝宝在有花有草的广场，观察一下人群和各种各样的花草，并说给胎宝宝听，顺便进行知识胎教；准妈妈可以陪着胎宝宝在阳光下享受美妙的音乐，并进行交流和沟通；等等。

当然，在带着胎宝宝沐浴阳光的同时，准妈妈也应该注意保证自己和胎宝宝的安全，不要在饿着肚子或是吃得很饱的时候晒太阳，也不要阳光猛烈的时候晒太久。而且，即使是温和的阳光，也不要长时间地停留，应根据自身的实际情况掌握好时间。另外，由于紫外线对人体还是有一定危害的，而相对来说，白色和浅色的衣服吸收太阳光热量要弱一些，所以准妈妈最好能穿着白色或浅色的衣服晒太阳。

第 230 天：知识胎教：了解动物为什么会冬眠

胎宝宝在准妈妈的肚子里慢慢地成长着，到了这个时期，虽然胎宝宝的大部分时间还是在准妈妈的肚子里睡觉，但在准妈妈的影响下，他的作息会变得越来越有规律，而且每天也还是有很多清醒和活动的时间的。培养胎宝宝认识和感知自然的规律，过有规律的生活也是胎教的重要内容，只有这样，胎宝宝在出生后才能更好地适应环境。其实不仅是我们人类要遵从自然规律，世界上的其他生物也是如此，有些动物为了适应残酷的自然规律，还练就了冬眠的本领。在今天的知识胎教中，准妈妈就陪着胎宝宝一起来学习动物冬眠的知识吧。

1. 有趣的动物冬眠

在自然界中，有很多动物都会冬眠。当寒冷的冬天到来时，很多动物都停止了活动，纷纷躲到舒适而温暖的地方，以自己的方式来抵御饥饿和寒冷，度过漫长的冬天。动物们冬眠的方式是多种多样的：青蛙、蛇等动物会躲到温暖的地里或是山洞中睡觉，在整个冬天不吃不喝不动；大多数的昆虫，在寒冷的冬天到来时会以“蛹”和“卵”的形式冬眠；冬眠的时候，蜗牛会用自身的黏液把壳封起来；松鼠会多到树洞里睡大觉，以此来过冬，等等。

蛇类的冬眠是非常奇特的。当寒冷的季节到来时，大批的蛇会集体冬眠，它们常常是成百上千条地聚在一起的，互相搂抱在一起取暖和沉睡，一起冬眠。这主要是因为蛇是变温动物，它们的体温会随着外界温度的改变而改变，冬天时温度变低了蛇类的体温也会很低，如果是单独过冬的话，很有可能会被冻死，所以它们就会选择群体聚集的方式来保暖，减少死亡率。在冬眠的时候，蛇一般会选择温暖的山洞或是泥土中，以保持均衡的温度。

黑熊的冬眠也很特别。在冬眠之前的秋季，黑熊每天用20个小时不停地吃，用这段时间来储存大量的营养，冬天到来时，它们就会躲到温暖的洞中睡几个月的觉，在这段时间内，它们既不喝水也不吃食，也从不排泄身体代谢物，但它们的体温却能维持不变。有科学家经过研究发现，当人或其他的动物处于休眠时，不仅消耗脂肪还消耗肌肉蛋白，而黑熊却只消耗脂肪和水。因此在冬眠之后黑熊的行动恢复得很快，而且在冬眠的过程中，黑熊有时候还会醒来，更为神奇的是，有些黑熊在冬眠的时候还可能会产下熊宝宝。

鼠类也会冬眠，在冬眠之前，它们会现在地下挖很深很深的洞，然后在洞中储藏大量的粮食，当寒冷来袭时，它们就躲在洞里，吃喝睡觉，以此度过冬天。

2. 动物冬眠的原因和好处

有些动物之所以会冬眠，其实是一种抵御不良环境的保护性行动，当环境温度偏低和食物缺乏时，这些动物在活动和觅食方面就会受到严重的影响，所以就采取冬眠的方式来维持生存、保护自己。科学家们通过实验证明，在冬眠动物的血液里，有一种能诱发冬眠的物质，这种物质主要存在于血清中，呈颗粒状，有时候这种物质也会黏附到红细胞上，因而使红细胞也有了诱发冬眠的作用。而在自然界的生物中，有些动物的体内含有这些物质，而有些没有，这就是为什么有些动物会冬眠而有些动物不会的原因了。

科学家还发现，在这些冬眠动物的血液中，还存在这另一种与冬眠物质相对抗的物质，当这种物质在动物血液中达到了一定的浓度，动物就会从冬眠的状态中苏醒过来，正因为这样，这些冬眠的动物才会在温暖季节到来时醒过来而不会就这样睡死过去。

冬眠能使这些动物平安地渡过寒冷而缺乏食物的冬天，继续生存下去。这是一些变温动物适应自然规律，在恶劣的环境下生存下来的“法宝”。

在冬眠的时候，甲状腺和肾上腺的作用会降低，呼吸、血液循环、新陈代谢等方面的活动也会变慢，这样就能少消耗很多营养物质，这样在缺乏食物的环境中也能存活下来。另外，冬眠会使这些动物得到很好的休整，其身体的一些机能也会不断增强，比如，冬眠后的动物抗菌抗病能力会增强，这有利于它们在来年保持健康；冬眠后的动物动作会变得更加敏捷，食欲更加旺盛，身体的器官功能也更强健，有利于它们的捕食和生存。

在今天的知识胎教中，准妈妈是否又觉得学到了不少知识呢？准妈妈在自己增长知识的同时还要很好地将这些讲给胎宝宝听，帮助胎宝宝快速发育哦！

第231天：和宝宝一起玩几个有趣的推理游戏

在进行胎教时，准妈妈和准爸爸还需要注意一点，那就是最好不要只是在某一方面进行熏陶和培养，而要将各个方面的能力融会贯通，使胎教内容更为全面一些，这样，才能使胎宝宝的发展更为全面一些，避免某些方面发育迅速而有些方面发育迟缓的问题。准妈妈在孕期陪胎宝宝做一些有趣的游戏也是一项重要的胎教内容。今天，准妈妈可以抽时间和胎宝宝一起来玩几个有趣的推理游戏。

推理游戏1：少了一元钱

一位老婆婆靠卖蛋为生，她每天卖鸡蛋和鸭蛋各30个，其中每3个鸡蛋卖1元钱，鸭蛋每2个卖一元钱，这样一天可以卖得25元钱。忽然有一天，有一位路人告诉她把鸡蛋和鸭蛋混在一起每5个卖2元，可以卖得快一些。第二天，老婆婆就尝试着这样做，结果却只卖得了24元。老婆婆很纳闷儿，蛋没少怎么少了1元，这一元钱去哪里了呢？

答案：原来1个鸡蛋可以买到1/3元，1个鸭蛋可以卖到1/2元，平均价格是每个（1/3＋1/2）÷2=5/12元。但是当混合着卖之后，1个鸡蛋和1个鸭蛋平均可以卖到2/5元，比原来的平均价格少了5/12-2/5=1/60元，而这天老婆婆一共卖了60个蛋，所以正好少了1元钱。

推理游戏2：他们什么时候会重聚

有7个年轻人他们是好朋友，每个星期都要到同一个餐厅吃饭，但是他们去餐厅的次数不同：小毛每天都去餐厅；阿华隔一天去一次；米米每隔两天去一次；小樱每隔三天去一次；小乐每隔四天去一次；小可每隔五天去一次；次数最少的是乐韵，她每隔六天去一次。

昨天是2月29日，他们愉快地在这家餐厅见面了，在愉快的相聚之后，他们还憧憬着下一次见面的情景，请问下一次他们相聚餐厅会是在什么时候？

答案：解读这道题，需要先求出七个人相聚的最小公倍数，然后再计算时间。结果为，420天之后，即第二年的4月24日。

陪胎宝宝玩游戏不仅能增进母婴之间的情感沟通，更能帮助胎宝宝更健康地成长。因为游戏中也蕴涵着知识，也需要准妈妈动手、动脑，在这个过程中，胎宝宝会接受到不少良性的刺激，这有助于培养胎宝宝的语言能力和思维能力，增强胎宝宝感知和理解事物的能力，培养其他方面的潜力，对胎宝宝的成长是十分有利的。

动起来：和准爸爸一起来做“夫妻体操”

准妈妈在孕期进行适量的运动是非常必要的，这一方面能帮助准妈妈预防和缓解孕期经常出现的一些疾病，另一方面，运动也能起到调节和改善心情的作用，准妈妈在运动的过程中，心情会变得舒畅而美好，这对于孕育健康的胎宝宝是很有好处的。然而，到了孕晚期，准妈妈的腹部会变得会越来越大，此时很多运动都不宜进行了。准妈妈在孕晚期最佳的运动方式是散步和做简单的体操。如果觉得一个人进行这个运动有些无聊的话，准妈妈还可以拉着准爸爸一起来运动，如一起散步、一起做体操等。准爸爸和准妈妈一起进行运动也是一种很好的胎教方式，这样不仅能起到运动的效果，还能增进夫妻间的感情，同时也能促进胎宝宝的生长发育。今天，我们就来介绍一些适合准爸爸和准妈妈一起做的“夫妻体操”。

夫妻体操第一节

具体步骤如下：

（1）准爸爸和准妈妈横站成一排，两人手牵手，保持两腿张开的姿势，腿张开的宽度要与肩同宽；

（2）分别伸出另一只手，慢慢举到头上，之后两人的手连接在一起；

（3）一边吐气，一边伸展侧身，外腿弓，里腿绷直；

（4）慢慢将伸出手放下，恢复最初的动作；

（5）两人互换方向，并重复以上的动作，一般左右两个方向各做一次；

这组动作能帮助准妈妈锻炼分娩时使用的肌肉，使之更加灵活，同时也能消除准妈妈在孕期经常出现的腰酸背痛等症状。

夫妻体操第二节

具体步骤如下：

（1）准爸爸和准妈妈背对背站着，张开两腿，保持与肩同宽；

（2）准爸爸上半身向左转，准妈妈上半身向右转；

（3）双方击打双手，在转身和击打时要注意保持节奏一致；

（4）恢复原位；

（5）准妈妈的上半身向左转，准爸爸的上半身向右转，之后双方击打双手；

（6）重复前面的动作。

这组动作能使准妈妈的腰部、腿部和手臂得到一定的锻炼从而消除和缓解妻子孕期出现的臀部和腰部的不适，同时也能帮助改善血液循环。

夫妻体操第三节

具体步骤如下：

（1）准妈妈先盘腿坐好，挺直胸，臀部坐在正中，并举起双手；

（2）准爸爸站在后面，拉住准妈妈的手，轻轻地向上提拉；

（3）准妈妈张开嘴轻轻地吸气呼气，吸气时往上提，呼气时向下松；

（4）准妈妈慢慢地合起双手；

（5）准爸爸一只手拉住准妈妈的手轻轻地向上提，另一只手下垂，准妈妈要注意在此时应调整好呼吸；

（6）重复前面的动作。

这组动作能帮助准妈妈锻炼肩部和手臂的肌肉，缓解准妈妈胸闷、肩酸的症状。但在做操的时候，准爸爸一定要注意控制好力度，不能太粗鲁，以免拉伤准妈妈。

夫妻体操第四节

具体步骤如下：

（1）准爸爸和准妈妈面对面坐下，膝部弯曲呈90度；

（2）准爸爸的腿张开与肩同宽，手尖向内，背部略弯，收下颌；

（3）准妈妈的腿向外张，准爸爸的腿向里夹；

（4）重复前面的动作，最好能连续做四个八拍。

这组动作主要能帮助准妈妈锻炼腿部的肌肉，使腿部肌肉变得更有弹性和力量，这对准妈妈在分娩时的用力是很有帮助的，同时也能缓解腿部酸痛等症状。

夫妻体操第五节

具体步骤如下：

（1）准妈妈跨坐在椅子上，保持身体放松。

（2）准爸爸站在准妈妈身后，从肩部开始，沿着脊柱的方向轻轻以画圆圈的方式按摩，一直到腰底的关节。

（3）再重复进行一次。

准爸爸学会给准妈妈按摩放松，可以缓解准妈妈宫缩时的疼痛，也能帮助准妈妈缓解孕期出现的诸多不适症状。但在按摩时，准爸爸应该控制好力度，用力要轻柔，按摩的时候还要多点耐心、多点关爱。

好孕美食馆：缓解胃部灼热的饮食

在怀孕期间，由于准妈妈的内分泌发生了很大的变化，很容易造成食管下段的括约肌松弛，致使胃液反流到食管下段。由于胃液中含有胃酸，胃液的反流就会刺激食管下段的痛觉感受器，从而使准妈妈的胃部产生灼热的疼痛感，再加上胎宝宝不断增长，也会在一定程度上阻碍胃里的食物排空，促使胃液反流到食管下段，这样准妈妈胃部灼热的问题就会更加严重。

胃部灼热是准妈妈在孕期一般都会经历的问题，为了缓解胃部灼热，准妈妈需要在饮食方面加以注意，其中最主要的是掌握这样一些正确的饮食原则：

（1）准妈妈应养成良好的生活习惯，在吃完饭或是吃了饭之后的两个小时内应该站立或者坐一段时间而要避免躺着，因为如果准妈妈在这时躺下的话，胃中的食物就很容易反流到食管，而如果坐着或是站着，胃中的食物一般就会留在胃部底层，慢慢地消化掉。

（2）准妈妈在平时应该保持少食多餐的饮食原则，在白天的时候每餐少吃一点，不要使胃部有过于饱胀的感觉，以减少胃酸逆流，一天多吃几餐，以5～6餐为宜，这样就不至于吃得不足，营养不够了。到了晚上，尤其是在睡觉前的两三个小时，准妈妈最好不要进食，如果是实在觉得饥饿，可以补充一杯热牛奶，如果是还吃了其他的食物，在吃后的半个小时到1小时内，最好不要卧床休息。

（3）准妈妈在平时应该放慢吃饭的速度，细嚼慢咽，在吃饭时就专心地吃饭，不要边看电视边吃饭也不要在其他方面分心，同时也不要在吃饭的时候喝大量的水或者是饮料。如果准妈妈觉得吃完东西之后有点消化不良，还可以嚼一块口香糖，以此刺激唾液分泌，中和胃酸。

（4）准妈妈在有胃灼热情形发生的一段时间，应避免食用易引起肠胃不适的饮料和食物，如碳酸饮料、咖啡、巧克力、肉类熟食、番茄和番茄汁等酸性食物，以及胡椒、辣椒等辛辣食物，油炸食物和一些脂肪含量高的食物。

（5）准妈妈在平时应多吃富含胡萝卜素、维生素C的水果和蔬菜，如猕猴桃、苹果、胡萝卜、大头菜等，同时也应多吃一些利于消化的五谷杂粮等，而应该少吃一些脂肪含量过高的食物或是油炸食品，以及会损伤食道的食物。因为高脂肪食物往往不易消化，在胃中停留的时间过长，而油炸食品也可能会削弱食管肌肉，损伤食道的食物会对食道造成严重伤害，不当地食用这些食物都很容易引发胃灼热。

（6）准妈妈在平时应避免暴饮暴食。如果一下子吃得太多，胃中的食物一时会很难消化，这样就很容易反流至食管。

（7）准妈妈应控制好自己的饮食和体重。有相关的科学依据证明，如果准妈妈的体重超标严重，也会增加胃部的负担，尤其是能增加胃压，并且这种压力也会传递给食管导致胃内容物压力上升，这样就很容易引起胃灼热。因此，准妈妈在孕期最好能使自己保持在相对标准的水平，要进行适量的运动来控制自己的体重。

另外，如果准妈妈想要进行适量的运动，也应该避免在饭后立即进行，这样也是对身体很有害处的。为了保证身体健康，准妈妈在用餐之后，起码要等两个小时之后，才可以进行运动。

如果准妈妈能在孕期多注意这些饮食原则，掌握科学的生活方法，就能缓解或减轻胃灼热的问题。

胎宝宝的私人音乐厅：德彪西《大海》

胎宝宝不仅喜欢听准妈妈和准爸爸说话的声音，而且也很愿意听到悦耳的音乐声和美妙的自然之音，因此，在怀孕期间，准妈妈不妨多多满足胎宝宝的这些需求。在本周的音乐时光，准妈妈可以陪着胎宝宝一起来倾听德彪西的《大海》，感受一下海的气息、波涛的声音。

《大海》是德彪西最大的一部交响音乐作品，大致创作于1905年，同年进行了初次演出。德彪西非常喜欢这首曲子，关于这首曲子的创作，德彪西曾经有过这样的感慨："谁会知道音乐创造的秘密？那海的声音，海空划出的曲线，绿荫深处的拂面清风，小鸟啼啭的歌声，这些无不在我心中形成富丽多变的印象。突然，这些意象会毫无理由地，以记忆的一点向外围扩展，于是音乐出现了，其本身就自然含有和声。"

这是一首美妙的音乐作品，主要表现的是大海美丽的景色及富有动态的性格。全曲主要由三个乐章组成，这些乐章内容不同但又紧密地联系为一个整体，共同构成了一部完整和谐的作品。第一部分主要表现了海上的黎明到中午这段时间的美景，勾画了一幅红日慢慢升起，光亮映照海面的动人景色；第二部分中，生动地描绘了白色的浪花拍击海岸时的情景，给人以动态感；第三部分的主题为"风和海的对话"，描写了海风吹拂，引得潮声阵阵，聆听曲子，在波涛声中仿佛能听到风与海的对话，人的心情也会变得宁静而舒畅。整首曲子充分显示了德彪西的印象派音乐的特色，即尝试着以音乐来捕捉和表现事物的印象或是人的情绪。

这首曲子的旋律优美短小，和声新颖，音色也较为丰富，刻画了一幅生动的海的画面，而且在时间和空间上给人以完整的"海"的印象和对海的幻想。准妈妈可以选择周末的清晨或是闲暇的傍晚来听听这首曲子。在听曲子之前，最好能抛开身心的束缚，闭着眼睛去聆听曲子的优美旋律，静静地感受曲调所营造的海浪声、风的声音，细细地品味曲中的意境。在聆听的同时，准妈妈还可以尝试着跟随音乐的节拍轻轻吟唱，这样就更利于产生共鸣了。

第34周：胎宝宝的头部进入骨盆了

这个时期的胎宝宝皮下脂肪在不断变厚，而且开始变胖，身体也更加圆润了，坐高约30厘米，体重2300克左右。此时胎宝宝的各种身体器官逐渐发育成熟，男宝宝的睾丸已经降至阴囊中，女宝宝的大阴唇已隆起，左右紧贴在一起。更为明显的变化是，胎宝宝已经将身体转为头朝下的姿势，而且头部已经进入了骨盆，为分娩做好了准备。

胎儿皮肤表面的胎脂开始消失。

1. 多陪胎宝宝听听悦耳动听的音乐

这个时期，胎宝宝对外界面的感受能力进一步加强，如果能多听听美妙的音乐，让胎宝宝感受音乐中明显的节奏变化、旋律起伏，可以更好地激活胎宝宝的大脑神经功能，促进胎宝宝大脑的良好发育。因此，准妈妈在平时应该多放一些柔和悦耳的音乐来听，而且在播放音乐时还要注意，在一段时间内最好是能重复地听一些音乐。

2. 多吃富含膳食纤维的食物

到了怀孕晚期，由于子宫不断增大，准妈妈的肠胃功能受到了很大的影响，所以不少准妈妈的会出现便秘或是便秘的症状进一步加重的问题。所以，在这期间，准妈妈应该合理安排好自己的饮食，多吃一些富含膳食纤维的食物，以促进肠胃蠕动，缓解便秘症状。

第 232 天：读懂你的孕检报告

在怀孕期间，定期做孕期检查是非常重要的。在生活中，准妈妈们几乎都能做好孕期检查，对每次孕检的时间和需要检测的项目都比较了解，可对于记录检查结果的孕检报告，很多准妈妈都反映说看不懂，今天我们就来简单说说这方面的知识。

1. 常规检查

首先是一些常规检查的结果。孕期的常规检查包括称体重、量腹围、测宫高、测血压、检查骨盆、看胎位、尿检等。比如，在体重检查中，计算标准体重的方法为：体重（千克）除以身高（米）的平方，如果数值在 18.5 ~ 24.9 之间，就算是标准体重，如果不足 18.5 就是体重不足，超出 25 则为超重，在 30 以上则为肥胖。一般来说，准妈妈想要保证自己的身体健康和顺利分娩，最好能注意这样的准则，即平时体重正常的准妈妈怀孕期可增重 11.3 ~ 15.8 千克；超重者怀孕期可增重 6.8 ~ 11.3 千克；肥胖者怀孕期可增重 5.0 ~ 9.0 千克。在这些常规检查中，所记的数值一般都比较容易看懂，而且准妈妈还可以通过各项的标准列表来进行对照，这样在了解起来也不会很困难，在这里就不做详细说明了。通过这些数值的变化，准妈妈就能很好地了解自己的身体健康状况以及胎宝宝的变化。

2. B 超检查

在怀孕期间，准妈妈通常要经过几次 B 超检查，B 超是目前使用最广泛的胎儿影像学监护仪器，一般来说，孕期状况比较平顺的大约要做 3 次左右，而如果状况不怎么理想的准妈妈，要做的次数可能更多。通过 B 超检测和观察，医生就能准确地了解准妈妈腹中胎儿的大小，胎动、羊水情况、胎儿畸形筛查等方面的情况，并及时记录下来，告知准妈妈。如下就详细地说说准妈妈该怎么看懂孕检报告中关于 B 超检测中的一些项目和结果：

（1）心率，胎心频率一栏中记录的是胎宝宝的心率数值，正常范围是每分钟 120 ~ 160 次。但在孕妇剧烈活动、心率过速、胎动时，也可能会暂时升高，这时就需要进行复查。

（2）双顶径（BPD）和股骨长（FL），双顶径是胎宝宝头部双侧顶骨隆起之间的径线长度，股骨长是指胎宝宝身体中大腿骨的长度，股骨是胎宝宝身体中骨骼最长的部分。通过这两项的数值，医生能推算出胎宝宝的大小和体重。

（3）头围（HC）和腹围（AC），分别指胎宝宝头部一周的长度和腹部一周的长度，它们是测量胎宝宝每个阶段发育状况的重要指标。

（4）肱骨长（HL）和头臀长（CRL），分别指胎宝宝上臂骨的长度和从头到臀的长度，通过这些数值，能知道孕周数和胎宝宝的发育状况。

（5）宫颈长，是指准妈妈的宫颈长度，如果孕36周前准妈妈的宫颈长度少于3.0厘米时，需要密切关注有无早产发生。

（6）羊水深度，通过这个数值可以判断准妈妈子宫内羊水的多少，羊水深度在2 ~ 8厘米即为正常，超过8厘米为羊水过多，少于2厘米为羊水过少。需要说明的是，羊水过多或过少都对胎宝宝不利。当然，也有些报告不用羊水深度，而用羊水指数（AFI）来表示，正常指数范围为8 ~ 18厘米。

（7）B超中其他一些项目。如果在唇部、颈部、胎动、胃泡、双肾、膀胱、四肢长骨等项目的后面有“√”的标志，就说明胎宝宝的这些功能正常，没有异样的情形，而如果没有什么标志或者有说明的文字，准妈妈应该及时咨询医生，询问具体情况。另外，在“脐带”一项中，如果没有特别注明，则表示正常，如果胎宝宝存在绕颈现象，则会出现“脐带绕颈X周”等字样。

第233天：不可忽视的打鼾问题

打鼾也就是我们俗称的打呼噜，在现实生活中，很多人在睡觉时都会有这样的问题，有人甚至认为这是睡得香、睡得甜的表现，其实并不是这样的，对一般人而言，打鼾可能是由疲劳、饮酒，或者是一些疾病引起的，是身体健康状况欠佳的征兆，而对于准妈妈来说，打鼾更是一个不容忽视的问题。

1. 准妈妈为什么会打鼾

在怀孕之后，很多原本不打鼾的准妈妈开始在睡觉时开始打起鼾来，有些原本有轻微打鼾的准妈妈情况更加严重了。为什么会这样呢？如果你对其中的原因不甚了解，可以听听医生的解释。在医生看来，一些准妈妈之所以会在孕期打鼾，在孕晚期的时候情况有所加重，主要是因为：

第一，因为怀孕，准妈妈身体内的血液循环增加，在大量激素影响下，就常常会导致导致鼻黏膜和软腭充血，这样，上呼吸道的阻力就会增强，再加上准妈妈采用的睡觉方式，可能也会加剧充血的状况。因此，准妈妈在睡觉时可能就会由于呼吸道不畅通而打鼾了。

第二，很多准妈妈在孕期会出现血压升高的情况，同时由于生理方面的变化，上呼吸道可能会变得狭窄一些，再加上准妈妈体重增加、肺通气功能有所减弱，因此也很容易造成打鼾的情况。

2. 打鼾的危害

准妈妈应该重视孕期打鼾问题，而绝不能掉以轻心，因为打鼾可能会给自己的身体健康和胎宝宝的正常发育带来不利的影响。准妈妈打鼾时，可能出现呼吸暂停现象，会导致血压上升，阻止血液从胎盘流向胎宝宝，这样，准妈妈可能会有中风或心脏病发的危险，胎宝宝则可能因为缺氧而窒息。尤其是到了孕后期，随着胎宝宝的增长，准妈妈承受的生理压力不断增大，耗氧量也会增加，如果因打鼾而造成呼吸系统的障碍，对自己的身体健康、对胎宝宝的发育都是非常不利的。

同时，有研究显示，孕期打鼾可能会引起先兆子痫等疾病，而且产下的宝宝发育也相对迟缓。先兆子痫是一种危险的疾病，通常表现为血压升高、手脚和面部肿胀以及尿蛋白等症状，这会严重损害母婴的健康。而血压升高，很有可能会造成母体低氧血症，这会使胎儿发育迟缓。另外，打鼾还可能是睡眠窒息的征兆，如果准妈妈出现恶性打鼾，可能会出现呼吸停止达几秒的情况，如果反复出现，也可能会出现窒息的情况。

3. 如何预防和治疗

首先，因为肥胖是引起打鼾的一个重要原因，所以准妈妈可以从怀孕初期就要学会控制，使体重的增长保持在一个合理的范围内。准妈妈在平时应注意均衡营养、合理饮食，尽量补足每个阶段所需的营养，但也不要过分，应尽量少吃或不吃高脂高糖类食物，以免热量过剩造成肥胖，从而引起打鼾。

其次，准妈妈应在孕期进行适量的运动，这既能防止过度肥胖，也有利于身心健康。

再次，准妈妈应格外注重养成良好的生活习惯，如戒烟戒酒，不服用安眠药、睡觉和休息时间有规律、应学会放松心情、避免过度焦虑等。

需要注意的是，如果准妈妈的打鼾情况比较严重的话，千万不能忽视，而应该尽快到医院耳鼻喉科进行检查和诊治。

第 234 天：孕晚期如何站立起身、俯身弯腰

如果说在孕前期和孕中期，准妈妈还能很好地料理自己的日常生活，在基本的行动方面不会有太大的障碍，那么，随着怀孕周期的增长，到了孕晚期，胎宝宝不断生长，准妈妈的腹部越来越大，在日常生活中的一些基本行动，如站立起身、俯身弯腰等方面也会出现很多不便的情况，而且在此时，为了腹中胎宝宝的安全，准妈妈也应该格外小心，多采取一些孕期保护措施了，否则，稍有不慎，可能会引起气喘或其他的不良意外事故。

通常来说，由于在怀孕期间，准妈妈的身体机能会有所下降，而且心肺还要承受着双重的负担，所以准妈妈在生活中应该保持适量的运动，但更避免过度疲劳的情况，即使是在坐立行走方面，也应该尽量注意，避免对胎宝宝造成伤害。

在怀孕期间，准妈妈应该避免长时间地站立，因为这会减缓腿部的血液循环，可能导致水肿以及静脉曲张等问题的发生，所以如果条件允许，准妈妈应尽量避免这种情况；如果是自己不想整天坐着，可以在站立一会儿之后，让自己休息一下，在休息时，坐在椅子上，把双脚放在小板凳上，这样有利于血液循环和放松背部；如果确实是没有条件坐，那就选择一种让身体最舒适的姿势站立，活动相应的肌肉群，比如，收缩臀部，就会体会到腹腔肌肉支撑脊椎感觉，而不要为了美观或

逞强而想伸直腰背挺肚子，这样肯定会很疼的。另外，准妈妈在站立的时候，还可以尝试把重心从脚趾移到脚跟，从一条腿移到另一条腿，这样能很好地保持和促进血液循环。

平时在家的时候，准妈妈应多注意休息，尽量保持舒适的姿势。在孕晚期时，准妈妈可以多用侧卧，因为这种姿势相对来说要舒服很多。为了让全身的体重分配得更均匀，准妈妈还可以在膝盖之间垫上小枕头。如果准妈妈觉得侧卧会造成身体麻木和肾脏疼痛，还可以在侧面垫上小枕头，这样能够避免背部弯曲。当然，准妈妈也可以采用坐姿休息，但在坐的时候应以自己觉得舒适为标准，采用自己喜欢的坐姿，尽量选择松软舒服的坐垫，必要时还可以多准备一些靠垫和小枕头等。

当然，准妈妈在休息时也不宜总是保持一个固定的姿势，在侧卧或者坐了一段时间之后，准妈妈应该站起来活动一下。如果准妈妈原本是躺在床上休息的，要起身前应先侧身，肩部前倾，屈膝，然后用肘关节支撑起身体，盘腿，以便腿部从床边移开并坐起来；当准妈妈处于坐的姿势，要想站立起来时，也应该缓慢有序地进行，切不可突然站立或是做过于剧烈的动作，以免腹腔肌肉过分紧张。

到了孕晚期，胎宝宝日益增长的体重会给准妈妈的身体，尤其是脊椎带来很大的压力，极易引起背部疼痛。所以准妈妈在这个时候应尽量避免俯身弯腰的动作，如果有旁人在身边的话，最好请别人代劳；而如果迫不得已需要俯身弯腰从地上拾东西时，也应该避免对腹部和脊椎造成伤害，因而，准妈妈在俯身弯腰时，动作不仅要慢慢轻轻向前，还要首先屈膝并把全身的重量分配到膝盖上。

总而言之，到了孕晚期的时候，准妈妈应该格外注重保护好自己的身体，以免受到不必要的伤害，即使在一些细微的生活细节和看起来很简单的动作，最好也是多留些心，慢慢地来。

第 235 天：孕晚期的最佳运动方式

到了孕晚期，随着胎宝宝的成长发育，准妈妈的腹部也会越来越大，行动也会变得越来越不方便，所以在这段时期，准妈妈应该格外注重保护好自己，即使是那些稍微剧烈点的运动最好也要谨慎地进行。为了保持自己和胎宝宝的健康，最妈妈在孕晚期的最佳运动方式应该是散步和做一些有助于分娩的体操。

1. 散步

对于处于孕晚期的准妈妈来说，散步是最好的运动方式。因为在这个时期，胎宝宝日渐发育成熟，准妈妈高高隆起的腹部已经对行动造成了很大的不便，就更别说进行其他运动了，所以进行慢节奏的散步运动也就成了准妈妈最好的选择。

散步对于准妈妈的身体健康和胎宝宝的发育都是很有好处的，比如散步能帮助准妈妈控制好体重，避免因体重超标而带来的诸多问题；散步能增强心脏功能和血管的弹性，减少一些孕期疾病的发生；散步能增强肌肉力量，强健腿足、筋骨，并能使关节灵活，促进人体血液循环和新陈代谢；散步能增强人体消化腺的分泌功能，促进胃肠有规律的蠕动，增加食欲，对于防治高血压、糖尿病、肥胖症、习惯性便秘等症都有良好的作用；散步能使准妈妈保持健康的身体，增强免疫力；

散步还能让准妈妈呼吸到新鲜的空气，放松心情，缓解紧张和焦虑情绪，等等。

正因为散步有着这么多好处，而且进行散步运动非常方便，同时也不会让准妈妈过于疲劳，所以准妈妈在怀孕期间不妨多散散步。但由于生理状况和体能毕竟与普通人有着很多的差异，所以准妈妈在散步时也应该掌握好分寸，这样才能既达到运动的效果，又不会对自己和胎宝宝的健康造成危害。

首先，准妈妈应该选择好散步的地点。准妈妈在散步时最好选择人少、离家较近的公园和广场等，这些地方绿色植物较多、尘土和噪声污染较低、环境优美、氧气含量高，而且不至于人群拥挤，是散步的最佳场所。如果是条件不允许的话，准妈妈可以选择车辆相对较少的街道散步，千万不要为了贪图方便，而随便找个地方走走，尤其是不要到喧闹、空气流通不畅的地方去散步。

其次，准妈妈应该选择并控制好散步的时间。一般来说，清晨或者傍晚时的空气质量最好，所以准妈妈在外出散步时最好能选这段时间，但也可以根据自己的生活安排，灵活地进行选择，只要尽量避开过于炎热、寒冷，或是天气状况很不好的时候就可以了。在散步时，准妈妈还应掌控好时间，散步的时间不宜太长，一般 30 分钟左右就可以了，如果需要长时间外出的话，准妈妈走一段时间之后也最好能停下来休息一会儿。

2. 有氧体操

除了散步之外，适量做一些低强度的有氧操、进行一些有利于分娩的动作练习也是准妈妈最佳的运动选择。选择这些运动方式的好处在于，准妈妈可以在固定的时间保证有规律的锻炼，能收到很好的运动效果，也不会对自己和胎宝宝的安全造成为威胁。比如，进行简单的伸展运动方便而实用，能增强准妈妈的心血管功能，灵活四肢；做一些简单的孕妇体操能延缓肌肉衰老、增强身体机能、促进血液循环，预防一些孕期疾病的发生；练习一些有利于分娩的动作，能使身体的一些部位得到锻炼，功能增强，利于准妈妈在分娩时更好地把握生产要领；而如果是参加为准妈妈开设的课程，准妈妈还可以在运动的过程结识不少的朋友，和其他准妈妈一起交流情感，这样在运动的同时心情也会变好很多。

第 236 天：孕晚期准妈妈为何变身“整理狂”

怀孕带给准妈妈的不仅是生理上的影响，在怀孕期间，很多准妈妈的饮食习惯、生活习惯等也会发生一些明显的变化。比如，有些在孕前爱吃的食物，到怀孕之后就不怎么喜欢吃了；孕前脾气比较急躁的人，怀孕后也会变得沉稳很多；在平时办事时，准妈妈也会比怀孕前更小心；有些准妈妈甚至还会培养出新的兴趣爱好等。其中比较普遍、而且有些出人意料的是，有些准妈妈在孕晚期时似乎变得有洁癖了，她们喜欢把屋子打扫得干干净净，喜欢把家里的物品整理得井然有序。

很多准妈妈在回顾自己的孕晚期的变化时，通常有这样的感慨：在孕晚期的时候，由于自己的行动不便，再加上害怕发生一些突发的紧急状况，所以就变得喜欢待在家里，即使是在家人外出时，也比较喜欢独处在家中。而且，由于在家中闲得无事，很多准妈妈通常就会整天围着自己的屋子转，做清洁卫生，整理壁橱，清洗成堆的衣服……外人很难理解准妈妈的这种变化，在他们看来，此时的准妈妈就像是一个“整理狂”。

其实，准妈妈在孕晚期之所以会发生这样的变化，主要是由于这样的一些原因：

首先，到了孕晚期，准妈妈的行动会变得十分不便，随着预产期的临近，准妈妈随时都有可能会提前分娩，考虑到这些原因，准妈妈都会休假待产，而且考虑到行动和安全等原因，准妈妈经常待在家里却一般很少外出。同时，在准妈妈休假待产的日子里，家人又都有自己的事情，并没有多少时间来陪准妈妈聊天，所以准妈妈就会对家中的环境变得比较敏感，喜欢做一些收拾和整理的工作了。

其次，这种变化可能是由母亲的天性而唤起的。随着预产期的临近，母性会被强烈激发，即使是平时不爱劳动的准妈妈，也会想着为即将出生的宝宝营造一个安全、温暖、舒适的地方。为了把最好的东西呈现给宝宝，很多准妈妈都会提前做好各项准备，同时也会更注重家庭环境的清洁和器物的整洁，此时就会开始动手整理家中的物品、做好清洁工作。

再次，准妈妈在孕晚期突然变身“整理狂”可能还和临产前的紧张和焦虑情绪有关。在临近分娩的日子，很多准妈妈会突然变得紧张、焦虑，总担心不能给宝宝创造好的条件，担心准备得不充分而有所遗漏，于是一次又一次地检查、整理、再检查、再整理。

准妈妈进行适量的家务劳动是有好处的，但由于处在孕晚期的特殊时期，准妈妈更应该注重保重自己的身体，选择轻巧的家务而避免繁重的劳动，降低清洁方面的要求，做家务的时间也不能太长，以避免一些意外情况的发生。

除了在做家务时要当心，多注意一些事项之外，其实准妈妈还可以通过其他的一些方法缓解自己的不良情绪，更好地表达自己的母爱，同时也以更好的姿态面对宝宝的到来。

如果准妈妈突然变身“整理狂”是由于紧张等情绪而导致的，除了做家务之外，还可以选择其他的一些方式来缓解，如写写日记、做一些对此有利的体操、做孕妇瑜伽、参加一些相关的培训课程等。

同时，在孕晚期，准妈妈还可以多结交一些准妈妈朋友，大家一起交流情感、分享经验，适当的社交活动会有助于准妈妈缓解压力，同时也会让准妈妈的心情变得更加舒畅。如果是有家人在身边的时候，准妈妈还可以多出去走走，这样既能使自己得到锻炼，也能在散步时带胎宝宝认识更多的新鲜事物。

如果准妈妈徒然变身为“整理狂”主要是为了表达自己的母爱，也给胎宝宝创造更好的环境，同样也可以考虑用其他的方式来表达。如准妈妈可以在整理婴儿房或宝宝的衣物时，可以边整理边和宝宝说说话，或者也可以播放一些优美的音乐，和宝宝一起分享快乐时光等。总之，准妈妈应该明白，整理并不是最重要的，学会多关心宝宝、多表达自己的关爱才是最重要的。

第237天：看一些幽默小故事，放松心情

在预产期临近的日子里，准妈妈不仅要承受着身体的重负、一些孕期疾病的困扰，而且心理压力也会慢慢增大，害怕分娩时的阵痛、担忧自己和胎宝宝在分娩的时候发生一些危险情况、为胎宝宝出生以后的日子而感到焦虑……这些心理上的阴霾常常会影响准妈妈的好心情。在这个时候，准妈妈一定要学会调节好自己的心情，因为只有准妈妈的身心都健康，胎宝宝才会长得健康可爱。

前面我们已经介绍了一些能帮助准妈妈调节心理的方法，如果准妈妈能多多学习和运用，相信定能取得良好的效果。除了运用好那些方法进行调整之外，准妈妈还可以在感到紧张不安、心情烦躁、担心害怕的时候还可以读一些幽默的小故事，以此来激活快乐的心情，保持一个良好状态。

幽默故事1：比比谁厉害

这天一家四代人吃完晚饭没事闲聊天，圆圆刚上一年级，她忽然问太爷爷："您上一年级'语文'第一课时，是念的是什么内容？"

太爷爷说："手！"圆圆说："就一个字？"太爷爷说："小孩子刚上学学会这一个字也不简单！而且手人人有，最通俗易懂！"

圆圆又问爷爷上一年级时，语文第一课时学得什么内容？

爷爷说："羊！"她听后得意地跳起来，但带点讽刺意味。她说："就一个'羊'字？"

爷爷说："对呀，羊在我们生活中最常见，小孩子最容易学嘛！"

圆圆又问爸爸，爸爸说："大灰狼！"

圆圆听了兴奋地跳了起来说："你们爷仨都不如我厉害，我们第一课是：我有一双手：一手牵着羊，一手端起猎枪杀豺狼！"

幽默故事2：谁比谁老

爷爷拉着五岁孙女妞妞的手闲逛了半天大街，忽感心慌气短想停下来喘口气再往前赶。但玩兴不减的孙女不依不饶的不干，爷爷忙里偷闲抹了一把满头的汗。

这样解释道："爷爷满头的白发了，稍微休息一下才能往前走。"

孙女丝毫不体谅爷爷的劳累，小嘴一撅，挺不服气地大声辩解说："咱家的小狗浑身上下全是白毛，明显比你老多了，可整天跑来跑去的比你欢实多了去。"

孙女童言无忌的答非所问，让爷爷张口结舌又哭笑不得。

幽默小故事3：水有多深

倾盆大雨后……

一个阿伯赶着鸭子在一条积满水的小路上走着，一个开着小车的人问说："积水不深吧？"

阿伯说："放心吧，车过得去。"

不久，车泡在水里了……

开车的人大骂："你不是说过得去吗，这是怎么回事哦？"

阿伯："哇……那刚刚我看到鸭子过去了，水才到鸭子的屁股呀！"

幽默故事有着神奇的力量，能帮助准妈妈很好地缓解各种不良情绪，恢复好心情。准妈妈在孕期可以多通过这样的方式来放松心情，这样，不仅使自己会觉得开心很多，胎宝宝也会跟着受益哦！

第238天：看电影《阳光小美女》，亲情永远是最大的财富

甜蜜的爱情、真挚的友情、浓浓的亲情……这诸多美好的情感是人们幸福的源泉，常能唤起人们美好的情绪。在今天的电影时光，准妈妈可以带着胎宝宝一起来欣赏精彩的影片《阳光小美女》，和胎宝宝共同感受温馨的亲情。

《阳光小美女》是一部美国喜剧片，有时也译为《阳光俏佳人》、《选美一家亲》等，主要由乔纳森·戴顿和维莱莉·法瑞斯这两位导演执导，这部影片在创作完成之初，可能是因为没有名导演、没有明星演员，再加上题材不够新颖等原因，因而一直处于被人忽视的状态，可没想影片一上映却引来了众人的关注，逐渐传播到世界各国，受到了众多观众的喜爱。

影片讲述的是美国一个普通家庭的故事，正应了中国的那句古话"家家有本难念的经"。胡弗这一六口人的大家庭中，爸爸是一个推销成功学课程的讲师，固执而不肯接受现实；母亲面对家庭的财政危机和丈夫的不争气，觉得很失望，但却对改变现实力不从心；哥哥有些自闭倾向，崇拜尼采，为了考上飞行学院发哑誓，九个月没有同家人说话；爷爷也并不让人省心，那么大年纪了还满嘴脏话、色心不改，甚至因吸毒而被赶出敬老院；母亲的哥哥弗兰克是一个自杀未遂的抑郁症患者，恋人和同事跑掉、失业，生活处于非常混乱的状态，家中比较正常些的人应该要算小女儿奥莉弗了，她喜欢看选美比赛而且有自己的梦想。每个家庭成员的个性都很怪异，而且大家都很自以为是，总是责怪别人却很少反省自己，倾听和理解别人，因此常常争吵不断。直到某一天，7岁的小女儿奥莉弗在大家的争吵间隙听到广播里传来"阳光小姐"选美比赛的消息时，发出了兴奋的尖叫声，并决定参加这次比赛。在她的极力争取下，经过商量后的胡弗一家决定陪伴着小奥莉弗集体踏上寻梦之旅，从阿尔伯克基驾车长途跋涉到加利福尼亚，参加这场"阳光小小姐"的选美比赛。

在去参加选美的路上，一家人经历了各种各样的困难，不仅是车辆抛锚等物质上的困难，更有心理上的考验。在帮助小奥莉弗寻梦的路上，每个家庭成员都慢慢地意识到了自身的问题和缺陷，如为飞行梦想发哑誓9个月的哥哥在遭遇了梦想的破灭终于明白了自身的缺陷所在；一直自以为成功的父亲最终认识到自己原来是个失败者；小主人翁奥利弗在比赛中大跳着爷爷为其排练的脱衣舞引来全场嘘声一片，等等，但正是在这一充满着磨炼和挫折的过程中，每个人似乎都开始变得成熟起来，也开始渐渐学会了相互信任、鼓励和支持，进而逐步感受到了生活的美好。

影片最吸引观众、最感染人的就是那温暖的亲情和浓浓的爱意，虽然每个人都不是完美的，都有怪异的一面，但在参加选美的过程中，家人的爱被完全激发了出来；尽管每个人都有自己的烦恼、都有想放弃的时候，但最终却都坚持带着

奥莉弗朝她的梦想前进。家人之间的关怀与爱护，谱写了一曲曲动人的亲情篇章，也感染了无数的观众。

和胎宝宝一起欣赏关于亲情主题的影片，准妈妈能在此过程中体会到细腻的情感表达，在自我感动的同时也能使胎宝宝受到这方面的熏陶，同时也有利于增进母婴之间的感情。

动起来：缓解身体酸痛的小动作

在怀孕期间，尤其是到了怀孕晚期，随着腹部慢慢增大，准妈妈常常会出现各种身体不适，如腰痛、腿痛、肩部酸痛等，这些不适的症状虽然不是非常严重，但却常常会影响准妈妈的行动和心理。为了帮助准妈妈尽量免受这些疼痛的困扰、更好地孕育宝宝，今天我们就来给准妈妈支支招，教准妈妈一些能缓解身体酸痛的小动作。

第一节颈部运动

具体步骤如下：

（1）准妈妈先保持良好而轻松的坐姿。

（2）挺胸抬头，双手放于腿上，眼睛平视前方。

（3）慢慢低头，带动颈部运动，以双眼看到双手为止。

（4）缓慢抬头至水平位置，恢复原来的姿势。

（5）用右侧手按住左侧头部，并向右侧缓慢拉动头部。

（6）当颈部左侧肌肉感觉到被拉伸后缓慢松手，头部回到正常状态。

（7）用左侧手按住右侧头部，并向左侧缓慢拉动头部，停留一段时间后还原。

（8）先顺时针环绕颈部两次，然后逆时针环绕两次，之后还原。

（9）重复以上的动作。

颈部运动很简单，但却非常实用，即使是在平时坐着休息或是工作之余都可以进行练习。多做这套动作，能帮助准妈妈锻炼颈部和头部，减少颈部酸痛症状的发生，同时也能得到一定的放松。但在做动作的时候，准妈妈应尽量放慢速度，而且最好能将转动的幅度做大一点，这样才能取得良好的锻炼效果。

第二节简单的肩部运动

具体步骤如下：

（1）准妈妈先立正站好，挺胸抬头。

（2）抬起肩部至最高点，然后以肩部为顶点，顺时针画两个圆圈，之后恢复原来的姿势。

（3）以肩部为原点，逆时针画两个圈。

（4）将两手放于同侧锁骨的内窝处，以肘关节为带动点顺时针画两个圈。

（5）转换方向，逆时针画两个圈。

（6）重复以上的动作。

这组动作尽管非常简单，但是效果甚为显著，准妈妈在闲暇的时候可以多加练习，这样对缓解肩部酸痛能起到很好的效果。

第三节借助哑铃的运动

具体步骤如下：

（1）准妈妈先保持舒适的站立姿势，挺胸抬头，双手握哑铃自然垂放在腿前。

（2）将哑铃垂直拉至胸前，使手大臂与肩部平行。

（3）恢复最初的动作。

（4）双手握哑铃自然垂放在腿侧，然后向两边举起至与肩部平行。

（5）恢复最初的动作。

（6）将手臂打开与身体呈45度角，然后保持这个角度，以肩膀为中心前后画圆。

（7）重复以上的动作。

这组动作能使准妈妈的肩部、手部和颈部肌肉同时得到很好的锻炼，增强关节的灵活性，预防和缓解这些部位的疼痛症状，所以准妈妈在平时可以多加练习，尽量将动作重复几次，同时，准妈妈在做这些动作的时候，最好可以慢一点，让肌肉得到更长时间的运动。

第四节转动全身运动

具体步骤如下：

（1）准妈妈先跪坐于垫子上，臀部坐在双脚上，挺胸抬头，眼睛直视前方。

（2）慢慢地向左转动身体，最好是以目光带动颈部、肩部和上身一起转动，最终将视线落在身体左侧后方的地面上。

（3）恢复原来的姿势。

（4）慢慢地向右转动身体，并将将视线落在身体右侧后方的地面上。

（5）重复以上的动作。

在做这组动作时，准妈妈最好能先保持腰部的正直，先将转动的中心集中在颈部和肩部上，然后再转换着进行腰部的转动练习，这样就能使全身的大部分得到锻炼。在转动的时候，准妈妈应尽量保持动作缓慢，以免扭伤自己。

第五节腰部运动

具体步骤如下：

（1）准妈妈先保持直立的站姿，两脚分开，与肩同宽，眼睛直视前方。

（2）双手叉腰，拇指向前，四指在后按住腰部两侧肾俞穴。

（3）先慢慢地顺时针晃动腰部，之后恢复原来的姿势。

（4）慢慢地逆时针晃动腰部。

（5）重复以上的动作。

这组动作能使准妈妈的腰部得到一定的锻炼，长期坚持的话，准妈妈就能在一定程度上缓解孕期腰部酸疼的毛病。

胎宝宝的阅读时光：鲁迅《少年闰土》

鲁迅是中国现代著名的作家，他写出了很多优秀的作品，《少年闰土》就是其中的一篇。这是一篇写人的文章，文中的主人公少年闰土是鲁迅儿时的朋友，他是一个朴实、健康、活泼、机灵、勇敢的农村少年，作者通过看瓜刺猹、雪地捕鸟、海边拾贝、潮汛看跳鱼儿等几件事表现了闰土具有丰富的实践知识和善良、勇敢、坚毅的美好品质。本周的阅读时光，准妈妈可以带着胎宝宝一起来分享这篇美文，促进胎宝宝的脑部发育，同时也让胎宝宝受到这些美好品质的陶冶。

深蓝的天空中挂着一轮金黄的圆月，下面是海边的沙地，都种着一望无际的碧绿的西瓜。其间有一个十一二岁的少年，项戴银圈，手捏一柄钢叉，向一匹猹用力地刺去。那猹却将身一扭，反从他的胯下逃走了。

这少年便是闰土。我认识他时，也不过十多岁，离现在将有三十年了；那时我的父亲还在世，家景也好，我正是一个少爷。那一年，我家是一件大祭祀的值年。这祭祀，说是三十多年才能轮到一回，所以很郑重。正月里供像，供品很多，祭器很讲究，拜的人也很多，祭器也很要防偷去。我家只有一个忙月（我们这里给人做工的分三种：整年给一定人家做工的叫长年；按日给人做工的叫短工；自己也种地，只在过年过节以及收租时候来给一定的人家做工的称忙月），忙不过来，他便对父亲说，可以叫他的儿子闰土来管祭器的。

我的父亲允许了；我也很高兴，因为我早听到闰土这名字，而且知道他和我仿佛年纪，闰月生的，五行缺土，所以他的父亲叫他闰土。他是能装弶捉小鸟雀的。

我于是日日盼望新年，新年到，闰土也就到了。好容易到了年末，有一日，母亲告诉我，闰土来了，我便飞跑地去看。他正在厨房里，紫色的圆脸，头戴一顶小毡帽，颈上套一个明晃晃的银项圈，这可见他的父亲十分爱他，怕他死去，所以在神佛面前许下愿心，用圈子将他套住了。他见人很怕羞，只是不怕我，没有旁人的时候，便和我说话，于是不到半日，我们便熟识了。

我们那时候不知道谈些什么，只记得闰土很高兴，说是上城之后，见了许多没有见过的东西。

第二日，我便要他捕鸟。他说："这不能。须大雪下了才好，我们沙地上，下了雪，我扫出一块空地来，用短棒支起一个大竹匾，撒下秕谷，看鸟雀来吃时，我远远地将缚在棒上的绳子一拉，那鸟雀就罩在竹匾下了。什么都有：稻鸡，角鸡，鹁鸪，蓝背……"

我于是又很盼望下雪。

闰土又对我说："现在太冷，你夏天到我们这里来。我们日里到海边捡贝壳去，红的绿的都有，鬼见怕也有，观音手也有。晚上我和爹管西瓜去，你也去。"

"管贼吗？"

"不是。走路的人口渴了摘一个瓜吃，我们这里是不算偷的。要管的是獾猪，刺猬，猹。月亮底下，你听，啦啦地响了，猹在咬瓜了。你便捏了胡叉，轻轻地走去……"

我那时并不知道这所谓猹是怎么一件东西——便是现在也不知道——只是无端地觉得状如小狗而很凶猛。

“它不咬人吗？”

“有胡叉呢。走到了，看见猹了，你便刺。这畜生很伶俐，倒向你奔来，反从胯下窜了。它的皮毛是油一般的滑……”

我素不知道天下有这许多新鲜事：海边有如许五色的贝壳；西瓜有这样危险的经历，我先前单知道它在水果店里出卖罢了。

“我们沙地里，潮流要来的时候，就有许多跳鱼儿只是跳，都有青蛙似的两只脚……”

啊！闰土的心里有无穷无尽的希奇的事，都是我往常的朋友所不知道的。他们不知道一些事，闰土在海边时，他们都和我一样只看见院子里高墙上的四角的天空。

可惜正月过去了，闰土须回家里去。我急得大哭，他也躲到厨房里，哭着不肯出门，但终于被他父亲带走了。他后来还托他的父亲带给我一包贝壳和几支很好看的鸟毛，我也曾送他一两次东西，但从此没有再见面。

好孕美食馆：孕晚期必喝的几款排骨汤

在孕晚期，准妈妈应该多为胎宝宝的健康发育以及即将到来的分娩多储备一些能量，而且到孕晚期时很多准妈妈的食欲也好转了不少，此时准妈妈就可以考虑多炖一些美味又营养的汤来补充一下营养。今天的好孕美食馆中，我们为准妈妈们介绍几款非常适合在孕晚期食用的排骨汤的做法。

1. 莲藕排骨汤

【材料】

排骨、莲藕各300克；适量的盐等调料。

【做法】

（1）先将排骨洗干净，之后将排骨放入烧开的水中汆烫一小会儿，之后捞出来。

（2）将莲藕去皮，洗干净，之后再将其切成约1厘米厚的藕片。

（3）将排骨和莲藕一起放入锅中，加入半锅冷水，先用中等大小的火煮开，然后改用小火慢熬约一个半小时，等到排骨熟烂之后，加入盐等调料，然后就可以盛出来了。

【功效】

莲藕有健脾、益气、补血、开胃等功能，富含淀粉质、蛋白质和B族维生素、维生素C、矿物质、钙、磷等营养成分，同时，莲藕生吃可以解热，促进血液循环，熟吃则可消除恶心、下痢和胃痛的症状，排骨的营养也是非常丰富的。

这道汤的主要功效为能增强脾胃的吸收能力，并可消除恶心和胃痛的症状，对于准妈妈在孕晚期出现的一些病症能起到很好地预防和缓解效果，非常适合准妈妈在孕晚期食用。但在选择莲藕时，一定要注意最好能选择老、成熟、皮较黑者的，这样炖的汤才会更加鲜美，而且在炖汤时，也应该掌握好火候，这样才会更美味、更健康。

2. 冬菇干贝排骨汤

【材料】

排骨半斤，猪脚 4 只或是鸡脚 7 只（最好能选用新鲜的猪脚和鸡脚而不要用经过冰冻的），适量的冬菇和干贝（冬菇一般以 8 个左右为宜，干贝最好选 5 粒）。

【做法】

（1）先将排骨、猪脚洗干净，并放入锅中，然后加上适量的冷水，慢慢煮开，之后捞出来。

（2）将冬菇用水洗干净，然后稍微浸泡一下，干贝用水泡开，撕碎。

（3）在锅中加入八分冷水，将所有材料放入，以大火煮开 20 分钟后，之后变为小火，大约煲两个多小时，之后加入调料。接着就可以食用了。

【功效】

这道汤中所含钙质丰富，对补筋骨效果非常好，而且冬菇中富含多种人体所需的氨基酸，对人体健康很有好处。再加上这道汤味道鲜美，气味清香，非常好喝，因而是非常适合孕晚期的准妈妈食用的。同时，在选择配料的时候，准妈妈还可以根据自己的喜好自由选择，如在煲汤的时候可以适量地加入红枣、花生、眉豆等，这样还利于补血补气，也是有很高营养价值的。

3. 南瓜排骨汤

【材料】

排骨（大排）500 克，南瓜 1000 克，赤小豆 50 克，蜜枣 5 克，陈皮 5 克，盐 5 克。

【做法】

（1）先将猪排骨洗净后斩断。

（2）将老南瓜洗净切大片。

（3）将赤小豆、蜜枣洗净，陈皮浸软洗净。

（4）将原料放入汤锅内，加入适量清水。

（5）大火将汤烧开后改用小火煮至汤浓，以盐调味即可。

【功效】

南瓜、赤小豆、蜜枣中富含人体所需的多种营养物质，对于维持准妈妈的身体健康，预防和缓解准妈妈在孕期出现的一些疾病很有帮助，而且南瓜排骨汤同样是营养而美味的，准妈妈可以适量食用。

4. 山药红枣排骨汤

【材料】

山药 250 克，红枣 6 颗，排骨 250 克，生姜 2 片，以及适量的盐。

【做法】

（1）先将山药去皮，之后切成小块，同时将排骨洗干净、氽烫后去血水备用。

（2）锅中加入适量的清水，煮滚后，放入排骨、山药等食材，煮上5 ~ 10分钟。

（3）等到快煮好的时候，放入红枣、姜片，再稍微煮一下就可以了。

【功效】

山药性平味甘，含有淀粉、维生素C等成分，具有清虚热、固肠胃的作用；红枣性平味甘，含有蛋白质、糖类、维生素、有机酸等成分，可健脾胃，所以这道山药红枣排骨汤对于准妈妈的身体健康是很有好处的，其主要功能是改善准妈妈的脾胃虚弱、食欲不佳或疲劳等症状，同时还能预防和减少先兆流产等情况的发生。

需要注意的是，如果准妈妈的身体虚弱并兼有实热症状，最好不要食用这道汤。

胎宝宝的私人音乐厅：给宝宝唱一首《采蘑菇的小姑娘》

美妙的音乐总能唤起人们的良好情绪，所以生活中的不少人都喜欢听音乐、唱歌，以此放松心情和陶冶情操，而对于胎宝宝来说，还主要依靠着准妈妈来感知和理解外界的事物，准妈妈在孕期的胎教工作，意义十分重大。准妈妈可以充分利用好这段时间，加强对胎宝宝的教育，让其长得更加健康、更聪明。在今天的音乐时光，准妈妈练练自己的嗓子，唱支动听的歌给胎宝宝听。

在选择歌曲的时候，准妈妈最好能根据胎宝宝的成长特点有针对性地进行。根据这样的标准，准妈妈在孕期最好能演唱一些经典的儿童歌曲，这样既比较好懂，又能让胎宝宝增长一些见识。在今天，准妈妈就唱一首《采蘑菇的小姑娘》给胎宝宝听吧。

《采蘑菇的小姑娘》是我国的一首经典儿童歌曲，它大约创作于上个世纪70年代初，是由陈晓光作词，谷建芬作曲的。整首歌曲的歌词通俗晓畅，朗朗上口，节奏明朗欢快，充满着积极向上的情感，当演唱的时候，唱腔和和念白非常接近，高低音的配合适中，非常适合少儿学习和演唱。在现代，这首歌曲已经成为了小学阶段音乐课的必唱曲目，并以它欢快的旋律和清新朴实的歌词赢得了孩子们的喜爱，多年来久唱不衰。

整首歌曲描写的是一个小姑娘背着竹筐上山采蘑菇的情形，歌曲的旋律优美，节奏欢快。作曲家谷建芬说，她创作《采蘑菇的小姑娘》这首歌的时候，实际上就是想用歌词来表达一定的连贯而明确的意思，在最初的时候，基本上就是念歌词，在念的语调中寻找着音乐旋律，最终就确定了这样的歌词。歌词中实际上描写了一幅非常优美、温馨而充满着乡野气息的画面：一个采蘑菇的小姑娘背着竹筐走在空气清新的森林里，独自一个人采着雨后的蘑菇，小松鼠在树上蹦跳着，小兔子在她身旁陪伴着她，昆虫在鸣叫，小鸟也在唱着动人的歌曲，树儿在风中跳舞，小蘑菇随着音乐的节拍也摇动着……这景色是非常迷人的，准妈妈在准备演唱歌曲之前可以先想想这样美妙的情境，然后就能放松心情、清清嗓子，尽情地欢唱了。

在演唱的过程中，准妈妈需要真诚地投入。如果能唱得优美动听固然是最好的，即使是自己没有什么音乐天分，也应该饱含感情地唱完，要知道，唱歌给胎宝宝听比和胎宝宝一起听音乐收到的效果可能还要好一些，因为在唱歌的时候，准妈妈是处于非常积极而认真的状态的，只有准妈妈真心投入了，胎宝宝才能更加深切地感受到。在唱完歌曲之后，准妈妈还可以给胎宝宝讲讲歌曲表达的主要内容和情感。其实这首歌一直以来久唱不衰不仅与歌曲描写的美景有关，更与歌曲表达的主题有着重要的关系，小姑娘那勤劳勇敢、吃苦耐劳的品格是非常可贵的，很值得当今的少年儿童学习。

《采蘑菇的小姑娘》歌词

采蘑菇的小姑娘
背着一个大竹筐
清晨光着小脚丫走遍森林和山冈
她采的蘑菇最多
多得像那星星数不清
她采的蘑菇最大
大得像那小伞装满筐
噻箩箩哩噻箩箩哩噻
噻箩箩哩噻箩箩哩噻
噻箩箩箩噻箩箩箩噻箩箩箩噻箩箩箩哩噻
谁不知这山里的蘑菇香
她却不肯尝一尝
攒到赶集的那一天
赶快背到集市上
换上一把小镰刀
再加上几块棒棒糖
和那小伙伴一起
把劳动的幸福来分享
噻箩箩哩噻箩箩哩噻
噻箩箩哩噻箩箩哩噻
噻箩箩箩噻箩箩箩噻箩箩箩噻箩箩箩噻箩箩箩

第35周：完成大部分身体发育了

到了本周，胎宝宝的体重大约能达到 2500 克，身长也有了不少的增长。此时，胎宝宝的听力已充分发育，对外界的声音已有反应，而且能够表现出喜欢或厌烦的表情；中枢神经系统也已经发育完善，更容易被惊醒；肺部发育基本完成，如果是在此时出生基本都能成活了。

现在离预产期还有5周，胎儿的手和脚仍然比足月的新生儿的要瘦。

1. 多进行一些汉语、英语等语言方面的训练

对胎宝宝语言能力的训练是准爸爸和准妈妈的一项重要功课，前面已经说到了要对胎宝宝进行拼音、英语等方面的训练，本周可以加强这方面的训练，如准爸爸和准妈妈可以给胎宝宝用拼音或英文朗读一些儿童文学作品、在与胎宝宝进行交流的时候把汉字拼写出来或是用英文和胎宝宝打招呼、多听一些英文歌曲等。

2. 多在饭后散步，保持适量的运动

这一时期，准妈妈的腹部进一步隆起，行动起来会有诸多不便，但准妈妈千万不能因为这样就整天坐着不动了，而仍然应该在家人的陪同下进行适量的散步运动。

第239天：做好必要的临产物质准备

随着预产期的临近，准爸爸和准妈妈应积极做好各方面的准备，静待胎宝宝的出生。一般来说，多数医院都有产妇提供专业的待产包，待产包中所装的就是准妈妈在入院待产时可能会用到的一些生活用品，尽管每家医院待产包中所装物品不尽相同，但起码的物品还是齐全的，如果准妈妈想要省事的话，可以在医院直接购买待产包。当然，也有些医院是不提供待产包的。为了避免分娩时发生忙乱的情况，准妈妈在入院前，可以先了解一下生产医院是否有待产包及待产包内的物品，再根据需要列一份需自行带入医院的物品清单。通常情况下，待产包中应该包括妈妈的用品和宝宝的用品。

1. 妈妈的用品

（1）必要的证件：如身份证、医疗保险卡、母子健康手册、产检记录、住院押金等，这些证件是非常重要的，准妈妈应提前准备好；

（2）一些日常要用的生活必需品，如牙膏、牙刷、漱口杯、香皂、洗面奶、护肤品、梳子、镜子、发夹等，准妈妈可以根据自己的需要，适当选择；

（3）用于洗脸、清洗下身的脸盆2个；

（4）擦脸、身体和下身的毛巾若干条；擦洗乳房的方巾多条；给宝宝喂奶、喝水时垫在下巴处的小方巾（或白纱布）多条；

（5）一些食具，如杯子、汤匙、盆碗、吸管、吸奶器等；

（6）准妈妈喜欢的一些食物和零食，如水果汁、蜂蜜、葡萄糖，以备饥饿和产时接力用的巧克力；

（7）能让准妈妈娱乐和放松心情的一些器物，如书刊杂志、CD机、MP3等，此外，准妈妈还可以贮备好笔和笔记本、手表、电话、录音、录像、拍照及充电设备等，以备不时之需；

（8）准妈妈在住院期间需要穿戴的衣物鞋帽等，如棉内裤2 ~ 3条；喂哺胸罩2条；宽松背心2件；便于哺乳的前扣式睡衣或开襟衫；束腹带1条；长保暖

外套1件；舒适拖鞋1双（如果春秋冬可备棉线袜）；1件在走廊里行走时穿的长袍；回家时穿的内衣和宽松的外衣；

（9）产妇特殊或加长加大的卫生巾、卫生棉、面巾纸、一次性内裤。

2. 宝宝的用品

（1）方巾若干条，因为宝宝才刚出生，非常娇嫩而且身体免疫力也很差，所以喂奶、洗澡、洗臀、洗脸时应该使用不同的方巾；

（2）宝宝的衣物、帽子等，最好准备几套宽松摁扣式或系带式的纯棉耐洗内衣，也可以根据季节准备几套舒适的外衣，以及柔软舒适的帽子、手套、脚套等；

（3）宝宝出生后要用到的一些物品，如纸尿裤或者尿布、隔尿床垫；棉花棒，眼耳鼻肚脐的护理；浴巾、浴盆、水温计、宝宝专用的洗衣液等。

（4）湿纸巾及白纱布条，用来擦宝宝的臀部；

（5）毛巾被、外包抱起用的小被子和被褥各1～2件；

（6）还可以准备一些宝宝可能会用到的奶瓶、奶瓶刷、奶嘴刷、奶嘴等饮食器具和奶粉等，在购置时最好能选择质量好的；

（7）宝宝可能会用到的其他一些物品，如指甲刀、消毒锅、暖奶器等。

当然，除了这些必要的物质准备，家人还应该多留意一下其他的一些事情，比如，家人最好能提前熟悉从家里到医院这段路程的路况，包括正常情况下通过这段路需要的时间、何时通行比较顺畅、何时可能拥堵、如果自家没有车或遇上限行出租车是否好找、有没有备选路线，等等；家人最好还能分配好看护的工作，如孕妇入院分娩谁能陪护、出现临时状况谁可以替补、谁负责给产妇做饭等，可以根据需要事先排好一个陪护轮班表等。

第240天：学会辨别真假宫缩

在孕晚期，尤其是在分娩前几周，很多准妈妈通常会遇到假宫缩的情况。假宫缩也就是在没有临产时出现的不规则的子宫收缩，它持续的时间短，力量弱，或只限于子宫下部。经过几个小时可能又会停止，所以假宫缩并不能使子宫颈口张开，不是生产前的预兆。但对于多数没有经验的准妈妈来说，假宫缩是很有欺骗性的，很多准妈妈往往在发生假宫缩的时候认为自己要提前生产了，可等了好久却没有见到其他分娩前的身体反应，难免会有些焦虑。因此，为了更顺利地生产，准妈妈应该学会辨别真假宫缩。

一般来说，真宫缩是有规律的，即子宫先是不规则地收缩，强度较弱，然后子宫收缩会慢慢地变得有规律，如真宫缩的初期间隔时间大约是10分钟一次，在宫缩时准妈妈会感觉到腹部有持续几秒的阵痛，随后阵痛的持续时间逐渐延长，腹痛的程度也会不断加重，间隔时间逐渐缩短，而且当子宫收缩出现腹痛时，准妈妈用手触摸还可以感觉到下腹部很硬。而假宫缩多是由于子宫肌肉敏感而造成的，在疼痛时没有规律性。

真假宫缩都是子宫收缩的情况，而且在表面上看起来，症状也很相似，准妈妈如果想要将真假宫缩区分开来，最好的辨别方法就是检查阴道，看子宫颈的变化，另外就是可以看看宫缩持续的时间和两次宫缩之间的时间间隔，这样持续计时一个小时，应该就能很好地区分开来。为了帮助准妈妈更好地辨别和判断，我们就来具体地说说真假宫缩的细微差别：

在宫缩的时间上，假宫缩的持续时间没有规律，间隔时间也不会越来越短，而真宫缩有固定的时间间隔，随着时间的推移，间隔越来越小，每次宫缩约持续 30 ~ 70 秒；在宫缩的强度上，假宫缩引起的疼痛感比较弱，有时甚至感觉不到疼痛，有时可能也会有增强的趋势，但不久之后又会转弱，而真宫缩引起的疼痛感会持续增强；在疼痛部位上，假宫缩通常只是腹部前方感觉疼痛，而真宫缩时，一般会先从后背开始疼痛，而后转移至前方；在调整时，假宫缩能通过行走、休息片刻，或是通过变换体位的方式缓解疼痛，而发生真宫缩时，不管准妈妈如何运动，宫缩和疼痛都会持续。

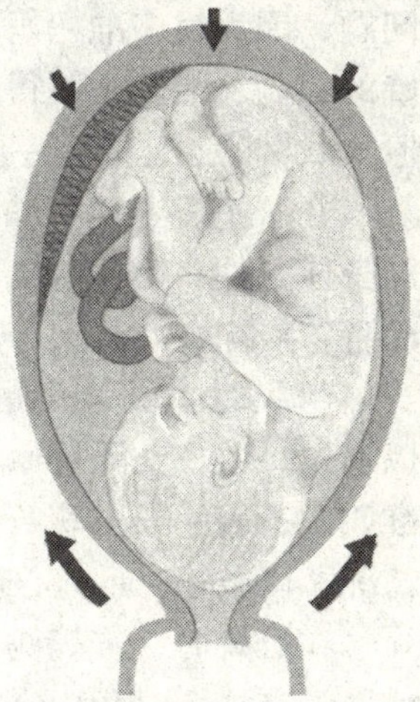

子宫收缩的影响
收缩会缩短子宫的长度。当肌肉收缩时，子宫会缩成一团，如箭头所示。子宫底会从高往低拉伸，子宫颈会一点点从低往高推进。如此，子宫颈被带动张开，胎儿从子宫颈出来。

通过对照这些详细的区别，准妈妈在发生宫缩时，应该就能很好地辨别自己的情况是属于真宫缩或是假宫缩了。在明确了这一问题之后，准妈妈还应该积极应对宫缩频繁的状况，及时采取有效的防治措施。

如果想知道自己是否属于宫缩频繁的人，准妈妈可以通过宫缩计时的方式来进行测量，如果每小时宫缩次数在 10 次左右就属于比较频繁的，出现了宫缩频繁的现象，准妈妈应该加倍留心，在医生指导下服用一些抑制宫缩的药物，以预防早产的发生。而如果只是偶尔会发生假宫缩，并且也没有腹痛等异常症状，准妈妈只要注意休息、通过自我调节的方式就能缓解。进行自我调节时，准妈妈可以平卧，闭目，以深呼吸的方式来放松腹部；或是以鼻吸气后，屏气，然后长呼气，通过这样的方式，宫缩也能得到缓解。

需要特别注意的问题是，在发生宫缩现象，准妈妈一定要多咨询医生，千万不要自己用药，因为服用药物不仅无法缓解宫缩疼痛，还可能会给自己还胎宝宝带来危险，而一旦准妈妈在宫缩时还伴有较强烈的腹痛、行走和坐立等都受到了影响时，准妈妈就需要立即去医院就诊了。

每个准妈妈都要经历宫缩，由于宫缩会伴随着剧烈的疼痛，所以当其发生时，准妈妈常会感觉到疼痛不安，如果此时准爸爸在身边的话，就应该多给妻子精神上的鼓励和帮助，如准爸爸可以通过给妻子按摩的方式来帮助准妈妈放松身体，可以通过给准妈妈讲笑话、与其交谈的方式来分散她的注意力，帮助她缓解疼痛。

第 241 天：认知分娩的疼痛

随着预产期的临近，准妈妈应该多学习和了解一些与分娩有关的常识，做好分娩前的心理准备，这样到分娩时才不至于过度紧张和慌乱无措。对于很多打算自然分娩的初产妇来说，最为担心和焦虑的可能就是不知如何面对分娩时的疼痛问题，因为很多准妈妈在怀孕期间可能已经通过各种渠道获取了不少关于自然分娩的经验，而其中听得最多的就是过来人关于产痛的描述，这难免会给准妈妈的原本欣喜的心理蒙上一层阴影。

在这里需要说明的是，尽管每个准妈妈在分娩时都要经历产痛，但由于个人的身体条件和胎儿情况不同，每个准妈妈在分娩时所感受到的疼痛程度是不同的，而且，产痛主要是由分娩时子宫肌肉强烈收缩，以及胎宝宝经过产道时对准妈妈身体组织的牵拉作用而引起的。这种疼痛是阵发性的，其对准妈妈的影响也是可以通过一些方法而缓解的，并非像人们描述中的那样难以忍受。对于初次生产的准妈妈，因为没有切身体验过这种感觉，所以更有必要提前了解整个产程的疼痛情况，以做好充足的心理准备。

在分娩时，准妈妈通常需要经历三个重要的阶段。第一个阶段是漫长的生产前奏，在这个过程中准妈妈会出现子宫收缩的情况，子宫口随之慢慢扩张，直到宫口开全；第二个的阶段是从子宫口开全到胎宝宝娩出的过程，在这一过程中宫缩加强，迫使胎宝宝从母体中娩出；第三个阶段是从胎宝宝出生到胎盘排出阴道这个阶段，在这个过程中，随着宫缩的进程，胎盘逐渐脱出母体。伴随着这三个重要的产程，准妈妈会产生疼痛的感觉，但在每个阶段中，准妈妈疼痛的部位是不尽相同的。

在第一产程，主要是内脏疼痛，以子宫为主。这是由于子宫平滑肌收缩、宫颈扩张等所引起的，表现为下腹部、背部和肠部的疼痛，后期由于产道的伸展扩张，还有可能出现直肠、下骶和肛门的疼痛，甚至是大腿部的疼痛。这时候需要产妇自己运用调整呼吸、分散注意力、改变体位、自行或准妈妈帮助按摩等方式来缓解疼痛。

到了第二产程，主要是阴道和会阴疼痛。这是由于阴道和会阴的扩张，或器械的助产所致，这时往往需要借助医学方法来减轻疼痛，如使用分娩镇痛或局部麻醉来减轻疼痛。

在最后的第三产程，主要就是子宫收缩和会阴创面的疼痛。在经历了前两个产程的疼痛之后，这时的疼痛往往就显得轻了很多。子宫收缩疼痛在胎盘娩出后仍有20%的产妇存在，但多数是不需要处理的，2～3天可自行缓解；而创面的疼痛可以利用局部物理治疗如激光、红外线等照射缓解，一般不需要药物治疗。

当然，除了这些生理方面的原因会导致产痛的发生，准妈妈其他的一些心理因素还会加重分娩时疼痛的感觉，这也是为什么一些准妈妈感觉产痛非常强烈而有些准妈妈却没有体验到那么强烈的产痛的原因。通常来说，会加重准妈妈产痛感的心理因素主要有自我感觉孤独、精神过于疲劳、紧张和急躁的情绪，所以准妈妈在分娩前一定要尽量避免这些不良情绪的影响。另外，准妈妈还应该了解一些舒缓产痛的方法，比如，准妈妈在疼痛的时候放松心情，保持深呼吸，或者变换一下体位；准妈妈可以让别人按摩、使劲挤压后背部，或通过含冰块、后背放冰块的方式来缓解疼痛；准妈妈可以通过和人聊天、听音乐等方式来分散自己的注意力，减轻疼痛的感觉。

疼痛是每个准妈妈在分娩时必然要经历的过程，所以准妈妈应该提前做好心理准备，尽量用平和的心态来看待它。要知道尽管会感觉到非常疼痛，但产痛却并非像人们常说的那样会“痛到死”，如无意外情况，这种疼痛并不会给自己和宝宝带来任何危害，而且，在经历产痛之后，准妈妈就可以和自己的宝宝见面了，这是一件非常值得高兴的事情。

第 242 天：减轻分娩疼痛的练习

准妈妈们十月怀胎，就为了期待宝宝出生的那一刻，可从无数的前人经验和分娩知识介绍中，准妈妈们都知道分娩是一个异常疼痛的过程。虽然说在分娩时，疼痛是难免的，但我们却可以在分娩前通过一定的练习或是在分娩时采取一定的措施来减轻分娩时的疼痛。

1. 分娩前缓解疼痛的练习

在分娩之前的孕晚期，准妈妈可以通过练习一些能缓解分娩疼痛的动作，训练身体肌肉，减轻分娩时的疼痛感。准妈妈可以做的练习有这样一些：

（1）盘腿或取舒适姿势坐在地毯上，面向前方；两条手臂向上屈肘。两只手的五指并拢，然后两手放在肩上。

（2）取舒适姿势端坐地毯上，两条手臂自然地放在身体两侧。两只手掌着地，两腿向前平伸；然后稍稍屈膝弓腿，脚跟着地，脚趾向上用力翘起，保持放松，小腿、脚踝、脚趾用力。心里默数到 10，先深吸气再做呼气动作。

（3）以舒适的姿势侧卧在地毯上。右手臂自然地放在身上，左手臂屈肘向头部弯曲，并且把小臂枕于头下，左腿向下伸直，右腿向上屈膝并放在一个枕头上。闭目养神，心里默数到 10，先深吸气再做呼气动作。结束后上身再向相反方向侧卧，按照这个姿势重复上述动作。

（4）以舒适姿势侧卧在地毯上，上身抬起，右小臂着地并屈肘做支撑动作。右腿向内屈膝，左手臂自然地放在胸前。左腿抬起并向前伸直。心里默数到 10，先深吸气再做呼气动作，身体恢复原状，增加大腿牵引力，使骨盆放松变得灵活。保持刚才的姿势，身体再转向相反方向侧卧。做同样的动作。

（5）准妈妈可以提前模仿和练习在分娩时的呼吸，通过正确的呼吸方式来减轻疼痛。目前有一种“拉梅兹呼吸法”对于缓解分娩时的疼痛很有好处，准妈妈可以在平时多加练习，这样在分娩时才能运用自如。这种方法就是：当子宫收缩初期时，先规律地用 4 个“吸”、1 个“呼”的呼吸方式；当子宫收缩渐渐达到高峰时，可用大约 1 秒 1 个“呼”的呼吸方式；当子宫收缩逐渐减弱时，恢复使用 4 个“吸”、1 个“呼”的呼吸方式；当子宫收缩结束时做一次胸部呼吸，由鼻子吸气，再由嘴巴吐气。

这些练习可以对腰部和骨盆肌肉有一定的松弛作用，能为分娩时胎宝宝顺利通过产道做好准备。如果准妈妈在孕晚期时多加练习，就能很好地缓解分娩时的疼痛。

2. 分娩时缓解疼痛的方法

当准妈妈已经开始进入分娩过程时，也可以通过一定的方式来缓解自己的疼痛。比如，准妈妈可以膝盖跪地，慢慢旋转腰部，或是试着使劲，这种方式可以减轻对背部的压迫，从而减轻腰痛；准妈妈可以坐在低的小椅子上，准妈妈可以尝试着采用跪着或站立的姿势，并靠在协助者的身上往前倾，这也可以减轻疼痛；准妈妈可以双膝跪地，头部、胸部慢慢贴在地板上，抬高臀部，这一动作可以减慢分娩速度防止会阴因没有充分伸展而裂伤；准妈妈在感觉非常疼痛时，还可以将手放在椅子或台面上，腰部做画圆般旋转，这一动作也有利于减轻疼痛，等等。

但是，在分娩的过程中，准妈妈在做这些缓解疼痛的动作时还应注意，要真正缓解和减轻疼痛，最好的方式还是要调整好自己的呼吸，除了前面说到的“拉梅兹呼吸法”之外，准妈妈在还可以通过深呼吸、浅呼吸、浅表呼吸等呼吸方式来进行调节。深呼吸就是当鼻子吸气的时候，你能感到肺部的最下端充满空气，肋廓下缘向外和向上扩张，紧接着，用嘴缓慢而深沉地将气呼出，这种方式能起到镇静的效果，最好是在子宫收缩的开始和结束时做；浅呼吸就是仅使肺部的上部充气，当子宫收缩达到高点时可以采用这种呼吸方式；当阵痛频繁时，最有效的方式就是浅表呼吸，这种方式也就是先喘气，再呼气，再吹气。为了在分娩时能很好地运用这些呼吸方式，准妈妈在平时也可以多加练习。

第 243 天：减轻分娩疼痛的音乐疗法

分娩的日子越来越近了，准妈妈的心情也会变得越来越复杂，在渴望着胎宝宝平安出生的同时，也难免会因为担心分娩疼痛而染上紧张的情绪。通过前面关于分娩情况的一些介绍，相信准妈妈应该对分娩有了更多的知识，正像我们前面所说的那样，如果准妈妈能学习和掌握一定方法，分娩时的疼痛就能得到很好的缓解。音乐疗法就是其中很好的一种方法。

迄今为止，国内外的医学界经过长期的临床实践和研究，已经证明，音乐有着很好的止痛效果，如利用音乐来进行无痛拔牙，可以减少麻醉药的剂量甚至不用麻醉药；在医院的走廊里播放音乐，患者的不适症状会适当减轻；在准妈妈分娩时播放音乐，分娩的阵痛也会减轻。有人经过深入的研究还发现，不同的音乐还有着不同的止痛效果，因此人们可以根据自身疼痛的情况和心理状况等因素来灵活地选择适用的音乐。如节奏平稳而舒缓的音乐，主要能缓解病人的紧张情绪并起到镇痛的效果，主要适用于因情绪紧张而使疼痛加剧的病人；节奏和力量较强、旋律雄壮的音乐镇痛效果非常明显，多适用于单纯以疼痛为主的疾病；明朗欢快、轻松活泼的乐曲容易吸引人们的注意力，从而让人暂时忘却疼痛；凄切而哀怨的旋律有时能起到“以毒攻毒”的作用，对治疗长期积累而治不好的疼痛有一定的效果。

在利用音乐疗法来缓解分娩疼痛方面，到目前为止，国内外的很多医院都有利用音乐疗法帮助产妇减轻疼痛的尝试。很多证据证明，在产妇分娩时播放适宜的音乐，产妇的身体的肌肉和心灵都能得到放松，能使呼吸、血压、心跳保持平稳，人体忍受疼痛的阈限增强，而且在有音乐的情况下，产妇的注意力量也会被分散，她们就不会一心只想着子宫收缩的疼痛，而会将自己的部分注意力转移到音乐的节奏、旋律等方面，甚至是沉浸于音乐中，思绪翩飞，这样就能暂时忘记疼痛。

但在运用音乐疗法的过程中，准妈妈需要注意，想要取得良好的效果，音乐疗法应提前进行训练，在训练的过程中，最重要的就是要挑出自己最喜欢的、最熟悉，或是最能帮助自己放松身心、缓解疼痛的音乐，这样到分娩的时候才会很好地利用音乐来进行治疗，从而取得很好的止痛效果。

同时，准妈妈还可以将音乐疗法、做助产操、呼吸止痛等方法结合起来运用，这对于缓解分娩疼痛会更有帮助。比如，准妈妈在听音乐的同时，可以轻拍大腿、手臂、腰部等部位，或是让家人帮着自己按摩和放松身体；或者，准妈妈可以根据音乐的节奏来控制和调节好呼吸方式，在美妙的音乐声中，根据分娩的阶段变换呼吸方式，利用好深呼吸、蒲公英呼吸法、拉美茨呼吸法等；或者，准妈妈还可以将这三种方法结合起来运用，以此减轻分娩阵痛。

第 244 天：和准爸爸一起准备婴儿用品

随着预产期的来临，准妈妈和准爸爸从这个月开始就应该慢慢地开始购置婴儿用品，做好充足的准备迎接宝宝的到来了。对于准妈妈和准爸爸来说，亲手准备婴儿用品是一件让人非常高兴的事情。但在购置和准备婴儿用品的时候，还是有一些事情需要注意的：

1. 婴儿床

在选择婴儿床时，准爸爸和准妈妈没有必要买太大的，只要合适于放在父母床边就可以了。在挑选时，应格外注意婴儿床床面的坚实度，因为过于柔软的床垫很可能会使宝宝面朝向下的时候发生窒息，最好选择木质无漆的床；床的四周要有护垫护栏保护，护栏的板条间距不能超过 6 厘米，以防宝宝将来活动时卡住头部；小床应配有温暖舒适的床垫和能够防止儿童打开护栏的机械锁扣，床垫要紧贴床头和床尾的挡板；围栏的最高处与床垫可以调试的最低处之间至少要有 66 厘米的距离。另外，准爸爸和准妈妈要小心锋利的边角，拐角处的木条如果伸出 1.5 毫米以上的话也要特别小心，因为这个长度足以把衣服挂住，从而可能拽住或者勒住宝宝。再有，婴儿床最好是配有质量轻薄透气的蚊帐，不宜选择图案色彩过于鲜艳丰富的蚊帐，以免影响宝宝的休息睡眠质量。

2. 床上用品

在选择婴儿床上用品时，准爸爸和准妈妈应选纯棉的面料，而尽量不要给宝宝使用含有化纤成分的小毛毯，如果可以的话，毛毯外边需要套上纯棉布料的被套。在颜色方面，最好选择色泽较浅的布料。在布置床上用品的时候还要注意，3 个月以前的宝宝不用睡枕头，否则可能会影响其大脑发育，到了 3 个月之后，最好能为宝宝准备一个和小床一样宽的 1 ~ 2 厘米高的小枕头，这种枕头才比较适合宝宝。此外，准爸爸和准妈妈还可以多准备几条两面都是法兰绒的小块防水布垫在床下，以防宝宝尿湿无法及时更换。如果使用普通防水布的话，就要在上面铺上一块棉垫，防止宝宝尿湿同时还能保证宝宝身体下面的空气流通。一般来说，婴儿所有的床上用品最好都选择可以水洗、拆洗的，如果有不可水洗的物品，就必须经常放到阳光下暴晒消毒。

3. 婴儿浴盆、浴床

在给宝宝选择浴盆时最好不要选择金属质地的盆，而应该选用无毒无味的塑料盆或自然的木盆。因为金属盆较凉较重，并且又硬又薄的金属边还可能会磕碰到宝宝。同时，为了防止宝宝洗澡时滑脱或是牵拉宝宝太用力，最好给宝宝同时配上一张小浴床。

4. 婴儿服和尿布

在给宝宝选择衣服时应以方便舒适为原则，而不要盲目地讲究漂亮和时髦。在分娩之前，没必要给宝宝准备太多的衣服，因为宝宝的成长速度是很快的，买的衣服过不了多久可能就穿不了了。在早期，准妈妈可以给宝宝准备三四套质地柔软舒服的棉布和尚服或开肩套头的宝宝服，两套宽松好穿脱的婴儿睡衣，几双小的棉袜，还可以预备一件小斗篷。

对于宝宝来说，尿布是不可缺少的，而且用量还很多，所以准爸爸和准妈妈最好能多准备一些。在准备时，除了备好一次性纸尿布、婴儿纸尿裤之外，还应准备几条纯棉织品的布尿布。虽然目前市场上买的纸尿布、纸尿裤用起来方便，并且有一定的透气性能，但终究还是不如布尿布用得舒服。所以爸爸妈妈不要怕换洗尿布麻烦，为了宝宝的舒适健康，最好能用家里的干净棉织品给宝宝做几条尿布，并且在使用前要做好清洗消毒工作。

5. 哺乳用具

虽然在宝宝刚出生的时候，最好还是选择母乳喂养，但提前准备好一些哺乳用具也是必需的，因而准妈妈和准爸爸可以在此时准备好奶瓶、奶锅、水杯、小勺、暖瓶等用品，以备不时之需。需要注意的是，宝宝的哺乳工具都不可以是铝制品，所有餐具都要用后及时清洁和定期消毒的工作。

这些用品就是宝宝在出生后可能会用到的一些生活用品，提前做好准备，在宝宝出生后就不至于手足无措了。

第245天：知识胎教：教胎宝宝认识可爱的小兔子

在进行知识胎教时，准爸爸和准妈妈可以根据胎宝宝的特点，多讲些实用而有趣的知识，可以是童话、寓言故事、哲理故事等寄寓一定道理的知识，也可以是日常生活中的一些基本常识，甚至可以是日常生活中一些很常见的动物、植物等，涉及的内容可以是非常丰富的，这样才有利于全面的培养和熏陶。比如，今天准妈妈和准爸爸可以给胎宝宝认识一下可爱的兔子，给胎宝宝讲讲有关兔子的知识。

在讲解的时候，准妈妈和爸爸可以事先做一些准备，然后在轻松的环境中给胎宝宝讲解，讲解时，可以是绘声绘色的朗读，可以是根据自己的印象来进行描述，可以对着图片进行解说，也可以讲讲兔子的故事及其体现的品格，尽量讲得生动有趣一些。

兔子属于食草性的哺乳动物，长相非常可爱：兔子的嘴呈“丫”字形，总会露出两排碎玉似的小牙，好像总是合不拢嘴；兔子的眼睛是红色，有时还闪着耀眼的光；兔子的耳朵又大又长，而且对声音特别灵敏，只要一有风吹草动，就会“唰”地一下竖起来，灵巧地四面转动；兔子的前腿短、后腿长，总是蹦蹦跳跳着走路；兔子的尾巴很短，在蹦跳的时候一撅一撅的，很好玩；兔子身上的毛很柔软，而且有着多种颜色，如白色的、灰色的、黑色的等。

兔子一般喜欢生活在稍微干燥些的环境中，天气好的时候还喜欢到外边晒晒太阳。兔子最喜欢吃的食物是青草和胡萝卜，一般来说，兔子的性情都非常温和，但如果是受到了惊吓，或是遇到一些特殊的情况，也会表现出凶的一面，常常用牙齿来咬人。

兔子最大的特点就是那听到声音就会灵敏竖起来的耳朵和那蹦蹦跳跳的可爱模样，看起来非常可爱，所以很多小朋友都很喜欢兔子，现在的很多人也都喜欢饲养兔子作为宠物。

动起来：助产运动练习一

随着腹部的逐渐增大，准妈妈承受的压力会越来越重，为了缓解身体可能出现的诸多不适症状，准妈妈可以在此时做一些有利于保持身体健康的体操。再加上随着预产期的临近，分娩的问题慢慢地摆在了准妈妈的面前，为了减轻分娩时的疼痛，促进分娩的顺利进行，准妈妈最好能在产前进行一些有助于分娩的动作练习。今天，我们就一起来学一些助产的运动练习吧。

第一节腰部运动

具体步骤如下：

（1）准备好一张椅子，并站在椅子旁边。

（2）以双手扶椅背慢慢吸气，同时手臂用力，脚尖立起，使身体向上，腰部挺直，下腹部紧靠椅背。

（3）慢慢呼气，手臂放松，脚还原。

（4）重复以上的动作。

在练习时，准妈妈可以多重复几次，而且在临近预产期的几个月能够早晚各练习一次，这组动作能使准妈妈的腰部和腹部能得到很好的锻炼，有助于在生产时加强腹压及会阴部弹性，使宝宝顺利产出。

第二节腿部运动

具体步骤如下：

（1）准备好椅子，人站在椅子旁边。

（2）以双手扶椅背，右腿固定，左腿做360° 转动。

（3）还原姿势。

（4）以双手扶椅背，左腿固定，右腿做360° 转动。

（5）将以上的动作重复 5 次。

这组动作能使准妈妈的双腿得到很好的练习，有助于增强骨盆附近肌肉及会阴部弹性，这样对于顺利分娩是非常有帮助的。

第三节增强腰背肌肉的运动

具体步骤如下：

（1）准备好柔软的垫子，站立于垫子旁。

（2）以舒适的姿势侧卧在垫子上。

（3）右手臂自然地放在身上，左手臂屈肘向头部弯曲，并且把小臂枕于头下。

（4）左腿向下伸直，右腿向上屈膝并放在一个枕头上，保持姿势 10 秒钟。

（5）调整好自己的呼吸，先深吸气再做呼气动作。

（6）上身向相反方向侧卧，并重复以上的动作。

这组动作能帮助准妈妈锻炼手部、腰部和腿部的肌肉，缓解这些部位的疼痛症状，同时也能保证分娩的顺利进行。

胎宝宝的阅读时光：寓言故事《龟兔赛跑》

《龟兔赛跑》是一个非常经典的寓言故事，这个故事准妈妈在小时候可能也听过，可你知道吗，随着历史的发展，这个寓言故事的续集还在上演……在最初的故事里，兔子很轻敌，在赛跑的过程中竟睡着了，而乌龟坚持不懈地爬着，最终赢了乌龟；后来，兔子意识到了自己的错误，于是又决定和乌龟再进行一场比赛，在这次比赛中，它吸取经验教训，终于战胜了乌龟；同时，在经历了几次比赛之后，兔子和乌龟成为了很好的朋友，继续上演着感人的故事。在本周的阅读时光，准妈妈可以带着胎宝宝一起来读一下曲折的《龟兔赛跑》的故事。

兔子长了四条腿，一蹦一跳，跑得可快啦。

乌龟也长了四条腿，爬呀，爬呀，爬得真慢。

有一天，兔子碰见乌龟，笑眯眯地说："乌龟，乌龟，咱们来赛跑，好吗？"乌龟知道兔子在开他玩笑，瞪着一双小眼睛，不理也不睬。兔子知道乌龟不敢跟他赛跑，乐得摆着耳朵直蹦跳，还编了一支歌笑话他：

乌龟，乌龟，爬爬，
一早出门采花；
乌龟，乌龟，走走，
傍晚还在门口。

乌龟生气了，说："兔子，兔子，你别神气活现的，咱们就来赛跑。"

"什么，什么？乌龟，你说什么？"

"咱们这就来赛跑。"

兔子一听，差点笑破了肚子："乌龟，你真敢跟我赛跑？那好，咱们从这儿跑起，看谁先跑到那边山脚下的一棵大树。预备！一，二，三——"

兔子撒开腿就跑，跑得真快，一会儿就跑得很远了。他回头一看，乌龟才爬了一小段路呢，心想：乌龟敢跟兔子赛跑，真是天大的笑话！我呀，在这儿睡上一大觉，让他爬到这儿，不，让他爬到前面去吧，我三蹦二跳地就追上他了。“啦啦啦，啦啦啦，胜利准是我的嘛！”兔子把身子往地上一歪，合上眼皮，真的睡着了。

再说乌龟，爬得也真慢，可是他一个劲儿地爬，爬呀，爬呀，爬，等他爬到兔子身边，已经累坏了。兔子还在睡觉，乌龟也想休息一会儿，可他知道兔子跑得比他快，只有坚持爬下去才有可能赢。于是，他不停地往前爬、爬、爬。离大树越来越近了，只差几十步了，十几步了，几步了……终于到了。

兔子呢？它还在睡觉呢！兔子醒来后往后一看，唉，乌龟怎么不见了？再往前一看，哎呀，不得了了！乌龟已经爬到大树底下了。兔子一看可急了，急忙赶上去可已经晚了，乌龟已经赢了。乌龟胜利了。

兔子跑得快，乌龟跑得慢，为什么这次比赛乌龟赢了呢？其实这个故事是想告诉我们这样的道理：一个人即使再有本事，也不能骄傲，骄傲会让人落后，而即使能力稍弱，只有稳步前进、勇于坚持，也可能取得最终的胜利。

好孕美食馆：荤素搭配美味菜，为准妈妈分娩加分

为了孕育健康的胎宝宝和顺利分娩，准妈妈在孕期一定要做好饮食工作，既要保证营养的充足供给，也应注意营养全面均衡，在满足的身体所需营养的基础上，准妈妈还需控制好高蛋白、高脂肪食物的摄入量。秉承着这些饮食原则，准妈妈在日常的饮食中最好能充分做到荤素搭配，这样才有利于身体健康。今天我们就来给准妈妈们介绍几道荤素搭配的美味菜。

1. 蔬菜烩鸡翅

【材料】

鸡翅6个，西兰花5朵，菜花5朵，芹菜4根，胡萝卜半根，酱油、糖、盐、鸡精等调料少许。

【做法】

（1）先将鸡翅洗干净，然后顺骨头缝切口。

（2）芹菜切小段，胡萝卜切片。

（3）锅热后加少许油，油热至6成，放入鸡翅煸至两面金黄。

（4）放入菜花、西兰花一起煸炒。

（5）放少许水焖5分钟。

（6）放胡萝卜片和芹菜段一起翻炒。

（7）加半勺糖，少许盐和鸡精调味即可。

这道菜将鸡翅与多种新鲜蔬菜搭配在一起，美味可口而又十分营养，能提供人体所需的多种营养成分。其实，在做这道菜的时候，准妈妈还可以根据自己的

口味，灵活选择其他的蔬菜，但在选择的时候要注意颜色和营养搭配，而且最好不要选容易出汤的蔬菜，否则容易串味，而且放入蔬菜的时候也要按照易熟程度，依次来放。

2. 荷兰豆炒腊肉木

【材料】

适量的荷兰豆和腊肉，两粒大蒜、酱油、盐、鸡精等调料少许。

【做法】

（1）将腊肉洗干净，煮熟，并切成片备用。

（2）将荷兰豆洗干净，用手撕去两边的老筋，将大蒜切成蒜末。

（3）锅里放水，加一小勺盐和几滴色拉油。

（4）等锅里的水煮开后，把荷兰豆放入烫一会儿，捞出沥干水分备用。

（5）将锅烧热，倒入橄榄油，先炒蒜，煸炒出香味。

（6）放入腊肉煸炒出油。

（7）锅中加一小勺焯荷兰豆的水，倒入焯水沥干的荷兰豆，快速翻炒几下。

（8）加少量盐和鸡精就可以出锅了。

这道菜非常美味可口，但因为这道菜的前几个步骤中都是用油炒的，而且还有腊肉，相对来说比较油腻，准妈妈可以适量地吃，但不要吃得太多。

3. 葱香南瓜丁

【材料】

嫩南瓜1/4个，培根三片，几根葱。盐、油、鸡精等调料少许。

【做法】

（1）嫩南瓜削去皮上比较老的部位，切成小丁，培根切成小块，葱切成葱花。

（2）锅烧热倒入油，调好中火，把培根放进去煸炒一分钟左右。

（3）放入葱花煸炒出香味。

（4）把南瓜丁放下去煸炒，多炒会儿。

（5）等南瓜变色，有点软了，加点水。

（6）盖上盖子，将锅里的菜煮一分钟左右。

（7）打开盖子，放点盐和鸡精调好味，把锅里的汁收干即可。

【功效】

这是一道营养而美味的菜，南瓜中含有丰富的维生素E和胡萝卜素，其所含的β–胡萝卜素，经人体吸收后可转化为维生素A，维生素A对于维护眼睛健康等很有帮助。

4. 菜梗肉丝

【材料】

空心菜梗，猪里脊肉，红椒，蒜，盐，料酒，生抽，醋，淀粉，鸡精等适量。

【做法】

（1）先将猪里脊肉洗干净，切丝，加盐，料酒，生抽，水淀粉拌匀略腌。

（2）红椒洗净切丝，蒜切末备用。

（3）处理菜梗：先把菜梗清洗干净。

（4）热锅下油，倒入肉丝炒散，至变色，盛起备用。

（5）用余油再次加热，倒入蒜末，煸至出香味，下处理好的菜梗和红椒丝翻炒。

（6）待菜梗炒至变色，调入少许醋，盐调味，倒入炒好的肉丝翻炒。

（7）加少许鸡精就可以了。

【功效】

这道家常菜做起来比较简单，但同样是非常美味而可口的，肉类和蔬菜的完美搭配，能帮助准妈妈保证营养的全面均衡，对于维持身体健康很有好处。

胎宝宝的私人音乐厅：施特劳斯《维也纳森林的故事》

在这个时期，胎宝宝差不多已经完成了大部分的身体发育，最可喜的变化就是不仅能很好地感知外界事物，而且还有了较为明显的判断力，能对自己喜欢和不喜欢的事物做出好恶的判断，此时做好各方面的胎教工作，效果自然能增强不少，尤其是在音乐胎教方面。在这个星期，准妈妈可以带着胎宝宝来欣赏著名音乐家施特劳斯的《维也纳森林的故事》，一起领略世界名曲的魅力。

《维也纳森林的故事》这一圆舞曲大约创作于1868年，是约翰·施特劳斯继圆舞曲《蓝色的多瑙河》之后的又一部杰作。在这部作品创作完成之后不久，施特劳斯就带领乐队在维也纳进行了首演，并亲自担任指挥。这首曲子可以说是他献给故乡的赞歌，因为曲子描绘的维也纳森林就位于他的故乡。在离奥地利首都维也纳不远的地方，有一片美丽的森林，这里环境优美，树木茂盛，生长着各种各样的动物和植物，每年都有众多游人来此观光旅游，不少的大画家、大作曲家也时常会光顾这个美丽的地方，施特劳斯也特别喜欢这一充满着乡土气息的好地方。在创作曲子的时候，为了使曲子具有浓厚的乡土气息，同时也为了更好地表达自己的情感，施特劳斯在管弦乐队里破例地加上了齐特尔琴这一民间乐器。

这首乐曲在结构上属于典型的维也纳圆舞曲式，基本上是由序奏、五个圆舞曲和尾声构成。在乐曲的开端有一个很长的序奏，接着是流畅的曲调，美妙的景致由此而展开，双簧管、单簧管、大提琴、圆号、长笛奏出的美妙声音交织在一起，共同演绎着悦耳动听的美妙音乐，钟声的响起，也使音乐增加了很多光彩，一幅极美妙的且富于变化的音画，让人不禁想跟着音乐的节奏，立即进入那美丽的维也纳森林，去感受自然的美景、聆听树林中鸟儿的鸣叫。

序奏之后，便是五个圆舞曲。第一圆舞曲为F大调，描绘出了森林清晨的美景，及人们轻歌曼舞的场面；第二圆舞曲为降B大调，同样表现这对自然的喜爱之情，但节奏更为明快了，画面感也更强了；第三圆舞曲为降E大调，仍然描绘这森林的美景，歌颂着大自然的美好；第四圆舞曲在降B大调上，节奏富于变化，在欢快流畅而充满着跳跃性的节奏中，听众会渐入佳境；第五圆舞曲为降E大调，曲子非常活泼，节奏性非常强，使得整个乐曲达了最高潮。

乐曲的结尾部分很长，基本表达着与前面类似的主题，之后，在齐特尔琴奏出的充满着民间气息的乐器声和乐队的合奏中，曲子终结，余味无穷。

《维也纳森林的故事》主要描写的就是维也纳森林的美景，表达了热爱自然、热爱生命的情感，节奏欢快明朗、曲调活泼，很能唤起人们美好的感情。准妈妈在听这首曲子之前，可以先了解相关的背景知识，以便更好地理解和曲子的情境。在听音乐的时候，准妈妈可以选择靠窗的桌子，打开窗户来细细聆听，也可以选择坐在自己的庭院来享受曲子的动听旋律，或者可以带着播放工具，来到小区和户外，一边欣赏自然美景、感受着鸟语花香，一边聆听。在听音乐的时候，准妈妈最好能保持精神专注，这样才有利于细细品味，跟着美妙的乐曲去感受阳光照射森林、鸟儿鸣转的情境。

第36周：体重增加，胎毛开始脱落

到了36周，胎宝宝仍在生长，身长约51厘米，体重约2800克。这时候胎宝宝已经成为了一个足月儿，他的手肘、小脚丫和头部也可能会清楚地在腹部突现出来；指甲开始超过指尖；两个肾脏已发育完全，肝脏也已能够自主处理一些代谢废物。

孕期第36周时，大部分胎儿已经保持着头朝下的姿势。

1. 多陪胎宝宝说说话，唱歌给胎宝宝听

在进行语言胎教和音乐胎教的时候，不只是要播放CD给胎宝宝听，准爸爸和准妈妈还应该多亲自朗读一些文章或是唱一些歌曲给胎宝宝听，这样，不仅能增强胎教的效果，也能让胎宝宝更加熟悉父母的声音，也更体会到父母对自己的关爱。

2. 适量做一些有利于分娩的运动和练习

随着怀孕周期的增长和预产期的来临，准妈妈的身体会出现一些新的变化，这些变化都与不久之后的分娩有关，是不需要担心的，但此时，准妈妈应该多学习一些分娩的常识，多做一些有利于分娩的练习了。

第246天：准妈妈临产前应注意的十项禁忌

为了能孕育健康的胎宝宝，也为了避免一些孕期病症的侵扰，准妈妈在整个怀孕期间需要多多注意自己的生活细节，对自己的饮食、行为等要做到心中有数。尤其是到了临近分娩的时候，为了保证分娩的顺利进行，准妈妈更应多留意一些相关的禁忌知识，尽量避免触及可能会对自己和胎宝宝的身心健康造成危害的东西。通常来说，准妈妈在临产前应注意如下的十项禁忌：

1. 忌担心和害怕

很多准妈妈，尤其是初次分娩的准妈妈，由于缺乏必要的知识和经验，在临近分娩的时候，就会出现不同程度的恐惧心理，如害怕面临分娩时的产痛、担心分娩时会出现一些自己无法应对的困难、害怕自己无法顺利完成分娩、担心生出的宝宝有什么缺陷等。这些心理，不仅会影响准妈妈的睡眠和饮食，而且还可能刺激一些有害物质的分泌，影响自身和胎宝宝的健康，同时，如果总处于这样的情绪状态之下，准妈妈的反应能力、身体机能的激发都会受到影响，这对于顺利分娩是非常不利的。事实上，在现代医疗条件下，只要进行产前检查，几乎所有的准妈妈都是能安全分娩的，准妈妈完全没必要担心。

2. 忌脾气急躁

一些准妈妈属于“急性子”，平时做事的时候总是急着想追求结果，在怀孕和分娩这件事上也是如此，经过漫长的等待，好不容易到了临近分娩的时期，所以在这段时间，她们总是盼着能早日分娩，因此弄得自己整天坐立不安，一有什么特别点的情况，就觉得自己要生了，就赶紧入院待产，而且，还常常会莫名其妙地发脾气。这其实是完全没有必要，胎宝宝的出生时间准妈妈可以参照预产期来计算，在预产期前后一两周也都是正常的，着急非但没用，而且还可能会造成一定的危害。

3. 忌焦虑和忧愁

想着分娩时难以忍受的疼痛、想着产后可能会引发的一些问题，再加上生活上的一些困难，有些准妈妈在分娩前会变得特别焦虑和忧愁。这种不良情绪也会影响准妈妈的身体健康,阻碍分娩的顺利进行。准妈妈应该明白焦虑和忧愁的坏处，努力避免，凡事都往好的方面去想，努力调节好自己的心理状态。

4. 忌粗心大意

有些准妈妈平时为人就很粗心，在怀孕期间也是如此，所以经常会出现一些意想不到的情况。到临近分娩的时候，如果准妈妈还是大大咧咧，不提前做好准备的话，到出现分娩征兆和胎宝宝出生之后，可能就很容易手忙脚乱，忙中出错。因此，准妈妈应戒掉粗心大意的毛病，尽量准备充足一些。

5. 忌懒惰

临近分娩时，很多准妈妈常以自己行动不便、运动可能会造成早产等为由而坐着或躺着不动。实际上，准妈妈在分娩之前也应该进行适量的运动，如做一些利于分娩的体操、在家人的陪同下散散步，这对于自己和宝宝的健康，对于缓解分娩时的疼痛、促进分娩顺利进行都大有好处。而如果过于懒惰的话，准妈妈很有可能会出现体重超标、分娩困难等问题，这无论是对准妈妈还是对即将出世的宝宝都有一定的危害。

6. 忌过于操劳

由于即将临盆的特殊性，准妈妈在临产前尽管要适量运动，但更应避免过度劳累的情况。此时准妈妈最要紧的事就是注意休息好，保证充足睡眠。如果条件允许的话，到了这个时期，准妈妈最好能放下工作，在家待产，在做家务时，准妈妈应降低要求，而且只能做一些轻巧的活，在运动时也只能进行一些简单而平缓的运动。

7. 忌出门远行

到了这个时期，准妈妈的腹部已经隆起很高，行动起来比较吃力，而且因为临近分娩，可能会出现一些意外情况，所以此时准妈妈最好不要出门远行尤其是宜乘车、船远行。因为一旦旅途中出现什么意外情况而又不能及时送医的话，很有可能会危及准妈妈和腹中的宝宝。

8. 忌吃得过多或是总处于饥饿状态

饮食问题是准妈妈在整个孕期都需要注意的问题，临近分娩时，更应注重合理饮食，既不能吃得过多也不能不吃。准妈妈在孕期的每个阶段有着不同的营养标准，到临近分娩时，准妈妈应少食多餐，多吃些营养丰富又易于消化的食物，着重为分娩储备好能量，切忌什么东西都不吃就进产房。同时，准妈妈也应掌握好分寸，少吃一些高脂肪类食物。

9. 忌长时间一个人独处

在临产前，准妈妈多多少少都会受到一些不良情绪的影响，此时最需要的就是家人、朋友的关心和帮助了。而且，如果准妈妈多与别人沟通和交流，就不至于让自己觉得孤独和空虚，这样才能避免胡思乱想，心情也会变好一些。另外，由于已经接近预产期了，准妈妈很有可能会出现一些突发情况，如果有人在身边的话，也便于照顾准妈妈。

10. 忌滥用药物

在整个孕期，准妈妈都应该慎用药物，如果有特别需要的情况也应该咨询医生，在指导下服用，到分娩之前尤其是如此。准妈妈在临近分娩时最好不要用药，更不可随便注射催产剂，以免造成严重后果。如果是一些生理上正常的疼痛，如宫缩等，一般都不需要用药，即使用药，对缓解疼痛也不会有多大作用的。

第 247 天：补充能量，为分娩做准备

随着分娩的日期越来越近，准妈妈应该在饮食方面多加注意，适当地多吃富含蛋白质、糖类等能量较高的食品，为分娩多储备一些能量。根据营养师的建议，准妈妈在此时应该保证每天吃主食 500 克左右，总脂肪量 60 克左右，在临近分娩的一两个月，必须重点补充各类维生素和足够的铁、钙，尤其以维生素 B_1 最为重要，如准妈妈可以多吃全麦、燕麦、花生、猪肉、海带、黑木耳、多数蔬菜和鱼类等，

这能有效地缓解准妈妈在孕晚期的一些身体不适，同时也对分娩有很大的好处。

在孕晚期，尤其是临近分娩的时候，准妈妈应格外注意防止早产、难产等问题。如果在此时营养不足的话，不仅所生的婴儿常常比较小，而且准妈妈自身也容易发生贫血、骨质软化等营养不良症，这些病症将会直接影响临产时的正常子宫收缩，容易发生难产，因此，准妈妈在分娩前的一段时间应充分注意为自己储备充足的能量。因为只有保证足够的营养，才可以供应宝宝生长发育的需要，也才可以满足自身子宫和乳房增大、血容量增多以及其他内脏器官变化所需求的额外负担。在临近分娩时，准妈妈可以适当多吃这些食物：

1. 在炒菜时尽量使用植物油

研究发现，人体所必需的脂肪酸如亚油酸、亚麻酸和花生四烯酸等，人体自身是无法合成的，只能靠从食物中摄取。而在植物油中，这类物质的含量丰富，动物油的含量相对极少，所以准妈妈在孕期最好能食用植物油，在孕晚期尤其如此。

2. 鸭肉

鸭肉中富含高蛋白质、脂肪、铁、钾、糖等多种营养元素，有清热凉血、祛病健身的功效。同时，鸭肉中的脂肪化学成分类似于橄榄油，有降低胆固醇的作用，对防治妊高征有一定的益处，而且不同品质的鸭肉还有其不同的食疗作用，如青头鸭肉可利尿消肿，保护肾脏；乌骨鸭肉可抑制毛细血管出血，减轻肺热；纯白鸭肉可清热凉血；老母鸭肉则有生津提神、补需滋阴、大补元气的作用，对于舌干唇燥、口腔溃疡等症状具有很好的食疗作用。

3. 鱼类和虾类

鱼虾中的营养价值及热量都很高，而且不易引致消化不良、反胃胀气等问题。准妈妈在接近生产时有时会由于紧张不安的情绪导致食欲下降，这个时候鱼虾类的食物不失为既能补充营养、又能促进食欲的优质食品。

4. 鸡蛋

鸡蛋中富含蛋白质，因此，临近分娩的准妈妈最好多吃些鸡蛋，以补充优质蛋白和其他能量，供生产时和生产后消耗，可以有效防止体力透支。

5. 蜂蜜

中医认为，当准妈妈进入临产阶段后，在饮食调节上应采取利巧滑胎的方法，这对于促进分娩、缩短产程、减少产痛有着积极的作用，特别是对于初产妇或胎儿偏大的产妇。而蜂蜜正有此功效，所有这时候的准妈妈可以多补充一点蜂蜜。

6. 巧克力

准妈妈在临产前要多补充些热量，以保证有足够的力量促使子宫口尽快开大，顺利分娩。巧克力营养丰富，含有大量的优质碳水化合物，每100克巧克力中含有碳水化合物50克左右，脂肪30克左右，蛋白质15克以上，还含有较多的锌、

维生素 B_2、铁和钙等，而且能在很短时间内被人体消化吸收和利用并产出大量的热能，可供人体消耗。另外，巧克力体积小方便携带，吃起来也香甜可口。因此，准妈妈最好能在临产前适当吃些巧克力，对身体十分有益。

分娩是非常消耗能量的，所以准妈妈应在分娩前的一段时间所注意保证充足营养与合理饮食，为分娩储备好能量。

第 248 天：了解可能造成难产的原因

在临近分娩的前一两个月，准妈妈应该多关注一些分娩的知识和相关的注意事项，了解得越多，准备得越充分，到分娩时才越能做到心中有数，减少慌乱。到了孕晚期，有些准妈妈经常会担心早产、难产等问题。今天我们就来说说可能造成难产的一些原因，以帮助准妈妈尽量避免这些问题，也消除一些准妈妈不必要的担心。

所谓难产，是指无法顺利将胎儿分娩出来。对于准妈妈和胎宝宝的身心健康来说，难产的危害是非常大的，必须尽量避免和妥善处理。一般来说，造成难产的因素有很多，有些在生产之前是可以预知的，也有些是在生产过程中突然发生的。在分娩前，准妈妈受到猛烈撞击、或是出现一些严重危害身体的情况，难免出现难产；在分娩的过程中，产力、产道和胎儿状况（主要看胎儿的大小）这三个因素中任何一个或一个以上异常，都会使分娩的进程不同程度上受阻进而发生难产，如准妈妈在分娩时出现宫缩乏力、宫缩过强、软产道坚韧、胎儿旋转异常、胎盘早剥、子宫颈管裂伤和胎盘滞留等问题时，就很容易造成难产。

1. 宫缩乏力

宫缩乏力是指当分娩发动后，子宫收缩推出胎儿的力量很微弱。宫缩乏力有时会发生在分娩刚刚开始时，有时也会随着分娩进程逐渐减弱。一般来说，宫缩乏力在产程中间发生的，多是由于产程过长或用力方法不得当导致产妇疲劳所造成的。如果出现这种情况的话，医生会给产妇使用促进宫缩增强的药物，如催产素。

2. 宫缩过强

宫缩过强也不利于顺利生产。如果在分娩时不恰当地使用了促进子宫收缩的药物或是产妇早破水，都会引起子宫收缩过强。当子宫收缩过强时，产妇大都不能承受，因为过强的宫缩会引发剧烈的疼痛。如果产妇能够承受过强的宫缩，产道和胎儿又没有异常，多能急速分娩。急速分娩可能会发生产道裂伤或产后出血，胎儿头部也可能会受到伤害。所以，如果宫缩过强，腹痛过于强烈时，医生会采取相应措施，产妇不要过于紧张进一步给分娩造成障碍。

3. 软产道坚韧

有些准妈妈由于年龄太大，软产道变得坚韧，这也很有可能导致难产情况的发生。当出现这种情况时，医生会使用促使子宫颈软化的药物，使产道变得柔软，易于胎儿娩出。

4. 胎儿旋转异常

当胎宝宝从产道中通过时，为了适应产道的曲线，会不断转换方向，但有时由于各种原因会引胎头旋转异常，因此给胎儿的顺利娩出造成障碍。一旦遇到这种情况，医生或助产士可能会协助胎儿改变不正常的位置，进行人工干预，帮助胎儿娩出。

5. 胎盘早剥、滞留

当出现胎盘早剥、滞留等情况时也很容易诱发难产。正常情况下，胎盘是在胎儿娩出后才开始剥离娩出的。当胎儿还没有娩出的时候，胎盘就开始剥离，会发生阴道出血现象。遇到这种情况，医生会立即行剖宫产；随着胎儿的娩出，胎盘也就随之娩出，如果胎盘长时间没有娩出，就称为胎盘滞留，这时医生和助产士都会帮助产妇顺利地将滞留的胎盘分娩出来。

6. 子宫颈管裂伤

当急产或产力比较大时，可能会发生子宫颈管裂伤，这时有经验和的助产士或医生会在产妇娩出胎儿后，对产妇的产道和宫颈进行检查，如果发现有裂伤会及时缝合。需要注意的是，如果产后宫缩很好，阴道和外阴也没有伤口，却有鲜血流出，就要考虑是否有宫颈裂伤的可能，如果是就需要立即进行缝合术。所以，当产后发现阴道有鲜血流出，必须立即就医。

另外，当准妈妈的情绪状态和其他的一些特殊情况也可能会对准妈妈的顺利分娩造成障碍，出现难产的情况。当面临难产的情况时，准妈妈一定不要丧失信心和意志力，为了自己和胎宝宝的安全，准妈妈一定要学会坚强和坚持。要知道，即使发生难产，宝宝无法经阴道分娩，医生还可以通过产钳助娩，或剖宫产助娩等方式帮助宝宝分娩，只要处理及时，这并不会对宝宝造成伤害。

第 249 天：提高顺产的可能性

随着预产期的临近，选择分娩方式也就成为准爸爸和准妈妈要考虑的重要问题。在现代社会中，随着科学技术的发展和其他方面的原因，一些准妈妈通常会选择剖宫产的方式，但也有不少准妈妈还是会选择自然分娩的方式来进行生产。值得一说的是，当今的很多科学研究成果表明，自然分娩更有利于准妈妈的身体恢复和胎宝宝日后的成长发育，如顺产有利于胎宝宝日后的情商发育，能降低宝宝日后宝宝患肺病的几率，能让准妈妈尽快恢复，对准妈妈进行母乳喂养也大有裨益。

十月怀胎并非易事，准妈妈想要顺产的话也需要做好充足准备。

1. 有计划地安排怀孕时间，选择在合适的年龄进行分娩

如果在怀孕时年龄过大，顺产的可能性就会减少很多，因为随着年龄的增大，女性的产道和会阴、骨盆的关节会逐渐变硬，子宫的收缩力和阴道的伸张力也会越来越差，再加上高龄产妇在孕期很容易诱发高血压、糖尿病、心脏病等疾病，

这种情况下如果选择顺产的话，可能就会危及胎宝宝的健康和生命。

根据医生的建议，女性的最佳生育年龄应该是 25 ~ 29 岁，处于这一年龄段的女性，如果身体条件允许的话，多可以选择顺产的方式，随着年龄的增长，准妈妈进行自然分娩时的危险系数就会升高，而如果是年龄超过 35 岁的初产妇，最好还是以剖宫产的方式进行分娩。

2. 怀孕期间应注意营养的适当补充，既不能缺乏营养，但也不能补充过当

在整个怀孕过程中，营养的全面均衡和合理控制是非常重要的，特别是到了孕中期和孕晚期，准妈妈一定要严格控制营养的合理摄入，防止自己变得太胖和胎宝宝的过快生长。一般来说，如果胎宝宝的体重超过 4000 克，在通过准妈妈的骨盆时就会有难度,这样准妈妈顺产的难度就会增大。而如果准妈妈自身过胖的话，不仅自己患糖尿病的几率会升高，而且还会引起胎宝宝的血糖持续增高，从而影响胎宝宝的健康。因此，准妈妈在孕晚期最好能有意识地控制主食的摄取，多吃粗粮，同时还要加上合理适当的运动。

3. 定时做产前检查，及早发现可能会对顺产造成影响的因素

在怀孕期间，准妈妈应该定时进行产检，以便随时观察胎宝宝的生长发育和自身的健康情况，排查可能会对顺产造成影响的因素，一旦有什么异常的情况，就要及早纠正和治疗。一般来说，准妈妈在每个月都应该进行产前检查，在整个孕期总共要做 9 ~ 13 次的检查。通过这些检查，准妈妈才能更好地了解胎宝宝的发育情况和自己的身体状况，及时采取有效的方法进行治疗。

如果在产前检查中发现了一些不利于顺产的因素，准妈妈应该多咨询医生，积极配合医生来进行矫正和治疗，如准妈妈通过产检发现自己有明显的骨盆异常、胎位异常的情况，就应该征询医生的意见，先考虑采取措施加以矫正，然后再考虑以剖宫产的方式来进行分娩。

4. 进行适量的运动

适量的运动能帮助准妈妈保持一个良好的身体状态，如可以保持关节和韧带的柔韧度，能增加腹肌、腰背肌和骨盆底肌肉的张力和弹性，也能增强准妈妈的体能。而一些专门针对分娩的动作练习则能使准妈妈在分娩时更为顺利，这些对于顺产都是十分有利的。

除此之外，准妈妈还应该多了解一些有关分娩的常识，调节好自己的心态，正确地认识顺产，千万不要因为过度担心或是害怕承受顺产时的痛苦而放弃顺产。只要多了解一些这方面的知识，学会与医生的良好配合，就能提高顺产的可能性。

第 250 天：受胎宝宝欢迎的小游戏

爱玩是孩子的天性，孩子喜欢做各种各样的游戏，胎宝宝也不例外。虽然还在准妈妈的肚子里，但胎宝宝也是渴望通过玩来初步认识这个世界的。在孕期，

准妈妈和准爸爸不妨抽空陪胎宝宝游戏一番，帮助其活动一下身体，促进脑部发育。今天，我们就来介绍几个受胎宝宝欢迎的小游戏。

游戏一：和爸爸躲猫猫

胎宝宝不仅喜欢听优美的音乐、准妈妈和准爸爸的说话声，更喜欢被准爸爸和准妈妈轻轻地抚摸，在抚摸的时候陪着其玩一些小游戏。到了这个时期，父母经常爱抚胎宝宝，胎宝宝能明显地感觉到，而且还能做出明显的反应了，从表现中可以看出，胎宝宝非常喜欢在这样的互动中和父母玩耍嬉戏。更为重要的是，这样的小游戏，有助于胎宝宝的脑部发育、行为发育和其他各方面的发育，是很有好处的。

进行游戏时，准妈妈最好先仰躺在床上，尽量保持身体放松，然后爸爸可以轻轻地抚摸胎宝宝，并告诉胎宝宝，现在是爸爸在抚摸他，而且还准备跟宝宝玩一个有趣的“躲猫猫”游戏。在按照正确的顺序抚摸了一遍之后，准爸爸可以用充满着关爱的语气说：“爸爸现在要藏起来了哦，小宝宝找找看，爸爸的手在哪里？”然后，准爸爸就可以将自己的手先拿开一下，然后再用一个手指轻轻地在准妈妈的肚子上按一下，此时胎宝宝可能就能感觉到，然后会用小脚在那里轻轻地踢，如果胎宝宝正好踢在那个位置，准爸爸千万不要吝惜自己的奖励，要先夸夸胎宝宝能干，如果没有踢准，准爸爸也应该给予鼓励。在这样进行了一两次之后，准爸爸慢慢地移动手的位置，如果胎宝宝感觉到了，一般也会跟随着准爸爸手的位置，对准触摸的位置踢去。

另外，在进行这一游戏的时候，准爸爸和准妈妈还可以多和胎宝宝说说话，或是播放优美的音乐给胎宝宝听，这样游戏就会更有趣了。相信经过这样的游戏，胎宝宝能更深切地感受到父母的关爱，会对父母有更深的印象，而且活动的积极性也会增强很多。但在游戏的过程中，准爸爸的动作一定要轻柔，而且也应控制好游戏的时间，不要让胎宝宝太累了。

游戏二：摸宝物

在现代教育中，人体右脑的神奇功能被越来越多的学者所推崇和重视，有科学研究成果已经证实，右脑的存储量是左脑的 1 万倍，很多充满智慧且有着卓越成就的伟人，如爱因斯坦、达·芬奇、居里夫人等有着一个共同的特点，那就是，他们都有着超强发达的右脑。而人类在 6 岁以前，差不多完成了 90% 的右脑发育。因此，准爸爸和准妈妈在进行胎教时，需要尽可能地开发胎宝宝的右脑，促进脑部发育。摸宝物的游戏就是对胎宝宝右脑发育很有帮助的游戏。

在进行游戏之前，准爸爸需要先准备好道具。准爸爸可以先找好一个稍大一点的、六个面都密封的盒子，然后在盒子的一个面上戳一个比手臂稍大些的小洞。之后，准妈妈可以在盒子里放上一些小物品，如水果、玩具、糖果等。准爸爸在准备这些道具的时候先不要让准妈妈看见，这样才能保持神秘性。在一切准备妥当之后，准爸爸、准妈妈和胎宝宝就能一起来玩摸宝物的游戏了。游戏开始时，准爸爸可以先告知胎宝宝，“现在游戏开始了，胎宝宝要准备好哦。”然后，准妈妈就可以伸手往盒子里摸一摸，在摸到物品后，准妈妈要先说出是什么东西，还可以对它进行简单的介绍，之后再将物品拿出来；或者，准爸爸也可以先说出物品的名称，让准妈妈摸出这件物品，然后再讲解相关的知识。

在游戏中，准妈妈主要使用触觉来进行判断，这需要充分调动右脑的功能，对于促进胎宝宝的右脑发育也是很有帮助的，

除了这些游戏，准妈妈、准爸爸和胎宝宝还可以玩数字游戏、猜谜游戏，借助于手指的触摸游戏等，这些游戏都十分有利于胎宝宝的发育和成长。

第 251 天：看电影《宝贝计划》，可爱宝宝上演精彩喜剧

在民间，普遍流传着这样的说法，如果准妈妈在孕期多看一些美的东西和有关可爱宝宝的图片、电影等，腹中的宝宝也会更可爱、更漂亮。在怀孕期间，尽管承受着很多压力，但欣赏着可爱的宝宝、想着腹中胎宝宝的可爱模样，准妈妈的心里还是觉得非常甜蜜的。在今天的电影时光，准妈妈可以和胎宝宝一起分享《宝贝计划》这部由可爱宝宝上演的精彩喜剧，在欣赏影片的过程中体验宝宝的机灵可爱。

《宝贝计划》是 2006 年中国上映的一部喜剧片，由著名导演陈木胜执导，著名演员成龙、许冠文、古天乐、高圆圆、陈宝国等担任主演，再加上可爱的混血儿宝贝马修，共同演绎了一段精彩绝伦、引人入胜的影片。影片不仅有众多明星参入演出，其中可爱的小宝宝马修更是惹人喜爱，相传他是一个出生于澳大利亚的混血宝贝，有着 1/2 哥伦比亚血统、1/4 汉族血统、1/4 俄罗斯血统，在参加演出时还不到两岁，但正是有了这位机灵可爱的小宝贝，影片才能增色不少，而这位可爱的宝宝也凭借着在影片中的精彩表现，入围第 26 届香港电影金像奖最佳新演员奖，成为金像奖历史上被提名者中年龄最小的一位。

除了在演员阵容上很有噱头，影片在情节内容、表达主题、电影技巧运用等方面也都取得了成功。影片中的故事围绕一个刚出生的宝宝展开，并随着这条线索而不断发展、渐入高潮。在开始的时候，由成龙扮演的“人字拖”虽然身手不凡，但终日沉迷赌博，没有健康向上的人生目标，经常和许冠文饰演的“包租公”、古天乐饰演的“八达通”一起盗窃，做一些偷偷摸摸的不法勾当。在城中富豪家庭的宝贝出生后不久，包租公在金钱的诱惑下，答应把宝宝偷给黑帮老大，以验证这个孩子是否是自己死去的儿子与前女友的孩子。于是，包租公伙同人字拖、八达通等人开始了偷窃宝贝的计划。在成功偷得孩子，准备和黑帮老大交易的时候，岂料中间人因小事被捕入狱，宝宝被迫留在人字拖家中。从此，人字拖和八达通过起了奶爸和奶妈的生活，为了照顾宝宝，他们出尽了洋相、吃尽了苦头，最终在商场保育员淑芬的帮助下，两个男人逐渐喜欢上可爱的宝宝。可就在这个时候，交易又被提上了日程，在最后关键时刻，当人字拖、八达通将宝宝交给黑帮老大时，宝宝撕心裂肺的哭喊和祈望救助的眼神，让人字拖、八达通找回了做人的良知，不顾自身安危，拼死相救，于是上演了非常精彩的争夺宝贝之争。最终，人字拖、八达通为了救回宝宝的性命，上演了感人至深的真心和爱心故事，表现出了一个真正男人感天动地的爱心，他们的人生命运也从此改写。

《宝贝计划》可以说是一部老少皆宜的喜剧片，影片中有十分精彩的故事情节、著名演员的精彩演出，有高超的特技场面，叙述流畅，笑料生动，打斗有趣，自然融入的亲情、爱情，使本片有着很强的亲和力，在娱乐上也更接近各年龄观众。夺人眼球的宝宝和真挚的情感是影片潜在的叙事动力，宝宝机灵可爱的长相，两个大人和他之间上演的滑稽的、夸张的、离奇的场景让观众无数次地开怀大笑；宝宝频繁遇到危险又总能化险为夷的场景，让不少观众都为之捏了一把汗，动人心魄，更重要的是，宝宝还改变了很多人的人生态度，使他们的命运发生了新的改变。而在表现情感方面，人字拖和八达通同甘共苦的友情，人字拖和父亲、妹妹之间屡受冲击又割舍不断的亲情，八达通与女友历经挫折最终确证的爱情，以及人字拖、八达通和可爱宝宝的情感都是非常能感染人的。准妈妈可以带着胎宝宝一起来欣赏这动人心弦的影片，在欣赏情节的同时感受其中的种种感情，这样，肯定是大有收获的。

第252天：知识胎教：认识勤劳又执著的蚂蚁

经过这么长时间的知识胎教中，相信准妈妈和准爸爸已经带着胎宝宝学习了不少百科知识，认识了不少新鲜的事物。在孕期多和胎宝宝进行交流和互动、多传授一些知识，对于胎宝宝的发育和成长非常有利。在今天，准爸爸和准妈妈还可以继续巩固知识胎教的成果，带着胎宝宝一起来了解一下勤劳又执著的蚂蚁。

在讲解知识之前，准妈妈和准爸爸可以先准备一些在网上或书上找一些有关蚂蚁的资料，搜集一些蚂蚁的图片，想一些有关蚂蚁的故事。然后，准爸爸和准妈妈就可以和胎宝宝共享这美好时光，陪着胎宝宝学习。在讲解的时候，准爸爸和准妈妈最好能用充满童真的语言、比较通俗有趣的话语来讲解，这样胎宝宝才能更好地理解，与此同时，还需要密切关注胎宝宝的反应，以此来判断胎宝宝是否喜欢。同时，准妈妈在讲故事或听故事的时候最好能投入一些，并用心思考问题，这样才能取得更好的胎教效果。

【知识卡片】

蚂蚁是一种十分古老的昆虫，据科学家推断，大约起源于恐龙生活的那个年代，距今约有一亿年了。蚂蚁的长相非常特别，一般体形都非常小，有着呈结状的腹部，体壁具弹性，看起来很光滑，小小的头上还长有两只触角，触角的柄节很长，另外还长有六只脚，蚂蚁身体的颜色有黑、褐、黄、红等。

在这个世界上，蚂蚁不仅很常见，而且种类还非常多，别看它们小小的，但不管是哪一种蚂蚁，都强壮得超乎我们的力量，研究发现，蚂蚁一般都可以举起超过自身体重10 ~ 50倍的东西，就是靠着这种强大的力量，它们得以搬运食物并抵御其他动物的侵犯。蚂蚁是一种群居的动物，而且能生存的环境也是非常多的，不管是草丛、墙角，还是树上、天地的泥土里，它们都能很好地存活下来，甚至还能在水中存活一段时间，可以说，蚂蚁是世界上抗击自然灾害最强的生物。

一个蚁群通常由蚁后、雄蚁、工蚁等组成，每种蚂蚁的分工是不同的，蚁后、雄蚁担负着交配和繁殖后代的职责，工蚁的主要职责是建造和扩大巢穴、采集食物、饲喂幼虫及蚁后等。在昆虫中，蚂蚁的寿命算是很长的，一般来说，工蚁最多可以活3～7年，蚁后则可存活十几年或几十年，甚至50多年。蚂蚁是非常勤劳的动物，在其一生中，蚂蚁基本都是处于劳动的状态，它们每天不停地搬运和储存这粮食，精力充沛而又异常坚强。

动起来：助产运动练习二

怀胎十月就为了等待分娩，等着胎宝宝的降生，所以对于准妈妈来说，顺利平安地分娩是非常重要的。为了能帮助准妈妈提早做好身体上的准备，到分娩时不至于那么疼痛，这两周我们都将教准妈妈一些助产的运动动作。

第一节增强臀腿肌肉力量的运动

具体步骤如下：

（1）准备好舒适的垫子，并站在垫子旁。

（2）取舒适姿势端坐在垫子上，两条手臂自然地放在身体两侧，双手掌支撑地面，面部朝两腿向前平伸。

（3）稍稍屈膝弓腿，脚跟着地，脚趾向上用力翘起。

（4）保持身体放松，小腿、脚踝、脚趾用力。

（5）调整好自己的呼吸，做几次深长的腹式呼吸。

（6）两腿向前平伸，脚跟着地，脚面向前，脚趾伸进，保持这一姿势10秒。

（7）先深吸气再做呼气动作，可以使整个腿部、脚部受力，然后身体恢复原状。

（8）重复以上的动作。

准妈妈在临产前，最好多多练习这组动作，在每次练习的时候可重复几次。通过这组动作，准妈妈的臀部和腿部肌肉能得到很好的练习，有助于增强腿部和腿部肌肉的力量和韧性，这对顺利分娩是非常有帮助的。

第二节增强骨盆力量的练习

具体步骤如下：

（1）准备好舒适的垫子，站在垫子的一边。

（2）以舒适姿势侧卧在地毯上，缓慢抬起上身，右小臂贴在地面并屈肘做支撑动作。

（3）右腿向内屈膝，左手臂自然地放在胸前，左腿抬起并向前伸直，保持这一姿势10秒钟。

（4）先深吸气再做呼气动作，身体恢复原状。

（5）增加大腿牵引力，使骨盆变得灵活放松。

（6）恢复到最初的姿势，身体再转向相反方向侧卧，做同样的动作。

（7）重复以上的动作3次。

这组动作能帮助准妈妈增强骨盆及其周围肌肉的力量，有助于分娩的顺利进行。这一动作最好是从孕中晚期时就开始练习，每次重复做3次，在做的时候要尽量将动作做到位，这样才会有效果。

第三节髋关节运动

具体步骤如下：

（1）准备好舒适的垫子，并站在垫子旁。

（2）取舒适的姿势端坐地毯上，左腿屈膝盘起，右腿向前伸直。

（3）右手臂自然地放在身体旁边，左手臂自然地放在右腿旁边，弯腰并上身向前倾，头低下，保持这一姿势10秒。

（4）先深吸气再做呼气动作，伸展脊柱，活动骨盆底肌肉和髋关节。

（5）右腿屈膝盘起，左腿向前伸直。

（6）左手臂自然地放在身体旁边，右手臂自然地放在右腿旁边，弯腰并上身向前倾，头低下，保持这一姿势10秒，然后恢复原来的姿势。

（7）重复以上的动作。

这组动作能使准妈妈的骨盆和髋关节都得到很好的锻炼，对于顺利分娩也是很有好处的。需要注意的是，在进行运动之前，准妈妈应注意先排空膀胱，而且不宜在餐后进行，动作的力度也要保持适中。如果准妈妈在训练的过程中觉得身体不适，应立即停下来，休息一会儿。

胎宝宝的阅读时光：故事《春天里的对话》

在今天的阅读时光，准妈妈可以和胎宝宝来分享一下这美妙的胎教故事——《春天里的对话》，来共同感受一下自然界各种各样美丽花朵的奇妙声音和有趣故事。准妈妈在体味这充满想象的故事的同时，也可以开启自己的想象和联想，身临其境地去感受一下充满魅力的自然界。

春天来了，小树发芽了，小草变绿了，小花也开了，有桃花，梨花，丁香花，玉兰花，真是漂亮极了！

晚上，天空挂着月亮，小星星在月亮婆婆身边睡着了。这时，公园里传来了好听的说话声。桃花说："春天真好，我最喜欢春天了，太阳暖暖的，花儿也开了，多好啊！你们说是不是我先开的？是我把春天迎来的。"

梨花说："你说的不对，是我先开的，你看我全身白白的，多像雪白的玉。"

玉兰花说："你们说的都不对，是我最先和春姑娘说话的，我最香了，春姑娘最喜欢我了。"

花儿们的说话声把月亮婆婆吵醒了，月亮婆婆问花儿们："你们说什么呢？真热闹，让我也听听。"

梨花向月亮婆婆招招手，高兴地说："月亮婆婆，春天真好，您告诉我们。是谁最先把春姑娘迎来的？"

月亮婆婆想了想，微笑着说："我知道刚才你们说什么了，我来告诉你们答案。春姑娘是小草最先迎来的，在你们没开花的时候，小草已经钻出地面了。"

听了月亮婆婆的话，桃花、梨花、玉兰花都低下了头。

月亮婆婆又说："好了，孩子们，咱们睡觉吧！待一会儿春姑娘该来叫你们了。"

公园里又静静的了，月亮婆婆，还有桃花、丁香花、玉兰花都闭上眼睛了，她们的梦里春姑娘还在跳舞呢！

好孕美食馆：粗粮细吃味道棒

在前面已经说过，准妈妈在怀孕期间常常会出现各种孕期反应，如腰酸背痛、尿频、便秘等，有时是很需要通过饮食来调理的。而每种食物中所含的营养成分是不同的，针对的孕期反应也有所不同。在孕晚期，不少准妈妈常常会受到尿频、便秘等症状的困扰，为了缓解这些症状，准妈妈可以适量地吃一些粗粮，这对身体健康是很有好处的。

1. 玉米

玉米富含多种维生素、不饱和脂肪酸、矿物质，此外还含有镁、粗蛋白、淀粉、胡萝卜素等多种营养成分，对维持人体健康十分有益。

在玉米中，每一部分所含的主要营养成分是有区别的。玉米的胚芽及花粉富含天然的维生素E，这种维生素能有效地维持人体血液的正常功能，增强人体的免疫力和耐力，如果准妈妈在孕期食用的话，还有助于防治"妊娠巨幼红细胞性贫血"；黄色的玉米籽富含镁元素，这一元素有利于血管舒张，能加强肠壁蠕动，增加胆汁，促进体内废物排泄，对维持人体的新陈代谢功能有很大帮助；红色的玉米籽富含维生素B_2和其他的微量元素，常吃的话，能帮助准妈妈预防和治疗口角炎、舌炎、口腔溃疡等疾病；玉米油中含有丰富的维生素E，能有效地降低血液中胆固醇的含量，从而防止动脉硬化和心脏病的发生；看起来不起眼的玉米须其实也可以用水煮来喝，能帮助准妈妈防治，妊娠高血压综合征、肝胆炎症以及消化不良等疾病。

2. 糙米

糙米虽然吃起来会觉得口感不怎么好，但实际上是营养成分含量非常丰富的粗粮。在《本草纲目》中，医学家李时珍就已经指出了糙米有"和五脏、好颜色"的妙用。糙米中含有丰富的维生素，如维生素B_1、维生素B_2、维生素E、维生素C、维生素A等，此外还富含蛋白质、叶酸，以及锌、镁、铁、磷等元素，这些元素都是维持人体健康、保证人体机能正常运转所不可或缺的营养元素。准妈妈在孕期适当吃糙米，有助于缓解便秘、消化不良等孕期综合征，更有助于保持身体的健康。

3. 红薯

红薯也就是人们俗称的地瓜，其淀粉含量很高，而且，红薯中氨基酸、维生素A、维生素C、B族维生素及纤维素的含量都高于大米与白面，除此之外，红薯中还含有人体必需的铁、钙等矿物质，营养全面，多吃有益于减少疾病，维持人体健康。

对于准妈妈来说，红薯是一种天然而健康的绿色食品，红薯中含有的粘蛋白，是一种多糖和蛋白质的混合物，它有助于促进胆固醇的排泄，维持血管的弹性和厚度，防止心血管的脂肪沉积，因而能帮助准妈妈有效地防治心血管疾病，保障心脏的健康。

当然，除了这些粗粮，其他的一些粗粮也是很营养的，准妈妈可以自由选用。但在食用粗粮时，准妈妈还应注意，尽管粗粮有利于自己和胎宝宝获得全面营养，但也不宜吃得太多，因为粗粮中的纤维素含量丰富，过多摄入的话，会影响身体对微量元素的吸收和对脂肪、胆固醇的吸收利用等。此外，准妈妈在食用粗粮时，最好也不要和奶制品、补铁或补钙的食品或药物一起吃，这也是会影响营养元素的吸收和利用的。

胎宝宝的私人音乐厅：手风琴曲《杜鹃圆舞曲》

手风琴是一种很有特色的乐器，它是借鉴中国笙簧发音原理而形成的一种活簧类乐器，它可以演奏出多个声部的乐曲，音色变化丰富，旋律非常优美，很多动听的儿歌都是以手风琴伴奏的。在本周的音乐时光，准妈妈可以带着胎宝宝来欣赏一首美妙的手风琴曲《杜鹃圆舞曲》。

《杜鹃圆舞曲》原本是一首钢琴曲，据说在1918 ~ 1930年间，作曲家约纳森曾在斯德哥尔摩“金杜鹃电影院”专为无声影片的放映作钢琴配音，这首曲子就是当时为了配音即兴而作的曲子。在那之后，有人经过改编，又常常将曲子以管弦乐或其他器乐形式演奏，但流传最广、最为有名的还是手风琴版的曲子。

《杜鹃圆舞曲》在节奏和曲调上，体现的是挪威民间舞曲的风格，全曲为C大调，节奏为3/4拍，主要由三个小圆舞曲组成，总的旋律活泼而欢快。

在简短的弱拍和模仿杜鹃鸣叫的音调之后，曲子正式开端，第一段运用用重复、变奏等手法发展而成，以轻快而活泼的节奏描绘了一幅生机盎然的自然之景，听着婉转的鸟鸣，感受着清新流畅的旋律，让人觉得仿佛置身于林间；在第二段中，主旋律应用了许多颤音，且其中时不时地夹杂着杜鹃的鸣叫声，好像是杜鹃在林间自由地飞翔、跳跃和高歌，增添了喜庆气氛，让人倍感舒畅；在第三段中，连贯的曲调中出现了一系列变化半音，使得旋律更加新颖，抒情色彩也更加浓郁，加上节奏方面的变化，使曲子充满着动人的力量；最终，在杜鹃鸟的鸣叫声上，曲子结束，与乐曲的开始形成呼应。总体来说，《杜鹃圆舞曲》中表现的音乐形象鲜明而生动，曲调异常优美，充满着蓬勃的朝气，所以深受人们的喜爱。

在周末的清晨，准妈妈可以先放松心情，端坐于窗前细细聆听，或者，准妈妈也可以带着随身听设备，来到有花草树木的公园，边欣赏美丽的自然风光，边慢慢欣赏和享受。在听音乐之前，准妈妈最好能先了解并给胎宝宝讲解一些相关的知识，以便于理解。在听的时候，准妈妈可以细细体味曲子中的意境，以高兴的表情和动作来感受活泼、欢快的情绪，也可以随着曲子的旋律去感受风光无限美好、充满着朝气和活力的林间美景，和胎宝宝共同度过了一段美好的时光。

第十个月（37 ~ 40 周）：马上就要见到可爱的宝宝了

1. 胎宝宝的变化

这个月将是胎宝宝在妈妈体内的最后阶段，身体的各部分器官已经发育完成，手脚肌肉发达，骨骼也已变硬，头部也已经固定在了骨盆中，随时都能够出来与爸爸妈妈见面了。到了怀孕的最后一周时出生的宝宝平均体重在 3300 ~ 4000 克，身长大概有 51 厘米。这时的宝宝已经诞出，和爸爸妈妈见面了！刚出生的宝宝并不会太漂亮，而且大多数头部感觉还很奇怪，甚至会感觉有些畸形。这是由于通过产道时挤压所致，爸爸妈妈不用太担心。另外，刚出生的宝宝浑身覆盖着胎脂和血液，肤色也有可能不匀、有胎记或皮疹，这些都是正常的现象。

2. 准妈妈的变化

准妈妈在怀孕最后的这个月里，常常会感觉很紧张、心情烦躁焦急等，同时身体也会越来越感到沉重，到这个时候，正常的准妈妈一共会比孕前增长 11.5 ~ 15 千克。

在这个阶段，准妈妈可能会有“现血”的现象，即子宫颈变软及变薄后，黏液栓塞会和血液混合流出阴道。这是一种正常的出血现象，是子宫颈为分娩作准备而扩大，表示接近分娩的开始，准妈妈不须太过担心。另外，这时的羊水体积有所减少，宫缩频率继续增加，准妈妈常常会感到肚子一阵阵的发硬发紧。

由于宝宝进入骨盆，膀胱受到挤压，准妈妈不得不增加去卫生间的次数，尿频、尿不净的问题又再次袭来。需要注意的是，如果此时出现额外的手、脸水肿或是突发的严重的脚部、脚踝水肿，准妈妈要特别警惕急性妊娠高血压综合征或妊娠血毒症的病症。

到了最后一周，如果宝宝还没有出生，这时准妈妈的宫高为 36 ~ 40 厘米。此时胎宝宝所处的羊水环境也会有原来的清澈透明变成有些混浊的乳白色；胎盘的功能也会逐渐退化，直到胎宝宝娩出后一并自动娩出。

3. 胎教重点

（1）营养胎教

最后一个月里，胎宝宝体内需要储存更多的营养，而准妈妈对营养素的需求也达到了顶峰，这一时期要注重营养素的丰富化，提高膳食的多样性，保证营养和热量的供给。在这一时期要尤其注重补充铁质和维生素 B_1。富含维生素 B_1 的食物有酵母、米糠、全麦、燕麦、花生、猪肉、大多数种类的蔬菜、麦麸、牛奶和海鱼，以海鱼中的含量为最高。除了补充维生素 B_1 之外，这时还应多吃些含铁质的蔬菜，如菠菜、紫菜、芹菜、海带、黑木耳等。

（2）情绪胎教

基本上到了这个时候，你应该做足了一切准备迎接宝宝的到来，因此在待产时不妨卸下心里的负担，不要总是去想过多的身外之事，也不要总是紧张兮兮地去检查宝宝的用品，唯恐漏下什么。当感到紧张不安、或是不自觉地去想这样或那样的事情时，可以多听听舒缓的音乐，看看喜欢的书和杂志，适当玩一会电脑游戏，来解放紧张的神经；还可以坚持做做胎教，保持好充足的睡眠和足够的体力，用最饱满的精神全身心的迎接宝宝的到来。

第 37 周：已经是个足月的宝宝了

这一时期，胎宝宝仍然在快速生长，很多胎宝宝的身长有 51 厘米左右，体重也达到了 3000 克左右，不过也有些胎宝宝相对来说要瘦些，只要超过 2500 克就属于正常了。此时胎宝宝的器官发育渐趋成熟，感觉器官和神经系统也可对母体内外的各种刺激做出反应，能够敏锐地察觉到妈妈的心情、情绪以及对自己的态度；胎宝宝的头已经完全入盆，如果此时胎位不正常的话，那么其自行转动胎位的机会就已经很小了，需要人工干预，多数情况下会进行剖宫产；胎宝宝的头发已经长得又长又密，有 3 ~ 4 厘米了。

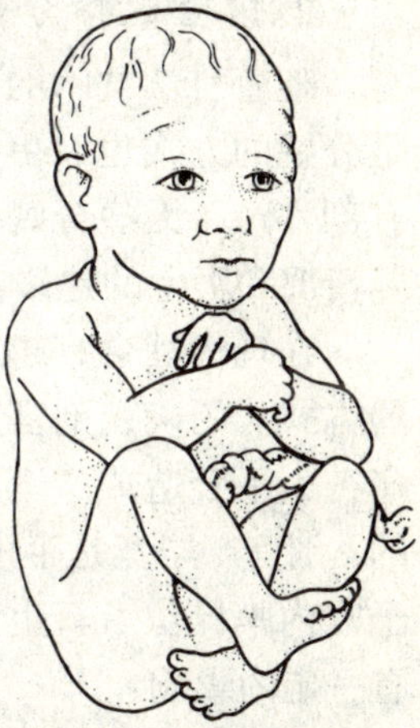

在这个阶段，虽然胎儿的身体仍然需要继续储存脂肪，但是在孕期第 37 周就产出的胎儿已经几乎不需要特别护理了。

1. 多听听轻音乐，避免对胎宝宝的过度刺激

此时，胎宝宝感觉器官差不多已经发育完全了，其对于音乐的敏感性也在增强。所以在这个时候，准妈妈最好少听一些节奏强烈的音乐，这样会引起胎宝宝的不安和躁动，而应该选择一些旋律柔和、舒缓的音乐来进行音乐胎教，以此来安抚胎宝宝的情绪，也让宝宝受到良好的音乐熏陶。如准妈妈可以放一些轻柔的中国古典音乐或是班得瑞的一些曲风比较舒缓、柔和的音乐给胎宝宝听。

2. 保持良好的心情，消除紧张不安的情绪

由于接近预产期，胎宝宝即将降生，很多准妈妈都会有所担心，其实这是不必要的。在怀孕晚期，胎宝宝更容易受到母亲心情的影响，此时准妈妈更应该保持良好的心态，要相信自己能够顺利平安地将胎宝宝生下来。

第 253 天：在分娩前应知道的一些事

对于准妈妈来说，怀胎十月，就为了等待与宝宝见面的时刻，所以准妈妈们对分娩是非常重视的。为了能顺利分娩，生出健康的宝宝，准妈妈通常会在分娩前多了解一些与之相关的知识，也会向过来人询问很多分娩的技巧和注意事项，今天就让我们一起来了解一下这方面的知识吧。

1. 自我放松，保持良好心情

无论做好了怎样充足的准备，当面临分娩的时候，很多准妈妈仍会觉得紧张和不安，准妈妈们一方面会为即将到来的产痛感到焦虑，另一方面则会担心自己不能承担好顺利分娩的任务，生出健康的宝宝。实际上，这种紧张和焦虑的情绪不仅是于事无补的，可能还会因此而加重分娩时的疼痛感，甚至影响准妈妈的顺利分娩。因此，在分娩之前，准妈妈应该首先做好心理上的准备，要意识到，自己在这几个月的艰辛和努力就将要有所结果，自己就要见到自己的宝宝了，而且，自己既然选择了孕育生命，承受一定的疼痛也是值得的。总之，准妈妈应该尽量朝好的方面去想，多想一些美好的事情，心情也会变得轻松而愉悦了。

2. 慎重选择分娩方式

随着科学技术的发展，不仅是当今的辅助分娩的医疗技术比以前进步了，就是分娩的方式也有更多样化的选择，比如现代常见的分娩方式除了自然分娩，还有剖宫产、无痛分娩、水中分娩等。面对着多种方式，准妈妈应该根据自己的实际情况和医生的建议，理性地进行选择。

在现代社会，越来越多的准妈妈因为怕痛或是为了保持体形而选择了剖宫产的方式。的确，剖宫产有自己的优势，如它能加快分娩的过程、减少阵痛带来的痛苦，不会造成产道的裂伤、也能避免难产的问题等，但它的缺陷也是显而易见的，剖宫产毕竟是手术，有手术就会有风险，它容易导致孕妇伤口感染、腹腔粘连、子宫内膜异位、新生儿呼吸系统并发症等，而且对宝宝在出生后的生长和发育也有一定的影响。

无痛分娩也是一些准妈妈热衷的分娩方式。“无痛分娩”方式包括吸入笑气（氧化亚氮）、静脉麻醉、硬膜外和椎管内给药，其中又以硬膜外和椎管内给药为主，虽然无痛分娩虽能大大减少分娩时的疼痛，但它也会带来一定的副作用，如硬膜外麻醉的无痛分娩如果操作失当会损害孕妇的脊柱，造成宫缩乏力，新生儿窒息，产后出血率高等后遗症。

另一种分娩方式是水中分娩。虽然一些准妈妈很追捧这种分娩方式，但实际上，目前我国水中分娩的技术还不是非常成熟。

正因为有这么多选择，而且没有分娩方式都各有利弊，所以准妈妈在选择时应该慎重考虑，仔细衡量，选择最适用于自己的方式。

3. 分娩时间和分娩姿势

根据临床医学的统计数字，女性在分娩第一胎的时候平均花费大约12个小时，第二胎平均需要8.5个小时。但在现实生活中，由于每个人的身体状况、分娩环境、情绪等的不同，分娩用时又是因人而异的，而且，在整个分娩过程中，每个准妈妈能感受到疼痛也是不尽相同的。

在正常情况下，多数准妈妈都在分娩时都会选择仰卧位分娩，有些准妈妈还会考虑到自己的形象而可以保持相对文雅的姿势，这其实是没必要的。在分娩时，为了减轻疼痛，使分娩过程更为顺利，你尽可以觉得什么姿势舒适就怎样做，你完全可以自由选择体位，站、蹲、跪，只要你觉得舒服就好，但是，请一定要在医生指导下进行，并努力配合好医务人员。而且，在分娩的过程中，准妈妈应该格外注重积极分娩，应主要依靠自己、主动配合医生，而不是将顺利分娩的任务寄托在医生的身上。

第254天：准妈妈应在何时到医院待产

尽管在整个怀孕期间，多数准妈妈都会记好胎宝宝的预产日期，但由于预产期只是胎宝宝出生的安全日期，而且很多胎宝宝并不见得会在预产期出生，所以，到了孕晚期的时候，准妈妈一方面要算准确预产期，另一方面更要提前做好分娩的各项准备，以应对突发情况的发生。

正常情况下，当出现以下临产症状时，准妈妈就要准备去医院待产了：

1. 宫缩

在分娩前几周，一些准妈妈时常会出现假宫缩的情况，假宫缩表现为子宫不规则地收缩，子宫收缩产生的疼痛并不是非常剧烈，而且疼痛的时间和两次宫缩的时间间隔都很不规律。假宫缩并不是分娩的前兆，此时是不必要入院的。而如果当宫缩发生得越来越规则、越来越频繁时，而且宫缩引起的疼痛在加剧时，可能就是真宫缩了。比如，当准妈妈发现宫缩开始变得频繁剧烈而有规律，大约每5分钟左右发作一次，且子宫感到一阵阵发硬、疼痛或腰酸时，这多数就是真宫缩的情形，也就意味着离分娩不远了，此时应该尽快去医院待产。

2. 见红，阴道流出物增加

在临近预产期的日子，当准妈妈发现自己的阴道有血排出的时候，可能也是分娩前的“见红”征兆，此时应该马上到医院检查，尤其是出血量较大时，准妈妈千万不要耽误时间，应立即入院接受检查。要知道，即使不是分娩的前兆，阴道大量出血也是需要入院观察和治疗的。此外，当阴道流出物增多时，准妈妈也应该及时入院待产。

3. 破水

当准妈妈发现自己的下体突然有大量羊水流出时，可能也意味着胎宝宝快要出生了，此时也应马上到医院待产。因为破水是胎宝宝头向下压迫羊水膜所造成的，而这，正是胎宝宝即将出生的征兆。当然，在明白这一征兆之前，准妈妈应该先弄清羊水和其他液体的区别，一般来说，羊水是无味透明，或呈乳白色的液体，虽然与人的尿液有些相像，但闻起来是没有气味的。如果准妈妈通过看颜色和气味无法辨别，还可以尝试着收缩肌肉，如果仍然无法控制液体的流出那么就可以认为是破水了。

另外，当准妈妈感觉腹中的宝宝似乎下降了，活动也比以前减少一些了，而且自己的心窝一带轻松了许多，而小便困难但却异常地急，还伴随着肛门受压迫且有便意，或腹部有刺痛感，或尾椎骨部位或腰部异常地酸痛发胀等情形，可能也是分娩前的征兆，此时也应该先到医院待产。

4. 哪些准妈妈需要提前入院待产

以上的一些情形针对多数正常情况下的准妈妈而言的，一旦出现的其中的一种或几种情况，准妈妈应该立即入院，等待分娩。而如果准妈妈属于如下一些有着特殊情况的人群，在孕晚期时应该根据医生的建议，考虑提前入院待产：

（1）中、重度妊高征，或突然出现头痛、眼花、恶心呕吐、胸闷或抽搐者；

（2）如果发生胎膜早破，虽未临产也应住院；

（3）孕妇患有严重的疾病（如心、肺、肾、肝和血管病变）或急性传染病，高热等；

（4）孕妇有高血压，并有蛋白尿和水肿的；

（5）重度贫血者；

（6）多胎妊娠者；

（7）经医生检查确定骨盆及软产道有明显异常者；

（8）经产妇有急产史者；

（9）有前置胎盘、胎位不正、过期妊娠者；

（10）发生数次早产或子宫内死胎者；

（11）曾发生过产后大出血或有胎盘滞留史者；

（12）曾施行过腹部大手术者；

（13）未满20岁或已经超过35岁的初产妇。

如果准妈妈有如上的一些情形，应该及早入院观察和待产，以免发生意外情况。另外，到了孕晚期的时候，准妈妈应该提前准备好待产包，把入院必须带的物品确定已经全部放在包里，特别是住院必需的证件，并把一些相关情况告诉家人。同时，准妈妈在预产期临近的日子里，最好随时都有家人陪在身边，一旦有了动静，可以保证有人陪同的情况下行动立即到医院报到。

第255天：有“突发情况”怎么办

关于预产期和胎宝宝的出生时间问题，有人曾对7万例怀孕27周以上的妇女进行过专门的调查，结果发现：54%在280天以前分娩，4%在预产期分娩，42%

在预产期后分娩。46% 在推算日期前后 1 周内分娩，74% 在其前后 2 周内分娩。双胎的孕期比单胎要短，往往提前 3 周分娩，3 胞胎提前约 5 周，4 胞胎提前约 6 周分娩。所以说，准妈妈要记清楚预产期，可也不能只关注于预产期，而应该在临近预产期的时候，就尽量提前做好分娩的准备，这样才能很好地应对一些“突发状况”。这也就是说，准妈妈在怀胎九月和十月的时候，应该随时做好去医院生产的准备。

1. 做好提前分娩的准备

正常情况下，临产的征兆有间歇性宫缩、见红、破水等现象，当出现这些情况时，就意味着准妈妈可能要生了。此时，准妈妈应尽量让自己保持镇静，千万不要慌乱，因为在这个紧要关头，慌乱不仅于事无补，紧张的情绪也很可能导致生产提前或是难产，引起不必要的麻烦。如果准妈妈遇到这种提前生产的突发情况已经有点失去理智了，准爸爸在此时就应该保持绝对的冷静，多多安抚自己的妻子，切不可同时慌了手脚。其实，大多数情况下，出现宫缩、见红、破水时并不会立即生产，宫缩不强烈也不频繁，所以准妈妈还有大把的时间用来准备，例如洗澡、整理物品，甚至还可以先睡一觉或是吃些东西补充体力准备即将到来的“战斗”。

尤为重要的是，准爸爸和准妈妈在孕晚期的时候一定要提前准备好待产包，里面装好入院时需要的一些物品，这样才不至于在发生提前分娩的情况时丢三落四、手忙脚乱。

2. 冷静应对夜间分娩

相对来说，白天分娩要比夜间分娩更方便一些，然而，胎宝宝并不总是在白天出生，有些调皮的宝宝就会选择在夜间来到这个世界。胎宝宝之所以会在夜间出生，主要是由自然的生长规律决定的，到了该出生的时候自然就会出生，这并不是说胎宝宝在找家人的“麻烦”，而且，在白天还是在夜间出生，这与胎宝宝的健康水平和将来的生长发育并没有直接的关系。

胎宝宝在夜间出生之所以会给家人带来一些困扰，主要是因为家人担心这个时间不好叫车送孕妇去医院、担心半夜三更医院里的医护措施可能不如白天到位，甚至有的还会担心孕妇会把宝宝生在家里。其实，这些担心相对于胎宝宝的出生来说都是无关紧要的，而且也是可以解决的。当准妈妈会在夜深时出现临产征兆，如破水、见红等情况时，最重要的还是保持冷静，可以先在家观察一段时间，如认为有必要的话就立即去医院。

3. 异地分娩

有的准妈妈与丈夫或父母分隔两地，或是由于各种原因需要到外地分娩，这时就应该格外注意了，最好能根据路途远近和自身情况选择合适的交通工具和最佳时间，并提前做好充足的准备。

由于长途旅行可能诱发早产，再加上孕 38 周后有可能随时分娩，所以为了安全起见，准妈妈最迟应在孕 36 周的时候动身。而且，在动身之前，准妈妈应该去医院做最后一次产前检查，并且把要去外地分娩的想法告诉医生，请医生帮忙共同确定起程的日期，在整个旅途过程重要有人陪伴，以免旅途中出现突发情况。在交通工具的选择上，如果能乘坐火车的话，就最好不要乘坐汽车和飞机；如果能乘坐飞机的话就最好不要坐轮船；能乘坐江轮的话最好不要坐海轮，另外尽量不选择夜车。

同时，在准妈妈到达目的地之前，最好是让亲人事先联系好新医院。到了目的地后应尽快去准备分娩的医院，把产前检查记录拿给医生看，让医生了解你的整个妊娠过程，检查你目前的情况，制订未来的分娩计划。另外，还要带好自己分娩所需的衣物用具和宝宝出世以后的衣物用具。即使路途不是很远，也要做好充分准备，带齐途中所需全部物品谨防遗漏，特别是不要忘记母子健康手册、产前检查记录册以及所有与妊娠有关的医疗文件和记录。

第 256 天：了解过期妊娠

对于早产的危害，准妈妈们都是非常清楚的，而且也是非常小心谨慎地对待着这种情况。可对于另一种情况，也就是过期妊娠的情况，却没有这么重视。甚至，少数人还认为，胎宝宝在母体内多待一段时间，可以长得更大一些，更成熟一些，对胎宝宝更好。这种想法其实是不对的。不仅是早产会给准妈妈和胎宝宝造成危害，过期妊娠也会危及准妈妈和胎宝宝的健康。

凡平时月经周期规则，妊娠达到或超过 42 周才生产或者仍未生产的情况。医学上就称之为过期妊娠。关于过期妊娠的原因，医学上还没有明确的证据，可是很多学者都认为，过期妊娠与胎宝宝肾上腺皮质功能有关，如果出现这样的一些情形时，就很容易导致过度妊娠的情况：

（1）当胎宝宝头盆不称时，由于胎先露部对宫颈内口及子宫下段的刺激不强，容易发生过期妊娠；

（2）当胎宝宝出现畸形的情况或肾上腺发育不良时，可能会延长怀孕周期；

（3）当缺乏胎盘硫酸酯酶时，胎盘就无法将活性较弱的脱氢表雄酮转变为雌二醇及雌三醇，也可能导致过期妊娠情况的发生。

（4）当内源性前列腺素和雌二醇分泌不足而黄体酮水平增高时，也可能导致过期妊娠。

通常情况下，大多数过期产儿的胎盘功能尚正常，母亲体内的营养和氧气能够通过胎盘供给胎儿，胎儿的生长发育不会受到影响。但这种过期产儿多数出世以后就成为巨大儿，体重会超过 4000 克，皮下脂肪比较丰满，毛发浓密，颅骨变硬，精神反应也较灵活。但是，相对于在正常产期中出生的宝宝，过期妊娠的宝宝可能多多少少都存在着一定的缺陷，如一些过期产儿常在出生后发生低血糖和低血钙的问题，还有一部分过期产儿，由于母亲胎盘功能不好导致氧气和营养难以通过胎盘，从而造成胎儿的供给量不足，因此，宝宝出生后体重较轻，容易出现营养不良，四肢又瘦又长且皮下脂肪较少，皮肤松弛；另外，少数宝宝由于在子宫内长时间缺氧时间，加上在宫内时肠蠕动比较活跃，肛门肌会变得松弛进而排出胎粪，使羊水受到污染变为绿色，因此出生以后的皮肤、指甲也呈黄绿色，还极易引起低血糖、吸入性肺炎和颅内出血等病症。

除了这些情况，过期妊娠可能还会导致更为严重的问题，如出现过度妊娠时，胎盘会逐渐老化，胎盘的功能将慢慢衰退，此时经胎盘供给胎儿的氧气和营养减少，导致胎儿皮下脂肪减少、全身脱水、皮肤干裂等状况，这样，胎宝宝在出生之后，身体状况就会比正常分娩儿差，常常因脱水、贫血、肺部感染等而夭折。另外，当发生过度妊娠时，胎儿会过度生长，这也会给准妈妈的分娩带来困难，造成难产。

总之，过期妊娠的危害是不容小觑的，准妈妈应充分重视这个问题，并积极采取有效的医治措施。

但是，有的时候由于准妈妈的月经周期不稳定，或是记错了末次月经的时间，都有可能造成预产期估测错误，从而导致发生过期产的“错觉”。所以准妈妈到了孕晚期要每周进行一次产检，并把在孕早期的检查（如B超、妊娠试验等）及胎动出现的时间、结果告诉医生，让医生给你再次核对孕周。

如果胎龄正常的话，超过预产期还未生产准妈妈也不要太过紧张。因为就临床观察，预产期后两周内分娩对母婴影响不大，这段时间需要准妈妈格外注意胎动情况，一旦胎动每小时少于3次或在12小时内少于20次，或胎动减弱或自觉一段时间没有胎动，则需马上到医院作进一步检查，医生会根据情况决定分娩时机。

第257天：分娩前后女性生殖器的变化

怀孕和分娩，本是幸福的事情，因为这意味着新的生命即将诞生，父母的血脉又得到了延续，可在这个过程中，准妈妈却要经历诸多的折磨和痛苦，不仅有生理上的，也有心理方面的。分娩前后生殖器发生变化是否会影响到正常的夫妻生活是很多准妈妈非常关心的问题，有些准妈妈就是因为担心自然分娩造成阴道松弛等，影响日后生活，才选择了剖宫产。那么，分娩前后女性的生殖器是否会发生变化，有怎样的变化呢？

进行自然分娩的准妈妈，胎宝宝是从阴道处自然娩出的，一般出生的婴儿头部的直径约有10厘米，而女性正常阴道直径为2.5厘米，所以在分娩时，准妈妈的阴道会被婴儿的身体挤压和拉宽，此时准妈妈的生殖器就难免会受到一定程度的损伤，出现撕裂、弹性减弱等情况。所以说，在经历了在经历了分娩之后，女性的生殖器多多少少会发生一些变化，至于变化的程度，与选择的分娩方式有关，更与产后的康复训练等因素有关。在分娩前后，女性生殖器的变化主要体现在这些方面：阴道内部的肌肉发生变化；阴道口变得宽大；会阴处撕裂或是侧切，造成不同程度的损伤，骨盆韧带变宽，子宫也比以前稍大。

正因如此，很多准妈妈通常会担心分娩前后生殖器的变化会影响到日后正常的夫妻生活，使家庭增添不和谐的因素。实际上，阴道部位的变化的确会在一定程度上对夫妻的性生活造成影响，但却并不是绝对的。建立正常而和谐的夫妻关系，不仅依赖于生理上的原因，夫妻双方的心理调节更重要。而且，身为父母，应该充分意识到孕育生命的伟大，多想想新生儿出生后为家庭增添的快乐和希望等，此时更应该营造和谐的家庭关系，多多体谅和包容对方，丈夫更应该理解和支持妻子。

换句话来说，即使是在分娩之后出现了阴道松弛、阴道内部肌肉变化等情况，准妈妈也可以通过产后的运动和康复治疗来得以修复。

1. 运动修复法

其实阴道本身是具有一定的修复功能的，很多产妇分娩后出现的阴道扩张等现象，在产后的一段时间会自行修复。但毕竟经过了分娩时的严重挤压和撕裂，阴道中的肌肉和组织难免会受伤，为了尽快修复，产妇还可以在平时多做如下的运动，以加强弹性的恢复，促进阴道紧实。

（1）收缩运动：仰卧，放松身体，将一个手指轻轻插入阴道，后收缩并夹紧阴道，这样持续3秒钟后放松。每天重复练习几次，而且时间也可以逐渐加长。

（2）屏住小便：在小便的过程中，有意识地屏住小便几秒钟，中断排尿，稍停后再继续排尿。如此反复，经过一段时间的锻炼后，可以提高阴道周围肌肉的张力。

（3）提肛运动：当觉得想要大便时，先屏住大便，并做提肛运动，反复地做几次。通过这种练习，可以很好地锻炼盆腔肌肉。

除了多做这样练习之外，想要尽快恢复的产妇还应该保证摄入必需的营养，保证肌肉的恢复，而且还要多注意自己在日常生活中的一些姿势。在走路时，可以有意识地要绷紧大脚内侧及会阴部肌肉；坐的时候，也可以有意识地绷紧。做好了这些事情，盆腔肌肉的张力和阴道周围肌肉就能得到很好的改善，阴道的弹性也能得到很好的恢复。

2. 手术修复

如果在分娩之后，产妇觉得生殖器的变化已经严重影响了自己的生活，而且迫切想要修复，也考虑通过阴道紧缩术来进行修复。

手术修复比较适用于在分娩过程中生殖器出现了严重损伤，尤其是产道撕裂又没有很好地缝合，阴道内形成很多沟壑的产妇，因为这些沟壑容易藏细菌，极易导致炎症的发生。另外，如果本来的身体素质较差，通过锻炼后阴道的恢复也不尽如人意，而且会对夫妻生活有很大影响的人，也可以考虑进行手术修复。

但如果产妇在分娩之后有这样的一些情形，如阴道前壁膨出、有阴道炎或宫颈炎症、有高血压等疾病，最好还是不要通过阴道紧缩术来进行修复。

第258天：了解“导乐”，帮助你快乐分娩

根据相关的统计，多数准妈妈在分娩时都会有不同程度的恐惧感和焦虑感，而且几乎所有的准妈妈都希望在自己分娩时能有人陪伴在自己的身边，帮助和鼓励自己。但因为条件的限制和一些其他方面的原因，准妈妈的亲人可能无法在分娩全程中陪伴准妈妈并给予相应的支持，即使能全程陪护，由于缺乏相关的知识和经验，家人也未必能帮到准妈妈。在各种原因的作用下，“导乐”也就应运而生了。

早在1996年的时候，美国就开始有人采用导乐分娩的方式了，导乐最初是帮助女性分娩的一个组织名称，组织中的工作人员并不一定是专业医务人员，只要通过专门的培训，有相关的工作经验就可以担任。在现如今，导乐分娩已成为目

前国际妇产科学界倡导的一种妇女分娩方式。导乐主要指产妇分娩时陪伴在其身边的专业人士。

导乐分娩的主要特点就是，在产妇分娩的全过程中，都有一位富有爱心、态度和蔼、善解人意、精通妇产科知识的女性始终陪在身边，帮助产妇放松身体、用最好的方式缓解疼痛，指导产妇解决一些分娩中的问题和困难。当准妈妈进入孕晚期时，有些导乐就会积极参与分娩前的准备工作了，如在孕晚期与准妈妈及其家人行沟通，共同制定分娩计划，确定生产过程和产后的一些细节，有些导乐甚至会在准妈妈孕初期时就来到准妈妈家中，帮助准妈妈了解孕期的基本常识和注意事项，之后会定期来家中提供指导，有些导乐也会在产妇分娩后对产妇进行指导，帮助她们照顾好宝宝、完成角色的转变。但通常情况下，导乐主要还是在准妈妈分娩前的一段时间和分娩中指导和帮助准妈妈，在整个产程中给准妈妈以持续的心理、生理及感情上的支持，帮助分娩妈妈渡过生产难关。

导乐在产前会对待产的准妈妈进行自我介绍，并了解产妇的心理状态，向产妇介绍分娩知识，及时告诉产妇分娩进行到哪一步了，让产妇心中有数，看到希望。导乐还会回答产妇和其家属提出的各种各样的问题，并对产妇进行生活护理（包括喂饭、擦汗等）。此外，导乐还会向产妇讲解分娩的生理过程，为产妇进行心理疏导，让她对分娩树立信心，消除顾虑及恐惧，降低对疼痛的感觉。同时导乐在产妇生产过程中指导产妇在阵痛宫缩时如何深呼吸，或帮助产妇按摩子宫、腰骶部等，帮助产妇缓解疼痛感。

这也就是说，在这个分娩的过程中，导乐都会陪在产妇身旁，并根据自己的分娩经历，在不同的产程阶段，提供有效的方法和建议，时而还会通过触摸、按摩等方式帮助产妇减少缓解分娩的痛苦。导乐不仅能根据不同的情况给予具体的指导意见，而且还将在产妇分娩的整个过程中给予产妇情感的支持和心理的安慰，导乐通常会在分娩时不断地鼓励及安慰产妇，使产妇充满信心，充分发挥自己的能力，完成分娩过程。总之，导乐分娩可以有效帮助产妇缩短产程，减轻分娩的痛苦，减少分娩的风险。

正因为肩负着这样的任务，导乐并不是所有人都可以担当的，要想成为一名导乐，必须具备如下的一些条件：必须是有生育经历或接生经验的妇女；必须具有相关的分娩知识；应该具有良好的心理素质和服务态度，有责任心和爱心；应该具有良好的人际交流技能，能给人以亲切感和信任感；有支持和帮助产妇度过难以忍受的痛苦的能力。

对于准妈妈来说，如果家庭条件允许的话，多了解一些相关的知识，在分娩时请一位导乐陪伴自己、帮助自己，倒不失为一个很好的选择。

第 259 天：看电影《玛丽和马克斯》，体会直指人心的人性美

友情是非常宝贵的，几乎每个人都渴望着友谊的滋润，在古今中外的历史上也出现了诸多赞美友谊的文学作品和影视剧。在今天的电影时光，准妈妈可以和胎宝宝来分享一部关于友情的电影——《玛丽和马克斯》，感受人类精神世界里的动人力量。

《玛丽和马克斯》是一部澳大利亚黏土动画，动画中的几百个人物都是由黏土、复合材料、木棍和金属制作而成，但每个人的关节都能活动自如。这部影片是 2009 年是圣丹斯电影节开幕大作，上映之后就受到了人们的普遍欢迎，并获得了 2009 年法国昂锡国际动画影展最佳动画长片奖，柏林国际电影节水晶熊奖及渥太华国际动画电影节最高奖。

影片主要讲述的是发生在两位笔友之间的简单而真挚的故事。影片的主人公玛丽・丁克是澳大利亚墨尔本的一个小女孩，长得很胖，常感到有些抑郁和孤独；马克斯・霍尔维茨居住在纽约，是一个肥胖，且患有自闭症的 44 岁犹太人。玛丽的妈妈喜欢酗酒，而玛丽的爸爸平日只喜欢制作鸟标本，孤独的玛丽没有朋友，一天，她心血来潮，给身在纽约的马克斯写了一封信询问美国小孩从哪里来，并附上一根樱桃巧克力棒，而有着同样爱好的马克斯看到了这封信，于是两人就相互通起信来。二人的笔友关系近 20 年,在此期间,两人各自经历了人生起伏和挫折，直到玛丽成年之后，终于来到纽约看望马克斯……在叙述这段怪异纯真的友谊时，影片带着观众进入了一场关于友情、关于自我的精神世界，向人们展示了友谊的可贵和人们神奇的精神世界，表达了对美好情感的赞美。

这部影片从最初的构想到影片拍摄完毕，共花了 5 年时间，影片中的主要故事取材于导演艾略特本人的生活，可以算得上是导演半自传式的作品，因而影片中所表达的情感看起来异常真挚。这部影片虽然没有惊心动魄的视觉特效，没有情节方面的波澜起伏，讲述的也不是大英雄的故事，可在细节刻画、人物内心世界剖析和情感表达等方面却异常成功。从影片中可以看出，导演煞费苦心，不仅片中的那些黏土人物非常奇特而有趣，影片中的所有文字——那些出现在街角商店橱窗里的文字、招牌和包装上的文字、玛丽和马克斯之间的书信上的文字等也全部由导演亲自书写;影片中的场景很多，而且为了表现人物的活动和场景的需要，影片对人物的每一部分都制作了不少的道具，如片中共用了 394 个瞳孔、1026 张不同的嘴等，而且差不多还制作了 475 个微缩的道具，这些道具全部都是工作人员一点一点用黏土捏出来的。

影片最为感人的力量还是片中所表达的真挚情感，表现出了纯洁而真诚的友谊。在影片的最初，玛丽根本虽然不知道收信人是谁，但却以最真诚的心表达着自己的情感，于是她得到了对方等同的对待，得到了真正的友谊。在友谊的道路上，真诚就是开启两个人心灵的道路，付出真诚，你才能交到真正的朋友，这就是片中表达的看似简单但却十分深刻的道理。

相信在欣赏影片的过程中，准妈妈应该还有不少的感悟和想法，不妨说出来和胎宝宝分享一下吧。

动起来：助产运动练习三

第一节背部运动

具体步骤如下：

（1）将两条腿放松地跪在垫子上。

（2）向前弓腰，双臂下伸，两只手扶地，两条手臂与大腿平行，两条小腿着地。

（3）保持以上的姿势10秒钟。

（4）注意调整好自己的呼吸，同时使身体重心移向两手和两膝。

（5）将头慢慢地低下，让颈部用力地挺直，保持这个姿势10秒。

（6）先深吸气再做呼气动作，然后身体恢复原状，使背部受力。

这组动作能增强腰部和背部肌肉的弹性和韧度，同时也有助于调整呼吸、练习腹部收缩，这对于顺利分娩是很有帮助的。在临近分娩的时候，准妈妈可以多加练习，在练习时，最好能将动作做到位，这样才会取得良好的效果。

第二节增强肩臂肌肉力量的运动

具体步骤如下：

（1）准备好柔软的垫子，站立于垫子旁。

（2）盘腿或取舒适姿势坐在地毯上，面向前方。

（3）左手臂屈肘并小臂着地，右手臂向上举起。

（4）上身向左侧弯曲，同时右手臂向右伸展，保持姿势10秒钟。

（5）先深吸气再做呼气动作，身体恢复原状。

这组动作能使准妈妈的肩臂肌肉得到很好的练习，缓解肩部疼痛等症状，同时也能保证身体健康，调理好呼吸，以促进分娩顺利进行。

第三节活动骨盆的练习

具体步骤如下：

（1）准备好舒适的垫子，并站在垫子旁。

（2）以舒适姿势侧卧在地毯上，右手臂平放在地毯上并伸直，头枕在臂上。

（3）右腿向前屈膝弓起，左手臂自然地放在胸前，屈肘并手掌着地。

（4）左腿抬起伸直，保持腿部肌肉的张力和弹性，并使骨盆得到活动。

这组动作也是锻炼骨盆的运动，主要能使骨盆变得更灵活而有力，同时也能增强周围肌肉的弹性和韧性，帮助顺利分娩。在进行运动的时候，准妈妈需要注意动作的缓慢、轻柔，强度要适度，而且最好能伴着音乐来做，这样更利于控制节奏。

胎宝宝的阅读时光：童话故事《小鲤鱼住新房》

在上周的阅读时光，准妈妈给胎宝宝讲了一些美丽花朵的动人故事，在本周，准妈妈可以和胎宝宝一起来阅读《小鲤鱼住新房》，看看水中的鱼儿有哪些有趣的故事。在和胎宝宝分享的时候，准妈妈最好能充满感情、绘声绘色地朗读，并且在朗读的过程中要注意观察胎宝宝的反应，在读完故事之后多和胎宝宝沟通和交流，给胎宝宝讲讲故事中的道理或是自己的感受等，这样，胎宝宝才能更好地理解故事中的内容。

小鲤鱼在水里吹着泡泡，那一串串由小变大的水珠儿直往水面上冒，到了上头又变成一圈圈水波，逐渐散开来，最后消逝在水中……小鲤鱼吹着、看着，觉得怪有趣的，越玩越高兴。忽然，有谁擦着他身边游过去，差点儿撞在他身上。一看，原来是小鲢鱼！

小鲤鱼游到小鲢鱼面前问道："你这个冒失鬼！这么急匆匆的，上哪儿去呀？"

小鲢鱼得意地摆动几下尾巴，压低嗓门告诉他："我得了一个好消息啦！刚才我从岸边游过，只听几个农民说：'咱们要快点让鱼儿们搬到新房子里去住。'我一听，高兴极了，急着要把这个消息告诉给大伙儿听，游得太快了，差点撞着了你，真对不起！"

小鲤鱼一听，忍不住大笑起来，说："你怎么啦？糊涂了是不是？人住大房子，鸟住小窝儿；可是，谁也没见过咱们鱼儿住房子。你一定听错了吧？"

小鲢鱼急忙分辨道："人们明明是这么说的！当时他们站在柳树下，我正躲在树阴下面的水中，听得清清楚楚的，半点儿也没错。你不用怀疑，人总是有办法的，他们也许真的会让我们住上大房子呢。"

小鲤鱼摇摇头说："就算这样吧，咱们鱼儿最爱自由了，这广阔的大河，咱们爱上哪儿就上哪儿，要房子干吗？就是有了房子，我也不想住。"

"你不住拉倒，到时候别后悔！"小鲢鱼说完话又急匆匆地游走了。

小鲤鱼心想："小鲢鱼就喜欢搞小广播，我才不相信呢！现在我的肚子咕咕叫了，还是去找些东西吃吧！"

小鲤鱼忙乎了半天，好客易才找到一些红虫，他叹了口气自言自语道："别看这条河这么大，找东西吃也不容易啊！要是有人把现成的食物撒到水里给我们吃，那就好了。不过，这是不可能的事，这么大的河，我们都分散地游着，得撒多少食物啊！要是大家聚在一起，那就好办了……"

小鲤鱼正这么胡思乱想着，冷不防从那乱蓬蓬的水草后面窜出一条大黑鱼来，张着大牙齿，想要吞掉小鲤鱼。小鲤鱼机灵地躲到一条小船后面，大黑鱼找了半天也没找到，只好气咻咻地游走了。

小鲤鱼从小船后面游出来，心里还怦怦直跳呢，这回他真的后悔啦，心想："还是小鲢鱼说得对，我要是能住到房子里去的话，那就不会再遇到什么危险了。"

小鲤鱼又去找小鲢鱼打听："咱们鱼儿的房子是什么样的呢？"

可是，小鲢鱼自己也从没见过，想了好一会儿，才恍然大悟地说："哦，我明白了！一定是人们要给咱们挖个水池子，让咱们住在里面！"

小鲢鱼猜得有道理！小鲤鱼决定亲自去找找看。他游啊游，游到了南岸。只见岸边有一块绿莹莹的秧苗，小秧苗挺有精神地站在那儿。

小鲤鱼问道："请问，秧苗妹妹，人们是不是要在这里给我们鱼儿盖房子？"

小秧苗摇摇绿叶儿回答，"不，你真是异想天开！人们费了好大的劲，才把这里的盐碱地改造成肥沃的土壤，使我们能在这儿生长。你要把它挖成鱼池，糟蹋掉耕地，真不害臊哪！"

小鲤鱼难为情地游开了。他游啊游，游到了北岸；只见岸边的麦子已经成熟，连成一片，就像一大块金黄的蛋糕。

好孕美食馆：品尝几道带着“醋意”的小炒

在孕期，由于家人的精心呵护和照顾，准妈妈吃得都比较好，有时难免会因为吃得太多而导致不易消化，有时难免会摄入过多的脂肪和糖分，有时也常常会觉得胃口不好，这些时候，准妈妈就可以试试一些带有“醋意”的小炒。

带有“醋意”的小炒也就是在炒菜时加入适量的醋。可别小看醋这一小小的调味品，它的功效也很大哦。除了含有大量的醋酸外，还含有钙、铁、葡萄酸、乳酸、甘油、脂肪酸和盐类，另外还能帮助溶解食物中的钙和铁，促进人体吸收并保护食物中的营养物质不被破坏。在烹调某些食物的时候放入适量的醋，不仅能使菜更加美味可口，还能起到化解油腻、解毒、消食开胃的功效。本周的好孕美食馆，我们就来学几道带有“醋意”的小炒吧。

1. 糖醋排骨

【材料】

适量的排骨，料酒、酱油、白糖、醋、葱段、姜片、盐等各适量。

【做法】

（1）先将买来的排骨洗干净，剁成小段小段的。

（2）取来汤锅，放入清水和小排骨，盖上锅盖用大火煮上一段时间，开锅后撇去浮沫、血沫等，然后放入葱、姜片、大料，调为小火，盖上锅盖煮半个小时。

（3）将煮好的排骨捞出来，放在一边晾干水分，同时制作调料，在做调料的时候，可在碗里放入1勺料酒、2勺酱油、3勺糖、4勺醋、5勺清水，之后搅拌调匀，当然，你也可以按照自己的口味决定各种调料的比例。

（4）取来炒锅，倒入适量的油，放入几片姜，等油热后倒入排骨，用小火慢慢煸炒，待排骨表面呈淡淡的金黄色即可。

（5）排骨炒好之后，倒入刚才调好的调味汁，调味汁最好是刚刚没过排骨，用大火煮开后转小火慢慢让它炖至入味，然后，可以根据自己的口味添加适量的盐，在出锅前再加入适量的醋，炒匀后就可以了。

【功效】

这道菜的营养价值很高，而且也非常美味可口，能为准妈妈和胎宝宝补充足够的营养，维持身体健康，但制作起来相对比较麻烦，在制作的时候准妈妈尤其需要控制好火候和调料的比例，这样才会好吃。

2. 糖醋鱼

【材料】

草鱼一条，鸡蛋1个，料酒、淀粉、番茄酱、姜丝、绵白糖、米醋、盐等适量。

【做法】

（1）将草鱼去掉鱼头、鳞片和内脏，清洗干净，将鱼从中间片开，并将鱼肉切成薄片。

（2）将切好的鱼肉放入碗里，调入料酒腌制 20 分钟，同时将将鸡蛋磕入另一个碗中，加入干淀粉，搅打成蛋糊。

（3）在锅里加入适量的油，中火烧至七成热时，将鱼片均匀地裹上蛋糊，入油炸至金黄色捞出，沥去油分，摆入盘中。

（4）锅里留下少许油，放入姜丝煸炒几下，依次加入醋、绵白糖、番茄酱、盐和 40 毫升清水，搅动几下，再调入湿淀粉，用铲子沿一个方向搅动，调成糖醋汁。

（5）将调好的糖醋汁迅速淋在炸好的鱼片上即可。

【功效】

这道菜中既有鱼的丰富营养，帮助补充能量，也有助于开胃、促进消化，同时还能帮助准妈妈预防和缓解诸多孕期疾病，多吃非常有益于身体健康。

3. 醋溜土豆丝

【材料】

土豆 2 个，尖椒 1 个，花椒少许，干红辣椒 5 个，葱花少许，醋 2 汤匙，糖 1 汤匙，盐少许。

【做法】

（1）先将土豆和尖椒洗净，并将它们切成丝。

（2）准备一碗清水，滴入少量醋，将土豆丝放入浸泡一会，然后用清水冲洗一两次，之后沥干水分，待用。

（3）锅中加少许油，等油稍热的时候，放入花椒，将花椒炒出香味并捞出，并关火。

（4）开火，再次加入少量的油，等油到了七成热时，放入干红辣椒和葱花，爆香后，倒入土豆丝煸炒熟。

（5）依次放入醋、糖和盐大火翻炒半分钟。

（6）加入青椒丝继续炒半分钟，最后加入水淀粉，翻炒均匀即可出锅。

【功效】

土豆含有大量碳水化合物，同时含有蛋白质、多种维生素、磷和钙等多种矿物质，对于维持人体健康有着重要的作用。而将土豆和醋一起炒，醋可以帮助溶解土豆中的矿物质，促进人体的吸收。在做这道菜的时候，浸泡土豆丝可以去除淀粉，保证口感清脆，同时能使色泽更好看。

胎宝宝的私人音乐厅：贝多芬《欢乐颂》

十月怀胎渐渐进入了孕十月的阶段，过不了多久准妈妈就可以和自己的宝宝见面了，此时准妈妈的心里一定是充满着欢乐和喜悦的吧。在本周的音乐时光，准妈妈可以和胎宝宝共同来欣赏一首明朗欢快的歌曲——贝多芬的《欢乐颂》，将心中的快乐和幸福表达出来吧。

这部作品大约创作于 1819 ~ 1824 年间，算得上是贝多芬音乐创作生涯中非常辉煌的作品。曲子为 D 大调，4/4 拍，表现出了对人类充满关爱，对上帝充满着敬畏的主题，用贝多芬自己的话来说，就是表述“光明与黑暗的搏斗”，歌颂着仁爱、自由的主题。这首变奏曲是人声与交响乐队合作的典范之作，同时更发挥了高超的音乐技巧，显示出了恢宏的气势和庄重的品质。

这是一首节奏欢畅紧凑、旋律优美的曲子，表现的主题也是昂扬向上的欢乐主题，因此准妈妈可以在精神不怎么好，或是被沮丧、灰心等情绪搅扰的时候来听听这首曲子。在听音乐之前，准妈妈可以先看看相关的知识，这样能更好地理解曲中所表达的感情。在听音乐的时候，准妈妈可以选择一个舒适的姿势坐下或躺下，然后细细地倾听，用心去感受那悠扬的旋律和万众欢腾的场面，欣赏多种乐器合奏的动人声音。

需要注意的是，因为这首曲子的节奏是比较快、比较激昂的，最妈妈最好不要在非常兴奋的时候或是晚上睡觉之前听这首曲子，因为这可能会引起情绪过于兴奋、神经紧张、影响睡眠等问题，从而不利于身体健康。同时，准妈妈在听音乐的时候，最好能选择合适的音量，不要太大声，这样才能更好地欣赏音乐，体味其中的积极进取精神。

第 38 周：头在骨盆内摇摆

到了 38 周，胎宝宝的身体各部分仍在继续生长，其身长有 52 厘米左右，体重也达到了 3200 克左右。这时胎宝宝的头部会在盆内摇摆，周围有骨盆的骨架在保护着十分安全，同时这样的位置也有利于胎宝宝有更多的空间放下自己的小胳膊小腿。胎宝宝身上覆盖的一层细细的绒毛和大部分白色的胎脂正在逐渐脱落，皮肤开始变得光滑；脱落的物质和分泌物会随着羊水吞入胎宝宝的肚子里，储存在他的肠道中，在出生后形成黑便随即排出。

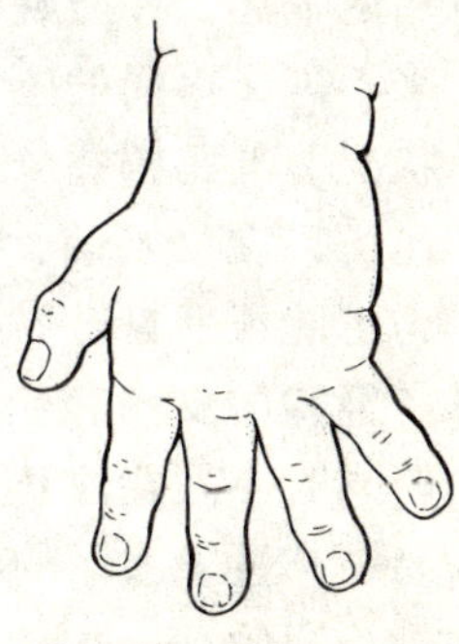

现在胎儿的指甲已经长长了，到了指尖的位置，而且相当坚硬了。

1. 多关注自己身体的变化，熟悉分娩方面的知识

随着预产期的临近，在本周，准妈妈在注意休息的同时，还要留意和关注自己身体的变化，同时也可以多看看相关的书，了解与分娩有关的知识，熟悉生产的过程，做到心中有数，做到这些，准妈妈的焦虑情绪也能得到一定程度的缓解。

2. 注重营养均衡，为分娩做好准备

到了这个时期，准妈妈在饮食方面并没有什么特别的要求，而且很多准妈妈的食物都会有所好转，因而，准妈妈可以根据自己的喜好自由地选择饮食。但仍有一点需要注意，那就是要保证营养均衡，避免摄入脂肪和糖分含量过高的食物。

第 260 天：了解影响分娩痛感的因素

准妈妈们经过十月怀胎，好不容易等到了分娩的时候，这本是一件幸福和值得高兴的事情，但随着预产期的临近，很多准妈妈常常会觉得焦虑，这其中很重要的一个原因就是，多数准妈妈都不知道该如何面对和克服分娩时的疼痛感。前面已经说过，分娩时的阵痛是每个准妈妈都将面临的问题，然而，这种疼痛的程度和持续的时间也并非固定不变，而是因人而异的。有些准妈妈在分娩时痛得死去活来，而还有些准妈妈则还没充分感觉到那种无法忍受的疼痛就已经将宝宝顺利诞出，这其中的差异也是非常之大。

1. 自身条件

准妈妈的自身状况和身体条件是影响分娩痛感的首要因素。通常情况下，如果准妈妈的自身的条件比较好，耐力强，或是对痛觉没那么敏感，就不会觉得生产过程很痛苦；而如果准妈妈的身体素质稍差，对痛感十分敏锐，就更容易感受到生产过程的痛。

2. 心理因素

除了身体条件之外，准妈妈的心理因素也会影响到准妈妈在分娩时对痛觉的感应。如果准妈妈对分娩的知识了解得太少，而且盲目地听信过来人关于剧烈疼痛的描述，在分娩时就很容易感觉到剧烈的疼痛。因为在心理因素的作用下，本来不怎么疼痛的感觉也会被无限地扩大。为了避免由心理因素而造成痛感升级的状况，准妈妈在分娩前和分娩时应多给自己一些积极的心理暗示。此外，准妈妈还可以在分娩前，多阅读这方面的书籍，了解生产的过程，提前做好心理准备。为了能帮助自己做好这种心理准备，准妈妈可以通过上网、聊天等方式与有过生产经验的女性交流生产的经验感受，这对缓解自己的心理压力是有一定好处的，但同时还需要注意，准妈妈还应该尽量少听一些“恐怖”的生产故事，也不要轻易被“过来人”的经历所吓倒，要知道，即使同样是生宝宝，每个人的感受也还是不同的。

准妈妈在注意消除负面心理影响的同时，还应该尽力避免紧张和过度疲劳等会给分娩增添“阻力”的情绪或状态。有些准妈妈在还未正式进入生产过程时就已经紧张得全身发抖，或是大喊大叫，这其实非常不利于分娩。所以，当准妈妈觉得自己即将分娩时，最好的方式并不是徒然地消耗自己的力气，而应该保持镇定的头脑，冷静对待从未感受过的宫缩，及其带来的疼痛，并且可以将自己的疼痛告诉家人或医生，寻求必要的帮助，而不是喊叫或哭闹。

3. 分娩时精神集中程度

有研究表明，在宫缩来临之时，如果准妈妈把自己全部的精力集中在对宫缩的感受上，此时感觉到的不适和疼痛就会越强烈；而如果准妈妈学会适当地将自己的注意力转移到别的地方，比如多想想宝宝出生后的样子，或是在旁边放上你喜欢的音乐、吃点小零食等，对于减轻疼痛感是很有帮助的。此外，在分娩过程中如果有人陪在准妈妈的身边从精神上给予支持，也能有效减轻疼痛感。目前很多医院都有条件可以陪产，因此在临产前，准妈妈可以和准爸爸或是其他家人一同走进产房，以获得精神上的鼓励。

虽说分娩时的疼痛是无法避免的，但只要准妈妈能注意这些影响分娩疼痛的因素并积极避免，能感受到的痛感就会减弱很多。而且，准妈妈还可以通过在分娩前多做一些有利于分娩的动作练习，在分娩时调节好自己的呼吸方式，以及频繁变换体位、在后背部放个冰袋、让别人按摩或使劲挤压后背部来缓解分娩时疼痛的问题。

第 261 天：了解决定分娩是否顺利的因素

每个准妈妈都希望自己能顺利地产下健康的宝宝，为了能实现这一美好的愿望，准妈妈应该提前了解一下分娩的相关知识，尤其是决定分娩是否顺利的一些因素。

通常情况下，决定分娩过程是否顺利主要取决于产力、产道及胎儿三方面的因素，这三个因素既有着自己的特殊性，同时也是相辅相成，它们共同决定着分娩能否顺利进行，现在就具体来说说。

1. 产力

产力是指将胎儿及其附属物从子宫内逼出的力量，包括子宫收缩力、腹肌及膈肌收缩力和肛提肌收缩力。

（1）子宫收缩力

子宫收缩力就是我们常说的宫缩，它是临产后的主要力量，能迫使宫颈短缩、子宫颈口扩张，胎先露下降及胎儿、胎盘娩出。宫缩从分娩开始一直持续到分娩结束，临产后正常宫缩具有节律性、对称性和极性以及缩复作用：

真正的临产宫缩是具有节律的阵发性收缩，每次阵缩由弱渐强（进行期），并维持一定时间（极期），随后再由强渐弱（退行期），直到消失进入间歇期，为一次宫缩，它会反复出现直到分娩全过程结束。一般来说，临产开始时宫缩持续大约 30 秒，间歇期约 5 ~ 6 分钟，随着产程进展，子宫阵缩时间延长，间歇期渐短。当宫口开全之后，子宫收缩持续可达 60 秒，间歇期可短至 1 ~ 2 分钟。宫缩强度随产程进展呈逐渐增加的趋势，宫腔压力于临产初期可升高至 3.3 ~ 4.0KPa（25 ~ 30mmHg），于第一产程末可增至 5.3 ~ 8.0KPa（40 ~ 60mmHg），于第二产程期间可达 13.3 ~ 20.0KPa（100 ~ 150mmHg），而间歇期宫腔压力则为 0.8 ~ 1.6KPa（6 ~ 12mmHg）。

宫缩还具有对称性和极性。正常宫缩起自两侧子宫角部（受起搏点控制），以微波形式迅速向子宫底中线集中，左右对称，然后以每秒约 2 厘米的速度向子宫下段扩散，约 15 秒均匀协调地遍及整个子宫，为宫缩的对称性。子宫收缩力以子宫底部最强最持久，向下则逐渐减弱，子宫底部收缩力几乎是子宫下段的两倍，为宫缩的极性。

当子宫收缩时，其肌纤维短缩变宽，收缩之后肌纤维虽又重新松弛，但不能完全恢复到原来的长度，经过反复收缩，肌纤维越来越短，这种现象称为缩复作用。随着产程进展，缩复作用使子宫腔内容积逐渐缩小，迫使胎先露下降及子宫颈管逐渐展平。

（2）腹肌膈肌收缩力

腹肌膈肌收缩力是第二产程时娩出胎儿的重要辅助力量。当宫口开全后，胎先露已下降至阴道，每当宫缩来临时，胎先露部或前羊水囊压迫骨盆底组织及直肠，反射性地引起排便动作，此时产妇应喉头紧闭并向下用力。一般来说，腹肌及膈肌收缩力在第二产程配以宫缩时运用最有效，否则不但无益，反易使产妇疲劳、宫颈水肿，致使产程延长。此外，腹肌及膈肌收缩力在第三产程还可促使胎盘娩出。

（3）肛提肌收缩力

肛提肌收缩力有协助胎先露在骨盆腔内旋转作用。当胎头枕骨露于耻骨弓下缘时，还能协助胎头仰伸及娩出。胎儿娩出后，胎盘降至阴道时，肛提肌收缩力也有助于胎盘娩出。

2. 产道

产道是胎儿娩出的通道，分为骨产道与软产道两部分。

骨产道通常指真骨盆，是产道重要部分，它的大小、形状与分娩的关系十分密切。在估计分娩难易时，骨盆是考虑的一个重要因素，一般来说，狭窄骨盆会影响胎位和胎先露部在分娩机制中的下降及内旋转，对宫缩也有一定影响，不利于自主分娩。孕妇应在妊娠期间就查清骨盆有无异常，有无头盆不称，及早做出诊断，以决定适当的分娩方式。

软产道是指由子宫下段、子宫颈、阴道及骨盆底软组织构成的管道。子宫下段由子宫峡部形成的，妊娠时子宫峡部被拉长、变薄，临产后的宫缩则会进一步使子宫下段拉长，构成为软产道的一部分；子宫颈位于子宫下部，近似圆锥体，长 2.5 ~ 3 厘米，上端与子宫体相连，下端深入阴道。临产后的规律宫缩会牵拉子宫颈内口的子宫肌及周围韧带的纤维，使子宫颈内口向上外扩张，子宫颈管形成漏斗形，子宫颈口扩张，胎膜多在子宫颈口近开全时破裂。破膜后，胎先露部直接压迫子宫颈，扩张子宫颈口作用进一步加强。随着产程进展，子宫颈口开全，

胎儿要穿过的产道

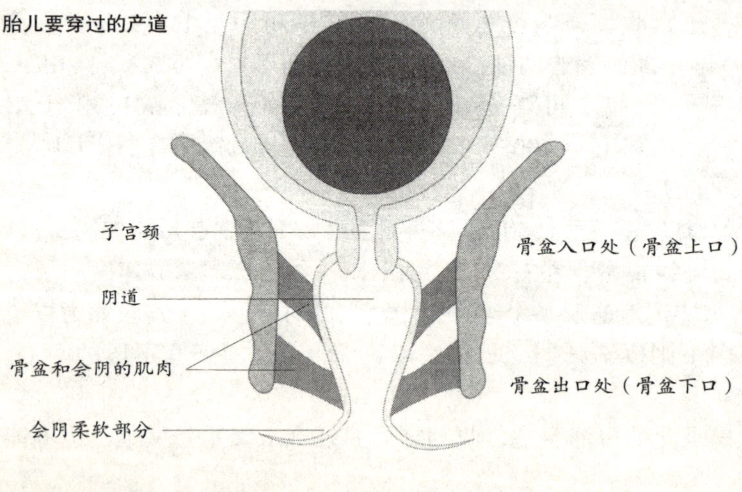

横放的鸡蛋不能通过圆环，竖放的则可以通过。胎儿在骨盆中 2 次转动方向即是此理。

以保证足月妊娠胎头通过；阴道及骨盆底的软组织和肌纤维，妊娠期增生肥大，血管变粗，血运丰富，故临产后会阴可承受一定压力，保证胎儿顺利娩出。

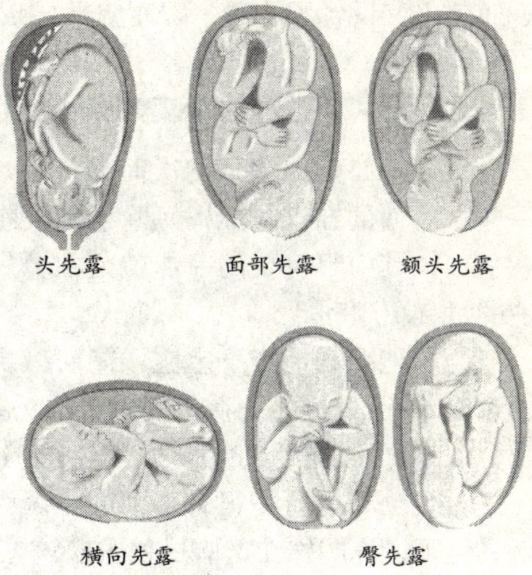

胎儿的不同“先露”

3. 胎儿

胎儿能否顺利通过产道，除产力和产道因素外，还取决于胎儿大小、胎位及有无畸形。

（1）胎儿大小

在分娩过程中，胎儿大小是决定分娩难易的重要因素之一。胎儿较大致胎头径线亦大，或胎儿过熟时颅骨变硬，即使骨盆径线大小正常，但因儿头过大或颅骨较硬不易变形，亦可引起相对性头盆不称而造成难产。因为胎头是胎体的最大部位，也是胎儿通过产道最困难的部分。

胎头颅骨：由顶骨、额骨、颞骨各两块及枕骨一块构成。颅骨间缝隙称为颅缝，两颅缝交会处较大空隙称囟门。颅缝与囟门均有软组织遮盖，使骨板有一定活动余地，胎头具有一定的可塑性。在临产过程中，通过颅缝的轻微重叠，使头颅变形缩小，有利于胎头的娩出。

胎头径线：胎头径线主要有四条：双顶径、枕额径、枕下前囟径和枕颏径。

①双顶径：为两顶骨隆突间的距离，平均值约为 9.3 厘米。临床上常以 B 型超声测此值判断胎儿大小；

②枕额径：又称前后径，为鼻根至枕骨隆突的距离，平均值约为 11.3 厘米，以此径衔接；

③枕下前囟径：又称小斜径，为前囟中央至枕骨隆突下方的距离，平均值约为 9.5 厘米，胎头以此径通过产道；

④枕颏径：又称大斜径，为颏骨下方中央至后囟顶部的距离，平均值约为 13.3 厘米。

（2）胎位

胎位是指胎儿先露的指定部位与母体骨盆前、后、左、右的关系。正常胎位多为枕前位。妊娠 30 周后经产前检查，发现臀位、横位、枕后位、颜面位等谓之胎位不正，其中以臀位为常见。胎位不正如果不纠正，分娩时可造成难产。

众所周知，子宫内的胎儿是浸泡在羊水中的，由于胎儿头部比胎体重，所以胎儿多是头下臀上的姿势。正常的胎位应该是胎头俯曲，枕骨在前，分娩时头部最先伸入骨盆，医学上称之为“头先露”，这种胎位分娩一般比较顺利。不过，有些胎儿虽然也是头部朝下，但胎头由俯曲变为仰伸或枕骨在后方，就属于胎位不正了。至于那些分娩时臀部先露（臀位），或者脚或腿部先露，甚至手臂先露（横位），等等，更是胎位不正。这些不正常的胎位，无异于在孕妇本来就很有限的分娩通道中又设置了障碍，因而容易导致难产。

第 262 天：在分娩时该如何配合医生

很多准妈妈因为是初次面临分娩，对此没有任何的经验，所以更应该多了解一些这方面的知识。准妈妈除了需要在孕期时多加留心，到了分娩时更有许多注意事项，其中很重要的一点就是在分娩时应该努力与医生配合好，这样才能使分娩的过程更顺利。

为了能顺利地产下宝宝，同时减少产道的损伤（主要是指会阴、阴道和子宫的裂伤），医生可能会在分娩时采取一些措施，此时产妇就应该意识到与医生密切配合的重要性，学会好好与医生合作，这对于减轻自己的痛苦、让胎宝宝免于危险、促进分娩顺利进行是很有帮助的。因为产妇在分娩时通常会经历三个产程，下面就具体来说说产妇在这些过程中应该怎样与医生紧密配合吧。

1. 第一产程的配合

在这一产程中，子宫的阵阵收缩会使准妈妈感觉腹部发紧、疼痛和腰部不适，这种现象是很正常的，产妇千万不要大喊大叫，徒耗体力，而应该保持冷静，要学会在宫缩时用力，在宫缩间隙适当休息、节省体力，如果胎膜未破，可以下床活动以促进宫缩，有利于胎头的下降。在宫缩的间歇期，产妇还可以吃喝一些易消化、营养多、能量高的食物，如巧克力，最好是能下地活动一下，或同别人聊聊天放松下紧张的神经，千万不要在宫缩停止后还拼命用力，这样对分娩是没有任何帮助的。

而且在第一产程时，产妇和家人要随时注意羊水的状况并报告给医生。通常胎膜大多在第一产程破裂。一旦胎膜破裂，淡黄色或白色的羊水就会从阴道流出，产妇需要立即卧床并要马上告诉医生，使医生可以及时进行记录，并听取胎心。

产妇还应该每 2 ~ 4 小时排尿一次，避免膀胱充盈，影响子宫收缩和胎儿先露部下降。如果产妇感到排尿困难，要及早告诉医生，以便及时采取应对措施。

如果是准爸爸在陪产的话，更应该帮助妻子留意和记住一些注意事项，并及时提醒妻子，如可以代劳，则应勤快地给予帮助。此外，准爸爸此时还可以握住妻子的手不断给予鼓励，在阵痛早期，尽可能搀扶妻子多下来走动，促使胎头下降，缩短产程。等到阵痛持续并加剧时，还可以帮助按摩肩、背、腰骶部等处的肌肉，或是用热毛巾湿敷腰腹部，帮助妻子减轻不适感。

2. 第二产程的配合

进入第二产程以后，宫口开全，胎宝宝随着宫缩逐渐下降。这一产程一般会持续 1 ~ 2 小时，胎宝宝就会从完全开大的子宫口中娩出。在这个过程中，产妇应根据医生的指导在宫缩时配合用力。正确的用力方法是：双腿蹬在产床上，双手握住床把手，或还可以取抱位或蹲位。在宫缩到来时，先深吸一口气，然后屏住气，就像排便一样向下用力，尽可能把屏气时间拖长，紧接着做一次深呼吸，然后再深吸一口气，再屏气用力。每次宫缩时如此用力 2 ~ 3 次。在宫缩的间隙，要听好医生的嘱咐，全身放松，安静休息，准备迎接下一次宫缩的到来。

在这个过程中，当医生提醒说不要用力时，产妇应严格执行，如当胎宝宝就要娩出时，为了避免胎儿娩出太快，使产道准备不足而发生撕裂，医生就通常会嘱咐产妇不要用力了，此时产妇应配合医生，停止用力。

3. 第三产程的配合

到了第三产程，随着胎宝宝的出生，胎盘及包绕胎儿的胎膜和子宫分开，随着子宫收缩而排出体外。在这个产程中，产妇应该努力保持情绪平稳，积极配合好医生。产妇可以在胎儿娩出后，先休息 3 ~ 5 分钟，然后再轻微用力，胎盘和脐带就会自动娩出。

而且在这个过程中，产妇应该密切配合医生，做好后期工作，如超过 30 分钟胎盘还没有娩下，产妇可以听从医生的安排，由医生帮助娩出胎盘。

需要注意的是，在分娩结束后 2 小时内，产妇应卧床休息，进食半流质饮食补充消耗的能量。一般来说，产妇在产后不会马上排便，如果产妇感觉肛门坠胀，有排大便之感，要及时告诉医生，医生要排除软产道血肿的可能。如有头晕、眼花或胸闷等症状，也要及时告诉医生，以及早发现异常并给予处理。

如果能在分娩的过程中配合好医生的工作，产妇就能减轻很多不必要的疼痛，避免一些意外情况的发生，从而保证分娩的顺利进行。

第 263 天：分娩技巧早掌握

对于多数准妈妈来说，分娩的过程是漫长而痛苦的。然而，尽管分娩时的产痛是在所难免的，但准妈妈却可以通过学习正确的分娩方法、运用分娩技巧来缓解分娩时的痛感。掌握一些分娩技巧，就会在阵痛来临时心中有数，更加沉着地应对，也能熟练地运用技巧，保证分娩的顺利进行，这对于准妈妈来说，将是受益匪浅的。

1. 分娩时的呼吸技巧

当准妈妈感觉情绪紧张或是感觉到阵痛时，就可以主动调整呼吸的频率和节律，这对于缓和情绪、缓解疼痛很有效果。而且，为了在分娩时能熟练地运用这些方法，准妈妈可以在孕晚期的时候多加练习。

（1）腹式呼吸：呈仰卧姿势，两腿轻松分开，膝盖稍弯曲。双手拇指张开，其余四指并拢，放在下腹部。两手拇指约位于肚脐的正下方。深深吸气，使下腹部膨胀般鼓起。当腹部膨胀到最大限度时，再慢慢吐气，使下腹部恢复原状。

重复多次练习此动作，可以增强腹部肌肉，这种呼吸法用于分娩第一产程的阵痛发作时，具有一定的缓和痛苦的作用。

（2）胸式呼吸：往胸里吸满八成的气，屏气 3 ~ 4 秒钟，向肛门方向用劲，边用劲边将吸入的气呼出。

胸式呼吸是第二产程要用到的呼吸法，当宫缩临近时吸气，当宫缩最为强烈时再呼气，可有利于胎宝宝的顺利娩出。

（3）喘吹式呼吸，就是在 4 次短浅呼吸后吹一口气，这种方式主要适用于宫缩频率非常高、疼痛强烈的时候。

2. 分娩时的用力技巧

分娩是一件非常消耗能量的事情，一些准妈妈在分娩之后常常会有筋疲力尽的感觉。但是，如果掌握了分娩时的用力技巧，准妈妈或许就会轻松一些了。需要特别说明的是，当准妈妈进入产房之后就应该听从医生的指导，在医生还没有让你用力之前，是不允许用力的。而在分娩的过程中，准妈妈应该掌握这样一些分娩时的用力技巧：

（1）均匀呼吸，不用力：此为产程第一阶段的用力技巧。在此阶段应注意有意识地锻炼腹式深呼吸。宫缩来临时深吸气，吸气要深而慢，呼气时也要慢慢吐出；宫缩间歇期最好闭眼休息，以养精蓄锐。

（2）用尽全力，屏气使劲：此为产程第二阶段的用力技巧。宫口开全后，当宫缩开始时，产妇应双腿屈曲分开，两手抓住手柄，像解大便一样用力向下，时间越长越好，以增加腹压，促进胎儿娩出。宫缩间歇时要充分放松休息，做好下次宫缩时再用力的准备。

（3）再次用尽全力：此为产程终了时的用力技巧。按照第二阶段的屏气法用力，用尽全力，以加快胎盘的娩出，减少出血。

3. 分娩时的放松技巧

（1）音乐放松法。因为可以缓解焦虑，让人的心情变得平静，也能降低血压、减少去甲肾上腺素的释放，这对于加速分娩进程是很有帮助的。因而，准妈妈在分娩时可以利用音乐放松身体和心情、调节自己的呼吸、转移自己的注意力，如此一来，准妈妈能感觉到的疼痛就会减少很多。

（2）想象放松法。准妈妈在分娩时多进行一些美好而大胆的想象，也能转移自己的注意力，身心得到很好的放松。

（3）按摩放松法。在准妈妈感觉非常疼痛时，如果有人能触摸她的紧张部位或是给她来个舒适的按摩，准妈妈也能得到很好的放松。而且，如果能根据准妈妈的需要，在分娩的每个阶段采用不同的按摩方式，或许就能受到更好的效果。如在分娩的初期，通过轻轻触摸指尖的方式就能帮准妈妈缓解疼痛；在分娩中晚期，可以通过有力的挤压或按摩、负压、冷敷以及热敷等方式，帮助准妈妈减少痛感。

在分娩前，及早掌握一些分娩技巧是非常重要的，这能帮助准妈妈很好地放松心情、缓解疼痛，也能让准妈妈更加自信而从容地应对分娩，从而使得分娩过程能够更加顺利地进行。

第 264 天：提前了解出院时间和产后康复的知识

在孕晚期，当觉得无聊或很闲的时候，准妈妈可以多阅读一些与分娩有关的书籍，多了解一些这方面的知识。尽管此时还没有入院待产，但准妈妈也可以提前了解一些产后的知识和注意事项，准备充分了，到时就不会那么慌乱了。现在，我们就来了解一下准妈妈产后出院的时间和产后康复的一些事项吧。

在分娩之后，医生通常会根据准妈妈的身体康复情况，告知准妈妈可以出院的时间，同时，准妈妈也可以针对情况，自己决定出院时间。

一般来说，在自然分娩的情况下，分娩后，如果母婴身体的各项指标都正常的话，在产后第2天或第3天就可以出院了；如果是做了会阴切开或有阴道裂伤做了缝合的产妇，就要等到伤口愈合后才能出院，这种情况下，产妇基本5天左右就都可以带着宝宝出院了。

在剖宫产的情况下，母婴的住院时间相对来说要久些，现在剖宫产大多采取横切口，5天就可以拆线，如果使用能吸收的线缝合则不需要拆线，术后3天左右就可以出院。但剖宫产的产妇最好是在一周以后再出院，这样有什么问题的话可以及时得到医生护士的帮助，比较安全。

需要注意的是，不管是在住院期间还是自行在家休养，准妈妈都应该充分重视产后康复。因为，分娩的确是一项艰巨而困难的事情，在分娩之后，产妇的很多身体器官可能都会发生改变，如果想要恢复到怀孕之前的状况，起码需要6 ~ 9星期，这段时间也就是我们常说的“产褥期”，在产褥期中养成良好的生活习惯，注重康复细节，与女性的终生健康有着重大的关系。很多女性就是因为没有做好产褥期的康复和保养工作，所以才会落下很多病根。一般情况下，产妇在产后康复时主要应做好这两方面的工作：

1. 产后伤口护理

产后康复首要应做好伤口的护理，避免伤口部位的感染。即使是伤口局部的红、肿、热、痛现象都不能轻视，只要有不适感持续未改善或是出现脓性分泌物、阴道有不规律出血时，就要尽快到医院检查。

同时，为了促进伤口愈合，产后要时刻保持伤口的清洁干燥，洗澡时不要让沐浴露或肥皂留到伤口上；剖宫产产妇要尽量少吃或不吃颜色深或是含深色素的食物，以免使伤口颜色加深；产后的第一个月做运动要量力而行，注意不要碰触到伤口甚至是让伤口处撕裂。

2. 盆底肌肉的康复训练

所谓盆底肌肉的康复训练就是有意识有节律地做骨盆底肌的收缩与放松运动，从而加强骨盆底肌的力量，并提高妇女有意识地控制这些肌肉的能力。如果盆底肌肉松懈，就可能导致腰酸背痛、产后阴道松弛、生理性尿失禁等一系列现象的发生，所以，女性在产后应注重进行有规律的盆底肌肉的康复训练。这不仅可以使因生产变松弛的阴道重新回复紧致，而且还可以通过刺激生殖区的血流量改善性功能。

锻炼盆底肌肉，可采用的具体方法为：可以先深吸一口气，然后在呼气过程中紧闭肛门，同时紧闭尿道口，感觉像憋尿一样坚持数分钟，然后缓慢放松，反复进行，可以有效加强对盆底肌的控制能力；或是将一只手放在腹部，另一只手放在乳房下方，用腹部吸气一秒钟，然后缓慢呼气，同时紧吸脐部，以此锻炼深横肌部位。这些锻炼运动要坚持每天进行，可以从每天5次、每次重复5～10遍开始，渐渐增加到每次20遍。

当然，除了这些基本的康复训练之外，在产后身体已经恢复得差不多的时候，产妇还进行适量的运动，帮助恢复体型，但要注意，体型恢复的工作绝不宜在产后立即进行，而应该在身体状况改善之后才能开展，而且最好能尽量选择温和舒适、没有过分拉伸动作的运动方式。

第265天：知识胎教：蝉为什么会唱歌

在孕期，准妈妈和准爸爸多给胎宝宝讲解一些知识对于胎宝宝的成长很有好处的，这不仅能促进胎宝宝的脑部发育，而且还能培养胎宝宝的学习潜力。在今天的知识胎教中，准妈妈可以给胎宝宝讲讲有趣的自然知识——蝉为什么会唱歌。

自然界中生活着各种各样的生物，每种生物都有自己的特点和神奇之处，由此也就构成了五彩斑斓的世界。蝉就是这美妙自然中的一个组成部分，它是夏天的精灵，没到夏天天气炎热的时候，我们总能听到蝉的鸣叫声，可令人觉得奇怪的是，蝉会唱歌，但却不是用嘴唱的。现在我们就来了解一下吧。

【知识卡片】

蝉就是人们俗称的知了，属于动物中的节肢动物门、昆虫纲、同翅目、蝉科。蝉算是比较大的昆虫了，一般都有两对膜翅，可以振翅而飞，有着3个单眼，还有着突出的复眼。蝉多分布热带，栖于沙漠、草原和森林，常寄生于树上，靠吸食树木的汁液为生。它一般会将卵产在木质组织内，若虫一孵出就钻树根下的泥土中，靠吸食树根中汁液生长，会对树造成危害，等到长大之后，蝉就会飞上树干，再次生存。每当它们口渴或是饥饿的时候，总会用自己那根细长而坚硬的口器，把嘴插入树干吮吸汁液，以吸收大量的水分和营养成分。

在自然界中，蝉的种类多种多样，其中多数蝉在每年仲夏出现并频繁活动，除了这些三伏蝉之外，其实还有其他很多种类的蝉，如蛾蝉、周期蝉等。各种蝉都有一个共同的特点，那就是它们都会唱歌，而且唱歌时用的都不是嘴。

蝉有雌雄之分，会唱歌的是雄蝉，在这些蝉的胸部靠近大腿的后面，有两块很宽的半圆形大盖片，在音盖内侧有一层透明的薄膜，盖片和薄膜之间是空的，能起到共鸣的作用。薄膜和鸣肌相连，当蝉的肌肉收缩和伸展的时候，薄膜也会随之凹陷和鼓起，这样就会产生轻微的声响。随后，这一声响通过共鸣后，就行形成嘹亮的蝉鸣声。由于蝉的鸣肌肉伸缩很频繁，所以我们能听到的蝉叫也就异常响亮而高昂了。雌蝉的肚皮上没有音盖和瓣膜，所以雌蝉不会叫。

一般来说，雄蝉发出的鸣叫主要是为了吸引雌蝉，当然，当蝉准备要集合、受到惊吓和被捉住的时候也会发出特别的声音，以此提醒同伴注意。

第266天：感受纯真而有趣的童言

分娩的日子渐渐近了，每一个准妈妈对于腹中宝宝都的期待和憧憬也愈加强烈。在这段时间，准妈妈可以多和胎宝宝说说话、多想想胎宝宝的美好模样，或者可以将自己对胎宝宝的期待和祝愿写下来，这既是释放情感的一种方式，同时也可以作为给未来宝宝的成长礼物，或者，准妈妈还可以在把头脑想象中胎宝宝的模样画出来。如果准妈妈觉得这些方式还不足以表达自己深沉情感的话，还可以提前预习一些照顾新生儿的相关知识,这样以后才能担当好母亲的角色。在今天，准妈妈还可以来看看其他宝宝的可爱语录，感受一下可爱宝宝的童真和有趣，更加深对腹中宝宝的喜爱之情。

所谓童言无忌，童年时代的孩子说话时常常会不遵守既定的成规，所以也常常会说出一些非纯真而有趣的话，准妈妈不妨来读读看：

1. 可可有件漂亮的红色小棉袄，某天带她出去玩，临出门时妈妈套上红色羽绒服，她兴奋坏了，拉着妈妈来到奶奶跟前，“奶奶，我和妈妈一样的！我们两个是双胞胎！”

2. 一天，老师问：“为什么小孩子是从妈妈的肚子里生出来，不是从爸爸的肚子里生出来的？”

有人回答：“爸爸肚子里都是啤酒，生出来的孩子都是醉的。”

有人回答：“爸爸是男的，如果生孩子，就会难产。”

有人回答：“爸爸没有产假，妈妈有产假。”

3. 有人问小朋友的脸是干什么用的？小朋友们回答如下：

“我的脸可以用来洗脸。”

“我的脸是给爷爷奶奶、叔叔阿姨捏的。”

“没有脸的话，舌头、牙齿、鼻子、眼睛和嘴巴都要露在外面了。”

4. 有人问：“怎么样让蚊子不叮我们呢？”孩子们的回答如下：

“请一个保姆在门口守着。”

“在身上涂点油，蚊子蹬上去就会滑掉了。”

“身上涂点胶水，就把蚊子粘在上面了。”

5. 有人问：“有什么办法让胖子瘦下来，让瘦子胖起来？”孩子们这样回答：

“瘦子多打胖子几拳就可以了。”

“叫胖子多喝点水，肚子就会变得很大很大，撑破了之后，就瘦了。”

“胖子每天都把吃的给瘦子。”

6. 有人问小朋友：“爸爸为什么要刮胡子？”回答如下：

“胡子长了喝稀饭不方便。”

“胡子长了他的脸会疼的。”

“胡子长长了会变成头发的。”

“胡子长了就很容易被别人抓住。”

7. 有人问小朋友：“谁记得自己刚出生的时候是什么样子？”得到了这样的回答：

“头很小，像一个乒乓球。”

“我很小，像一个热水瓶一样。”

“我生出来的时候就爬呀爬呀。”

“我小时候头光光的，头发还没有长出来。”

8. 有人问："如果有一天大海里没有水了，鱼怎么办呢？"小朋友这样回答：

"让小河里的水流到大海里去，再放点盐就变成大海了。"

"叫鱼学会在陆地上呼吸。"

看了这些有趣的儿童语录，准妈妈是不是觉得小朋友很可爱呢？孩子们的小脑袋瓜真是创意无穷啊，在不久的将来，你也能拥有一个这样天真可爱的宝宝，到时候，可别忘了将宝宝在成长过程中的一些有趣的事情、有趣的语言记录下来哦。

动起来：促进胎头入盆操

随着孕期的增长，预产期越来越近了，胎宝宝日渐发育成熟，正常情况下，一般的胎宝宝头部也渐渐地进入到骨盆，随着头部的下降，胎宝宝很快就要降生了。可有时候也会有些意外的情况，如准妈妈的骨盆太小、胎宝宝的头部太大等原因，导致胎宝宝的头部在此时还没有进入骨盆。

在临近分娩前，胎宝宝一般会在羊水和胎膜的包围中，以头朝下、臀朝上、全身蜷缩的姿势等待时机。对于初次分娩的准妈妈来说，胎宝宝的头部一般会在孕 38 周左右进入骨盆，但也有些特殊情况，此时准妈妈能感觉到自己肚子的形状与以前有所不同了，而且肚子摸起来有点硬硬的，并且时常伴有腹部疼痛的现象。胎宝宝的头部及时进入骨盆是保证自然分娩顺利进行的保障，为了帮胎宝宝一把，促进分娩，此时准妈妈可以抓紧时间做一些促进抬头进入骨盆的体操。今天我们就来介绍一些相关的体操。

第一节划腿运动

具体步骤如下：

（1）准备好一张椅子，站在椅子旁。

（2）扶椅背，右腿固定，左腿划圈。

（3）持续 10 秒后还原姿势。

（4）手扶椅背，左腿固定，右腿划圈，坚持 10 秒。

（5）重复以上的动作 5 次。

这组运动能使准妈妈的腿部肌肉和腿部关节得到很好的锻炼，增强肌肉的力量和关节的灵活性，同时也能锻炼到骨盆，能帮助胎宝宝顺利进入骨盆。

第二节腰部运动

具体步骤如下：

（1）准备好一张椅子，站在椅子旁。

（2）手扶椅背，缓缓吸气，同时手臂用力。

（3）脚尖踮起，腰部挺直，使下腹部紧靠椅背。

（4）慢慢呼气，手臂放松，脚还原。

（5）重复以上的动作。

这组动作主要能锻炼腹部和腰部周围的肌肉，同时对于促进胎宝宝顺利入盆也是有很多帮助的。

第三节小马步

具体步骤如下：

（1）准备好一张高度约到腰部的桌子，站在桌子旁。

（2）手扶桌沿，双脚平稳站立，慢慢弯曲膝盖。

（3）骨盆下移，两腿膝盖自然分开直到完全屈曲。

（4）慢慢站起，用脚力往上蹬，直到双腿及骨盆皆竖立为止。

（5）重复以上的动作几次。

这组动作能使腿部、腹部、骨盆及周围的肌肉得到很好的锻炼，帮助胎宝宝进入骨盆，从而促进分娩的顺利进行。但在做这些动作时，准妈妈需要量力而行，掌握好动作的力度，避免受伤。

第四节骨盆运动

具体步骤如下：

（1）准备好一张舒适的垫子，站在垫子旁。

（2）身体慢慢向下，双手双膝着地，吸气，弓背。

（3）吐气，抬头，同时上半身尽量往上抬。

（4）重复以上的动作8次。

这组动作看起来很简单但却是非常实用的，对于促进胎宝宝进入骨盆很有帮助，准妈妈可以在平时多加练习，但也应注意不要过于劳累。

第五节阴部肌肉运动

具体步骤如下：

（1）准备好一张舒适的垫子，站在垫子旁。

（2）保持仰卧姿势，放松身体。

（3）慢慢收缩阴部肌肉，同时往上收臀部，坚持6秒后放下。

（4）重复以上的动作。

这一组动作能使得准妈妈的腹部和腿部周围的肌肉得到很好的锻炼，能使肌肉收缩更为灵活，这对于顺利分娩和缓解分娩时的疼痛都很有帮助。准妈妈可以在每天睡觉前练习一下这组动作，也可以在平时多做做收缩阴部肌肉和腿部肌肉的练习。

胎宝宝的阅读时光：经典故事《奇怪的镜子》和《城里的大象》

在本周，准妈妈可以给胎宝宝讲两个有趣的胎教故事——《奇怪的镜子》和《城里的大象》，和胎宝宝一起来度过这美好的时光，在讲故事的同时，准妈妈还可以多和胎宝宝进行一些互动，比如在讲完故事之后，准妈妈可以问问两个故事是不是很有趣，说明了怎样的道理，以及胎宝宝的感受等，然后再说说自己的理解，这样，可能会收到更好的效果哦。

1. 奇怪的镜子

美丽的池塘里有一条小鱼。他快快活活地玩了一天，可累了，正想休息一会儿。突然，小鱼发现有一样东西在一闪一闪的，他睁大眼睛一看，不禁叫起来："多大多亮的镜子啊！"小鱼想："要是把镜子搬到家里，让大家都能照一照该多好！"想着想着，小鱼轻轻地游到那镜子边，还没碰着，"镜子"就碎成一块块小片儿了。小鱼心里难过极了。但是，不一会儿，那"镜子"又圆了起来。

于是，小鱼急急忙忙找来了正在河边唱歌的小青蛙。"青蛙弟弟，我找到了一面又大又圆的镜子，请你帮我抬回家好吗？"小青蛙一口答应了。小青蛙用宽宽的大嘴巴刚想轻轻衔住镜子，只见"镜子"又碎成一块块小片了。小鱼和小青蛙都很难过。但是，不一会儿，那"镜子"又圆了起来。

于是，小鱼又急急忙忙找来了正在水中跳舞的河蚌。"河蚌姐姐，请你帮我把大镜子抬回家好吗？"河蚌一口答应了，跟着小鱼来到镜子边。河蚌用两片蚌壳刚想轻轻地夹住镜子，可"镜子"又碎了。小鱼、小青蛙、河蚌都很难过。但是，很快那"镜子"又圆了起来。

小鱼又找到了正在水藻中吹泡泡的螃蟹。"螃蟹哥哥，我找到一面又大又圆的镜子，请你帮我抬回家好吗？"螃蟹一口答应了。他用两只大大的螯，刚想轻轻地钳住镜子，可是"镜子"又碎了，成了一块块的小片儿。大家都很难过，可是又感到很奇怪，到底是怎么回事呢？

这时只听见一阵"哈哈哈"的笑声，虾公公拖着长长的胡子来了："傻孩子，这哪是镜子，这是天上的月亮倒映在水面上啦。"小鱼、小青蛙、小河蚌、螃蟹都抬起了头。大家看看天，又看看水面，都哈哈地笑了起来，连池塘里的月亮也笑了。

原来，小鱼所说的镜子只是水中月亮的倒影啊，怪不得大家捞了那么久，最终还是一场空。

2. 城里的大象

听说，城里的工地上有一种很奇怪的"动物"，他的鼻子长长的，一下能卷起很多东西，力大无比。

"是不是大象？！"刺猬球球和松鼠淘淘从没见过大象，心里痒痒的，他们想去看看，和大象交个朋友。于是他们悄悄爬上了汽车，来到了城里。

球球和淘淘钻进路旁的工地。嘿！里面站着个力大无比的大家伙，它正把一堆堆的木板举起来。

"这是不是大象呢？"球球和淘淘挠挠头问道。

他们仔仔细细地看了看这个大家伙，它的腿粗粗的、硬硬的，鼻子也是长长的，和听说的一模一样。

"没错，这就是大象！"

就在这时，"长鼻子"垂了下来，落在一堆木板上，球球和淘淘爬上木板，抬起头大声喊："大象，大象，我们和你做朋友好吗？"

没有听到回答，只听“喀嚓”一声，球球和淘淘觉着身子一晃，和木板一起被“长鼻子”吊到了半空。

这时，马路上一个孩子大声喊道：“看！大吊车。”球球和淘淘明白了，这个力大无比的家伙不是大象，是大吊车。

在半空中，她们看见了一排排的高楼，还有许多像小甲虫一样的汽车……

“回去告诉朋友们，让他们也来看看这城里的‘大象’！”

原来，小动物们所说的“城里的大象”是大吊车啊。这个故事将大象与大吊车的特点巧妙地联系起来，很容易就能激起人的想象力。在读这个故事的时候，准妈妈也可以跟随着故事情节的发展，一起来联想和想象，讲完故事之后还可以给胎宝宝讲讲大象和大吊车相同的地方和不同的特点，增强知识胎教的效果。

好孕美食馆：几个清火菜谱

在孕期，准妈妈难免会遇到上火的情况，但由于怀有宝宝的特殊状况，准妈妈是不宜多吃药的，最好的方法就是通过饮食来调整。今天的好运美食馆，我们就来推介几道适合准妈妈的清火菜。

1. 杏仁黑芝麻油麦菜

【材料】

几棵油麦菜，适量的杏仁、黑芝麻、枸杞、熟黑芝麻，少许的芝麻酱、盐、鸡精、红油、醋等调料。

【做法】

（1）先将油麦菜洗干净，并切好。

（2）将大杏仁拍碎，并切成小粒，将枸杞放在水中浸泡一会儿。

（3）将黑芝麻用水稀释一下，并在其中加上少许盐、鸡精、醋，加上红油并调匀。

（4）将油麦菜用水焯一下捞出来，把调好的芝麻酱淋在油麦菜上，之后撒上黑芝麻和切碎的杏仁。

（5）将泡好的枸杞撒上就可以装盘了。

【功效】

芝麻中所含的营养成分十分丰富，芝麻中富含的优质蛋白质、不饱和脂肪酸、钙等营养物质，十分有益于人体健康，如能促进人体血液循环和头皮内的血液循环，促进头发的生命力等；而油麦菜含有大量维生素、钙、铁、蛋白质等营养成分，略带苦味，而且还有很好的清火解毒作用。但在食用的时候，准妈妈可以适量食用，但不能吃得太多。

2. 银耳雪梨汤

【材料】

适量的火龙果、银耳、木耳和雪梨，冰糖、青豆、枸杞等辅料少许。

【做法】

（1）将银耳、木耳用开水泡开、洗干净，同时将火龙果的果肉取出来，果壳待用。

（2）将火龙果的果肉和雪梨切成大小均匀的块。

（3）将切好的火龙果、雪梨块同银耳、木耳、冰糖一起加满水用文火熬制一小时，与此同时，将青豆煮熟备用。

（4）将炖好的汤盛入火龙果壳中，撒上青豆、枸杞即可。

【功效】

这道水果和豆类等共同熬制的银耳雪梨汤美味又营养，主要有清热化痰、滋阴润燥、生津养肺等功能，是清火的良好食品，同时又是排毒养颜的美味佳肴。

3. 木瓜猪骨炖花生

【材料】

约 700 克的大木瓜 1 个，花生仁 100 克，猪骨 250 克，红枣 4 颗，生姜 4 片，盐等调料适量。

【做法】

（1）将红枣去核洗净，将猪脚刮干净并洗好。

（2）将花生仁洗一下，将生姜洗干净并切成片。

（3）洗好锅，加入适量的水，并将前面准备好的花生仁、猪脚、生姜等放入锅里，并加入少量的盐，用小火煲一小时。

（4）将煮好的菜肴放入去心的木瓜中，上锅蒸一小时即可。

【功效】

这道菜能补充人体所需的多种营养。其中的木瓜性寒味甘，含有蛋白质、B 族维生素、维生素 C、及蛋白酶、脂肪酶等。整道菜的主要功效为清热、解暑、助消化、健脾胃，很适合准妈妈在上火时食用。

胎宝宝的私人音乐厅：肖邦《雨滴》

为了孕育更健康的胎宝宝，准妈妈在孕期应该进行适量户外活动，比如，在空气清新的时候外出走走，到环境优美的公园散散步，在身体条件允许的时候到郊外游玩一番……除了外出欣赏自然美景、感受自然的声音，准妈妈还可以和胎宝宝分享一些描绘自然音响的音乐。在本周的音乐时光，准妈妈就可以与胎宝宝共同分享肖邦的钢琴前奏曲《雨滴》，感受颇具自然韵味的旋律。

《雨滴》这首曲子创作于 1838 年，是一首篇幅短小，但形象鲜明、含意深刻的钢琴前奏曲。关于这首曲子的创作，还流传着这样一个故事：

相传在当时，肖邦的肺病恶化，在女友乔治·桑的安排下，不远千里来到了四季如春的地中海马尔岛。刚到这个地方的时候，两人在租房问题上发生了困难，于是女友乔治·桑四处奔走，终于帮两人在一座山殿之中的古老寺院中找到了住所。这座寺庙内的住所非常简陋，下雨天还经常会滴雨，而且因为寺庙地处偏僻，外出买东西十分不便。有一天，乔治·桑上街买东西，恰巧下了大雨，她被困在商店而迟迟不能回来，等在家中的肖邦觉得又寂寞又担心，这时候，他又听到了房间漏雨的声音，滴滴答答，触发了肖邦更深的感慨。于是，肖邦索性从床上爬起来，一气呵成了这首著名的前奏曲。

这首前奏曲表现的主题就是雨滴，形象比较单一，但在表现时却运用了许多细腻的变化，因而有着很强的感染力。准妈妈可以选择在一个下雨天或是雨后的天气，静坐在窗前，边欣赏窗外的雨景，边聆听这首曲子，这样可能会更有感觉。在听的时候，准妈妈可以细细体会曲中的意境：乐曲的开端非常抒情，吟唱般的旋律伴随着“雨滴”声，随着这样的旋律，准妈妈就不禁会沉醉于这自然之音中，感受那朦胧雨中传来的田园牧歌，慢慢地，曲子的旋律开始出现起伏变化，人也会随之而变得有些激动，在这样的变化中，准妈妈仿佛能感受到曲作者对大自然发出的感慨；中间部分中，高低起伏的旋律会将准妈妈带入一个神秘的境界，就像是跟着一群在庄严的赞歌中缓缓前行；随之，一段抒情性的音乐响起，那隐约可听见的“雨滴”声，显得静谧而美好，准妈妈也可以随着音乐旋律的变化去想象和思考。

第 39 周：压迫子宫颈，准备降生

到了 39 周，胎宝宝的身长达到 53 厘米，体重 3200 ~ 3400 克甚至更重，而且还在继续生长。此时，除了肺部，胎宝宝身体的各器官发育几乎全部完成，因为肺部是最后一个发育成熟的器官，需要在出生后几小时内才能建立起正常的呼吸方式。而且在这个时期，胎宝宝似乎安静了很多，这是因为胎宝宝已经在等待出生了，其头部这时已经完全固定在骨盆中，随着头部的下降，便会来到这个世界上了。

1. 多练习一些促进分娩的动作

胎宝宝已经发育成熟，马上就要诞生了，所以在本周，准妈妈应该坚持适量的运动，尤其是要多练习一些有利于分娩的动作，促进分娩的顺利进行。但在练习的时候，准妈妈一定要注意运动的时间和强度，否则会对自身和胎宝宝的健康造成不利影响。

2. 适当补充能量，为分娩做好准备

分娩绝不是一件轻松的事情，而需要消耗准妈妈很多的能量，所以接近分娩期的时候，准妈妈可以吃一些热量稍微高些的食物，为分娩储备好能量。但有一点需要注意，那就是仍要避免摄入过多的脂肪和热量，因为如果准妈妈过胖或是胎宝宝体重增长过快，都会增加分娩的难度。

第 267 天：催生的三大方法

前面已经说过，并不是所有的胎宝宝都会在预产期出生，有很大一部分的胎

宝宝会在预产期前出生，同时也有部分胎宝宝可能过了预产期还没有任何出生的迹象，正因如此，准妈妈不仅要做好提前分娩的准备，也得做好延期分娩的心理准备。通常来说，预产期是胎宝宝出生的安全时期，如果胎宝宝在预产期前后的一两个星期出生，基本都算是正常，但如果出生的时间过早或者过晚，可能就会有一定的危险，早产的话，可能胎宝宝的身体和各项机能的发育还不健全。过期妊娠的话，准妈妈体内的胎盘会逐渐老化、羊水也会日益减少，氧气和营养无法正常输送，这样，胎宝宝的健康乃至生命同样会受到威胁。

正因为过期妊娠有着诸多的危害，所以当超过预产期两周的时候，医生通常会建议准妈妈采用剖宫产或者催生的方法尽早分娩。催生是指根据准妈妈的实际情况，通过人工干预的形式，达到使使胎儿早点出生的目的。催生除了适用于过期妊娠的情况，还适用于其他的一些情况，如准妈妈患有某些内科疾病不宜继续妊娠，胎宝宝已发育成熟、但出现了一些异常情况导致需要提前出生等。目前较为常见的催生方法主要有三种，分别是运动催生、食疗催生和药物催生：

1. 运动催生

如果胎宝宝在过了预产期之后还没有任何出生的征兆，很有可能是与准妈妈在孕期缺乏必要的运动有关，此时准妈妈应该加强适量的运动和锻炼，促进分娩。但要注意，在这个时期准妈妈随时都有可能分娩，所以在运动时一定要有人陪同，以防有什么紧急状况。

为了在运动时不伤及腹中的宝宝，准妈妈在利用运动催生法时最好能选择直立运动的方式，这种方式能促使胎宝宝更顺利地入盆，同时也能锻炼盆底肌肉，增加产力，促进分娩。鉴于此，准妈妈最好选用爬楼梯、散步、做一些利于分娩的体操来实现运动催生的目的。

当出现过期妊娠而准妈妈又不想剖腹分娩时，医生首先会建议准妈妈多爬楼梯或是适量登山，促进分娩。因为走楼梯和登山可以锻炼大腿和臀部的肌肉群，帮助胎宝宝尽快入盆，使第一产程尽快到来。但在登山时，准妈妈一定要牢记，千万不能走得太远，也不要选择偏僻的山坡，以防发生紧急状况。

散步是孕晚期最适宜的运动方式，同时它也利于顺利分娩，散步可以帮助胎宝宝下降入盆，松弛骨盆韧带，为分娩做准备。但在散步时，准妈妈也应选好时间和地点，控制好散步时间。

另外是做一些能增加骨盆底肌肉的韧性和弹性，能促进分娩的体操。如准妈妈可以做做腰部运动和划腿运动；可以经常锻炼一下骨盆，做骨盆运动；可以反复地做阴道肌肉运动。另外，准妈妈还可以扎扎小马步、做腰部运动、调整呼吸运动等。

2. 食疗催生

准妈妈可以参照如下的菜谱，做了些利于分娩的食物，通过食疗催生。

（1）空心菜粥

选用空心菜、糙米、精盐少许，清水适量做原料，先取锅放入清水、糙米，煮至粥将成时，加入空心菜、精盐，再继续煮至粥成。空心菜粥的主要功效是清热，凉血，利尿，滑胎易产，能促进分娩。

（2）冬苋菜粥

选用冬苋菜、糙米、精盐少许，清水适量为原料，先取锅放入清水、糙米，煮至粥将成时，加入冬苋菜、精盐，再旺火煮沸即成。冬苋菜粥具有清热，滑窍，顺胎产的功效，能促进孕妇尽快分娩，但孕期不宜食用，以防流产。

3. 药物催生

这种方式就是利用药物促进分娩。在用药物催生时，准妈妈需要先接受一系列的检查和监测，来评估胎儿状况和胎盘功能，如果通过 B 超检查发现准妈妈体内胎盘已经十分成熟、胎儿已经发育成熟且长得过大、脐带血流速度和羊水量已经达到了一定的数值，就应该使用药物催生了。

需要注意的是，在进行药物催生之前，准妈妈必须接受密切的产前检查及胎儿监测，而且最好能禁食数个小时，让胃中食物排空，这有利于减少催生过程中呕吐反应。在整个催生的过程中，必须监护胎心，以便早期发现胎儿窘迫的现象而做适当处理。

以上介绍的就是催生的三大方法，它们主要针对的是有着特殊情况的准妈妈，如果准妈妈的情况较为正常，最好还是等待自然分娩，而不要使用催生方法。

第 268 天：常见的 4 种分娩方法

在现代社会中，随着科学和医疗科技的发展，准妈妈们在分娩过程中已经不必像前辈那样承受非常剧烈的痛苦，而且，所能选择的分娩方式也更加多样化。今天，就让我们一起来了解一些热门的分娩方式吧。

1. 常规的经阴道分娩

这种分娩方式又可以细分为两类，一是自然分娩，另一个就是借助仪器助产分娩，两者都是让胎宝宝经阴道娩出，但后者还借助了一些医学仪器进行辅助和干涉，而前者没有。这种分娩方式优势将在“选择顺产还是剖宫产”中进行详细说明，在此就省略不谈了。

通常来说，常规的经阴道分娩也有很多缺陷，如准妈妈会感觉到较为强烈的产前阵痛；阴道生产过程中可能会出现一些突发状况，又导致难产的可能；一些准妈妈在产后可能出现阴道松弛；有些准妈妈可能还会有骨盆腔子宫膀胱脱垂的后遗症。

在进行优劣势的权衡之后，我们可以知道，这种分娩方式的优势还是大于劣势的，所以如果准妈妈和胎宝宝各项身体指标正常，医生通常会建议准妈妈自然分娩。

2. 剖宫分娩

能选择自然分娩当然是好事，可有些准妈妈由于各方面的原因，无法进行常规经阴道分娩，或经阴道分娩可能对产妇或胎儿造成危险时，就需要进行剖宫生产，当然，有些准妈妈因为害怕疼痛、想要加快分娩过程等原因，也会采用这种方式进行分娩。

剖宫分娩就是剖开腹壁及子宫，取出胎儿的分娩方式。一般情况下，如果准妈妈需要进行剖宫产，应提前通知医生并做好相关的准备，这样医生才能根据情况安排合适的手术时间，如果是出现一些特殊情况，需要剖宫产，则又另当别论。

在进行剖宫产手术前，准妈妈应询问医生，留心一些注意事项，如剖宫产前一晚应保证充足的睡眠；在手术前应进食易消化的食物，术前至少四小时不要再饮水、进食；做好腹部、外阴清洁，脐窝较深者提前进行清洁等。剖宫产手术进行时，医生首先要将腹壁进行切开，拉出子宫，将子宫切开拉出胎儿剥离胎衣后以此对子宫和腹壁进行术后缝合，缝合完毕后给术部涂以碘酊或消炎软膏以预防感染。剖宫产手术结束后，产妇在产后6小时内要绝对禁食，将头偏向一侧去枕平卧，有时护士会在产妇的腹部放置一个沙袋以减少腹部伤口的渗血。

剖宫产的优势和劣势都是比较明显的。优势有：它能免去产妇遭受阵痛之苦；当产妇的腹腔内有其他疾病时，也可一并处理，如合并卵巢肿瘤或浆膜下子宫肌瘤，均可同时切除；做结扎手术也很方便；在一些特殊情况下，能保证母婴的安全等。其缺点有：出血量较多；产后恢复较慢、住院时间较长；产后可能出现较多并发症；产后接着怀孕，易引起子宫破裂等。

3. 无痛分娩

无痛分娩专业的医学术语来说，就是分娩镇痛，它指的是用各种方法使分娩时的疼痛减轻甚至使之消失，目前临床上通常使用的分娩镇痛方法有药物性镇痛和非药物性镇痛两种：

药物性镇痛是应用麻醉药或镇痛药来达到镇痛效果，有全身用药、局部麻醉和吸入麻醉等，目前较为常用的是椎管内阻滞镇痛和笑气镇痛。

椎管内阻滞镇痛就是当产妇的宫口开到3厘米，产妇对疼痛的忍耐达到极限时，麻醉医生在产妇的腰部将低浓度的局麻药注入蛛网膜下腔或硬膜外腔，达到镇痛效果。这种无痛分娩法是目前各大医院运用最广泛、效果比较理想的一种。另一种方法是笑气镇痛。笑气是一种名为氧化亚氮的吸入性麻醉剂，这种气体稍有甜味，分娩镇痛时，按一定比例与氧气混合吸入，对呼吸、循环无明显抑制作用，对子宫、胎儿也无明显影响。

非药物性镇痛是指通过产前训练、指导子宫收缩时的呼吸等来减轻产痛，以及通过在分娩时按摩疼痛部位或利用中医针灸起到镇痛作用。

无痛分娩在国外已经是常规分娩的形式，它能让准妈妈们不再经历疼痛的折磨，也能减少分娩时的恐惧和产后的疲倦，让准妈妈在适当的时候充分休息，而在宫口开全该用力时，因积攒了体力而有足够力量完成分娩。然而，这种分娩方式也存在着缺陷，如需专业麻醉医生操作、会增加分娩时的花费；药物剂量和浓度选择不当对产程及母婴产生不良影响；它并不适用于所有人，如有妊娠并发心脏病、阴道分娩禁忌症、麻醉禁忌症、药物过敏、腰部有外伤史的产妇应有时是不能采用这种方式的。

4. 水中分娩

水中分娩，顾名思义，就是在水中生孩子。用这种方式分娩时，医生会让产妇在浴缸或按摩缸的温水中浸泡，直至完成分娩过程，分娩之后立即将新生儿抱出水面。

水中分娩最早出现于法国，在目前，有不少的产妇会选择这种分娩方式，但其普及程度还是不如前三种分娩方式。这是因为水中分娩医疗技术在目前并不是十分成熟，而且，这一分娩方式并非适合所有的人，如产妇的年龄太小或是过大、腹中的胎儿可能是巨大儿、身患疾病或有流产史的产妇等都是不能采用这一分娩方式的。

水中分娩的好处在于，适宜的水温能使产妇感到镇静，促使腿部肌肉放松，宫颈扩张；水的浮力则有助于身体发挥自然节律，便于翻身和休息；最重要的是能减少准妈妈在整个分娩过程中的痛感。而这一分娩方式的缺点则在于，它可能出现新生儿因呛水而死亡等可怕后果，同时在消毒及如何防止感染等方面还有难点。

当然，除了这几种分娩方式之外，目前还有导乐分娩、坐式分娩等分娩方式，而且这些分娩方式也是各有利弊的，准妈妈应该根据自己的实际情况，谨慎地进行选择。

第269天：选择顺产还是剖宫产

在现代社会中，尽管可供准妈妈选择的分娩方式是多种多样的，准妈妈也可以根据自己的实际情况灵活地进行选择，但就目前的情况来看，多数准妈妈通常还是会选择常规的经阴道分娩和剖宫产的方式来分娩。常规分娩能生育出更健康的宝宝，对准妈妈也是一种历练，但准妈妈在分娩的过程中需要承受较大的痛苦；剖宫产产妇承受的痛苦较少，但不利于产后的恢复和宝宝的健康，正是因为这两种分娩方式各有利弊，所以不少的准妈妈在分娩之前往往犹豫不决，不知道改选哪一种分娩方式好。

在正常情况下，如果准妈妈和胎宝宝身体的各项指标正常，医生通常会建议准妈妈采用常规的自然分娩。相比于剖宫产来说，自然分娩的优势是显而易见的。自然分娩对大部分的准妈妈来说，是比较安全且伤害性较小，更重要的是，自然分娩对于胎宝宝出生后的发育和成长是很有好处的。首先，随着临产时子宫有节律的收缩，胎宝宝的胸廓受到节律性的收缩，这种节律性的变化，使胎宝宝的肺迅速产生一种叫做肺泡表面活性物质的磷脂，因此出生后的婴儿，其肺泡弹力足，容易扩张，很快建立自主呼吸。其次，在分娩时，胎宝宝由于受到阴道的挤压，呼吸道里的黏液和水分都被挤压出来，因此，出生后患新生儿吸入性肺炎、新生儿湿肺的相对减少。另外，随着分娩时胎头受压，血液运行速度变慢，相应出现的是血液充盈，兴奋呼吸中枢，建立正常的呼吸节律。据观察统计，通过阴道分娩的胎儿，由于大脑受到阴道挤压而对其今后的智力发育大有好处。

当然，这里在权衡自然分娩与剖宫产时所说的利弊只是针对通常情况来说的，有时候，由于一些特殊的原因，有些准妈妈虽然知道自然分娩更利于自己和胎宝宝的身体健康，但也迫不得已要选择剖宫产的方式进行分娩。根据医生的建议，准妈妈如果存在着以下的情况，最好还是选择剖宫产的方式来进行分娩：

1. 胎位不正或发生胎儿窘迫

对于胎位不正的准妈妈来说，最好采用剖宫产的方式来分娩。一般来说，准妈妈如果在孕晚期，当胎宝宝已经足月时，发现胎位不正，可事先安排剖宫产的时间；但如果是阵痛开始后才发现胎位不正，可能要直接安排紧急手术。另外，如果是臀位的胎位稍有不正，准妈妈也可以先咨询医生，如有可能，仍利用各种助产方法尝试常规分娩，如果确实有困难，就应该采用剖宫产。

胎儿窘迫可以发生在妊娠的各个时期，特别是后期及阵痛之后。胎儿窘迫的原因很多，例如脐带绕颈、胎盘功能不良、吸入胎便，或是产妇本身有高血压、糖尿病、子痫前症等并发症。大部分的胎儿窘迫可通过胎儿监视器看到胎儿心跳不好，或是在超声波下显示胎儿血流有不良变化，如果经过医生紧急处理后仍未改善，则应该施行剖宫产迅速将胎儿取出，防止发生生命危险。

2. 多胞胎或巨大儿

根据医生的建议，如果产妇怀的是双胞胎，且胎儿胎位都是正常的，可以尝试自然生产，但若是三胞胎或更多胎的怀孕，应优先考虑剖宫产。

通常情况下，只要胎宝宝的体重等于或超过4千克，医学上就称之为巨大儿。当准妈妈在进行产前检查时，产科医生评估准妈妈腹中的宝宝为巨大儿，能以自然生产方式娩出的机会很小时，准妈妈也应考虑剖宫产，以避免发生难产。

3. 产程迟滞

每个准妈妈的在分娩时宫颈扩张所用的时间是不尽相同的，通常情况下，初产妇的宫颈扩张时间平均比经产妇长，需10～12小时，如果在时间上超过了20小时，就算是产程迟滞。造成产程迟滞的原因有很多，如子宫收缩力量的异常、胎儿身体或胎位或胎向异常、母亲产道异常等。

当出现产程迟滞的情况，如果仍然勉强选择经阴道分娩，可能会对胎儿或母体造成伤害，所以在此时准妈妈就必须放弃原本计划中的自然分娩，需要选择剖宫产了。而且，一旦出现这种情况，准妈妈在分娩时经历的疼痛就会加倍，既要经历自然分娩是阵痛，也要承受手术带来的痛苦和不良后果。

4. 骨盆狭窄或胎头与骨盆腔不对称

如果在产前检查中，医生发现准妈妈有骨盆结构上的异常，比如小儿麻痹患者、有骨盆骨折病史、身材过于娇小或侏儒症患者，此时由于骨盆出口异常无法让胎宝宝顺利通过，通常也会建议准妈妈采取剖宫产。

同时，即使准妈妈本身的骨盆腔无异常也不狭窄，但因为胎儿的头太大，无法顺利通过产道，也必须实行剖宫产。

5. 子宫曾做过手术或自身条件不适合阴道生产

如果准妈妈曾经做过剖宫产，子宫壁上就会有手术所留下的瘢痕组织，这些瘢痕组织的确会增加子宫在阵痛时破裂的危险几率，因此大多会安排剖宫产。

另外，如果母体本身有如子痫前症或严重的内科疾病（心脏病等）等重大疾病，经产科医生评估无法进行阴道生产者，也需要选择剖宫产。

6. 前胎剖宫生产

前胎剖宫生产是目前国内常见的适应证，大约占30%左右，有许多产妇都是第一胎剖宫产后，再次分娩也会选择剖宫产。一般来说，一次的前胎剖宫产后，的确会增加近1%的子宫破裂机会。若是直式的子宫剖开方式，则子宫破裂的机会则会增加4倍左右，因此，多数妇产科医生及产妇会在前胎剖宫产的前提下，在进入产程之前安排好手术时间。

7. 胎盘因素

胎盘的位置及变化与分娩方式也有一定的关系，比如胎盘位置太低，挡住了子宫颈的开口，前置胎盘或是胎盘过早与子宫壁剥离而造成大出血或胎儿窘迫等，都是剖宫产的可能原因。

总之，准妈妈在考虑该选用自然分娩还是剖宫产，应根据自身的情况和胎宝宝的发育情况来决定，同时也应该多听听医生的建议。如果无不适症的话，建议准妈妈们选择常规分娩，毕竟对宝宝和妈妈们自身都是大有好处的。

第270天：宝宝出生前的几大信号

随着时间的进程，胎宝宝出生的日子越来越近了。到了这个时期，准妈妈应该在物质和心理上做好充足的准备，尤其是要仔细了解胎宝宝出生前的一些信号，一旦出现这些信号，准妈妈应该在家人的陪护下，立即入院待产。

胎宝宝在出生前发出的信号实际上也就是分娩开始前出现的征兆，医学术语称之为产兆。常见的产兆有规律性的子宫收缩、子宫底下降、下腹部产生一种受压迫的感觉、见红、破水等。产兆是胎宝宝即将出生的预兆，但还不是正式临产，由于每个准妈妈的情况不同，从产兆到真正分娩所要经历的时间也是不尽相同的，正常情况下，很多准妈妈会在产兆出现一段时间后才进入临产阶段，而有些准妈妈在产兆出现不久之后就会分娩，因此，当产兆出现时，准妈妈最好还是尽快上医院，静待分娩的到来。

1. 子宫底下降，下腹部有压迫感

一般情况下，在正式分娩的前两周左右，准妈妈就能明显地感觉到自己的子宫底有下降的趋势，在此时，准妈妈通常会感觉到自己的上腹部突然轻松起来，自己的呼吸也一下子变得舒畅了，而且，由于胃部受到的压力有所缓解，准妈妈的食欲也会变好一些。

伴随着子宫底的下降，胎宝宝在分娩时即将先露出的部分，已经降到骨盆入口处，所以此时准妈妈还能明显地感觉到下腹部坠胀，而且由于子宫对膀胱的压迫，准妈妈的尿频现象又会变得严重起来，同时，一些准妈妈可能还会感到腰酸背痛等。

2. 规律性的宫缩

宫缩是临产前的重要先兆。由于在分娩前几周，子宫肌肉变得较为敏感，所以很多准妈妈在分娩前几周就能感觉到宫缩了，只是在那个时候，宫缩持续的时间短，力量弱或只限于子宫下部，经数小时后又停止，不能使子宫颈口张开，这种宫缩称之为假性宫缩，可到了临近分娩的时候，宫缩会变得越来越有规律，初期间隔时间大约是10分钟一次，孕妇感到腹部阵痛，随后阵痛的持续时间逐渐延长至40秒～60秒，程度也随之加重，间隔时间缩短，约3～5分钟。当子宫收缩出现腹痛时，可明显感到下腹部很硬。如果出现了这种规律性宫缩的话，也就意味着宝宝即将出生了，此时准妈妈应尽快和医院取得联系，准备待产。

3. 见红

“见红”，就是指当宫颈扩张后，原先封堵宫颈的黏液栓从阴道排出的现象。见红主要是由于宫颈上的毛细血管破裂造成的，具体来说，当胎宝宝要离开母体时，胎头通常会不断向子宫颈口移动，随着包着胎儿的包膜与子宫的剥落，血液就会混着其他分泌物从阴道留出。值得一提的是，见红并不是每个准妈妈在分娩前都会出现的征兆，而且有些准妈妈可能在妊娠早期和分娩过程中也会出现这种现象。

4. 羊水膜破裂

当胎儿头向下压迫羊水膜时，就会造成破水，羊水会突然涌出来，但通常是慢慢地流出来。一旦出现破水，孕妇应尽量减少排尿的次数，停止一切活动，不能洗澡，垫上干净的卫生巾或卫生棉，无论有无其他临产征兆都必须立即去医院。

这些都是一些较为明显的产前征兆，在预产期接近的时候，准妈妈一定要格外留意这些，因为很多宝宝在出现这些征兆之后不久可能就会出生了。当然，由于每个准妈妈各方面的条件有所不同，临产先兆的表现、感觉也不尽相同。有的准妈妈是开始腹痛强烈，宫缩频繁，但当真正到了产房后腹痛去开始减轻，宫缩间隔延长，强度减弱，胎儿监护一切正常，又回到产房待产；有的准妈妈先有少量羊水流出，直到上产床分娩时才真正破水，先前的只是前膜囊破了；有的准妈妈先见红，后出现有痛宫缩；有的准妈妈直到宫口开全，也不破水，胎头还高高地浮着，可一阵剧烈的宫缩来临，胎头下来了，紧接着破水，几乎在破水的同时胎儿娩出；有的准妈妈是从痛性宫缩到规律性宫缩过渡很快，宫口较快打开，整个产程紧锣密鼓。对于这些情况，准妈妈应该都要有所了解，做到心中有数。

第271天：了解自然分娩的全过程

自然分娩从规律性阵痛到将胎儿诞出，一共可以分为三个产程。

1. 第一产程——规律性的阵痛开始至宫口开全

第一产程是指从腹部开始出现规律性阵痛，宫口逐渐扩张，直至扩展到10厘

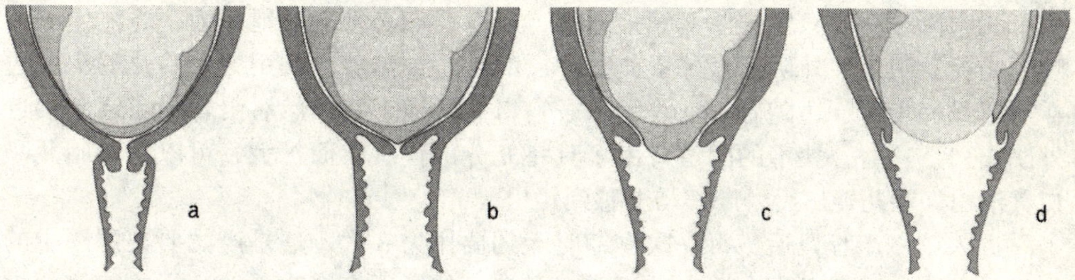

子宫颈的作用
(a) 在分娩开始时，子宫颈是关闭的。
(b) 逐渐地，在收缩的影响下，子宫颈缩短了，我们说它萎缩了。但是它仍然是关闭着的。
(c) 子宫颈正在张开，羊膜囊被羊水推着凸了出来。
(d) 子宫颈张开，羊膜囊破裂，孩子的头部开始从子宫里出来，然后它会穿过已扩大到最大程度的产道。

米，即宫口开全的过程。对于第一次分娩的初产妇，这一阶段大约经历 10 ~ 12 个小时，经产妇大约经历 8 个小时。在整个分娩过程中，第一产程历时最长，并且会因越来越频繁的腹部阵痛而最为痛苦。

一般来说，在开始生产的前 8 个小时里，子宫颈口开大的速度较慢，只开到 3 厘米左右。规律性宫缩表现为产妇每隔六七分钟出现一次宫缩痛，每次持续 30 秒以上，产妇常有腰酸及腹部下坠感。随着产程进展，子宫收缩越来越强烈，即阵痛间隔越来越短（2 ~ 3 分钟），持续时间越来越长（约 40 ~ 50 秒），疼痛越来越厉害，导致子宫颈口开大速度迅速加快，当宫口近开全时，宫缩持续时间可长达 60 秒，间歇时间仅 2 分钟。

由于子宫收缩与缩复作用，子宫颈管逐渐缩复变薄直至展平，子宫颈口逐渐扩张从 1 厘米开张到 10 厘米为宫口开全，胎儿就能够从这里通过了。

伴随着宫缩和宫颈扩张，胎先露逐渐下降。等到第一产程结束时，可降至坐骨棘平面下 2 ~ 3 厘米，并完成了衔接、下降、俯屈、内旋转的过程。此外，在第一产程中由于宫缩的增强使羊膜腔的压力增高，等到压力增加到一定程度时，胎膜就会发生破裂。

在第一产程里，医生为了了解产程，会每隔 2 ~ 4 个小时为产妇进行必要的肛门检查，目的是间接了解子宫颈口扩张的大小及胎儿先露部下降的程度。一般来讲，产妇要接受 3 ~ 5 次这样的检查，如果有特殊情况还要增加检查次数，但频繁的肛门检查可能会使产妇的肛门充血、水肿，出现疼痛等不适，有些产妇因为不适就不愿意配合医生。但这些不适对胎儿没有影响，产后也很快就会消失。所以为了顺利分娩，准妈妈还是要尽量忍耐，积极与医生配合。

2. 第二产程——宫口开全至胎儿娩出

第二产程也称娩出期，是指胎儿从宫口开全到胎儿娩出为止。对于初产妇来讲，这个阶段大约需要 1 ~ 2 个小时，经产妇大约需要数分钟至 1 小时，产妇是在产床上度过这一阶段的。此时，虽然比第一产程时间短了很多，但却是整个产程中最关键的时期。

这时，子宫大约每隔 1 ~ 2 分钟收缩一次，每次大约持续时间长达 50 秒至 1 分钟，宫缩间歇大约 1 ~ 2 分钟。虽然宫口已经开全，但由于产道的外侧被骨盆的骨头包围，宽度只能让胎儿勉强通过，所以产妇必须有效地用力，才能使胎儿顺利通过。阴道、外阴已做好了充分伸展的准备，借着产妇用力，胎儿的头一边在产道里回旋，一边随着子宫收缩从子宫口向阴道下降，然后沿着阴道逐渐接近外阴出口。这时，狭窄的阴道口由于具备充分的伸展性而扩大，可以协助胎儿一口气滑出。胎儿娩出后，产妇马上感到轻松。

进入第二产程以后，每一次宫缩时大约要用力 3 次，这是产妇要遵照医生的指导，在宫缩时务必配合用力，不要在意自己的样子有多难看，这样才能使用力达到最佳的效果。强烈的宫缩阵痛，迫使产妇不由自主地向下用力。这时，产妇要双手抓住产床边上的扶手或丈夫的手，只管放心地像平时解大便那样向下憋气，憋气时间越长越好，以增加腹压，协助胎儿娩出。

当胎头部要出来，即产妇感到下边有东西堵着时，听到医生的指示后立即把双手交叉在胸前，改用力憋气为反复短促的哈气。需要注意的是，这个时候绝对不可用力，也不要随意扭动臀部，要靠子宫本身的收缩使胎儿自然娩出。只要轻微地用力或发出声音，都会使胎头飞速地从阴道口滑出，造成意想不到的会阴裂伤，甚至撕裂肛门。

由于胎儿就要从产道娩出，即使再不舒适也要注意保持仰卧、双脚尽量张开、膝盖弯曲的姿势，以方便医生协助分娩。在宫缩停止时产妇要立即全身放松休息，不要用力。这时用力不仅没有作用，反而会使产妇筋疲力尽，影响顺利分娩。应该趁机做 2 ~ 3 次腹式深呼吸，为下一次宫缩时的用力做准备。

当产妇在开始用力后，由于呼吸加快特别容易感到口渴喉干。最好通过吸饮的方法，喝一些红茶、果汁等饮料润润喉咙，以免产生烦躁感，不利于分娩。

3. 第三产程——从胎儿娩出到胎盘娩出

第三产程也称胎盘娩出期，从胎儿娩出到胎盘娩出为止，一般经历 10 ~ 15 分钟。一般不超过 30 分钟。

当胎儿娩出后，产妇顿有如释重负的感觉，这个时候的宫缩暂时停止，子宫逐渐缩小，羊水全部流出，胎盘也会自动地从子宫壁上剥离、娩出，此时没有剧烈的腹痛。这个时候产妇可以放松休息了，医生会检查胎盘胎膜是否完整，产道有无裂伤，并进行相应的处理，阴道分娩的全过程就此完成。产后产妇需要暂时留在产房，观察子宫有无大量出血，测量血压和脉搏。如果没有特殊情况，产妇会被送回病房休息。

需要注意的是，在胎盘尚未娩出之前，产妇不要用手去碰触下腹部，以免刺激下腹造成子宫颈口反射性地收缩，阻碍胎盘顺利娩出。待胎盘娩出之后，在外阴部消毒干净前，产妇要尽量将双腿张开，以方便医生进行处理。

由于胎盘娩出后，如果产妇会阴部有伤，医生要马上进行缝合。为了更好地让医生处理，虽然非常疲累，但要继续忍耐，并采取医生要求的姿势，坚强地与医生充分进行配合。这样才能方便医生缝合阴道壁及阴道入口的伤口，不至于使日后的性生活受到影响。由于会阴在分娩时受到极大压迫，所以不会感到太疼痛。

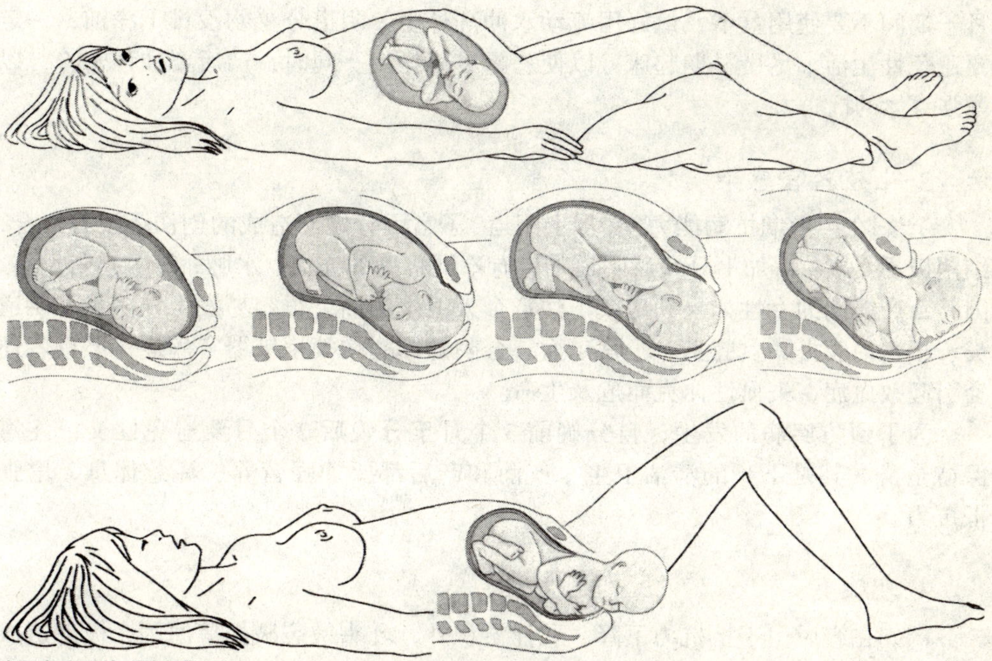

孩子出生时的“路径”

第 272 天：提前了解产后可能出现的疾病

孕育生命是一件幸福的事情，但在这个过程中，准妈妈可能会面临着诸多的问题和困难，不仅有孕期的不适和负担、分娩前的紧张和不安，在分娩之后，身体的免疫力也很难一下子恢复到怀孕之前的水平，可能还会面临着一些疾病的侵扰。对于此，准妈妈最好能提前做好心理准备，尽量避免，及早预防。

1. 产褥热

产褥热是由于产后致病菌侵入生殖器官导致感染而引起的疾病。引起产褥感染的主要病原菌为葡萄球菌、链球菌、大肠杆菌、肺炎双球菌等，来源可能有以下几方面：接生人员的双手或接生器械消毒不严；妊娠末期阴道有炎症；产程过长，肛门或阴道检查次数过多；产妇的衣服被褥不清洁，或用未消毒的纸或布作会阴垫。

产褥热最先的表现常常是在创伤部位发生炎症，如外阴或阴道裂伤感染，出现红肿和热痛的局部炎性反应，如果感染发生在子宫，则可能引起子宫内膜炎或子宫肌炎。在此同时，还可能伴随着体温升高、恶露增多且有臭味的现象。发生产褥感染后，如果不及时治疗或是治疗不彻底，急性感染可以变成慢性，疾病也会继续加重，最终可危及生命。

正因为产褥热严重影响产妇健康，甚至危及生命，因此必须作好预防工作。产妇要在产前就做好检查，早期发现并早做治疗，及时补充营养，防治贫血；在怀孕的最后一个月禁止性交和洗盆浴；临产时，应尽量进食和饮水，抓紧时间休息，避免过度劳累，以免身体抵抗力降低，如果胎膜早破过久，或产程过长，或因胎盘胎膜残留行刮宫手术，应该用抗生素预防感染；产后要注意卫生，保持外阴清洁，月子期间不要使用盆浴，最好用流动水冲洗外阴；阴道分泌物没排干净前，一定要避免性生活；尽量早期起床，以使恶露尽早排出。同时，产后要加强营养，以增强身体的抗病力。

2. 生殖器官感染

产妇在产褥期抗病能力差，加上阴道、子宫因分娩而造成的创伤还没有愈合，细菌极易侵入，再加上分娩后阴道外口有不同程度的充血、水肿，易引起撕裂伤。因此，产褥期的女性如果同房或不注意个人卫生的话，很容易发生外阴炎、阴道炎、子宫内膜炎、盆腔炎、子宫出血、会阴部撕裂伤等生殖器官病症，严重者还会引起败血症、失血性休克而危及生命。

为了预防疾病的发生，自分娩前 3 个月至分娩后 2 个月要避免性交，注意保持全身尤其是下身的清洁卫生；产前和产后都要加强营养，注意休息，增强抵抗力。

3. 乳腺炎

产妇在产后由于抵抗力下降、乳汁淤积外，乳头皴裂破损等原因，极易造成乳腺炎。因此，从怀孕开始后直至喂奶期间，妈妈们要每天用干净湿毛巾擦洗乳头和乳房，以保持清洁卫生，增强局部皮肤的抵抗力，杜绝细菌从裂口进入乳腺而引起感染。在哺乳时要保持乳头清洁，避免损伤，减少感染途径。避免让乳汁淤积在乳房中，以减少细菌繁殖的机会，每次喂奶后要将乳汁吸空，若宝宝吸不完的话可以用吸奶器吸空。

4. 膀胱炎

产妇在产后膀胱的肌肉暂时还比较松弛，容易积存尿液。妊娠后期体内潴留的水分，在产后也主要通过肾脏排泄，从而增加了膀胱的负担，降低了膀胱的防病能力。这时细菌容易侵入尿道引起膀胱炎。

为了预防膀胱炎，产妇在产后要尽可能多的排尿，不要使尿在膀胱里贮存过久，以免细菌繁殖。此外还要经常清洗外阴部，保持阴部清洁，同时还要防止脏水流入阴道造成污染。

5. 子宫脱垂

子宫脱垂是指子宫从正常位置沿阴道下降，宫颈外口达坐骨棘水平以下，甚至子宫全部脱出于阴道口以外的症状。在哺乳期间，产妇的卵巢功能下降，子宫的支持结构和悬吊装置松弛无力，盆底肌肉的张力和弹性减退，这时若遇到增加腹压等外因条件，均可能诱发子宫脱垂。产妇会感到小腹下坠和腰酸，严重时子宫会从阴道脱出。

为预防子宫脱垂，产妇要卧床多休息，不要过早下床活动，过早参加重体力劳动，不要走远路或跑步。

6. 尿潴留

多数产妇会在分娩后5小时自行排尿，但有的产妇由于分娩过程中子宫压迫膀胱及盆腔神经丛，使膀胱肌麻痹，运动迟缓无力；产后盆腔内压力突然下降，引起盆腔内淤血；加上产程过长引起体力的大量消耗而导致排尿困难。

因此，产妇在产后4小时即应主动排尿，如果排尿很困难也应每3 ~ 4小时做一次排尿的动作以有利于锻炼膀胱逼尿肌和腹肌的收缩力，在有尿意而不能排出时，可用拇指按压关元穴，持续1分钟便可排尿。自行分娩的产妇尽可能要在产后最快时间里自主排尿，剖宫产的产妇也尽量在家人或护士的帮助下主动下床排尿。

7. 骨盆疼痛

由于产妇分娩时产程过长，胎儿过大，产时用力不当，姿势不正以及腰骶部受寒等，或者当骨盆某个关节有异常病变，均可造成耻骨联合分离或骶髂关节错位而发生疼痛。因此，如果女性患有关节结核、风湿症、胃软化症，应在治愈后再考虑妊娠；怀孕后绝对不能静止不动，要适当做一些劳动或体育锻炼，如伸屈大腿的练习，尽量避免腰部、臀部大幅度地运动或急剧的动作。

除了这些疾病之外，有相当一部分的产妇在产后还可能会受到手关节痛、纤维组织炎、痔疮和肛裂等疾病的困扰。所以，对于即将分娩的准妈妈来说，一定要提前知道这些情况，做好必要的心理准备，及早预防，这样，在产后才能更好地哺育宝宝、更好地生活。

第273天：知识胎教：在儿歌中陪宝宝学习知识

现在的小朋友都喜欢听儿歌和唱儿歌，在这个过程中，小朋友们既享受到了游戏的欢乐，也能增长知识，同时更能启迪心智、满足孩子情感的需要、训练语言能力等。其实对于胎宝宝也是如此，准妈妈和准爸爸可以在平时多唱一些儿歌给胎宝宝听，在儿歌中陪宝宝学习知识，帮助其成长。

下面附上一些精心挑选的儿童歌曲，准爸爸和准妈妈如果有空闲的话，可以唱给胎宝宝听。在唱歌的时候，需要注意：不管你是不是唱得好，首先是要充满感情地唱，要将自己的关爱之情表达出来；其次是要选择好唱歌的时间，控制唱歌的音量，最好是在胎宝宝比较精神的时候唱，音量应该柔和适中；再次，在唱儿歌的同时，准妈妈和准爸爸还可以给胎宝宝介绍一些相关的知识，加深胎宝宝的理解，增强胎教效果。

1. 经典儿歌《小燕子》的歌词：

小燕子穿花衣，年年春天来这里。
我问燕子为啥来，燕子说这里的春天最美丽。
小燕子告诉你，今年这里更美丽，
我们盖起了大工厂，装上了新机器，欢迎你长期住在这里。
小燕子穿花衣，年年春天来这里。

我问燕子为啥来，燕子说这里的春天最美丽。

小燕子告诉你，今年这里更美丽，

我们盖起了大工厂，装上了新机器，欢迎你长期住在这里。

说明：这首经典儿歌由王路和王云阶作词，王云阶作曲，大致创作于1957年，原本是电影《护士日记》中的一首插曲，后来，这首歌曲单独流传开来，并成为了小朋友们特别喜爱的儿歌，至今传唱不衰。整首歌曲抒发了人们对新生活的热爱和歌颂，歌曲清新流畅、自然朴实。

2. 经典儿歌《世上只有妈妈好》的歌词：

世上只有妈妈好，有妈的孩子像个宝，投进妈妈的怀抱，幸福享不了。

没有妈妈最苦恼，没妈的孩子像根草，离开妈妈的怀抱，幸福哪里找？

世上只有妈妈好，有妈的孩子不知道。要是他知道，梦里也会笑！

说明：这首歌曲创作于1958年，原名也称为《妈妈好》，由李隽青作词，刘宏远作曲，原唱为萧芳芳。歌曲中主要表达了妈妈好的主题，流露母亲和子女间的深厚感情，表达了对母爱的赞美，情感真挚感人。

3. 经典儿歌《种太阳》的歌词：

我有一个美丽的愿望

长大以后能播种太阳

播种一个一个就够了

会结出许多的许多的太阳

一个送给送给南极

一个送给送给北冰洋

一个挂在挂在冬天

一个挂在挂在晚上

啦啦啦种太阳

啦啦啦种太阳

啦啦啦啦啦啦啦啦种太阳

到那个时候世界每个角落

都会变得都会变得温暖又明亮

说明：这首歌曲原是词作者李冰雪在她十岁时创作的诗歌，后由作曲家王赴戎、徐沛东谱曲后，很快唱遍全国，成为了少年儿童喜欢的优秀歌曲。曲子的旋律欢快明朗，表达了美好的心愿和积极向上的情感，感人至深。

动起来：学习安产呼吸法

在怀孕期间，准妈妈不仅需要通过适量的运动来保持自己的身体健康，最好还能多学习一些呼吸方法，这对于调节紧张、焦虑等不良情绪很有帮助，同时也能增强运动的效果，更重要的是，如果学会正确的呼吸方法，还能帮助缓解孕期出现的一些身体疼痛症状和分娩时的疼痛。相比于其他的一些呼吸方法，安产呼吸法更适合此时的准妈妈，一方面，它能让准妈妈在学习呼吸方法的同时放松心情，同时也能增加准妈妈骨盆底肌肉的弹性，为顺利分娩作准备，更能增强安产运动的效果。在本周，准妈妈可以来学学一些孕期的安产呼吸法。

第一节完全式呼吸法

具体步骤如下：

（1）准妈妈先保持良好而舒适的坐姿。

（2）练习长长地吸气，吸气时肚子先鼓起，然后是胸部升起。

（3）练习长长地呼气，呼气时胸部先开释，然后是肚子开释。

（4）调整好呼吸，并重复以上的动作。

这组呼吸方法准妈妈可以在孕期的早上多加练习，它能帮助准妈妈排出体内浊气，保持身体的健康，同时也有助于调节心情，让人变得神清气爽。

第二节蒲公英式呼吸法

具体步骤如下：

（1）准妈妈先保持良好而舒适的坐姿，保持身体放松。

（2）用鼻子深深地吸气，保持几秒钟。

（3）嘴巴吐气，就像吹蒲公英一样，直至将吸进的气吐完。

（4）重复以上的动作。

在做这组动作时，最主要的就是保持全身放松，这对于调整呼吸和安产是很重要的。同时，这一呼吸不仅能用于孕期缓解疼痛，也能缓解分娩时的产痛，当宫缩刚开始时，准妈妈可以进行这种呼吸法，当宫缩结束后也可以进行一次，这有利于让肌肉放松。

第三节居家坐式呼吸法

具体步骤如下：

（1）先准备好一张舒适的垫子，站在垫子旁。

（2）慢慢坐下，双脚相对而坐，双手放在脚踝处，闭上眼睛。

（3）双手自然握住脚踝，低头，将两肩向背部拉伸。

（4）伸展背部肌肉，抬头，吸气，睁开眼睛。

（5）吐气，回复准备姿势。

（6）重复以上的动作。

通过这组动作的练习，准妈妈的腿部、骨盆底部肌肉能得到强化，这对于顺利分娩是很有帮助的。但在双脚相对而坐准妈妈一定要量力而行，如果因为身体不便，做不到双脚相对，也可以将两脚交叉放在一起。

第四节猫式伸展呼吸法

具体步骤如下：

（1）先准备好一张舒适的垫子，站在垫子旁。

（2）身体慢慢向下，双手双脚触地，身子挺直。

（3）跪正，膝盖略微打开，大腿、手臂与地面垂直，手掌、脚背压向地面，背部自然放松，眼睛看着地面。

（4）吸气，慢慢抬起头和前胸，面部朝前，尾椎向上提升，并让后脑勺尽量靠紧脊椎。调整好自己的呼吸，保持这一姿势几秒，之后回到准备姿势。

（5）一边呼气一边将背弓起来。

（6）吸气，缓慢放低尾椎骨并向上拱起脊柱，将背像猫一样地弓起来。

（7）尽量低头，向肚脐的方向（肚子里宝宝的位置）弯曲。

（8）调整好呼吸，保持这一姿势几秒，然后还原。

（9）重复以上的动作。

这组动作能锻炼准妈妈的脊椎、腰部等部位的肌肉，使脊椎保持灵活而又韧性，有助于解除肩膀、背部疲劳与疼痛，同时还能促进脊椎两旁血液循环，对于在孕期经常感觉腰酸背痛的准妈妈很有帮助。但在进行运动的时候，准妈妈需要掌握好动作的力度，如果身体较硬，可以根据自己的情况降低动作标准，如果感觉身体不适的话，最好能马上停下来。

第五节快速地持续哈气

具体步骤如下：

（1）保持良好而舒适的坐姿。

（2）保持身体放松，然后调整好自己的呼吸。

（3）快速地持续哈气。

（4）重复几次。

这一动作的要领就是让肛门放松，避免在宫缩时用力过度。在分娩的过程中一般会用到这一呼吸法，这一呼吸法能帮助准妈妈很好地控制自己用力的时间，避免在不该用力的时候用力，导致撕裂等情况的发生。

胎宝宝的阅读时光：朱自清的散文《背影》

父母对子女的爱是伟大而无私的，准爸爸和准妈妈在胎教的时候还可以将这种感情充分地传达出来。在本周的阅读时光，准妈妈或准爸爸可以试着朗读著名作家朱自清的《背影》给胎宝宝听，让胎宝宝也感受一下父亲的爱和那浓浓的父子之情。

我与父亲不相见已二年余了，我最不能忘记的是他的背影。

那年冬天，祖母死了，父亲的差使也交卸了，正是祸不单行的日子。我从北京到徐州打算跟着父亲奔丧回家。到徐州见着父亲，看见满院狼藉的东西，又想起祖母，不禁簌簌地流下眼泪。父亲说："事已如此，不必难过，好在天无绝人之路！"

回家变卖典质，父亲还了亏空；又借钱办了丧事。这些日子，家中光景很是惨淡，一半因为丧事，一半因为父亲赋闲。丧事完毕，父亲要到南京谋事，我也要回北京念书，我们便同行。

到南京时，有朋友约去游逛，勾留了一日；第二日上午便须渡江到浦口，下午上车北去。父亲因为事忙，本已说定不送我，叫旅馆里一个熟识的茶房陪我同去。他再三嘱咐茶房，甚是仔细。但他终于不放心，怕茶房不妥帖；颇踌躇了一会。其实我那年已二十岁，北京已来往过两三次，是没有什么要紧的了。他踌躇了一会，终于决定还是自己送我去。我再三劝他不必去；他只说："不要紧，他们去不好！"

我们过了江，进了车站。我买票，他忙着照看行李。行李太多了，得向脚夫行些小费才可过去。他便又忙着和他们讲价钱。我那时真是聪明过分，总觉他说话不大漂亮，非自己插嘴不可，但他终于讲定了价钱；就送我上车。他给我拣定了靠车门的一张椅子；我将他给我做的紫毛大衣铺好座位。他嘱我路上小心，夜里要警醒些，不要受凉。又嘱托茶房好好照应我。我心里暗笑他的迂；他们只认得钱，托他们只是白托！而且我这样大年纪的人，难道还不能料理自己么？唉，我现在想想，那时真是太聪明了！

我说道："爸爸，你走吧。"他往车外看了看说："我买几个橘子去。你就在此地，不要走动。"我看那边月台的栅栏外有几个卖东西的等着顾客。走到那边月台，须穿过铁道，须跳下去又爬上去。父亲是一个胖子，走过去自然要费事些。我本来要去的，他不肯，只好让他去。我看见他戴着黑布小帽，穿着黑布大马褂，深青布棉袍，蹒跚地走到铁道边，慢慢探身下去，尚不大难。可是他穿过铁道，要爬上那边月台，就不容易了。他用两手攀着上面，两脚再向上缩；他肥胖的身子向左微倾，显出努力的样子，这时我看见他的背影，我的泪很快地流下来了。我赶紧拭干了泪。怕他看见，也怕别人看见。我再向外看时，他已抱了朱红的橘子往回走了。过铁道时，他先将橘子散放在地上，自己慢慢爬下，再抱起橘子走。到这边时，我赶紧去搀他。他和我走到车上，将橘子一股脑儿放在我的皮大衣上。于是扑扑衣上的泥土，心里很轻松似的。过一会儿说："我走了，到那边来信！"我望着他走出去。他走了几步，回过头看见我，说："进去吧，里边没人。"等他的背影混入来来往往的人里，再找不着了，我便进来坐下，我的眼泪又来了。

近几年来，父亲和我都是东奔西走，家中光景是一日不如一日。他少年出外谋生，独立支持，做了许多大事。哪知老境却如此颓唐！他触目伤怀，自然情不能自已。情郁于中，自然要发之于外；家庭琐屑便往往触他之怒。他待我渐渐不同往日。但最近两年不见，他终于忘却我的不好，只是惦记着我，惦记着我的儿子。我北来后，他写了一信给我，信中说道："我身体平安，唯膀子疼痛厉害，举箸提笔，诸多不便，大约大去之期不远矣。"我读到此处，在晶莹的泪光中，又看见那肥胖的、青布棉袍黑布马褂的背影。唉！我不知何时再能与他相见！

好孕美食馆：适合临产前喝的几种饮品

分娩是对准妈妈体力和耐力的考验，分娩时准妈妈不仅需要承受疼痛的折磨和心理的负担，还需要消耗很多的能量。为了多多补充体力，准妈妈在分娩之前不仅应在饮食中适量地加强营养补充，还可以喝一些有益于健康的饮品。今天的好孕美食馆，我们就来推荐几种适合准妈妈在分娩之前饮用的饮品。

1. 混合果蔬汁

水果和蔬菜的种类很多，营养价值也非常高，总的来说，蔬菜和水果中含有人体必需的多种营养成分，比如多种维生素，钙、磷、铁等微量元素以及维持人体生理机能的其他元素，根据水果和蔬菜种类的不同，其中所含的营养物质又有诸多差别，功效也有所差别，但从总体来说，水果和蔬菜的维生素和纤维素的含量是十分丰富，准妈妈在分娩前可以多吃，补充这些元素，为分娩储备能量。为了食用方便，也使营养更全面，准妈妈还可用混合果蔬汁来代替多种水果和蔬菜。

尽管目前的商场中有现成的果蔬汁卖，但为了保持健康美味而营养，准妈妈不妨亲自动手或是请家人帮忙，自己来制作新鲜的混合果蔬汁。在制作果蔬汁时，准妈妈可以根据自己的喜好，有针对性地来选择水果和蔬菜。下面我们以苹果菠萝混合果蔬汁这一饮品来简单介绍一下果蔬汁的做法。

【材料】

半个苹果，1/3个大的菠萝，少量的姜。

【做法】

（1）将菠萝和姜去皮，将苹果洗净，然后将苹果和菠萝切成片。

（2）先将生姜榨汁，将菠萝和苹果榨汁，然后再将所榨的汁倒在一起，使之混合。

（3）将这几种混合的果汁搅拌均匀直到起泡，然后就可以立即食用了。

【功效】

生姜能很好地调节内部循环系统，还能缓解恶心等症状；菠萝和苹果都是非常美味的水果，能为人体补充所需的多种营养。

2. 蜂蜜

蜂蜜是一种营养价值很高的天然滋补食品，其中的主要成分为人体容易吸收的葡萄糖和果糖，此外还含有与人体血清浓度相近的多种无机盐和维生素、铁、钙、铜、钾、磷等多种有机酸和有益人体健康的微量元素，具有滋养、润燥、解毒之功效，由于蜂蜜的种类不同，具体的功效也有所差别。

对于准妈妈来说，蜂蜜能提供大脑神经元所需要的能量，帮助准妈妈调节睡眠、缓解便秘症状。同时，中医还认为，当准妈妈进入临产阶段后，在饮食调节上应该采取利巧滑胎的方法，这对于促进分娩、缩短产程、减少产痛有着积极的作用，而蜂蜜正具有这些作用，再加上蜂蜜还能帮助准妈妈提高身体免疫力、缓解疲劳等，所以准妈妈在分娩之前可多补充一点蜂蜜。同时，准妈妈需要注意，蜂蜜不宜直接食用，而应该用一定比例的温开水稀释，然后才能食用。

除了这两种饮品之外，准妈妈还可以适量地喝一些酸梅汤、银耳汤、绿豆汤等，这些饮品对于促进分娩、缓解分娩时的疼痛也是有一定帮助的。

胎宝宝的私人音乐厅：给胎宝宝唱首儿歌《春天在哪里》

经过这么长时间的孕育，胎宝宝一天天地成长着，不久之后即将出生，准妈妈的幸福时刻也快要来临了。随着胎宝宝的出生，新的篇章即将开启，这就像是万物苏醒的美丽春天，充满着希望和朝气。想想这样的美好情境，准妈妈是不是觉得特别幸福呢？在今天，准妈妈不妨给胎宝宝唱一首充满希望和乐趣的儿歌《春天在哪里》。

《春天在哪里》是一首深受孩子们喜爱的经典儿歌，多年来一直传唱不衰。这首歌曲的词作者为望安，曲作者为潘振声。这首歌曲从小朋友的视角和品味出发，以天真活泼的语气歌唱着春天的美好，表达着心中无比欢快和喜悦的心情，抒发了对自然美景的喜爱和寻找春天的乐趣。

整首歌曲为大调式，在编排组织上，歌曲采用了再现的两段体结构，每个乐段都是由四个4小节乐句构成，结构整齐。

歌曲第一乐段的开端“春天在哪里”既引出了有趣的主题，同时也给人以明朗、亲切的感觉；第二乐句在前句音调的基础上，稍微做了一些变化处理，显得紧凑而又富于变化；而在第四乐句中，节奏又有了明显的变化，乐句不再像前面三乐句那样划分两个乐节，而是全句一气呵成。

歌曲第二乐段的编排基本与第一乐段相似，在同音重复的旋律和活泼的节奏中，乐曲慢慢开始和发展，并以再现的手法既进一步渲染了春天的美好景象，这样的编排加强了歌曲的统一感，同时也朗朗上口，便于儿童记忆。

其实，胎宝宝非常喜欢听准妈妈唱儿歌，这不仅能让宝宝熟悉并记住准妈妈的声音，而且还能充分调动胎宝宝的情绪，有利于脑部发育。在唱歌之前，准妈妈可以稍作准备，可以适当地了解并给胎宝宝讲讲歌曲的一些相关知识，同时，准妈妈最好先保持一个舒适的坐姿，清清嗓子，然后就可以开始歌唱了。在唱的时候，准妈妈最好能富有感情地放声高歌，如果准妈妈的情绪饱满，歌唱富于感染力，这样的刺激作用于胎宝宝，胎宝宝就会受到良好的影响，有利于脑部发育。

歌曲《春天在哪里》的歌词

春天在哪里呀
春天在哪里
春天在那青翠的山林里
这里有红花呀
这里有绿草
还有那会唱歌的小黄鹂
嘀哩哩嘀哩嘀哩哩嘀哩哩嘀哩哩
嘀哩哩嘀哩嘀哩哩嘀哩哩嘀哩哩
春天在青翠的山林里
还有那会唱歌的小黄鹂

春天在哪里呀
春天在哪里
春天在那湖水的倒影里
映出红的花呀
映出绿的草
还有那会唱歌的小黄鹂
嘀哩哩嘀哩嘀哩哩嘀哩哩嘀哩哩
嘀哩哩嘀哩嘀哩哩嘀哩哩嘀哩哩
春天在湖水的倒影里
还有那会唱歌的小黄鹂
春天在哪里呀
春天在哪里
春天在那小朋友眼睛里
看见红的花呀看见绿的草
还有那会唱歌的小黄鹂
嘀哩哩嘀哩嘀哩哩嘀哩哩嘀哩哩
嘀哩哩嘀哩嘀哩哩嘀哩哩嘀哩哩
春天在小朋友眼睛里
还有那会唱歌的小黄鹂

第40周：新的小生命即将降临

大多数的胎宝宝都会在这一周诞生，但也有一些胎宝宝会提前两周或是推迟两周诞生，这都是正常的。此时出生的胎宝宝平均体重在3300 ~ 4000左右，身长大概有51厘米。当宝宝出生后第一次呼吸时，会激发心脏和动脉的结构迅速产生变化，从而使血液输送到肺部，爸爸妈妈会发现宝宝的第一声啼哭是没有眼泪的，这是因为他的泪腺功能还没有被开发，这种状况会持续半个月左右。刚刚出生的胎宝宝，大多数头部感觉会有些奇怪，这主要是由于通过产道时挤压所致的，爸爸妈妈不用太担心。

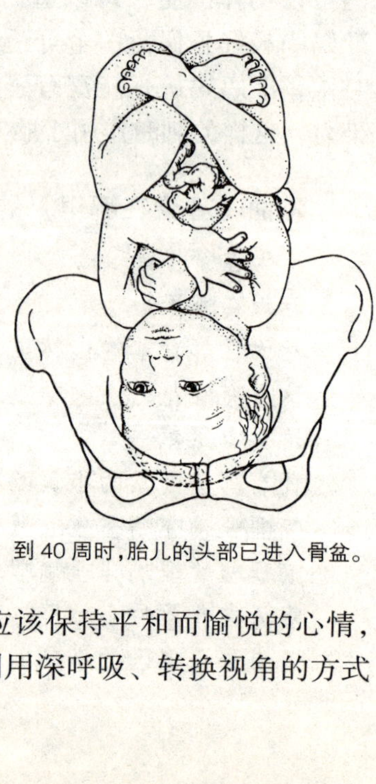

到40周时，胎儿的头部已进入骨盆。

1. 让胎宝宝感受到你的欢乐情绪

经过漫长的等待，终于要盼来胎宝宝的降生了，此时准爸爸和准妈妈的情绪应该都非常激动，充满着希望和憧憬。这个时期在进行胎教时，准妈妈更应该保持平和而愉悦的心情，等待着胎宝宝的降生，多想一些快乐的事情，充分利用深呼吸、转换视角的方式来消除产前焦虑情绪。

2. 多与胎宝宝进行语言交流，告诉宝宝更多的事

这个时期，胎宝宝已经发育完全，准备和父母见面了，所以准爸爸和准妈妈在此时应该多与孩子进行语言交流，给胎宝宝讲讲这个世界的美好、多给胎宝宝朗读一些充满希望文章、诉说父母和亲人对胎宝宝的关爱等。

第 274 天：怀孕对女性身体的好处

在怀孕期间，虽然要面对因生理状况改变而带来的烦恼，要面对孕期的诸种困难和疾病困扰，但多数准妈妈还是觉得自己非常幸福，因为孕育生命的确是一个伟大而美好的过程。其实除了这点之外，分娩还能为女性带来其他一些意想不到的好处：

1. 减少子宫肌瘤发生几率

子宫肌瘤是女性生殖器最常见的一种良性肿瘤，最常见的病症表现为会改变月经周期和经期流血量，白带增多而带有臭味，常伴有不规则的阴道流血，腹部胀大而能触及肿物以及压迫症状等。子宫肌瘤的产生与体内雌激素水平过高，长期受雌激素的刺激有关，所以很多女性都很容易患上这种疾病，而通过怀孕和分娩，体内激素的分泌就能得到调节，子宫肌瘤的发病率就会减少很多。而且，已有科学研究证明，在一生中未曾经历过生育的女性中发生机会高于适时生育者，而且她们最终需要手术的机会也大大增加。

2. 减少子宫内膜癌发生几率

子宫内膜癌是妇科常见的恶性肿瘤，它常常会导致女性月经紊乱、子宫出血、阴道排出脓血样液体，由于癌肿及其出血与排液的淤积，还会引起强烈的阵痛感觉，并诱发肥胖症、糖尿病、高血压等病症，最终危及人的生命。而经过怀孕和分娩女性中，这种疾病的发生率就会减少很多，因为在怀孕期间，为了维护胚胎的生存环境，子宫内膜会暂停出血，子宫内膜的上皮细胞在月经周期要经历的损伤和修复过程也会停止，这样发生癌变的几率自然会减少很多。

3. 有助于治疗子宫内膜异位症

由于女性的生理特点，不少人还存在着子宫内膜异位症的情况，如果不及时治疗可能会导致严重的后果。而在怀孕期间，因为准妈妈每个月的周期性排卵行为会暂时停止，所以子宫内膜异位症也能得到强有力的抑制。所以一些妇科医生常会推荐已婚的女性采用怀孕和生育的方式来治疗子宫内膜异位症，临床的很多实践已经证明这种方法不但很有效果，而且副作用也是最小的。

4. 有利于缓解痛经及乳腺疾病

在女性中，面临痛经困扰的人为数不少，而在经历怀孕和分娩之后，多数人

的痛经问题会得到很好的缓解，甚至消失，这是一种很普遍的现象。因为在怀孕期间，准妈妈的月经会暂时停止，到分娩之后才会逐渐恢复，在这个过程中，女性的生殖器发生了改变，尤其是生育消除了子宫中的某些前列腺素受体点，这样子宫收缩时的致痛点就会越少，因而就能缓解痛经问题。

同时，还有诸多的临床研究成果表明，未生育的女性患乳腺癌的几率很高，而一旦经历分娩和哺乳，这种几率就会降低很多。这是因为未生育的女性雌激素的分泌非常旺盛，而在怀孕期间，卵巢会自动停止排卵，激素的分泌也会发生变化，从而有效地抑制了乳腺癌的发生。

5. 增强女性免疫力和感觉灵敏度

相关的医学资料表明，如果在一生中经历一次完整的孕育和哺乳过程，女性几乎就能增加10年的免疫力，减少很多妇科疾病的发生。

与此同时，怀孕还有利于增强女性感觉的灵敏性。在生活中，就有不少准妈妈发现，在怀孕期间，自己的嗅觉和味觉变得更加灵敏了，这其实是有科学依据的。准妈妈在怀孕期间感觉变得灵敏的原因，多与体内雌激素含量高、身体内自觉抵触有害物质的机能增强等有关。

除了这些好处之外，在一生中经历一次完整的生育过程还能帮助推迟女性的更年期，延缓衰老，同时也能在很大程度上改变女性的心态和性格，让女性在孕育生命和分娩的过程中变得更加成熟，更能以平和与豁达的心态看待人生。

第275天：正确应对产房中的尴尬

在分娩的过程中，准妈妈不仅可能消耗很多的能量，而且还可能会遭遇产房中的诸多尴尬，准妈妈应提前做好心理准备，并以平常心来看待这些事情，这样才能配合好医生，顺利分娩。准妈妈在分娩时可能遭遇的尴尬主要有如下的一些：

1. 被脱光

在生孩子的时候，每个产妇都会被脱光，然后长时间地躺在产床上。当然如果是顺产的话上衣可以保留，但若剖宫产的话，上下身衣物都会被脱光。私处长时间暴露在外，准妈妈未免会觉得有些难为情。

作为产妇，应该正确地对待这一事情，要知道，如果不脱光衣服的话，医生和助产人员所有的操作都将无从下手，分娩也就无法顺利进行。所以准妈妈应提前做好心理准备，端正心态，不要觉得难为情，更不要认为这样是一种侮辱，这个时候最重要的是保证宝宝顺利产出，所以不管怎样，都应该听从医生的指引，积极与之配合。

2. 被肛检

在进产房之前，护士几乎隔几分钟就来揉搓肛门，搓的频率很高、而且可能还会很痛，此时不少准妈妈就会觉得难为情，有人还会表现出不理解和烦躁的情绪。

宫缩是分娩前的征兆，但并不是一有宫缩就马上会分娩，所以产妇在刚出现宫缩时还应在待产室中等待，只有当宫颈口几乎全开时才会被送进产房。护士们之所以反复肛检，就是为了能够及时准确地了解宫颈口开的情况和胎宝宝的位置变化，以避免错过了进产房的时间，出现不必要的麻烦和危险。

3. 被灌肠和插尿管

分娩之前，医生会把一根管子插在肛门上或是把一种药剂喷在肛门处，迫使你将大便排出来，而且还会插好尿管。这些场景难免会让产妇感觉到尴尬。

但是这些检查和行为却是必要的。医生之所以会帮助产妇排便，主要是因为乙状结肠位于小骨盆腔内左上方，由于肠内有大量粪便堆积，在分娩时往往会影响胎头的顺利下降及内旋转，以致妨碍产程的进展。而且，如果不提前清理宿便，产妇很可能在分娩用力时会把这些排泄物一同挤出来，这样就容易把细菌传给宝宝。

而医生之所以要为顺产的准妈妈插尿管，是因为生产过程中，准妈妈的膀胱受到压迫，功能暂时丧失，而又不能及时恢复，无法及时排尿。但是生产后身体里有很多多余的水分要排出。如果不插尿管的话，体内无法排出的尿液就会损害妈妈的健康。

所以说，医生这么做主要还是为了产妇的身体健康和顺利分娩考虑，当面临这种情况时，产妇千万不要觉得难为情，而应正确对待。

4. 大小便失禁

即使已经被灌肠，在自然分娩用力的过程中，还有可能会排出少量粪便或是尿液，甚至有时还不止一次，这同样也会让你觉得很不好意思。

因为在分娩时，进行硬膜外麻醉以后肛门附近的括约肌变得麻痹，对粪便的控制力会减弱。在产床上你同样会有肠蠕动，因此排便也是正常的事。另外，当宝宝的头通过产道时，直肠会变得平滑，里面的内容物也可能会被推出来。不要觉得难为情，因为医生会对这件事很客观，他们会认为这只是人体器官一种正常的运动，是再正常不过的事。

5. 在分娩时形象全无

在分娩过程中，尤其是没有采取任何减轻阵痛的方法时，几乎所有的产妇会有一些过激行为，如哭喊、尖叫、咒骂等，看起来就像个疯子一样。等待分娩之后，产妇想着自己在分娩时的表现，也会觉得难为情。

其实这也是不必的，因为分娩的阵痛的确是很难忍受的，适当地宣泄出来也是有好处的，而且这也是一般人正常的生理反应，没必要在事后觉得难堪。同时，医生和护士对这些又喊又叫的产妇已经司空见惯了，也不会觉得你是疯子的。但如果你不想发生这样的事，最好还是提前做好准备，多了解一些相关的知识，尽量让自己保持平静。

6. 遇到男医生

这应该是让大多数产妇和家人都“忍无可忍”的事了，助产和接生人员仿佛只能是女性的工作，如果产房里多了个陌生的男性的话，会让你觉得浑身不自在，这将如何是好?

目前来看，负责接生工作的男医生还比较少，但有些医院产科的麻醉师是男性。当实施麻醉的时候，产妇至少已经除去了下半身的衣服。可是此时，为了即将到来的宝宝，还有什么是放不下的呢？也许真到那时，与生俱来的母性会让你暂时忘记了这些尴尬，而专注于自己的宝宝。再说，男性对于应急事件的处理相对女性来说会加妥当，因为他们往往比较冷静，在关键时候多数还能保持理智的头脑，他们会用他们的专业技术和既往经验来全力保障你和宝宝的安全。如果准妈妈从这些好的方面来看，就不会觉得有那么“忍无可忍”了吧!

总而言之，如果准妈妈能在分娩之前做好充足的心理准备，为了自己的身体健康和顺利分娩的大局考虑，凡事多向好的方面去想，就能正确地应对产房中的这些尴尬事了。

第 276 天：了解重要的产后四周

前面已经说过，准妈妈在怀孕期间和分娩之后可能都要面临这各种各样的问题和困难，所以准妈妈应该调整好自己的心态，在平时多注意一些生活细节，同时也应该提前学习和了解相关的知识，及早做好准备。今天就来学学重要的产后四周吧。

一般来说，分娩之后，宝宝满月前的四个星期，是产妇身体恢复的关键时期，如果调养得好的话，对产妇的健康和以后生活很有好处，而如果康复情况不怎么理想的话，可能就会留下病根，影响以后的生活。由于分娩方式不同，产妇的恢复情况是不同的，自然分娩的产妇恢复要比剖宫产产妇恢复得快。

1. 自然分娩产后

（1）第一周。在产后的第一天，产妇身体还很虚弱，因此要保证卧床和充足的休息；到第 2 天时身体状况得到改善，此时可以下床在房间里慢慢走走，每天 2 ~ 3 次，每次 20 ~ 30 分钟，同时，产妇还可以在床上做些抬头、伸臂、屈腿、抬腿等简单的产褥体操，以帮助身体康复；到产后的第 3 天，产妇基本可以下床自由活动了，如独立起床、洗漱、吃饭等，但此时仍应注意活动不可过于活跃、动作幅度也不宜太大。

正常产后第 2 天就可以进行温水淋浴了，但第一次淋浴的时间不宜太长，5 分钟左右即可。淋浴过后要特别注意保暖，不可贪图凉爽而落下疾病。会阴部有侧切伤口的新妈咪，可在产后 3 天伤口正常愈合后淋浴，并在淋浴完毕后，用温热的 1:5000 的高锰酸钾溶液冲洗伤口，以防感染。

产后前 3 天，产妇可以吃些清淡、富有营养易消化的食物，如鸡汤面条、鸡蛋羹、稀饭、牛奶等。其后可逐渐恢复正常饮食，以高蛋白、高维生素、低脂肪、低糖为主，多喝水，多吃新鲜蔬菜瓜果，多喝一些下奶的汤水，如鸡汤、鲫鱼汤、猪蹄汤等。

（2）第二周。在这一周，产妇的身体处于不断恢复中，但仍需保证充足休息，每天的睡眠时间应保持在 10 小时左右，而且不宜过度劳累。同时，从本周开始，产妇可以适当地进行一些轻度运动，如仰卧起坐的锻炼和膝胸卧位或四肢撑床抬举臀部等的产褥体操。

产后6周内，洗澡都应避免盆浴，以免盆中的污水进入阴道内，引起产褥感染。此外，浴室里空气一定要流通，温度保持常温，每次淋浴的时间5 ~ 10分钟即可，淋浴的水温以36℃ ~ 38℃为宜。

（3）第三周。这周随着身体的日渐恢复，可以趁着阳光充足带着宝宝到阳台上站一会，呼吸一下新鲜空气。从第三周，产妇可以进行产后形体恢复的体操训练，以促进盆底、会阴肌肉弹性的恢复，防止产后发胖。

（4）第四周。如果身体情况恢复良好，从本周开始，产妇便可以适当做一些家务，以利于产后恢复，但要注意的是家务劳动不可过分勉强，先试着做些轻微的家务，比如扫地、做饭等。如果是夏天天气较热的话，在做家务时要保证室内空气流通，室温最好保持在25℃左右，以免过热而引发中暑，同时还要避免长时间地站、蹲及提举重物等，以防子宫脱垂。

2. 剖宫产产后

（1）第一周。在产后的三到五天内，剖宫产的产妇身体一般比较虚弱，伤口还会疼痛，所以更应注意休息。一般来说，在术后前6个小时，产妇要绝对禁食，去枕平卧，6小时后才可以枕枕头侧卧。当产妇排气后，饮食可由流质改为半流质，食物宜富有营养且容易消化。可以选择蛋汤、烂粥、面条等，然后依产妇体质，饮食再逐渐恢复到正常，千万不要急于喝一些油腻的下奶汤，例如鸡汤、肉汤，等等。同时，为了促进肠胃蠕动，产妇应该多喝温水。

剖宫产后，由于疼痛致使腹部不敢用力，大小便不能及时排泄，容易造成尿潴留和大便秘结。因此术后产妇要在家人的帮助下尽量多翻身、多活动，以增强肠蠕动，尽早排气，预防肠粘连，促进伤口愈合。正常情况下，产妇可在术后48小时下床活动，但注意一定要保护好腹部的伤口。

（2）第二周。在本周，产妇可以多补充一些营养，以保证正常哺乳。产妇要特别注意蛋白质、必需脂肪酸、钙、铁、锌、碘以及维生素B_1、B_2、C、D的摄入，不要食用任何刺激性的食物。为了缓解便秘问题，产妇还应注意多吃水果和蔬菜。此外，需要注意的是，产妇尽量不要吃深色素的食物，否则会使疤痕的颜色加深，影响美观。

剖宫产的产妇从第二周开始也可以放心洗澡了，但要用防水手术膜保护好手术切口部位，不要让肥皂或浴液流到伤口上。如果有发热、腹痛、阴道分泌物增多或是不正常出血，一定要及时就医。

（3）第三周。剖宫产过程中失血较多，所以有些产妇在产后会出现贫血现象，因此产妇可多吃些高铁质的食物，包括肉类、黑糯米粥、红豆汤等。另外还可以吃一些有助于下奶和缓解便秘的食物。

（4）第四周。到了第四周，身体素质较好的产妇身体基本也恢复到一个不错的水平了，这个时候的妈妈可以和自然分娩的妈妈一样，适当做一些轻微的运动和家务劳动，阳光明媚时可以抱着宝宝去散散步，多呼吸一些新鲜空气。

虽然准妈妈还处于待产阶段，但也可以提前多了解一些产后的相关知识，这样才能尽量避免一些意外情况的发生，做到有备无患。

第277天：新生宝宝本领大

在预产期的前后两周，胎宝宝随时都有可能出生，如果此时胎宝宝已经出生了的话，其就是一个健康的新生儿了，准妈妈需要悉心地呵护和照顾，如果此时胎宝宝还没有出生，也不用着急，因为在不久之后，你们就可以见面了。不管是在哪种情况下，准妈妈都可以多学习和了解一些有关新生儿的知识，这对于照顾宝宝是很有好处的。今天，我们就一起来了解一下新生宝宝的神奇本领吧。

1. 视觉和听觉

在宝宝出生后不久，就能听到人声了，而且对于准爸爸和准妈妈的声音非常敏感。当宝宝哭闹的时候，如果准妈妈或准爸爸轻轻地呼唤宝宝的乳名或是说一些在孕期语言胎教中经常使用的语言，胎宝宝马上就会安静下来，好像是在仔细聆听；当新生的宝宝正闭着眼睛休息的时候，外界有稍大一些的声音响动，宝宝闭着的眼睛就会睁开；当父母和新生的宝宝说话的时候，宝宝还会睁着眼睛盯着，时而还会眨眨眼。

2. 寻觅和吸吮反射

新生宝宝已经具备了基本的神经反射，有了较为灵敏的嗅觉和感知能力，当人们用手摸他时，他会马上将头转向碰触的那个方向；当新生儿触及妈妈的奶头时就会转向乳房，找乳头，甚至当用手指接触新生儿的嘴巴时，新生儿也会有吸吮的反应，这些都是典型的寻觅反射。

而当新生儿的小嘴接触到妈妈的乳房或是奶嘴时，就会自动张开嘴，并出现口唇、舌的吸吮动作，这就是吸吮反射。出现吸吮反射并不是一定表明宝宝饿了，如果只是很小的动作而且稍后又停止了，可能只是一种条件发射而不是饿的表现，而如果宝宝的吸吮动作很大，就表明他很饿了。这些发射都是新生儿的神奇本领，它们会随着宝宝年龄增长逐渐消失。

3. 握持反射和拥抱反射

在宝宝出生后不久，如果用手去接触其手指、手掌、脚趾、脚底时，新生儿会不自觉地弯曲手指、脚趾，这就是握持反射的表现，这一表现一般会在宝宝4～6个月时逐渐消失，之后当你再去触摸那些部位时，新生儿就会表现出较为随意的动作。

同时，如果将新生儿放置于床上平躺着，其就会四肢和身体伸直，除拇指外，四个手指伸直张开，几秒钟之后，宝宝的四肢又内收屈曲，犹如拥抱动作，就成为拥抱反射，这一反射一般也会在宝宝出生后不久消失。

4. 宝宝的神奇哭声

人人都知道，一般情况下，正常的宝宝都是喜欢哭闹的，可你知道吗，宝宝的哭声实际上是大有学问的。因为刚出生的宝宝还不会说话，所以就常常通过哭这一方式来表达自己的思想和意愿。比如，如果宝宝饿了，会大声地哭，提醒父母喂食，当吃饱之后，就不哭了；如果宝宝觉得不舒服了，也会大声地哭，以引起父母家人的注意；如果宝宝保持同一个姿势太累了或是想要出去活动了，也会通过哭的方式来表达，等抱着的人以走动，其就会停止哭闹；当宝宝觉得环境太吵或是自己不高兴时也会哭，以此表达自己的不满、发泄自己的情绪等。总之，宝宝的哭，实际上含义是非常丰富的，经过长期的观察和摸索，父母就很快会明白其中的原因了。

看了新生宝宝的这些神奇本领，你是否觉得长了不少知识呢，是否对宝宝又多了一分喜爱和憧憬呢？既然这样，那就怀着美好的心情，陪伴宝宝健康成长吧。

第 278 天：预习如何照顾新生儿

这个时期，随着预产期越来越近，准妈妈很快就要和自己的宝宝见面了，而且有些宝宝可能在此时可能已经出生了，为了能在宝宝出生之后能尽快担当好父母的职责，准妈妈和准爸爸都应该提前预习或者了解一下如何照顾新生儿了。

1. 母乳喂养方式

为了促进宝宝的生长发育，在宝宝出生之初，最好采用母乳喂养。初为人母，妈妈应该首先了解母乳喂养的姿势和一些注意事项。

一般来说，新生儿出生 1 ~ 2 周内吃奶的次数比较多，有的一天可达十几次之多，在时间上通常也不分昼夜;到了 3 ~ 4 周之后，宝宝吃奶的次数会明显减少，每天约有 7 ~ 8 次，而且每个宝宝的需求都不尽相同。因此，妈妈应根据宝宝的需要来决定喂奶的次数和时间，时间久了，自然就能找到规律。

在喂奶的时候，妈妈应选择较为舒适的体位，剖宫产的妈妈可以采取稍微侧身卧位的姿势，而自然分娩的妈妈则可以采取半坐式或是直立式给宝宝喂奶。正确的喂奶姿势是:胸贴胸、腹贴腹、下颌贴乳房。妈妈要用一只手托住宝宝的臀部，另一只手肘部托住宝宝的头颈部，让宝宝的上身躺在妈妈的前臂上，保持仰着头的姿势，以利于吸吮和呼吸，另外还要注意要让宝宝含住整个乳晕的部分，不要只是衔着乳头。在每次喂奶之前，妈妈还要洗净双手，用干净的热毛巾擦净乳房。

而且，喂奶还要两边乳房交替着喂，喂完之后要把宝宝抱起来，上身直立，用手掌轻拍背部，也就是常说的“拍嗝”。这样做的目的是为了帮助宝宝排出吸奶时一并吸入的空气，防止宝宝因胃部储存过多的空气而发生吐奶的现象。

需要特别提醒的时候，妈妈在喂奶过程中千万不能睡着，特别是采取卧位喂奶的妈妈。因为在宝宝吸吮乳房的时候，很可能由于不注意而导致鼻子或嘴被乳房堵住，从而造成窒息，而刚刚出生的宝宝对于这种堵住窒息的情况又很难做出抵抗动作，这就有可能造成危险。

2. 抱宝宝的姿势

刚刚出生的宝宝非常脆弱，所以身为父母应提前做好这方面的功课，在抱的时候要特别注意姿势，这样才不至于伤着宝宝，同时也让宝宝感觉更舒适。一般来说，抱宝宝的姿势主要有这样三种：

（1）标准式

这是一种很传统的抱姿，妈妈或爸爸要先将右手滑到宝宝的颈下，托起宝宝的头颈部；然后将左手滑入宝宝的腰部和臀部的后方，以便稳稳地托起宝宝的下半身；抱稳后慢慢地直起身体，同时将宝宝轻轻托起至胸前横抱于怀中，让宝宝的头轻轻地靠在自己左侧的臂弯里；用左前臂支撑着宝宝的身体，右臂则可以环绕在宝宝的体侧，右手可用来帮助支撑宝宝的背部和头部。另外，当要抱起宝宝时，可以先用眼神或说话声音逗引以引起他的注意，一边逗引，一边伸手慢慢将他抱起。

（2）母子依偎式

妈妈先用左手托住宝宝的头，让他靠在妈妈的肩头；右手将宝宝环抱在怀中，左前臂支撑宝宝的腰背部，右手托住宝宝的臀部。这种方法下，如果再将宝宝托得高一些，让宝宝的头靠在妈妈的肩上，右手轻拍宝宝的后背，就轻松地变成了哺乳后的拍嗝式。用这种方式抱起宝宝，宝宝不但能嗅到妈妈身上的乳香，还能听到妈妈熟悉规律的心跳声，从而使他更有安全感。

（3）母子交流式

让宝宝的头靠在妈妈右侧臂弯里，妈妈的右前臂环绕至宝宝的腰腹部，支撑着宝宝的头颈和背部；让宝宝的大腿靠在妈妈的左前臂上，左手托住宝宝的臀部，并向上协助支撑宝宝的腰部。用这种方式抱宝宝可以让妈妈和宝宝面对面，是最利于亲子间交流与对话的方式。此外，还可以轻轻地将宝宝放在身前荡荡，可以让宝宝更开心更放松。

3. 给新生儿洗澡

给宝宝洗澡的时间最好选在每天上午 9 ~ 10 点，吃奶前 1 小时到 1 个半小时之间的觉醒状态下，在宝宝吃奶后或者睡着的时候最好不要帮其洗澡。

在洗澡的时候，应保证光线的充足、温度适中，最好能保持在 20℃以上。洗的时候，可以一部分一部分洗，逐渐使用无刺激性的肥皂、浴液，但洗后应该用清水彻底冲洗干净，防止残留皂液刺激皮肤。在洗澡之后，只需用柔软的毛巾沾干宝宝皮肤上的水，而不要摩擦擦拭，避免将皮脂擦掉。因为新生儿的皮脂能起到滋润、保护皮肤的作用。

多了解一些照顾新生儿的方法，父母才能尽快进入角色，体验身为父母的快乐，同时也能避免对宝宝造成一些不必要的伤害，这是非常有必要的。

第 279 天：提前学习一些坐月子的知识

前面已经说过，坐月子是非常重要的，能否在这段时期内多注意生活细节、注重产后的恢复和调理，对女性的身体恢复和日后的生活有着重要的影响。因此，不管在此时宝宝是否出生，产妇都应该学习和了解一些坐月子的相关知识。要做好月子，产妇应该在调理饮食、做好清洁卫生、合理安排运动作息等方面多下工夫。

1. 如何调理饮食

坐月子期间，妈妈应做好饮食进补的工作，由于每个人的体质不同，进补的方式和应注意的问题是不同的。

寒性体质的人一般在产后会出现面色苍白，怕冷或四肢冰冷，口淡不渴，大便稀软，尿频量多色淡，痰涎清，涕清稀，舌苔白，易感冒等情形。这种体质的产妇肠胃虚寒、手脚冰冷、气血循环不良，应吃较为温补的食物，如麻油鸡、烧酒鸡、四物汤、四物鸡或十全大补汤等，可促进血液循环，达到气血双补的目的，同时也能避免筋骨扭伤、腰背酸痛等问题。但原则上不能太油，以免腹泻。同时，产妇还可以吃一些荔枝、龙眼、苹果、草莓、樱桃、葡萄，而尽量少食用一些寒凉的蔬果，如西瓜、木瓜、柚子、梨子等。

如果是属于热性体质的人，在产后易面红目赤，怕热，四肢或手足心热，口干或口苦，大便干硬或便秘，痰涕黄稠，尿量少色黄赤味臭，舌苔黄或干，舌质红赤，易口破，皮肤易长痘疮或痔疮。这种体质的产妇不宜多吃麻油鸡，比较适合的食物有山药鸡、黑糯米、鱼汤、排骨汤等，蔬菜类可选丝瓜、冬瓜、莲藕等较为降火的，或吃青菜豆腐汤，以降低火气。在水果方面，应少吃荔枝、龙眼、苹果等。

如果是属于中性体质，一般没有特殊常发作的疾病，所以饮食上较容易选择。但是仍需注意，月子时适当滋补十分重要，但也不可大补特补，过犹不及。例如，人参补气止血，刚生产完的住院期间，正在开始排恶露，若服人参会使得恶露就以排出，导致血块淤滞子宫，引起腹痛，严重的还会有胎盘剥落不完全，引起大出血的案例。因此，必须等到产后第二三星期左右，血块没有了，才能服用人参茶；还有很多人认为鹿茸具有补肾壮阳、益精养血之功效，对于子宫虚冷、不孕等妇科阳虚病症具有较好的作用，因而产后服用鹿茸会有利于产妇身体的尽快康复。但产妇在产后容易阴虚亏损、阴血不足、阳气偏旺，如果服用鹿茸则会导致阳气更旺，阴气更损，造成血不循经等阴道不规则流血症状。

2. 如何做好清洁卫生

传统观念认为，产妇在坐月子的时候是不能洗头洗澡的，这种说法其实是缺乏科学依据的。刚经历过分娩，产妇已经出了很多汗，而且全身上下细菌也很多，如果不及时做好清洁工作，可能会引发细菌感染等问题。因此，产妇在分娩之后可根据实际情况决定洗头洗澡的时间，在坐月子期间，也应做好身体的清洁。

在洗头时，产妇需注意保持水温适中，而且也不要使用刺激性太强的洗发用品，可用指腹按摩头皮，洗完后立即用吹风机吹干，避免受冷气吹袭。如果天气太冷或者家里条件不适宜洗头，新妈妈可以以定期清洁头皮来代替洗头，即用脱脂棉花沾温水擦拭头皮。

因为在产后的前几天，很多人的身体还比较虚弱，而且伤口很可能会感染，所以最好别进行盆浴或淋浴，最好是擦拭身体以保持清洁。在擦拭时也应用适度的水温，同时避免对伤口造成刺激。

当身体恢复得差不多时，就可以淋浴了，但切忌盆浴。淋浴时注意不要空腹，以防发生低血糖；用水不要过热，水温保持在35℃ ~ 37℃，即使是夏天也不可用较凉的水冲澡，以免恶露排出不畅，引起腹痛及日后月经不调、身痛、全身皮肤血管过度充血等；每次洗澡的时间不宜过长，一般5～10分钟即可；在洗澡时应注意浴室中的空气流通。

除了这些之外，产妇要特别留意自己的个人卫生，保持衣着整洁，梳理好头发；指甲要定期修剪，以免划伤婴儿幼嫩的皮肤；每次如厕后，都要用温水冲洗阴部，洗时注意要从前向后洗，以免将肛门的细菌带到会阴伤口和阴道内。

3. 如何合理安排运动和作息

产后最重要的就是保证充足的睡眠和休息，因为如果休息不好，不仅影响身体康复，而且还可能引发一系列的产后病症。

因为刚经历了分娩，产妇子宫韧带松弛，所以在休息睡眠时需要采用仰卧与侧卧交替的体位，建议从产后第2天开始俯卧，每天1～2次，每次15～20分钟；产后2周可膝胸卧位，利于子宫复位并防止子宫后倾。每天要保证至少8～9小时睡眠，以助于子宫复位，并可促进食欲，避免排便困难。

因为在坐月子期间，妈妈还要兼顾着照顾宝宝、给其喂奶的事情，这很有可能会影响睡眠时间，所以要抓紧一切可能的时间休息，最好是宝宝睡妈妈就睡。

在身体得到一定程度的恢复之后，妈妈除了要保证充足的睡眠之外，还应注意进行适量的运动，因为运动对于恶露的排出、筋骨及身材的尽快康复都很有帮助。一般来说，在分娩后的前几周，妈妈应多休息，可以适量地下床走动，也可在家人的搀扶下散散步，随着体力逐渐恢复，可以将时间稍稍拉长些，尽量做一些有利于康复的体操，但仍应避免剧烈的运动，也应避免长时间站立或坐姿，因为这很有可能会导致腰酸、背痛、腿酸、膝踝关节的疼痛。

早活动有利于子宫恢复和分泌物排出，减少感染机会和下肢静脉血栓形成，加快排尿功能恢复，减少泌尿系统感染发生；加快胃肠道恢复，增进食欲，减少便秘；促进骨盆底肌肉恢复，防止小便失禁和子宫脱垂发生。

需要注意的是，尽管产后及早运动有利于妈妈的身体恢复，但更应该针对自己的实际情况，量力而行，千万不能为了及早恢复体型而不顾自我安危，盲目运动。

第280天：出生后如何继续巩固胎教成果

相信在这个时候，很多宝宝已经和爸爸、妈妈见面了吧。从此以后，父母就可以幸福地和宝宝生活在一起，亲眼见证宝宝的成长了。

宝宝出生是一件非常让人高兴的事情，但在高兴之余，爸爸和妈妈也不要忘了继续坚持教育和培养，巩固胎教成果。

在胎教的整个过程中，胎宝宝已经感受到了爸爸和妈妈的关心和爱护，也接受了初步的教育，能对学过的东西有所印象。在宝宝出生之后，认识和感知事物的能力会逐渐增强，理解和判断能力也会逐渐形成和增强，如果父母能抓住这段时间做好宝宝的早期教育工作，相信宝宝就能更加健康地发育和成长。

在早教中很重要的一点就是，父母一定要继续关心和爱护孩子，带着爱的感情与孩子沟通和交流，多让孩子接受一些好的、正面的教育，让孩子更深切地体会到浓浓的亲情，并在良好家庭环境的熏陶下茁壮成长、培养良好的品格和教养。同时，在孩子成长的早期，父母还应该抓好宝宝的知识教育，让宝宝养成良好的学习习惯，增长各方面的能力。

在孩子成长的过程中始终相伴并好好教育，这是一件非常幸福的事情，同时也是一项比较艰难的工作，由于孩子还年幼，在性格和行为等方面也很不成熟，所以常常会表现出调皮、不懂事的一面，对于这些问题，父母应提前做好充足的准备，需要付出耐心、爱心和坚持不断地努力。

孕育宝宝是令人欣喜的，在宝宝出生之后教育宝宝、见证宝宝的成长的足迹、看着宝宝成长成才同样是一件非常幸福的事情。在宝宝的教育问题上，父母们所要做的，不是为可能出现的种种困难和问题而焦虑，而是静下心来沉着应对，以实际行动巩固好胎教的成果，帮助宝宝继续成长！

动起来：放松下来，继续深呼吸

在孕晚期，尤其是到了临近分娩的时期，准妈妈通常承受着来自生理和心理的双重压力，一方面，准妈妈要承受腹部增大及其带来的其他生理疼痛，另一方面，准妈妈还要努力克服分娩前的恐惧和焦虑心理。为了保证身体健康和放松身心，准妈妈需要在临近分娩的这段时间多学一些呼吸操，尤其是要掌握深呼吸的方法。

学会和经常练习深呼吸，对于准妈妈是非常有益的。相对于一般人，准妈妈的需氧量有所增加，而深呼吸能增加吸氧量，从而保证准妈妈的身体健康和胎宝宝的生长发育的需要；深呼吸可使全身微循环得到极大改善，增强身体机能，提高身体免疫力。下面介绍几种深呼吸的方法。

方法一

具体步骤如下：

（1）先准备一张柔软的垫子，并站在垫子旁。

（2）平卧在垫子上，闭好嘴巴，用鼻子长长地吸气，吸气越慢越好。

（3）在吸气的过程中使腹部凸起，肺部不动，直到不能再吸进气为止，同时想着气体从鼻孔吸进，通过胸腔，进入腹腔的过程。

（3）慢慢地吐气，直到不能吐气为止，同时想着气体从腹腔出发，经过胸腔，从鼻孔呼出。

（5）重复以上的动作。

方法二

具体步骤如下：

（1）先准备一张柔软的垫子，并站在垫子旁。

（2）双腿在身前交叉，以舒适的姿势坐在地板上，腰背挺直。

（3）慢慢地用鼻子吸气，并保持几秒钟。

（4）将吸入的气慢慢吐出。

（5）重复以上的动作

方法三

具体步骤如下：

（1）先准备一张柔软的垫子，平躺在垫子上。

（2）用力地深吸两口大气，立即闭口。

（3）努力把横膈膜向下压如解大便状（平时在家练习时勿真的用力）。

（4）重复以上的动作。

做好深呼吸最根本的要求就是在自然呼吸的基础上，最大限度地吸气和呼气，并减慢呼吸速度。在进行深呼吸运动时，准妈妈应注意保持呼吸的自然，并随时进行调整，呼吸的过程要尽可能的自然、均匀、缓慢，这样才能达到练习的效果。另外，在练习的时候，准妈妈还应该对自己的肺活量有一个起码的评估，不要太勉强。

胎宝宝的阅读时光：经典童话《小青虫变蝴蝶》

随着孕期的增长，胎宝宝日益发育成熟，眼见就要出生和准妈妈、准爸爸见面了，此时准妈妈和准爸爸肯定是充满着期待之情吧。在本周，准妈妈可以和胎宝宝一起来分享一个关于蜕变的美丽故事《小青虫变蝴蝶》，看看原本丑陋的小青虫是怎样蜕变为美丽的蝴蝶的。在讲故事的同时，准妈妈可以和胎宝宝多一些互动和交流，同时也可以进行丰富的联想和想象，不仅是想想小青虫美妙的进化过程，还可以想想腹中宝宝的美好模样，一直保持着这样的美好心情，快乐分娩吧。

冬爷爷刚走，春姑娘就来了。

春姑娘头上戴着用红花、白花、黄花编成的帽子，身上穿着绿色的衣裳，打扮得可漂亮了。她张着像薄纱一样的翅膀飞呀飞呀，春姑娘飞到田野里的一棵大树旁边。她看见树枝上挂着一个黄色的两头尖的小包包。风儿轻轻一吹，小包包就随着风儿摇摇摆摆，这是什么呢？春姑娘停下看了看，哦！原来这个小包包是小青虫变的。

小青虫已经睡了一个冬天了。去年秋天，小青虫变成了这个小包包就睡着了，一直到现在还没醒呢。

春姑娘看着这个土黄色的小尖包包，心里想："嗯，小青虫快要醒了。我呀，我要把这个世界变个样儿，让小青虫醒来的时候，觉得很奇怪！"于是，春姑娘轻轻地对小草说："小草呀，小草！我要把世界变得更美丽，让小青虫醒来的时候，觉得很奇怪。小草，你帮帮忙吧！"

小草听了春姑娘的话，立刻从土里伸出头来。嗬，大地马上变成了一片绿，好像铺上了绿色的地毯，好看极啦！可是，小青虫还睡着呢，一点也不知道。

春姑娘又飞到小河那儿，对小河说："小河呀，小河！我要把世界变得更美丽，让小青虫醒来一看，觉得很奇怪。小河，你能帮帮忙吗？"

小河笑了笑，河里的冰就化了，河水“哗哗”地唱着歌，高高兴兴地跑着。可是，小青虫还睡着，一点儿都不知道。

春姑娘又对树和花说：“树啊，花儿啊！我要把世界变得更美丽，让小青虫醒来一看，觉得非常奇怪。你们给我帮帮忙，行吗？”树和花点了点头：“行啊，行啊！”看哪！树上长满了绿色的嫩叶子；各种各样的花儿也都开了，真是美极了。

春姑娘飞到小青虫那儿，说：“小青虫，你该醒了！瞧！草儿绿了，小河里的冰也化了，花儿开了，你快醒醒吧！”可是，春姑娘叫了半天，小青虫却没说话。她再仔细一看，咳，小尖包包早就空了，小尖包包上有一个小缝缝，小青虫也不见了。

春姑娘东瞧瞧，西看看，呀，有一只蝴蝶在花丛里飞来飞去，高高兴兴地跳舞呢，这只蝴蝶多漂亮啊！她翅膀上好像镶着各种颜色的珠子，太阳一照，珠子还会闪闪发光呢。蝴蝶一会儿飞到东，一会儿飞到西。它看看小河，看看小草，又看看花儿还看看树。小河，小草，花儿和树看见了这只蝴蝶，也惊叹地说：“嗬！多漂亮的一位小姑娘啊！她是谁呀？”

春姑娘笑了：“你们不认识它吗？它就是挂在树上的那个小尖包包里的小青虫变的，它的名字叫‘蝴蝶’啊！”

好孕美食馆：有利于催乳的食物

在胎宝宝出生后，哺乳和照顾好宝宝是非常重要的，所以在分娩前，准妈妈可以多吃一些营养的催乳食物，促进奶水分泌，以避免到宝宝出生后出现少奶、无奶的现象，并保证母乳喂养的正常进行。今天，我们就一起来了解一些有助于催乳的食物及其做法吧。

1. 黄花杞子蒸瘦肉

【材料】

瘦猪肉200克，黄花菜15克，枸杞子10克，料酒、酱油、香油、淀粉、精盐各适量。

【做法】

（1）将瘦猪肉洗干净并切成片。

（2）将黄花菜用水泡发后，择洗干净，与瘦肉、枸杞一起剁成蓉。

（3）将猪肉、枸杞子、黄花碎蓉放入盆内，加入料酒、酱油、香油、淀粉、精盐搅拌至黏。

（4）将搅拌均匀的食物摊平，放进锅里隔水蒸熟即可。

2. 清炖白鲢鱼

【材料】

鲢鱼1条，姜、葱、蒜等少许。

【做法】

（1）将姜切成片，葱切成小段并将蒜剥好。

（2）把鱼清洗干净。

（3）将锅置于旺火上，倒入植物油，烧至五成热时把鱼下锅，炸至两面浅黄色时捞出。

（4）锅内留底油，放入葱段、姜丝、蒜片煸炒，烹入料酒、酱油，放进鲢鱼，加水，刚好漫过鲢鱼即可。

（5）用小火慢炖，至鱼炖透，加盐和葱就可以了。

3. 奶汁鲫鱼汤

【材料】

鲫鱼1条，一小段冬瓜，葱、姜、盐等少许。

【做法】

（1）现将鲫鱼剖好，清理干净内脏之后洗干净，并切成大块。

（2）将冬瓜切成小片，将姜切成小片，将葱切段。

（3）洗好锅之后，在锅中加入适量的冷水，把切好的鱼放进锅里，用大火烧开。

（4）等到锅中的水开后，加入葱姜，后改小火慢炖。

（6）当汤汁颜色呈奶白色时下入冬瓜，并调味，稍煮即可。

4. 阿胶大枣羹

【材料】

阿胶250克，大枣1000克，核桃500克，冰糖500克。

【做法】

（1）将核桃除皮留仁，捣烂备用。

（2）将大枣洗净，兑适量水放锅内煮烂，用干净纱布滤去皮核。

（3）将已经煮好的红枣放入另一锅内，放入冰糖、核桃仁，用小火慢慢地炖。

（4）将阿胶放碗内上屉蒸烊化后，加在大枣、阿胶锅内熬成羹即成。

胎宝宝的私人音乐厅：《F小调音乐瞬间》

在这个时期，很多胎宝宝可能已经出生了，看到新生的宝宝，妈妈是否觉得非常高兴呢？你不妨即兴为宝宝编一首歌并唱出来，以此表达自己的喜悦之情。其实在古今中外的音乐史上，一些优秀的作品就是音乐家即兴编写的。为了激发自己的灵感，准妈妈可以在今天来听听舒伯特的即兴创作的音乐作品《F小调音乐瞬间》，品味音乐创作的快乐。

《F小调音乐瞬间》是舒伯特创作的6首《音乐瞬间》中的一首，也是流传最广、最受欢迎的一首曲子。这首曲子是1827年舒伯特在格拉茨之旅归来后所创作的，关于这首作品，还流传这一则有趣的故事：

有一天，舒伯特到一位朋友家做客，看见桌上有份乐谱手稿，便随手放在钢琴上视奏。一首曲子弹完，他惊讶地赞叹道："多么优美的乐曲！这是谁写的？"朋友不由得哈哈大笑回答："是你啊！上次你弹奏时，我在一旁记录，作者是你自己，我只是记一下而已。"其实，这首曲子就是舒伯特与朋友欢聚时即兴创作的，到最后他自己忘记，幸好有朋友的帮助，这首曲子才保存并得以流传开来。

《F小调音乐瞬间》是一支活泼风趣的微型舞曲，曲风自然纯朴，旋律优美，曲子主要采用三段式的结构，在两小节简洁的踏步音型过后，明快的旋律轻轻展开，使我们好像看到一群淳朴的年轻人在跳着幽默而风趣的民间舞蹈；在曲子的中段，明快而流畅的曲子继续着，一段力度较强的对比性音乐声中，几位精神抖擞的男子舞者形象仿佛也一一呈现于听众的眼前；最后乐曲又回到起始时那风趣而轻巧的音乐风格，在渐渐变弱的音乐声中，那欢快舞蹈着的人们也渐渐散去。

准妈妈可以选择一个舒适的姿势，在窗前坐下，然后细细地品味这首旋律优美而自然的曲子，想象曲中所描绘和表现的情境，感受曲中美妙的意境和快乐气氛。

附录：胎教音乐参考曲目

1. 埃尔加《爱的祝福》
2. 奥芬·巴赫：《船歌》
3. 阿尔比诺尼：《慢柔板》
4. 勃拉姆斯：《圆舞曲》
5. 勃拉姆斯：《摇蓝曲》
6. 博凯里尼：《小步舞曲》
7. 巴哈：《羊儿可以安心地吃草》
8. 巴赫：《G弦上的咏叹调》
9. 巴赫：《威尔斯船歌》
10. 巴赫：《小小艺术家》
11. 巴赫：《勃兰登堡协奏曲》
12. 鲍罗丁：《波罗维茨的舞蹈》
13. 德彪西：《月光》
14. 德彪西：《大海》
15. 德彪西：《雨中花园》
16. 德彪西：《小小牧羊人》
17. 德彪西：《爱的协奏曲》
18. 德沃夏克：《幽默曲》
19. 德沃夏克：《寂静的森林》
20. 波普：《小夜曲》
21. 贝多芬：《G大调小步舞曲》
22. 贝多芬：《月光奏鸣曲》
23. 贝多芬：《田园交响乐》
24. 贝多芬：《致爱丽丝》
25. 贝多芬：《小步舞曲》
26. 布拉姆斯：《摇篮曲》
27. 柴可夫斯基：《天鹅湖》
28. 柴可夫斯基：《花之圆舞曲》
29. 柴可夫斯基：《十月秋之歌》
30. 柴可夫斯基：《王子与糖果仙子的舞蹈》
31. 柴可夫斯基：《芦笛舞曲》
32. 柴可夫斯基：《小夜曲》
33. 佛瑞：《第一号船歌》
34. 费尔德：《第四号夜曲》

35. 德沃夏克 :《自新大陆》
36. 格林卡 :《波罗乃兹舞曲》
37. 格林卡 :《玛祖卡舞曲》
38. 格里格 :《清晨》
39. 海顿 :《惊愕》
40. 海顿 :《云雀》
41. 海顿 :《小夜曲》
42. 海顿 :《时钟》
43. 海顿 :《C 大调小步舞曲》
44. 韩德尔 :《最缓板》
45. 华格纳 :《册叶小品》
46. 克莱斯勒 :《爱的喜悦》
47. 李斯特 :《爱之梦》
48. 林姆斯基·高沙可夫 :《小夜曲》
49. 罗西尼 :《序曲》
50. 罗西尼 :《罗西娜的咏叹调》
51. 罗西尼 :《费加罗的宣叙调》
52. 罗伊万诺维奇 :《多瑙河之波圆舞曲》
53. 罗马尼亚名曲 :《春天》
54. 门德尔松 :《春之歌》
55. 门德尔松 :《乘着歌声的翅膀》
56. 马斯尼卡 :《乡村骑士》
57. 马斯内 :《依丝》
58. 门德尔松 :《G 大调无言歌》
59. 莫扎特 :《摇篮曲》
60. 莫扎特 :《小精灵》
61. 莫扎特 :《小星星变奏曲》
62. 莫扎特 :《弦乐小夜曲》
63. 莫扎特 :《小夜曲》
64. 莫扎特 :《钢琴奏鸣曲》
65. 穆索尔斯基 :《莫斯科河上的黎明》
66. 普西尼 :《小步舞曲》
67. 圣桑 :《天鹅》
68. 舒伯特 :《鳟鱼》
69. 舒伯特 :《小夜曲》
70. 舒伯特 :《摇篮曲》
71. 舒伯特 :《圣母颂》
72. 舒伯特 :《降 E 大调慢板》

73. 舒曼 :《梦幻曲》
74. 舒曼 :《宝宝睡着了》
75. 舒曼 :《骑竹马的骑士》
76. 舒曼 :《快乐的农夫》
77. 舒曼《儿时情景》
78. 萨替 :《第一号琴诺佩第》
79. 施特劳斯 :《拉德斯基进行曲》
80. 施特劳斯 :《蓝色多瑙河圆舞曲》
81. 施特劳斯 :《春之声圆舞曲》
82. 施特劳斯 :《闲聊波尔卡》
83. 施特劳斯 :《维也纳森林的故事》
84. 史特拉汶斯基 :《俄罗斯少女之歌》
85. 史提芬·拂斯特 :《美丽的梦仙》
86. 泰克 :《老朋友进行曲》
87. 韦尼奥夫斯提 :《浪漫曲》
88. 肖邦 :《即兴幻想曲》
89. 肖邦 :《小松鼠》
90. 肖邦 :《雨滴》
91. 肖邦 :《夜曲》
92. 肖邦 :《小狗圆舞曲》
93. 肖邦 :《流畅的行板》
94. 印尼名歌 :《宝贝》
95. 朱利安·洛伊·韦伯 :《爸爸的歌》
96. 威尔第 :《公爵之歌》
97. 威尔第 :《引子》
98. 维瓦尔第 :《四季·春》
99. 沃尔夫·费拉里 :《圣母的珠宝石》
100. 约纳森 :《杜鹃圆舞曲》